에듀윌과 함께 시작하면,
당신도 합격할 수 있습니다!

오랜 직장 생활을 마감하며 찾아온 앞날에 대한 막연한 두려움
에듀윌만 믿고 공부해 합격의 길에 올라선 50대 은퇴자

출산한지 얼마 안돼 독박 육아를 하며 시작한 도전!
새벽 2~3시까지 공부해 8개월 만에 동차 합격한 아기엄마

만년 가구기사 보조로 5년 넘게 일하다, 달리는 차 안에서도
포기하지 않고 공부해 이제는 새로운 일을 찾게 된 합격생

누구나 합격할 수 있습니다.
시작하겠다는 '다짐' 하나면 충분합니다.

마지막 페이지를 덮으면,

에듀윌과 함께
공인중개사 합격이 시작됩니다.

공인중개사 1위

15년간 베스트셀러 1위
에듀윌 공인중개사 교재

탄탄한 이론 학습! 기초입문서/기본서/핵심요약집

기초입문서(2종)

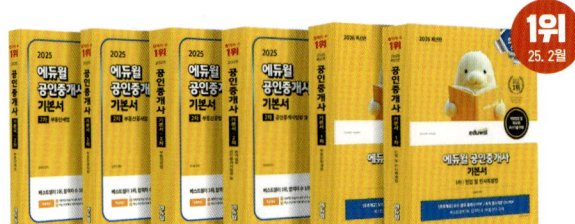
기본서(6종)

1차 핵심요약집+기출팩(1종)

출제경향 파악, 실전 엿보기! 단원별/회차별 기출문제집

단원별 기출문제집(6종)

회차별 기출문제집(2종)

다양한 문제로 합격점수 완성! 기출응용 예상문제집/실전모의고사

기출응용 예상문제집(6종)

실전모의고사(2종)

* 2023 대한민국 브랜드만족도 공인중개사 교육 1위 (한경비즈니스)
* YES24 수험서 자격증 공인중개사 베스트셀러 1위 (2011년 12월, 2012년 1월, 12월, 2013년 1월~5월, 8월~12월, 2014년 1월~5월, 7월~8월, 12월, 2015년 2월~4월, 2016년 2월, 4월, 6월, 12월, 2017년 1월~12월, 2018년 1월~12월, 2019년 1월~12월, 2020년 1월~12월, 2021년 1월~12월, 2022년 1월~12월, 2023년 1월~12월, 2024년 1월~12월, 2025년 1월~10월 월별 베스트, 매월 1위 교재는 다름)
* YES24 국내도서 해당분야 월별, 주별 베스트 기준

2026 최신판

합격자 수가 선택의 기준!

YES24 25년 2월
월별 베스트 기준
베스트셀러 1위

YES24 수험서 자격증
공인중개사 기본서
베스트셀러 1위

개정법령 및
제36회
최신기출 반영

© eduwill · edugong

에듀윌 공인중개사
기본서

1차 | 민법 및 민사특별법 上

심정욱 편저

[무료제공] 모두 합격 플래너 PDF / 회독 필수지문 OX PDF
베스트셀러 1위, 합격자 수 1위를 만든 교재

산출근거 후면표기

에듀윌 공인중개사

합격을 위한 비법 대공개! 합격서&부교재

이영방 합격서 / 심정욱 합격서 / 임선정 합격서 / 김민석 합격서 / 한영규 합격서
부동산학개론 / 민법 및 민사특별법 / 공인중개사법령 및 중개실무 / 부동산공시법 / 부동산세법

오시훈 합격서 / 신대운 합격서 / 심정욱 핵심체크 OX / 오시훈 키워드 암기장
부동산공법 / 쉬운민법 / 민법 및 민사특별법 / 부동산공법

핵심 테마를 빠르게 공략하는 단기서

이영방 합격패스 계산문제 / 심정욱 합격패스 암기노트 / 임선정 그림 암기법 / 김민석 테마별 한쪽정리 / 오시훈 테마별 비교정리
부동산학개론 / 민법 및 민사특별법 / 공인중개사법령 및 중개실무 / 부동산공시법 / 부동산공법

시험 전, 이론&문제 한 권으로 완벽 정리! 필살키

이영방 필살키 / 심정욱 필살키 / 임선정 필살키 / 오시훈 필살키 / 김민석 필살키 / 한영규 필살키 / 신대운 필살키

더 많은
공인중개사 교재

* 해당 교재의 이미지는 변경될 수 있습니다.

공인중개사 1위

공인중개사, 에듀윌을 선택해야 하는 이유

9년간 아무도 깨지 못한 기록
합격자 수 1위

합격을 위한 최강 라인업
1타 교수진

공인중개사

합격만 해도 연 최대 300만원 지급
성공 DREAM 지원금

업계 최대 규모의 전국구 네트워크
동문회

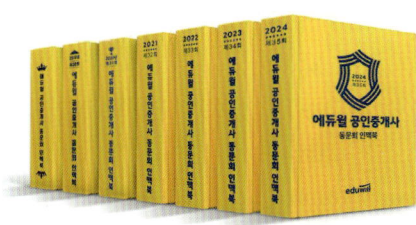

* 2023 대한민국 브랜드만족도 공인중개사 교육 1위 (한경비즈니스)
* KRI 한국기록원 2016, 2017, 2019년 공인중개사 최다 합격자 배출 공식 인증 (2025년 현재까지 업계 최고 기록)   * 에듀윌 공인중개사 과목별 온라인 주간반 강사별 수강점유율 기준 (2024년 11월)
* 성공 DREAM 지원금 신청은 에듀윌 공인중개사 VVIP 프리미엄 성공패스 수강 후 2027년까지 공인중개사 최종 합격자에 한해 가능합니다. (상세 내용 홈페이지 유의사항 확인 필수)

2026 최신판

에듀윌 공인중개사 기본서

1차 | 민법 및 민사특별법

민법 및 민사특별법 조문집
시험의 약 85% 출제되는 판례문제, 조문을 알아야 판례가 보인다!

2026

에듀윌 공인중개사 기본서

1차 민법 및 민사특별법

민법 및 민사특별법
조문집

eduwill

민법 및 민사특별법 관련 법령

※ 중요한 조문은 보라색 글씨로 표시하였습니다. 학습에 유의하세요.

민법

[시행 2026.1.1.]
[법률 제20432호, 2024.9.20, 일부개정]

제1편 총칙
제1장 통칙

제1조【법원】 민사에 관하여 법률에 규정이 없으면 관습법에 의하고 관습법이 없으면 조리에 의한다.

제2조【신의성실】 ① 권리의 행사와 의무의 이행은 신의에 좇아 성실히 하여야 한다.
② 권리는 남용하지 못한다.

제2장 인
제1절 능력

제3조【권리능력의 존속기간】 사람은 생존한 동안 권리와 의무의 주체가 된다.

제4조【성년】 사람은 19세로 성년에 이르게 된다.

제5조【미성년자의 능력】 ① 미성년자가 법률행위를 함에는 법정대리인의 동의를 얻어야 한다. 그러나 권리만을 얻거나 의무만을 면하는 행위는 그러하지 아니하다.
② 전항의 규정에 위반한 행위는 취소할 수 있다.

제6조【처분을 허락한 재산】 법정대리인이 범위를 정하여 처분을 허락한 재산은 미성년자가 임의로 처분할 수 있다.

제7조【동의와 허락의 취소】 법정대리인은 미성년자가 아직 법률행위를 하기 전에는 전2조의 동의와 허락을 취소할 수 있다.

제8조【영업의 허락】 ① 미성년자가 법정대리인으로부터 허락을 얻은 특정한 영업에 관하여는 성년자와 동일한 행위능력이 있다.

② 법정대리인은 전항의 허락을 취소 또는 제한할 수 있다. 그러나 선의의 제3자에게 대항하지 못한다.

제9조【성년후견개시의 심판】 ① 가정법원은 질병, 장애, 노령, 그 밖의 사유로 인한 정신적 제약으로 사무를 처리할 능력이 지속적으로 결여된 사람에 대하여 본인, 배우자, 4촌 이내의 친족, 미성년후견인, 미성년후견감독인, 한정후견인, 한정후견감독인, 특정후견인, 특정후견감독인, 검사 또는 지방자치단체의 장의 청구에 의하여 성년후견개시의 심판을 한다.
② 가정법원은 성년후견개시의 심판을 할 때 본인의 의사를 고려하여야 한다.

제10조【피성년후견인의 행위와 취소】 ① 피성년후견인의 법률행위는 취소할 수 있다.
② 제1항에도 불구하고 가정법원은 취소할 수 없는 피성년후견인의 법률행위의 범위를 정할 수 있다.
③ 가정법원은 본인, 배우자, 4촌 이내의 친족, 성년후견인, 성년후견감독인, 검사 또는 지방자치단체의 장의 청구에 의하여 제2항의 범위를 변경할 수 있다.
④ 제1항에도 불구하고 일용품의 구입 등 일상생활에 필요하고 그 대가가 과도하지 아니한 법률행위는 성년후견인이 취소할 수 없다.

제11조【성년후견종료의 심판】 성년후견개시의 원인이 소멸된 경우에는 가정법원은 본인, 배우자, 4촌 이내의 친족, 성년후견인, 성년후견감독인, 검사 또는 지방자치단체의 장의 청구에 의하여 성년후견종료의 심판을 한다.

제12조【한정후견개시의 심판】 ① 가정법원은 질병, 장애, 노령, 그 밖의 사유로 인한 정신적 제약으로 사무를 처리할 능력이 부족한 사람에 대하여 본인, 배우자, 4촌 이내의 친족, 미성년후견인, 미성년후견감독인, 성년후견인, 성년후견감독인, 특정후견인, 특정후견감독인, 검사 또는 지방자치단체의 장의 청구에 의하여 한정후견개시의 심판을 한다.
② 한정후견개시의 경우에 제9조 제2항을 준용한다.

제13조【피한정후견인의 행위와 동의】 ① 가정법원은 피한정후견인이 한정후견인의 동의를 받아야 하는 행위의 범위를 정할 수 있다.

② 가정법원은 본인, 배우자, 4촌 이내의 친족, 한정후견인, 한정후견감독인, 검사 또는 지방자치단체의 장의 청구에 의하여 제1항에 따른 한정후견인의 동의를 받아야만 할 수 있는 행위의 범위를 변경할 수 있다.
③ 한정후견인의 동의를 필요로 하는 행위에 대하여 한정후견인이 피한정후견인의 이익이 침해될 염려가 있음에도 그 동의를 하지 아니하는 때에는 가정법원은 피한정후견인의 청구에 의하여 한정후견인의 동의를 갈음하는 허가를 할 수 있다.
④ 한정후견인의 동의가 필요한 법률행위를 피한정후견인이 한정후견인의 동의 없이 하였을 때에는 그 법률행위를 취소할 수 있다. 다만, 일용품의 구입 등 일상생활에 필요하고 그 대가가 과도하지 아니한 법률행위에 대하여는 그러하지 아니하다.

제14조【한정후견종료의 심판】한정후견개시의 원인이 소멸된 경우에는 가정법원은 본인, 배우자, 4촌 이내의 친족, 한정후견인, 한정후견감독인, 검사 또는 지방자치단체의 장의 청구에 의하여 한정후견종료의 심판을 한다.

제14조의2【특정후견의 심판】① 가정법원은 질병, 장애, 노령, 그 밖의 사유로 인한 정신적 제약으로 일시적 후원 또는 특정한 사무에 관한 후원이 필요한 사람에 대하여 본인, 배우자, 4촌 이내의 친족, 미성년후견인, 미성년후견감독인, 검사 또는 지방자치단체의 장의 청구에 의하여 특정후견의 심판을 한다.
② 특정후견은 본인의 의사에 반하여 할 수 없다.
③ 특정후견의 심판을 하는 경우에는 특정후견의 기간 또는 사무의 범위를 정하여야 한다.

제14조의3【심판 사이의 관계】① 가정법원이 피한정후견인 또는 피특정후견인에 대하여 성년후견개시의 심판을 할 때에는 종전의 한정후견 또는 특정후견의 종료 심판을 한다.
② 가정법원이 피성년후견인 또는 피특정후견인에 대하여 한정후견개시의 심판을 할 때에는 종전의 성년후견 또는 특정후견의 종료 심판을 한다.

제15조【제한능력자의 상대방의 확답을 촉구할 권리】① 제한능력자의 상대방은 제한능력자가 능력자가 된 후에 그에게 1개월 이상의 기간을 정하여 그 취소할 수 있는 행위를 추인할 것인지 여부의 확답을 촉구할 수 있다. 능력자로 된 사람이 그 기간 내에 확답을 발송하지 아니하면 그 행위를 추인한 것으로 본다.

② 제한능력자가 아직 능력자가 되지 못한 경우에는 그의 법정대리인에게 제1항의 촉구를 할 수 있고, 법정대리인이 그 정하여진 기간 내에 확답을 발송하지 아니한 경우에는 그 행위를 추인한 것으로 본다.
③ 특별한 절차가 필요한 행위는 그 정하여진 기간 내에 그 절차를 밟은 확답을 발송하지 아니하면 취소한 것으로 본다.

제16조【제한능력자의 상대방의 철회권과 거절권】① 제한능력자가 맺은 계약은 추인이 있을 때까지 상대방이 그 의사표시를 철회할 수 있다. 다만, 상대방이 계약 당시에 제한능력자임을 알았을 경우에는 그러하지 아니하다.
② 제한능력자의 단독행위는 추인이 있을 때까지 상대방이 거절할 수 있다.
③ 제1항의 철회나 제2항의 거절의 의사표시는 제한능력자에게도 할 수 있다.

제17조【제한능력자의 속임수】① 제한능력자가 속임수로써 자기를 능력자로 믿게 한 경우에는 그 행위를 취소할 수 없다.
② 미성년자나 피한정후견인이 속임수로써 법정대리인의 동의가 있는 것으로 믿게 한 경우에도 제1항과 같다.

제18조~제97조 생략

제4장 물건

제98조【물건의 정의】본법에서 물건이라 함은 유체물 및 전기 기타 관리할 수 있는 자연력을 말한다.

제99조【부동산, 동산】① 토지 및 그 정착물은 부동산이다.
② 부동산 이외의 물건은 동산이다.

제100조【주물, 종물】① 물건의 소유자가 그 물건의 상용에 공하기 위하여 자기소유인 다른 물건을 이에 부속하게 한 때에는 그 부속물은 종물이다.
② 종물은 주물의 처분에 따른다.

제101조【천연과실, 법정과실】① 물건의 용법에 의하여 수취하는 산출물은 천연과실이다.
② 물건의 사용대가로 받는 금전 기타의 물건은 법정과실로 한다.

제102조【과실의 취득】① 천연과실은 그 원물로부터 분리하는 때에 이를 수취할 권리자에게 속한다.

② 법정과실은 수취할 권리의 존속기간일수의 비율로 취득한다.

제5장 법률행위

제1절 총칙

제103조【반사회질서의 법률행위】 선량한 풍속 기타 사회질서에 위반한 사항을 내용으로 하는 법률행위는 무효로 한다.

제104조【불공정한 법률행위】 당사자의 궁박, 경솔 또는 무경험으로 인하여 현저하게 공정을 잃은 법률행위는 무효로 한다.

제105조【임의규정】 법률행위의 당사자가 법령 중의 선량한 풍속 기타 사회질서에 관계없는 규정과 다른 의사를 표시한 때에는 그 의사에 의한다.

제106조【사실인 관습】 법령 중의 선량한 풍속 기타 사회질서에 관계없는 규정과 다른 관습이 있는 경우에 당사자의 의사가 명확하지 아니한 때에는 그 관습에 의한다.

제2절 의사표시

제107조【진의 아닌 의사표시】 ① 의사표시는 표의자가 진의 아님을 알고 한 것이라도 그 효력이 있다. 그러나 상대방이 표의자의 진의 아님을 알았거나 이를 알 수 있었을 경우에는 무효로 한다.
② 전항의 의사표시의 무효는 선의의 제3자에게 대항하지 못한다.

제108조【통정한 허위의 의사표시】 ① 상대방과 통정한 허위의 의사표시는 무효로 한다.
② 전항의 의사표시의 무효는 선의의 제3자에게 대항하지 못한다.

제109조【착오로 인한 의사표시】 ① 의사표시는 법률행위의 내용의 중요부분에 착오가 있는 때에는 취소할 수 있다. 그러나 그 착오가 표의자의 중대한 과실로 인한 때에는 취소하지 못한다.
② 전항의 의사표시의 취소는 선의의 제3자에게 대항하지 못한다.

제110조【사기, 강박에 의한 의사표시】 ① 사기나 강박에 의한 의사표시는 취소할 수 있다.

② 상대방 있는 의사표시에 관하여 제3자가 사기나 강박을 행한 경우에는 상대방이 그 사실을 알았거나 알 수 있었을 경우에 한하여 그 의사표시를 취소할 수 있다.
③ 전2항의 의사표시의 취소는 선의의 제3자에게 대항하지 못한다.

제111조【의사표시의 효력발생시기】 ① 상대방이 있는 의사표시는 상대방에게 도달한 때에 그 효력이 생긴다.
② 의사표시자가 그 통지를 발송한 후 사망하거나 제한능력자가 되어도 의사표시의 효력에 영향을 미치지 아니한다.

제112조【제한능력자에 대한 의사표시의 효력】 의사표시의 상대방이 의사표시를 받은 때에 제한능력자인 경우에는 의사표시자는 그 의사표시로써 대항할 수 없다. 다만, 그 상대방의 법정대리인이 의사표시가 도달한 사실을 안 후에는 그러하지 아니하다.

제113조【의사표시의 공시송달】 표의자가 과실 없이 상대방을 알지 못하거나 상대방의 소재를 알지 못하는 경우에는 의사표시는「민사소송법」공시송달의 규정에 의하여 송달할 수 있다.

제3절 대리

제114조【대리행위의 효력】 ① 대리인이 그 권한 내에서 본인을 위한 것임을 표시한 의사표시는 직접 본인에게 대하여 효력이 생긴다.
② 전항의 규정은 대리인에게 대한 제3자의 의사표시에 준용한다.

제115조【본인을 위한 것임을 표시하지 아니한 행위】 대리인이 본인을 위한 것임을 표시하지 아니한 때에는 그 의사표시는 자기를 위한 것으로 본다. 그러나 상대방이 대리인으로서 한 것임을 알았거나 알 수 있었을 때에는 전조 제1항의 규정을 준용한다.

제116조【대리행위의 하자】 ① 의사표시의 효력이 의사의 흠결, 사기, 강박 또는 어느 사정을 알았거나 과실로 알지 못한 것으로 인하여 영향을 받을 경우에 그 사실의 유무는 대리인을 표준하여 결정한다.
② 특정한 법률행위를 위임한 경우에 대리인이 본인의 지시에 좇아 그 행위를 한 때에는 본인은 자기가 안 사정 또는 과실로 인하여 알지 못한 사정에 관하여 대리인의 부지를 주장하지 못한다.

제117조【대리인의 행위능력】 대리인은 행위능력자임을 요하지 아니한다.

제118조【대리권의 범위】권한을 정하지 아니한 대리인은 다음 각 호의 행위만을 할 수 있다.
1. 보존행위
2. 대리의 목적인 물건이나 권리의 성질을 변하지 아니하는 범위에서 그 이용 또는 개량하는 행위

제119조【각자대리】대리인이 수인인 때에는 각자가 본인을 대리한다. 그러나 법률 또는 수권행위에 다른 정한 바가 있는 때에는 그러하지 아니하다.

제120조【임의대리인의 복임권】대리권이 법률행위에 의하여 부여된 경우에는 대리인은 본인의 승낙이 있거나 부득이한 사유 있는 때가 아니면 복대리인을 선임하지 못한다.

제121조【임의대리인의 복대리인선임의 책임】① 전조의 규정에 의하여 대리인이 복대리인을 선임한 때에는 본인에게 대하여 그 선임감독에 관한 책임이 있다.
② 대리인이 본인의 지명에 의하여 복대리인을 선임한 경우에는 그 부적임 또는 불성실함을 알고 본인에게 대한 통지나 그 해임을 태만한 때가 아니면 책임이 없다.

제122조【법정대리인의 복임권과 그 책임】법정대리인은 그 책임으로 복대리인을 선임할 수 있다. 그러나 부득이한 사유로 인한 때에는 전조 제1항에 정한 책임만이 있다.

제123조【복대리인의 권한】① 복대리인은 그 권한 내에서 본인을 대리한다.
② 복대리인은 본인이나 제3자에 대하여 대리인과 동일한 권리·의무가 있다.

제124조【자기계약, 쌍방대리】대리인은 본인의 허락이 없으면 본인을 위하여 자기와 법률행위를 하거나 동일한 법률행위에 관하여 당사자 쌍방을 대리하지 못한다. 그러나 채무의 이행은 할 수 있다.

제125조【대리권수여의 표시에 의한 표현대리】제3자에 대하여 타인에게 대리권을 수여함을 표시한 자는 그 대리권의 범위 내에서 행한 그 타인과 그 제3자 간의 법률행위에 대하여 책임이 있다. 그러나 제3자가 대리권 없음을 알았거나 알 수 있었을 때에는 그러하지 아니하다.

제126조【권한을 넘은 표현대리】대리인이 그 권한 외의 법률행위를 한 경우에 제3자가 그 권한이 있다고 믿을 만한 정당한 이유가 있는 때에는 본인은 그 행위에 대하여 책임이 있다.

제127조【대리권의 소멸사유】대리권은 다음 각 호의 어느 하나에 해당하는 사유가 있으면 소멸된다.
1. 본인의 사망
2. 대리인의 사망, 성년후견의 개시 또는 파산

제128조【임의대리의 종료】법률행위에 의하여 수여된 대리권은 전조의 경우 외에 그 원인된 법률관계의 종료에 의하여 소멸한다. 법률관계의 종료 전에 본인이 수권행위를 철회한 경우에도 같다.

제129조【대리권소멸 후의 표현대리】대리권의 소멸은 선의의 제3자에게 대항하지 못한다. 그러나 제3자가 과실로 인하여 그 사실을 알지 못한 때에는 그러하지 아니하다.

제130조【무권대리】대리권 없는 자가 타인의 대리인으로 한 계약은 본인이 이를 추인하지 아니하면 본인에 대하여 효력이 없다.

제131조【상대방의 최고권】대리권 없는 자가 타인의 대리인으로 계약을 한 경우에 상대방은 상당한 기간을 정하여 본인에게 그 추인 여부의 확답을 최고할 수 있다. 본인이 그 기간 내에 확답을 발하지 아니한 때에는 추인을 거절한 것으로 본다.

제132조【추인, 거절의 상대방】추인 또는 거절의 의사표시는 상대방에 대하여 하지 아니하면 그 상대방에 대항하지 못한다. 그러나 상대방이 그 사실을 안 때에는 그러하지 아니하다.

제133조【추인의 효력】추인은 다른 의사표시가 없는 때에는 계약 시에 소급하여 그 효력이 생긴다. 그러나 제3자의 권리를 해하지 못한다.

제134조【상대방의 철회권】대리권 없는 자가 한 계약은 본인의 추인이 있을 때까지 상대방은 본인이나 그 대리인에 대하여 이를 철회할 수 있다. 그러나 계약 당시에 상대방이 대리권 없음을 안 때에는 그러하지 아니하다.

제135조【상대방에 대한 무권대리인의 책임】① 다른 자의 대리인으로서 계약을 맺은 자가 그 대리권을 증명하지 못하고 또 본인의 추인을 받지 못한 경우에는 그는 상대방의 선택에 따라 계약을 이행할 책임 또는 손해를 배상할 책임이 있다.
② 대리인으로서 계약을 맺은 자에게 대리권이 없다는 사실을 상대방이 알았거나 알 수 있었을 때 또는 대리인으로서 계약을 맺은 사람이 제한능력자일 때에는 제1항을 적용하지 아니한다.

제136조【단독행위와 무권대리】단독행위에는 그 행위 당시에 상대방이 대리인이라 칭하는 자의 대리권 없는 행위에 동의하거나 그 대리권을 다투지 아니한 때에 한하여 전6조의 규정을 준용한다. 대리권 없는 자에 대하여 그 동의를 얻어 단독행위를 한 때에도 같다.

제4절 무효와 취소

제137조【법률행위의 일부무효】법률행위의 일부분이 무효인 때에는 그 전부를 무효로 한다. 그러나 그 무효부분이 없더라도 법률행위를 하였을 것이라고 인정될 때에는 나머지 부분은 무효가 되지 아니한다.

제138조【무효행위의 전환】무효인 법률행위가 다른 법률행위의 요건을 구비하고 당사자가 그 무효를 알았더라면 다른 법률행위를 하는 것을 의욕하였으리라고 인정될 때에는 다른 법률행위로서 효력을 가진다.

제139조【무효행위의 추인】무효인 법률행위는 추인하여도 그 효력이 생기지 아니한다. 그러나 당사자가 그 무효임을 알고 추인한 때에는 새로운 법률행위로 본다.

제140조【법률행위의 취소권자】취소할 수 있는 법률행위는 제한능력자, 착오로 인하거나 사기·강박에 의하여 의사표시를 한 자, 그의 대리인 또는 승계인만이 취소할 수 있다.

제141조【취소의 효과】취소된 법률행위는 처음부터 무효인 것으로 본다. 다만, 제한능력자는 그 행위로 인하여 받은 이익이 현존하는 한도에서 상환(償還)할 책임이 있다.

제142조【취소의 상대방】취소할 수 있는 법률행위의 상대방이 확정한 경우에는 그 취소는 그 상대방에 대한 의사표시로 하여야 한다.

제143조【추인의 방법, 효과】① 취소할 수 있는 법률행위는 제140조에 규정한 자가 추인할 수 있고 추인 후에는 취소하지 못한다.
② 전조의 규정은 전항의 경우에 준용한다.

제144조【추인의 요건】① 추인은 취소의 원인이 소멸된 후에 하여야만 효력이 있다.
② 제1항은 법정대리인 또는 후견인이 추인하는 경우에는 적용하지 아니한다.

제145조【법정추인】취소할 수 있는 법률행위에 관하여 전조의 규정에 의하여 추인할 수 있는 후에 다음 각 호의 사유가 있으면 추인한 것으로 본다. 그러나 이의를 보류한 때에는 그러하지 아니하다.
1. 전부나 일부의 이행
2. 이행의 청구
3. 경개
4. 담보의 제공
5. 취소할 수 있는 행위로 취득한 권리의 전부나 일부의 양도
6. 강제집행

제146조【취소권의 소멸】취소권은 추인할 수 있는 날로부터 3년 내에 법률행위를 한 날로부터 10년 내에 행사하여야 한다.

제5절 조건과 기한

제147조【조건성취의 효과】① 정지조건 있는 법률행위는 조건이 성취한 때로부터 그 효력이 생긴다.
② 해제조건 있는 법률행위는 조건이 성취한 때로부터 그 효력을 잃는다.
③ 당사자가 조건성취의 효력을 그 성취 전에 소급하게 할 의사를 표시한 때에는 그 의사에 의한다.

제148조【조건부권리의 침해금지】조건 있는 법률행위의 당사자는 조건의 성부가 미정한 동안에 조건의 성취로 인하여 생길 상대방의 이익을 해하지 못한다.

제149조【조건부권리의 처분 등】조건의 성취가 미정한 권리·의무는 일반규정에 의하여 처분, 상속, 보존 또는 담보로 할 수 있다.

제150조【조건성취, 불성취에 대한 반신의행위】① 조건의 성취로 인하여 불이익을 받을 당사자가 신의성실에 반하여 조건의 성취를 방해한 때에는 상대방은 그 조건이 성취한 것으로 주장할 수 있다.
② 조건의 성취로 인하여 이익을 받을 당사자가 신의성실에 반하여 조건을 성취시킨 때에는 상대방은 그 조건이 성취하지 아니한 것으로 주장할 수 있다.

제151조【불법조건, 기성조건】① 조건이 선량한 풍속 기타 사회질서에 위반한 것인 때에는 그 법률행위는 무효로 한다.

② 조건이 법률행위의 당시 이미 성취한 것인 경우에는 그 조건이 정지조건이면 조건 없는 법률행위로 하고 해제조건이면 그 법률행위는 무효로 한다.

③ 조건이 법률행위의 당시에 이미 성취할 수 없는 것인 경우에는 그 조건이 해제조건이면 조건 없는 법률행위로 하고 정지조건이면 그 법률행위는 무효로 한다.

제152조【기한도래의 효과】① 시기 있는 법률행위는 기한이 도래한 때로부터 그 효력이 생긴다.

② 종기 있는 법률행위는 기한이 도래한 때로부터 그 효력을 잃는다.

제153조【기한의 이익과 그 포기】① 기한은 채무자의 이익을 위한 것으로 추정한다.

② 기한의 이익은 이를 포기할 수 있다. 그러나 상대방의 이익을 해하지 못한다.

제154조【기한부권리와 준용규정】제148조와 제149조의 규정은 기한 있는 법률행위에 준용한다.

제155조~제184조 생략

제2편 물권

제1장 총칙

제185조【물권의 종류】물권은 법률 또는 관습법에 의하는 외에는 임의로 창설하지 못한다.

제186조【부동산물권변동의 효력】부동산에 관한 법률행위로 인한 물권의 득실변경은 등기하여야 그 효력이 생긴다.

제187조【등기를 요하지 아니하는 부동산물권취득】상속, 공용징수, 판결, 경매 기타 법률의 규정에 의한 부동산에 관한 물권의 취득은 등기를 요하지 아니한다. 그러나 등기를 하지 아니하면 이를 처분하지 못한다.

제188조【동산물권양도의 효력, 간이인도】① 동산에 관한 물권의 양도는 그 동산을 인도하여야 효력이 생긴다.

② 양수인이 이미 그 동산을 점유한 때에는 당사자의 의사표시만으로 그 효력이 생긴다.

제189조【점유개정】동산에 관한 물권을 양도하는 경우에 당사자의 계약으로 양도인이 그 동산의 점유를 계속하는 때에는 양수인이 인도받은 것으로 본다.

제190조【목적물반환청구권의 양도】제3자가 점유하고 있는 동산에 관한 물권을 양도하는 경우에는 양도인이 그 제3자에 대한 반환청구권을 양수인에게 양도함으로써 동산을 인도한 것으로 본다.

제191조【혼동으로 인한 물권의 소멸】① 동일한 물건에 대한 소유권과 다른 물권이 동일한 사람에게 귀속한 때에는 다른 물권은 소멸한다. 그러나 그 물권이 제3자의 권리의 목적이 된 때에는 소멸하지 아니한다.

② 전항의 규정은 소유권 이외의 물권과 그를 목적으로 하는 다른 권리가 동일한 사람에게 귀속한 경우에 준용한다.

③ 점유권에 관하여는 전2항의 규정을 적용하지 아니한다.

제2장 점유권

제192조【점유권의 취득과 소멸】① 물건을 사실상 지배하는 자는 점유권이 있다.

② 점유자가 물건에 대한 사실상의 지배를 상실한 때에는 점유권이 소멸한다. 그러나 제204조의 규정에 의하여 점유를 회수한 때에는 그러하지 아니하다.

제193조【상속으로 인한 점유권의 이전】점유권은 상속인에 이전한다.

제194조【간접점유】지상권, 전세권, 질권, 사용대차, 임대차, 임치 기타의 관계로 타인으로 하여금 물건을 점유하게 한 자는 간접으로 점유권이 있다.

제195조【점유보조자】가사상, 영업상 기타 유사한 관계에 의하여 타인의 지시를 받아 물건에 대한 사실상의 지배를 하는 때에는 그 타인만을 점유자로 한다.

제196조【점유권의 양도】① 점유권의 양도는 점유물의 인도로 그 효력이 생긴다.

② 전항의 점유권의 양도에는 제188조 제2항, 제189조, 제190조의 규정을 준용한다.

제197조【점유의 태양】① 점유자는 소유의 의사로 선의, 평온 및 공연하게 점유한 것으로 추정한다.

② 선의의 점유자라도 본권에 관한 소에 패소한 때에는 그 소가 제기된 때로부터 악의의 점유자로 본다.

제198조【점유계속의 추정】전후양시에 점유한 사실이 있는 때에는 그 점유는 계속한 것으로 추정한다.

제199조【점유의 승계의 주장과 그 효과】① 점유자의 승계인은 자기의 점유만을 주장하거나 자기의 점유와 전 점유자의 점유를 아울러 주장할 수 있다.
② 전점유자의 점유를 아울러 주장하는 경우에는 그 하자도 계승한다.

제200조【권리의 적법의 추정】점유자가 점유물에 대하여 행사하는 권리는 적법하게 보유한 것으로 추정한다.

제201조【점유자와 과실】① 선의의 점유자는 점유물의 과실을 취득한다.
② 악의의 점유자는 수취한 과실을 반환하여야 하며 소비하였거나 과실로 인하여 훼손 또는 수취하지 못한 경우에는 그 과실의 대가를 보상하여야 한다.
③ 전항의 규정은 폭력 또는 은비에 의한 점유자에 준용한다.

제202조【점유자의 회복자에 대한 책임】점유물이 점유자의 책임 있는 사유로 인하여 멸실 또는 훼손한 때에는 악의의 점유자는 그 손해의 전부를 배상하여야 하며 선의의 점유자는 이익이 현존하는 한도에서 배상하여야 한다. 소유의 의사가 없는 점유자는 선의인 경우에도 손해의 전부를 배상하여야 한다.

제203조【점유자의 상환청구권】① 점유자가 점유물을 반환할 때에는 회복자에 대하여 점유물을 보존하기 위하여 지출한 금액 기타 필요비의 상환을 청구할 수 있다. 그러나 점유자가 과실을 취득한 경우에는 통상의 필요비는 청구하지 못한다.
② 점유자가 점유물을 개량하기 위하여 지출한 금액 기타 유익비에 관하여는 그 가액의 증가가 현존한 경우에 한하여 회복자의 선택에 좇아 그 지출금액이나 증가액의 상환을 청구할 수 있다.
③ 전항의 경우에 법원은 회복자의 청구에 의하여 상당한 상환기간을 허여할 수 있다.

제204조【점유의 회수】① 점유자가 점유의 침탈을 당한 때에는 그 물건의 반환 및 손해의 배상을 청구할 수 있다.
② 전항의 청구권은 침탈자의 특별승계인에 대하여는 행사하지 못한다. 그러나 승계인이 악의인 때에는 그러하지 아니하다.
③ 제1항의 청구권은 침탈을 당한 날로부터 1년 내에 행사하여야 한다.

제205조【점유의 보유】① 점유자가 점유의 방해를 받은 때에는 그 방해의 제거 및 손해의 배상을 청구할 수 있다.
② 전항의 청구권은 방해가 종료한 날로부터 1년 내에 행사하여야 한다.
③ 공사로 인하여 점유의 방해를 받은 경우에는 공사착수 후 1년을 경과하거나 그 공사가 완성한 때에는 방해의 제거를 청구하지 못한다.

제206조【점유의 보전】① 점유자가 점유의 방해를 받을 염려가 있는 때에는 그 방해의 예방 또는 손해배상의 담보를 청구할 수 있다.
② 공사로 인하여 점유의 방해를 받을 염려가 있는 경우에는 전조 제3항의 규정을 준용한다.

제207조【간접점유의 보호】① 전3조의 청구권은 제194조의 규정에 의한 간접점유자도 이를 행사할 수 있다.
② 점유자가 점유의 침탈을 당한 경우에 간접점유자는 그 물건을 점유자에게 반환할 것을 청구할 수 있고 점유자가 그 물건의 반환을 받을 수 없거나 이를 원하지 아니하는 때에는 자기에게 반환할 것을 청구할 수 있다.

제208조【점유의 소와 본권의 소와의 관계】① 점유권에 기인한 소와 본권에 기인한 소는 서로 영향을 미치지 아니한다.
② 점유권에 기인한 소는 본권에 관한 이유로 재판하지 못한다.

제209조【자력구제】① 점유자는 그 점유를 부정히 침탈 또는 방해하는 행위에 대하여 자력으로써 이를 방위할 수 있다.
② 점유물이 침탈되었을 경우에 부동산일 때에는 점유자는 침탈 후 직시 가해자를 배제하여 이를 탈환할 수 있고 동산일 때에는 점유자는 현장에서 또는 추적하여 가해자로부터 이를 탈환할 수 있다.

제210조【준점유】본장의 규정은 재산권을 사실상 행사하는 경우에 준용한다.

제3장 소유권

제1절 소유권의 한계

제211조【소유권의 내용】소유자는 법률의 범위 내에서 그 소유물을 사용, 수익, 처분할 권리가 있다.

제212조【토지소유권의 범위】토지의 소유권은 정당한 이익 있는 범위 내에서 토지의 상하에 미친다.

제213조【소유물반환청구권】 소유자는 그 소유에 속한 물건을 점유한 자에 대하여 반환을 청구할 수 있다. 그러나 점유자가 그 물건을 점유할 권리가 있는 때에는 반환을 거부할 수 있다.

제214조【소유물방해제거, 방해예방청구권】 소유자는 소유권을 방해하는 자에 대하여 방해의 제거를 청구할 수 있고 소유권을 방해할 염려 있는 행위를 하는 자에 대하여 그 예방이나 손해배상의 담보를 청구할 수 있다.

제215조【건물의 구분소유】 ① 수인이 한 채의 건물을 구분하여 각각 그 일부분을 소유한 때에는 건물과 그 부속물 중 공용하는 부분은 그의 공유로 추정한다.
② 공용부분의 보존에 관한 비용 기타의 부담은 각자의 소유부분의 가액에 비례하여 분담한다.

제216조【인지사용청구권】 ① 토지소유자는 경계나 그 근방에서 담 또는 건물을 축조하거나 수선하기 위하여 필요한 범위 내에서 이웃 토지의 사용을 청구할 수 있다. 그러나 이웃 사람의 승낙이 없으면 그 주거에 들어가지 못한다.
② 전항의 경우에 이웃 사람이 손해를 받은 때에는 보상을 청구할 수 있다.

제217조【매연 등에 의한 인지에 대한 방해금지】 ① 토지소유자는 매연, 열기체, 액체, 음향, 진동 기타 이에 유사한 것으로 이웃 토지의 사용을 방해하거나 이웃 거주자의 생활에 고통을 주지 아니하도록 적당한 조처를 할 의무가 있다.
② 이웃 거주자는 전항의 사태가 이웃 토지의 통상의 용도에 적당한 것인 때에는 이를 인용할 의무가 있다.

제218조【수도 등 시설권】 ① 토지소유자는 타인의 토지를 통과하지 아니하면 필요한 수도, 소수관, 가스관, 전선 등을 시설할 수 없거나 과다한 비용을 요하는 경우에는 타인의 토지를 통과하여 이를 시설할 수 있다. 그러나 이로 인한 손해가 가장 적은 장소와 방법을 선택하여 이를 시설할 것이며 타토지의 소유자의 요청에 의하여 손해를 보상하여야 한다.
② 전항에 의한 시설을 한 후 사정의 변경이 있는 때에는 타토지의 소유자는 그 시설의 변경을 청구할 수 있다. 시설변경의 비용은 토지소유자가 부담한다.

제219조【주위토지통행권】 ① 어느 토지와 공로 사이에 그 토지의 용도에 필요한 통로가 없는 경우에 그 토지소유자는 주위의 토지를 통행 또는 통로로 하지 아니하면 공로에 출입할 수 없거나 과다한 비용을 요하는 때에는 그 주위의 토지를 통행할 수 있고 필요한 경우에는 통로를 개설할 수 있다. 그러나 이로 인한 손해가 가장 적은 장소와 방법을 선택하여야 한다.
② 전항의 통행권자는 통행지소유자의 손해를 보상하여야 한다.

제220조【분할, 일부양도와 주위통행권】 ① 분할로 인하여 공로에 통하지 못하는 토지가 있는 때에는 그 토지소유자는 공로에 출입하기 위하여 다른 분할자의 토지를 통행할 수 있다. 이 경우에는 보상의 의무가 없다.
② 전항의 규정은 토지소유자가 그 토지의 일부를 양도한 경우에 준용한다.

제221조【자연유수의 승수의무와 권리】 ① 토지소유자는 이웃 토지로부터 자연히 흘러오는 물을 막지 못한다.
② 고지소유자는 이웃 저지에 자연히 흘러 내리는 이웃 저지에서 필요한 물을 자기의 정당한 사용범위를 넘어서 이를 막지 못한다.

제222조【소통공사권】 흐르는 물이 저지에서 폐색된 때에는 고지소유자는 자비로 소통에 필요한 공사를 할 수 있다.

제223조【저수, 배수, 인수를 위한 공작물에 대한 공사청구권】 토지소유자가 저수, 배수 또는 인수하기 위하여 공작물을 설치한 경우에 공작물의 파손 또는 폐색으로 타인의 토지에 손해를 가하거나 가할 염려가 있는 때에는 타인은 그 공작물의 보수, 폐색의 소통 또는 예방에 필요한 청구를 할 수 있다.

제224조【관습에 의한 비용부담】 전2조의 경우에 비용부담에 관한 관습이 있으면 그 관습에 의한다.

제225조【처마물에 대한 시설의무】 토지소유자는 처마물이 이웃에 직접 낙하하지 아니하도록 적당한 시설을 하여야 한다.

제226조【여수소통권】 ① 고지소유자는 침수지를 건조하기 위하여 또는 가용이나 농, 공업용의 여수를 소통하기 위하여 공로, 공류 또는 하수도에 달하기까지 저지에 물을 통과하게 할 수 있다.

② 전항의 경우에는 저지의 손해가 가장 적은 장소와 방법을 선택하여야 하며 손해를 보상하여야 한다.

제227조【유수용공작물의 사용권】 ① 토지소유자는 그 소유지의 물을 소통하기 위하여 이웃 토지소유자의 시설한 공작물을 사용할 수 있다.
② 전항의 공작물을 사용하는 자는 그 이익을 받는 비율로 공작물의 설치와 보존의 비용을 분담하여야 한다.

제228조【여수급여청구권】 토지소유자는 과다한 비용이나 노력을 요하지 아니하고는 가용이나 토지이용에 필요한 물을 얻기 곤란한 때에는 이웃 토지소유자에게 보상하고 여수의 급여를 청구할 수 있다.

제229조【수류의 변경】 ① 구거 기타 수류지의 소유자는 대안의 토지가 타인의 소유인 때에는 그 수로나 수류의 폭을 변경하지 못한다.
② 양안의 토지가 수류지소유자의 소유인 때에는 소유자는 수로와 수류의 폭을 변경할 수 있다. 그러나 하류는 자연의 수로와 일치하도록 하여야 한다.
③ 전2항의 규정은 다른 관습이 있으면 그 관습에 의한다.

제230조【언의 설치, 이용권】 ① 수류지의 소유자가 언을 설치할 필요가 있는 때에는 그 언을 대안에 접촉하게 할 수 있다. 그러나 이로 인한 손해를 보상하여야 한다.
② 대안의 소유자는 수류지의 일부가 자기소유인 때에는 그 언을 사용할 수 있다. 그러나 그 이익을 받는 비율로 언의 설치, 보존의 비용을 분담하여야 한다.

제231조【공유하천용수권】 ① 공유하천의 연안에서 농, 공업을 경영하는 자는 이에 이용하기 위하여 타인의 용수를 방해하지 아니하는 범위 내에서 필요한 인수를 할 수 있다.
② 전항의 인수를 하기 위하여 필요한 공작물을 설치할 수 있다.

제232조【하류연안의 용수권 보호】 전조의 인수나 공작물로 인하여 하류연안의 용수권을 방해하는 때에는 그 용수권자는 방해의 제거 및 손해의 배상을 청구할 수 있다.

제233조【용수권의 승계】 농, 공업의 경영에 이용하는 수로 기타 공작물의 소유자나 몽리자의 특별승계인은 그 용수에 관한 전소유자나 몽리자의 권리·의무를 승계한다.

제234조【용수권에 관한 다른 관습】 전3조의 규정은 다른 관습이 있으면 그 관습에 의한다.

제235조【공용수의 용수권】 상린자는 그 공용에 속하는 원천이나 수도를 각 수요의 정도에 응하여 타인의 용수를 방해하지 아니하는 범위 내에서 각각 용수할 권리가 있다.

제236조【용수장해의 공사와 손해배상, 원상회복】 ① 필요한 용도나 수익이 있는 원천이나 수도가 타인의 건축 기타 공사로 인하여 단수, 감수 기타 용도에 장해가 생긴 때에는 용수권자는 손해배상을 청구할 수 있다.
② 전항의 공사로 인하여 음료수 기타 생활상 필요한 용수에 장해가 있을 때에는 원상회복을 청구할 수 있다.

제237조【경계표, 담의 설치권】 ① 인접하여 토지를 소유한 자는 공동비용으로 통상의 경계표나 담을 설치할 수 있다.
② 전항의 비용은 쌍방이 절반하여 부담한다. 그러나 측량비용은 토지의 면적에 비례하여 부담한다.
③ 전2항의 규정은 다른 관습이 있으면 그 관습에 의한다.

제238조【담의 특수시설권】 인지소유자는 자기의 비용으로 담의 재료를 통상보다 양호한 것으로 할 수 있으며 그 높이를 통상보다 높게 할 수 있고 또는 방화벽 기타 특수시설을 할 수 있다.

제239조【경계표 등의 공유추정】 경계에 설치된 경계표, 담, 구거 등은 상린자의 공유로 추정한다. 그러나 경계표, 담, 구거 등이 상린자 일방의 단독비용으로 설치되었거나 담이 건물의 일부인 경우에는 그러하지 아니하다.

제240조【수지, 목근의 제거권】 ① 인접지의 수목가지가 경계를 넘은 때에는 그 소유자에 대하여 가지의 제거를 청구할 수 있다.
② 전항의 청구에 응하지 아니한 때에는 청구자가 그 가지를 제거할 수 있다.
③ 인접지의 수목뿌리가 경계를 넘은 때에는 임의로 제거할 수 있다.

제241조【토지의 심굴금지】 토지소유자는 인접지의 지반이 붕괴할 정도로 자기의 토지를 심굴하지 못한다. 그러나 충분한 방어공사를 한 때에는 그러하지 아니하다.

제242조【경계선부근의 건축】 ① 건물을 축조함에는 특별한 관습이 없으면 경계로부터 반미터 이상의 거리를 두어야 한다.

② 인접지소유자는 전항의 규정에 위반한 자에 대하여 건물의 변경이나 철거를 청구할 수 있다. 그러나 건축에 착수한 후 1년을 경과하거나 건물이 완성된 후에는 손해배상만을 청구할 수 있다.

제243조【차면시설의무】경계로부터 2미터 이내의 거리에서 이웃 주택의 내부를 관망할 수 있는 창이나 마루를 설치하는 경우에는 적당한 차면시설을 하여야 한다.

제244조【지하시설 등에 대한 제한】① 우물을 파거나 용수, 하수 또는 오물 등을 저치할 지하시설을 하는 때에는 경계로부터 2미터 이상의 거리를 두어야 하며 저수지, 구거 또는 지하실공사에는 경계로부터 그 깊이의 반 이상의 거리를 두어야 한다.
② 전항의 공사를 함에는 토사가 붕괴하거나 하수 또는 오액이 이웃에 흐르지 아니하도록 적당한 조처를 하여야 한다.

제2절 소유권의 취득

제245조【점유로 인한 부동산소유권의 취득기간】① 20년간 소유의 의사로 평온, 공연하게 부동산을 점유하는 자는 등기함으로써 그 소유권을 취득한다.
② 부동산의 소유자로 등기한 자가 10년간 소유의 의사로 평온, 공연하게 선의이며 과실 없이 그 부동산을 점유한 때에는 소유권을 취득한다.

제246조【점유로 인한 동산소유권의 취득기간】① 10년간 소유의 의사로 평온, 공연하게 동산을 점유한 자는 그 소유권을 취득한다.
② 전항의 점유가 선의이며 과실 없이 개시된 경우에는 5년을 경과함으로써 그 소유권을 취득한다.

제247조【소유권취득의 소급효, 중단사유】① 전2조의 규정에 의한 소유권취득의 효력은 점유를 개시한 때에 소급한다.
② 소멸시효의 중단에 관한 규정은 전2조의 소유권취득기간에 준용한다.

제248조【소유권 이외의 재산권의 취득시효】전3조의 규정은 소유권 이외의 재산권의 취득에 준용한다.

제249조【선의취득】평온, 공연하게 동산을 양수한 자가 선의이며 과실 없이 그 동산을 점유한 경우에는 양도인이 정당한 소유자가 아닌 때에도 즉시 그 동산의 소유권을 취득한다.

제250조【도품, 유실물에 대한 특례】전조의 경우에 그 동산이 도품이나 유실물인 때에는 피해자 또는 유실자는 도난 또는 유실한 날로부터 2년 내에 그 물건의 반환을 청구할 수 있다. 그러나 도품이나 유실물이 금전인 때에는 그러하지 아니하다.

제251조【도품, 유실물에 대한 특례】양수인이 도품 또는 유실물을 경매나 공개시장에서 또는 동종류의 물건을 판매하는 상인에게서 선의로 매수한 때에는 피해자 또는 유실자는 양수인이 지급한 대가를 변상하고 그 물건의 반환을 청구할 수 있다.

제252조【무주물의 귀속】① 무주의 동산을 소유의 의사로 점유한 자는 그 소유권을 취득한다.
② 무주의 부동산은 국유로 한다.
③ 야생하는 동물은 무주물로 하고 사양하는 야생동물도 다시 야생상태로 돌아가면 무주물로 한다.

제253조【유실물의 소유권취득】유실물은 법률에 정한 바에 의하여 공고한 후 6개월 내에 그 소유자가 권리를 주장하지 아니하면 습득자가 그 소유권을 취득한다.

제254조【매장물의 소유권취득】매장물은 법률에 정한 바에 의하여 공고한 후 1년 내에 그 소유자가 권리를 주장하지 아니하면 발견자가 그 소유권을 취득한다. 그러나 타인의 토지 기타 물건으로부터 발견한 매장물은 그 토지 기타 물건의 소유자와 발견자가 절반하여 취득한다.

제255조【「국가유산기본법」제3조에 따른 국가유산의 국유】① 학술, 기예 또는 고고의 중요한 재료가 되는 물건에 대하여는 제252조 제1항 및 전2조의 규정에 의하지 아니하고 국유로 한다.
② 전항의 경우에 습득자, 발견자 및 매장물이 발견된 토지 기타 물건의 소유자는 국가에 대하여 적당한 보상을 청구할 수 있다.

제256조【부동산에의 부합】부동산의 소유자는 그 부동산에 부합한 물건의 소유권을 취득한다. 그러나 타인의 권원에 의하여 부속된 것은 그러하지 아니하다.

제257조【동산 간의 부합】동산과 동산이 부합하여 훼손하지 아니하면 분리할 수 없거나 그 분리에 과다한 비용을 요할 경우에는 그 합성물의 소유권은 주된 동산의 소유자에게 속한다. 부합한 동산의 주종을 구별할 수 없는 때에는 동산의 소유자는 부합 당시의 가액의 비율로 합성물을 공유한다.

제258조【혼화】 전조의 규정은 동산과 동산이 혼화하여 식별할 수 없는 경우에 준용한다.

제259조【가공】 ① 타인의 동산에 가공한 때에는 그 물건의 소유권은 원재료의 소유자에게 속한다. 그러나 가공으로 인한 가액의 증가가 원재료의 가액보다 현저히 다액인 때에는 가공자의 소유로 한다.
② 가공자가 재료의 일부를 제공하였을 때에는 그 가액은 전항의 증가액에 가산한다.

제260조【첨부의 효과】 ① 전4조의 규정에 의하여 동산의 소유권이 소멸한 때에는 그 동산을 목적으로 한 다른 권리도 소멸한다.
② 동산의 소유자가 합성물, 혼화물 또는 가공물의 단독소유자가 된 때에는 전항의 권리는 합성물, 혼화물 또는 가공물에 존속하고 그 공유자가 된 때에는 그 지분에 존속한다.

제261조【첨부로 인한 구상권】 전5조의 경우에 손해를 받은 자는 부당이득에 관한 규정에 의하여 보상을 청구할 수 있다.

제3절 공동소유

제262조【물건의 공유】 ① 물건이 지분에 의하여 수인의 소유로 된 때에는 공유로 한다.
② 공유자의 지분은 균등한 것으로 추정한다.

제263조【공유지분의 처분과 공유물의 사용, 수익】 공유자는 그 지분을 처분할 수 있고 공유물 전부를 지분의 비율로 사용, 수익할 수 있다.

제264조【공유물의 처분, 변경】 공유자는 다른 공유자의 동의없이 공유물을 처분하거나 변경하지 못한다.

제265조【공유물의 관리, 보존】 공유물의 관리에 관한 사항은 공유자의 지분의 과반수로써 결정한다. 그러나 보존행위는 각자가 할 수 있다.

제266조【공유물의 부담】 ① 공유자는 그 지분의 비율로 공유물의 관리비용 기타 의무를 부담한다.
② 공유자가 1년 이상 전항의 의무이행을 지체한 때에는 다른 공유자는 상당한 가액으로 지분을 매수할 수 있다.

제267조【지분포기 등의 경우의 귀속】 공유자가 그 지분을 포기하거나 상속인 없이 사망한 때에는 그 지분은 다른 공유자에게 각 지분의 비율로 귀속한다.

제268조【공유물의 분할청구】 ① 공유자는 공유물의 분할을 청구할 수 있다. 그러나 5년 내의 기간으로 분할하지 아니할 것을 약정할 수 있다.
② 전항의 계약을 갱신한 때에는 그 기간은 갱신한 날로부터 5년을 넘지 못한다.
③ 전2항의 규정은 제215조, 제239조의 공유물에는 적용하지 아니한다.

제269조【분할의 방법】 ① 분할의 방법에 관하여 협의가 성립되지 아니한 때에는 공유자는 법원에 그 분할을 청구할 수 있다.
② 현물로 분할할 수 없거나 분할로 인하여 현저히 그 가액이 감손될 염려가 있는 때에는 법원은 물건의 경매를 명할 수 있다.

제270조【분할로 인한 담보책임】 공유자는 다른 공유자가 분할로 인하여 취득한 물건에 대하여 그 지분의 비율로 매도인과 동일한 담보책임이 있다.

제271조【물건의 합유】 ① 법률의 규정 또는 계약에 의하여 수인이 조합체로서 물건을 소유하는 때에는 합유로 한다. 합유자의 권리는 합유물 전부에 미친다.
② 합유에 관하여는 전항의 규정 또는 계약에 의하는 외에 다음 3조의 규정에 의한다.

제272조【합유물의 처분, 변경과 보존】 합유물을 처분 또는 변경함에는 합유자 전원의 동의가 있어야 한다. 그러나 보존행위는 각자가 할 수 있다.

제273조【합유지분의 처분과 합유물의 분할금지】 ① 합유자는 전원의 동의 없이 합유물에 대한 지분을 처분하지 못한다.
② 합유자는 합유물의 분할을 청구하지 못한다.

제274조【합유의 종료】 ① 합유는 조합체의 해산 또는 합유물의 양도로 인하여 종료한다.
② 전항의 경우에 합유물의 분할에 관하여는 공유물의 분할에 관한 규정을 준용한다.

제275조【물건의 총유】 ① 법인이 아닌 사단의 사원이 집합체로서 물건을 소유할 때에는 총유로 한다.
② 총유에 관하여는 사단의 정관 기타 계약에 의하는 외에 다음 2조의 규정에 의한다.

제276조【총유물의 관리, 처분과 사용, 수익】 ① 총유물의 관리 및 처분은 사원총회의 결의에 의한다.
② 각 사원은 정관 기타의 규약에 좇아 총유물을 사용, 수익할 수 있다.

제277조 【총유물에 관한 권리·의무의 득상】 총유물에 관한 사원의 권리·의무는 사원의 지위를 취득상실함으로써 취득상실된다.

제278조 【준공동소유】 본절의 규정은 소유권 이외의 재산권에 준용한다. 그러나 다른 법률에 특별한 규정이 있으면 그에 의한다.

제4장 지상권

제279조 【지상권의 내용】 지상권자는 타인의 토지에 건물 기타 공작물이나 수목을 소유하기 위하여 그 토지를 사용하는 권리가 있다.

제280조 【존속기간을 약정한 지상권】 ① 계약으로 지상권의 존속기간을 정하는 경우에는 그 기간은 다음 연한보다 단축하지 못한다.
1. 석조, 석회조, 연와조 또는 이와 유사한 견고한 건물이나 수목의 소유를 목적으로 하는 때에는 30년
2. 전호 이외의 건물의 소유를 목적으로 하는 때에는 15년
3. 건물 이외의 공작물의 소유를 목적으로 하는 때에는 5년

② 전항의 기간보다 단축한 기간을 정한 때에는 전항의 기간까지 연장한다.

제281조 【존속기간을 약정하지 아니한 지상권】 ① 계약으로 지상권의 존속기간을 정하지 아니한 때에는 그 기간은 전조의 최단존속기간으로 한다.

② 지상권설정 당시에 공작물의 종류와 구조를 정하지 아니한 때에는 지상권은 전조 제2호의 건물의 소유를 목적으로 한 것으로 본다.

제282조 【지상권의 양도, 임대】 지상권자는 타인에게 그 권리를 양도하거나 그 권리의 존속기간 내에서 그 토지를 임대할 수 있다.

제283조 【지상권자의 갱신청구권, 매수청구권】 ① 지상권이 소멸한 경우에 건물 기타 공작물이나 수목이 현존한 때에는 지상권자는 계약의 갱신을 청구할 수 있다.

② 지상권설정자가 계약의 갱신을 원하지 아니하는 때에는 지상권자는 상당한 가액으로 전항의 공작물이나 수목의 매수를 청구할 수 있다.

제284조 【갱신과 존속기간】 당사자가 계약을 갱신하는 경우에는 지상권의 존속기간은 갱신한 날로부터 제280조의 최단존속기간보다 단축하지 못한다. 그러나 당사자는 이보다 장기의 기간을 정할 수 있다.

제285조 【수거의무, 매수청구권】 ① 지상권이 소멸한 때에는 지상권자는 건물 기타 공작물이나 수목을 수거하여 토지를 원상에 회복하여야 한다.

② 전항의 경우에 지상권설정자가 상당한 가액을 제공하여 그 공작물이나 수목의 매수를 청구한 때에는 지상권자는 정당한 이유 없이 이를 거절하지 못한다.

제286조 【지료증감청구권】 지료가 토지에 관한 조세 기타 부담의 증감이나 지가의 변동으로 인하여 상당하지 아니하게 된 때에는 당사자는 그 증감을 청구할 수 있다.

제287조 【지상권소멸청구권】 지상권자가 2년 이상의 지료를 지급하지 아니한 때에는 지상권설정자는 지상권의 소멸을 청구할 수 있다.

제288조 【지상권소멸청구와 저당권자에 대한 통지】 지상권이 저당권의 목적인 때 또는 그 토지에 있는 건물, 수목이 저당권의 목적이 된 때에는 전조의 청구는 저당권자에게 통지한 후 상당한 기간이 경과함으로써 그 효력이 생긴다.

제289조 【강행규정】 제280조 내지 제287조의 규정에 위반되는 계약으로 지상권자에게 불리한 것은 그 효력이 없다.

제289조의2 【구분지상권】 ① 지하 또는 지상의 공간은 상하의 범위를 정하여 건물 기타 공작물을 소유하기 위한 지상권의 목적으로 할 수 있다. 이 경우 설정행위로써 지상권의 행사를 위하여 토지의 사용을 제한할 수 있다.

② 제1항의 규정에 의한 구분지상권은 제3자가 토지를 사용·수익할 권리를 가진 때에도 그 권리자 및 그 권리를 목적으로 하는 권리를 가진 자 전원의 승낙이 있으면 이를 설정할 수 있다. 이 경우 토지를 사용·수익할 권리를 가진 제3자는 그 지상권의 행사를 방해하여서는 아니 된다.

제290조 【준용규정】 ① 제213조, 제214조, 제216조 내지 제244조의 규정은 지상권자 간 또는 지상권자와 인지소유자 간에 이를 준용한다.

② 제280조 내지 제289조 및 제1항의 규정은 제289조의2의 규정에 의한 구분지상권에 관하여 이를 준용한다.

제5장 지역권

제291조 【지역권의 내용】 지역권자는 일정한 목적을 위하여 타인의 토지를 자기토지의 편익에 이용하는 권리가 있다.

제292조【부종성】① 지역권은 요역지소유권에 부종하여 이전하며 또는 요역지에 대한 소유권 이외의 권리의 목적이 된다. 그러나 다른 약정이 있는 때에는 그 약정에 의한다.
② 지역권은 요역지와 분리하여 양도하거나 다른 권리의 목적으로 하지 못한다.

제293조【공유관계, 일부양도와 불가분성】① 토지공유자의 1인은 지분에 관하여 그 토지를 위한 지역권 또는 그 토지가 부담한 지역권을 소멸하게 하지 못한다.
② 토지의 분할이나 토지의 일부양도의 경우에는 지역권은 요역지의 각 부분을 위하여 또는 그 승역지의 각 부분에 존속한다. 그러나 지역권이 토지의 일부분에만 관한 것인 때에는 다른 부분에 대하여는 그러하지 아니하다.

제294조【지역권취득기간】지역권은 계속되고 표현된 것에 한하여 제245조의 규정을 준용한다.

제295조【취득과 불가분성】① 공유자의 1인이 지역권을 취득한 때에는 다른 공유자도 이를 취득한다.
② 점유로 인한 지역권취득기간의 중단은 지역권을 행사하는 모든 공유자에 대한 사유가 아니면 그 효력이 없다.

제296조【소멸시효의 중단, 정지와 불가분성】요역지가 수인의 공유인 경우에 그 1인에 의한 지역권소멸시효의 중단 또는 정지는 다른 공유자를 위하여 효력이 있다.

제297조【용수지역권】① 용수승역지의 수량이 요역지 및 승역지의 수요에 부족한 때에는 그 수요정도에 의하여 먼저 가용에 공급하고 다른 용도에 공급하여야 한다. 그러나 설정행위에 다른 약정이 있는 때에는 그 약정에 의한다.
② 승역지에 수개의 용수지역권이 설정된 때에는 후순위의 지역권자는 선순위의 지역권자의 용수를 방해하지 못한다.

제298조【승역지소유자의 의무와 승계】계약에 의하여 승역지소유자가 자기의 비용으로 지역권의 행사를 위하여 공작물의 설치 또는 수선의 의무를 부담한 때에는 승역지소유자의 특별승계인도 그 의무를 부담한다.

제299조【위기에 의한 부담면제】승역지의 소유자는 지역권에 필요한 부분의 토지소유권을 지역권자에게 위기하여 전조의 부담을 면할 수 있다.

제300조【공작물의 공동사용】① 승역지의 소유자는 지역권의 행사를 방해하지 아니하는 범위 내에서 지역권자가 지역권의 행사를 위하여 승역지에 설치한 공작물을 사용할 수 있다.
② 전항의 경우에 승역지의 소유자는 수익정도의 비율로 공작물의 설치, 보존의 비용을 분담하여야 한다.

제301조【준용규정】제214조의 규정은 지역권에 준용한다.

제302조【특수지역권】어느 지역의 주민이 집합체의 관계로 각자가 타인의 토지에서 초목, 야생물 및 토사의 채취, 방목 기타의 수익을 하는 권리가 있는 경우에는 관습에 의하는 외에 본장의 규정을 준용한다.

제6장 전세권

제303조【전세권의 내용】① 전세권자는 전세금을 지급하고 타인의 부동산을 점유하여 그 부동산의 용도에 좇아 사용·수익하며, 그 부동산 전부에 대하여 후순위권리자 기타 채권자보다 전세금의 우선변제를 받을 권리가 있다.
② 농경지는 전세권의 목적으로 하지 못한다.

제304조【건물의 전세권, 지상권, 임차권에 대한 효력】① 타인의 토지에 있는 건물에 전세권을 설정한 때에는 전세권의 효력은 그 건물의 소유를 목적으로 한 지상권 또는 임차권에 미친다.
② 전항의 경우에 전세권설정자는 전세권자의 동의 없이 지상권 또는 임차권을 소멸하게 하는 행위를 하지 못한다.

제305조【건물의 전세권과 법정지상권】① 대지와 건물이 동일한 소유자에 속한 경우에 건물에 전세권을 설정한 때에는 그 대지소유권의 특별승계인은 전세권설정자에 대하여 지상권을 설정한 것으로 본다. 그러나 지료는 당사자의 청구에 의하여 법원이 이를 정한다.
② 전항의 경우에 대지소유자는 타인에게 그 대지를 임대하거나 이를 목적으로 한 지상권 또는 전세권을 설정하지 못한다.

제306조【전세권의 양도, 임대 등】전세권자는 전세권을 타인에게 양도 또는 담보로 제공할 수 있고 그 존속기간 내에서 그 목적물을 타인에게 전전세 또는 임대할 수 있다. 그러나 설정행위로 이를 금지한 때에는 그러하지 아니하다.

제307조【전세권양도의 효력】전세권양수인은 전세권설정자에 대하여 전세권양도인과 동일한 권리·의무가 있다.

제308조【전전세 등의 경우의 책임】전세권의 목적물을 전전세 또는 임대한 경우에는 전세권자는 전전세 또는 임대하지 아니하였으면 면할 수 있는 불가항력으로 인한 손해에 대하여 그 책임을 부담한다.

제309조【전세권자의 유지, 수선의무】전세권자는 목적물의 현상을 유지하고 그 통상의 관리에 속한 수선을 하여야 한다.

제310조【전세권자의 상환청구권】① 전세권자가 목적물을 개량하기 위하여 지출한 금액 기타 유익비에 관하여는 그 가액의 증가가 현존한 경우에 한하여 소유자의 선택에 좇아 그 지출액이나 증가액의 상환을 청구할 수 있다.
② 전항의 경우에 법원은 소유자의 청구에 의하여 상당한 상환기간을 허여할 수 있다.

제311조【전세권의 소멸청구】① 전세권자가 전세권설정계약 또는 그 목적물의 성질에 의하여 정하여진 용법으로 이를 사용, 수익하지 아니한 경우에는 전세권설정자는 전세권의 소멸을 청구할 수 있다.
② 전항의 경우에는 전세권설정자는 전세권자에 대하여 원상회복 또는 손해배상을 청구할 수 있다.

제312조【전세권의 존속기간】① 전세권의 존속기간은 10년을 넘지 못한다. 당사자의 약정기간이 10년을 넘는 때에는 이를 10년으로 단축한다.
② 건물에 대한 전세권의 존속기간을 1년 미만으로 정한 때에는 이를 1년으로 한다.
③ 전세권의 설정은 이를 갱신할 수 있다. 그 기간은 갱신한 날로부터 10년을 넘지 못한다.
④ 건물의 전세권설정자가 전세권의 존속기간 만료 전 6월부터 1월까지 사이에 전세권자에 대하여 갱신거절의 통지 또는 조건을 변경하지 아니하면 갱신하지 아니한다는 뜻의 통지를 하지 아니한 경우에는 그 기간이 만료된 때에 전전세권과 동일한 조건으로 다시 전세권을 설정한 것으로 본다. 이 경우 전세권의 존속기간은 그 정함이 없는 것으로 본다.

제312조의2【전세금 증감청구권】전세금이 목적 부동산에 관한 조세·공과금 기타 부담의 증감이나 경제사정의 변동으로 인하여 상당하지 아니하게 된 때에는 당사자는 장래에 대하여 그 증감을 청구할 수 있다. 그러나 증액의 경우에는 대통령령이 정하는 기준에 따른 비율을 초과하지 못한다.

제313조【전세권의 소멸통고】전세권의 존속기간을 약정하지 아니한 때에는 각 당사자는 언제든지 상대방에 대하여 전세권의 소멸을 통고할 수 있고 상대방이 이 통고를 받은 날로부터 6월이 경과하면 전세권은 소멸한다.

제314조【불가항력으로 인한 멸실】① 전세권의 목적물의 전부 또는 일부가 불가항력으로 인하여 멸실된 때에는 그 멸실된 부분의 전세권은 소멸한다.
② 전항의 일부멸실의 경우에 전세권자가 그 잔존부분으로 전세권의 목적을 달성할 수 없는 때에는 전세권설정자에 대하여 전세권 전부의 소멸을 통고하고 전세금의 반환을 청구할 수 있다.

제315조【전세권자의 손해배상책임】① 전세권의 목적물의 전부 또는 일부가 전세권자에 책임 있는 사유로 인하여 멸실된 때에는 전세권자는 손해를 배상할 책임이 있다.
② 전항의 경우에 전세권설정자는 전세권이 소멸된 후 전세금으로써 손해의 배상에 충당하고 잉여가 있으면 반환하여야 하며 부족이 있으면 다시 청구할 수 있다.

제316조【원상회복의무, 매수청구권】① 전세권이 그 존속기간의 만료로 인하여 소멸한 때에는 전세권자는 그 목적물을 원상에 회복하여야 하며 그 목적물에 부속시킨 물건은 수거할 수 있다. 그러나 전세권설정자가 그 부속물건의 매수를 청구한 때에는 전세권자는 정당한 이유 없이 거절하지 못한다.
② 전항의 경우에 그 부속물건이 전세권설정자의 동의를 얻어 부속시킨 것인 때에는 전세권자는 전세권설정자에 대하여 그 부속물건의 매수를 청구할 수 있다. 그 부속물건이 전세권설정자로부터 매수한 것인 때에도 같다.

제317조【전세권의 소멸과 동시이행】전세권이 소멸한 때에는 전세권설정자는 전세권자로부터 그 목적물의 인도 및 전세권설정등기의 말소등기에 필요한 서류의 교부를 받는 동시에 전세금을 반환하여야 한다.

제318조【전세권자의 경매청구권】전세권설정자가 전세금의 반환을 지체한 때에는 전세권자는 「민사집행법」의 정한 바에 의하여 전세권의 목적물의 경매를 청구할 수 있다.

제319조【준용규정】제213조, 제214조, 제216조 내지 제244조의 규정은 전세권자 간 또는 전세권자와 인지소유자 및 지상권자 간에 이를 준용한다.

제7장 유치권

제320조【유치권의 내용】① 타인의 물건 또는 유가증권을 점유한 자는 그 물건이나 유가증권에 관하여 생긴 채권이 변제기에 있는 경우에는 변제를 받을 때까지 그 물건 또는 유가증권을 유치할 권리가 있다.
② 전항의 규정은 그 점유가 불법행위로 인한 경우에 적용하지 아니한다.

제321조【유치권의 불가분성】유치권자는 채권 전부의 변제를 받을 때까지 유치물 전부에 대하여 그 권리를 행사할 수 있다.

제322조【경매, 간이변제충당】① 유치권자는 채권의 변제를 받기 위하여 유치물을 경매할 수 있다.
② 정당한 이유 있는 때에는 유치권자는 감정인의 평가에 의하여 유치물로 직접 변제에 충당할 것을 법원에 청구할 수 있다. 이 경우에는 유치권자는 미리 채무자에게 통지하여야 한다.

제323조【과실수취권】① 유치권자는 유치물의 과실을 수취하여 다른 채권보다 먼저 그 채권의 변제에 충당할 수 있다. 그러나 과실이 금전이 아닌 때에는 경매하여야 한다.
② 과실은 먼저 채권의 이자에 충당하고 그 잉여가 있으면 원본에 충당한다.

제324조【유치권자의 선관의무】① 유치권자는 선량한 관리자의 주의로 유치물을 점유하여야 한다.
② 유치권자는 채무자의 승낙 없이 유치물의 사용, 대여 또는 담보제공을 하지 못한다. 그러나 유치물의 보존에 필요한 사용은 그러하지 아니하다.
③ 유치권자가 전2항의 규정에 위반한 때에는 채무자는 유치권의 소멸을 청구할 수 있다.

제325조【유치권자의 상환청구권】① 유치권자가 유치물에 관하여 필요비를 지출한 때에는 소유자에게 그 상환을 청구할 수 있다.
② 유치권자가 유치물에 관하여 유익비를 지출한 때에는 그 가액의 증가가 현존한 경우에 한하여 소유자의 선택에 좇아 그 지출한 금액이나 증가액의 상환을 청구할 수 있다. 그러나 법원은 소유자의 청구에 의하여 상당한 상환기간을 허여할 수 있다.

제326조【피담보채권의 소멸시효】유치권의 행사는 채권의 소멸시효의 진행에 영향을 미치지 아니한다.

제327조【타담보제공과 유치권소멸】채무자는 상당한 담보를 제공하고 유치권의 소멸을 청구할 수 있다.

제328조【점유상실과 유치권소멸】유치권은 점유의 상실로 인하여 소멸한다.

제8장 질권

제1절 동산질권

제329조【동산질권의 내용】동산질권자는 채권의 담보로 채무자 또는 제3자가 제공한 동산을 점유하고 그 동산에 대하여 다른 채권자보다 자기채권의 우선변제를 받을 권리가 있다.

제330조【설정계약의 요물성】질권의 설정은 질권자에게 목적물을 인도함으로써 그 효력이 생긴다.

제331조【질권의 목적물】질권은 양도할 수 없는 물건을 목적으로 하지 못한다.

제332조【설정자에 의한 대리점유의 금지】질권자는 설정자로 하여금 질물의 점유를 하게 하지 못한다.

제333조【동산질권의 순위】수개의 채권을 담보하기 위하여 동일한 동산에 수개의 질권을 설정한 때에는 그 순위는 설정의 선후에 의한다.

제334조【피담보채권의 범위】질권은 원본, 이자, 위약금, 질권실행의 비용, 질물보존의 비용 및 채무불이행 또는 질물의 하자로 인한 손해배상의 채권을 담보한다. 그러나 다른 약정이 있는 때에는 그 약정에 의한다.

제335조【유치적효력】질권자는 전조의 채권의 변제를 받을 때까지 질물을 유치할 수 있다. 그러나 자기보다 우선권이 있는 채권자에게 대항하지 못한다.

제336조【전질권】질권자는 그 권리의 범위 내에서 자기의 책임으로 질물을 전질할 수 있다. 이 경우에는 전질을 하지 아니하였으면 면할 수 있는 불가항력으로 인한 손해에 대하여도 책임을 부담한다.

제337조【전질의 대항요건】① 전조의 경우에 질권자가 채무자에게 전질의 사실을 통지하거나 채무자가 이를 승낙함이 아니면 전질로써 채무자, 보증인, 질권설정자 및 그 승계인에게 대항하지 못한다.
② 채무자가 전항의 통지를 받거나 승낙을 한 때에는 전질권자의 동의 없이 질권자에게 채무를 변제하여도 이로써 전질권자에게 대항하지 못한다.

제338조【경매, 간이변제충당】① 질권자는 채권의 변제를 받기 위하여 질물을 경매할 수 있다.
② 정당한 이유 있는 때에는 질권자는 감정인의 평가에 의하여 질물로 직접 변제에 충당할 것을 법원에 청구할 수 있다. 이 경우에는 질권자는 미리 채무자 및 질권설정자에게 통지하여야 한다.

제339조【유질계약의 금지】질권설정자는 채무변제기 전의 계약으로 질권자에게 변제에 갈음하여 질물의 소유권을 취득하게 하거나 법률에 정한 방법에 의하지 아니하고 질물을 처분할 것을 약정하지 못한다.

제340조【질물 이외의 재산으로부터의 변제】① 질권자는 질물에 의하여 변제를 받지 못한 부분의 채권에 한하여 채무자의 다른 재산으로부터 변제를 받을 수 있다.
② 전항의 규정은 질물보다 먼저 다른 재산에 관한 배당을 실시하는 경우에는 적용하지 아니한다. 그러나 다른 채권자는 질권자에게 그 배당금액의 공탁을 청구할 수 있다.

제341조【물상보증인의 구상권】타인의 채무를 담보하기 위한 질권설정자가 그 채무를 변제하거나 질권의 실행으로 인하여 질물의 소유권을 잃은 때에는 보증채무에 관한 규정에 의하여 채무자에 대한 구상권이 있다.

제342조【물상대위】질권은 질물의 멸실, 훼손 또는 공용징수로 인하여 질권설정자가 받을 금전 기타 물건에 대하여도 이를 행사할 수 있다. 이 경우에는 그 지급 또는 인도 전에 압류하여야 한다.

제343조【준용규정】제249조 내지 제251조, 제321조 내지 제325조의 규정은 동산질권에 준용한다.

제344조【타법률에 의한 질권】본절의 규정은 다른 법률의 규정에 의하여 설정된 질권에 준용한다.

제2절 권리질권

제345조【권리질권의 목적】질권은 재산권을 그 목적으로 할 수 있다. 그러나 부동산의 사용, 수익을 목적으로 하는 권리는 그러하지 아니하다.

제346조【권리질권의 설정방법】권리질권의 설정은 법률에 다른 규정이 없으면 그 권리의 양도에 관한 방법에 의하여야 한다.

제347조【설정계약의 요물성】채권을 질권의 목적으로 하는 경우에 채권증서가 있는 때에는 질권의 설정은 그 증서를 질권자에게 교부함으로써 그 효력이 생긴다.

제348조【저당채권에 대한 질권과 부기등기】저당권으로 담보한 채권을 질권의 목적으로 한 때에는 그 저당권 등기에 질권의 부기등기를 하여야 그 효력이 저당권에 미친다.

제349조【지명채권에 대한 질권의 대항요건】① 지명채권을 목적으로 한 질권의 설정은 설정자가 제450조의 규정에 의하여 제3채무자에게 질권설정의 사실을 통지하거나 제3채무자가 이를 승낙함이 아니면 이로써 제3채무자 기타 제3자에게 대항하지 못한다.
② 제451조의 규정은 전항의 경우에 준용한다.

제350조【지시채권에 대한 질권의 설정방법】지시채권을 질권의 목적으로 한 질권의 설정은 증서에 배서하여 질권자에게 교부함으로써 그 효력이 생긴다.

제351조【무기명채권에 대한 질권의 설정방법】무기명채권을 목적으로 한 질권의 설정은 증서를 질권자에게 교부함으로써 그 효력이 생긴다.

제352조【질권설정자의 권리처분제한】질권설정자는 질권자의 동의 없이 질권의 목적된 권리를 소멸하게 하거나 질권자의 이익을 해하는 변경을 할 수 없다.

제353조【질권의 목적이 된 채권의 실행방법】① 질권자는 질권의 목적이 된 채권을 직접 청구할 수 있다.
② 채권의 목적물이 금전인 때에는 질권자는 자기채권의 한도에서 직접 청구할 수 있다.
③ 전항의 채권의 변제기가 질권자의 채권의 변제기보다 먼저 도래한 때에는 질권자는 제3채무자에 대하여 그 변제금액의 공탁을 청구할 수 있다. 이 경우에 질권은 그 공탁금에 존재한다.
④ 채권의 목적물이 금전 이외의 물건인 때에는 질권자는 그 변제를 받은 물건에 대하여 질권을 행사할 수 있다.

제354조【동전】질권자는 전조의 규정에 의하는 외에 「민사집행법」에 정한 집행방법에 의하여 질권을 실행할 수 있다.

제355조【준용규정】권리질권에는 본절의 규정 외에 동산질권에 관한 규정을 준용한다.

제9장 저당권

제356조【저당권의 내용】 저당권자는 채무자 또는 제3자가 점유를 이전하지 아니하고 채무의 담보로 제공한 부동산에 대하여 다른 채권자보다 자기채권의 우선변제를 받을 권리가 있다.

제357조【근저당】 ① 저당권은 그 담보할 채무의 최고액만을 정하고 채무의 확정을 장래에 보류하여 이를 설정할 수 있다. 이 경우에는 그 확정될 때까지의 채무의 소멸 또는 이전은 저당권에 영향을 미치지 아니한다.
② 전항의 경우에는 채무의 이자는 최고액 중에 산입한 것으로 본다.

제358조【저당권의 효력의 범위】 저당권의 효력은 저당부동산에 부합된 물건과 종물에 미친다. 그러나 법률에 특별한 규정 또는 설정행위에 다른 약정이 있으면 그러하지 아니하다.

제359조【과실에 대한 효력】 저당권의 효력은 저당부동산에 대한 압류가 있은 후에 저당권설정자가 그 부동산으로부터 수취한 과실 또는 수취할 수 있는 과실에 미친다. 그러나 저당권자가 그 부동산에 대한 소유권, 지상권 또는 전세권을 취득한 제3자에 대하여는 압류한 사실을 통지한 후가 아니면 이로써 대항하지 못한다.

제360조【피담보채권의 범위】 저당권은 원본, 이자, 위약금, 채무불이행으로 인한 손해배상 및 저당권의 실행비용을 담보한다. 그러나 지연배상에 대하여는 원본의 이행기일을 경과한 후의 1년분에 한하여 저당권을 행사할 수 있다.

제361조【저당권의 처분제한】 저당권은 그 담보한 채권과 분리하여 타인에게 양도하거나 다른 채권의 담보로 하지 못한다.

제362조【저당물의 보충】 저당권설정자의 책임 있는 사유로 인하여 저당물의 가액이 현저히 감소된 때에는 저당권자는 저당권설정자에 대하여 그 원상회복 또는 상당한 담보제공을 청구할 수 있다.

제363조【저당권자의 경매청구권, 경매인】 ① 저당권자는 그 채권의 변제를 받기 위하여 저당물의 경매를 청구할 수 있다.
② 저당물의 소유권을 취득한 제3자도 경매인이 될 수 있다.

제364조【제3취득자의 변제】 저당부동산에 대하여 소유권, 지상권 또는 전세권을 취득한 제3자는 저당권자에게 그 부동산으로 담보된 채권을 변제하고 저당권의 소멸을 청구할 수 있다.

제365조【저당지상의 건물에 대한 경매청구권】 토지를 목적으로 저당권을 설정한 후 그 설정자가 그 토지에 건물을 축조한 때에는 저당권자는 토지와 함께 그 건물에 대하여도 경매를 청구할 수 있다. 그러나 그 건물의 경매대가에 대하여는 우선변제를 받을 권리가 없다.

제366조【법정지상권】 저당물의 경매로 인하여 토지와 그 지상건물이 다른 소유자에 속한 경우에는 토지소유자는 건물소유자에 대하여 지상권을 설정한 것으로 본다. 그러나 지료는 당사자의 청구에 의하여 법원이 이를 정한다.

제367조【제3취득자의 비용상환청구권】 저당물의 제3취득자가 그 부동산의 보존, 개량을 위하여 필요비 또는 유익비를 지출한 때에는 제203조 제1항, 제2항의 규정에 의하여 저당물의 경매대가에서 우선상환을 받을 수 있다.

제368조【공동저당과 대가의 배당, 차순위자의 대위】 ① 동일한 채권의 담보로 수개의 부동산에 저당권을 설정한 경우에 그 부동산의 경매대가를 동시에 배당하는 때에는 각 부동산의 경매대가에 비례하여 그 채권의 분담을 정한다.
② 전항의 저당부동산 중 일부의 경매대가를 먼저 배당하는 경우에는 그 대가에서 그 채권 전부의 변제를 받을 수 있다. 이 경우에 그 경매한 부동산의 차순위저당권자는 선순위저당권자가 전항의 규정에 의하여 다른 부동산의 경매대가에서 변제를 받을 수 있는 금액의 한도에서 선순위자를 대위하여 저당권을 행사할 수 있다.

제369조【부종성】 저당권으로 담보한 채권이 시효의 완성 기타 사유로 인하여 소멸한 때에는 저당권도 소멸한다.

제370조【준용규정】 제214조, 제321조, 제333조, 제340조, 제341조 및 제342조의 규정은 저당권에 준용한다.

제371조【지상권, 전세권을 목적으로 하는 저당권】 ① 본장의 규정은 지상권 또는 전세권을 저당권의 목적으로 한 경우에 준용한다.
② 지상권 또는 전세권을 목적으로 저당권을 설정한 자는 저당권자의 동의 없이 지상권 또는 전세권을 소멸하게 하는 행위를 하지 못한다.

제372조【타법률에 의한 저당권】본장의 규정은 다른 법률에 의하여 설정된 저당권에 준용한다.

제373조~제526조 생략

제2장 계약

제1절 총칙

제1관 계약의 성립

제527조【계약의 청약의 구속력】계약의 청약은 이를 철회하지 못한다.

제528조【승낙기간을 정한 계약의 청약】① 승낙의 기간을 정한 계약의 청약은 청약자가 그 기간 내에 승낙의 통지를 받지 못한 때에는 그 효력을 잃는다.
② 승낙의 통지가 전항의 기간 후에 도달한 경우에 보통 그 기간 내에 도달할 수 있는 발송인 때에는 청약자는 지체 없이 상대방에게 그 연착의 통지를 하여야 한다. 그러나 그 도달 전에 지연의 통지를 발송한 때에는 그러하지 아니하다.
③ 청약자가 전항의 통지를 하지 아니한 때에는 승낙의 통지는 연착되지 아니한 것으로 본다.

제529조【승낙기간을 정하지 아니한 계약의 청약】승낙의 기간을 정하지 아니한 계약의 청약은 청약자가 상당한 기간 내에 승낙의 통지를 받지 못한 때에는 그 효력을 잃는다.

제530조【연착된 승낙의 효력】전2조의 경우에 연착된 승낙은 청약자가 이를 새 청약으로 볼 수 있다.

제531조【격지자 간의 계약성립 시기】격지자 간의 계약은 승낙의 통지를 발송한 때에 성립한다.

제532조【의사실현에 의한 계약성립】청약자의 의사표시나 관습에 의하여 승낙의 통지가 필요하지 아니한 경우에는 계약은 승낙의 의사표시로 인정되는 사실이 있는 때에 성립한다.

제533조【교차청약】당사자 간에 동일한 내용의 청약이 상호 교차된 경우에는 양청약이 상대방에게 도달한 때에 계약이 성립한다.

제534조【변경을 가한 승낙】승낙자가 청약에 대하여 조건을 붙이거나 변경을 가하여 승낙한 때에는 그 청약의 거절과 동시에 새로 청약한 것으로 본다.

제535조【계약체결상의 과실】① 목적이 불능한 계약을 체결할 때에 그 불능을 알았거나 알 수 있었을 자는 상대방이 그 계약의 유효를 믿었음으로 인하여 받은 손해를 배상하여야 한다. 그러나 그 배상액은 계약이 유효함으로 인하여 생길 이익액을 넘지 못한다.
② 전항의 규정은 상대방이 그 불능을 알았거나 알 수 있었을 경우에는 적용하지 아니한다.

제2관 계약의 효력

제536조【동시이행의 항변권】① 쌍무계약의 당사자 일방은 상대방이 그 채무이행을 제공할 때까지 자기의 채무이행을 거절할 수 있다. 그러나 상대방의 채무가 변제기에 있지 아니하는 때에는 그러하지 아니하다.
② 당사자 일방이 상대방에게 먼저 이행하여야 할 경우에 상대방의 이행이 곤란할 현저한 사유가 있는 때에는 전항 본문과 같다.

제537조【채무자위험부담주의】쌍무계약의 당사자 일방의 채무가 당사자 쌍방의 책임 없는 사유로 이행할 수 없게 된 때에는 채무자는 상대방의 이행을 청구하지 못한다.

제538조【채권자귀책사유로 인한 이행불능】① 쌍무계약의 당사자 일방의 채무가 채권자의 책임 있는 사유로 이행할 수 없게 된 때에는 채무자는 상대방의 이행을 청구할 수 있다. 채권자의 수령지체 중에 당사자 쌍방의 책임 없는 사유로 이행할 수 없게 된 때에도 같다.
② 전항의 경우에 채무자는 자기의 채무를 면함으로써 이익을 얻은 때에는 이를 채권자에게 상환하여야 한다.

제539조【제3자를 위한 계약】① 계약에 의하여 당사자 일방이 제3자에게 이행할 것을 약정한 때에는 그 제3자는 채무자에게 직접 그 이행을 청구할 수 있다.
② 전항의 경우에 제3자의 권리는 그 제3자가 채무자에 대하여 계약의 이익을 받을 의사를 표시한 때에 생긴다.

제540조【채무자의 제3자에 대한 최고권】전조의 경우에 채무자는 상당한 기간을 정하여 계약의 이익의 향수여부의 확답을 제3자에게 최고할 수 있다. 채무자가 그 기간 내에 확답을 받지 못한 때에는 제3자가 계약의 이익을 받을 것을 거절한 것으로 본다.

제541조【제3자의 권리의 확정】제539조의 규정에 의하여 제3자의 권리가 생긴 후에는 당사자는 이를 변경 또는 소멸시키지 못한다.

제542조【채무자의 항변권】채무자는 제539조의 계약에 기한 항변으로 그 계약의 이익을 받을 제3자에게 대항할 수 있다.

제3관 계약의 해지, 해제

제543조【해지, 해제권】① 계약 또는 법률의 규정에 의하여 당사자의 일방이나 쌍방이 해지 또는 해제의 권리가 있는 때에는 그 해지 또는 해제는 상대방에 대한 의사표시로 한다.
② 전항의 의사표시는 철회하지 못한다.

제544조【이행지체와 해제】당사자 일방이 그 채무를 이행하지 아니하는 때에는 상대방은 상당한 기간을 정하여 그 이행을 최고하고 그 기간 내에 이행하지 아니한 때에는 계약을 해제할 수 있다. 그러나 채무자가 미리 이행하지 아니할 의사를 표시한 경우에는 최고를 요하지 아니한다.

제545조【정기행위와 해제】계약의 성질 또는 당사자의 의사표시에 의하여 일정한 시일 또는 일정한 기간 내에 이행하지 아니하면 계약의 목적을 달성할 수 없을 경우에 당사자 일방이 그 시기에 이행하지 아니한 때에는 상대방은 전조의 최고를 하지 아니하고 계약을 해제할 수 있다.

제546조【이행불능과 해제】채무자의 책임 있는 사유로 이행이 불능하게 된 때에는 채권자는 계약을 해제할 수 있다.

제547조【해지, 해제권의 불가분성】① 당사자의 일방 또는 쌍방이 수인인 경우에는 계약의 해지나 해제는 그 전원으로부터 또는 전원에 대하여 하여야 한다.
② 전항의 경우에 해지나 해제의 권리가 당사자 1인에 대하여 소멸한 때에는 다른 당사자에 대하여도 소멸한다.

제548조【해제의 효과, 원상회복의무】① 당사자 일방이 계약을 해제한 때에는 각 당사자는 그 상대방에 대하여 원상회복의 의무가 있다. 그러나 제3자의 권리를 해하지 못한다.
② 전항의 경우에 반환할 금전에는 그 받은 날로부터 이자를 가하여야 한다.

제549조【원상회복의무와 동시이행】제536조의 규정은 전조의 경우에 준용한다.

제550조【해지의 효과】당사자 일방이 계약을 해지한 때에는 계약은 장래에 대하여 그 효력을 잃는다.

제551조【해지, 해제와 손해배상】계약의 해지 또는 해제는 손해배상의 청구에 영향을 미치지 아니한다.

제552조【해제권행사 여부의 최고권】① 해제권의 행사의 기간을 정하지 아니한 때에는 상대방은 상당한 기간을 정하여 해제권행사 여부의 확답을 해제권자에게 최고할 수 있다.
② 전항의 기간 내에 해제의 통지를 받지 못한 때에는 해제권은 소멸한다.

제553조【훼손 등으로 인한 해제권의 소멸】해제권자의 고의나 과실로 인하여 계약의 목적물이 현저히 훼손되거나 이를 반환할 수 없게 된 때 또는 가공이나 개조로 인하여 다른 종류의 물건으로 변경된 때에는 해제권은 소멸한다.

제2절 증여

제554조【증여의 의의】증여는 당사자 일방이 무상으로 재산을 상대방에 수여하는 의사를 표시하고 상대방이 이를 승낙함으로써 그 효력이 생긴다.

제555조【서면에 의하지 아니한 증여와 해제】증여의 의사가 서면으로 표시되지 아니한 경우에는 각 당사자는 이를 해제할 수 있다.

제556조【수증자의 행위와 증여의 해제】① 수증자가 증여자에 대하여 다음 각 호의 사유가 있는 때에는 증여자는 그 증여를 해제할 수 있다.
 1. 증여자 또는 그 배우자나 직계혈족에 대한 범죄행위가 있는 때
 2. 증여자에 대하여 부양의무 있는 경우에 이를 이행하지 아니하는 때
② 전항의 해제권은 해제원인 있음을 안 날로부터 6월을 경과하거나 증여자가 수증자에 대하여 용서의 의사를 표시한 때에는 소멸한다.

제557조【증여자의 재산상태변경과 증여의 해제】증여계약 후에 증여자의 재산상태가 현저히 변경되고 그 이행으로 인하여 생계에 중대한 영향을 미칠 경우에는 증여자는 증여를 해제할 수 있다.

제558조【해제와 이행완료부분】 전3조의 규정에 의한 계약의 해제는 이미 이행한 부분에 대하여는 영향을 미치지 아니한다.

제559조【증여자의 담보책임】 ① 증여자는 증여의 목적인 물건 또는 권리의 하자나 흠결에 대하여 책임을 지지 아니한다. 그러나 증여자가 그 하자나 흠결을 알고 수증자에게 고지하지 아니한 때에는 그러하지 아니하다.
② 상대부담 있는 증여에 대하여는 증여자는 그 부담의 한도에서 매도인과 같은 담보의 책임이 있다.

제560조【정기증여와 사망으로 인한 실효】 정기의 급여를 목적으로 한 증여는 증여자 또는 수증자의 사망으로 인하여 그 효력을 잃는다.

제561조【부담부증여】 상대부담 있는 증여에 대하여는 본절의 규정 외에 쌍무계약에 관한 규정을 적용한다.

제562조【사인증여】 증여자의 사망으로 인하여 효력이 생길 증여에는 유증에 관한 규정을 준용한다.

제3절 매매

제1관 총칙

제563조【매매의 의의】 매매는 당사자 일방이 재산권을 상대방에게 이전할 것을 약정하고 상대방이 그 대금을 지급할 것을 약정함으로써 그 효력이 생긴다.

제564조【매매의 일방예약】 ① 매매의 일방예약은 상대방이 매매를 완결할 의사를 표시하는 때에 매매의 효력이 생긴다.
② 전항의 의사표시의 기간을 정하지 아니한 때에는 예약자는 상당한 기간을 정하여 매매완결 여부의 확답을 상대방에게 최고할 수 있다.
③ 예약자가 전항의 기간 내에 확답을 받지 못한 때에는 예약은 그 효력을 잃는다.

제565조【해약금】 ① 매매의 당사자 일방이 계약 당시에 금전 기타 물건을 계약금, 보증금 등의 명목으로 상대방에게 교부한 때에는 당사자 간에 다른 약정이 없는 한 당사자의 일방이 이행에 착수할 때까지 교부자는 이를 포기하고 수령자는 그 배액을 상환하여 매매계약을 해제할 수 있다.
② 제551조의 규정은 전항의 경우에 이를 적용하지 아니한다.

제566조【매매계약의 비용의 부담】 매매계약에 관한 비용은 당사자 쌍방이 균분하여 부담한다.

제567조【유상계약에의 준용】 본절의 규정은 매매 이외의 유상계약에 준용한다. 그러나 그 계약의 성질이 이를 허용하지 아니하는 때에는 그러하지 아니하다.

제2관 매매의 효력

제568조【매매의 효력】 ① 매도인은 매수인에 대하여 매매의 목적이 된 권리를 이전하여야 하며 매수인은 매도인에게 그 대금을 지급하여야 한다.
② 전항의 쌍방의무는 특별한 약정이나 관습이 없으면 동시에 이행하여야 한다.

제569조【타인의 권리의 매매】 매매의 목적이 된 권리가 타인에게 속한 경우에는 매도인은 그 권리를 취득하여 매수인에게 이전하여야 한다.

제570조【동전-매도인의 담보책임】 전조의 경우에 매도인이 그 권리를 취득하여 매수인에게 이전할 수 없는 때에는 매수인은 계약을 해제할 수 있다. 그러나 매수인이 계약 당시 그 권리가 매도인에게 속하지 아니함을 안 때에는 손해배상을 청구하지 못한다.

제571조【동전-선의의 매도인의 담보책임】 ① 매도인이 계약 당시에 매매의 목적이 된 권리가 자기에게 속하지 아니함을 알지 못한 경우에 그 권리를 취득하여 매수인에게 이전할 수 없는 때에는 매도인은 손해를 배상하고 계약을 해제할 수 있다.
② 전항의 경우에 매수인이 계약 당시 그 권리가 매도인에게 속하지 아니함을 안 때에는 매도인은 매수인에 대하여 그 권리를 이전할 수 없음을 통지하고 계약을 해제할 수 있다.

제572조【권리의 일부가 타인에게 속한 경우와 매도인의 담보책임】 ① 매매의 목적이 된 권리의 일부가 타인에게 속함으로 인하여 매도인이 그 권리를 취득하여 매수인에게 이전할 수 없는 때에는 매수인은 그 부분의 비율로 대금의 감액을 청구할 수 있다.
② 전항의 경우에 잔존한 부분만이면 매수인이 이를 매수하지 아니하였을 때에는 선의의 매수인은 계약 전부를 해제할 수 있다.
③ 선의의 매수인은 감액청구 또는 계약해제 외에 손해배상을 청구할 수 있다.

제573조【전조의 권리행사의 기간】 전조의 권리는 매수인이 선의인 경우에는 사실을 안 날로부터, 악의인 경우에는 계약한 날로부터 1년 내에 행사하여야 한다.

제574조【수량부족, 일부멸실의 경우와 매도인의 담보책임】 전2조의 규정은 수량을 지정한 매매의 목적물이 부족되는 경우와 매매목적물의 일부가 계약 당시에 이미 멸실된 경우에 매수인이 그 부족 또는 멸실을 알지 못한 때에 준용한다.

제575조【제한물권 있는 경우와 매도인의 담보책임】
① 매매의 목적물이 지상권, 지역권, 전세권, 질권 또는 유치권의 목적이 된 경우에 매수인이 이를 알지 못한 때에는 이로 인하여 계약의 목적을 달성할 수 없는 경우에 한하여 매수인은 계약을 해제할 수 있다. 기타의 경우에는 손해배상만을 청구할 수 있다.
② 전항의 규정은 매매의 목적이 된 부동산을 위하여 존재할 지역권이 없거나 그 부동산에 등기된 임대차계약이 있는 경우에 준용한다.
③ 전2항의 권리는 매수인이 그 사실을 안 날로부터 1년 내에 행사하여야 한다.

제576조【저당권, 전세권의 행사와 매도인의 담보책임】
① 매매의 목적이 된 부동산에 설정된 저당권 또는 전세권의 행사로 인하여 매수인이 그 소유권을 취득할 수 없거나 취득한 소유권을 잃은 때에는 매수인은 계약을 해제할 수 있다.
② 전항의 경우에 매수인의 출재로 그 소유권을 보존한 때에는 매도인에 대하여 그 상환을 청구할 수 있다.
③ 전2항의 경우에 매수인이 손해를 받은 때에는 그 배상을 청구할 수 있다.

제577조【저당권의 목적이 된 지상권, 전세권의 매매와 매도인의 담보책임】 전조의 규정은 저당권의 목적이 된 지상권 또는 전세권이 매매의 목적이 된 경우에 준용한다.

제578조【경매와 매도인의 담보책임】 ① 경매의 경우에는 경락인은 전8조의 규정에 의하여 채무자에게 계약의 해제 또는 대금감액의 청구를 할 수 있다.
② 전항의 경우에 채무자가 자력이 없는 때에는 경락인은 대금의 배당을 받은 채권자에 대하여 그 대금 전부나 일부의 반환을 청구할 수 있다.
③ 전2항의 경우에 채무자가 물건 또는 권리의 흠결을 알고 고지하지 아니하거나 채권자가 이를 알고 경매를 청구한 때에는 경락인은 그 흠결을 안 채무자나 채권자에 대하여 손해배상을 청구할 수 있다.

제579조【채권매매와 매도인의 담보책임】 ① 채권의 매도인이 채무자의 자력을 담보한 때에는 매매계약 당시의 자력을 담보한 것으로 추정한다.
② 변제기에 도달하지 아니한 채권의 매도인이 채무자의 자력을 담보한 때에는 변제기의 자력을 담보한 것으로 추정한다.

제580조【매도인의 하자담보책임】 ① 매매의 목적물에 하자가 있는 때에는 제575조 제1항의 규정을 준용한다. 그러나 매수인이 하자 있는 것을 알았거나 과실로 인하여 이를 알지 못한 때에는 그러하지 아니하다.
② 전항의 규정은 경매의 경우에 적용하지 아니한다.

제581조【종류매매와 매도인의 담보책임】 ① 매매의 목적물을 종류로 지정한 경우에도 그 후 특정된 목적물에 하자가 있는 때에는 전조의 규정을 준용한다.
② 전항의 경우에 매수인은 계약의 해제 또는 손해배상의 청구를 하지 아니하고 하자 없는 물건을 청구할 수 있다.

제582조【전2조의 권리행사기간】 전2조에 의한 권리는 매수인이 그 사실을 안 날로부터 6월 내에 행사하여야 한다.

제583조【담보책임과 동시이행】 제536조의 규정은 제572조 내지 제575조, 제580조 및 제581조의 경우에 준용한다.

제584조【담보책임면제의 특약】 매도인은 전15조에 의한 담보책임을 면하는 특약을 한 경우에도 매도인이 알고 고지하지 아니한 사실 및 제3자에게 권리를 설정 또는 양도한 행위에 대하여는 책임을 면하지 못한다.

제585조【동일기한의 추정】 매매의 당사자 일방에 대한 의무이행의 기한이 있는 때에는 상대방의 의무이행에 대하여도 동일한 기한이 있는 것으로 추정한다.

제586조【대금지급장소】 매매의 목적물의 인도와 동시에 대금을 지급할 경우에는 그 인도장소에서 이를 지급하여야 한다.

제587조【과실의 귀속, 대금의 이자】 매매계약 있은 후에도 인도하지 아니한 목적물로부터 생긴 과실은 매도인에게 속한다. 매수인은 목적물의 인도를 받은 날로부터 대금의 이자를 지급하여야 한다. 그러나 대금의 지급에 대하여 기한이 있는 때에는 그러하지 아니하다.

제588조【권리주장자가 있는 경우와 대금지급거절권】 매매의 목적물에 대하여 권리를 주장하는 자가 있는 경우에 매수인이 매수한 권리의 전부나 일부를 잃을 염려가

있는 때에는 매수인은 그 위험의 한도에서 대금의 전부나 일부의 지급을 거절할 수 있다. 그러나 매도인이 상당한 담보를 제공한 때에는 그러하지 아니하다.

제589조【대금공탁청구권】 전조의 경우에 매도인은 매수인에 대하여 대금의 공탁을 청구할 수 있다.

제3관 환매

제590조【환매의 의의】 ① 매도인이 매매계약과 동시에 환매할 권리를 보류한 때에는 그 영수한 대금 및 매수인이 부담한 매매비용을 반환하고 그 목적물을 환매할 수 있다.
② 전항의 환매대금에 관하여 특별한 약정이 있으면 그 약정에 의한다.
③ 전2항의 경우에 목적물의 과실과 대금의 이자는 특별한 약정이 없으면 이를 상계한 것으로 본다.

제591조【환매기간】 ① 환매기간은 부동산은 5년, 동산은 3년을 넘지 못한다. 약정기간이 이를 넘는 때에는 부동산은 5년, 동산은 3년으로 단축한다.
② 환매기간을 정한 때에는 다시 이를 연장하지 못한다.
③ 환매기간을 정하지 아니한 때에는 그 기간은 부동산은 5년, 동산은 3년으로 한다.

제592조【환매등기】 매매의 목적물이 부동산인 경우에 매매등기와 동시에 환매권의 보류를 등기한 때에는 제3자에 대하여 그 효력이 있다.

제593조【환매권의 대위행사와 매수인의 권리】 매도인의 채권자가 매도인을 대위하여 환매하고자 하는 때에는 매수인은 법원이 선정한 감정인의 평가액에서 매도인이 반환할 금액을 공제한 잔액으로 매도인의 채무를 변제하고 잉여액이 있으면 이를 매도인에게 지급하여 환매권을 소멸시킬 수 있다.

제594조【환매의 실행】 ① 매도인은 기간 내에 대금과 매매비용을 매수인에게 제공하지 아니하면 환매할 권리를 잃는다.
② 매수인이나 전득자가 목적물에 대하여 비용을 지출한 때에는 매도인은 제203조의 규정에 의하여 이를 상환하여야 한다. 그러나 유익비에 대하여는 법원은 매도인의 청구에 의하여 상당한 상환기간을 허여할 수 있다.

제595조【공유지분의 환매】 공유자의 1인이 환매할 권리를 보류하고 그 지분을 매도한 후 그 목적물의 분할이나 경매가 있는 때에는 매도인은 매수인이 받은 또는 받을 부분이나 대금에 대하여 환매권을 행사할 수 있다. 그러나 매도인에게 통지하지 아니한 매수인은 그 분할이나 경매로써 매도인에게 대항하지 못한다.

제4절 교환

제596조【교환의 의의】 교환은 당사자 쌍방이 금전 이외의 재산권을 상호 이전할 것을 약정함으로써 그 효력이 생긴다.

제597조【금전의 보충지급의 경우】 당사자 일방이 전조의 재산권이전과 금전의 보충지급을 약정한 때에는 그 금전에 대하여는 매매대금에 관한 규정을 준용한다.

제598조~제617조 생략

제7절 임대차

제618조【임대차의 의의】 임대차는 당사자 일방이 상대방에게 목적물을 사용, 수익하게 할 것을 약정하고 상대방이 이에 대하여 차임을 지급할 것을 약정함으로써 그 효력이 생긴다.

제619조【처분능력, 권한 없는 자의 할 수 있는 단기임대차】 처분의 능력 또는 권한 없는 자가 임대차를 하는 경우에는 그 임대차는 다음 각 호의 기간을 넘지 못한다.
1. 식목, 채염 또는 석조, 석회조, 연와조 및 이와 유사한 건축을 목적으로 한 토지의 임대차는 10년
2. 기타 토지의 임대차는 5년
3. 건물 기타 공작물의 임대차는 3년
4. 동산의 임대차는 6월

제620조【단기임대차의 갱신】 전조의 기간은 갱신할 수 있다. 그러나 그 기간만료 전 토지에 대하여는 1년, 건물 기타 공작물에 대하여는 3월, 동산에 대하여는 1월 내에 갱신하여야 한다.

제621조【임대차의 등기】 ① 부동산임차인은 당사자 간에 반대약정이 없으면 임대인에 대하여 그 임대차등기절차에 협력할 것을 청구할 수 있다.
② 부동산임대차를 등기한 때에는 그때부터 제3자에 대하여 효력이 생긴다.

제622조【건물등기 있는 차지권의 대항력】 ① 건물의 소유를 목적으로 한 토지임대차는 이를 등기하지 아니한 경우에도 임차인이 그 지상건물을 등기한 때에는 제3자에 대하여 임대차의 효력이 생긴다.

② 건물이 임대차기간 만료 전에 멸실 또는 후폐한 때에는 전항의 효력을 잃는다.

제623조【임대인의 의무】임대인은 목적물을 임차인에게 인도하고 계약존속 중 그 사용, 수익에 필요한 상태를 유지하게 할 의무를 부담한다.

제624조【임대인의 보존행위, 인용의무】임대인이 임대물의 보존에 필요한 행위를 하는 때에는 임차인은 이를 거절하지 못한다.

제625조【임차인의 의사에 반하는 보존행위와 해지권】임대인이 임차인의 의사에 반하여 보존행위를 하는 경우에 임차인이 이로 인하여 임차의 목적을 달성할 수 없는 때에는 계약을 해지할 수 있다.

제626조【임차인의 상환청구권】① 임차인이 임차물의 보존에 관한 필요비를 지출한 때에는 임대인에 대하여 그 상환을 청구할 수 있다.
② 임차인이 유익비를 지출한 경우에는 임대인은 임대차 종료 시에 그 가액의 증가가 현존한 때에 한하여 임차인의 지출한 금액이나 그 증가액을 상환하여야 한다. 이 경우에 법원은 임대인의 청구에 의하여 상당한 상환기간을 허여할 수 있다.

제627조【일부멸실 등과 감액청구, 해지권】① 임차물의 일부가 임차인의 과실 없이 멸실 기타 사유로 인하여 사용, 수익할 수 없는 때에는 임차인은 그 부분의 비율에 의한 차임의 감액을 청구할 수 있다.
② 전항의 경우에 그 잔존부분으로 임차의 목적을 달성할 수 없는 때에는 임차인은 계약을 해지할 수 있다.

제628조【차임증감청구권】임대물에 대한 공과부담의 증감 기타 경제사정의 변동으로 인하여 약정한 차임이 상당하지 아니하게 된 때에는 당사자는 장래에 대한 차임의 증감을 청구할 수 있다.

제629조【임차권의 양도, 전대의 제한】① 임차인은 임대인의 동의 없이 그 권리를 양도하거나 임차물을 전대하지 못한다.
② 임차인이 전항의 규정에 위반한 때에는 임대인은 계약을 해지할 수 있다.

제630조【전대의 효과】① 임차인이 임대인의 동의를 얻어 임차물을 전대한 때에는 전차인은 직접 임대인에 대하여 의무를 부담한다. 이 경우에 전차인은 전대인에 대한 차임의 지급으로써 임대인에게 대항하지 못한다.

② 전항의 규정은 임대인의 임차인에 대한 권리행사에 영향을 미치지 아니한다.

제631조【전차인의 권리의 확정】임차인이 임대인의 동의를 얻어 임차물을 전대한 경우에는 임대인과 임차인의 합의로 계약을 종료한 때에도 전차인의 권리는 소멸하지 아니한다.

제632조【임차건물의 소부분을 타인에게 사용케 하는 경우】전3조의 규정은 건물의 임차인이 그 건물의 소부분을 타인에게 사용하게 하는 경우에 적용하지 아니한다.

제633조【차임지급의 시기】차임은 동산, 건물이나 대지에 대하여는 매월 말에, 기타 토지에 대하여는 매년 말에 지급하여야 한다. 그러나 수확기 있는 것에 대하여는 그 수확 후 지체 없이 지급하여야 한다.

제634조【임차인의 통지의무】임차물의 수리를 요하거나 임차물에 대하여 권리를 주장하는 자가 있는 때에는 임차인은 지체 없이 임대인에게 이를 통지하여야 한다. 그러나 임대인이 이미 이를 안 때에는 그러하지 아니하다.

제635조【기간의 약정 없는 임대차의 해지통고】① 임대차기간의 약정이 없는 때에는 당사자는 언제든지 계약해지의 통고를 할 수 있다.
② 상대방이 전항의 통고를 받은 날로부터 다음 각 호의 기간이 경과하면 해지의 효력이 생긴다.
1. 토지, 건물 기타 공작물에 대하여는 임대인이 해지를 통고한 경우에는 6월, 임차인이 해지를 통고한 경우에는 1월
2. 동산에 대하여는 5일

제636조【기간의 약정 있는 임대차의 해지통고】임대차기간의 약정이 있는 경우에도 당사자 일방 또는 쌍방이 그 기간 내에 해지할 권리를 보류한 때에는 전조의 규정을 준용한다.

제637조【임차인의 파산과 해지통고】① 임차인이 파산선고를 받은 경우에는 임대차기간의 약정이 있는 때에도 임대인 또는 파산관재인은 제635조의 규정에 의하여 계약해지의 통고를 할 수 있다.
② 전항의 경우에 각 당사자는 상대방에 대하여 계약해지로 인하여 생긴 손해의 배상을 청구하지 못한다.

제638조【해지통고의 전차인에 대한 통지】① 임대차계약이 해지의 통고로 인하여 종료된 경우에 그 임대물이 적법하게 전대되었을 때에는 임대인은 전차인에 대하여

그 사유를 통지하지 아니하면 해지로써 전차인에게 대항하지 못한다.
② 전차인이 전항의 통지를 받은 때에는 제635조 제2항의 규정을 준용한다.

제639조 【묵시의 갱신】 ① 임대차기간이 만료한 후 임차인이 임차물의 사용, 수익을 계속하는 경우에 임대인이 상당한 기간 내에 이의를 하지 아니한 때에는 전임대차와 동일한 조건으로 다시 임대차한 것으로 본다. 그러나 당사자는 제635조의 규정에 의하여 해지의 통고를 할 수 있다.
② 전항의 경우에 전임대차에 대하여 제3자가 제공한 담보는 기간의 만료로 인하여 소멸한다.

제640조 【차임연체와 해지】 건물 기타 공작물의 임대차에는 임차인의 차임연체액이 2기의 차임액에 달하는 때에는 임대인은 계약을 해지할 수 있다.

제641조 【동전】 건물 기타 공작물의 소유 또는 식목, 채염, 목축을 목적으로 한 토지임대차의 경우에도 전조의 규정을 준용한다.

제642조 【토지임대차의 해지와 지상건물 등에 대한 담보물권자에의 통지】 전조의 경우에 그 지상에 있는 건물 기타 공작물이 담보물권의 목적이 된 때에는 제288조의 규정을 준용한다.

제643조 【임차인의 갱신청구권, 매수청구권】 건물 기타 공작물의 소유 또는 식목, 채염, 목축을 목적으로 한 토지임대차의 기간이 만료한 경우에 건물, 수목 기타 지상시설이 현존한 때에는 제283조의 규정을 준용한다.

제644조 【전차인의 임대청구권, 매수청구권】 ① 건물 기타 공작물의 소유 또는 식목, 채염, 목축을 목적으로 한 토지임차인이 적법하게 그 토지를 전대한 경우에 임대차 및 전대차의 기간이 동시에 만료되고 건물, 수목 기타 지상시설이 현존한 때에는 전차인은 임대인에 대하여 전전대차와 동일한 조건으로 임대할 것을 청구할 수 있다.
② 전항의 경우에 임대인이 임대할 것을 원하지 아니하는 때에는 제283조 제2항의 규정을 준용한다.

제645조 【지상권목적토지의 임차인의 임대청구권, 매수청구권】 전조의 규정은 지상권자가 그 토지를 임대한 경우에 준용한다.

제646조 【임차인의 부속물매수청구권】 ① 건물 기타 공작물의 임차인이 그 사용의 편익을 위하여 임대인의 동의를 얻어 이에 부속한 물건이 있는 때에는 임대차의 종료 시에 임대인에 대하여 그 부속물의 매수를 청구할 수 있다.
② 임대인으로부터 매수한 부속물에 대하여도 전항과 같다.

제647조 【전차인의 부속물매수청구권】 ① 건물 기타 공작물의 임차인이 적법하게 전대한 경우에 전차인이 그 사용의 편익을 위하여 임대인의 동의를 얻어 이에 부속한 물건이 있는 때에는 전대차의 종료 시에 임대인에 대하여 그 부속물의 매수를 청구할 수 있다.
② 임대인으로부터 매수하였거나 그 동의를 얻어 임차인으로부터 매수한 부속물에 대하여도 전항과 같다.

제648조 【임차지의 부속물, 과실 등에 대한 법정질권】 토지임대인이 임대차에 관한 채권에 의하여 임차지에 부속 또는 그 사용의 편익에 공용한 임차인의 소유동산 및 그 토지의 과실을 압류한 때에는 질권과 동일한 효력이 있다.

제649조 【임차지상의 건물에 대한 법정저당권】 토지임대인이 변제기를 경과한 최후 2년의 차임채권에 의하여 그 지상에 있는 임차인소유의 건물을 압류한 때에는 저당권과 동일한 효력이 있다.

제650조 【임차건물 등의 부속물에 대한 법정질권】 건물 기타 공작물의 임대인이 임대차에 관한 채권에 의하여 그 건물 기타 공작물에 부속한 임차인소유의 동산을 압류한 때에는 질권과 동일한 효력이 있다.

제651조 삭제 〈2016.1.6.〉

제652조 【강행규정】 제627조, 제628조, 제631조, 제635조, 제638조, 제640조, 제641조, 제643조 내지 제647조의 규정에 위반하는 약정으로 임차인이나 전차인에게 불리한 것은 그 효력이 없다.

제653조 【일시사용을 위한 임대차의 특례】 제628조, 제638조, 제640조, 제646조 내지 제648조, 제650조 및 전조의 규정은 일시사용하기 위한 임대차 또는 전대차인 것이 명백한 경우에는 적용하지 아니한다.

제654조 【준용규정】 제610조 제1항, 제615조 내지 제617조의 규정은 임대차에 이를 준용한다.

제655조~제766조 생략

주택임대차보호법

[시행 2023.7.19.]
[법률 제19356호, 2023.4.18, 일부개정]

제1조【목적】이 법은 주거용 건물의 임대차(賃貸借)에 관하여「민법」에 대한 특례를 규정함으로써 국민 주거생활의 안정을 보장함을 목적으로 한다.

제2조【적용 범위】이 법은 주거용 건물(이하 '주택'이라 한다)의 전부 또는 일부의 임대차에 관하여 적용한다. 그 임차주택(賃借住宅)의 일부가 주거 외의 목적으로 사용되는 경우에도 또한 같다.

제3조【대항력 등】① 임대차는 그 등기(登記)가 없는 경우에도 임차인(賃借人)이 주택의 인도(引渡)와 주민등록을 마친 때에는 그 다음 날부터 제3자에 대하여 효력이 생긴다. 이 경우 전입신고를 한 때에 주민등록이 된 것으로 본다.
② 주택도시기금을 재원으로 하여 저소득층 무주택자에게 주거생활 안정을 목적으로 전세임대주택을 지원하는 법인이 주택을 임차한 후 지방자치단체의 장 또는 그 법인이 선정한 입주자가 그 주택을 인도받고 주민등록을 마쳤을 때에는 제1항을 준용한다. 이 경우 대항력이 인정되는 법인은 대통령령으로 정한다.
③「중소기업기본법」 제2조에 따른 중소기업에 해당하는 법인이 소속 직원의 주거용으로 주택을 임차한 후 그 법인이 선정한 직원이 해당 주택을 인도받고 주민등록을 마쳤을 때에는 제1항을 준용한다. 임대차가 끝나기 전에 그 직원이 변경된 경우에는 그 법인이 선정한 새로운 직원이 주택을 인도받고 주민등록을 마친 다음 날부터 제3자에 대하여 효력이 생긴다.
④ 임차주택의 양수인(讓受人)(그 밖에 임대할 권리를 승계한 자를 포함한다)은 임대인(賃貸人)의 지위를 승계한 것으로 본다.
⑤ 이 법에 따라 임대차의 목적이 된 주택이 매매나 경매의 목적물이 된 경우에는「민법」 제575조 제1항·제3항 및 같은 법 제578조를 준용한다.
⑥ 제5항의 경우에는 동시이행의 항변권(抗辯權)에 관한「민법」 제536조를 준용한다.

제3조의2【보증금의 회수】① 임차인(제3조 제2항 및 제3항의 법인을 포함한다. 이하 같다)이 임차주택에 대하여 보증금반환청구소송의 확정판결이나 그 밖에 이에 준하는 집행권원(執行權原)에 따라서 경매를 신청하는 경우에는 집행개시(執行開始)요건에 관한「민사집행법」 제41조에도 불구하고 반대의무(反對義務)의 이행이나 이행의 제공을 집행개시의 요건으로 하지 아니한다.
② 제3조 제1항·제2항 또는 제3항의 대항요건(對抗要件)과 임대차계약증서(제3조 제2항 및 제3항의 경우에는 법인과 임대인 사이의 임대차계약증서를 말한다)상의 확정일자(確定日字)를 갖춘 임차인은「민사집행법」에 따른 경매 또는「국세징수법」에 따른 공매(公賣)를 할 때에 임차주택(대지를 포함한다)의 환가대금(換價代金)에서 후순위권리자(後順位權利者)나 그 밖의 채권자보다 우선하여 보증금을 변제(辨濟)받을 권리가 있다.
③ 임차인은 임차주택을 양수인에게 인도하지 아니하면 제2항에 따른 보증금을 받을 수 없다.
④ 제2항 또는 제7항에 따른 우선변제의 순위와 보증금에 대하여 이의가 있는 이해관계인은 경매법원이나 체납처분청에 이의를 신청할 수 있다.
⑤ 제4항에 따라 경매법원에 이의를 신청하는 경우에는「민사집행법」 제152조부터 제161조까지의 규정을 준용한다.
⑥ 제4항에 따라 이의신청을 받은 체납처분청은 이해관계인이 이의신청일부터 7일 이내에 임차인 또는 제7항에 따라 우선변제권을 승계한 금융기관 등을 상대로 소(訴)를 제기한 것을 증명하면 해당 소송이 끝날 때까지 이의가 신청된 범위에서 임차인 또는 제7항에 따라 우선변제권을 승계한 금융기관 등에 대한 보증금의 변제를 유보(留保)하고 남은 금액을 배분하여야 한다. 이 경우 유보된 보증금은 소송의 결과에 따라 배분한다.
⑦ 다음 각 호의 금융기관 등이 제2항, 제3조의3 제5항, 제3조의4 제1항에 따른 우선변제권을 취득한 임차인의 보증금반환채권을 계약으로 양수한 경우에는 양수한 금액의 범위에서 우선변제권을 승계한다.
1.「은행법」에 따른 은행
2.「중소기업은행법」에 따른 중소기업은행
3.「한국산업은행법」에 따른 한국산업은행
4.「농업협동조합법」에 따른 농협은행
5.「수산업협동조합법」에 따른 수협은행
6.「우체국예금·보험에 관한 법률」에 따른 체신관서

7. 「한국주택금융공사법」에 따른 한국주택금융공사
8. 「보험업법」 제4조 제1항 제2호 라목의 보증보험을 보험종목으로 허가받은 보험회사
9. 「주택도시기금법」에 따른 주택도시보증공사
10. 그 밖에 제1호부터 제9호까지에 준하는 것으로서 대통령령으로 정하는 기관

⑧ 제7항에 따라 우선변제권을 승계한 금융기관 등(이하 '금융기관등'이라 한다)은 다음 각 호의 어느 하나에 해당하는 경우에는 우선변제권을 행사할 수 없다.
1. 임차인이 제3조 제1항·제2항 또는 제3항의 대항요건을 상실한 경우
2. 제3조의3 제5항에 따른 임차권등기가 말소된 경우
3. 「민법」 제621조에 따른 임대차등기가 말소된 경우

⑨ 금융기관등은 우선변제권을 행사하기 위하여 임차인을 대리하거나 대위하여 임대차를 해지할 수 없다.

제3조의3【임차권등기명령】 ① 임대차가 끝난 후 보증금이 반환되지 아니한 경우 임차인은 임차주택의 소재지를 관할하는 지방법원·지방법원지원 또는 시·군 법원에 임차권등기명령을 신청할 수 있다.

② 임차권등기명령의 신청서에는 다음 각 호의 사항을 적어야 하며, 신청의 이유와 임차권등기의 원인이 된 사실을 소명(疎明)하여야 한다.
1. 신청의 취지 및 이유
2. 임대차의 목적인 주택(임대차의 목적이 주택의 일부분인 경우에는 해당 부분의 도면을 첨부한다)
3. 임차권등기의 원인이 된 사실(임차인이 제3조 제1항·제2항 또는 제3항에 따른 대항력을 취득하였거나 제3조의2 제2항에 따른 우선변제권을 취득한 경우에는 그 사실)
4. 그 밖에 대법원규칙으로 정하는 사항

③ 다음 각 호의 사항 등에 관하여는 「민사집행법」 제280조 제1항, 제281조, 제283조, 제285조, 제286조, 제288조 제1항, 같은 조 제2항 본문, 제289조, 제290조 제2항 중 제288조 제1항에 대한 부분, 제291조, 제292조 제3항 및 제293조를 준용한다. 이 경우 '가압류'는 '임차권등기'로, '채권자'는 '임차인'으로, '채무자'는 '임대인'으로 본다.
1. 임차권등기명령의 신청에 대한 재판
2. 임차권등기명령의 결정에 대한 임대인의 이의신청 및 그에 대한 재판
3. 임차권등기명령의 취소신청 및 그에 대한 재판
4. 임차권등기명령의 집행

④ 임차권등기명령의 신청을 기각(棄却)하는 결정에 대하여 임차인은 항고(抗告)할 수 있다.

⑤ 임차인은 임차권등기명령의 집행에 따른 임차권등기를 마치면 제3조 제1항·제2항 또는 제3항에 따른 대항력과 제3조의2 제2항에 따른 우선변제권을 취득한다. 다만, 임차인이 임차권등기 이전에 이미 대항력이나 우선변제권을 취득한 경우에는 그 대항력이나 우선변제권은 그대로 유지되며, 임차권등기 이후에는 제3조 제1항·제2항 또는 제3항의 대항요건을 상실하더라도 이미 취득한 대항력이나 우선변제권을 상실하지 아니한다.

⑥ 임차권등기명령의 집행에 따른 임차권등기가 끝난 주택(임대차의 목적이 주택의 일부분인 경우에는 해당 부분으로 한정한다)을 그 이후에 임차한 임차인은 제8조에 따른 우선변제를 받을 권리가 없다.

⑦ 임차권등기의 촉탁(囑託), 등기관의 임차권등기 기입(記入) 등 임차권등기명령을 시행하는 데에 필요한 사항은 대법원규칙으로 정한다.

⑧ 임차인은 제1항에 따른 임차권등기명령의 신청과 그에 따른 임차권등기와 관련하여 든 비용을 임대인에게 청구할 수 있다.

⑨ 금융기관등은 임차인을 대위하여 제1항의 임차권등기명령을 신청할 수 있다. 이 경우 제3항·제4항 및 제8항의 '임차인'은 '금융기관등'으로 본다.

제3조의4【「민법」에 따른 주택임대차등기의 효력 등】 ① 「민법」 제621조에 따른 주택임대차등기의 효력에 관하여는 제3조의3 제5항 및 제6항을 준용한다.

② 임차인이 대항력이나 우선변제권을 갖추고 「민법」 제621조 제1항에 따라 임대인의 협력을 얻어 임대차등기를 신청하는 경우에는 신청서에 「부동산등기법」 제74조 제1호부터 제6호까지의 사항 외에 다음 각 호의 사항을 적어야 하며, 이를 증명할 수 있는 서면(임대차의 목적이 주택의 일부분인 경우에는 해당 부분의 도면을 포함한다)을 첨부하여야 한다.
1. 주민등록을 마친 날
2. 임차주택을 점유(占有)한 날
3. 임대차계약증서상의 확정일자를 받은 날

제3조의5 【경매에 의한 임차권의 소멸】 임차권은 임차주택에 대하여 「민사집행법」에 따른 경매가 행하여진 경우에는 그 임차주택의 경락(競落)에 따라 소멸한다. 다만, 보증금이 모두 변제되지 아니한, 대항력이 있는 임차권은 그러하지 아니하다.

제3조의6 【확정일자 부여 및 임대차 정보제공 등】 ① 제3조의2 제2항의 확정일자는 주택 소재지의 읍·면사무소, 동 주민센터 또는 시(특별시·광역시·특별자치시는 제외하고, 특별자치도는 포함한다)·군·구(자치구를 말한다)의 출장소, 지방법원 및 그 지원과 등기소 또는 「공증인법」에 따른 공증인(이하 이 조에서 '확정일자부여기관'이라 한다)이 부여한다.
② 확정일자부여기관은 해당 주택의 소재지, 확정일자 부여일, 차임 및 보증금 등을 기재한 확정일자부를 작성하여야 한다. 이 경우 전산처리정보조직을 이용할 수 있다.
③ 주택의 임대차에 이해관계가 있는 자는 확정일자부여기관에 해당 주택의 확정일자 부여일, 차임 및 보증금 등 정보의 제공을 요청할 수 있다. 이 경우 요청을 받은 확정일자부여기관은 정당한 사유 없이 이를 거부할 수 없다.
④ 임대차계약을 체결하려는 자는 임대인의 동의를 받아 확정일자부여기관에 제3항에 따른 정보제공을 요청할 수 있다.
⑤ 제1항·제3항 또는 제4항에 따라 확정일자를 부여받거나 정보를 제공받으려는 자는 수수료를 내야 한다.
⑥ 확정일자부에 기재하여야 할 사항, 주택의 임대차에 이해관계가 있는 자의 범위, 확정일자부여기관에 요청할 수 있는 정보의 범위 및 수수료, 그 밖에 확정일자부여사무와 정보제공 등에 필요한 사항은 대통령령 또는 대법원규칙으로 정한다.

제3조의7 【임대인의 정보 제시 의무】 임대차계약을 체결할 때 임대인은 다음 각 호의 사항을 임차인에게 제시하여야 한다.
 1. 제3조의6 제3항에 따른 해당 주택의 확정일자 부여일, 차임 및 보증금 등 정보. 다만, 임대인이 임대차계약을 체결하기 전에 제3조의6 제4항에 따라 동의함으로써 이를 갈음할 수 있다.
 2. 「국세징수법」 제108조에 따른 납세증명서 및 「지방세징수법」 제5조 제2항에 따른 납세증명서. 다만, 임대인이 임대차계약을 체결하기 전에 「국세징수법」 제109조 제1항에 따른 미납국세와 체납액의 열람 및 「지방세징수법」 제6조 제1항에 따른 미납지방세의 열람에 각각 동의함으로써 이를 갈음할 수 있다.

제4조 【임대차기간 등】 ① 기간을 정하지 아니하거나 2년 미만으로 정한 임대차는 그 기간을 2년으로 본다. 다만, 임차인은 2년 미만으로 정한 기간이 유효함을 주장할 수 있다.
② 임대차기간이 끝난 경우에도 임차인이 보증금을 반환받을 때까지는 임대차관계가 존속되는 것으로 본다.

제5조 삭제 〈1989.12.30.〉

제6조 【계약의 갱신】 ① 임대인이 임대차기간이 끝나기 6개월 전부터 2개월 전까지의 기간에 임차인에게 갱신거절(更新拒絕)의 통지를 하지 아니하거나 계약조건을 변경하지 아니하면 갱신하지 아니한다는 뜻의 통지를 하지 아니한 경우에는 그 기간이 끝난 때에 전 임대차와 동일한 조건으로 다시 임대차한 것으로 본다. 임차인이 임대차기간이 끝나기 2개월 전까지 통지하지 아니한 경우에도 또한 같다.
② 제1항의 경우 임대차의 존속기간은 2년으로 본다.
③ 2기(期)의 차임액(借賃額)에 달하도록 연체하거나 그 밖에 임차인으로서의 의무를 현저히 위반한 임차인에 대하여는 제1항을 적용하지 아니한다.

제6조의2 【묵시적 갱신의 경우 계약의 해지】 ① 제6조 제1항에 따라 계약이 갱신된 경우 같은 조 제2항에도 불구하고 임차인은 언제든지 임대인에게 계약해지(契約解止)를 통지할 수 있다.
② 제1항에 따른 해지는 임대인이 그 통지를 받은 날부터 3개월이 지나면 그 효력이 발생한다.

제6조의3 【계약갱신 요구 등】 ① 제6조에도 불구하고 임대인은 임차인이 제6조 제1항 전단의 기간 이내에 계약갱신을 요구할 경우 정당한 사유 없이 거절하지 못한다. 다만, 다음 각 호의 어느 하나에 해당하는 경우에는 그러하지 아니하다.
 1. 임차인이 2기의 차임액에 해당하는 금액에 이르도록 차임을 연체한 사실이 있는 경우
 2. 임차인이 거짓이나 그 밖의 부정한 방법으로 임차한 경우
 3. 서로 합의하여 임대인이 임차인에게 상당한 보상을 제공한 경우

4. 임차인이 임대인의 동의 없이 목적 주택의 전부 또는 일부를 전대(轉貸)한 경우
5. 임차인이 임차한 주택의 전부 또는 일부를 고의나 중대한 과실로 파손한 경우
6. 임차한 주택의 전부 또는 일부가 멸실되어 임대차의 목적을 달성하지 못할 경우
7. 임대인이 다음 각 목의 어느 하나에 해당하는 사유로 목적 주택의 전부 또는 대부분을 철거하거나 재건축하기 위하여 목적 주택의 점유를 회복할 필요가 있는 경우
   가. 임대차계약 체결 당시 공사시기 및 소요기간 등을 포함한 철거 또는 재건축 계획을 임차인에게 구체적으로 고지하고 그 계획에 따르는 경우
   나. 건물이 노후·훼손 또는 일부 멸실되는 등 안전사고의 우려가 있는 경우
   다. 다른 법령에 따라 철거 또는 재건축이 이루어지는 경우
8. 임대인(임대인의 직계존속·직계비속을 포함한다)이 목적 주택에 실제 거주하려는 경우
9. 그 밖에 임차인이 임차인으로서의 의무를 현저히 위반하거나 임대차를 계속하기 어려운 중대한 사유가 있는 경우

② 임차인은 제1항에 따른 계약갱신요구권을 1회에 한하여 행사할 수 있다. 이 경우 갱신되는 임대차의 존속기간은 2년으로 본다.
③ 갱신되는 임대차는 전 임대차와 동일한 조건으로 다시 계약된 것으로 본다. 다만, 차임과 보증금은 제7조의 범위에서 증감할 수 있다.
④ 제1항에 따라 갱신되는 임대차의 해지에 관하여는 제6조의2를 준용한다.
⑤ 임대인이 제1항 제8호의 사유로 갱신을 거절하였음에도 불구하고 갱신요구가 거절되지 아니하였더라면 갱신되었을 기간이 만료되기 전에 정당한 사유 없이 제3자에게 목적 주택을 임대한 경우 임대인은 갱신거절로 인하여 임차인이 입은 손해를 배상하여야 한다.
⑥ 제5항에 따른 손해배상액은 거절 당시 당사자 간에 손해배상액의 예정에 관한 합의가 이루어지지 않는 한 다음 각 호의 금액 중 큰 금액으로 한다.
1. 갱신거절 당시 월차임(차임 외에 보증금이 있는 경우에는 그 보증금을 제7조의2 각 호 중 낮은 비율에 따라 월 단위의 차임으로 전환한 금액을 포함한다. 이하 '환산월차임'이라 한다)의 3개월분에 해당하는 금액
2. 임대인이 제3자에게 임대하여 얻은 환산월차임과 갱신거절 당시 환산월차임 간 차액의 2년분에 해당하는 금액
3. 제1항 제8호의 사유로 인한 갱신거절로 인하여 임차인이 입은 손해액

제7조【차임 등의 증감청구권】 ① 당사자는 약정한 차임이나 보증금이 임차주택에 관한 조세, 공과금, 그 밖의 부담의 증감이나 경제사정의 변동으로 인하여 적절하지 아니하게 된 때에는 장래에 대하여 그 증감을 청구할 수 있다. 이 경우 증액청구는 임대차계약 또는 약정한 차임이나 보증금의 증액이 있은 후 1년 이내에는 하지 못한다.
② 제1항에 따른 증액청구는 약정한 차임이나 보증금의 20분의 1의 금액을 초과하지 못한다. 다만, 특별시·광역시·특별자치시·도 및 특별자치도는 관할 구역 내의 지역별 임대차 시장 여건 등을 고려하여 본문의 범위에서 증액청구의 상한을 조례로 달리 정할 수 있다.

제7조의2【월차임 전환 시 산정률의 제한】 보증금의 전부 또는 일부를 월 단위의 차임으로 전환하는 경우에는 그 전환되는 금액에 다음 각 호 중 낮은 비율을 곱한 월차임(月借賃)의 범위를 초과할 수 없다.
1. 「은행법」에 따른 은행에서 적용하는 대출금리와 해당 지역의 경제 여건 등을 고려하여 대통령령으로 정하는 비율
2. 한국은행에서 공시한 기준금리에 대통령령으로 정하는 이율을 더한 비율

제8조【보증금 중 일정액의 보호】 ① 임차인은 보증금 중 일정액을 다른 담보물권자(擔保物權者)보다 우선하여 변제받을 권리가 있다. 이 경우 임차인은 주택에 대한 경매신청의 등기 전에 제3조 제1항의 요건을 갖추어야 한다.
② 제1항의 경우에는 제3조의2 제4항부터 제6항까지의 규정을 준용한다.
③ 제1항에 따라 우선변제를 받을 임차인 및 보증금 중 일정액의 범위와 기준은 제8조의2에 따른 주택임대차위원회의 심의를 거쳐 대통령령으로 정한다. 다만, 보증금 중 일정액의 범위와 기준은 주택가액(대지의 가액을 포함한다)의 2분의 1을 넘지 못한다.

제8조의2 【주택임대차위원회】 ① 제8조에 따라 우선변제를 받을 임차인 및 보증금 중 일정액의 범위와 기준을 심의하기 위하여 법무부에 주택임대차위원회(이하 '위원회'라 한다)를 둔다.
② 위원회는 위원장 1명을 포함한 9명 이상 15명 이하의 위원으로 성별을 고려하여 구성한다.
③ 위원회의 위원장은 법무부차관이 된다.
④ 위원회의 위원은 다음 각 호의 어느 하나에 해당하는 사람 중에서 위원장이 임명하거나 위촉하되, 제1호부터 제5호까지에 해당하는 위원을 각각 1명 이상 임명하거나 위촉하여야 하고, 위원 중 2분의 1 이상은 제1호·제2호 또는 제6호에 해당하는 사람을 위촉하여야 한다.
1. 법학·경제학 또는 부동산학 등을 전공하고 주택임대차 관련 전문지식을 갖춘 사람으로서 공인된 연구기관에서 조교수 이상 또는 이에 상당하는 직에 5년 이상 재직한 사람
2. 변호사·감정평가사·공인회계사·세무사 또는 공인중개사로서 5년 이상 해당 분야에서 종사하고 주택임대차 관련 업무경험이 풍부한 사람
3. 재정경제부에서 물가 관련 업무를 담당하는 고위공무원단에 속하는 공무원 [시행일: 2026.1.2.]
4. 법무부에서 주택임대차 관련 업무를 담당하는 고위공무원단에 속하는 공무원(이에 상당하는 특정직 공무원을 포함한다)
5. 국토교통부에서 주택사업 또는 주거복지 관련 업무를 담당하는 고위공무원단에 속하는 공무원
6. 그 밖에 주택임대차 관련 학식과 경험이 풍부한 사람으로서 대통령령으로 정하는 사람
⑤ 그 밖에 위원회의 구성 및 운영 등에 필요한 사항은 대통령령으로 정한다.

제9조 【주택 임차권의 승계】 ① 임차인이 상속인 없이 사망한 경우에는 그 주택에서 가정공동생활을 하던 사실상의 혼인 관계에 있는 자가 임차인의 권리와 의무를 승계한다.
② 임차인이 사망한 때에 사망 당시 상속인이 그 주택에서 가정공동생활을 하고 있지 아니한 경우에는 그 주택에서 가정공동생활을 하던 사실상의 혼인 관계에 있는 자와 2촌 이내의 친족이 공동으로 임차인의 권리와 의무를 승계한다.
③ 제1항과 제2항의 경우에 임차인이 사망한 후 1개월 이내에 임대인에게 제1항과 제2항에 따른 승계 대상자가 반대의사를 표시한 경우에는 그러하지 아니하다.
④ 제1항과 제2항의 경우에 임대차 관계에서 생긴 채권·채무는 임차인의 권리의무를 승계한 자에게 귀속된다.

제10조 【강행규정】 이 법에 위반된 약정(約定)으로서 임차인에게 불리한 것은 그 효력이 없다.

제10조의2 【초과 차임 등의 반환청구】 임차인이 제7조에 따른 증액비율을 초과하여 차임 또는 보증금을 지급하거나 제7조의2에 따른 월차임 산정률을 초과하여 차임을 지급한 경우에는 초과 지급된 차임 또는 보증금 상당금액의 반환을 청구할 수 있다.

제11조 【일시사용을 위한 임대차】 이 법은 일시사용하기 위한 임대차임이 명백한 경우에는 적용하지 아니한다.

제12조 【미등기 전세에의 준용】 주택의 등기를 하지 아니한 전세계약에 관하여는 이 법을 준용한다. 이 경우 '전세금'은 '임대차의 보증금'으로 본다.

제13조~제31조 생략

부 칙

〈제19520호, 2023.7.11.〉
이 법은 공포한 날부터 시행한다.

주택임대차보호법 시행령

[시행 2025.3.1.]
[대통령령 제35161호, 2024.12.31, 일부개정]

제1조【목적】이 영은 「주택임대차보호법」에서 위임된 사항과 그 시행에 관하여 필요한 사항을 정함을 목적으로 한다.

제2조【대항력이 인정되는 법인】「주택임대차보호법」(이하 '법'이라 한다) 제3조 제2항 후단에서 '대항력이 인정되는 법인'이란 다음 각 호의 법인을 말한다.
1. 「한국토지주택공사법」에 따른 한국토지주택공사(이하 '공사'라 한다)
2. 「지방공기업법」 제49조에 따라 주택사업을 목적으로 설립된 지방공사

제3조【고유식별정보의 처리】다음 각 호의 어느 하나에 해당하는 자는 법 제3조의6에 따른 확정일자 부여 및 임대차 정보제공 등에 관한 사무를 수행하기 위하여 불가피한 경우 「개인정보 보호법 시행령」 제19조 제1호 및 제4호에 따른 주민등록번호 및 외국인등록번호를 처리할 수 있다.
1. 시장(「제주특별자치도 설치 및 국제자유도시 조성을 위한 특별법」 제11조에 따른 행정시장을 포함하며, 특별시장·광역시장·특별자치시장은 제외한다), 군수 또는 구청장(자치구의 구청장을 말한다)
2. 읍·면·동의 장
3. 「공증인법」에 따른 공증인

제4조【확정일자부 기재사항 등】① 법 제3조의6 제1항에 따른 확정일자부여기관(지방법원 및 그 지원과 등기소는 제외하며, 이하 '확정일자부여기관'이라 한다)이 같은 조 제2항에 따라 작성하는 확정일자부에 기재하여야 할 사항은 다음 각 호와 같다.
1. 확정일자번호
2. 확정일자 부여일
3. 임대인·임차인의 인적사항
  가. 자연인인 경우
    성명, 주소, 주민등록번호(외국인은 외국인등록번호)
  나. 법인이거나 법인 아닌 단체인 경우
    법인명·단체명, 법인등록번호·부동산등기용등록번호, 본점·주사무소 소재지
4. 주택 소재지
5. 임대차 목적물
6. 임대차 기간
7. 차임·보증금
8. 신청인의 성명과 주민등록번호 앞 6자리(외국인은 외국인등록번호 앞 6자리)

② 확정일자는 확정일자번호, 확정일자 부여일 및 확정일자부여기관을 주택임대차계약증서에 표시하는 방법으로 부여한다.

③ 제1항 및 제2항에서 규정한 사항 외에 확정일자부 작성방법 및 확정일자 부여 시 확인사항 등 확정일자 부여 사무에 관하여 필요한 사항은 법무부령으로 정한다.

제5조【주택의 임대차에 이해관계가 있는 자의 범위】법 제3조의6 제3항에 따라 정보제공을 요청할 수 있는 주택의 임대차에 이해관계가 있는 자(이하 '이해관계인'이라 한다)는 다음 각 호의 어느 하나에 해당하는 자로 한다.
1. 해당 주택의 임대인·임차인
2. 해당 주택의 소유자
3. 해당 주택 또는 그 대지의 등기기록에 기록된 권리자 중 법무부령으로 정하는 자
4. 법 제3조의2 제7항에 따라 우선변제권을 승계한 금융기관
5. 법 제6조의3 제1항 제8호의 사유로 계약의 갱신이 거절된 임대차계약의 임차인이었던 자
6. 제1호부터 제5호까지의 규정에 준하는 지위 또는 권리를 가지는 자로서 법무부령으로 정하는 자

제6조【요청할 수 있는 정보의 범위 및 제공방법】① 제5조 제1호 또는 제5호에 해당하는 자는 법 제3조의6 제3항에 따라 확정일자부여기관에 해당 임대차계약(제5조 제5호에 해당하는 자의 경우에는 갱신요구가 거절되지 않았더라면 갱신되었을 기간 중에 존속하는 임대차계약을 말한다)에 관한 다음 각 호의 사항의 열람 또는 그 내용을 기록한 서면의 교부를 요청할 수 있다.
1. 임대차목적물
2. 임대인·임차인의 인적사항(제5조 제5호에 해당하는 자는 임대인·임차인의 성명, 법인명 또는 단체명으로 한정한다)

3. 확정일자 부여일
4. 차임·보증금
5. 임대차기간

② 제5조 제2호부터 제4호까지 또는 제6호의 어느 하나에 해당하는 자이거나 임대차계약을 체결하려는 자는 법 제3조의6 제3항 또는 제4항에 따라 확정일자부여기관에 다음 각 호의 사항의 열람 또는 그 내용을 기록한 서면의 교부를 요청할 수 있다.
1. 임대차목적물
2. 확정일자 부여일
3. 차임·보증금
4. 임대차기간

③ 제1항 및 제2항에서 규정한 사항 외에 정보제공 요청에 필요한 사항은 법무부령으로 정한다.

제7조【수수료】① 법 제3조의6 제5항에 따라 확정일자부여기관에 내야 하는 수수료는 확정일자 부여에 관한 수수료와 정보제공에 관한 수수료로 구분하며, 그 구체적인 금액은 법무부령으로 정한다.

② 「국민기초생활 보장법」에 따른 수급자 등 법무부령으로 정하는 사람에 대해서는 제1항에 따른 수수료를 면제할 수 있다.

제8조【차임 등 증액청구의 기준 등】① 법 제7조에 따른 차임이나 보증금(이하 '차임등'이라 한다)의 증액청구는 약정한 차임등의 20분의 1의 금액을 초과하지 못한다.

② 제1항에 따른 증액청구는 임대차계약 또는 약정한 차임등의 증액이 있은 후 1년 이내에는 하지 못한다.

제9조【월차임 전환 시 산정률】① 법 제7조의2 제1호에서 '대통령령으로 정하는 비율'이란 연 1할을 말한다.

② 법 제7조의2 제2호에서 '대통령령으로 정하는 이율'이란 연 2퍼센트를 말한다.

제10조【보증금 중 일정액의 범위 등】① 법 제8조에 따라 우선변제를 받을 보증금 중 일정액의 범위는 다음 각 호의 구분에 의한 금액 이하로 한다.
1. 서울특별시: 5천500만원
2. 「수도권정비계획법」에 따른 과밀억제권역(서울특별시는 제외한다), 세종특별자치시, 용인시, 화성시 및 김포시: 4천800만원
3. 광역시(「수도권정비계획법」에 따른 과밀억제권역에 포함된 지역과 군지역은 제외한다), 안산시, 광주시, 파주시, 이천시 및 평택시: 2천800만원
4. 그 밖의 지역: 2천500만원

② 임차인의 보증금 중 일정액이 주택가액의 2분의 1을 초과하는 경우에는 주택가액의 2분의 1에 해당하는 금액까지만 우선변제권이 있다.

③ 하나의 주택에 임차인이 2명 이상이고, 그 각 보증금 중 일정액을 모두 합한 금액이 주택가액의 2분의 1을 초과하는 경우에는 그 각 보증금 중 일정액을 모두 합한 금액에 대한 각 임차인의 보증금 중 일정액의 비율로 그 주택가액의 2분의 1에 해당하는 금액을 분할한 금액을 각 임차인의 보증금 중 일정액으로 본다.

④ 하나의 주택에 임차인이 2명 이상이고 이들이 그 주택에서 가정공동생활을 하는 경우에는 이들을 1명의 임차인으로 보아 이들의 각 보증금을 합산한다.

제11조【우선변제를 받을 임차인의 범위】법 제8조에 따라 우선변제를 받을 임차인은 보증금이 다음 각 호의 구분에 의한 금액 이하인 임차인으로 한다.
1. 서울특별시: 1억6천500만원
2. 「수도권정비계획법」에 따른 과밀억제권역(서울특별시는 제외한다), 세종특별자치시, 용인시, 화성시 및 김포시: 1억4천500만원
3. 광역시(「수도권정비계획법」에 따른 과밀억제권역에 포함된 지역과 군지역은 제외한다), 안산시, 광주시, 파주시, 이천시 및 평택시: 8천500만원
4. 그 밖의 지역: 7천500만원

제12조~제35조 생략

부칙

〈제35161호, 2024.12.31.〉

제1조【시행일】이 영은 2025년 3월 1일부터 시행한다.

제2조【주택임대차분쟁조정위원회의 분쟁조정 대상에 관한 적용례】제22조 제5호 및 제7호의 개정규정은 이 영 시행 전에 공인중개사의 손해배상책임에 관한 분쟁이 발생한 경우로서 이 영 시행 이후 주택임대차분쟁조정위원회에 분쟁의 조정을 신청하는 경우에도 적용한다.

상가건물 임대차보호법

[시행 2022.1.4.]
[법률 제18675호, 2022.1.4, 일부개정]

제1조【목적】 이 법은 상가건물 임대차에 관하여 「민법」에 대한 특례를 규정하여 국민 경제생활의 안정을 보장함을 목적으로 한다.

제2조【적용범위】 ① 이 법은 상가건물(제3조 제1항에 따른 사업자등록의 대상이 되는 건물을 말한다)의 임대차(임대차 목적물의 주된 부분을 영업용으로 사용하는 경우를 포함한다)에 대하여 적용한다. 다만, 제14조의2에 따른 상가건물임대차위원회의 심의를 거쳐 대통령령으로 정하는 보증금액을 초과하는 임대차에 대하여는 그러하지 아니하다.
② 제1항 단서에 따른 보증금액을 정할 때에는 해당 지역의 경제 여건 및 임대차 목적물의 규모 등을 고려하여 지역별로 구분하여 규정하되, 보증금 외에 차임이 있는 경우에는 그 차임액에 「은행법」에 따른 은행의 대출금리 등을 고려하여 대통령령으로 정하는 비율을 곱하여 환산한 금액을 포함하여야 한다.
③ 제1항 단서에도 불구하고 제3조, 제10조 제1항, 제2항, 제3항 본문, 제10조의2부터 제10조의9까지의 규정, 제11조의2 및 제19조는 제1항 단서에 따른 보증금액을 초과하는 임대차에 대하여도 적용한다.

제3조【대항력 등】 ① 임대차는 그 등기가 없는 경우에도 임차인이 건물의 인도와 「부가가치세법」 제8조, 「소득세법」 제168조 또는 「법인세법」 제111조에 따른 사업자등록을 신청하면 그 다음 날부터 제3자에 대하여 효력이 생긴다.
② 임차건물의 양수인(그 밖에 임대할 권리를 승계한 자를 포함한다)은 임대인의 지위를 승계한 것으로 본다.
③ 이 법에 따라 임대차의 목적이 된 건물이 매매 또는 경매의 목적물이 된 경우에는 「민법」 제575조 제1항·제3항 및 제578조를 준용한다.
④ 제3항의 경우에는 「민법」 제536조를 준용한다.

제4조【확정일자 부여 및 임대차정보의 제공 등】 ① 제5조 제2항의 확정일자는 상가건물의 소재지 관할 세무서장이 부여한다.
② 관할 세무서장은 해당 상가건물의 소재지, 확정일자 부여일, 차임 및 보증금 등을 기재한 확정일자부를 작성하여야 한다. 이 경우 전산정보처리조직을 이용할 수 있다.
③ 상가건물의 임대차에 이해관계가 있는 자는 관할 세무서장에게 해당 상가건물의 확정일자 부여일, 차임 및 보증금 등 정보의 제공을 요청할 수 있다. 이 경우 요청을 받은 관할 세무서장은 정당한 사유 없이 이를 거부할 수 없다.
④ 임대차계약을 체결하려는 자는 임대인의 동의를 받아 관할 세무서장에게 제3항에 따른 정보제공을 요청할 수 있다.
⑤ 확정일자부에 기재하여야 할 사항, 상가건물의 임대차에 이해관계가 있는 자의 범위, 관할 세무서장에게 요청할 수 있는 정보의 범위 및 그 밖에 확정일자 부여사무와 정보제공 등에 필요한 사항은 대통령령으로 정한다.

제5조【보증금의 회수】 ① 임차인이 임차건물에 대하여 보증금반환청구소송의 확정판결, 그 밖에 이에 준하는 집행권원에 의하여 경매를 신청하는 경우에는 「민사집행법」 제41조에도 불구하고 반대의무의 이행이나 이행의 제공을 집행개시의 요건으로 하지 아니한다.
② 제3조 제1항의 대항요건을 갖추고 관할 세무서장으로부터 임대차계약서상의 확정일자를 받은 임차인은 「민사집행법」에 따른 경매 또는 「국세징수법」에 따른 공매 시 임차건물(임대인 소유의 대지를 포함한다)의 환가대금에서 후순위권리자나 그 밖의 채권자보다 우선하여 보증금을 변제받을 권리가 있다.
③ 임차인은 임차건물을 양수인에게 인도하지 아니하면 제2항에 따른 보증금을 받을 수 없다.
④ 제2항 또는 제7항에 따른 우선변제의 순위와 보증금에 대하여 이의가 있는 이해관계인은 경매법원 또는 체납처분청에 이의를 신청할 수 있다.
⑤ 제4항에 따라 경매법원에 이의를 신청하는 경우에는 「민사집행법」 제152조부터 제161조까지의 규정을 준용한다.
⑥ 제4항에 따라 이의신청을 받은 체납처분청은 이해관계인이 이의신청일부터 7일 이내에 임차인 또는 제7항에 따라 우선변제권을 승계한 금융기관 등을 상대로 소(訴)를 제기한 것을 증명한 때에는 그 소송이 종결될 때까지 이의가 신청된 범위에서 임차인 또는 제7항에 따라 우선

변제권을 승계한 금융기관 등에 대한 보증금의 변제를 유보(留保)하고 남은 금액을 배분하여야 한다. 이 경우 유보된 보증금은 소송 결과에 따라 배분한다.

⑦ 다음 각 호의 금융기관 등이 제2항, 제6조 제5항 또는 제7조 제1항에 따른 우선변제권을 취득한 임차인의 보증금반환채권을 계약으로 양수한 경우에는 양수한 금액의 범위에서 우선변제권을 승계한다.
1. 「은행법」에 따른 은행
2. 「중소기업은행법」에 따른 중소기업은행
3. 「한국산업은행법」에 따른 한국산업은행
4. 「농업협동조합법」에 따른 농협은행
5. 「수산업협동조합법」에 따른 수협은행
6. 「우체국예금·보험에 관한 법률」에 따른 체신관서
7. 「보험업법」 제4조 제1항 제2호 라목의 보증보험을 보험종목으로 허가받은 보험회사
8. 그 밖에 제1호부터 제7호까지에 준하는 것으로서 대통령령으로 정하는 기관

⑧ 제7항에 따라 우선변제권을 승계한 금융기관 등(이하 '금융기관등'이라 한다)은 다음 각 호의 어느 하나에 해당하는 경우에는 우선변제권을 행사할 수 없다.
1. 임차인이 제3조 제1항의 대항요건을 상실한 경우
2. 제6조 제5항에 따른 임차권등기가 말소된 경우
3. 「민법」 제621조에 따른 임대차등기가 말소된 경우

⑨ 금융기관등은 우선변제권을 행사하기 위하여 임차인을 대리하거나 대위하여 임대차를 해지할 수 없다.

제6조【임차권등기명령】 ① 임대차가 종료된 후 보증금이 반환되지 아니한 경우 임차인은 임차건물의 소재지를 관할하는 지방법원, 지방법원지원 또는 시·군법원에 임차권등기명령을 신청할 수 있다.

② 임차권등기명령을 신청할 때에는 다음 각 호의 사항을 기재하여야 하며, 신청 이유 및 임차권등기의 원인이 된 사실을 소명하여야 한다.
1. 신청 취지 및 이유
2. 임대차의 목적인 건물(임대차의 목적이 건물의 일부분인 경우에는 그 부분의 도면을 첨부한다)
3. 임차권등기의 원인이 된 사실(임차인이 제3조 제1항에 따른 대항력을 취득하였거나 제5조 제2항에 따른 우선변제권을 취득한 경우에는 그 사실)
4. 그 밖에 대법원규칙으로 정하는 사항

③ 임차권등기명령의 신청에 대한 재판, 임차권등기명령의 결정에 대한 임대인의 이의신청 및 그에 대한 재판, 임차권등기명령의 취소신청 및 그에 대한 재판 또는 임차권등기명령의 집행 등에 관하여는 「민사집행법」 제280조 제1항, 제281조, 제283조, 제285조, 제286조, 제288조 제1항·제2항 본문, 제289조, 제290조 제2항 중 제288조 제1항에 대한 부분, 제291조, 제293조를 준용한다. 이 경우 '가압류'는 '임차권등기'로, '채권자'는 '임차인'으로, '채무자'는 '임대인'으로 본다.

④ 임차권등기명령신청을 기각하는 결정에 대하여 임차인은 항고할 수 있다.

⑤ 임차권등기명령의 집행에 따른 임차권등기를 마치면 임차인은 제3조 제1항에 따른 대항력과 제5조 제2항에 따른 우선변제권을 취득한다. 다만, 임차인이 임차권등기 이전에 이미 대항력 또는 우선변제권을 취득한 경우에는 그 대항력 또는 우선변제권이 그대로 유지되며, 임차권등기 이후에는 제3조 제1항의 대항요건을 상실하더라도 이미 취득한 대항력 또는 우선변제권을 상실하지 아니한다.

⑥ 임차권등기명령의 집행에 따른 임차권등기를 마친 건물(임대차의 목적이 건물의 일부분인 경우에는 그 부분으로 한정한다)을 그 이후에 임차한 임차인은 제14조에 따른 우선변제를 받을 권리가 없다.

⑦ 임차권등기의 촉탁, 등기관의 임차권등기 기입 등 임차권등기명령의 시행에 관하여 필요한 사항은 대법원규칙으로 정한다.

⑧ 임차인은 제1항에 따른 임차권등기명령의 신청 및 그에 따른 임차권등기와 관련하여 든 비용을 임대인에게 청구할 수 있다.

⑨ 금융기관등은 임차인을 대위하여 제1항의 임차권등기명령을 신청할 수 있다. 이 경우 제3항·제4항 및 제8항의 '임차인'은 '금융기관등'으로 본다.

제7조【「민법」에 따른 임대차등기의 효력 등】 ① 「민법」 제621조에 따른 건물임대차등기의 효력에 관하여는 제6조 제5항 및 제6항을 준용한다.

② 임차인이 대항력 또는 우선변제권을 갖추고 「민법」 제621조 제1항에 따라 임대인의 협력을 얻어 임대차등기를 신청하는 경우에는 신청서에 「부동산등기법」 제74조 제1호부터 제6호까지의 사항 외에 다음 각 호의 사항을 기

재하여야 하며, 이를 증명할 수 있는 서면(임대차의 목적이 건물의 일부분인 경우에는 그 부분의 도면을 포함한다)을 첨부하여야 한다.
1. 사업자등록을 신청한 날
2. 임차건물을 점유한 날
3. 임대차계약서상의 확정일자를 받은 날

제8조【경매에 의한 임차권의 소멸】임차권은 임차건물에 대하여「민사집행법」에 따른 경매가 실시된 경우에는 그 임차건물이 매각되면 소멸한다. 다만, 보증금이 전액 변제되지 아니한 대항력이 있는 임차권은 그러하지 아니하다.

제9조【임대차기간 등】① 기간을 정하지 아니하거나 기간을 1년 미만으로 정한 임대차는 그 기간을 1년으로 본다. 다만, 임차인은 1년 미만으로 정한 기간이 유효함을 주장할 수 있다.
② 임대차가 종료한 경우에도 임차인이 보증금을 돌려받을 때까지는 임대차 관계는 존속하는 것으로 본다.

제10조【계약갱신 요구 등】① 임대인은 임차인이 임대차기간이 만료되기 6개월 전부터 1개월 전까지 사이에 계약갱신을 요구할 경우 정당한 사유 없이 거절하지 못한다. 다만, 다음 각 호의 어느 하나의 경우에는 그러하지 아니하다.
1. 임차인이 3기의 차임액에 해당하는 금액에 이르도록 차임을 연체한 사실이 있는 경우
2. 임차인이 거짓이나 그 밖의 부정한 방법으로 임차한 경우
3. 서로 합의하여 임대인이 임차인에게 상당한 보상을 제공한 경우
4. 임차인이 임대인의 동의 없이 목적 건물의 전부 또는 일부를 전대(轉貸)한 경우
5. 임차인이 임차한 건물의 전부 또는 일부를 고의나 중대한 과실로 파손한 경우
6. 임차한 건물의 전부 또는 일부가 멸실되어 임대차의 목적을 달성하지 못할 경우
7. 임대인이 다음 각 목의 어느 하나에 해당하는 사유로 목적 건물의 전부 또는 대부분을 철거하거나 재건축하기 위하여 목적 건물의 점유를 회복할 필요가 있는 경우

가. 임대차계약 체결 당시 공사시기 및 소요기간 등을 포함한 철거 또는 재건축 계획을 임차인에게 구체적으로 고지하고 그 계획에 따르는 경우
나. 건물이 노후·훼손 또는 일부 멸실되는 등 안전사고의 우려가 있는 경우
다. 다른 법령에 따라 철거 또는 재건축이 이루어지는 경우
8. 그 밖에 임차인이 임차인으로서의 의무를 현저히 위반하거나 임대차를 계속하기 어려운 중대한 사유가 있는 경우
② 임차인의 계약갱신요구권은 최초의 임대차기간을 포함한 전체 임대차기간이 10년을 초과하지 아니하는 범위에서만 행사할 수 있다.
③ 갱신되는 임대차는 전 임대차와 동일한 조건으로 다시 계약된 것으로 본다. 다만, 차임과 보증금은 제11조에 따른 범위에서 증감할 수 있다.
④ 임대인이 제1항의 기간 이내에 임차인에게 갱신 거절의 통지 또는 조건 변경의 통지를 하지 아니한 경우에는 그 기간이 만료된 때에 전 임대차와 동일한 조건으로 다시 임대차한 것으로 본다. 이 경우에 임대차의 존속기간은 1년으로 본다.
⑤ 제4항의 경우 임차인은 언제든지 임대인에게 계약해지의 통고를 할 수 있고, 임대인이 통고를 받은 날부터 3개월이 지나면 효력이 발생한다.

제10조의2【계약갱신의 특례】제2조 제1항 단서에 따른 보증금액을 초과하는 임대차의 계약갱신의 경우에는 당사자는 상가건물에 관한 조세, 공과금, 주변 상가건물의 차임 및 보증금, 그 밖의 부담이나 경제사정의 변동 등을 고려하여 차임과 보증금의 증감을 청구할 수 있다.

제10조의3【권리금의 정의 등】① 권리금이란 임대차 목적물인 상가건물에서 영업을 하는 자 또는 영업을 하려는 자가 영업시설·비품, 거래처, 신용, 영업상의 노하우, 상가건물의 위치에 따른 영업상의 이점 등 유형·무형의 재산적 가치의 양도 또는 이용대가로서 임대인, 임차인에게 보증금과 차임 이외에 지급하는 금전 등의 대가를 말한다.
② 권리금 계약이란 신규임차인이 되려는 자가 임차인에게 권리금을 지급하기로 하는 계약을 말한다.

제10조의4 【권리금 회수기회 보호 등】 ① 임대인은 임대차기간이 끝나기 6개월 전부터 임대차 종료 시까지 다음 각 호의 어느 하나에 해당하는 행위를 함으로써 권리금계약에 따라 임차인이 주선한 신규임차인이 되려는 자로부터 권리금을 지급받는 것을 방해하여서는 아니 된다. 다만, 제10조 제1항 각 호의 어느 하나에 해당하는 사유가 있는 경우에는 그러하지 아니하다.
1. 임차인이 주선한 신규임차인이 되려는 자에게 권리금을 요구하거나 임차인이 주선한 신규임차인이 되려는 자로부터 권리금을 수수하는 행위
2. 임차인이 주선한 신규임차인이 되려는 자로 하여금 임차인에게 권리금을 지급하지 못하게 하는 행위
3. 임차인이 주선한 신규임차인이 되려는 자에게 상가건물에 관한 조세, 공과금, 주변 상가건물의 차임 및 보증금, 그 밖의 부담에 따른 금액에 비추어 현저히 고액의 차임과 보증금을 요구하는 행위
4. 그 밖에 정당한 사유 없이 임대인이 임차인이 주선한 신규임차인이 되려는 자와 임대차계약의 체결을 거절하는 행위
② 다음 각 호의 어느 하나에 해당하는 경우에는 제1항 제4호의 정당한 사유가 있는 것으로 본다.
1. 임차인이 주선한 신규임차인이 되려는 자가 보증금 또는 차임을 지급할 자력이 없는 경우
2. 임차인이 주선한 신규임차인이 되려는 자가 임차인으로서의 의무를 위반할 우려가 있거나 그 밖에 임대차를 유지하기 어려운 상당한 사유가 있는 경우
3. 임대차 목적물인 상가건물을 1년 6개월 이상 영리목적으로 사용하지 아니한 경우
4. 임대인이 선택한 신규임차인이 임차인과 권리금 계약을 체결하고 그 권리금을 지급한 경우
③ 임대인이 제1항을 위반하여 임차인에게 손해를 발생하게 한 때에는 그 손해를 배상할 책임이 있다. 이 경우 그 손해배상액은 신규임차인이 임차인에게 지급하기로 한 권리금과 임대차 종료 당시의 권리금 중 낮은 금액을 넘지 못한다.
④ 제3항에 따라 임대인에게 손해배상을 청구할 권리는 임대차가 종료한 날부터 3년 이내에 행사하지 아니하면 시효의 완성으로 소멸한다.
⑤ 임차인은 임대인에게 임차인이 주선한 신규임차인이 되려는 자의 보증금 및 차임을 지급할 자력 또는 그 밖에 임차인으로서의 의무를 이행할 의사 및 능력에 관하여 자신이 알고 있는 정보를 제공하여야 한다.

제10조의5 【권리금 적용 제외】 제10조의4는 다음 각 호의 어느 하나에 해당하는 상가건물 임대차의 경우에는 적용하지 아니한다.
1. 임대차 목적물인 상가건물이 「유통산업발전법」 제2조에 따른 대규모점포 또는 준대규모점포의 일부인 경우(다만, 「전통시장 및 상점가 육성을 위한 특별법」 제2조 제1호에 따른 전통시장은 제외한다)
2. 임대차 목적물인 상가건물이 「국유재산법」에 따른 국유재산 또는 「공유재산 및 물품 관리법」에 따른 공유재산인 경우

제10조의6 【표준권리금계약서의 작성 등】 국토교통부장관은 법무부장관과 협의를 거쳐 임차인과 신규임차인이 되려는 자의 권리금 계약 체결을 위한 표준권리금계약서를 정하여 그 사용을 권장할 수 있다.

제10조의7 【권리금 평가기준의 고시】 국토교통부장관은 권리금에 대한 감정평가의 절차와 방법 등에 관한 기준을 고시할 수 있다.

제10조의8 【차임연체와 해지】 임차인의 차임연체액이 3기의 차임액에 달하는 때에는 임대인은 계약을 해지할 수 있다.

제10조의9 【계약 갱신요구 등에 관한 임시 특례】 임차인이 이 법(법률 제17490호 「상가건물 임대차보호법」 일부개정법률을 말한다) 시행일부터 6개월까지의 기간 동안 연체한 차임액은 제10조 제1항 제1호, 제10조의4 제1항 단서 및 제10조의8의 적용에 있어서는 차임연체액으로 보지 아니한다. 이 경우 연체한 차임액에 대한 임대인의 그 밖의 권리는 영향을 받지 아니한다.

제11조 【차임 등의 증감청구권】 ① 차임 또는 보증금이 임차건물에 관한 조세, 공과금, 그 밖의 부담의 증감이나 「감염병의 예방 및 관리에 관한 법률」 제2조 제2호에 따른 제1급감염병 등에 의한 경제사정의 변동으로 인하여 상당하지 아니하게 된 경우에는 당사자는 장래의 차임 또는 보증금에 대하여 증감을 청구할 수 있다. 그러나 증액의 경우에는 대통령령으로 정하는 기준에 따른 비율을 초과하지 못한다.

② 제1항에 따른 증액 청구는 임대차계약 또는 약정한 차임 등의 증액이 있은 후 1년 이내에는 하지 못한다.
③ 「감염병의 예방 및 관리에 관한 법률」 제2조 제2호에 따른 제1급감염병에 의한 경제사정의 변동으로 차임 등이 감액된 후 임대인이 제1항에 따라 증액을 청구하는 경우에는 증액된 차임 등이 감액 전 차임 등의 금액에 달할 때까지는 같은 항 단서를 적용하지 아니한다.

제11조의2 【폐업으로 인한 임차인의 해지권】 ① 임차인은 「감염병의 예방 및 관리에 관한 법률」 제49조 제1항 제2호에 따른 집합 제한 또는 금지 조치(같은 항 제2호의2에 따라 운영시간을 제한한 조치를 포함한다)를 총 3개월 이상 받음으로써 발생한 경제사정의 중대한 변동으로 폐업한 경우에는 임대차계약을 해지할 수 있다.
② 제1항에 따른 해지는 임대인이 계약해지의 통고를 받은 날부터 3개월이 지나면 효력이 발생한다.

제12조 【월 차임 전환 시 산정률의 제한】 보증금의 전부 또는 일부를 월 단위의 차임으로 전환하는 경우에는 그 전환되는 금액에 다음 각 호 중 낮은 비율을 곱한 월 차임의 범위를 초과할 수 없다.
1. 「은행법」에 따른 은행의 대출금리 및 해당 지역의 경제 여건 등을 고려하여 대통령령으로 정하는 비율
2. 한국은행에서 공시한 기준금리에 대통령령으로 정하는 배수를 곱한 비율

제13조 【전대차관계에 대한 적용 등】 ① 제10조, 제10조의2, 제10조의8, 제10조의9(제10조 및 제10조의8에 관한 부분으로 한정한다), 제11조 및 제12조는 전대인(轉貸人)과 전차인(轉借人)의 전대차관계에 적용한다.
② 임대인의 동의를 받고 전대차계약을 체결한 전차인은 임차인의 계약갱신요구권 행사기간 이내에 임차인을 대위(代位)하여 임대인에게 계약갱신요구권을 행사할 수 있다.

제14조 【보증금 중 일정액의 보호】 ① 임차인은 보증금 중 일정액을 다른 담보물권자보다 우선하여 변제받을 권리가 있다. 이 경우 임차인은 건물에 대한 경매신청의 등기 전에 제3조 제1항의 요건을 갖추어야 한다.
② 제1항의 경우에 제5조 제4항부터 제6항까지의 규정을 준용한다.
③ 제1항에 따라 우선변제를 받을 임차인 및 보증금 중 일정액의 범위와 기준은 임대건물가액(임대인 소유의 대지가액을 포함한다)의 2분의 1 범위에서 해당 지역의 경제 여건, 보증금 및 차임 등을 고려하여 제14조의2에 따른 상가건물임대차위원회의 심의를 거쳐 대통령령으로 정한다.

제14조의2~제22조 생략

부칙

〈제18675호, 2022.1.4.〉

제1조 【시행일】 이 법은 공포한 날부터 시행한다.
제2조 【임차인의 해지권에 관한 적용례】 제11조의2의 개정규정은 이 법 시행 당시 존속 중인 임대차에 대해서도 적용한다.

상가건물 임대차보호법 시행령

[시행 2025.3.1.]
[대통령령 제35162호, 2024.12.31, 일부개정]

제1조【목적】이 영은 「상가건물 임대차보호법」에서 위임된 사항과 그 시행에 관하여 필요한 사항을 정하는 것을 목적으로 한다.

제2조【적용범위】① 「상가건물 임대차보호법」(이하 '법'이라 한다) 제2조 제1항 단서에서 '대통령령으로 정하는 보증금액'이란 다음 각 호의 구분에 의한 금액을 말한다.
1. 서울특별시: 9억원
2. 「수도권정비계획법」에 따른 과밀억제권역(서울특별시는 제외한다) 및 부산광역시: 6억9천만원
3. 광역시(「수도권정비계획법」에 따른 과밀억제권역에 포함된 지역과 군지역, 부산광역시는 제외한다), 세종특별자치시, 파주시, 화성시, 안산시, 용인시, 김포시 및 광주시: 5억4천만원
4. 그 밖의 지역: 3억7천만원

② 법 제2조 제2항의 규정에 의하여 보증금 외에 차임이 있는 경우의 차임액은 월 단위의 차임액으로 한다.
③ 법 제2조 제2항에서 '대통령령으로 정하는 비율'이라 함은 1분의 100을 말한다.

제3조【확정일자부 기재사항 등】① 상가건물 임대차 계약증서 원본을 소지한 임차인은 법 제4조 제1항에 따라 상가건물의 소재지 관할 세무서장에게 확정일자 부여를 신청할 수 있다. 다만, 「부가가치세법」 제8조 제3항에 따라 사업자 단위 과세가 적용되는 사업자의 경우 해당 사업자의 본점 또는 주사무소 관할 세무서장에게 확정일자 부여를 신청할 수 있다.
② 확정일자는 제1항에 따라 확정일자 부여의 신청을 받은 세무서장(이하 '관할 세무서장'이라 한다)이 확정일자 번호, 확정일자 부여일 및 관할 세무서장을 상가건물 임대차 계약증서 원본에 표시하고 관인을 찍는 방법으로 부여한다.
③ 관할 세무서장은 임대차계약이 변경되거나 갱신된 경우 임차인의 신청에 따라 새로운 확정일자를 부여한다.
④ 관할 세무서장이 법 제4조 제2항에 따라 작성하는 확정일자부에 기재하여야 할 사항은 다음 각 호와 같다.

1. 확정일자 번호
2. 확정일자 부여일
3. 임대인·임차인의 인적사항
    가. 자연인인 경우: 성명, 주민등록번호(외국인은 외국인등록번호)
    나. 법인인 경우: 법인명, 대표자 성명, 법인등록번호
    다. 법인 아닌 단체인 경우: 단체명, 대표자 성명, 사업자등록번호·고유번호
4. 임차인의 상호 및 법 제3조 제1항에 따른 사업자등록번호
5. 상가건물의 소재지, 임대차 목적물 및 면적
6. 임대차기간
7. 보증금·차임

⑤ 제1항부터 제4항까지에서 규정한 사항 외에 확정일자 부여 사무에 관하여 필요한 사항은 법무부령으로 정한다.

제3조의2【이해관계인의 범위】법 제4조 제3항에 따라 정보의 제공을 요청할 수 있는 상가건물의 임대차에 이해관계가 있는 자(이하 '이해관계인'이라 한다)는 다음 각 호의 어느 하나에 해당하는 자로 한다.
1. 해당 상가건물 임대차계약의 임대인·임차인
2. 해당 상가건물의 소유자
3. 해당 상가건물 또는 그 대지의 등기부에 기록된 권리자 중 법무부령으로 정하는 자
4. 법 제5조 제7항에 따라 우선변제권을 승계한 금융기관 등
5. 제1호부터 제4호까지에서 규정한 자에 준하는 지위 또는 권리를 가지는 자로서 임대차 정보의 제공에 관하여 법원의 판결을 받은 자

제3조의3【이해관계인 등이 요청할 수 있는 정보의 범위】① 제3조의2 제1호에 따른 임대차계약의 당사자는 관할 세무서장에게 다음 각 호의 사항이 기재된 서면의 열람 또는 교부를 요청할 수 있다.
1. 임대인·임차인의 인적사항(제3조 제4항 제3호에 따른 정보를 말한다. 다만, 주민등록번호 및 외국인등록번호의 경우에는 앞 6자리에 한정한다)
2. 상가건물의 소재지, 임대차 목적물 및 면적
3. 사업자등록 신청일
4. 보증금·차임 및 임대차기간
5. 확정일자 부여일
6. 임대차계약이 변경되거나 갱신된 경우에는 변경·갱

신된 날짜, 새로운 확정일자 부여일, 변경된 보증금·차임 및 임대차기간
7. 그 밖에 법무부령으로 정하는 사항

② 임대차계약의 당사자가 아닌 이해관계인 또는 임대차계약을 체결하려는 자는 관할 세무서장에게 다음 각 호의 사항이 기재된 서면의 열람 또는 교부를 요청할 수 있다.
1. 상가건물의 소재지, 임대차 목적물 및 면적
2. 사업자등록 신청일
3. 보증금 및 차임, 임대차기간
4. 확정일자 부여일
5. 임대차계약이 변경되거나 갱신된 경우에는 변경·갱신된 날짜, 새로운 확정일자 부여일, 변경된 보증금·차임 및 임대차기간
6. 그 밖에 법무부령으로 정하는 사항

③ 제1항 및 제2항에서 규정한 사항 외에 임대차 정보의 제공 등에 필요한 사항은 법무부령으로 정한다.

제4조【차임 등 증액청구의 기준】법 제11조 제1항의 규정에 의한 차임 또는 보증금의 증액청구는 청구 당시의 차임 또는 보증금의 100분의 5의 금액을 초과하지 못한다.

제5조【월차임 전환 시 산정률】① 법 제12조 제1호에서 '대통령령으로 정하는 비율'이란 연 1할2푼을 말한다.
② 법 제12조 제2호에서 '대통령령으로 정하는 배수'란 4.5배를 말한다.

제6조【우선변제를 받을 임차인의 범위】법 제14조의 규정에 의하여 우선변제를 받을 임차인은 보증금과 차임이 있는 경우 법 제2조 제2항의 규정에 의하여 환산한 금액의 합계가 다음 각 호의 구분에 의한 금액 이하인 임차인으로 한다.
1. 서울특별시: 6천500만원
2. 「수도권정비계획법」에 따른 과밀억제권역(서울특별시는 제외한다): 5천500만원
3. 광역시(「수도권정비계획법」에 따른 과밀억제권역에 포함된 지역과 군지역은 제외한다), 안산시, 용인시, 김포시 및 광주시: 3천8백만원
4. 그 밖의 지역: 3천만원

제7조【우선변제를 받을 보증금의 범위 등】① 법 제14조의 규정에 의하여 우선변제를 받을 보증금 중 일정액의 범위는 다음 각 호의 구분에 의한 금액 이하로 한다.
1. 서울특별시: 2천200만원
2. 「수도권정비계획법」에 따른 과밀억제권역(서울특별시는 제외한다): 1천900만원
3. 광역시(「수도권정비계획법」에 따른 과밀억제권역에 포함된 지역과 군지역은 제외한다), 안산시, 용인시, 김포시 및 광주시: 1천300만원
4. 그 밖의 지역: 1천만원

② 임차인의 보증금 중 일정액이 상가건물의 가액의 2분의 1을 초과하는 경우에는 상가건물의 가액의 2분의 1에 해당하는 금액에 한하여 우선변제권이 있다.

③ 하나의 상가건물에 임차인이 2인 이상이고, 그 각 보증금 중 일정액의 합산액이 상가건물의 가액의 2분의 1을 초과하는 경우에는 그 각 보증금 중 일정액의 합산액에 대한 각 임차인의 보증금 중 일정액의 비율로 그 상가건물의 가액의 2분의 1에 해당하는 금액을 분할한 금액을 각 임차인의 보증금 중 일정액으로 본다.

제7조의2~제10조 생략

제11조【시·도의 조정위원회 사무국】시·도가 법 제20조 제1항 후단에 따라 조정위원회를 두는 경우 사무국의 조직 및 운영 등에 관한 사항은 그 지방자치단체의 실정을 고려하여 해당 지방자치단체의 조례로 정한다.

제12조【고유식별정보의 처리】관할 세무서장은 법 제4조에 따른 확정일자 부여에 관한 사무를 수행하기 위하여 불가피한 경우 「개인정보 보호법 시행령」 제19조 제1호 및 제4호에 따른 주민등록번호 및 외국인등록번호가 포함된 자료를 처리할 수 있다.

부칙

〈제35162호, 2024.12.31.〉

제1조【시행일】이 영은 2025년 3월 1일부터 시행한다.
제2조【상가건물임대차분쟁조정위원회의 분쟁조정 대상에 관한 적용례】제9조 제5호 및 제7호의 개정규정은 이 영 시행 전에 공인중개사의 손해배상책임에 관한 분쟁이 발생한 경우로서 이 영 시행 이후 상가건물임대차분쟁조정위원회에 분쟁의 조정을 신청하는 경우에도 적용한다.

부동산 실권리자명의 등기에 관한 법률

[시행 2020.3.24.]
[법률 제17091호, 2020.3.24, 타법개정]

제1조【목적】이 법은 부동산에 관한 소유권과 그 밖의 물권을 실체적 권리관계와 일치하도록 실권리자 명의(名義)로 등기하게 함으로써 부동산등기제도를 악용한 투기·탈세·탈법행위 등 반사회적 행위를 방지하고 부동산 거래의 정상화와 부동산 가격의 안정을 도모하여 국민경제의 건전한 발전에 이바지함을 목적으로 한다.

제2조【정의】이 법에서 사용하는 용어의 뜻은 다음과 같다.
1. '명의신탁약정'(名義信託約定)이란 부동산에 관한 소유권이나 그 밖의 물권(이하 '부동산에 관한 물권'이라 한다)을 보유한 자 또는 사실상 취득하거나 취득하려고 하는 자[이하 '실권리자'(實權利者)라 한다]가 타인과의 사이에서 대내적으로는 실권리자가 부동산에 관한 물권을 보유하거나 보유하기로 하고 그에 관한 등기(가등기를 포함한다. 이하 같다)는 그 타인의 명의로 하기로 하는 약정[위임·위탁매매의 형식에 의하거나 추인(追認)에 의한 경우를 포함한다]을 말한다. 다만, 다음 각 목의 경우는 제외한다.
   가. 채무의 변제를 담보하기 위하여 채권자가 부동산에 관한 물권을 이전(移轉)받거나 가등기하는 경우
   나. 부동산의 위치와 면적을 특정하여 2인 이상이 구분소유하기로 하는 약정을 하고 그 구분소유자의 공유로 등기하는 경우
   다. 「신탁법」 또는 「자본시장과 금융투자업에 관한 법률」에 따른 신탁재산인 사실을 등기한 경우
2. '명의신탁자'(名義信託者)란 명의신탁약정에 따라 자신의 부동산에 관한 물권을 타인의 명의로 등기하게 하는 실권리자를 말한다.
3. '명의수탁자'(名義受託者)란 명의신탁약정에 따라 실권리자의 부동산에 관한 물권을 자신의 명의로 등기하는 자를 말한다.
4. '실명등기'(實名登記)란 법률 제4944호「부동산 실권리자명의 등기에 관한 법률」 시행 전에 명의신탁약정에 따라 명의수탁자의 명의로 등기된 부동산에 관한 물권을 법률 제4944호「부동산 실권리자명의 등기에 관한 법률」 시행일 이후 명의신탁자의 명의로 등기하는 것을 말한다.

제3조【실권리자명의 등기의무 등】① 누구든지 부동산에 관한 물권을 명의신탁약정에 따라 명의수탁자의 명의로 등기하여서는 아니 된다.
② 채무의 변제를 담보하기 위하여 채권자가 부동산에 관한 물권을 이전받는 경우에는 채무자, 채권금액 및 채무변제를 위한 담보라는 뜻이 적힌 서면을 등기신청서와 함께 등기관에게 제출하여야 한다.

제4조【명의신탁약정의 효력】① 명의신탁약정은 무효로 한다.
② 명의신탁약정에 따른 등기로 이루어진 부동산에 관한 물권변동은 무효로 한다. 다만, 부동산에 관한 물권을 취득하기 위한 계약에서 명의수탁자가 어느 한쪽 당사자가 되고 상대방 당사자는 명의신탁약정이 있다는 사실을 알지 못한 경우에는 그러하지 아니하다.
③ 제1항 및 제2항의 무효는 제3자에게 대항하지 못한다.

제5조~제7조 생략

제8조【종중, 배우자 및 종교단체에 대한 특례】다음 각 호의 어느 하나에 해당하는 경우로서 조세 포탈, 강제집행의 면탈(免脫) 또는 법령상 제한의 회피를 목적으로 하지 아니하는 경우에는 제4조부터 제7조까지 및 제12조제1항부터 제3항까지를 적용하지 아니한다.
1. 종중(宗中)이 보유한 부동산에 관한 물권을 종중(종중과 그 대표자를 같이 표시하여 등기한 경우를 포함한다) 외의 자의 명의로 등기한 경우
2. 배우자 명의로 부동산에 관한 물권을 등기한 경우
3. 종교단체의 명의로 그 산하 조직이 보유한 부동산에 관한 물권을 등기한 경우

제9조~제15조 생략

부칙

⟨제17091호, 2020.3.24.⟩
(지방행정제재·부과금의 징수 등에 관한 법률)

제1조【시행일】 이 법은 공포한 날부터 시행한다. ⟨단서 생략⟩

제2조 및 제3조 생략

제4조【다른 법률의 개정】 ①부터 ㊳까지 생략

㊴ 「부동산 실권리자명의 등기에 관한 법률」 일부를 다음과 같이 개정한다.

제5조 제6항 중 '지방세외수입금의 징수 등에 관한 법률,'을 '「지방행정제재·부과금의 징수 등에 관한 법률」'로 한다.

㊵부터 ⟨102⟩까지 생략

제5조 생략

집합건물의 소유 및 관리에 관한 법률

[시행 2023.9.29.]
[법률 제19282호, 2023.3.28, 일부개정]

제1장 건물의 구분소유

제1절 총칙

제1조【건물의 구분소유】 1동의 건물 중 구조상 구분된 여러 개의 부분이 독립한 건물로서 사용될 수 있을 때에는 그 각 부분은 이 법에서 정하는 바에 따라 각각 소유권의 목적으로 할 수 있다.

제1조의2【상가건물의 구분소유】 ① 1동의 건물이 다음 각 호에 해당하는 방식으로 여러 개의 건물부분으로 이용상 구분된 경우에 그 건물부분(이하 '구분점포'라 한다)은 이 법에서 정하는 바에 따라 각각 소유권의 목적으로 할 수 있다.

1. 구분점포의 용도가 「건축법」 제2조 제2항 제7호의 판매시설 및 같은 항 제8호의 운수시설일 것
2. 삭제 ⟨2020.2.4.⟩
3. 경계를 명확하게 알아볼 수 있는 표지를 바닥에 견고하게 설치할 것
4. 구분점포별로 부여된 건물번호표지를 견고하게 붙일 것

② 제1항에 따른 경계표지 및 건물번호표지에 관하여 필요한 사항은 대통령령으로 정한다.

제2조【정의】 이 법에서 사용하는 용어의 뜻은 다음과 같다.

1. '구분소유권'이란 제1조 또는 제1조의2에 규정된 건물부분[제3조 제2항 및 제3항에 따라 공용부분(共用部分)으로 된 것은 제외한다]을 목적으로 하는 소유권을 말한다.
2. '구분소유자'란 구분소유권을 가지는 자를 말한다.
3. '전유부분'(專有部分)이란 구분소유권의 목적인 건물부분을 말한다.
4. '공용부분'이란 전유부분 외의 건물부분, 전유부분에 속하지 아니하는 건물의 부속물 및 제3조 제2항 및 제3항에 따라 공용부분으로 된 부속의 건물을 말한다.
5. '건물의 대지'란 전유부분이 속하는 1동의 건물이 있는 토지 및 제4조에 따라 건물의 대지로 된 토지를 말한다.

6. '대지사용권'이란 구분소유자가 전유부분을 소유하기 위하여 건물의 대지에 대하여 가지는 권리를 말한다.

제2조의2 【다른 법률과의 관계】 집합주택의 관리 방법과 기준, 하자담보책임에 관한 「주택법」 및 「공동주택관리법」의 특별한 규정은 이 법에 저촉되어 구분소유자의 기본적인 권리를 해치지 아니하는 범위에서 효력이 있다.

제3조 【공용부분】 ① 여러 개의 전유부분으로 통하는 복도, 계단, 그 밖에 구조상 구분소유자 전원 또는 일부의 공용(共用)에 제공되는 건물부분은 구분소유권의 목적으로 할 수 없다.

② 제1조 또는 제1조의2에 규정된 건물부분과 부속의 건물은 규약으로써 공용부분으로 정할 수 있다.

③ 제1조 또는 제1조의2에 규정된 건물부분의 전부 또는 부속건물을 소유하는 자는 공정증서(公正證書)로써 제2항의 규약에 상응하는 것을 정할 수 있다.

④ 제2항과 제3항의 경우에는 공용부분이라는 취지를 등기하여야 한다.

제4조 【규약에 따른 건물의 대지】 ① 통로, 주차장, 정원, 부속건물의 대지, 그 밖에 전유부분이 속하는 1동의 건물 및 그 건물이 있는 토지와 하나로 관리되거나 사용되는 토지는 규약으로써 건물의 대지로 할 수 있다.

② 제1항의 경우에는 제3조 제3항을 준용한다.

③ 건물이 있는 토지가 건물이 일부 멸실함에 따라 건물이 있는 토지가 아닌 토지로 된 경우에는 그 토지는 제1항에 따라 규약으로써 건물의 대지로 정한 것으로 본다. 건물이 있는 토지의 일부가 분할로 인하여 건물이 있는 토지가 아닌 토지로 된 경우에도 같다.

제5조 【구분소유자의 권리·의무 등】 ① 구분소유자는 건물의 보존에 해로운 행위나 그 밖에 건물의 관리 및 사용에 관하여 구분소유자 공동의 이익에 어긋나는 행위를 하여서는 아니 된다.

② 전유부분이 주거의 용도로 분양된 것인 경우에는 구분소유자는 정당한 사유 없이 그 부분을 주거 외의 용도로 사용하거나 그 내부 벽을 철거하거나 파손하여 증축·개축하는 행위를 하여서는 아니 된다.

③ 구분소유자는 그 전유부분이나 공용부분을 보존하거나 개량하기 위하여 필요한 범위에서 다른 구분소유자의 전유부분 또는 자기의 공유(共有)에 속하지 아니하는 공용부분의 사용을 청구할 수 있다. 이 경우 다른 구분소유자가 손해를 입었을 때에는 보상하여야 한다.

④ 전유부분을 점유하는 자로서 구분소유자가 아닌 자(이하 '점유자'라 한다)에 대하여는 제1항부터 제3항까지의 규정을 준용한다.

제6조 【건물의 설치·보존상의 흠 추정】 전유부분이 속하는 1동의 건물의 설치 또는 보존의 흠으로 인하여 다른 자에게 손해를 입힌 경우에는 그 흠은 공용부분에 존재하는 것으로 추정한다.

제7조 【구분소유권 매도청구권】 대지사용권을 가지지 아니한 구분소유자가 있을 때에는 그 전유부분의 철거를 청구할 권리를 가진 자는 그 구분소유자에 대하여 구분소유권을 시가(時價)로 매도할 것을 청구할 수 있다.

제8조 【대지공유자의 분할청구 금지】 대지 위에 구분소유권의 목적인 건물이 속하는 1동의 건물이 있을 때에는 그 대지의 공유자는 그 건물 사용에 필요한 범위의 대지에 대하여는 분할을 청구하지 못한다.

제9조 【담보책임】 ① 제1조 또는 제1조의2의 건물을 건축하여 분양한 자(이하 '분양자'라 한다)와 분양자와의 계약에 따라 건물을 건축한 자로서 대통령령으로 정하는 자(이하 '시공자'라 한다)는 구분소유자에 대하여 담보책임을 진다. 이 경우 그 담보책임에 관하여는 「민법」 제667조 및 제668조를 준용한다.

② 제1항에도 불구하고 시공자가 분양자에게 부담하는 담보책임에 관하여 다른 법률에 특별한 규정이 있으면 시공자는 그 법률에서 정하는 담보책임의 범위에서 구분소유자에게 제1항의 담보책임을 진다.

③ 제1항 및 제2항에 따른 시공자의 담보책임 중 「민법」 제667조 제2항에 따른 손해배상책임은 분양자에게 회생절차개시 신청, 파산 신청, 해산, 무자력(無資力) 또는 그 밖에 이에 준하는 사유가 있는 경우에만 지며, 시공자가 이미 분양자에게 손해배상을 한 경우에는 그 범위에서 구분소유자에 대한 책임을 면(免)한다.

④ 분양자와 시공자의 담보책임에 관하여 이 법과 「민법」에 규정된 것보다 매수인에게 불리한 특약은 효력이 없다.

제9조의2 【담보책임의 존속기간】 ① 제9조에 따른 담보책임에 관한 구분소유자의 권리는 다음 각 호의 기간 내에 행사하여야 한다.

1. 「건축법」 제2조 제1항 제7호에 따른 건물의 주요구조부 및 지반공사의 하자: 10년
2. 제1호에 규정된 하자 외의 하자: 하자의 중대성, 내구

연한, 교체가능성 등을 고려하여 5년의 범위에서 대통령령으로 정하는 기간

② 제1항의 기간은 다음 각 호의 날부터 기산한다.
1. 전유부분: 구분소유자에게 인도한 날
2. 공용부분: 「주택법」 제49조에 따른 사용검사일(집합건물 전부에 대하여 임시 사용승인을 받은 경우에는 그 임시 사용승인일을 말하고, 「주택법」 제49조 제1항 단서에 따라 분할 사용검사나 동별 사용검사를 받은 경우에는 분할 사용검사일 또는 동별 사용검사일을 말한다) 또는 「건축법」 제22조에 따른 사용승인일

③ 제1항 및 제2항에도 불구하고 제1항 각 호의 하자로 인하여 건물이 멸실되거나 훼손된 경우에는 그 멸실되거나 훼손된 날부터 1년 이내에 권리를 행사하여야 한다.

제9조의3 【분양자의 관리의무 등】 ① 분양자는 제24조 제3항에 따라 선임(選任)된 관리인이 사무를 개시(開始)할 때까지 선량한 관리자의 주의로 건물과 대지 및 부속시설을 관리하여야 한다.

② 분양자는 제28조 제4항에 따른 표준규약 및 같은 조 제5항에 따른 지역별 표준규약을 참고하여 공정증서로써 규약에 상응하는 것을 정하여 분양계약을 체결하기 전에 분양을 받을 자에게 주어야 한다.

③ 분양자는 예정된 매수인의 2분의 1 이상이 이전등기를 한 때에는 규약 설정 및 관리인 선임을 위한 관리단집회(제23조에 따른 관리단의 집회를 말한다. 이하 같다)를 소집할 것을 대통령령으로 정하는 바에 따라 구분소유자에게 통지하여야 한다. 이 경우 통지받은 날부터 3개월 이내에 관리단집회를 소집할 것을 명시하여야 한다.

④ 분양자는 구분소유자가 제3항의 통지를 받은 날부터 3개월 이내에 관리단집회를 소집하지 아니하는 경우에는 지체 없이 관리단집회를 소집하여야 한다.

제2절 공용부분

제10조 【공용부분의 귀속 등】 ① 공용부분은 구분소유자 전원의 공유에 속한다. 다만, 일부의 구분소유자만이 공용하도록 제공되는 것임이 명백한 공용부분(이하 '일부공용부분'이라 한다)은 그들 구분소유자의 공유에 속한다.

② 제1항의 공유에 관하여는 제11조부터 제18조까지의 규정에 따른다. 다만, 제12조, 제17조에 규정한 사항에 관하여는 규약으로써 달리 정할 수 있다.

제11조 【공유자의 사용권】 각 공유자는 공용부분을 그 용도에 따라 사용할 수 있다.

제12조 【공유자의 지분권】 ① 각 공유자의 지분은 그가 가지는 전유부분의 면적 비율에 따른다.

② 제1항의 경우 일부공용부분으로서 면적이 있는 것은 그 공용부분을 공용하는 구분소유자의 전유부분의 면적 비율에 따라 배분하여 그 면적을 각 구분소유자의 전유부분 면적에 포함한다.

제13조 【전유부분과 공용부분에 대한 지분의 일체성】
① 공용부분에 대한 공유자의 지분은 그가 가지는 전유부분의 처분에 따른다.

② 공유자는 그가 가지는 전유부분과 분리하여 공용부분에 대한 지분을 처분할 수 없다.

③ 공용부분에 관한 물권의 득실변경(得失變更)은 등기가 필요하지 아니하다.

제14조 【일부공용부분의 관리】 일부공용부분의 관리에 관한 사항 중 구분소유자 전원에게 이해관계가 있는 사항과 제29조 제2항의 규약으로써 정한 사항은 구분소유자 전원의 집회결의로써 결정하고, 그 밖의 사항은 그것을 공용하는 구분소유자만의 집회결의로써 결정한다.

제15조 【공용부분의 변경】 ① 공용부분의 변경에 관한 사항은 관리단집회에서 구분소유자의 3분의 2 이상 및 의결권의 3분의 2 이상의 결의로써 결정한다. 다만, 다음 각 호의 어느 하나에 해당하는 경우에는 제38조 제1항에 따른 통상의 집회결의로써 결정할 수 있다.
1. 공용부분의 개량을 위한 것으로서 지나치게 많은 비용이 드는 것이 아닐 경우
2. 「관광진흥법」 제3조 제1항 제2호 나목에 따른 휴양 콘도미니엄업의 운영을 위한 휴양 콘도미니엄의 공용부분 변경에 관한 사항인 경우

② 제1항의 경우에 공용부분의 변경이 다른 구분소유자의 권리에 특별한 영향을 미칠 때에는 그 구분소유자의 승낙을 받아야 한다.

제15조의2 【권리변동 있는 공용부분의 변경】 ① 제15조에도 불구하고 건물의 노후화 억제 또는 기능 향상 등을 위한 것으로 구분소유권 및 대지사용권의 범위나 내용에 변동을 일으키는 공용부분의 변경에 관한 사항은 관리단집회에서 구분소유자의 5분의 4 이상 및 의결권의 5분의 4 이상의 결의로써 결정한다. 다만, 「관광진흥법」 제3조

제1항 제2호 나목에 따른 휴양 콘도미니엄업의 운영을 위한 휴양 콘도미니엄의 권리변동 있는 공용부분 변경에 관한 사항은 구분소유자의 3분의 2 이상 및 의결권의 3분의 2 이상의 결의로써 결정한다.
② 제1항의 결의에서는 다음 각 호의 사항을 정하여야 한다. 이 경우 제3호부터 제7호까지의 사항은 각 구분소유자 사이에 형평이 유지되도록 정하여야 한다.
1. 설계의 개요
2. 예상 공사 기간 및 예상 비용(특별한 손실에 대한 전보 비용을 포함한다)
3. 제2호에 따른 비용의 분담 방법
4. 변경된 부분의 용도
5. 전유부분 수의 증감이 발생하는 경우에는 변경된 부분의 귀속에 관한 사항
6. 전유부분이나 공용부분의 면적에 증감이 발생하는 경우에는 변경된 부분의 귀속에 관한 사항
7. 대지사용권의 변경에 관한 사항
8. 그 밖에 규약으로 정한 사항
③ 제1항의 결의를 위한 관리단집회의 의사록에는 결의에 대한 각 구분소유자의 찬반 의사를 적어야 한다.
④ 제1항의 결의가 있는 경우에는 제48조 및 제49조를 준용한다.

제16조【공용부분의 관리】 ① 공용부분의 관리에 관한 사항은 제15조 제1항 본문 및 제15조의2의 경우를 제외하고는 제38조 제1항에 따른 통상의 집회결의로써 결정한다. 다만, 보존행위는 각 공유자가 할 수 있다.
② 구분소유자의 승낙을 받아 전유부분을 점유하는 자는 제1항 본문에 따른 집회에 참석하여 그 구분소유자의 의결권을 행사할 수 있다. 다만, 구분소유자와 점유자가 달리 정하여 관리단에 통지한 경우에는 그러하지 아니하며, 구분소유자의 권리·의무에 특별한 영향을 미치는 사항을 결정하기 위한 집회인 경우에는 점유자는 사전에 구분소유자에게 의결권 행사에 대한 동의를 받아야 한다.
③ 제1항 및 제2항에 규정된 사항은 규약으로써 달리 정할 수 있다.
④ 제1항 본문의 경우에는 제15조 제2항을 준용한다.

제17조【공용부분의 부담·수익】 각 공유자는 규약에 달리 정한 바가 없으면 그 지분의 비율에 따라 공용부분의 관리비용과 그 밖의 의무를 부담하며 공용부분에서 생기는 이익을 취득한다.

제17조의2【수선적립금】 ① 제23조에 따른 관리단(이하 '관리단'이라 한다)은 규약에 달리 정한 바가 없으면 관리단집회 결의에 따라 건물이나 대지 또는 부속시설의 교체 및 보수에 관한 수선계획을 수립할 수 있다.
② 관리단은 규약에 달리 정한 바가 없으면 관리단집회의 결의에 따라 수선적립금을 징수하여 적립할 수 있다. 다만, 다른 법률에 따라 장기수선을 위한 계획이 수립되어 충당금 또는 적립금이 징수·적립된 경우에는 그러하지 아니하다.
③ 제2항에 따른 수선적립금(이하 이 조에서 '수선적립금'이라 한다)은 구분소유자로부터 징수하며 관리단에 귀속된다.
④ 관리단은 규약에 달리 정한 바가 없으면 수선적립금을 다음 각 호의 용도로 사용하여야 한다.
1. 제1항의 수선계획에 따른 공사
2. 자연재해 등 예상하지 못한 사유로 인한 수선공사
3. 제1호 및 제2호의 용도로 사용한 금원의 변제
⑤ 제1항에 따른 수선계획의 수립 및 수선적립금의 징수·적립에 필요한 사항은 대통령령으로 정한다.

제18조【공용부분에 관하여 발생한 채권의 효력】 공유자가 공용부분에 관하여 다른 공유자에 대하여 가지는 채권은 그 특별승계인에 대하여도 행사할 수 있다.

제19조【공용부분에 관한 규정의 준용】 건물의 대지 또는 공용부분 외의 부속시설(이들에 대한 권리를 포함한다)을 구분소유자가 공유하는 경우에는 그 대지 및 부속시설에 관하여 제15조, 제15조의2, 제16조 및 제17조를 준용한다.

제3절 대지사용권

제20조【전유부분과 대지사용권의 일체성】 ① 구분소유자의 대지사용권은 그가 가지는 전유부분의 처분에 따른다.
② 구분소유자는 그가 가지는 전유부분과 분리하여 대지사용권을 처분할 수 없다. 다만, 규약으로써 달리 정한 경우에는 그러하지 아니하다.
③ 제2항 본문의 분리처분금지는 그 취지를 등기하지 아니하면 선의(善意)로 물권을 취득한 제3자에게 대항하지 못한다.
④ 제2항 단서의 경우에는 제3조 제3항을 준용한다.

제21조 【전유부분의 처분에 따르는 대지사용권의 비율】 ① 구분소유자가 둘 이상의 전유부분을 소유한 경우에는 각 전유부분의 처분에 따르는 대지사용권은 제12조에 규정된 비율에 따른다. 다만, 규약으로써 달리 정할 수 있다.
② 제1항 단서의 경우에는 제3조 제3항을 준용한다.
제22조 【「민법」 제267조의 적용 배제】 제20조 제2항 본문의 경우 대지사용권에 대하여는 「민법」 제267조(같은 법 제278조에서 준용하는 경우를 포함한다)를 적용하지 아니한다.

제4절 관리단 및 관리단의 기관

제23조 【관리단의 당연 설립 등】 ① 건물에 대하여 구분소유 관계가 성립되면 구분소유자 전원을 구성원으로 하여 건물과 그 대지 및 부속시설의 관리에 관한 사업의 시행을 목적으로 하는 관리단이 설립된다.
② 일부공용부분이 있는 경우 그 일부의 구분소유자는 제28조 제2항의 규약에 따라 그 공용부분의 관리에 관한 사업의 시행을 목적으로 하는 관리단을 구성할 수 있다.
제23조의2 【관리단의 의무】 관리단은 건물의 관리 및 사용에 관한 공동이익을 위하여 필요한 구분소유자의 권리와 의무를 선량한 관리자의 주의로 행사하거나 이행하여야 한다.
제24조 【관리인의 선임 등】 ① 구분소유자가 10인 이상일 때에는 관리단을 대표하고 관리단의 사무를 집행할 관리인을 선임하여야 한다.
② 관리인은 구분소유자일 필요가 없으며, 그 임기는 2년의 범위에서 규약으로 정한다.
③ 관리인은 관리단집회의 결의로 선임되거나 해임된다. 다만, 규약으로 제26조의3에 따른 관리위원회의 결의로 선임되거나 해임되도록 정한 경우에는 그에 따른다.
④ 구분소유자의 승낙을 받아 전유부분을 점유하는 자는 제3항 본문에 따른 관리단집회에 참석하여 그 구분소유자의 의결권을 행사할 수 있다. 다만, 구분소유자와 점유자가 달리 정하여 관리단에 통지하거나 구분소유자가 집회 이전에 직접 의결권을 행사할 것을 관리단에 통지한 경우에는 그러하지 아니하다.
⑤ 관리인에게 부정한 행위나 그 밖에 그 직무를 수행하기에 적합하지 아니한 사정이 있을 때에는 각 구분소유자는 관리인의 해임을 법원에 청구할 수 있다.
⑥ 전유부분이 50개 이상인 건물(「공동주택관리법」에 따른 의무관리대상 공동주택 및 임대주택과 「유통산업발전법」에 따라 신고한 대규모점포등관리자가 있는 대규모점포 및 준대규모점포는 제외한다)의 관리인으로 선임된 자는 대통령령으로 정하는 바에 따라 선임된 사실을 특별자치시장, 특별자치도지사, 시장, 군수 또는 자치구의 구청장(이하 '소관청'이라 한다)에게 신고하여야 한다.
제24조의2 【임시관리인의 선임 등】 ① 구분소유자, 그의 승낙을 받아 전유부분을 점유하는 자, 분양자 등 이해관계인은 제24조 제3항에 따라 선임된 관리인이 없는 경우에는 법원에 임시관리인의 선임을 청구할 수 있다.
② 임시관리인은 선임된 날부터 6개월 이내에 제24조 제3항에 따른 관리인 선임을 위하여 관리단집회 또는 관리위원회를 소집하여야 한다.
③ 임시관리인의 임기는 선임된 날부터 제24조 제3항에 따라 관리인이 선임될 때까지로 하되, 같은 조 제2항에 따라 규약으로 정한 임기를 초과할 수 없다.
제25조 【관리인의 권한과 의무】 ① 관리인은 다음 각 호의 행위를 할 권한과 의무를 가진다.
1. 공용부분의 보존행위
1의2. 공용부분의 관리 및 변경에 관한 관리단집회 결의를 집행하는 행위
2. 공용부분의 관리비용 등 관리단의 사무 집행을 위한 비용과 분담금을 각 구분소유자에게 청구·수령하는 행위 및 그 금원을 관리하는 행위
3. 관리단의 사업 시행과 관련하여 관리단을 대표하여 하는 재판상 또는 재판 외의 행위
3의2. 소음·진동·악취 등을 유발하여 공동생활의 평온을 해치는 행위의 중지 요청 또는 분쟁 조정절차 권고 등 필요한 조치를 하는 행위
4. 그 밖에 규약에 정하여진 행위
② 관리인의 대표권은 제한할 수 있다. 다만, 이로써 선의의 제3자에게 대항할 수 없다.
제26조 【관리인의 보고의무 등】 ① 관리인은 대통령령으로 정하는 바에 따라 매년 1회 이상 구분소유자 및 그의 승낙을 받아 전유부분을 점유하는 자에게 그 사무에 관한 보고를 하여야 한다.

② 전유부분이 50개 이상인 건물의 관리인은 관리단의 사무 집행을 위한 비용과 분담금 등 금원의 징수·보관·사용·관리 등 모든 거래행위에 관하여 장부를 월별로 작성하여 그 증빙서류와 함께 해당 회계연도 종료일부터 5년간 보관하여야 한다.
③ 이해관계인은 관리인에게 제1항에 따른 보고 자료, 제2항에 따른 장부나 증빙서류의 열람을 청구하거나 자기 비용으로 등본의 교부를 청구할 수 있다. 이 경우 관리인은 다음 각 호의 정보를 제외하고 이에 응하여야 한다.
1. 「개인정보 보호법」 제24조에 따른 고유식별정보 등 개인의 사생활의 비밀 또는 자유를 침해할 우려가 있는 정보
2. 의사결정 과정 또는 내부검토 과정에 있는 사항 등으로서 공개될 경우 업무의 공정한 수행에 현저한 지장을 초래할 우려가 있는 정보
④ 「공동주택관리법」에 따른 의무관리대상 공동주택 및 임대주택과 「유통산업발전법」에 따라 신고한 대규모점포 등관리자가 있는 대규모점포 및 준대규모점포에 대해서는 제1항부터 제3항까지를 적용하지 아니한다.
⑤ 이 법 또는 규약에서 규정하지 아니한 관리인의 권리의무에 관하여는 「민법」의 위임에 관한 규정을 준용한다.

제26조의2 【회계감사】 ① 전유부분이 150개 이상으로서 대통령령으로 정하는 건물의 관리인은 「주식회사 등의 외부감사에 관한 법률」 제2조 제7호에 따른 감사인(이하 이 조에서 '감사인'이라 한다)의 회계감사를 매년 1회 이상 받아야 한다. 다만, 관리단집회에서 구분소유자의 3분의 2 이상 및 의결권의 3분의 2 이상이 회계감사를 받지 아니하기로 결의한 연도에는 그러하지 아니하다.
② 구분소유자의 승낙을 받아 전유부분을 점유하는 자는 제1항 단서에 따른 관리단집회에 참석하여 그 구분소유자의 의결권을 행사할 수 있다. 다만, 구분소유자와 점유자가 달리 정하여 관리단에 통지하거나 구분소유자가 집회 이전에 직접 의결권을 행사할 것을 관리단에 통지한 경우에는 그러하지 아니하다.
③ 전유부분이 50개 이상 150개 미만으로서 대통령령으로 정하는 건물의 관리인은 구분소유자의 5분의 1 이상이 연서(連署)하여 요구하는 경우에는 감사인의 회계감사를 받아야 한다. 이 경우 구분소유자의 승낙을 받아 전유부분을 점유하는 자가 구분소유자를 대신하여 연서할 수 있다.
④ 관리인은 제1항 또는 제3항에 따라 회계감사를 받은 경우에는 대통령령으로 정하는 바에 따라 감사보고서 등 회계감사의 결과를 구분소유자 및 그의 승낙을 받아 전유부분을 점유하는 자에게 보고하여야 한다.
⑤ 제1항 또는 제3항에 따른 회계감사의 기준·방법 및 감사인의 선정방법 등에 관하여 필요한 사항은 대통령령으로 정한다.
⑥ 제1항 또는 제3항에 따라 회계감사를 받는 관리인은 다음 각 호의 어느 하나에 해당하는 행위를 하여서는 아니 된다.
1. 정당한 사유 없이 감사인의 자료열람·등사·제출 요구 또는 조사를 거부·방해·기피하는 행위
2. 감사인에게 거짓 자료를 제출하는 등 부정한 방법으로 회계감사를 방해하는 행위
⑦ 「공동주택관리법」에 따른 의무관리대상 공동주택 및 임대주택과 「유통산업발전법」에 따라 신고한 대규모점포 등관리자가 있는 대규모점포 및 준대규모점포에는 제1항부터 제6항까지의 규정을 적용하지 아니한다.

제26조의3 【관리위원회의 설치 및 기능】 ① 관리단에는 규약으로 정하는 바에 따라 관리위원회를 둘 수 있다.
② 관리위원회는 이 법 또는 규약으로 정한 관리인의 사무 집행을 감독한다.
③ 제1항에 따라 관리위원회를 둔 경우 관리인은 제25조 제1항 각 호의 행위를 하려면 관리위원회의 결의를 거쳐야 한다. 다만, 규약으로 달리 정한 사항은 그러하지 아니하다.

제26조의4 【관리위원회의 구성 및 운영】 ① 관리위원회의 위원은 구분소유자 중에서 관리단집회의 결의에 의하여 선출한다. 다만, 규약으로 관리단집회의 결의에 관하여 달리 정한 경우에는 그에 따른다.
② 관리인은 규약에 달리 정한 바가 없으면 관리위원회의 위원이 될 수 없다.
③ 관리위원회 위원의 임기는 2년의 범위에서 규약으로 정한다.
④ 제1항부터 제3항까지에서 규정한 사항 외에 관리위원회의 구성 및 운영에 필요한 사항은 대통령령으로 정한다.
⑤ 구분소유자의 승낙을 받아 전유부분을 점유하는 자는 제1항 본문에 따른 관리단집회에 참석하여 그 구분소유자의 의결권을 행사할 수 있다. 다만, 구분소유자와 점유

자가 달리 정하여 관리단에 통지하거나 구분소유자가 집회 이전에 직접 의결권을 행사할 것을 관리단에 통지한 경우에는 그러하지 아니하다.

제26조의5 【집합건물의 관리에 관한 감독】 ① 특별시장·광역시장·특별자치시장·도지사·특별자치도지사(이하 '시·도지사'라 한다) 또는 시장·군수·구청장(자치구의 구청장을 말하며, 이하 '시장·군수·구청장'이라 한다)은 집합건물의 효율적인 관리와 주민의 복리증진을 위하여 필요하다고 인정하는 경우에는 전유부분이 50개 이상인 건물의 관리인에게 다음 각 호의 사항을 보고하게 하거나 관련 자료의 제출을 명할 수 있다.
1. 제17조의2 제2항에 따른 수선적립금의 징수·적립·사용 등에 관한 사항
2. 제24조에 따른 관리인의 선임·해임에 관한 사항
3. 제26조 제1항에 따른 보고와 같은 조 제2항에 따른 장부의 작성·보관 및 증빙서류의 보관에 관한 사항
4. 제26조의2 제1항 또는 제3항에 따른 회계감사에 관한 사항
5. 제32조에 따른 정기 관리단집회의 소집에 관한 사항
6. 그 밖에 집합건물의 관리에 관한 감독을 위하여 필요한 사항으로서 대통령령으로 정하는 사항

② 제1항에 따른 명령의 절차 등 필요한 사항은 해당 지방자치단체의 조례로 정한다.

제27조 【관리단의 채무에 대한 구분소유자의 책임】 ① 관리단이 그의 재산으로 채무를 전부 변제할 수 없는 경우에는 구분소유자는 제12조의 지분비율에 따라 관리단의 채무를 변제할 책임을 진다. 다만, 규약으로써 그 부담비율을 달리 정할 수 있다.

② 구분소유자의 특별승계인은 승계 전에 발생한 관리단의 채무에 관하여도 책임을 진다.

제5절 규약 및 집회

제28조 【규약】 ① 건물과 대지 또는 부속시설의 관리 또는 사용에 관한 구분소유자들 사이의 사항 중 이 법에서 규정하지 아니한 사항은 규약으로써 정할 수 있다.

② 일부공용부분에 관한 사항으로써 구분소유자 전원에게 이해관계가 있지 아니한 사항은 구분소유자 전원의 규약에 따로 정하지 아니하면 일부공용부분을 공용하는 구분소유자의 규약으로써 정할 수 있다.

③ 제1항과 제2항의 경우에 구분소유자 외의 자의 권리를 침해하지 못한다.

④ 법무부장관은 이 법을 적용받는 건물과 대지 및 부속시설의 효율적이고 공정한 관리를 위하여 표준규약을 마련하여야 한다.

⑤ 시·도지사는 제4항에 따른 표준규약을 참고하여 대통령령으로 정하는 바에 따라 지역별 표준규약을 마련하여 보급하여야 한다.

제29조 【규약의 설정·변경·폐지】 ① 규약의 설정·변경 및 폐지는 관리단집회에서 구분소유자의 4분의 3 이상 및 의결권의 4분의 3 이상의 찬성을 얻어서 한다. 이 경우 규약의 설정·변경 및 폐지가 일부 구분소유자의 권리에 특별한 영향을 미칠 때에는 그 구분소유자의 승낙을 받아야 한다.

② 제28조 제2항에 규정한 사항에 관한 구분소유자 전원의 규약의 설정·변경 또는 폐지는 그 일부공용부분을 공용하는 구분소유자의 4분의 1을 초과하는 자 또는 의결권의 4분의 1을 초과하는 의결권을 가진 자가 반대할 때에는 할 수 없다.

제30조 【규약의 보관 및 열람】 ① 규약은 관리인 또는 구분소유자나 그 대리인으로서 건물을 사용하고 있는 자 중 1인이 보관하여야 한다.

② 제1항에 따라 규약을 보관할 구분소유자나 그 대리인은 규약에 다른 규정이 없으면 관리단집회의 결의로써 정한다.

③ 이해관계인은 제1항에 따라 규약을 보관하는 자에게 규약의 열람을 청구하거나 자기 비용으로 등본의 발급을 청구할 수 있다.

제31조 【집회의 권한】 관리단의 사무는 이 법 또는 규약으로 관리인에게 위임한 사항 외에는 관리단집회의 결의에 따라 수행한다.

제32조 【정기 관리단집회】 관리인은 매년 회계연도 종료 후 3개월 이내에 정기 관리단집회를 소집하여야 한다.

제33조 【임시 관리단집회】 ① 관리인은 필요하다고 인정할 때에는 관리단집회를 소집할 수 있다.

② 구분소유자의 5분의 1 이상이 회의의 목적 사항을 구체적으로 밝혀 관리단집회의 소집을 청구하면 관리인은 관리단집회를 소집하여야 한다. 이 정수(定數)는 규약으로 감경할 수 있다.

③ 제2항의 청구가 있은 후 1주일 내에 관리인이 청구일부터 2주일 이내의 날을 관리단집회일로 하는 소집통지 절차를 밟지 아니하면 소집을 청구한 구분소유자는 법원의 허가를 받아 관리단집회를 소집할 수 있다.
④ 관리인이 없는 경우에는 구분소유자의 5분의 1 이상은 관리단집회를 소집할 수 있다. 이 정수는 규약으로 감경할 수 있다.

제34조【집회소집통지】① 관리단집회를 소집하려면 관리단집회일 1주일 전에 회의의 목적사항을 구체적으로 밝혀 각 구분소유자에게 통지하여야 한다. 다만, 이 기간은 규약으로 달리 정할 수 있다.
② 전유부분을 여럿이 공유하는 경우에 제1항의 통지는 제37조 제2항에 따라 정하여진 의결권을 행사할 자(그가 없을 때에는 공유자 중 1인)에게 통지하여야 한다.
③ 제1항의 통지는 구분소유자가 관리인에게 따로 통지장소를 제출하였으면 그 장소로 발송하고, 제출하지 아니하였으면 구분소유자가 소유하는 전유부분이 있는 장소로 발송한다. 이 경우 제1항의 통지는 통상적으로 도달할 시기에 도달한 것으로 본다.
④ 건물 내에 주소를 가지는 구분소유자 또는 제3항의 통지장소를 제출하지 아니한 구분소유자에 대한 제1항의 통지는 건물 내의 적당한 장소에 게시함으로써 소집통지를 갈음할 수 있음을 규약으로 정할 수 있다. 이 경우 제1항의 통지는 게시한 때에 도달한 것으로 본다.
⑤ 회의의 목적사항이 제15조 제1항, 제29조 제1항, 제47조 제1항 및 제50조 제4항인 경우에는 그 통지에 그 의안 및 계획의 내용을 적어야 한다.

제35조【소집절차의 생략】관리단집회는 구분소유자 전원이 동의하면 소집절차를 거치지 아니하고 소집할 수 있다.

제36조【결의사항】① 관리단집회는 제34조에 따라 통지한 사항에 관하여만 결의할 수 있다.
② 제1항의 규정은 이 법에 관리단집회의 결의에 관하여 특별한 정수가 규정된 사항을 제외하고는 규약으로 달리 정할 수 있다.
③ 제1항과 제2항은 제35조에 따른 관리단집회에 관하여는 적용하지 아니한다.

제37조【의결권】① 각 구분소유자의 의결권은 규약에 특별한 규정이 없으면 제12조에 규정된 지분비율에 따른다.
② 전유부분을 여럿이 공유하는 경우에는 공유자는 관리단집회에서 의결권을 행사할 1인을 정한다.
③ 구분소유자의 승낙을 받아 동일한 전유부분을 점유하는 자가 여럿인 경우에는 제16조 제2항, 제24조 제4항, 제26조의2 제2항 또는 제26조의4 제5항에 따라 해당 구분소유자의 의결권을 행사할 1인을 정하여야 한다.

제38조【의결 방법】① 관리단집회의 의사는 이 법 또는 규약에 특별한 규정이 없으면 구분소유자의 과반수 및 의결권의 과반수로써 의결한다.
② 의결권은 서면이나 전자적 방법(전자정보처리조직을 사용하거나 그 밖에 정보통신기술을 이용하는 방법으로서 대통령령으로 정하는 방법을 말한다. 이하 같다)으로 또는 대리인을 통하여 행사할 수 있다.
③ 제34조에 따른 관리단집회의 소집통지나 소집통지를 갈음하는 게시를 할 때에는 제2항에 따라 의결권을 행사할 수 있다는 내용과 구체적인 의결권 행사 방법을 명확히 밝혀야 한다.
④ 제1항부터 제3항까지에서 규정한 사항 외에 의결권 행사를 위하여 필요한 사항은 대통령령으로 정한다.

제39조【집회의 의장과 의사록】① 관리단집회의 의장은 관리인 또는 집회를 소집한 구분소유자 중 연장자가 된다. 다만, 규약에 특별한 규정이 있거나 관리단집회에서 다른 결의를 한 경우에는 그러하지 아니하다.
② 관리단집회의 의사에 관하여는 의사록을 작성하여야 한다.
③ 의사록에는 의사의 경과와 그 결과를 적고 의장과 구분소유자 2인 이상이 서명날인하여야 한다.
④ 의사록에 관하여는 제30조를 준용한다.

제40조【점유자의 의견진술권】① 구분소유자의 승낙을 받아 전유부분을 점유하는 자는 집회의 목적사항에 관하여 이해관계가 있는 경우에는 집회에 출석하여 의견을 진술할 수 있다.
② 제1항의 경우 집회를 소집하는 자는 제34조에 따라 소집통지를 한 후 지체 없이 집회의 일시, 장소 및 목적사항을 건물 내의 적당한 장소에 게시하여야 한다.

제41조【서면 또는 전자적 방법에 의한 결의 등】① 이 법 또는 규약에 따라 관리단집회에서 결의할 것으로 정한 사항에 관하여 구분소유자의 4분의 3 이상 및 의결권의 4분의 3 이상이 서면이나 전자적 방법 또는 서면과 전자

적 방법으로 합의하면 관리단집회를 소집하여 결의한 것으로 본다.

② 제1항에도 불구하고 다음 각 호의 경우에는 그 구분에 따른 의결정족수 요건을 갖추어 서면이나 전자적 방법 또는 서면과 전자적 방법으로 합의하면 관리단집회를 소집하여 결의한 것으로 본다.

1. 제15조 제1항 제2호의 경우: 구분소유자의 과반수 및 의결권의 과반수
2. 제15조의2 제1항 본문, 제47조 제2항 본문 및 제50조 제4항의 경우: 구분소유자의 5분의 4 이상 및 의결권의 5분의 4 이상
3. 제15조의2 제1항 단서 및 제47조 제2항 단서의 경우: 구분소유자의 3분의 2 이상 및 의결권의 3분의 2 이상

③ 구분소유자들은 미리 그들 중 1인을 대리인으로 정하여 관리단에 신고한 경우에는 그 대리인은 그 구분소유자들을 대리하여 관리단집회에 참석하거나 서면 또는 전자적 방법으로 의결권을 행사할 수 있다.

④ 제1항 및 제2항의 서면 또는 전자적 방법으로 기록된 정보에 관하여는 제30조를 준용한다.

제42조【규약 및 집회의 결의의 효력】 ① 규약 및 관리단집회의 결의는 구분소유자의 특별승계인에 대하여도 효력이 있다.

② 점유자는 구분소유자가 건물이나 대지 또는 부속시설의 사용과 관련하여 규약 또는 관리단집회의 결의에 따라 부담하는 의무와 동일한 의무를 진다.

제42조의2【결의취소의 소】 구분소유자는 다음 각 호의 어느 하나에 해당하는 경우에는 집회 결의 사실을 안 날부터 6개월 이내에, 결의한 날부터 1년 이내에 결의취소의 소를 제기할 수 있다.

1. 집회의 소집 절차나 결의 방법이 법령 또는 규약에 위반되거나 현저하게 불공정한 경우
2. 결의 내용이 법령 또는 규약에 위배되는 경우

제6절 의무위반자에 대한 조치

제43조【공동의 이익에 어긋나는 행위의 정지청구 등】
① 구분소유자가 제5조 제1항의 행위를 한 경우 또는 그 행위를 할 우려가 있는 경우에는 관리인 또는 관리단집회의 결의로 지정된 구분소유자는 구분소유자 공동의 이익을 위하여 그 행위를 정지하거나 그 행위의 결과를 제거하거나 그 행위의 예방에 필요한 조치를 할 것을 청구할 수 있다.

② 제1항에 따른 소송의 제기는 관리단집회의 결의가 있어야 한다.

③ 점유자가 제5조 제4항에서 준용하는 같은 조 제1항에 규정된 행위를 한 경우 또는 그 행위를 할 우려가 있는 경우에도 제1항과 제2항을 준용한다.

제44조【사용금지의 청구】 ① 제43조 제1항의 경우에 제5조 제1항에 규정된 행위로 구분소유자의 공동생활상의 장해가 현저하여 제43조 제1항에 규정된 청구로는 그 장해를 제거하여 공용부분의 이용 확보나 구분소유자의 공동생활 유지를 도모함이 매우 곤란할 때에는 관리인 또는 관리단집회의 결의로 지정된 구분소유자는 소(訴)로써 적당한 기간 동안 해당 구분소유자의 전유부분 사용금지를 청구할 수 있다.

② 제1항의 청구는 구분소유자의 4분의 3 이상 및 의결권의 4분의 3 이상의 관리단집회 결의가 있어야 한다.

③ 제1항의 결의를 할 때에는 미리 해당 구분소유자에게 변명할 기회를 주어야 한다.

제45조【구분소유권의 경매】 ① 구분소유자가 제5조 제1항 및 제2항을 위반하거나 규약에서 정한 의무를 현저히 위반한 결과 공동생활을 유지하기 매우 곤란하게 된 경우에는 관리인 또는 관리단집회의 결의로 지정된 구분소유자는 해당 구분소유자의 전유부분 및 대지사용권의 경매를 명할 것을 법원에 청구할 수 있다.

② 제1항의 청구는 구분소유자의 4분의 3 이상 및 의결권의 4분의 3 이상의 관리단집회 결의가 있어야 한다.

③ 제2항의 결의를 할 때에는 미리 해당 구분소유자에게 변명할 기회를 주어야 한다.

④ 제1항의 청구에 따라 경매를 명한 재판이 확정되었을 때에는 그 청구를 한 자는 경매를 신청할 수 있다. 다만, 그 재판확정일부터 6개월이 지나면 그러하지 아니하다.

⑤ 제1항의 해당 구분소유자는 제4항 본문의 신청에 의한 경매에서 경락인이 되지 못한다.

제46조【전유부분의 점유자에 대한 인도청구】 ① 점유자가 제45조 제1항에 따른 의무위반을 한 결과 공동생활을 유지하기 매우 곤란하게 된 경우에는 관리인 또는 관리단

집회의 결의로 지정된 구분소유자는 그 전유부분을 목적으로 하는 계약의 해제 및 그 전유부분의 인도를 청구할 수 있다.
② 제1항의 경우에는 제44조 제2항 및 제3항을 준용한다.
③ 제1항에 따라 전유부분을 인도받은 자는 지체 없이 그 전유부분을 점유할 권원(權原)이 있는 자에게 인도하여야 한다.

제7절 재건축 및 복구

제47조【재건축 결의】① 건물 건축 후 상당한 기간이 지나 건물이 훼손되거나 일부 멸실되거나 그 밖의 사정으로 건물 가격에 비하여 지나치게 많은 수리비·복구비나 관리비용이 드는 경우 또는 부근 토지의 이용 상황의 변화나 그 밖의 사정으로 건물을 재건축하면 재건축에 드는 비용에 비하여 현저하게 효용이 증가하게 되는 경우에 관리단집회는 그 건물을 철거하여 그 대지를 구분소유권의 목적이 될 새 건물의 대지로 이용할 것을 결의할 수 있다. 다만, 재건축의 내용이 단지 내 다른 건물의 구분소유자에게 특별한 영향을 미칠 때에는 그 구분소유자의 승낙을 받아야 한다.
② 제1항의 결의는 구분소유자의 5분의 4 이상 및 의결권의 5분의 4 이상의 결의에 따른다. 다만, 「관광진흥법」 제3조 제1항 제2호 나목에 따른 휴양 콘도미니엄업의 운영을 위한 휴양 콘도미니엄의 재건축 결의는 구분소유자의 3분의 2 이상 및 의결권의 3분의 2 이상의 결의에 따른다.
③ 재건축을 결의할 때에는 다음 각 호의 사항을 정하여야 한다.
1. 새 건물의 설계 개요
2. 건물의 철거 및 새 건물의 건축에 드는 비용을 개략적으로 산정한 금액
3. 제2호에 규정된 비용의 분담에 관한 사항
4. 새 건물의 구분소유권 귀속에 관한 사항
④ 제3항 제3호 및 제4호의 사항은 각 구분소유자 사이에 형평이 유지되도록 정하여야 한다.
⑤ 제1항의 결의를 위한 관리단집회의 의사록에는 결의에 대한 각 구분소유자의 찬반 의사를 적어야 한다.

제48조【구분소유권 등의 매도청구 등】① 재건축의 결의가 있으면 집회를 소집한 자는 지체 없이 그 결의에 찬성하지 아니한 구분소유자(그의 승계인을 포함한다)에 대하여 그 결의 내용에 따른 재건축에 참가할 것인지 여부를 회답할 것을 서면으로 촉구하여야 한다.
② 제1항의 촉구를 받은 구분소유자는 촉구를 받은 날부터 2개월 이내에 회답하여야 한다.
③ 제2항의 기간 내에 회답하지 아니한 경우 그 구분소유자는 재건축에 참가하지 아니하겠다는 뜻을 회답한 것으로 본다.
④ 제2항의 기간이 지나면 재건축 결의에 찬성한 각 구분소유자, 재건축 결의 내용에 따른 재건축에 참가할 뜻을 회답한 각 구분소유자(그의 승계인을 포함한다) 또는 이들 전원의 합의에 따라 구분소유권과 대지사용권을 매수하도록 지정된 자(이하 '매수지정자'라 한다)는 제2항의 기간 만료일부터 2개월 이내에 재건축에 참가하지 아니하겠다는 뜻을 회답한 구분소유자(그의 승계인을 포함한다)에게 구분소유권과 대지사용권을 시가로 매도할 것을 청구할 수 있다. 재건축 결의가 있은 후에 이 구분소유자로부터 대지사용권만을 취득한 자의 대지사용권에 대하여도 또한 같다.
⑤ 제4항에 따른 청구가 있는 경우에 재건축에 참가하지 아니하겠다는 뜻을 회답한 구분소유자가 건물을 명도(明渡)하면 생활에 현저한 어려움을 겪을 우려가 있고 재건축의 수행에 큰 영향이 없을 때에는 법원은 그 구분소유자의 청구에 의하여 대금 지급일 또는 제공일부터 1년을 초과하지 아니하는 범위에서 건물 명도에 대하여 적당한 기간을 허락할 수 있다.
⑥ 재건축 결의일부터 2년 이내에 건물 철거공사가 착수되지 아니한 경우에는 제4항에 따라 구분소유권이나 대지사용권을 매도한 자는 이 기간이 만료된 날부터 6개월 이내에 매수인이 지급한 대금에 상당하는 금액을 그 구분소유권이나 대지사용권을 가지고 있는 자에게 제공하고 이들의 권리를 매도할 것을 청구할 수 있다. 다만, 건물 철거공사가 착수되지 아니한 타당한 이유가 있을 경우에는 그러하지 아니하다.
⑦ 제6항 단서에 따른 건물 철거공사가 착수되지 아니한 타당한 이유가 없어진 날부터 6개월 이내에 공사에 착수하지 아니하는 경우에는 제6항 본문을 준용한다. 이 경우

같은 항 본문 중 '이 기간이 만료된 날부터 6개월 이내에'는 '건물 철거공사가 착수되지 아니한 타당한 이유가 없어진 것을 안 날부터 6개월 또는 그 이유가 없어진 날부터 2년 중 빠른 날까지'로 본다.

제49조【재건축에 관한 합의】재건축 결의에 찬성한 각 구분소유자, 재건축 결의 내용에 따른 재건축에 참가할 뜻을 회답한 각 구분소유자 및 구분소유권 또는 대지사용권을 매수한 각 매수지정자(이들의 승계인을 포함한다)는 재건축 결의 내용에 따른 재건축에 합의한 것으로 본다.

제50조【건물이 일부 멸실된 경우의 복구】① 건물가격의 2분의 1 이하에 상당하는 건물 부분이 멸실되었을 때에는 각 구분소유자는 멸실한 공용부분과 자기의 전유부분을 복구할 수 있다. 다만, 공용부분의 복구에 착수하기 전에 제47조 제1항의 결의나 공용부분의 복구에 대한 결의가 있는 경우에는 그러하지 아니하다.
② 제1항에 따라 공용부분을 복구한 자는 다른 구분소유자에게 제12조의 지분비율에 따라 복구에 든 비용의 상환을 청구할 수 있다.
③ 제1항 및 제2항의 규정은 규약으로 달리 정할 수 있다.
④ 건물이 일부 멸실된 경우로서 제1항 본문의 경우를 제외한 경우에 관리단집회는 구분소유자의 5분의 4 이상 및 의결권의 5분의 4 이상으로 멸실한 공용부분을 복구할 것을 결의할 수 있다.
⑤ 제4항의 결의가 있는 경우에는 제47조 제5항을 준용한다.
⑥ 제4항의 결의가 있을 때에는 그 결의에 찬성한 구분소유자(그의 승계인을 포함한다) 외의 구분소유자는 결의에 찬성한 구분소유자(그의 승계인을 포함한다)에게 건물 및 그 대지에 관한 권리를 시가로 매수할 것을 청구할 수 있다.
⑦ 제4항의 경우에 건물 일부가 멸실한 날부터 6개월 이내에 같은 항 또는 제47조 제1항의 결의가 없을 때에는 각 구분소유자는 다른 구분소유자에게 건물 및 그 대지에 관한 권리를 시가로 매수할 것을 청구할 수 있다.
⑧ 법원은 제2항, 제6항 및 제7항의 경우에 상환 또는 매수청구를 받은 구분소유자의 청구에 의하여 상환금 또는 대금의 지급에 관하여 적당한 기간을 허락할 수 있다.

제51조~제66조 생략

부칙

〈제19282호, 2023.3.28.〉

제1조【시행일】이 법은 공포 후 6개월이 경과한 날부터 시행한다.

제2조【관리인의 장부 작성 및 보관 등에 관한 적용례】제26조 제2항 및 제3항(제2항에 관한 부분으로 한정한다)의 개정규정(제52조에서 준용하는 경우를 포함한다)은 이 법 시행일이 속하는 달의 다음 달의 회계부터 적용한다.

가등기담보 등에 관한 법률

[시행 2017.3.28.]
[법률 제14474호, 2016.12.27, 타법개정]

제1조【목적】이 법은 차용물(借用物)의 반환에 관하여 차주(借主)가 차용물을 갈음하여 다른 재산권을 이전할 것을 예약할 때 그 재산의 예약 당시 가액(價額)이 차용액(借用額)과 이에 붙인 이자를 합산한 액수를 초과하는 경우에 이에 따른 담보계약(擔保契約)과 그 담보의 목적으로 마친 가등기(假登記) 또는 소유권이전등기(所有權移轉登記)의 효력을 정함을 목적으로 한다.

제2조【정의】이 법에서 사용하는 용어의 뜻은 다음과 같다.
1. '담보계약'이란 「민법」 제608조에 따라 그 효력이 상실되는 대물반환(代物返還)의 예약[환매(還買), 양도담보(讓渡擔保) 등 명목(名目)이 어떠하든 그 모두를 포함한다]에 포함되거나 병존(竝存)하는 채권담보(債權擔保) 계약을 말한다.
2. '채무자등'이란 다음 각 목의 자를 말한다.
   가. 채무자
   나. 담보가등기목적 부동산의 물상보증인(物上保證人)
   다. 담보가등기 후 소유권을 취득한 제3자
3. '담보가등기(擔保假登記)'란 채권담보의 목적으로 마친 가등기를 말한다.
4. '강제경매등'이란 강제경매(強制競賣)와 담보권의 실행 등을 위한 경매를 말한다.
5. '후순위권리자(後順位權利者)'란 담보가등기 후에 등기된 저당권자·전세권자 및 담보가등기권리자를 말한다.

제3조【담보권 실행의 통지와 청산기간】① 채권자가 담보계약에 따른 담보권을 실행하여 그 담보목적부동산의 소유권을 취득하기 위하여는 그 채권(債權)의 변제기(辨濟期) 후에 제4조의 청산금(清算金)의 평가액을 채무자등에게 통지하고, 그 통지가 채무자등에게 도달한 날부터 2개월(이하 '청산기간'이라 한다)이 지나야 한다. 이 경우 청산금이 없다고 인정되는 경우에는 그 뜻을 통지하여야 한다.

② 제1항에 따른 통지에는 통지 당시의 담보목적부동산의 평가액과 「민법」 제360조에 규정된 채권액을 밝혀야 한다. 이 경우 부동산이 둘 이상인 경우에는 각 부동산의 소유권이전에 의하여 소멸시키려는 채권과 그 비용을 밝혀야 한다.

제4조【청산금의 지급과 소유권의 취득】① 채권자는 제3조 제1항에 따른 통지 당시의 담보목적부동산의 가액에서 그 채권액을 뺀 금액(이하 '청산금'이라 한다)을 채무자등에게 지급하여야 한다. 이 경우 담보목적부동산에 선순위담보권(先順位擔保權) 등의 권리가 있을 때에는 그 채권액을 계산할 때에 선순위담보 등에 의하여 담보된 채권액을 포함한다.

② 채권자는 담보목적부동산에 관하여 이미 소유권이전등기를 마친 경우에는 청산기간이 지난 후 청산금을 채무자등에게 지급한 때에 담보목적부동산의 소유권을 취득하며, 담보가등기를 마친 경우에는 청산기간이 지나야 그 가등기에 따른 본등기(本登記)를 청구할 수 있다.

③ 청산금의 지급채무와 부동산의 소유권이전등기 및 인도채무(引渡債務)의 이행에 관하여는 동시이행의 항변권(抗辯權)에 관한 「민법」 제536조를 준용한다.

④ 제1항부터 제3항까지의 규정에 어긋나는 특약(特約)으로서 채무자등에게 불리한 것은 그 효력이 없다. 다만, 청산기간이 지난 후에 행하여진 특약으로서 제3자의 권리를 침해하지 아니하는 것은 그러하지 아니하다.

제5조【후순위권리자의 권리행사】① 후순위권리자는 그 순위에 따라 채무자등이 지급받을 청산금에 대하여 제3조 제1항에 따라 통지된 평가액의 범위에서 청산금이 지급될 때까지 그 권리를 행사할 수 있고, 채권자는 후순위권리자의 요구가 있는 경우에는 청산금을 지급하여야 한다.

② 후순위권리자는 제1항의 권리를 행사할 때에는 그 피담보채권(被擔保債權)의 범위에서 그 채권의 명세와 증서를 채권자에게 교부하여야 한다.

③ 채권자가 제2항의 명세와 증서를 받고 후순위권리자에게 청산금을 지급한 때에는 그 범위에서 청산금채무는 소멸한다.

④ 제1항의 권리행사를 막으려는 자는 청산금을 압류(押留)하거나 가압류(假押留)하여야 한다.

⑤ 담보가등기 후에 대항력(對抗力) 있는 임차권(賃借權)을 취득한 자에게는 청산금의 범위에서 동시이행의 항변권에 관한 「민법」 제536조를 준용한다.

제6조【채무자등 외의 권리자에 대한 통지】 ① 채권자는 제3조 제1항에 따른 통지가 채무자등에게 도달하면 지체 없이 후순위권리자에게 그 통지의 사실과 내용 및 도달일을 통지하여야 한다.

② 제3조 제1항에 따른 통지가 채무자등에게 도달한 때에는 담보가등기 후에 등기한 제3자(제1항에 따라 통지를 받을 자를 제외하고, 대항력 있는 임차권자를 포함한다)가 있으면 채권자는 지체 없이 그 제3자에게 제3조 제1항에 따른 통지를 한 사실과 그 채권액을 통지하여야 한다.

③ 제1항과 제2항에 따른 통지는 통지를 받을 자의 등기부상의 주소로 발송함으로써 그 효력이 있다. 그러나 대항력 있는 임차권자에게는 그 담보목적부동산의 소재지로 발송하여야 한다.

제7조【청산금에 대한 처분 제한】 ① 채무자가 청산기간이 지나기 전에 한 청산금에 관한 권리의 양도나 그 밖의 처분은 이로써 후순위권리자에게 대항하지 못한다.

② 채권자가 청산기간이 지나기 전에 청산금을 지급한 경우 또는 제6조 제1항에 따른 통지를 하지 아니하고 청산금을 지급한 경우에도 제1항과 같다.

제8조【청산금의 공탁】 ① 청산금채권이 압류되거나 가압류된 경우에 채권자는 청산기간이 지난 후 이에 해당하는 청산금을 채무이행지(債務履行地)를 관할하는 지방법원이나 지원(支院)에 공탁(供託)하여 그 범위에서 채무를 면(免)할 수 있다.

② 제1항에 따라 공탁이 있는 경우에는 채무자등의 공탁금출급청구권(供託金出給請求權)이 압류되거나 가압류된 것으로 본다.

③ 채권자는 제14조에 따른 경우 외에는 공탁금의 회수(回收)를 청구할 수 없다.

④ 채권자는 제1항에 따라 공탁을 한 경우에는 채무자등과 압류채권자 또는 가압류채권자에게 지체 없이 공탁의 통지를 하여야 한다.

제9조【통지의 구속력】 채권자는 제3조 제1항에 따라 그가 통지한 청산금의 금액에 관하여 다툴 수 없다.

제10조【법정지상권】 토지와 그 위의 건물이 동일한 소유자에게 속하는 경우 그 토지나 건물에 대하여 제4조 제2항에 따른 소유권을 취득하거나 담보가등기에 따른 본등기가 행하여진 경우에는 그 건물의 소유를 목적으로 그 토지 위에 지상권(地上權)이 설정된 것으로 본다. 이 경우 그 존속기간과 지료(地料)는 당사자의 청구에 의하여 법원이 정한다.

제11조【채무자등의 말소청구권】 채무자등은 청산금채권을 변제받을 때까지 그 채무액(반환할 때까지의 이자와 손해금을 포함한다)을 채권자에게 지급하고 그 채권담보의 목적으로 마친 소유권이전등기의 말소를 청구할 수 있다. 다만, 그 채무의 변제기가 지난 때부터 10년이 지나거나 선의의 제3자가 소유권을 취득한 경우에는 그러하지 아니하다.

제12조【경매의 청구】 ① 담보가등기권리자는 그 선택에 따라 제3조에 따른 담보권을 실행하거나 담보목적부동산의 경매를 청구할 수 있다. 이 경우 경매에 관하여는 담보가등기권리를 저당권으로 본다.

② 후순위권리자는 청산기간에 한정하여 그 피담보채권의 변제기 도래 전이라도 담보목적부동산의 경매를 청구할 수 있다.

제13조【우선변제청구권】 담보가등기를 마친 부동산에 대하여 강제경매등이 개시된 경우에 담보가등기권리자는 다른 채권자보다 자기채권을 우선변제 받을 권리가 있다. 이 경우 그 순위에 관하여는 그 담보가등기권리를 저당권으로 보고, 그 담보가등기를 마친 때에 그 저당권의 설정등기(設定登記)가 행하여진 것으로 본다.

제14조【강제경매등의 경우의 담보가등기】 담보가등기를 마친 부동산에 대하여 강제경매등의 개시 결정이 있는 경우에 그 경매의 신청이 청산금을 지급하기 전에 행하여진 경우(청산금이 없는 경우에는 청산기간이 지나기 전)에는 담보가등기권리자는 그 가등기에 따른 본등기를 청구할 수 없다.

제15조【담보가등기권리의 소멸】 담보가등기를 마친 부동산에 대하여 강제경매등이 행하여진 경우에는 담보가등기권리는 그 부동산의 매각에 의하여 소멸한다.

제16조【강제경매등에 관한 특칙】① 법원은 소유권의 이전에 관한 가등기가 되어 있는 부동산에 대한 강제경매등의 개시결정(開始決定)이 있는 경우에는 가등기권리자에게 다음 각 호의 구분에 따른 사항을 법원에 신고하도록 적당한 기간을 정하여 최고(催告)하여야 한다.
1. 해당 가등기가 담보가등기인 경우: 그 내용과 채권[이자나 그 밖의 부수채권(附隨債權)을 포함한다]의 존부(存否)·원인 및 금액
2. 해당 가등기가 담보가등기가 아닌 경우: 해당 내용

② 압류등기 전에 이루어진 담보가등기권리가 매각에 의하여 소멸되면 제1항의 채권신고를 한 경우에만 그 채권자는 매각대금을 배당받거나 변제금을 받을 수 있다. 이 경우 그 담보가등기의 말소에 관하여는 매수인이 인수하지 아니한 부동산의 부담에 관한 기입을 말소하는 등기의 촉탁에 관한 「민사집행법」 제144조 제1항 제2호를 준용한다.

③ 소유권의 이전에 관한 가등기권리자는 강제경매등 절차의 이해관계인으로 본다.

제17조【파산 등 경우의 담보가등기】① 파산재단(破産財團)에 속하는 부동산에 설정한 담보가등기권리에 대하여는 「채무자 회생 및 파산에 관한 법률」 중 저당권에 관한 규정을 적용한다.

② 파산재단에 속하지 아니하는 파산자의 부동산에 대하여 설정되어 있는 담보가등기권리자에 관하여는 준별제권자(準別除權者)에 관한 「채무자 회생 및 파산에 관한 법률」 제414조를 준용한다.

③ 담보가등기권리는 「국세기본법」, 「국세징수법」, 「지방세기본법」, 「지방세징수법」, 「채무자 회생 및 파산에 관한 법률」을 적용할 때에는 저당권으로 본다.

제18조【다른 권리를 목적으로 하는 계약에의 준용】 등기 또는 등록할 수 있는 부동산소유권 외의 권리[질권(質權)·저당권 및 전세권은 제외한다]의 취득을 목적으로 하는 담보계약에 관하여는 제3조부터 제17조까지의 규정을 준용한다. 다만, 「동산·채권 등의 담보에 관한 법률」에 따라 담보등기를 마친 경우에는 그러하지 아니하다.

부칙

〈제14474호, 2016.12.27.〉
(지방세기본법)

제1조【시행일】 이 법은 공포 후 3개월이 경과한 날부터 시행한다.

제2조부터 제12조까지 생략

제13조【다른 법률의 개정】 ① 「가등기담보 등에 관한 법률」 일부를 다음과 같이 개정한다.
  제17조 제3항 중 '「지방세기본법」'을 '「지방세기본법」, 「지방세징수법」'으로 한다.
  ②부터 ⑮까지 생략

제14조 생략

memo

memo

고객의 꿈, 직원의 꿈, 지역사회의 꿈을 실현한다

펴낸곳 (주)에듀윌 **펴낸이** 양형남 **출판총괄** 김기철 **에듀윌 대표번호** 1600-6700
주소 서울시 구로구 디지털로 34길 55 코오롱싸이언스밸리 2차 3층
ⓒ 2025 eduwill. Created with AI assistance.
협의 없는 무단 복제는 법으로 금지되어 있습니다.

에듀윌 도서몰 book.eduwill.net	• 부가학습자료 및 정오표: 에듀윌 도서몰 > 도서자료실 • 교재 문의: 에듀윌 도서몰 > 문의하기 > 교재(내용, 출간) / 주문 및 배송

에듀윌 공인중개사

1위 에듀윌만의
체계적인 합격 커리큘럼

합격자 수가 선택의 기준, 완벽한 합격 노하우
온라인 강의

① 전 과목 최신 교재 제공
② 업계 최강 교수진의 전 강의 수강 가능
③ 합격에 최적화 된 1:1 맞춤 학습 서비스

합격을 꿈꾼다면, 오늘은 용어부터! **필수용어집** 신청

최고의 학습 환경과 빈틈 없는 학습 관리
직영학원

① 현장 강의와 온라인 강의를 한번에
② 시험일까지 온라인 강의 무제한 수강
③ 강의실, 자습실 등 프리미엄 호텔급 학원 시설

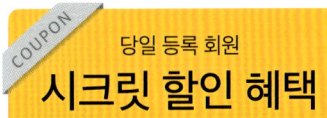 

COUPON 당일 등록 회원 **시크릿 할인 혜택**

설명회 참석 당일 등록 시 **특별 수강 할인권** 제공

친구 추천 이벤트

" **친구 추천**하고 한 달 만에
920만원 받았어요 "

친구 1명 추천할 때마다 현금 10만원 제공
추천 참여 횟수 무제한 반복 가능

친구 추천 이벤트
바로가기

※ *a*o*h**** 회원의 2021년 2월 실제 리워드 금액 기준
※ 해당 이벤트는 예고 없이 변경되거나 종료될 수 있습니다.

자세한 내용이 궁금하다면 1600-6700
* 2023 대한민국 브랜드만족도 공인중개사 교육 1위 (한경비즈니스)

공인중개사 1위

합격자 수 1위 에듀윌
7만 건이 넘는 후기

고○희 합격생

부알못, 육아맘도 딱 1년 만에 합격했어요.

저는 부동산에 관심이 전혀 없는 '부알못'이었는데, 부동산에 관심이 많은 남편의 권유로 공부를 시작했습니다. 남편 지인들이 에듀윌을 통해 많이 합격했고, '합격자 수 1위'라는 광고가 좋아 에듀윌을 선택하게 되었습니다. 교수님들이 커리큘럼대로만 하면 된다고 해서 믿고 따라갔는데 정말 반복 학습이 되더라고요. 아이 둘을 키우다 보니 낮에는 시간을 낼 수 없어서 밤에만 공부하는 게 쉽지 않아 포기하고 싶을 때도 있었지만 '에듀윌 지식인'을 통해 합격하신 선배님들과 함께 공부하는 동기들의 위로가 큰 힘이 되었습니다.

이○용 합격생

군복무 중에 에듀윌 커리큘럼만 믿고 공부해 합격

에듀윌이 합격자가 많기도 하고, 교수님이 많아 제가 원하는 강의를 고를 수 있는 점이 좋았습니다. 또, 커리큘럼이 잘 짜여 있어서 잘 따라만 가면 공부를 잘 할 수 있을 것 같아 에듀윌을 선택했습니다. 에듀윌의 커리큘럼대로 꾸준히 따라갔던 게 저만의 합격 비결인 것 같습니다.

안○원 합격생

5개월 만에 동차 합격, 낸 돈 그대로 돌려받았죠!

저는 야쿠르트 프레시매니저를 하다 60세에 도전하여 합격했습니다. 심화 과정부터 시작하다 보니 기본이 부족했는데, 교수님들이 하라는 대로 기본 과정과 책을 더 보면서 정리하며 따라갔던 게 주효했던 것 같습니다. 합격 후 100만 원 가까이 되는 큰 돈을 환급받아 남편이 주택관리사 공부를 한다고 해서 뒷받침해 줄 생각입니다. 저는 소공(소속 공인중개사)으로 활동을 하고 싶은 포부가 있어 최대 규모의 에듀윌 동문회 활동도 기대가 됩니다.

다음 합격의 주인공은 당신입니다!

더 많은 합격 비법

---

* 본 합격수기는 실제 수강생의 솔직한 의견을 포함하고 있습니다. (이벤트 혜택을 제공받았음)
* 에듀윌 홈페이지 게시 건수 기준 (2025년 10월 기준)
* 2023 대한민국 브랜드만족도 공인중개사 교육 1위 (한경비즈니스)

민법 및 민사특별법 3회독 플래너

합격을 위한 나의 목표!

※ 1회독 완료: ____월 ____일까지   2회독 완료: ____월 ____일까지   3회독 완료: ____월 ____일까지

단원			1회독	2회독	3회독
PART 1 민법총칙	CHAPTER 01 권리의 변동	1절 민법의 의의	☑	☐	☐
		2절 법률관계	☐	☐	☐
		3절 권리와 의무	☐	☐	☐
		4절 권리변동의 모습	☐	☐	☐
	CHAPTER 02 법률행위	1절 법률행위의 의의와 종류	☐	☐	☐
		2절 법률행위의 요건	☐	☐	☐
		3절 법률행위의 목적	☐	☐	☐
		4절 법률행위의 해석	☐	☐	☐
	CHAPTER 03 의사표시	1절 총설	☐	☐	☐
		2절 의사표시규정의 내용	☐	☐	☐
	CHAPTER 04 법률행위의 대리	1절 대리 일반론	☐	☐	☐
		2절 대리권	☐	☐	☐
		3절 대리행위	☐	☐	☐
		4절 대리효과	☐	☐	☐
		5절 복대리	☐	☐	☐
		6절 협의의 무권대리	☐	☐	☐
		7절 표현대리	☐	☐	☐
	CHAPTER 05 무효와 취소	1절 무효와 취소 일반	☐	☐	☐
		2절 법률행위의 무효	☐	☐	☐
		3절 법률행위의 취소	☐	☐	☐
	CHAPTER 06 조건과 기한	1절 법률행위의 부관	☐	☐	☐
		2절 조건부 법률행위	☐	☐	☐
		3절 기한부 법률행위	☐	☐	☐
PART 2 물권법	CHAPTER 01 물권의 의의	1절 물권의 의의와 종류	☐	☐	☐
		2절 물권의 일반적 효력	☐	☐	☐
	CHAPTER 02 물권의 변동	1절 물권변동 일반	☐	☐	☐
		2절 물권행위	☐	☐	☐
		3절 등기	☐	☐	☐
		4절 부동산물권변동	☐	☐	☐
		5절 동산물권변동	☐	☐	☐
		6절 입목등기와 명인방법에 의한 물권변동	☐	☐	☐
		7절 물권의 소멸	☐	☐	☐
	CHAPTER 03 점유권	1절 점유권 일반	☐	☐	☐
		2절 점유의 관념화	☐	☐	☐
		3절 점유의 모습	☐	☐	☐
		4절 점유권의 취득과 소멸	☐	☐	☐
		5절 점유권의 효력	☐	☐	☐
		6절 준점유	☐	☐	☐
	CHAPTER 04 소유권	1절 소유권 일반	☐	☐	☐
		2절 소유권의 취득	☐	☐	☐
		3절 소유권에 기한 물권적 청구권	☐	☐	☐
		4절 공동소유	☐	☐	☐

단원			1회독	2회독	3회독
PART 2 물권법	CHAPTER 05 용익물권	1절 용익물권 일반	☐	☐	☐
		2절 지상권	☐	☐	☐
		3절 지역권	☐	☐	☐
		4절 전세권	☐	☐	☐
	CHAPTER 06 담보물권	1절 담보물권 일반	☐	☐	☐
		2절 유치권	☐	☐	☐
		3절 저당권	☐	☐	☐
PART 3 계약법	CHAPTER 01 계약법 총론	1절 계약의 의의	☐	☐	☐
		2절 계약의 종류	☐	☐	☐
		3절 계약의 성립	☐	☐	☐
		4절 계약의 효력	☐	☐	☐
		5절 계약의 해제·해지	☐	☐	☐
	CHAPTER 02 매매	1절 총설	☐	☐	☐
		2절 매매의 성립	☐	☐	☐
		3절 매매의 효력	☐	☐	☐
		4절 환매와 재매매의 예약	☐	☐	☐
	CHAPTER 03 교환	1 서설	☐	☐	☐
		2 교환의 성립	☐	☐	☐
		3 교환의 효력	☐	☐	☐
	CHAPTER 04 임대차	1절 부동산임차인의 보호	☐	☐	☐
		2절 임대차의 의의	☐	☐	☐
		3절 임대차의 성립	☐	☐	☐
		4절 임대차의 효력	☐	☐	☐
		5절 임차권의 양도와 전대	☐	☐	☐
		6절 보증금 및 권리금	☐	☐	☐
		7절 임대차의 종료	☐	☐	☐
PART 4 민사특별법	CHAPTER 01 주택임대차보호법	1절 서설	☐	☐	☐
		2절 대항력과 우선변제권 및 최우선변제권	☐	☐	☐
		3절 임차권등기명령제도	☐	☐	☐
		4절 존속기간 등	☐	☐	☐
	CHAPTER 02 상가건물 임대차보호법	1절 서설	☐	☐	☐
		2절 대항력과 우선변제권 및 최우선변제권	☐	☐	☐
		3절 임차권등기명령제도	☐	☐	☐
		4절 존속기간 등	☐	☐	☐
	CHAPTER 03 집합건물의 소유 및 관리에 관한 법률	1절 서설	☐	☐	☐
		2절 집합건물법의 내용	☐	☐	☐
	CHAPTER 04 가등기담보 등에 관한 법률	1절 비전형담보와 동법의 적용범위	☐	☐	☐
		2절 가등기담보권의 실행	☐	☐	☐
		3절 가등기담보권자의 배당참가와 후순위권리자의 보호	☐	☐	☐
	CHAPTER 05 부동산 실권리자명의 등기에 관한 법률	1절 부동산실명법 제정 전의 논의	☐	☐	☐
		2절 부동산실명법 제정 후의 논의	☐	☐	☐

1회독 완성! 2회독 완성! 3회독 완성!

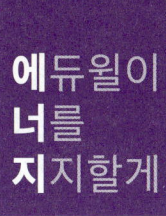

시작하는 방법은
말을 멈추고
즉시 행동하는 것이다.

– 월트 디즈니(Walt Disney)

➕ 합격할 때까지 책임지는 개정법령 원스톱 서비스!

법령 개정이 잦은 공인중개사 시험. 일일이 찾아보지 마세요!
에듀윌에서는 필요한 개정법령만을 빠르게! 한번에! 제공해 드립니다.

| 에듀윌 도서몰 접속
(book.eduwill.net) | ▶ | 우측 정오표
아이콘 클릭 | ▶ | 카테고리 공인중개사
설정 후 교재 검색 |

개정법령
확인하기

2026
에듀윌 공인중개사
기본서 1차
민법 및 민사특별법 上

시험안내

01 시험일정
연 1회, 1·2차 동시 시행

구분		인터넷/모바일(App) 원서 접수기간	시험시행일
2026년도 제37회 제1·2차 시험 (동시접수·시행)	정기(5일간)	8월 초 월요일 09:00~금요일 18:00 예정	매년 10월 마지막 주 토요일
	빈자리(2일간)	9월 말이나 10월 초 예정	

※ 정확한 시험 일정은 큐넷 홈페이지(www.Q-Net.or.kr)에서 확인이 가능합니다.

02 응시자격
제한 없음

※ 단, ① 「공인중개사법」 제4조의3에 따라 공인중개사 시험 부정행위자로 처분받은 날로부터 시험시행일 전일까지 5년이 경과되지 않은 자, ② 법 제6조에 따라 공인중개사 자격이 취소된 후 시험시행일 전일까지 3년이 경과되지 않은 자, ③ 시행규칙 제2조에 따른 기자격취득자는 응시할 수 없음

03 시험과목 및 방법

구분	시험과목	문항 수	시험시간	시험방법
제1차 시험 1교시 (2과목)	1. 부동산학개론(부동산감정평가론 포함) 2. 민법 및 민사특별법 중 부동산 중개에 관련되는 규정	과목당 40문항 (1번~80번)	100분 (09:30~11:10)	객관식 5지 선택형
제2차 시험 1교시 (2과목)	1. 공인중개사의 업무 및 부동산 거래신고 등에 관한 법령 및 중개실무 2. 부동산공법 중 부동산 중개에 관련되는 규정	과목당 40문항 (1번~80번)	100분 (13:00~14:40)	
제2차 시험 2교시 (1과목)	부동산공시에 관한 법령(부동산등기법, 공간정보의 구축 및 관리 등에 관한 법률) 및 부동산 관련 세법	40문항 (1번~40번)	50분 (15:30~16:20)	

※ 답안은 시험시행일에 시행되고 있는 법령을 기준으로 작성

04 합격기준

구분	합격결정기준
제1차 시험	매 과목 100점을 만점으로 하여 매 과목 40점 이상, 전 과목 평균 60점 이상 득점한 자
제2차 시험	매 과목 100점을 만점으로 하여 매 과목 40점 이상, 전 과목 평균 60점 이상 득점한 자

※ 1차·2차 시험에 동시 응시는 가능하나, 1차 시험에 불합격하고 2차만 합격한 경우 2차 시험은 무효로 함

05 시험범위 및 출제비율

구분	시험과목	시험범위	출제비율
제1차 시험 1교시 (2과목)	부동산학개론	1. 부동산학개론	85% 내외
		2. 부동산감정평가론	15% 내외
	민법 및 민사특별법 중 부동산 중개에 관련되는 규정	1. 민법	85% 내외
		2. 민사특별법	15% 내외
제2차 시험 1교시 (2과목)	공인중개사의 업무 및 부동산 거래신고 등에 관한 법령 및 중개실무	1. 공인중개사법 2. 부동산 거래신고 등에 관한 법률	70% 내외
		3. 중개실무	30% 내외
	부동산공법 중 부동산 중개에 관련되는 규정	1. 국토의 계획 및 이용에 관한 법률	30% 내외
		2. 도시개발법 3. 도시 및 주거환경정비법	30% 내외
		4. 주택법 5. 건축법 6. 농지법	40% 내외
제2차 시험 2교시 (1과목)	부동산공시에 관한 법령 (부동산등기법, 공간정보의 구축 및 관리 등에 관한 법률) 및 부동산 관련 세법	1. 부동산등기법	30% 내외
		2. 공간정보의 구축 및 관리 등에 관한 법률 제2장 제4절 및 제3장	30% 내외
		3. 부동산 관련 세법 (상속세, 증여세, 법인세, 부가가치세 제외)	40% 내외

저자의 말

민법은 모든 법 관련 과목의 기초가 되는 과목으로, 공인중개사 시험을 준비하는 사람이라면 그 중요성을 누구나 잘 알고 있습니다. 이에 많은 시간을 투자하지만, 막상 시험장에서는 60점을 넘기기조차 어려운 경우가 많습니다. 민법에서 좋은 성적을 얻기 위해서는 시험의 출제경향을 정확히 파악하는 것이 필수입니다.

제36회 시험은 다음과 같이 출제되었습니다.

구분		문항 수(제35회 대비)
PART 1	CH 01 권리의 변동	0
	CH 02 법률행위	2(▲1)
	CH 03 의사표시	3(▼1)
	CH 04 법률행위의 대리	2
	CH 05 무효와 취소	2
	CH 06 조건과 기한	1
	소계	10
PART 2	CH 01 물권의 의의	1(▼1)
	CH 02 물권의 변동	2
	CH 03 점유권	1
	CH 04 소유권	3(▲1)
	CH 05 용익물권	4(▲1)
	CH 06 담보물권	3(▼1)
	소계	14
PART 3	CH 01 계약법 총론	5(▼3)
	CH 02 매매	2(▲2)
	CH 03 교환	1(▲1)
	CH 04 임대차	2
	소계	10
PART 4	CH 01 주택임대차보호법	1
	CH 02 상가건물 임대차보호법	1(▼1)
	CH 03 집합건물의 소유 및 관리에 관한 법률	1
	CH 04 가등기담보 등에 관한 법률	1
	CH 05 부동산 실권리자명의 등기에 관한 법률	2(▲1)
	소계	6
총계		40

법조문 문제는 6문제가 출제되었고, 34문제가 모두 판례 문제였습니다. 민법총칙에서 10문제, 물권법에서 14문제, 계약법에서 10문제, 민사특별법에서 6문제가 각각 출제되었습니다. 각 PART 별로 골고루 출제가 되었고, 판례의 비중이 압도적으로 높았습니다.

제36회 공인중개사 시험을 분석해 보면, 민법총칙과 물권법은 비교적 평이하게 출제된 반면, 계약법과 민사특별법은 다소 까다롭게 출제되었습니다. 특히 「주택임대차보호법」과 「상가건물 임대차보호법」 관련 문제는 최신 판례의 취지를 이해하고 있어야 풀 수 있는 사례형 문제가 포함되어 수험생들이 어려움을 겪었을 것으로 보입니다. 또한, 이번 시험에서는 예년보다 박스형 문제와 사례형 문제가 증가하여 총 20문제가 출제되었으며, 이는 단순 암기보다는 이해력을 바탕으로 정답을 선택해야 하는 문제 유형이 많아졌음을 의미합니다.

최근 시험에서는 박스형 문제와 사례형 문제가 합격의 당락을 좌우하고 있습니다. 이에 따라, 우리 교재는 각 제도를 학습할 때 자주 출제되는 사례를 체계적으로 정리하였습니다. 또한, 사례형 문제 해결을 위해 필요한 이론과 판례를 유기적으로 담아내어, 사례 학습을 통해 민법에 흥미를 느끼고 시험장에서 자신감 있게 문제를 풀 수 있습니다.

포기하지 않는 자가 시험에 합격합니다. 정말 그렇습니다. 힘들고 어려운 순간이 찾아와도 이 말을 기억하시기 바랍니다. 여러분의 합격을 끝까지 응원하고 함께 하겠습니다. 제37회 시험의 합격자 명단에 꼭 이름을 올리시길 바랍니다.

저자 심정욱

약력
- 現 에듀윌 민법 및 민사특별법 전임 교수
- 前 EBS 민법 및 민사특별법 강사
- 前 주요 공인중개사 학원 민법 및 민사특별법 강사

저서
에듀윌 공인중개사 민법 및 민사특별법 기초입문서, 기본서, 합격서, 단원별/회차별 기출문제집, 핵심요약집, 기출응용 예상문제집, 실전모의고사, 필살키, 합격패스 암기노트, 핵심체크 OX 등 집필

10개년 기출 빅데이터

01 CHAPTER별 출제비중 & 출제경향

PART	CHAPTER별 10개년 출제비중		출제경향
PART 1 민법총칙	01 권리의 변동	0.5%	민법총칙은 최근 10개년 평균 약 24.8%(40문제 중 약 10문제) 출제된 부분입니다. 특히 CHAPTER 02 법률행위, CHAPTER 03 의사표시, CHAPTER 04 법률행위의 대리, CHAPTER 05 무효와 취소 부분의 출제비중이 높으니 판례와 사례를 중심으로 개념을 잘 정리해 두어야 합니다.
	02 법률행위	4.3%	
	03 의사표시	5%	
	04 법률행위의 대리	7%	
	05 무효와 취소	5.5%	
	06 조건과 기한	2.5%	
PART 2 물권법	01 물권의 의의	3.75%	물권법은 최근 10개년 평균 약 35.5%(40문제 중 약 14문제) 출제된 부분입니다. 특히 CHAPTER 04 소유권, CHAPTER 05 용익물권, CHAPTER 06 담보물권 부분의 출제비중이 높으니 꼼꼼히 학습하시길 바랍니다.
	02 물권의 변동	4%	
	03 점유권	3.25%	
	04 소유권	7%	
	05 용익물권	7.5%	
	06 담보물권	10%	
PART 3 계약법	01 계약법 총론	12.75%	계약법은 최근 10개년 평균 약 25%(40문제 중 약 10문제) 출제된 부분입니다. 특히 CHAPTER 01 계약법 총론 부분의 출제비중이 높습니다. 계약의 성립과 관련한 법조문, 동시이행의 항변권과 위험부담 및 계약해제에 관한 사례 문제가 주로 출제되니 정리해 두는 것이 좋습니다.
	02 매매	6.5%	
	03 교환	1%	
	04 임대차	4.75%	
PART 4 민사특별법	01 주택임대차보호법	3.3%	민사특별법은 최근 10개년 평균 약 14.7%(40문제 중 약 6문제) 출제된 부분입니다. 법조문과 판례의 결론을 물어보는 문제들이 주로 출제되니 잘 정리해 두어야 합니다.
	02 상가건물 임대차보호법	2.7%	
	03 집합건물의 소유 및 관리에 관한 법률	2.7%	
	04 가등기담보 등에 관한 법률	2.5%	
	05 부동산 실권리자명의 등기에 관한 법률	3.5%	
	합계	100%	

※ 여러 CHAPTER의 개념을 묻는 복합문제이거나, 법률이 개정 및 제정된 경우 분류 기준에 따라 수치가 달라질 수 있습니다.

02 기출 빅데이터로 알아본 민법 및 민사특별법의 특징

- 시험의 85%(약 34문제) 이상이 판례 문제이므로 판례 학습이 필수입니다.
- 출제 가능성이 높은 최신 판례와 법률 개정 사항에 대한 학습이 필요합니다.
- 사례를 다각도로 묻는 문제에서 당락이 결정되므로 이를 충분히 익히고 연습해야 합니다.

03 기출 빅데이터로 대비하는 제37회 학습전략

낮은 난도 문제의 실수를 최소화하기!
시험 범위를 다소 초과하거나, 시험 시간 내에 해결하기 어려운 고난도 문제가 매년 약 5문제씩 출제되고 있습니다. 과거보다 약 2문제가 늘어난 정도이지만, 시험장에서 느끼는 난이도 부담은 상당합니다. 따라서 평이한 난도의 문제에서 실수를 줄이는 것이 안정적인 합격을 위한 핵심 전략이 될 것입니다.

많이 알려고 하지 말고 정확하게 공부하기!
박스형 문제는 한 지문이라도 정확히 알지 못하면 정답 선택이 어려운 구조로 되어 있습니다. 따라서 선택과 집중을 통해 반드시 학습해야 할 부분을 정확하게 익히는 것이 중요합니다. 집중하고자 하는 단원을 명확히 선별하여 깊이 있는 학습을 진행하는 것이 효율적입니다.

암기보다는 최신 판례의 취지를 이해하기!
과거에는 판례의 특정 키워드를 암기하는 방식으로 문제를 풀 수 있었지만, 최근 시험은 해당 판례의 핵심 논점을 이해하고 사례 형태로 적용할 수 있는 능력을 요구하고 있습니다. 특히 선고된 지 1년 내외의 최신 판례도 사례형 문제로 출제되므로, 판례의 취지와 논점을 충실히 학습하는 것이 필요합니다.

책의 구성과 특징

공부 시작 전, 학습방향 잡기!

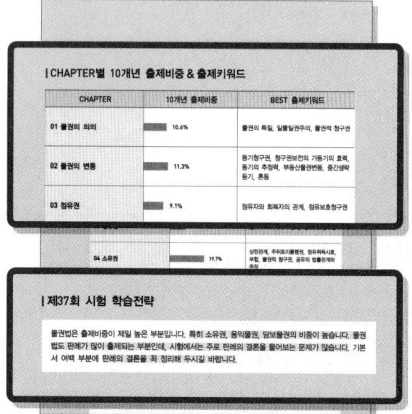

PART 내 CHAPTER의 10개년 출제 비중을 보여주고, 이를 바탕으로 제37회 시험 학습전략을 제시하였습니다.

합격의 시작,
3회독 플래너 · 모두 합격 플래너 제공

※ 교재 내 제공

※ PDF제공: 에듀윌 도서몰(book.eduwill.net)
▶ 도서자료실(부가학습자료)

10개년 기출분석 기반, 핵심이론 파악

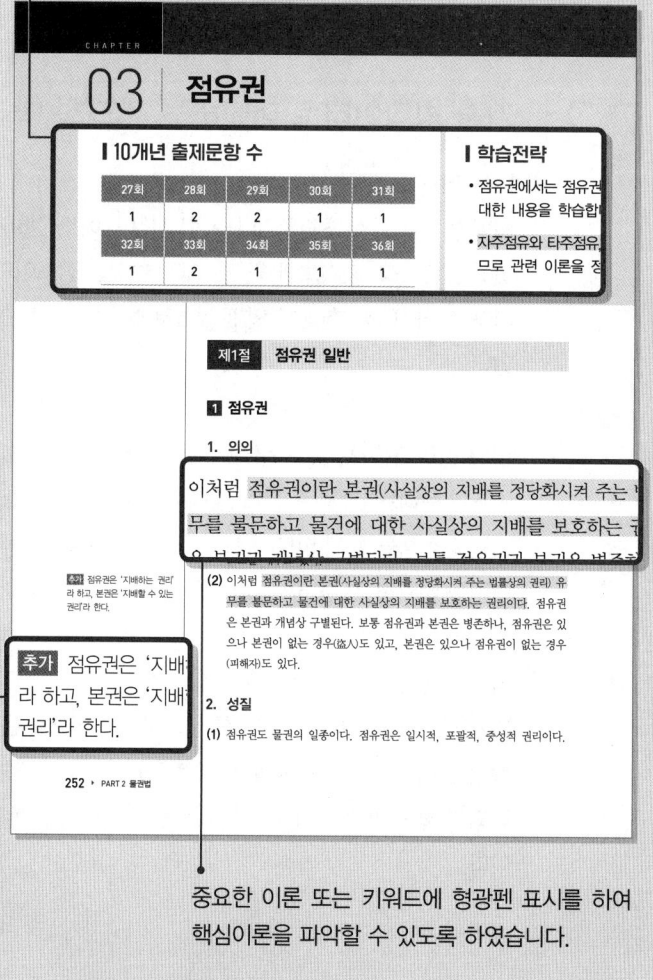

해당 CHAPTER가 10개년 동안 얼마나 출제되었는지, 어떤 공부를 해야할지를 설명해 줍니다.

중요한 이론 또는 키워드에 형광펜 표시를 하여 핵심이론을 파악할 수 있도록 하였습니다.

*용어 용어의 해설을 제시
추가 추가로 보충하면 좋은 내용을 제시
정리 본문 내용을 간략하게 한 번 더 정리
암기 암기법, 암기 내용 제시

다양한 학습장치로 이해 쏙쏙!

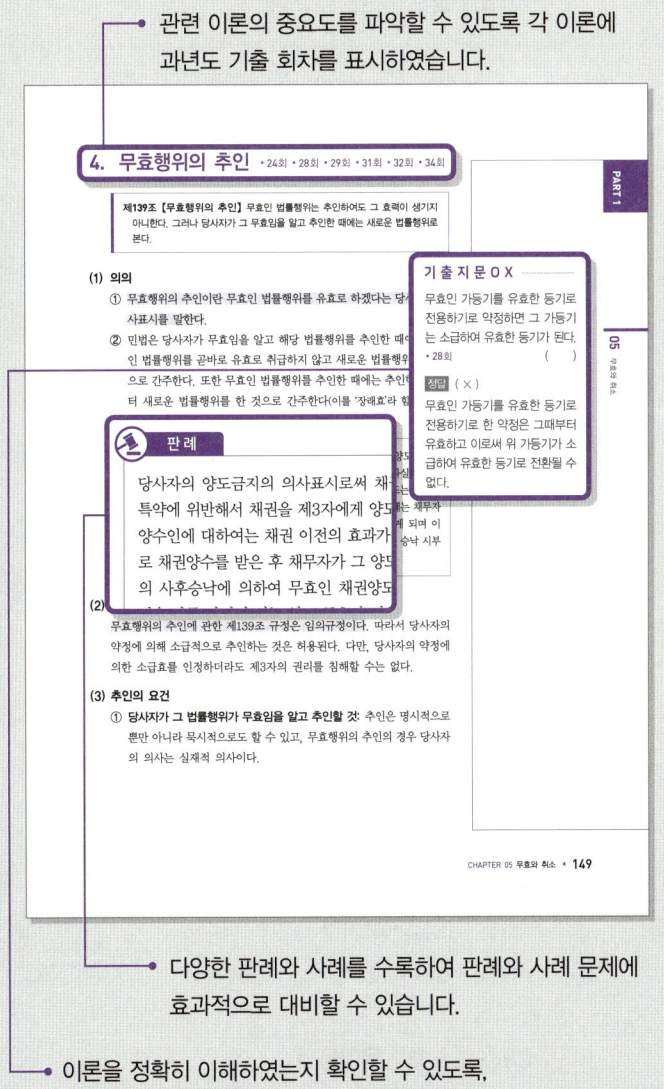

- 관련 이론의 중요도를 파악할 수 있도록 각 이론에 과년도 기출 회차를 표시하였습니다.
- 다양한 판례와 사례를 수록하여 판례와 사례 문제에 효과적으로 대비할 수 있습니다.
- 이론을 정확히 이해하였는지 확인할 수 있도록, 관련 내용 옆 보조단에 OX문제를 수록하였습니다.

최신기출로 완벽 점검!

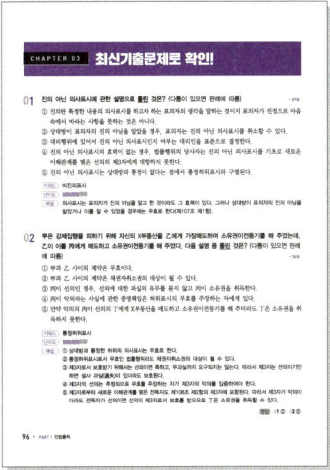

각 단원마다 최신기출문제로 학습한 이론을 점검하고, 최신출제경향도 자연스럽게 파악할 수 있도록 하였습니다.

쉬운 회독, 빠른 점검!
회독 필수지문 OX 제공
(2025년 12월 중 오픈 예정)

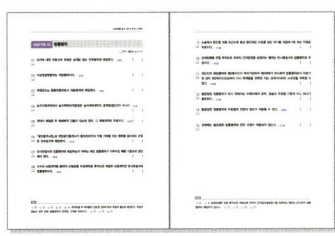

※ PDF제공: 에듀윌 도서몰(book.eduwill.net)
▶ 도서자료실(부가학습자료)

차례

PART 1 민법총칙

CHAPTER 01 | 권리의 변동
제1절	민법의 의의	16
제2절	법률관계	19
제3절	권리와 의무	21
제4절	권리변동의 모습	24

CHAPTER 02 | 법률행위
제1절	법률행위의 의의와 종류	34
제2절	법률행위의 요건	40
제3절	법률행위의 목적	42
제4절	법률행위의 해석	61

CHAPTER 03 | 의사표시
제1절	총설	71
제2절	의사표시규정의 내용	74

CHAPTER 04 | 법률행위의 대리
제1절	대리 일반론	100
제2절	대리권	104
제3절	대리행위	113
제4절	대리효과	118
제5절	복대리	118
제6절	협의의 무권대리	122
제7절	표현대리	127

CHAPTER 05 | 무효와 취소
제1절	무효와 취소 일반	142
제2절	법률행위의 무효	145
제3절	법률행위의 취소	153

CHAPTER 06 | 조건과 기한
제1절	법률행위의 부관	166
제2절	조건부 법률행위	167
제3절	기한부 법률행위	174

PART 2 물권법

CHAPTER 01 | 물권의 의의
제1절	물권의 의의와 종류	186
제2절	물권의 일반적 효력	194

CHAPTER 02 | 물권의 변동
제1절	물권변동 일반	204
제2절	물권행위	207
제3절	등기	209
제4절	부동산물권변동	226
제5절	동산물권변동	232
제6절	입목등기와 명인방법에 의한 물권변동	241
제7절	물권의 소멸	242

CHAPTER 03 | 점유권
제1절	점유권 일반	252
제2절	점유의 관념화	255
제3절	점유의 모습	258
제4절	점유권의 취득과 소멸	264
제5절	점유권의 효력	266
제6절	준점유	275

CHAPTER 04 | 소유권
제1절	소유권 일반	284
제2절	소유권의 취득	296
제3절	소유권에 기한 물권적 청구권	310
제4절	공동소유	312

CHAPTER 05 | 용익물권
제1절	용익물권 일반	329
제2절	지상권	331
제3절	지역권	345
제4절	전세권	351

CHAPTER 06 | 담보물권

제1절	담보물권 일반	368
제2절	유치권	371
제3절	저당권	380

PART 3 계약법

CHAPTER 01 | 계약법 총론

제1절	계약의 의의	414
제2절	계약의 종류	419
제3절	계약의 성립	423
제4절	계약의 효력	433
제5절	계약의 해제·해지	449

CHAPTER 02 | 매매

제1절	총설	473
제2절	매매의 성립	474
제3절	매매의 효력	481
제4절	환매와 재매매의 예약	499

CHAPTER 03 | 교환

1	서설	510
2	교환의 성립	510
3	교환의 효력	511

CHAPTER 04 | 임대차

제1절	부동산임차인의 보호	515
제2절	임대차의 의의	518
제3절	임대차의 성립	520
제4절	임대차의 효력	523
제5절	임차권의 양도와 전대	536
제6절	보증금 및 권리금	542
제7절	임대차의 종료	546

PART 4 민사특별법

CHAPTER 01 | 주택임대차보호법

제1절	서설	558
제2절	대항력과 우선변제권 및 최우선변제권	561
제3절	임차권등기명령제도	568
제4절	존속기간 등	569

CHAPTER 02 | 상가건물 임대차보호법

제1절	서설	580
제2절	대항력과 우선변제권 및 최우선변제권	582
제3절	임차권등기명령제도	586
제4절	존속기간 등	587

CHAPTER 03 | 집합건물의 소유 및 관리에 관한 법률

제1절	서설	597
제2절	집합건물법의 내용	598

CHAPTER 04 | 가등기담보 등에 관한 법률

제1절	비전형담보와 동법의 적용범위	619
제2절	가등기담보권의 실행	622
제3절	가등기담보권자의 배당참가와 후순위권리자의 보호	625

CHAPTER 05 | 부동산 실권리자명의 등기에 관한 법률

제1절	부동산실명법 제정 전의 논의	631
제2절	부동산실명법 제정 후의 논의	633

PART 1 민법총칙

최근 10개년 출제비중
24.8%

제36회 출제비중
25%

CHAPTER별 10개년 출제비중 & 출제키워드

CHAPTER	10개년 출제비중	BEST 출제키워드
01 권리의 변동	2%	권리변동의 모습
02 법률행위	17.2%	법률행위의 종류, 반사회적 법률행위, 불공정한 법률행위, 이중매매
03 의사표시	20.2%	제108조 제2항의 제3자, 착오
04 법률행위의 대리	28.3%	대리권, 복대리, 협의의 무권대리, 표현대리
05 무효와 취소	22.2%	무효와 취소, 무효행위의 추인, 법정추인, 취소권
06 조건과 기한	10.1%	조건과 기한, 조건부 법률행위의 효력

* 여러 CHAPTER의 개념을 묻는 복합문제이거나, 법률이 개정 및 제정된 경우 분류 기준에 따라 수치가 달라질 수 있습니다.

제37회 시험 학습전략

민법총칙은 법률행위, 의사표시, 대리, 무효와 취소부분의 출제비중이 높고, 판례가 사례 문제로 자주 출제됩니다. 따라서 제도의 개념을 이해한 후에는 반드시 판례를 통해 관련 내용들을 정리해 두어야 합니다.

CHAPTER

01 권리의 변동

10개년 출제문항 수

27회	28회	29회	30회	31회
	1			
32회	33회	34회	35회	36회
		1		

↳ 총 40문제 中 평균 약 0.2문제 출제

학습전략

- 권리의 변동에서는 법률관계의 의의와 권리변동의 모습에 대해서 학습합니다.
- 권리의 발생, 변경, 소멸에서 문제가 주로 출제되므로 관련 예를 정리해 두는 것이 좋습니다.

제1절 민법의 의의

1 민법의 의의

1. 민법은 사법이다.

(1) 민법의 어원

① 민법(民法)의 '민(民)'은 백성을 의미하는 한자이다. 그래서 민법을 자칫 백성의 법으로 이해하기 쉬우나, 실제 민법이라는 용어는 로마의 'ius civile'에서 유래하였다.

② 'ius civile'는 문자 그대로 시민법이라는 뜻인데, 그 내용은 시민에게 적용되는 사법(私法)이라는 뜻이다. 따라서 민법은 임금이나 신하의 법과 대립하는 백성의 법이 아니라 일반시민에게 적용되는 사법을 의미하는 것이다.

(2) 공법관계와 사법관계

① 법률관계는 크게 공법관계(公法關係)와 사법관계(私法關係)로 나눌 수 있다. 선거를 하고 병역의 의무를 이행하고 세금을 납부하는 것은 공법관계에 해당하고, 회사에 가서 일을 하고 생활에 필요한 물건을 사고 주택을 구입하는 것은 사법관계에 해당한다.

② 예전부터 공법과 사법의 구별에 관해서는 이익설, 성질설, 주체설, 생활관계설, 사적 자치설 등 여러 견해가 주장되어 왔다. 현재에는 주체설을 기본으로 하고 이익설과 성질설을 가미하여 판단하자는 것이 다수설의 태도이다.

> **⊕ 보충** 공법과 사법의 구별에 관한 학설
> 1. **이익설**: 공익보호를 목적으로 하면 공법이고, 사익보호를 목적으로 하면 사법이라는 견해
> 2. **성질설**: 법률관계의 성질이 상하관계(불평등관계, 수직관계)이면 공법이고, 대등관계(평등관계, 수평관계)이면 사법이라는 견해
> 3. **주체설**: 법률관계의 주체가 국가기관 상호간이거나 국가기관과 개인이면 공법이고, 개인 간이면 사법이라는 견해
> 4. **생활관계설**: 국민으로서의 생활관계를 규율하면 공법이고, 인간으로서의 생활관계를 규율하면 사법이라는 견해
> 5. **사적 자치설**: 이유강제의 원칙이 적용되는 경우는 공법이고, 사적 자치의 원칙이 적용되는 경우는 사법이라는 견해

(3) 민법은 사법이다.

민법(民法)은 개인 간의 법률관계를 규율하는 것이므로 위의 어느 견해에 의하든 사법(私法)에 해당한다.

2. 민법은 일반법이다.

(1) 일반법과 특별법

모든 사람·장소·사항에 관계없이 일반적으로 적용되는 법을 일반법이라고 하고, 특별한 사람·장소·사항에 대해서만 적용되는 법을 특별법이라고 한다. 일반법과 특별법의 구별은 성격상·체계상의 이유로 상대적이다.

(2) 민법은 일반법이다.

민법은 개인 간의 법률관계라면 모든 사람·장소·사항에 관계없이 다 적용되므로 일반법이다. 민법에 대한 특별법으로는 상법, 경제 관련 법률, 노동 관련 법률, 지적 재산권 관련 법률 등이 있다. 일반법과 특별법의 내용이 다른 경우 특별법의 내용이 먼저 적용되고(특별법 우선의 원칙), 특별법에 내용이 없는 경우에는 일반법의 내용이 적용된다(일반법 보충의 원칙).

3. 민법은 실체법이다.

(1) 실체법과 절차법

법률관계 자체 즉, 당사자의 권리·의무에 관하여 규정하고 있는 법을 실체법이라 하고, 당사자의 권리를 확정하고 이를 실현하기 위한 절차를 규정하고 있는 법을 절차법이라 한다.

(2) 민법은 실체법이다.

민법은 당사자 사이의 권리·의무에 관하여 규정하는 법이므로 실체법(實體法)에 해당한다. 「민사소송법」, 「민사집행법」은 절차법에 해당한다.

2 민법의 법원

1. 법원의 의의

법원(法源)이란 법의 연원(淵源)을 말하는데, 보통 법의 존재형식 내지 현상형태로 정의한다. 법원은 어떤 법적 분쟁이 생겼을 때 이를 해결하는 기준이라는 의미로 이해하면 된다.

2. 민법의 법원

> 제1조【법원】민사에 관하여 법률에 규정이 없으면 관습법에 의하고 관습법이 없으면 조리에 의한다.

(1) 민법 제1조는 '민사에 관하여 법률에 규정이 없으면 관습법에 의하고 관습법이 없으면 조리에 의한다.'고 규정하고 있다.

(2) 따라서 민사분쟁이 생겼을 때 법률이 있으면 이에 의하여 분쟁을 해결하고, 법률이 없으면 관습법에 의하여 분쟁을 해결하고, 관습법도 없으면 조리에 의하여 분쟁을 해결하여야 한다.

3. 민법전의 구성

(1) 체계상의 특징

민법전(民法典)은 제1조부터 제1118조까지로 되어 있는데, 총 5편으로 구성되어 있다. 제1편 민법총칙, 제2편 물권법, 제3편 채권법, 제4편 친족법, 제5편 상속법이 그것이다. 이렇게 공통적인 내용을 앞에 기술하고 구체적인 내용은 뒤에 기술하는 방식을 판덱텐체계(Pandektensystem)라 한다.

(2) 민법총칙의 기능

물권법과 채권법을 합쳐 재산법이라 하고, 친족법과 상속법을 합쳐 가족법이라 한다. 민법총칙은 재산법과 가족법에 공통적으로 적용될 수 있는 사항을 모아 놓은 것이다. 그런데 가족법에서는 민법총칙의 규정과 다른 특별규정을 두고 있는 경우가 많기 때문에 민법총칙의 규정은 주로 재산법에 적용된다.

제2절 법률관계

1 법률관계

1. 법률관계의 의의

(1) 사람의 생활관계는 법의 규율을 받는 경우와 도덕·종교·관습 등의 규율을 받는 경우로 나눌 수 있다. 이 중 법에 의해 규율되는 생활관계를 법률관계라 한다. 이러한 법률관계는 주로 권리·의무관계로 나타난다. 즉, 법률관계는 법에 의하여 보호를 받는 자(권리)와 법에 의하여 구속을 당하는 자(의무)의 관계로 나타난다.

(2) 예를 들어, 甲이 자기가 소유하는 건물에 대하여 乙과 매매계약을 체결한 경우 甲과 乙 사이에는 매매계약이라는 법률관계가 생기게 된다. 甲과 乙 사이의 매매계약을 둘러싼 법률관계는 민법 제563조 이하의 규율을 받게 되는데, 이는 보다 구체적으로는 누가 어떤 권리·의무를 가지는가로 나타난다.

(3) 즉, 甲은 乙에게 매매대금을 지급하여 줄 것을 요구할 수 있는 권리를 가지고, 한편 乙에 대하여 건물소유권을 이전해 줄 의무를 지게 된다. 반면 乙은 甲에게 건물소유권을 이전해 줄 것을 요구할 수 있는 권리를 가지고, 한편 甲에 대하여 매매대금을 지급할 의무를 지게 된다.

2. 법률관계의 특징

법률관계는 법에 의해 규율되는 생활관계이므로 법규범의 특성상 강제성을 가진다. 따라서 어느 일방이 의무를 이행하지 않는 경우 상대방은 그 이행을 청구할 수 있고 채무불이행을 이유로 손해배상을 청구할 수 있다.

> **추가 강제이행**
> 채권자의 이행청구에 응하여 채무자가 임의로 이행하지 않는 경우에 채권의 실현을 위해 채권자에게 주어진 이행강제수단

2 인간관계

1. 인간관계의 의의

(1) 사람의 생활관계 중 도덕·종교·관습 등 법 외적인 생활관계를 인간관계라 한다. 아버지가 아들에게 생일선물을 사주기로 약속한 경우, 친구결혼식에 참석하기 위하여 일정한 장소에서 만나기로 약속한 경우, 결혼식을 특정 종교방식에 의하기로 약속한 경우 등이 이에 해당한다.

(2) 법률관계인지 인간관계인지는 법적 보호의 필요성의 유무에 의하여 구별된다.

2. 인간관계의 특징

인간관계는 법률관계와 달리 강제성이 없으므로 인간관계에 기한 약속을 어기더라도 그 이행을 청구하거나 채무불이행을 이유로 손해배상을 청구할 수 없다.

■ 법률관계와 인간관계의 비교

구분	법률관계	인간관계
규율규범	법	도덕·종교·관습 등
구별기준	법적 보호의 필요성 ○	법적 보호의 필요성 ×
특징	이행청구 ○, 손해배상청구 ○	이행청구 ×, 손해배상청구 ×

제3절 권리와 의무

1 권리

1. 의의

(1) 甲은 자신이 신축한 건물에 대하여 소유권이라는 권리를 취득한다. 만약 甲이 자신이 소유하는 건물을 乙에게 매도한 경우, 甲은 乙에 대하여 매매대금지급청구권이라는 권리를 취득한다. 그리고 甲이 그 건물에 대하여 乙에게 전세권을 설정해 준 경우, 乙은 전세권이라는 권리를 취득한다.

(2) 위의 예에서 甲의 소유권 및 매매대금지급청구권과 乙의 전세권은 모두 법의 보호를 받게 되는데, 이렇게 일정한 이익을 향유하기 위하여 법이 인정한 힘을 권리라 한다[이를 '권리법력설(통설)'이라 함].

2. 구별개념

(1) 권능
① 권능(權能)이란 권리의 내용을 이루는 개개의 법률상의 힘을 말한다.
② 甲은 자신의 건물을 직접 사용할 수도 있고 다른 사람에게 임대하거나 처분할 수도 있다. 이때 소유권은 권리라 하고, 소유권의 내용을 이루는 사용·수익·처분은 권능이라 한다.

(2) 권한
① 권한(權限)이란 타인을 위하여 일정한 법률효과를 발생시키는 행위를 할 수 있는 지위 또는 자격을 말한다.
② 甲이 자기가 소유하는 건물에 대하여 乙에게 매각에 관한 권한을 수여한 경우 乙은 甲을 위하여 다른 사람과 매매계약을 체결할 권한을 가지는데, 이때 乙이 가지는 대리권을 권한이라 한다.

(3) 권원
① 권원(權原)이란 어떤 법률상 또는 사실상 행위를 정당화시켜 주는 근거를 말한다.
② 甲이 소유하는 토지에 乙이 건물을 신축한 경우 乙은 토지를 이용할 수 있는 정당한 근거가 있어야 甲으로부터 건물철거를 당하지 않게 된다.

이때 乙이 甲의 토지를 이용할 수 있는 정당한 근거로는 지상권, 전세권, 임차권이 있는데, 이를 권원이라 한다.

(4) 반사적 이익

① 반사적 이익(反射的 利益)이란 법률이 특정인 또는 일반인에게 어떤 행위를 명하는 경우 다른 특정인 또는 일반인이 누리게 되는 이익을 말한다.
② 甲이 첩계약의 대가로 자기 소유의 건물을 乙에게 증여하고 소유권이 전등기를 경료해 준 경우, 이는 불법을 원인으로 한 증여이므로 甲은 乙에 대하여 건물의 반환을 청구할 수 없다(제746조 본문). 따라서 이 건물의 소유권은 乙에게 귀속하게 되는데, 이를 반사적 이익이라 한다.

3. 권리의 분류

(1) 이익(내용)에 의한 분류 – 재산권, 인격권, 가족권, 사원권

① 재산권에는 물권, 채권, 지적 재산권, 준물권(광업권·어업권) 등이 있다.
② 인격권에는 생명권, 신체권, 자유권, 정조권, 명예권, 신용권, 성명권 등이 있다. 이 중 명예권, 신용권, 성명권은 자연인뿐만 아니라 법인도 누릴 수 있다.
③ 가족권에는 친족권과 상속권이 있다.
④ 사원권에는 의결권·업무집행권과 같은 공익권(共益權)과 이익배당청구권·잔여재산분배청구권과 같은 자익권(自益權)이 있다.

(2) 작용(효력)에 의한 분류 – 지배권, 청구권, 형성권, 항변권

① 지배권이란 타인의 행위를 매개로 하지 않고 일정한 객체를 직접적·배타적으로 지배할 수 있는 권리를 말한다. 지배권에는 물권, 지식재산권, 인격권, 가족권 등이 있다.
② 청구권은 특정인이 다른 특정인에 대하여 일정한 행위를 요구할 수 있는 권리를 말한다. 청구권에는 물권적 청구권, 채권적 청구권, 부양청구권, 상속회복청구권 등이 있다.

> **⊕ 보충** 이름은 청구권이지만 실질이 형성권인 것들
> 1. 공유물분할청구권
> 2. 각종 매수청구권: 지상물매수청구권, 부속물매수청구권
> 3. 각종 소멸청구권: 지상권소멸청구권, 전세권소멸청구권

4. **각종 증감청구권**: 지료증감청구권, 전세금증감청구권, 차임증감청구권
5. **각종 감액청구권**: 대금감액청구권, 차임감액청구권
6. **유치권소멸청구권**
   ① 의무위반의 경우: 형성권(제324조 제3항)
   ② 다른 담보제공의 경우: 청구권(제327조)

③ 형성권이란 권리자의 일방적 의사표시 또는 법원의 확정판결에 의하여 법률관계가 변동하는 권리를 말한다. 형성권에는 취소권, 해제권, 해지권, 상계권, 추인권, 채권자취소권 등이 있다. 이 중 채권자취소권은 반드시 소(訴)를 제기하는 방법으로 행사하여야 한다는 특징이 있다(제406조 제1항).

④ 항변권이란 청구권의 존재는 인정하면서 그 효력을 저지시키는 권리를 말한다. 항변권에는 연기적 항변권과 영구적 항변권이 있다.

연기적 항변권	⊙ 청구권의 효력을 일시적으로 저지시키는 항변권 ⓒ 동시이행의 항변권(제536조), 보증인의 최고·검색의 항변권(제437조)
영구적 항변권	⊙ 청구권의 효력을 영구적으로 저지시키는 항변권 ⓒ 상속의 한정승인(제1028조)

> **추가** 청구권과 형성권의 차이
> 청구권은 상대방의 승낙(일정한 행위)이 있어야 법률효과가 생기나, 형성권은 상대방의 승낙이 없어도 법률효과가 생긴다.

2 의무

1. 의의

(1) 甲이 자신이 소유하는 건물에 대하여 乙과 매매계약을 체결한 경우 甲은 乙에 대하여 매매대금지급청구권이라는 권리를 취득하지만, 한편으로 乙에게 건물소유권을 이전해 줄 의무도 부담한다. 즉, 甲은 乙에게 건물소유권을 이전해 줄 법적인 구속을 당하게 되는데, 이를 의무라 한다. 의무 중에 대표적인 것이 채무이다.

(2) 법적인 구속을 당할 지위에 있는 자가 그 의무를 이행하지 않는 경우 권리자는 의무자를 상대로 의무의 이행을 청구하거나 손해배상을 청구할 수 있다.

(3) 의무는 보통 권리와 대응하지만, 취소권(제140조)처럼 권리만 있고 의무가 없는 경우도 있고, 청산인의 공고의무(제88조)처럼 의무만 있고 권리가 없는 경우도 있다.

2. 구별개념

(1) 간접의무의 의의

간접의무(間接義務)는 책무(責務)라고 하는데, 이는 일정한 사항을 준수하지 않은 경우 법이 정한 일정한 불이익을 받을 뿐 상대방이 그 이행을 강제하거나 손해배상을 청구할 수 없는 경우를 말한다.

(2) 간접의무의 예

① 보통 승낙기간 내에 도달할 수 있도록 발송된 승낙의 통지가 그 기간이 지난 후에 도달한 경우에는 청약자는 지체 없이 상대방에게 승낙의 통지가 연착하였음을 통지하여야 한다(제528조 제2항 본문). 청약자가 연착의 통지를 하지 않은 경우에는 승낙의 통지가 연착하지 않은 것으로 본다(제528조 제3항). 그 결과 계약이 성립한 것으로 간주한다.

② 이때 청약자의 연착통지의무가 간접의무(책무)에 해당한다. 따라서 청약자가 상대방에게 연착의 통지를 하지 않은 경우 계약이 성립되는 불이익을 입을 뿐 상대방은 이를 소로써 강제할 수는 없다.

제4절 권리변동의 모습

1 권리변동의 원인

1. 법률사실과 법률요건 및 법률효과

(1) 일정한 법률사실이 모여 법률요건을 구성하고, 법률요건에 해당하면 반드시 일정한 법률효과가 발생한다.

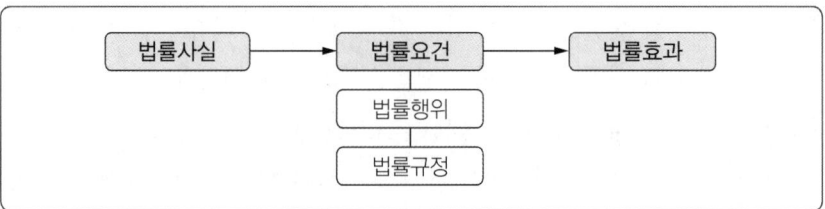

(2) 이때 법률요건을 이루는 개개의 사실을 법률사실이라 하고, 권리변동의 원인을 법률요건이라 하며, 권리변동의 결과를 법률효과라 한다.

2. 구체적인 예

(1) 법률행위의 예

① 甲이 자기가 소유하는 건물에 대하여 乙과 매매계약을 체결하는 경우를 보자. 먼저 甲은 자신의 건물을 "1억원에 팔테니 사라."라고 의사표시를 하고 이에 대하여 乙은 "좋다, 1억원에 사겠다."라는 의사표시를 하게 된다. 이렇게 甲의 청약의 의사표시와 乙의 승낙의 의사표시가 합치하면 甲과 乙 사이에는 매매라는 계약이 성립하고, 매매계약이 성립하면 甲은 乙에게 건물소유권이전의무를 지고 乙은 甲에게 대금지급의무를 진다.

② 이때 청약과 승낙의 의사표시를 법률사실이라 하고, 매매를 법률요건이라 하며, 건물소유권이전청구권과 대금지급청구권을 법률효과라 한다.

(2) 법률규정의 예

① 甲이 지나가는 행인 乙과 말다툼 끝에 乙을 폭행하여 다치게 한 경우 乙은 甲을 상대로 손해배상을 청구할 수 있다.

② 이때 甲이 乙을 폭행하는 여러 가지 방법들을 법률사실이라 하고, 甲이 乙에게 한 불법행위를 법률요건이라 하며, 그 결과로 乙에게 생긴 손해배상청구권을 법률효과라 한다.

2 법률요건의 분류

1. 법률행위와 법률규정

(1) 법률요건은 법률행위에 의한 경우와 법률규정에 의한 경우로 나눌 수 있다. 의사표시에 의하여 법률효과가 발생하는 경우를 법률행위라 하고, 의사표시에 의하지 않고 법률효과가 발생하는 경우를 법률규정이라 한다.

(2) 법률행위에 의한 법률요건은 당사자가 의욕한 대로 법률효과가 발생하지만, 법률규정에 의한 법률요건은 당사자의 의사와는 무관하게 법률효과가 발생한다. 이것이 법률행위에 의한 법률요건과 법률규정에 의한 법률요건의 가장 큰 차이점이다.

2. 법률행위의 중요성

(1) 사적 자치(私的 自治)의 원칙을 기본원리로 하는 민법에서 가장 중요한 법률요건은 역시 법률행위이다. 사람이 사회생활을 해나가기 위해서는 다른 사람과 법률관계를 맺어야 하는데, 개인 간의 법률관계는 대부분 법률행위를 통하여 이루어지기 때문이다.

(2) 이러한 법률행위에는 단독행위, 계약, 합동행위가 있지만 이 중에서 가장 큰 비중을 차지하는 것은 계약이다. 한편 법률규정에 의한 법률요건으로는 사무관리*, 부당이득, 불법행위가 있다.

> *사무관리
> 甲의 부재 중에 이웃에 사는 乙이 태풍으로 인해 무너질 듯한 甲의 담장을 수리해 주는 경우처럼 법률상 또는 계약상 원인 없이 타인을 위하여 그의 사무를 처리하는 행위

3 권리변동의 모습 • 28회 • 34회

1. 의의

(1) 소형 아파트를 매수한 甲은 세월이 흘러 자녀들이 성장하자 보다 넓은 집으로 이사를 가기 위하여 자신의 아파트를 乙에게 매각하였다. 이는 甲의 생활관계가 변하여 건물을 매각하게 되었고, 이에 따라 건물소유권의 주체도 甲에서 乙로 변경된 것이다. 이렇게 사람의 생활관계가 변하면 그에 따라 법률관계도 변동하게 된다.

(2) 법률관계의 변동을 권리를 중심으로 살펴보면 결국 권리가 발생, 변경, 소멸하는 모습으로 나타나게 된다. 변동은 발생, 변경, 소멸을 총칭하는 말이다.

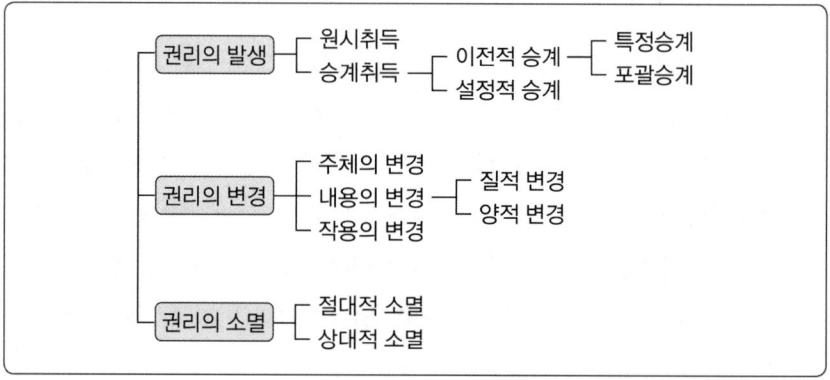

2. 권리의 발생

(1) 원시취득

① **의의:** 종전에 없던 권리가 처음으로 생기는 것을 말한다. 원시취득을 절대적 발생이라 한다.

② **구체적인 예:** 원시취득에는 신축건물의 소유권취득, 취득시효, 선의취득, 무주물선점·유실물습득·매장물발견, 첨부(부합·혼화·가공), 인격권·가족권의 취득, 매매로 인한 채권취득, 공용징수로 인한 소유권의 취득 등이 있다.

③ **원시취득의 특징:** 원시취득은 타인의 권리를 기초로 하지 않고 권리를 취득하는 것이므로 전주(前主)의 권리에 존재하는 하자나 부담이 소멸하는 것이 원칙이다.

(2) 승계취득

① **의의:** 타인이 가지고 있던 권리를 승계하는 것을 말한다. 승계취득을 상대적 발생이라 한다. 이러한 승계취득은 다시 이전적 승계와 설정적 승계로 나눌 수 있다.

② **이전적 승계:** 전주(前主)가 가지고 있던 권리를 그대로 취득하는 것을 말하는데, 이는 다시 특정승계와 포괄승계로 나눌 수 있다.

　㉠ **특정승계:** 개별적 권리취득원인에 의하여 개개의 권리를 취득하는 경우를 말한다. 매매·증여·교환 등으로 인한 소유권의 취득은 특정승계에 해당한다.

　㉡ **포괄승계:** 하나의 원인에 의해 다수의 권리를 일괄적으로 취득하는 경우를 말한다. 상속·포괄유증·회사합병 등으로 인한 소유권의 취득은 포괄승계에 해당한다.

③ **설정적 승계:** 전주(前主)가 가지는 권리의 내용 중 일부만을 취득하는 것을 말한다. 지상권의 설정, 전세권의 설정 및 저당권의 설정과 같은 제한물권의 설정이 설정적 승계에 해당한다.

④ **승계취득의 특징:** 승계취득은 타인의 권리를 기초로 해서 권리를 취득하는 것이므로 전주(前主)의 권리에 존재하는 하자나 부담을 그대로 승계한다.

기출지문 OX

부동산 점유취득시효완성으로 인한 소유권취득은 원시취득이다. • 34회　　　　　　　　( )

정답 (○)

3. 권리의 변경

(1) 주체의 변경
주체의 변경은 이전적 승계를 권리주체의 변경이라는 관점에서 본 것이다.

(2) 내용의 변경
내용의 변경은 질적 변경과 양적 변경으로 나눌 수 있다.
① **질적 변경:** 질적 변경이란 권리의 내용이 본질적으로 변경되는 경우를 말한다. 물건인도청구권이 이행불능으로 손해배상청구권으로 변하는 것이나, 물상대위 및 대물변제 등은 질적 변경에 해당한다.
② **양적 변경:** 양적 변경이란 권리의 내용이 양적으로만 변경하는 경우를 말한다. 제한물권의 설정이나 소멸로 인한 소유권의 증감, 첨부 등은 양적 변경에 해당한다.

(3) 작용의 변경
작용의 변경이란 권리의 효력(힘)이 변경하는 경우를 말한다. 저당권의 순위승진, 등기된 임차권의 대항력 등은 작용의 변경에 해당한다.

4. 권리의 소멸

(1) 절대적 소멸
① 절대적 소멸이란 권리가 절대적으로 소멸하는 경우를 말한다. 목적물의 멸실로 인한 소유권의 소멸, 포락으로 인한 소유권의 소멸, 변제로 인한 채권의 소멸 등은 절대적 소멸에 해당한다.
② 질권과 저당권은 물상대위성이 있으므로 목적물이 멸실하더라도 그 가치적 변형물 위에 존속하는 경우가 있다.

(2) 상대적 소멸
상대적 소멸이란 이전적 승계를 전주(前主)의 입장에서 본 것이다. 따라서 이전적 승계와 주체의 변경 및 상대적 소멸은 모두 관점만 다를 뿐 같은 현상을 지칭하는 것이다.

기출지문 OX

1순위 저당권이 소멸되어 2순위 저당권이 순위승진을 한 경우, 이는 권리의 작용의 변경이다.
• 18회 ( )

정답 (O)

4 법률사실의 분류

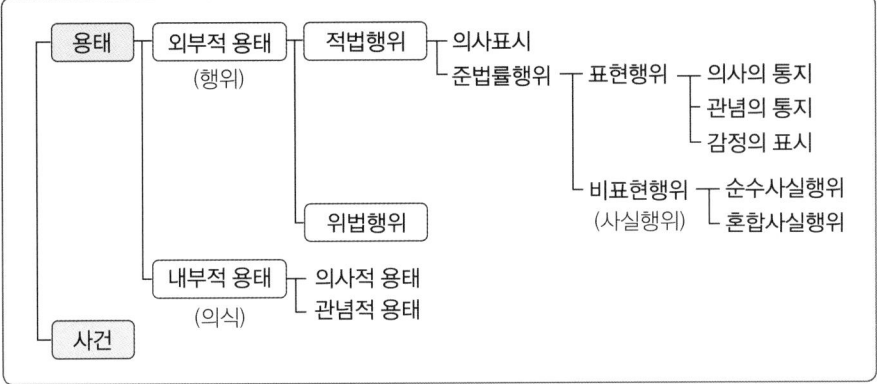

1. 용태와 사건

(1) 법률사실은 우선 사람의 정신작용에 의한 경우인 용태(容態)와 사람의 정신작용과는 무관한 경우인 사건으로 나눌 수 있다.

(2) 사건에는 출생, 사망, 실종, 기간의 경과, 부합, 혼화, 혼동, 부당이득이 있다.

2. 외부적 용태와 내부적 용태

(1) 용태는 다시 사람의 의사가 외부로 표현되는 외부적 용태와 내부적 인식에만 머무르는 내부적 용태로 나눌 수 있다.

(2) 외부적 용태를 행위라 하고, 내부적 용태를 의식이라 한다.

3. 의사적 용태와 관념적 용태

(1) 내부적 용태는 다시 일정한 의사를 가지는가에 대한 내부적 의식을 의미하는 의사적 용태와 일정한 사실에 대한 인식 내지 관념을 의미하는 관념적 용태로 나눌 수 있다.

(2) 의사적 용태에는 소유의 의사, 변제의사, 사무관리의사 등이 있고, 관념적 용태에는 선의·악의, 정당한 대리인이라는 신뢰가 있다.

4. 적법행위와 위법행위

(1) 외부적 용태는 다시 법에 의하여 허용되는 적법행위와 법에 의하여 허용되지 않는 위법행위로 나눌 수 있다.
(2) 위법행위에는 채무불이행과 불법행위가 있다.

5. 의사표시와 준법률행위

(1) 적법행위는 다시 일정한 법률효과의 발생을 목적으로 하는 의사표시와 당사자의 의사와 무관하게 법률규정에 의해 법률효과가 발생하는 준법률행위로 나눌 수 있다.
(2) 의사표시에는 청약과 승낙의 의사표시, 유언의 의사표시, 취소의 의사표시 등이 있다.

6. 표현행위와 비표현행위

(1) 준법률행위(準法律行爲)는 법률적 행위라 하는데, 의사표시를 제외한 모든 인간의 적법한 행위를 총칭하는 말이다.
(2) 준법률행위는 다시 일정한 의식내용을 다른 사람에게 전달하는 표현행위와 오직 사실적 결과의 발생만을 목적으로 하는 비표현행위(사실행위)로 나눌 수 있다.

7. 의사의 통지와 관념의 통지 및 감정의 표시

(1) 표현행위는 다시 다른 사람에게 자기의 의사를 알리는 의사의 통지, 일정한 사실을 알리는 관념의 통지, 일정한 감정을 나타내는 감정의 표시로 나눌 수 있다.
(2) 의사의 통지에는 각종의 최고와 거절, 청약의 유인이 있다.
(3) 관념의 통지에는 각종의 통지, 채권양도의 통지·승낙, 대리권 수여의 표시, 시효완성 전에 하는 채무의 승인이 있다.
(4) 감정의 표시에는 수증자의 망은행위에 대한 용서(제556조), 배우자의 부정행위에 대한 용서(제841조)가 있다.

기출지문 OX

청약자가 하는 승낙연착의 통지는 관념의 통지이다. •28회
( )

정답 (○)

8. 순수사실행위와 혼합사실행위

(1) 사실행위는 외부적인 결과만 발생하면 법률효과를 부여하는 순수사실행위와 외부적인 결과발생뿐만 아니라 사실적 의사도 뒤따라야 하는 혼합사실행위로 나눌 수 있다.

(2) 순수사실행위에는 매장물발견, 가공, 주소설정, 「특허법」상의 발명이 있다.

(3) 혼합사실행위에는 사무관리, 부부간의 동거, 무주물선점, 물건의 인도가 있다.

> **⊕ 보충** **준법률행위에 의사표시에 관한 규정을 적용할 수 있는지의 여부**
>
> 1. 의사표시와 준법률행위는 근거와 효과에 있어서 큰 차이가 있으므로, 준법률행위에 대해서는 원칙적으로 의사표시에 관한 규정을 적용할 수 없다.
> 2. 다만, 준법률행위 중 의사의 통지와 관념의 통지에 대해서는 의사표시에 관한 규정을 유추적용할 수 있다.

CHAPTER 01 최신기출문제로 확인!

01 다음 중 연결이 **잘못된** 것은? (다툼이 있으면 판례에 따름) • 34회

① 임차인의 필요비상환청구권 – 형성권
② 지명채권의 양도 – 준물권행위
③ 부동산 매매에 의한 소유권취득 – 특정승계
④ 부동산 점유취득시효완성으로 인한 소유권취득 – 원시취득
⑤ 무권대리에서 추인 여부에 대한 확답의 최고 – 의사의 통지

키워드〉 권리변동의 모습
난이도〉
해설〉 임차인의 비용상환청구권은 청구권에 해당한다.

02 준법률행위인 것은? (다툼이 있으면 판례에 따름) • 26회

① 법정대리인의 동의
② 착오에 의한 의사표시의 취소
③ 채무이행의 최고
④ 무권대리행위에 대한 추인
⑤ 임대차계약의 해지

키워드〉 권리변동의 모습
난이도〉
해설〉 ①②④⑤ 동의, 취소, 추인, 해제(해지)는 의사표시에 해당한다.
③ 채무이행의 최고는 의사의 통지로서 준법률행위에 해당한다.

정답 01 ① 02 ③

03 다음 중 서로 잘못 짝지어진 것은?

• 28회

① 저당권의 설정 – 이전적 승계
② 소유권의 포기 – 상대방 없는 단독행위
③ 청약자가 하는 승낙연착의 통지 – 관념의 통지
④ 무주물의 선점 – 원시취득
⑤ 무권대리에서 추인 여부에 대한 확답의 최고 – 의사의 통지

키워드〉 권리의 변동
난이도〉 ■■■■■
해설〉 저당권의 설정은 설정적 승계에 해당한다.

04 권리변동에 관한 설명 중 틀린 것은?

• 18회

① 건물을 신축한 경우, 이는 원시취득에 해당한다.
② 甲이 乙 소유의 토지를 저당 잡은 경우, 이는 설정적 승계에 해당한다.
③ 1순위 저당권이 소멸되어 2순위 저당권이 순위승진을 한 경우, 이는 권리의 내용상 변경이다.
④ 甲이 소유하는 가옥을 乙에게 매각하여 그 소유권을 상실한 경우, 이는 권리의 상대적 소멸이다.
⑤ 상속에 의하여 피상속인이 가지고 있던 권리가 상속인에게 승계된 경우, 이는 권리의 이전적 승계이다.

키워드〉 권리의 변동
난이도〉 ■■■■■
해설〉 ① 원시취득이란 종전에 없던 권리가 처음으로 생기는 것을 말한다.
② 설정적 승계란 전주의 권리내용의 일부만을 취득하는 것으로서 제한물권의 설정이 이에 해당한다.
③ 저당권의 순위승진은 작용의 변경에 해당한다.
④ 상대적 소멸이란 이전적 승계를 전주(前主)의 입장에서 본 것이다.
⑤ 이전적 승계란 전주(前主)가 가지고 있던 권리를 그대로 취득하는 것을 말한다.

정답 03 ① 04 ③

CHAPTER 02 법률행위

▌10개년 출제문항 수

27회	28회	29회	30회	31회
2	2	1	1	1
32회	33회	34회	35회	36회
3	2	2	1	2

↳ 총 40문제 中 평균 약 1.7문제 출제

▌학습전략

- 법률행위에서는 법률행위의 종류, 법률행위의 목적, 법률행위의 해석에 대한 내용을 학습합니다.
- 법률행위의 목적의 사회적 타당성에서 문제가 주로 출제되므로 관련 판례를 정리해 두는 것이 좋습니다.

제1절 법률행위의 의의와 종류

1 법률행위의 의의

1. 공통개념의 필요성

(1) 甲은 乙로부터 사기를 당하여 매매계약을 체결하였으므로 이를 취소한다는 의사표시를 하였다. 甲과 乙은 매매계약을 체결하기 위하여 각각 청약의 의사표시와 승낙의 의사표시를 하였다. 甲, 乙, 丙은 회사를 설립하기 위하여 정관작성이라는 의사표시를 하고 주무관청의 허가를 얻은 다음 설립등기를 하였다. 위의 세 가지에 공통적으로 존재하는 요소는 무엇인가?

(2) 이렇게 사람의 여러 행위유형에는 의사표시라는 공통적인 요소가 있는 경우가 매우 많다. 그런데 위 행위의 내용이 법적으로 허용되지 않거나 행위자의 착각에 의한 경우에 법률에서 이들 각각의 행위에 대하여 동일한 효과를 인정해 주려면, 개별 행위마다 모두 규정을 두는 방법도 있고 공통적인 규정을 하나 두고 이를 모든 행위에 적용하는 방법도 있다.

(3) 효율성의 면에서 볼 때에는 두 번째 방법이 훨씬 좋다. 그런데 두 번째 방법을 선택하기 위해서는 각각의 행위를 전부 총괄하는 개념이 필요하게 된다. 그래서 의사표시를 요소로 하는 개개 행위유형을 전부 총괄하는 개념

으로 법률행위(法律行爲)라는 개념을 만든 것이다. 따라서 법률행위는 실제 존재하는 개념이 아니라 법기술적으로 만들어낸 추상적 매개개념인 것이다.

2. 법률행위의 의의

(1) 민법전에는 법률행위에 대한 정의규정이 없지만, 일반적으로 법률행위는 의사표시를 필수불가결의 요소로 하는 법률요건으로 정의한다. 법률행위는 의사표시를 필수불가결의 요소로 하므로 의사표시 없는 법률행위란 있을 수 없다. 그리고 의사표시가 무효·취소되면 당연히 법률행위 전체에도 영향을 미친다.

(2) 법률행위는 한 개의 의사표시만으로 이루어지는 경우도 있지만(단독행위), 보통 여러 개의 의사표시로 구성되며(계약, 합동행위), 경우에 따라서는 의사표시 외에 주무관청의 허가(제32조)나 등기와 같은 공시방법(제186조)을 필요로 하는 경우도 있다. 따라서 법률행위와 의사표시는 개념상 구별된다(다만, 민법전에서는 양자를 엄격히 구별하지 않음).

(3) 법률행위는 당사자가 의욕한 대로 법률효과가 발생하는 특징이 있으며, 개인 간의 법률관계는 대부분 법률행위를 통하여 이루어지므로 법률행위는 사적 자치를 실현하는 가장 중요한 법률상의 수단이 된다.

3. 사적 자치의 원칙

(1) 우리 민법은 사적 자치의 원칙을 기본원리로 하고 있다. 사적 자치의 원칙이란 개인 간의 법률관계에 국가가 개입하지 말고 개인 각자에게 맡겨서, 자기가 결정하여 법률관계를 형성하고 자기가 한 행위에 대하여 책임을 진다는 원칙을 말한다(자기결정의 원칙과 자기책임의 원칙이 핵심임). 다만, 사적 자치의 원칙도 법질서가 허용하는 한도에서만 인정된다.

(2) 사적 자치의 원칙은 소유권 절대의 원칙, 법률행위 자유의 원칙, 과실책임의 원칙을 그 내용으로 하고 있다. 개인 간의 법률관계는 주로 법률행위, 그중에서도 계약을 통하여 대부분 이루어지므로 법률행위 자유의 원칙을 계약자유의 원칙이라 부르기도 한다. 계약자유의 원칙은 계약체결의 자유, 상대방선택의 자유, 내용결정의 자유, 방식의 자유 네 가지로 이루어져 있다.

2 법률행위의 종류 · 24회 · 32회 · 33회 · 34회

1. 단독행위, 계약, 합동행위 – 의사표시의 수와 방향에 따른 구별

(1) 단독행위

① 단독행위(單獨行爲)란 한 개의 의사표시에 의하여 성립하는 법률행위를 말한다. 단독행위는 상대방 없는 단독행위와 상대방 있는 단독행위로 나눌 수 있다.

② 상대방 없는 단독행위에는 유언(유증), 재단법인설립행위, 소유권과 점유권의 포기, 상속의 승인·포기가 있다.

③ 상대방 있는 단독행위에는 동의, 철회*, 상계, 추인*, 취소, 해제, 해지, 채권포기(채무면제), 제한물권의 포기, 공유지분의 포기, 취득시효이익의 포기, 수권행위 등이 있다.

> **⊕ 보충** 단독행위의 특성
> 1. **법정주의(法定主義)**: 단독행위는 원칙적으로 법률에 특별한 규정이 있는 경우에만 할 수 있다. 다만, 소유권의 포기는 타인의 권리·의무에 영향을 미치지 않으므로 자유롭게 할 수 있다.
> 2. **조건·기한과 친하지 않은 행위**: 단독행위에는 원칙적으로 조건과 기한을 붙일 수 없다. 단독행위에 조건과 기한을 붙이게 하면 상대방의 지위가 더욱 불안정해지기 때문이다.

(2) 계약

① 계약(契約)이란 서로 대립하는 두 개 이상의 의사표시의 합치로써 성립하는 법률행위를 말한다.

② 계약에는 채권계약(증여, 매매, 교환, 임대차 등), 물권계약(지상권설정계약, 전세권설정계약, 저당권설정계약 등), 준물권계약(채권양도 등), 가족법상의 계약(혼인, 이혼 등)이 있다.

(3) 합동행위

① 합동행위(合同行爲)란 방향을 같이 하는 두 개 이상의 의사표시의 합치로써 성립하는 법률행위를 말한다. 합동행위에는 사단법인설립행위와 공유자 전원에 의한 공유물의 포기가 있다.

② 합동행위의 개념을 인정하는 견해(다수설)도 있고 부정하는 견해도 있지만, 양설 모두 허위표시규정(제108조)과 자기계약·쌍방대리의 금지

기출지문 OX

손자에 대한 부동산의 유증은 상대방 없는 단독행위에 해당한다.
· 33회 ( )

정답 (○)

***철회**
사전적 효력발생 저지

***추인**
추후 인정

정리 증여는 계약에 해당하고, 유증은 단독행위에 해당한다.

규정(제124조)은 합동행위에는 적용되지 않는다고 보므로 견해대립의 실익은 없다.

2. 채권행위, 물권행위, 준물권행위 – 법률효과에 따른 구별

(1) 채권행위

① 채권행위(債權行爲)란 채권발생을 목적으로 하는 법률행위를 말한다. 매매계약, 교환계약, 임대차계약은 이를 통하여 당사자들이 각각 채권을 취득하므로 채권행위에 해당한다.

② 채권행위는 당사자에게 일정한 의무를 부담하게 하는 데 그치고 직접 물권변동을 일어나게 하지 않으므로 반드시 이행의 문제를 남긴다.

③ 채권행위는 의무부담행위에 해당하므로 채권행위를 할 때에는 처분권한이 필요 없다.

(2) 물권행위

① 물권행위(物權行爲)란 물권변동을 목적으로 하는 법률행위를 말한다. 소유권이전의 합의, 지상권설정계약, 저당권설정계약은 이를 통하여 직접 물권이 변동하므로 물권행위에 해당한다.

② 물권행위는 직접 물권변동을 일어나게 하므로 이행의 문제를 남기지 않는다.

③ 물권행위는 처분행위에 해당하므로 물권행위를 할 때에는 처분권한이 필요하다.

> **Q 사례** 채권행위와 물권행위의 구별
>
> 甲은 자기가 소유하는 건물에 대하여 乙과 매매계약을 체결하고 소유권을 乙에게 이전하기로 합의를 한 후에 乙에게 소유권이전등기를 경료해 주었다.
> 1. 매매계약체결은 각각 甲과 乙에게 채권을 취득시키므로 이는 채권행위에 해당한다.
> 2. 소유권이전의 합의는 甲의 소유권을 乙에게 이전시키는 것이므로 이는 물권행위에 해당한다.
> 3. 등기는 甲의 소유권이 乙에게 이전되었다는 것을 외부에 알려주는 기능을 하므로 이는 공시방법에 해당한다.

정리 채권행위는 의무부담행위에 해당하고, 물권행위와 준물권행위는 처분행위에 해당한다.

기 출 지 문 O X

지상권설정행위는 처분행위이다.
• 24회 ( )

정답 (O)

기출지문 O X

지명채권의 양도는 준물권행위에 해당한다. • 34회 ( )

정답 (○)

(3) 준물권행위

① 준물권행위(準物權行爲)란 물권 이외의 권리의 변동을 목적으로 하는 법률행위를 말한다. 준물권행위에는 채권양도, 채무면제, 지식재산권의 양도가 있다.
② 준물권행위도 처분행위에 해당하므로 이행의 문제를 남기지 않는다.

> **참고** 지식재산권의 종류
>
> 1. 산업재산권: 특허권, 상표권, 디자인권, 실용신안권, 지리적 표시 등
> 2. 저작권: 저작재산권, 저작인격권, 저작인접권
> 3. 신지식재산권: 산업저작권, 첨단산업재산권, 정보재산권

3. 요식행위, 불요식행위 – 방식의 요부에 따른 구별

(1) 요식행위(要式行爲)란 의사표시를 할 때 일정한 방식을 따라야만 효력이 인정되는 법률행위를 말하고, 불요식행위(不要式行爲)란 방식에 구애되지 않고 자유롭게 할 수 있는 법률행위를 말한다. 요식행위와 불요식행위는 원칙적으로 그 효력에 있어서는 차이가 없다.

(2) 민법은 계약자유의 원칙의 한 내용으로 방식의 자유를 인정하고 있으므로 불요식행위가 원칙이다. 그러나 당사자로 하여금 법률행위를 신중하게 하기 위하여 또는 법률관계를 명확하게 하기 위하여 일정한 방식을 요구하는 경우도 있다. 요식행위에 해당하는 것으로는 법인설립행위, 유언, 혼인, 이혼, 인지*, 입양, 어음·수표행위, 등기신청 등이 있다.

* 인지(認知)
혼인 외의 출생자에 대하여 생부 또는 생모가 자기의 자(子)라고 인정함으로써 법률상의 친자관계를 발생시키는 행위

4. 유상행위, 무상행위 – 출연의 유무에 따른 구별

(1) 유상행위(有償行爲)란 당사자 쌍방이 대가적 출연을 하는 행위를 말하고, 무상행위(無償行爲)란 당사자 일방만 출연하거나 쌍방이 출연하더라도 대가적 의미가 없는 행위를 말한다. 출연(出捐)이란 자기의 재산을 감소시키고 타인의 재산을 증가하게 하거나, 일정한 노무를 제공하는 것을 말한다.

(2) 유상행위에는 매매, 교환, 임대차, 고용, 도급 등이 있고, 무상행위에는 증여, 사용대차 등이 있다.

5. 주된 행위, 종된 행위 – 다른 법률행위를 필요로 하는지에 따른 구별

(1) 주된 행위란 다른 법률행위의 성립의 전제가 되는 행위를 말하고, 종된 행위란 법률행위의 성립을 위하여 다른 법률행위의 존재를 필요로 하는 행위를 말한다.

(2) 담보계약(저당권설정계약, 보증계약)은 금전소비대차계약의 종된 행위이고, 계약금계약은 매매계약의 종된 행위이며, 보증금계약은 임대차계약의 종된 행위이고, 부부재산계약은 혼인계약의 종된 행위이다.

(3) 종된 행위는 주된 행위에 대하여 부종성이 있다. 즉, 주된 행위가 성립하여야 종된 행위도 성립하며, 주된 행위가 무효·취소로 소멸하는 경우 종된 행위도 같이 소멸한다.

(4) 종된 행위는 주된 행위와 동시에 할 필요는 없다. 단, 환매특약은 매매와 동시에 하여야 한다.

6. 신탁행위

(1) 민법상의 신탁행위

① **의의:** 민법상의 신탁행위(信託行爲)란 추심을 위한 채권양도나 동산의 양도담보처럼 일정한 경제적 목적을 달성하기 위하여 신탁자가 수탁자에게 그 목적달성에 필요한 정도를 넘는 권리를 이전해 주고 수탁자로 하여금 그 경제적 목적의 범위 내에서만 권리를 행사하도록 하는 행위를 말한다. 민법상의 신탁행위에는 추심을 위한 채권양도와 동산의 양도담보가 있다. 종래 명의신탁도 신탁행위의 일종으로 유효하게 취급하였으나, 현재에는 「부동산 실권리자명의 등기에 관한 법률」에 의하여 원칙적으로 무효로 하고 있다.

② **법적 취급:** 민법상의 신탁행위에서는 대내적 소유권은 신탁자가 보유하고, 대외적 소유권은 수탁자가 보유하게 된다. 이를 소유권의 관계적 귀속현상이라고 한다.

(2) 「신탁법」상의 신탁행위

① **의의:** 「신탁법」상의 신탁이란 위탁자(신탁설정자)가 특정의 재산권을 수탁자(신탁인수자)에게 이전하고 수탁자로 하여금 자기 또는 제3자를 위하여 그 재산권을 관리·처분하도록 하는 법률관계를 말한다. 이때 신탁을 설정하는 계약이나 유언을 신탁행위라 한다.

② **법적 취급:** 「신탁법」상의 신탁행위에서는 대내적·대외적 소유권이 모두 수탁자에게 이전하고, 위탁자는 이익교부의 채권만 가질 뿐이다.

(3) 수탁자가 수인인 경우의 소유형태

명의신탁에 있어서 수탁자가 수인(數人)인 경우에는 공유로 보나(판례), 「신탁법」상의 신탁에 있어서 수탁자가 수인(數人)인 경우에는 합유로 본다(신탁법 제50조).

제2절 법률행위의 요건

1 서설

(1) 법률행위가 완전한 효력을 발생하기 위해서는 논리적으로 먼저 성립요건을 갖추고 나서 효력요건을 갖추어야 한다. 성립요건이란 어떤 법률행위가 법률행위로서 인정받기 위한 최소한의 외형적 요건을 말하고, 효력요건이란 일단 성립한 법률행위가 그 내용대로 효력을 발생하기 위하여 필요한 요건이다.

(2) 성립요건을 갖추지 못하면 그 법률행위는 불성립(부존재)하게 되므로 유효·무효 여부를 따져볼 필요가 없다. 그리고 일단 성립한 법률행위가 효력요건을 갖추지 못하면 무효(취소를 포함)가 된다. 따라서 불성립과 무효는 개념상 구별된다.

2 법률행위의 요건 · 24회

1. 성립요건

(1) 일반적 성립요건

일반적 성립요건이란 모든 법률행위에 공통적으로 요구되는 성립요건을 말한다.
① 당사자
② 법률행위의 목적(내용)
③ 의사표시

(2) 특별성립요건

특별성립요건이란 법률행위가 성립하기 위하여 법률규정에 의해 특별히 요구되는 성립요건을 말한다.
① 법인설립행위에 있어서의 설립등기
② 유언에 있어서의 일정한 방식
③ 형성적 신분행위(혼인, 이혼, 인지, 입양 등)에 있어서의 신고
④ 요물계약에 있어서의 물건의 인도와 지정행위의 완료
⑤ 계약에 있어서의 청약과 승낙의 의사표시의 합치

2. 효력요건(유효요건)

(1) 일반적 효력요건

일반적 효력요건이란 모든 법률행위에 공통적으로 요구되는 효력요건을 말한다.
① 당사자가 권리능력, 행위능력, 의사능력을 가져야 한다.
② 법률행위의 목적이 확정성, 가능성, 적법성, 사회적 타당성이 있어야 한다.
③ 의사표시에 있어서 의사와 표시가 일치하고 의사결정과정에 하자가 없어야 한다.

> **◎ 참고** **당사자의 능력**
>
> 1. **권리능력**: 권리의무의 주체가 될 수 있는 추상적, 잠재적인 능력을 말한다. 자연인은 출생에 의해 권리능력을 취득하고, 법인은 설립등기를 한 때 권리능력을 취득한다.
> 2. **행위능력**: 단독으로 유효한 법률행위를 할 수 있는 능력을 말한다. 행위능력이 제한되는 자에는 미성년자, 피성년후견인, 피한정후견인이 있다.
>   ① **미성년자**: 만 19세 미만자
>   ② **피성년후견인**: 질병, 장애, 노령 그 밖의 사유로 정신적 제약이 생겨 사무를 처리할 능력이 지속적으로 결여된 사람으로서 법원으로부터 성년후견심판을 받은 자
>   ③ **피한정후견인**: 질병, 장애, 노령 그 밖의 사유로 정신적 제약이 생겨 사무를 처리할 능력이 부족한 사람으로서 법원으로부터 한정후견심판을 받은 자
> 3. **의사능력**: 자기가 한 법률행위의 의미나 결과를 이해할 수 있는 정신적 능력을 말한다. 의사능력이 없는 자로는 수면 중에 있는 자, 최면 중에 있는 자, 명정(酩酊)상태에 있는 자 등이 있다.

(2) 특별효력요건

특별효력요건이란 법률행위가 효력을 발생하기 위하여 법률규정 또는 당사자의 특약에 의해 특별히 요구되는 효력요건을 말한다.

① 대리에 있어서의 대리권의 존재
② 조건부·기한부 법률행위에 있어서의 조건의 성취·기한의 도래
③ 유언에 있어서의 유언자의 사망
④ 「부동산 거래신고 등에 관한 법률」상의 토지거래허가구역 내의 토지거래계약에 있어서의 관할관청의 허가
⑤ 학교법인의 기본재산 처분에 있어서의 관할관청의 허가

> **판례**
>
> 「농지법」상 농지취득자격증명은 농지취득의 원인이 되는 법률행위의 효력발생요건이 아니다. 따라서 농지에 관한 소유권이전등기청구소송에서 농지취득자격증명이 없다는 이유로 그 청구를 거부할 수 없다(대판 2006.1.27, 2005다59871).

기출지문 OX

농지거래계약에서 농지취득자격증명은 농지매매계약의 효력발생요건이 아니다. •24회 (   )

정답 (O)

3. 입증책임

성립요건에 대해서는 법률행위의 유효를 주장하는 자가 성립요건의 존재를 입증하여야 하고, 효력요건에 대해서는 법률행위의 무효를 주장하는 자가 효력요건의 부존재를 입증하여야 한다.

제3절 법률행위의 목적

1 서설

(1) 법률행위의 목적(내용)이란 법률행위를 하는 자가 그 법률행위에 의해 발생시키려고 하는 법률효과를 말한다. 법률행위는 의사표시를 필수불가결의 요소로 하므로 법률행위의 목적은 결국 의사표시의 내용에 의해 결정된다.

(2) 법률행위가 유효하기 위해서는 법률행위의 목적이 확정성, 가능성, 적법성, 사회적 타당성이 있어야 한다. 법률행위의 유효성을 검토하는 것도 확정성, 가능성, 적법성, 사회적 타당성의 순이다. 그리고 이 네 가지 중 어느 하나라도 갖추지 못한 경우 그 법률행위는 무효가 된다.

2 확정성

(1) 법률행위가 유효하기 위해서는 법률행위의 목적을 확정할 수 있어야 한다. 그러나 법률행위의 목적은 법률행위 성립 당시에 확정될 필요는 없고 장차 확정할 수 있는 방법과 기준이 정해져 있으면 된다(이행기까지 확정할 수 있으면 됨).

> **판례**
>
> 매매는 당사자 일방이 재산권을 상대방에게 이전할 것을 약정하고 상대방이 대금을 지급할 것을 약정함으로써 효력이 발생하는 것이다. 매매계약은 매도인이 재산권을 이전하는 것과 매수인이 대가로서 대금을 지급하는 것에 관하여 쌍방당사자의 합의가 이루어짐으로써 성립한다. 이 경우 매매목적물과 대금은 반드시 계약체결 당시에 구체적으로 확정될 필요는 없고 이를 사후에라도 구체적으로 확정할 수 있는 방법과 기준이 정하여져 있으면 족하다(대판 1993.6.8, 92다49447).

(2) 법률행위의 목적이 불명확한 경우에는 법률행위의 해석을 통해 이를 확정하고, 확정할 수 없는 경우에 그 법률행위는 무효로 된다.

3 가능성

1. 판단기준과 판단시점

(1) 법률행위가 유효하기 위해서는 법률행위의 목적이 실현 가능하여야 한다. 법률행위의 목적의 불능 여부는 사회통념에 따라 결정된다. 한강에 떨어진 시계를 찾아내는 계약을 한 경우 이는 물리적으로는 가능할지 몰라도 사회통념상 불가능하다고 평가된다.

(2) 법률행위의 목적이 불능인지의 여부는 법률행위 성립 당시를 기준으로 판단한다.

2. 불능의 종류

(1) 원시적 불능과 후발적 불능
① **원시적 불능:** 법률행위 성립 당시를 기준으로 이미 그 이전에 법률행위의 목적이 불능인 경우를 말한다.
② **후발적 불능:** 법률행위 성립 당시에는 법률행위의 목적이 가능하였지만, 이행기에 그 목적이 불가능하게 된 경우를 말한다.

(2) 객관적 불능과 주관적 불능
① **객관적 불능:** 법률행위의 목적을 어느 누구도 실현할 수 없는 경우를 말한다.
② **주관적 불능:** 당해 채무자만 실현할 수 없는 경우를 말한다.

(3) 전부불능과 일부불능
① **전부불능:** 법률행위의 목적의 전부가 불능인 경우를 말한다.
② **일부불능:** 법률행위의 목적의 일부가 불능인 경우를 말한다.

3. 불능의 효과

(1) 원시적 불능의 효과
① **원시적·객관적·전부불능**
  ㉠ 매도인 甲과 매수인 乙이 건물에 대한 매매계약을 하였으나, 계약체결 이전에 이미 그 건물이 화재로 전부 소실(燒失)된 경우가 이에 해당한다.
  ㉡ 원시적·객관적·전부불능을 목적으로 한 법률행위는 무효이나, 계약체결상의 과실책임*(제535조)이 문제될 수 있다. 따라서 甲이 불능을 알았거나 알 수 있었을 경우에는, 선의·무과실의 乙이 그 계약이 유효하다고 믿음으로써 입은 손해(신뢰이익의 손해)를 배상하여야 한다.

② **원시적·객관적·일부불능**
  ㉠ 甲과 乙이 토지 100평(약 330m²)에 대한 매매계약을 체결하였으나, 20평(약 66m²)이 계약체결 이전에 이미 멸실한 경우가 이에 해당한다.
  ㉡ 원시적·객관적·일부불능의 경우에는 일부무효의 법리(제137조)가 적용된다. 즉, 원칙적으로 전부무효이나, 무효부분이 없더라도 법

기출지문 OX

계약이 체결된 후 매매목적 건물이 전소된 경우, 그 매매계약은 무효이다. •20회 ( )

정답 (×)

계약체결 후 목적물이 전소한 경우이므로 후발적 불능에 해당한다. 후발적 불능의 경우 당해 법률행위의 효력은 그대로 유효하다.

* **계약체결상의 과실책임**
목적의 실현이 불가능한 계약을 체결할 때에 그 불가능을 알았거나 알 수 있었던 자는 상대방이 그 계약이 유효하다고 믿음으로써 입은 손해를 배상하여야 한다는 원칙

률행위를 하였을 것이라고 인정될 때에는 나머지 부분은 유효로 된다. 다만, 이 경우에는 일부무효의 특칙에 해당하는 담보책임규정(제574조)이 우선 적용된다.

③ **원시적·주관적·전부불능**
   ㉠ 매도인 甲이 丙 소유의 건물에 대해 매수인 乙과 매매계약을 체결한 경우가 이에 해당한다.
   ㉡ 전부 타인권리의 매매도 채권행위로서는 유효하나, 甲이 이행기에 丙으로부터 건물소유권을 이전받아 乙에게 이전하지 못한 경우에는 담보책임을 진다(제569조, 제570조).

④ **원시적·주관적·일부불능**
   ㉠ 매도인 甲과 매수인 乙이 토지 100평(약 330m^2)에 대한 매매계약을 체결하였으나, 20평(약 66m^2)이 丙의 소유인 경우가 이에 해당한다.
   ㉡ 일부 타인권리의 매매도 유효하나, 이 경우에는 일부무효의 특칙에 해당하는 담보책임규정(제572조)이 우선 적용된다. 따라서 甲이 이행기에 丙으로부터 토지소유권을 이전받아 乙에게 이전하지 못한 경우에는 담보책임을 진다(제572조).

(2) 후발적 불능의 효과

① **채무자에게 귀책사유가 있는 경우**
   ㉠ 계약체결 시에 건물이 존재하였으나 소유자 甲이 건물에 대한 보관을 잘못하였다든가 丙에게 건물을 처분하는 등의 이유로, 즉 채무자 甲의 고의·과실로 이행기에 건물을 乙에게 이전할 수 없는 경우가 이에 해당한다.
   ㉡ 채무자의 귀책사유로 후발적 불능이 된 경우에는 채무불이행(제390조)의 문제로 다루어진다.

② **채무자에게 귀책사유가 없는 경우**
   ㉠ 계약체결 시에 건물이 존재하였으나 천재지변 등으로, 즉 채무자 甲의 고의·과실 없이 이행기에 건물을 乙에게 이전할 수 없는 경우가 이에 해당한다.
   ㉡ 채무자의 귀책사유 없이 후발적 불능으로 된 경우에는 위험부담(제537조, 제538조)의 문제로 다루어진다.

■ 불능의 효과에 대한 정리

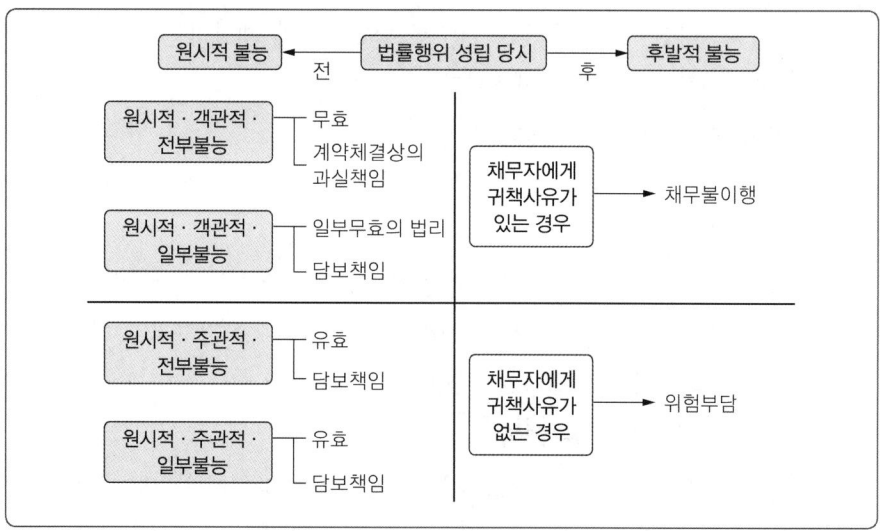

4 적법성

1. 서설

법률행위가 유효하기 위해서는 법률행위의 목적이 적법하여야 한다. 적법성이란 강행규정(강행법규)에 위반되지 않아야 한다는 것을 말한다. 법률행위는 원칙적으로 자유롭게 할 수 있지만 법질서가 승인하는 한도 내에서 인정된다.

2. 강행규정

(1) 의의

강행규정(강행법규)이란 법령 중에서 선량한 풍속 기타 사회질서와 관계있는 규정을 말한다. 이에 반하여 임의규정(임의법규)은 법령 중에서 선량한 풍속 기타 사회질서와 관계없는 규정을 말한다.

(2) 특성

어떤 규정이 강행규정인 경우 당사자는 이와 다른 특약을 맺어 그 적용을 배제할 수 없으므로 강행규정과 다른 내용의 특약은 무효이다. 그러나 어떤 규정이 임의규정인 경우에는 당사자는 이와 다른 특약을 맺어 그 적용을 배제할 수 있으므로 임의규정과 다른 내용의 특약은 유효하다.

> **참고** 민법상 강행규정의 예
>
> 1. 권리능력, 행위능력, 법인제도, 소멸시효제도에 관한 규정
> 2. 대부분의 물권법 규정(상린관계, 유치권, 관습법상의 법정지상권에 관한 규정은 임의규정임을 주의할 것)
> 3. 경제적 약자 보호규정, 거래안전 보호규정
> 4. 가족관계의 기본질서유지에 관한 규정

(3) 강행규정의 종류

① 다수설은 강행규정을 단속법규와 효력법규로 나눈다. 단속법규란 행정목적을 달성하기 위하여 일정한 행위를 제한 또는 금지함에 그치고, 이에 위반한 사법상 행위의 효력에는 영향을 미치지 않는 규정을 말한다.

② 이에 반하여 효력법규는 행정상의 단속은 물론이고 그에 위반하는 사법상 행위의 효력에도 영향을 미치는 규정을 말한다.

③ 무허가 음식점의 음식물판매행위는 단속법규를 위반한 경우에 해당한다. 이 경우에는 허가를 받지 않고 영업을 하였기 때문에 「식품위생법」에 의해 행정상의 제재를 받지만, 사법상의 행위에 해당하는 음식물판매행위에는 영향이 없으므로(유효) 음식점 주인은 음식물에 대한 대금의 지급을 청구할 수 있다.

④ 법률이 특히 엄격한 기준을 정하여 일정한 자격을 갖춘 자(의사, 약사, 전당포주, 광업권자)에게만 일정한 영업을 하도록 허용하는 경우, 그 명의를 대여하고 일정 대가를 받기로 계약을 한 경우는 효력법규를 위반한 경우에 해당한다. 이 경우에는 명의대여가 법적으로 금지되므로 명의를 대여한 경우 관련규정에 의해 행정상의 제재를 받을 뿐만 아니라, 사법상의 행위에 해당하는 명의대여에 대한 대가를 지불하기로 한 계약도 무효이므로 명의대여자는 그 대가의 지급을 청구할 수 없다.

(4) 단속법규인지 효력법규인지 문제되는 것들 •28회 •32회

| 단속법규에 해당하는 경우 | ① 무허가·무신고·무검사 영업을 금지하는 규정
② 중간생략등기를 금지하는 「부동산등기 특별조치법」 관련 규정(대판 1993.1.26, 92다39112)
③ 투자일임매매를 제한하는 「자본시장과 금융투자업에 관한 법률」 관련 규정(대판 2002.3.29, 2001다49128)
④ 「주택법」상의 전매금지규정(대판 1991.9.10, 91다21992)
⑤ 「공인중개사법」상 개업공인중개사가 중개의뢰인과 직접 거래를 하는 행위를 금지하는 「공인중개사법」 관련 규정(대판 2017.2.3, 2016다259677) |

기출지문 OX

「공인중개사법」상 개업공인중개사가 중개의뢰인과 직접 거래를 하는 행위를 금지하는 규정은 단속법규에 해당한다. •32회
( )

정답 (○)

효력법규에 해당하는 경우	① 광업권·어업권의 대차를 금지하는 규정, 증권회사·건설업자의 명의대여를 금지하는 규정 ② 의료인이나 의료법인 등이 아닌 자가 의료기관을 개설하여 운영하는 것을 금지하는 「의료법」 관련 규정(대판 2003.4.22, 2003다2390) ③ 투기를 방지하기 위하여 중간생략등기를 금지하는 「부동산 거래신고 등에 관한 법률」상의 토지거래허가규정(대판 1996.6.28, 96다3982) ④ 증권회사 또는 그 임·직원의 부당권유행위(투자수익보장약정 또는 투자손실보전약정)를 금지하는 「자본시장과 금융투자업에 관한 법률」 관련 규정(대판 1996.8.23, 94다38199) ⑤ 임대의무기간 경과 전에 임대주택의 매각을 금지하는 「민간임대주택에 관한 특별법」 관련 규정(대판 2005.6.9, 2005다11046) ⑥ 부동산중개보수의 상한을 제한하는 규정(대판 2002.9.4, 2000다54406)

> **판례**
>
> 공인중개사 자격이 없는 자가 우연한 기회에 단 1회 타인 간의 거래행위를 중개한 경우 등과 같이 '중개를 업으로 한' 것이 아니라면 그에 따른 중개수수료 지급약정이 강행법규에 위배되어 무효라고 할 것은 아니다. 다만, 이 경우 중개수수료 약정이 부당하게 과다하여 민법상 신의성실의 원칙이나 형평의 원칙에 반한다고 볼 만한 사정이 있는 경우에는 상당하다고 인정되는 범위 내로 감액된 보수액만을 청구할 수 있다(대판 2012.6.14, 2010다86525).

3. 탈법행위

(1) 의의

① 탈법행위란 강행규정의 간접적 위반, 즉 강행규정을 정면으로 위반하지는 않았지만 다른 수단을 통해 강행규정이 금지하는 결과를 실질적으로 실현하는 것을 말한다.

② 공무원의 연금수급권은 원칙적으로 담보로 제공할 수 없으나(공무원연금법 제39조), 채권자에게 연금증서를 교부하면서 연금추심의 대리권을 수여하고 원금과 이자의 완제가 있을 때까지 수임권한을 해제하지 않는다는 특약을 하는 경우가 대표적인 예이다. 이는 연금수급권의 담보제공금지규정을 정면으로 위반하지는 않았지만, 실질적으로는 연금수급권을 담보로 제공한 것과 마찬가지이다.

(2) 법적 취급

탈법행위는 강행규정을 간접적으로 위반한 경우이지만, 법률이 허용하지 않는 결과의 발생을 목적으로 하기 때문에 원칙적으로 무효이다.

> **판례**
>
> 「국유재산법」(1976.12.31, 법률 제2950호로 개정되기 전의 것) 제7조는 같은 법 제1조의 입법 취지에 따라 국유재산 처분 사무의 공정성을 도모하기 위하여 관련 사무에 종사하는 직원에 대하여 부정한 행위로 의심받을 수 있는 가장 현저한 행위를 적시하여 이를 엄격히 금지하는 한편, 그 금지에 위반한 행위의 사법상 효력에 관하여 이를 무효라고 명문으로 규정하고 있다. 따라서 국유재산에 관한 사무에 종사하는 직원이 타인의 명의로 국유재산을 취득하는 행위는 강행규정인 같은 법 규정들의 적용을 잠탈하기 위한 탈법행위로서 무효이다. 나아가 같은 법이 거래안전의 보호 등을 위하여 그 무효로 주장할 수 있는 상대방을 제한하는 규정을 따로 두고 있지 아니한 이상, 그 무효는 원칙적으로 누구에 대하여서나 주장할 수 있으므로, 그 규정들에 위반하여 취득한 국유재산을 제3자가 전득하는 행위 또한 당연 무효이다(대판 1997.6.27, 97다9529).

5 사회적 타당성

> **제103조【반사회질서의 법률행위】** 선량한 풍속 기타 사회질서에 위반한 사항을 내용으로 하는 법률행위는 무효로 한다.
> **제746조【불법원인급여】** 불법의 원인으로 인하여 재산을 급여하거나 노무를 제공한 때에는 그 이익의 반환을 청구하지 못한다. 그러나 그 불법원인이 수익자에게만 있는 때에는 그러하지 아니하다.

1. 반사회적 법률행위의 의의

(1) 제103조의 기능

법률행위가 유효하기 위해서는 적법성을 갖추었더라도 다시 사회적 타당성이 있어야 한다. 즉, 법률행위의 내용이 강행규정에 위반되지 않더라도 선량한 풍속 기타 사회질서를 위반하는 경우에는 무효이다(제103조). 이러한 점에서 법률행위의 적법성과 사회적 타당성은 사적 자치의 한계를 이룬다.

(2) 반사회적 법률행위의 개념

① 반사회적 법률행위란 선량한 풍속 기타 사회질서에 위반한 사항을 내용으로 하는 법률행위를 말한다(제103조). 선량한 풍속은 모든 국민이 지켜야 할 최소한의 도덕률을 말하고, 사회질서란 질서유지를 위하여 국민이 지켜야 할 일반규범을 말한다.
② 선량한 풍속과 사회질서의 관계에 대해서는 사회질서가 상위개념이고, 선량한 풍속은 사회질서의 예시로 보는 것이 다수설이다.
③ 민법 제103조는 구체적으로 어떤 법률행위가 사회질서를 위반하는지에 관해 아무런 내용이 없으므로 이에 대한 구체적인 유형화가 필요하다.

2. 반사회적 법률행위의 요건 ·30회

(1) 요건
법률행위의 내용이 사회질서에 반하여야 하고(객관적 요건), 법률행위를 할 당시에 사회질서에 반한다는 사정을 인식하여야 한다(주관적 요건).

(2) 동기의 불법

① **의의**: 도박을 목적으로 금전을 빌리는 경우나 도박장을 운영하기 위해 건물을 임대차하는 경우 또는 살인을 목적으로 무기를 매수하는 경우처럼 법률행위의 내용 자체는 사회질서에 반하지 않으나, 법률행위의 동기(표의자가 의사표시를 하게 된 연유)가 사회질서에 반하는 경우를 동기의 불법이라 한다.

② **법적 취급**
  ㉠ 동기의 불법에 대해서 다수설은 동기가 표시된 경우에 한해 표시된 동기가 사회질서에 반하는 것이면 그 법률행위는 무효가 된다고 한다.
  ㉡ 그러나 판례는 동기가 표시된 경우뿐만 아니라 상대방에게 알려진 동기가 사회질서에 반하는 경우에도 그 법률행위를 무효로 하고 있다 (대판 1984.12.11, 84다카1402).

기출지문 OX

반사회질서의 법률행위에 해당하는지 여부는 해당 법률행위가 이루어진 때를 기준으로 판단해야 한다. ·30회 ( )

정답 (○)

3. 반사회적 법률행위의 유형 •25회 •26회 •27회 •28회 •31회 •33회 •34회 •35회 •36회

실질적 분류방법 (통설)	① 정의관념에 반하는 행위 ② 인륜에 반하는 행위 ③ 개인의 자유를 심히 제한하는 행위 ④ 생존의 기초가 되는 재산의 처분행위 ⑤ 지나치게 사행적인 행위 ⑥ 불공정한 법률행위(폭리행위) ⑦ 기타의 행위
행태적 분류방법 (판례)	① 법률행위의 목적인 권리·의무의 내용이 선량한 풍속 기타 사회질서에 위반되는 경우 ② 그 내용 자체는 반사회질서적인 것이 아니라 하여도 법률적으로 이를 강제함으로써 반사회질서적 성질을 띠게 되는 경우 ③ 그 내용 자체는 반사회질서적인 것이 아니라 하여도 법률행위에 반사회질서적인 조건 또는 금전적 대가가 결부됨으로써 반사회질서적 성질을 띠게 되는 경우 ④ 표시되거나 상대방에게 알려진 법률행위의 동기가 반사회질서적인 경우

(1) 정의관념에 반하는 행위

① 밀수자금에 사용될 줄 알면서 금원을 대출해 주기로 한 약정은 무효이다(대판 1956.1.26, 4288민상96).

② 당사자 일방이 상대방에게 공무원의 직무에 관한 사항에 관하여 특별한 청탁을 하게 하고, 이에 대한 대가로 금전을 지급할 것을 내용으로 하는 약정은 무효이다(대판 1971.10.11, 71다1645).

③ 「변호사법」을 위반하여 변호사가 아닌 자가 승소를 조건으로 그 대가로 소송당사자로부터 소송물의 일부를 양도받기로 한 약정은 무효이다(대판 1990.5.11, 89다카10514).

④ 형사사건에 관하여 체결된 성공보수약정은 수사·재판의 결과를 금전적인 대가와 결부시킴으로써, 기본적 인권의 옹호와 사회정의의 실현을 사명으로 하는 변호사 직무의 공공성을 저해하고, 의뢰인과 일반 국민의 사법제도에 대한 신뢰를 현저히 떨어뜨릴 위험이 있으므로, 선량한 풍속 기타 사회질서에 위배되는 것으로 평가할 수 있다(대판 전합체 2015.7.23, 2015다200111).

⑤ 경매·입찰에 있어서의 부정한 담합행위는 무효이다.

⑥ 제2매수인이 매도인의 배임행위에 적극가담한 이중매매는 무효이다(대판 1970.10.23, 70다2038).

기출지문 OX

다수의 보험계약을 통하여 보험금을 부정취득할 목적으로 체결한 보험계약은 반사회질서의 법률행위이다. •35회 (　)

정답 (○)

⑦ 부첩관계의 종료를 해제조건으로 하는 증여계약은 조건뿐만 아니라 증여계약 자체가 무효이다(대판 1966.6.21, 66다530).

⑧ 당초부터 오로지 보험사고를 가장하여 보험금을 탈 목적으로 생명보험계약을 체결하는 경우는 무효이며(대판 2000.2.11, 99다49064), 보험계약자가 다수의 보험계약을 통하여 보험금을 부정취득할 목적으로 보험계약을 체결하는 경우 역시 무효이다(대판 2005.7.28, 2005다23858).

⑨ 수사기관에서 참고인으로 자신이 잘 알지 못하는 내용에 대하여 허위의 진술을 하고 그 대가로 일정한 급부를 받기로 하는 약정은 무효이다(대판 2001.4.24, 2000다71999).

⑩ 국가기관이 헌법상 보장된 국민의 기본권을 침해하는 위헌적인 공권력을 행사한 결과 국민이 그 공권력의 행사에 의해 외포(畏怖)되어 자유롭지 못한 상태에서 의사표시를 하였더라도 그 의사표시의 효력은 의사표시의 하자에 관한 민법의 일반원리에 의하여 판단되어야 하고, 그 강박에 의한 의사표시가 항상 반사회성을 띠게 되어 무효로 된다고는 볼 수 없다(대판 1996.12.23, 95다40038).

(2) 인륜에 반하는 행위

① 자(子)가 부모와 동거하지 않겠다는 계약은 무효이다.

② 첩계약은 처의 동의가 있어도 무효이며(대판 1967.10.6, 67다1134), 부첩계약을 맺음에 있어서 처의 사망 또는 이혼이 있을 경우, 첩과 혼인신고를 하여 입적하게 한다는 부수적 약정 또한 첩계약의 일부로서 무효이다(대판 1955.7.14, 4288민상156).

③ 더 이상 첩생활을 하지 않겠다는 계약은 유효하다.

④ 불륜관계를 단절하면서 첩의 생활비, 자녀의 양육비를 지급하겠다는 계약은 유효하다(대판 1980.6.24, 80다458).

⑤ 부정행위를 용서받는 대가로 손해배상을 함과 아울러 가정에 충실하겠다는 서약의 취지에서 처에게 부동산을 양도하되, 부부관계가 유지되는 동안에 처가 임의로 처분할 수 없다는 제한을 붙인 약정은 유효하다(대판 1992.10.27, 92므204).

(3) 개인의 자유를 심히 제한하는 행위

① 일생동안 혼인하지 않겠다는 계약이나 일생동안 이혼하지 않겠다는 계약은 무효이다(대판 1969.8.19, 69므18).

② 여자은행원을 채용하면서 근무기간 중 혼인하지 않겠다는 계약(결혼퇴직조항)은 무효이다.

③ 영리를 목적으로 윤락행위를 하도록 권유·유인·알선 또는 강요하거나 이에 협력하는 행위는 무효이다(대판 2004.9.3, 2004다27488·27495).

④ 해외연수 후 일정기간 회사에 근무하지 않으면 해외파견소요경비를 배상한다는 사규나 약정은 근로계약기간이 아니라 경비반환의 면제기간을 정한 것이므로 유효하다(대판 1982.6.22, 82다카90).

⑤ 과도한 위약벌의 약정은 무효이나, 백화점 수수료위탁판매 매장계약에서 임차인이 매출신고를 누락하는 경우, 판매수수료의 100배에 해당하고 매출신고누락분의 10배에 해당하는 벌칙금을 임대인에게 배상하기로 한 위약벌의 약정은 공서양속에 반하지 않으므로 유효하다(대판 1993.3.23, 92다46905).

(4) 생존의 기초가 되는 재산의 처분행위

① 장차 취득하게 될 전 재산을 양도한다는 계약은 무효이다.

② 사찰이 그 존립에 필요불가결한 재산인 임야를 증여하는 행위는 무효이다(대판 1970.3.31, 69다2293).

(5) 지나치게 사행적인 행위

① 도박자금에 제공할 목적(동기가 표시된 사안)으로 금전대차를 한 때에는 그 대차계약은 반사회적 법률행위로 무효이다(대판 1973.5.22, 72다2249).

② 도박채무를 변제하기 위해 채무자로부터 부동산의 처분을 위임받은 채권자가 그 부동산을 제3자에게 매도한 경우, 도박채무부담행위와 그 변제의 약정 및 변제약정의 이행행위(부동산처분대금으로 도박채무의 변제에 충당)는 무효이나, 부동산처분에 관한 대리권을 도박채권자에게 수여한 행위는 유효하다. 따라서 도박채권자로부터 위 부동산을 매수한 제3자는 유효하게 소유권을 취득할 수 있다(대판 1995.7.14, 94다40147).

(6) 불공정한 법률행위(폭리행위)

당사자의 궁박, 경솔 또는 무경험으로 인하여 현저하게 공정을 잃은 법률행위는 무효이다(p.57 참조).

(7) 기타의 행위

① 금전소비대차계약의 당사자 사이의 경제력 차이로 인하여 이율이 사회통념상 허용되는 한도를 초과하여 현저하게 고율로 정해진 경우, 그 초과부분의 이자약정은 무효이고, 무효인 부분의 이자약정을 원인으로 차주가 대주에게 임의로 이자를 지급한 경우, 차주는 그 이자의 반환을 청구할 수 있다(대판 전합체 2007.2.15, 2004다50426).

② 사용자가 노조간부에게 조합원들의 임금인상요구를 무마하여 주는 대가로 금원을 지급하기로 하는 약정은 무효이다(대판 1956.5.10, 4289민상115).

③ 소송사건에서 증언의 대가로 금전을 지급하기로 약정한 경우, 그것이 통상적으로 용인될 수 있는 수준(여비, 일실손해 등)을 초과하는 경우에는 무효이다(대판 1994.3.11, 93다40522).

④ 변호사의 소송위임사무에 관한 약정 보수액이 부당하게 과다하여 신의성실의 원칙이나 형평의 관념에 반한다고 볼 만한 특별한 사정이 있는 경우에는 보수청구가 적당하다고 인정되는 범위 내의 보수액만을 청구할 수 있다(대판 전합체 2018.5.17, 2016다35833).

⑤ 양도소득세를 회피할 목적으로 한 명의신탁이나, 상속세를 면탈할 목적으로 피상속인의 명의에서 타인 명의로 직접 소유권이전등기를 한 경우라 하더라도 반사회적 법률행위로서 무효라고 할 수는 없다(대판 1981.11.10, 80다2475 ; 대판 1964.7.22, 64다554).

⑥ 양도소득세의 일부를 회피할 목적으로 매매계약서에 실제로 거래한 가액보다 낮은 금액을 매매대금으로 기재한 경우라 하더라도 반사회적 법률행위로서 무효라고 할 수는 없다(대판 2007.6.14, 2007다3285).

⑦ 강제집행을 면할 목적으로 부동산에 허위의 근저당권설정등기를 경료하는 행위는 반사회적 법률행위로 볼 수 없다(대판 2004.5.28, 2003다70041).

⑧ 단지 법률행위의 성립과정에 있어서 강박이라는 불법적인 방법이 사용된 데 불과한 경우에는 강박에 의한 의사표시의 하자나 의사의 흠결을 이유로 효력을 논할 수는 있을지언정 반사회적 법률행위로서 무효라고 할 수 없다(대판 1992.11.27, 92다7719).

⑨ 전통사찰의 주지직을 거액의 금품을 대가로 양도·양수하기로 하는 약정이 있음을 알고도 이를 묵인 또는 방조한 상태에서 한 종교법인의 주지임명행위는 반사회적 법률행위에 해당되지 않는다(대판 2001.2.9, 99다38613).

기출지문 O X

소송에서 증언할 것을 조건으로 통상 용인되는 수준을 넘는 대가를 지급하기로 하는 약정은 무효이다. •31회 ( )

정답 (○)

기출지문 O X

강제집행을 면할 목적으로 허위의 근저당권을 설정하는 행위는 반사회질서의 법률행위로 무효이다. •31회 ( )

정답 (×)
강제집행을 면할 목적으로 부동산에 허위의 근저당권설정등기를 경료하는 행위는 반사회적 법률행위에 해당하지 않는다.

⑩ 비자금을 소극적으로 은닉하기 위하여 임치한 것은 반사회적 법률행위에 해당하지 않는다(대판 2001.4.10, 2000다49343).

⑪ 매매계약체결 당시에 정당한 대가를 지급하고 목적물을 매수하는 계약을 체결한 경우에는 비록 그 후 목적물이 범죄행위로 취득된 것을 알게 되었다고 하더라도 반사회적 법률행위에 해당하지 않는다(대판 2001.11.9, 2001다44987).

⑫ 명의신탁약정 자체는 반사회적 법률행위에 해당하지 않는다. 따라서 명의신탁약정에 의해 수탁자 명의로 소유권이전등기를 하는 것 역시 불법원인급여에 해당하지 않는다.

4. 반사회적 법률행위의 효과

(1) 법률행위의 무효

① 선량한 풍속 기타 사회질서에 위반한 사항을 내용으로 하는 법률행위는 무효이다(제103조). 즉, 당사자가 그 법률행위에 의해 발생시키려고 하는 법률효과가 부정된다. 따라서 이행하기 전이면 이행할 필요가 없고, 이행한 후이면 부당이득으로서 서로 반환하여야 한다. 그러나 이때에는 불법원인급여규정(제746조 본문)이 적용되어 급여자의 반환청구가 부정된다.

② 또한 급여물의 소유권이 자기에게 있음을 이유로 한 소유권에 기한 반환청구도 부정되므로 급여물의 소유권은 수익자에게 귀속하게 된다(이를 '반사적 이익'이라 함). 이렇듯 제103조와 제746조는 사회적 타당성이 없는 행위를 한 자는 보호되지 않는다는 사법의 기본이념을 표현하고 있다. 즉, 양자는 동일한 개념으로서 표리일체의 관계에 있는 것이다.

(2) 기타의 효과

① 법률행위가 사회질서를 위반하여 무효인 경우, 그 무효로써 선의의 제3자에게도 대항할 수 있다(이를 '절대적 무효'라 함).

② 법률행위의 일부분만이 반사회적 법률행위에 해당하는 경우에는 일부무효의 법리가 적용된다. 한편 반사회적 법률행위에 대해서는 무효행위의 추인·전환이 인정되지 않는다.

5. 이중매매의 법률관계 ·24회 ·25회 ·28회 ·32회

> **🔍 사례**
>
> 甲은 자기 소유 부동산을 乙에게 매도하여 중도금을 지급받았으나 아직 소유권이전등기를 경료해 주지는 않았다. 한편 위 부동산의 시가가 급등하자 丙은 甲을 부추겨 자신에게 매도할 것을 요청하여 甲으로부터 소유권이전등기를 경료받았다.

(1) 계약자유의 원칙상 이중매매는 원칙적으로 유효하다. 그러나 제2매수인이 매도인의 배임행위에 적극가담한 경우에는 甲과 丙 사이의 매매계약은 반사회적 법률행위에 해당하므로 무효가 된다(제103조).

(2) 甲과 乙 사이의 제1행위는 매매에 한하지 않고(증여, 명의신탁도 포함), 甲과 丙 사이의 제2행위 역시 매매에 한하지 않는다(증여, 저당권설정도 포함). 또한 제2매수인이 매도인에 대한 채권이 있는 것처럼 가장하여 집행권원을 만들고 강제경매를 신청하여 그 경매절차에서 경락받는 방법도 역시 반사회적 법률행위로서 무효이다.

(3) 적극가담의 정도에 대해서 판례는, 제2매수인이 매도사실을 아는 것만으로는 부족하고 매도사실을 알고 적극적으로 매도를 요청하거나 유도하여 계약에 이르는 정도가 되어야 한다고 한다(대판 1994.3.11, 93다55289). 그리고 매도인과 제2매수인 사이에 특별한 신분관계(부자관계, 형제관계)가 있는 경우에는 적극가담의 사실이 추정된다고 한다(대판 1978.4.11, 78다274).

(4) 이중매매가 반사회적 법률행위가 되어 무효가 된 경우 불법원인급여규정(제746조 본문)이 적용되어 甲은 丙에 대하여 부당이득반환청구권을 행사할 수 없다. 또한 甲은 소유권에 기한 반환청구권도 행사할 수 없다(다만, 판례는 제1매수인 乙이 채권자대위권을 행사할 때에는 甲의 반환청구권이 있는 것처럼 취급함).

(5) 이중매매가 반사회적 법률행위로 되는 경우, 제1매수인 乙은 제2매수인 丙에 대해 직접 그 명의의 소유권이전등기의 말소를 청구할 수는 없고, 매도인 甲을 대위(代位)하여 제2매수인 丙에 대해 그 명의의 소유권이전등기의 말소를 청구할 수 있다는 것이 판례의 태도이다(대판 1983.4.26, 83다카57).

(6) 한편 판례는 제1매수인의 소유권회복방법으로 채권자대위권*은 인정하여도 채권자취소권은 인정하지 않고 있다. 특정채권의 보전을 위해서는 채권자취소권이 인정되지 않으며, 매도인의 소유권이전등기의무가 이행불

---

* 채권자대위권
채권자가 자기의 채권을 보전하기 위하여 자기의 이름으로 채무자의 권리를 행사할 수 있는 권리

능으로 됨으로써 제1매수인이 취득한 손해배상청구권은 사해행위가 있은 후에 취득한 것이므로 제1매수인은 채권자취소권을 행사할 수 없다는 것이다(대판 1996.9.20, 95다1965).

(7) 이중매매가 반사회적 법률행위에 해당되어 무효가 되는 경우 그 무효는 절대적 무효로써 선의의 제3자에게도 대항할 수 있으므로, 위 부동산을 丙으로부터 다시 취득한 丁은 설사 丙이 위 부동산의 소유권을 유효하게 취득한 것으로 믿었다고 하더라도 부동산의 소유권을 취득할 수 없다(대판 1996.10.25, 96다29151).

(8) 이중매매의 적극가담론은 점유취득시효에 있어서의 소유자의 처분, 명의신탁에 있어서의 수탁자의 처분, 양도담보권자의 처분 및 주식의 이중양도에도 적용된다.

기출지문 OX

매도인의 배임행위에 제2매수인이 적극가담하여 제2매매가 반사회적 법률행위로서 무효가 된 경우 제2매수인으로부터 다시 목적물을 전득한 자는 선의이더라도 소유권을 취득할 수 없다.
• 24회 ( )

정답 (O)

6. 불공정한 법률행위 •24회 •25회 •28회 •29회 •31회 •34회 •36회

> **제104조 【불공정한 법률행위】** 당사자의 궁박, 경솔 또는 무경험으로 인하여 현저하게 공정을 잃은 법률행위는 무효로 한다.
>
> **제746조 【불법원인급여】** 불법의 원인으로 인하여 재산을 급여하거나 노무를 제공한 때에는 그 이익의 반환을 청구하지 못한다. 그러나 그 불법원인이 수익자에게만 있는 때에는 그러하지 아니하다.

(1) 의의
불공정한 법률행위(폭리행위)란 당사자의 궁박, 경솔 또는 무경험으로 인하여 현저하게 공정을 잃은 법률행위를 말한다(제104조).

(2) 성질
통설은 불공정한 법률행위(제104조)는 반사회적 법률행위(제103조)의 예시로 보고 있다.

(3) 요건

- 객관적 요건 ― 급부와 반대급부 사이에 현저한 불균형이 있을 것
- 주관적 요건 ― 피해자에게 궁박, 경솔 또는 무경험한 사정이 있을 것
  - 폭리자에게 이용의사(악의)가 있을 것

① 불공정한 법률행위가 되기 위해서는 ㉠ 급부와 반대급부 사이의 현저한 불균형이 있어야 하고(객관적 요건), ㉡ 피해자에게 궁박, 경솔 또는 무경험한 사실이 존재하여야 하며, ㉢ 폭리행위자가 피해자의 사정을 알고 이용하려는 의사(폭리행위의 악의)가 요구된다(주관적 요건). 폭리자의 이용의사가 필요한지의 여부에 대해 판례는 제104조의 '…으로 인하여'를 '이를 이용하여'로 해석하여 폭리자의 이용의사를 요구하는 태도이다(대판 2011.1.13, 2009다21058).

> **판례**
>
> 민법 제104조에 규정된 불공정한 법률행위는 객관적으로 급부와 반대급부 사이에 현저한 불균형이 존재하고, 주관적으로 그와 같이 균형을 잃은 거래가 피해 당사자의 궁박, 경솔 또는 무경험을 이용하여 이루어진 경우에 성립하는 것으로서, 약자적 지위에 있는 자의 궁박, 경솔 또는 무경험을 이용한 폭리행위를 규제하려는 데에 그 목적이 있고, 불공정한 법률행위가 성립하기 위한 요건인 궁박, 경솔, 무경험은 모두 구비되어야 하는 요건이 아니라 그중 일부만 갖추어져도 충분하다. 한편 피해 당사자가 궁박, 경솔 또는 무경험의 상태에 있었다고 하더라도 그 상대방 당사자에게 그와 같은 피해 당사자 측의 사정을 알면서 이를 이용하려는 의사, 즉 폭리행위의 악의가 없었다거나 또는 객관적으로 급부와 반대급부 사이에 현저한 불균형이 존재하지 아니한다면 불공정 법률행위는 성립하지 않는다(대판 2002.10.22, 2002다38927).

② 급부와 반대급부 사이의 현저한 불균형이 존재하는지의 여부는 법률행위 성립 당시를 기준으로 판단한다.
③ 피해자의 궁박·경솔·무경험한 사실이 존재하는지의 여부는 법률행위 성립 당시를 기준으로 판단한다.
　㉠ 궁박·경솔·무경험은 모두 구비하여야 하는 것은 아니고, 세 가지 중 어느 하나만 갖추면 족하다.
　㉡ 궁박이란 경제적인 원인에 기인하는 경우뿐만 아니라 정신적(심리적) 원인에 기인하는 경우도 포함된다. 또한 궁박이 일시적인 경우이든 계속적인 경우이든 불문한다.
　㉢ 경솔이란 의사를 결정할 때 그 행위의 결과나 장래에 관하여 보통 일반인이 베푸는 고려를 하지 않는 것을 말한다.
　㉣ 무경험이란 특정거래 영역에 있어서의 경험부족이 아니라 일반적인 생활경험의 부족을 의미한다.

기출지문 O X

무경험은 거래일반에 대한 경험부족이 아니라 해당 법률행위가 속한 특정영역에서의 경험부족을 뜻한다. •36회　(　)

정답 (×)
무경험은 특정영역에서의 경험부족이 아니라 일반적인 생활경험의 부족을 말한다.

> **참고** 대리의 경우 판단기준이 되는 자
>
> 대리인을 통해 법률행위를 한 경우에는 궁박은 본인을 기준으로 판단하고, 경솔·무경험은 대리인을 기준으로 판단한다.

④ **입증책임**
 ㉠ 불공정한 법률행위에 대한 입증책임은 그 법률행위의 무효를 주장하는 자가 진다. 즉, 무효를 주장하는 자가 객관적 요건과 주관적 요건을 모두 입증하여야 한다.
 ㉡ 따라서 급부와 반대급부 사이의 현저한 불균형이 주장·입증된다고 하여 피해자의 궁박, 경솔 또는 무경험한 사실이 존재하는 것으로 추정되지 않는다.

(4) 효과

① **법률행위의 무효:** 당사자의 궁박, 경솔 또는 무경험으로 인하여 현저하게 공정을 잃은 법률행위는 무효이다(제104조). 따라서 이행하기 전이면 이행할 필요가 없고, 이행한 후이면 부당이득으로서 서로 반환하여야 한다. 그러나 불공정한 법률행위에서는 불법원인이 폭리행위자(수익자)에게만 있다. 따라서 피해자가 반환을 청구하는 경우에는 제746조 단서가 적용되므로 피해자는 급여물의 반환을 청구할 수 있다. 그러나 폭리행위자가 반환을 청구하는 경우에는 제746조 본문이 적용되므로 폭리행위자는 급여물의 반환을 청구할 수 없고, 그 급여물의 소유권은 반사적으로 수익자(피해자)에게 귀속하게 된다(통설).

② **기타의 효과**
 ㉠ 불공정한 법률행위로서 무효인 경우에는 그 무효로써 선의의 제3자에게도 대항할 수 있다(이를 '절대적 무효'라 함).
 ㉡ 법률행위의 일부분만이 불공정한 법률행위에 해당하는 경우에는 일부무효의 법리가 적용된다. 한편 불공정한 행위에 대해서는 무효행위의 전환규정은 적용되나, 무효행위의 추인규정은 적용되지 않는다(판례).

기출지문 O X

불공정한 법률행위에 무효행위 전환의 법리가 적용될 수 있다.
• 28회 ( )

정답 (O)

> **판례**
>
> 매매계약 등 쌍무계약이 불공정한 법률행위에 해당하여 무효인 경우, 그 계약으로 인하여 불이익을 입는 당사자로 하여금 위와 같은 불공정성을 소송 등 사법적 구제수단을 통하여 주장하지 못하도록 하는 부제소 합의 역시 다른 특별한 사정이 없는 한 무효라고 할 것이다. 매매계약이 약정된 매매대금의 과다로 말미암아 불공정한 법률행위에 해당하여 무효인 경우에도 무효행위의 전환에 관한 제138조가 적용될 수 있다. 따라서 당사자 쌍방이 위와 같은 무효를 알았더라면 대금을 다른 액으로 정하여 매매계약에 합의하였을 것이라고 예외적으로 인정되는 경우에는 그 대금액을 내용으로 하는 매매계약이 유효하게 성립한다(대판 2011.4.28, 2010다106702).

(5) 적용범위

판례에 의하면 <u>유상행위와 단독행위 및 합동행위에는 제104조가 적용되나, 무상행위(부담 없는 증여나 기부행위)와 경매에는 제104조가 적용되지 않는다.</u>

> **판례**
>
> **1. 무상행위에 대한 불공정행위의 적용 여부**
>   민법 제104조가 규정하는 현저히 공정을 잃은 법률행위라 함은 자기의 급부에 비하여 현저하게 균형을 잃은 반대급부를 하게 하여 부당한 재산적 이익을 얻는 행위를 의미하는 것이므로, 부담 없는 증여나 기부행위와 같이 아무런 대가관계 없이 당사자 일방이 상대방에게 일방적인 급부를 하는 법률행위는 그 공정성 여부를 논의할 수 있는 성질의 법률행위가 아니다(대판 2000.2.11, 99다56833 ; 대판 1997.3.11, 96다49650).
>
> **2. 단독행위에 대한 불공정행위의 적용 여부**
>   사회적 경험이 부족한 가정부인이 경제적·정신적으로 궁박한 상태 하에서 구속된 남편을 구제하기 위하여 채무자인 회사에 대한 물품외상대금채권을 포기한 것은 불공정한 법률행위에 해당한다(대판 1975.5.13, 75다92).
>
> **3. 합동행위에 대한 불공정행위의 적용 여부**
>   어업권의 소멸로 인한 손실보상금의 분배에 관한 어촌계 총회의 결의내용이 현저하게 불공정한 경우 그 결의의 효력은 무효이다(대판 2003.6.27, 2002다68034).

기출지문 OX

경매에는 불공정한 법률행위에 관한 규정이 적용되지 않는다.
• 31회 ( )

정답 (○)

(6) 불공정한 법률행위인지 문제되는 경우

① 신체사고에 의한 손해배상청구에 있어서 손해배상으로 받을 수 있는 액수의 8분의 1밖에 되지 않는 금액으로 합의한 것은 불공정한 법률행위에 해당한다(대판 1979.4.10, 78다2457).

② 스포츠용품 대리점과 실내골프연습장을 운영하던 피해자가 교통사고로 사망한 후 망인의 채권자들이 그 손해배상청구권에 대하여 법적 조치를 취할 움직임을 보이자, 전업주부로 가사를 전담하던 망인의 처가 망인의 사망 후 5일 만에 친지와 보험회사 담당자의 권유에 따라 보험회사와 사이에 보험약관상 인정되는 최소금액의 손해배상금만을 받기로 하고 부제소 합의를 한 것은 불공정한 법률행위에 해당한다(대판 1999.5.28, 98다58825).

③ 농촌에 거주하는 79세의 노인으로부터 감정가의 30%에도 못 미치는 가격으로 토지를 매수하고 계약금으로 매매대금의 3분의 1 이상을 지급하였으며 매매계약 다음 날 중도금을 지급하여 그 합계가 매매대금의 80%에 이르는 것은 불공정한 법률행위에 해당한다(대판 1992.2.25, 91다40351).

④ 간통죄로 고소하지 않는 대가로 합의금을 받은 것은 피해자가 다소 궁박한 상태에서 약속어음 작성행위를 하였더라도 불공정한 법률행위라고 볼 수 없다(대판 1997.3.25, 96다47951).

제4절 법률행위의 해석

1 서설

1. 의의

(1) 법률행위의 해석이란 법률행위의 목적을 명확히 하는 것을 말한다. 그런데 법률행위의 목적이 언제나 명확한 것은 아니다. 즉, 의사표시의 존부(存否) 자체가 불분명한 경우, 의사표시의 내용이 불명확한 경우 또는 표시행위의 의미가 다의적(多義的)인 경우에는 법률행위의 해석이 필요하게 된다.

(2) 법률행위는 의사표시를 필수불가결의 요소로 하고 의사표시는 일정한 법률효과의 발생을 목적으로 하는 것이므로 법률행위의 해석은 결국 의사표시의 해석으로 귀결된다.

(3) 법률행위의 해석은 법률행위의 성립과 유·무효판단의 선결문제로서 착오에 선행한다.

> **✓ 참고** **법률행위의 해석이 법률문제인지의 여부**
> 1. 법률행위의 해석은 법률문제로서 법원의 직권조사사항에 해당한다.
> 2. 따라서 잘못된 법률행위의 해석은 상고이유가 된다.

2. 해석의 대상

(1) 법률행위의 해석이란 당사자의 내심의 효과의사를 탐구하는 것이 아니라 그 표시행위에 부여한 객관적 의미를 명백하게 확정하는 것이므로 표시행위가 지니는 객관적 의미를 해석대상으로 하여야 한다.

> **판례**
>
> 법률행위의 해석은 당사자가 그 표시행위에 부여한 객관적인 의미를 명백하게 확정하는 것으로서, 사용된 문언에만 구애받는 것은 아니지만, 어디까지나 당사자의 내심의 의사가 어떤지에 관계없이 그 문언의 내용에 의하여 당사자가 그 표시행위에 부여한 객관적 의미를 합리적으로 해석하여야 하는 것이다. 당사자가 표시한 문언에 의하여 그 객관적인 의미가 명확하게 드러나지 않는 경우에는 그 문언의 형식과 내용, 그 법률행위가 이루어진 동기 및 경위, 당사자가 그 법률행위에 의하여 달성하려는 목적과 진정한 의사, 거래의 관행 등을 종합적으로 고려하여 사회정의와 형평의 이념에 맞도록 논리와 경험의 법칙, 그리고 사회일반의 상식과 거래의 통념에 따라 합리적으로 해석하여야 한다(대판 2001.3.23, 2000다40858).

(2) 그러나 최근에는 법률행위의 해석방법에 따라 해석대상을 달리하여야 한다는 견해도 주장되고 있다. 즉, 자연적 해석의 경우에는 표의자의 진정한 의사를 탐구하여야 하고, 규범적 해석의 경우에는 표시행위가 지니는 객관적 의미를 탐구하여야 하며, 보충적 해석의 경우에는 여러 사정을 고려하여 신의칙에 의하여 판단할 때 가장 적당하다고 인정되는 것을 탐구하여야 한다는 것이다.

2 해석방법

1. 자연적 해석방법

(1) 자연적 해석이란 표의자의 입장에서 표의자의 내심의 효과의사를 탐구하는 것을 말한다. 이러한 자연적 해석방법은 자기결정의 원칙에 근거한 것으로서 상대방 없는 단독행위, 오표시무해의 원칙*에 적용된다.

(2) 판례도 계약의 해석은 그 계약서 문구에만 구애될 것이 아니라 그 문헌의 취지에 따름과 동시에 논리법칙과 경험률에 따라 당사자의 진의를 탐구하여 해석하여야 한다고 보고 있다(대판 1965.9.28, 65다1519).

> **Q 사례**
>
> A와 B는 토지매매계약을 체결하면서 당사자 쌍방이 모두 甲토지를 계약의 목적물로 하기로 합의하였으나, 그 목적물의 지번 등에 관하여 착오를 일으켜 계약을 체결함에 있어서는 계약서상 매매목적물을 甲토지와는 별개인 乙토지로 표시하였다. 이 경우 매매계약은 어느 토지에 관하여 성립하는가?
> 1. 부동산의 매매계약에 있어 쌍방당사자가 모두 특정의 甲토지를 계약의 목적물로 삼았으나 그 목적물의 지번 등에 관하여 착오를 일으켜 계약을 체결함에 있어서는 계약서상에는 乙토지로 표시하였다 하여도 甲토지에 관하여 이를 매매의 목적물로 한다는 쌍방당사자의 의사합치가 있는 이상 위 매매계약은 甲토지에 관하여 성립한 것으로 보아야 할 것이고 乙토지에 관하여 매매계약이 체결된 것으로 보아서는 안 될 것이다.
> 2. 만일 乙토지에 관하여 위 매매계약을 원인으로 하여 매수인 명의로 소유권 이전등기가 경료되었다면 이는 원인이 없이 경료된 것으로서 무효이다(대판 1993.10.26, 93다2629·2636).

* **오표시무해의 원칙**
"잘못된 표시는 해가 되지 않는다."는 원칙을 말하는데, '무해'의 의미는 당사자가 의욕한 대로 법률행위가 성립한다는 뜻이다.

2. 규범적 해석방법

규범적 해석이란 상대방의 입장에서 표시행위의 객관적 의미를 탐구하는 것을 말한다. 이러한 규범적 해석방법은 자기책임의 원칙에 근거한 것으로서 상대방 있는 단독행위, 계약에 적용된다.

3. 보충적 해석방법

보충적 해석이란 자연적 해석방법과 규범적 해석방법을 통하여 법률행위의 성립이 인정된 후에 하는 해석방법으로서, 법률행위의 내용에 간극(흠결)이 있는 경우, 제3자의 입장에서 당사자의 의사를 보충하는 해석방법이다.

이때 고려되는 당사자의 의사는 가상적 의사이다. 이러한 보충적 해석방법은 자기책임의 원칙에 근거한 것으로서 주로 계약에 적용된다.

■ 법률행위의 해석방법

해석방법	판단자	탐구대상	적용영역
자연적 해석	표의자의 입장	내심의 효과의사	상대방 없는 단독행위, 오표시무해의 원칙
규범적 해석	상대방의 입장	표시행위의 객관적 의미	상대방 있는 단독행위, 계약
보충적 해석	제3자의 입장	당사자의 가상적 의사	주로 계약

3 해석의 기준

> 제2조【신의성실】① 권리의 행사와 의무의 이행은 신의에 좇아 성실히 하여야 한다.
> 제105조【임의규정】법률행위의 당사자가 법령 중의 선량한 풍속 기타 사회질서에 관계없는 규정과 다른 의사를 표시한 때에는 그 의사에 의한다.
> 제106조【사실인 관습】법령 중의 선량한 풍속 기타 사회질서에 관계없는 규정과 다른 관습이 있는 경우에 당사자의 의사가 명확하지 아니한 때에는 그 관습에 의한다.

1. 서설

(1) 법률행위의 해석기준에 대해 통설과 판례는 ① 당사자가 의도하는 목적, ② 사실인 관습(제106조), ③ 임의규정(제105조), ④ 신의성실의 원칙(제2조)을 들고 있다.

(2) 고려되는 해석순서도 '당사자가 의도하는 목적 ⇨ 사실인 관습 ⇨ 임의규정 ⇨ 신의성실의 원칙'의 순이다.

2. 개별적 해석기준들

(1) 당사자가 의도하는 목적

법률행위를 해석할 때에는 먼저 당사자가 그 법률행위에 의해 달성하고자 하는 사회적·경제적 목적이 기준이 된다. 민법도 당사자가 의도하는 목적을 고려하여 일부무효의 법리(제137조), 무효행위의 전환(제138조)의 법리를 두고 있다.

(2) 사실인 관습

사회 내에서 일정한 관행이 반복되었으나 이것이 사회일반의 법적 확신의 정도에는 이르지 못한 것을 말한다. 법률행위는 특히 거래관행에 따라 행해지는 경우가 많으므로 당사자의 의사가 불분명한 경우에는 사실인 관습이 해석의 기준이 된다. 즉, 사실인 관습은 사적 자치가 인정되는 분야에서 당사자의 의사가 불명확한 경우에 그 의사를 보충하는 역할을 한다(제106조).

(3) 임의규정

법률행위의 당사자가 법령 중의 선량한 풍속 기타 사회질서에 관계없는 규정과 다른 의사를 표시한 때에는 그 의사에 의한다(제105조). 따라서 당사자의 의사표시가 없거나 있더라도 그 내용이 불명확한 경우 임의규정은 법률행위의 해석기준이 된다(다수설).

(4) 신의성실의 원칙(조리)

당사자가 의도하는 목적, 사실인 관습, 임의규정에 의하여 법률행위의 내용을 확정할 수 없는 경우에는 신의성실의 원칙(제2조)에 의해 법률행위를 해석하여야 한다(다수설).

CHAPTER 02 최신기출문제로 확인!

01 상대방 있는 단독행위에 해당하지 <u>않는</u> 것은? (다툼이 있으면 판례에 따름) · 32회

① 공유지분의 포기
② 무권대리행위의 추인
③ 상계의 의사표시
④ 취득시효 이익의 포기
⑤ 재단법인의 설립행위

키워드 〉 법률행위의 종류
난이도 〉
해설 〉 재단법인의 설립행위는 상대방 없는 단독행위에 해당한다.

02 상대방 없는 단독행위에 해당하는 것은? · 33회

① 착오로 인한 계약의 취소
② 무권대리로 체결된 계약에 대한 본인의 추인
③ 미성년자의 법률행위에 대한 법정대리인의 동의
④ 손자에 대한 부동산의 유증
⑤ 이행불능으로 인한 계약의 해제

키워드 〉 법률행위의 종류
난이도 〉
해설 〉 ①②③⑤ 취소, 추인, 동의, 해제는 상대방 있는 단독행위에 해당한다. 그 밖에 철회, 상계, 해지, 채권의 포기(채무면제), 제한물권의 포기도 상대방 있는 단독행위에 해당한다.
④ 유증은 상대방 없는 단독행위에 해당한다. 그 밖에 재단법인 설립행위, 소유권과 점유권의 포기도 상대방 없는 단독행위에 해당한다.

정답 01 ⑤ 02 ④

03 효력규정이 아닌 것을 모두 고른 것은? (다툼이 있으면 판례에 따름)
• 32회

> ㉠ 「부동산등기 특별조치법」상 중간생략등기를 금지하는 규정
> ㉡ 「공인중개사법」상 개업공인중개사가 중개의뢰인과 직접 거래를 하는 행위를 금지하는 규정
> ㉢ 「공인중개사법」상 개업공인중개사가 법령에 규정된 중개보수 등을 초과하여 금품을 받는 행위를 금지하는 규정

① ㉠
② ㉡
③ ㉢
④ ㉠, ㉡
⑤ ㉡, ㉢

키워드 〉 법률행위의 효력요건

난이도 〉

해설 〉 ㉠ 「부동산등기 특별조치법」상 중간생략등기를 금지하는 규정은 단속법규에 해당한다(대판 1993.1.26, 92다39112).
㉡ 「공인중개사법」상 개업공인중개사가 중개의뢰인과 직접 거래를 하는 행위를 금지하는 규정은 단속법규에 해당한다(대판 2017.2.3, 2016다259677).
㉢ 「공인중개사법」상 개업공인중개사가 법령에 규정된 중개보수 등을 초과하여 금품을 받는 행위를 금지하는 규정은 효력법규에 해당한다(대판 2002.9.4, 2000다54406).

04 반사회질서의 법률행위에 해당하는 것은? (다툼이 있으면 판례에 따름)
• 35회

① 법령에서 정한 한도를 초과하는 부동산 중개수수료 약정
② 강제집행을 면할 목적으로 허위의 근저당권을 설정하는 행위
③ 다수의 보험계약을 통해 보험금을 부정취득할 목적으로 체결한 보험계약
④ 반사회적 행위에 의하여 조성된 비자금을 소극적으로 은닉하기 위한 임치계약
⑤ 양도소득세를 회피할 목적으로 실제 거래가액보다 낮은 금액을 대금으로 기재한 매매계약

키워드 〉 반사회적 법률행위

난이도 〉

해설 〉 ① 법령에서 정한 한도를 초과하는 부동산 중개수수료 약정은 강행법규(효력법규) 위반으로 무효이다.
② 강제집행을 면할 목적으로 허위의 근저당권을 설정하는 행위는 반사회적 법률행위에 해당하지 않는다.
③ 다수의 보험계약을 통해 보험금을 부정취득할 목적으로 체결한 보험계약은 반사회적 법률행위에 해당한다.
④ 반사회적 행위에 의하여 조성된 비자금을 소극적으로 은닉하기 위한 임치계약은 반사회적 법률행위에 해당하지 않는다.
⑤ 양도소득세를 회피할 목적으로 실제 거래가액보다 낮은 금액을 대금으로 기재한 매매계약은 반사회적 법률행위에 해당하지 않는다.

정답 03 ④ 04 ③

05 반사회질서의 법률행위에 관한 설명으로 틀린 것은? (다툼이 있으면 판례에 따름) · 36회

① 반사회질서의 법률행위인지 여부는 법률행위가 이루어진 때를 기준으로 판단한다.
② 반사회질서의 법률행위의 무효는 선의의 제3자에게 대항할 수 없다.
③ 수사기관에 허위진술을 해주는 대가로 금전을 지급받기로 하는 약정은 반사회질서의 법률행위이다.
④ 법률행위의 성립과정에 단지 강박이라는 불법적 방법이 사용된 데 불과한 때에는 반사회질서의 법률행위라고 할 수 없다.
⑤ 상대방에게 표시된 법률행위의 동기가 반사회질서적인 경우, 그 법률행위는 무효이다.

키워드〉 반사회적 법률행위
난이도〉 ■■■
해설〉 ① 반사회적 법률행위에 해당하는지 여부는 법률행위 성립 당시를 기준으로 판단하여야 한다.
② 반사회적 법률행위는 절대적 무효이므로 무효로써 선의의 제3자에게도 대항할 수 있다.
③ 수사기관에서 참고인으로 자신이 잘 알지 못하는 내용에 대하여 허위의 진술을 하고 그 대가로 일정한 급부를 받기로 하는 약정은 무효이다.
④ 단지 법률행위의 성립과정에서 강박이라는 불법적인 방법이 사용된 데 불과한 경우는 반사회적 법률행위에 해당하지 않는다.
⑤ 법률행위 자체는 사회질서에 반하지 않으나 그 동기가 사회질서에 반하는 경우를 동기의 불법이라 한다. 이 경우 동기가 표시되거나 상대방에게 알려진 경우에는 해당 법률행위는 무효이다.

정답 05 ②

06 부동산이중매매에 관한 설명으로 틀린 것은? (다툼이 있으면 판례에 따름) •32회

① 반사회적 법률행위에 해당하는 제2매매계약에 기초하여 제2매수인으로부터 그 부동산을 매수하여 등기한 선의의 제3자는 제2매매계약의 유효를 주장할 수 있다.
② 제2매수인이 이중매매사실을 알았다는 사정만으로 제2매매계약을 반사회적 법률행위에 해당한다고 볼 수 없다.
③ 특별한 사정이 없는 한, 먼저 등기한 매수인이 목적부동산의 소유권을 취득한다.
④ 반사회적 법률행위에 해당하는 이중매매의 경우, 제1매수인은 제2매수인에 대하여 직접 소유권이전등기말소를 청구할 수 없다.
⑤ 부동산이중매매의 법리는 이중으로 부동산임대차계약이 체결되는 경우에도 적용될 수 있다.

키워드> 이중매매
난이도>

해설> ① 이중매매가 반사회적 법률행위에 해당되어 무효가 되는 경우 그 무효는 절대적 무효로써 선의의 제3자에게도 대항할 수 있으므로, 당해 부동산을 제2매수인으로부터 다시 취득한 제3자는 설사 제2매수인이 당해 부동산의 소유권을 유효하게 취득한 것으로 믿었다고 하더라도 부동산의 소유권을 취득하지 못한다(대판 1996.10.25, 96다29151).
② 부동산이중매매가 무효가 되기 위해서는 제2매수인이 매도사실을 아는 것만으로는 부족하고, 매도사실을 알고 적극적으로 매도를 요청하거나 유도하여 계약에 이르는 정도가 되어야 한다(대판 1997.7.25, 97다362).
③ 이중매매는 계약자유의 원칙상 원칙적으로 유효하다. 따라서 먼저 등기한 매수인이 목적부동산의 소유권을 취득한다(제186조).
④ 이중매매가 반사회적 법률행위로 되는 경우 제1매수인은 제2매수인에 대해 직접 그 명의의 소유권이전등기의 말소를 청구할 수는 없고, 매도인을 대위(代位)하여 제2매수인에 대해 그 명의의 소유권이전등기의 말소를 청구할 수 있다(대판 1983.4.26, 83다카57).
⑤ 부동산이중매매의 법리는 이중으로 부동산임대차계약을 체결한 경우에도 그대로 적용된다(대판 2013.6.27, 2011다5813).

정답 06 ①

07 불공정한 법률행위에 관한 설명으로 틀린 것은? (다툼이 있으면 판례에 따름) • 36회

① 궁박에는 경제적인 궁박뿐만 아니라 정신적·심리적 궁박도 포함된다.
② 무경험은 거래일반에 대한 경험부족이 아니라 해당 법률행위가 속한 특정영역에서의 경험부족을 뜻한다.
③ 급부와 반대급부 사이의 현저한 불균형은 구체적·개별적 사안에서 일반인의 사회통념에 따라 결정된다.
④ 불공정한 법률행위에도 무효행위의 전환에 관한 법리가 적용될 수 있다.
⑤ 대리인에 의해 법률행위가 이루어진 경우, 궁박은 본인을 기준으로 판단한다.

키워드〉 불공정한 법률행위
난이도〉 ■■■
해설〉 ① 궁박은 급박한 곤궁으로서, 경제적 원인에 기인할 수도 있고 정신적 또는 심리적 원인에 기인할 수도 있다.
② 무경험은 일반적인 생활경험의 부족을 말하는 것이지 특정거래 영역에서의 경험부족을 말하는 것이 아니다.
③ 급부와 반대급부 사이의 현저한 불균형은 구체적·개별적 사안에서 일반인의 사회통념에 따라 결정된다.
④ 불공정한 법률행위에 대해서 무효행위의 전환규정은 적용된다(판례).
⑤ 대리인을 통해 법률행위가 이루어진 경우에는 궁박은 본인을 기준으로 판단하고, 경솔·무경험은 대리인을 기준으로 판단한다.

정답 07 ②

CHAPTER 03 의사표시

10개년 출제문항 수

27회	28회	29회	30회	31회
4	1	1	2	2
32회	33회	34회	35회	36회
1	1	1	4	3

↳ 총 40문제 中 평균 약 2문제 출제

학습전략

- 의사표시에서는 의사표시의 의의와 의사표시규정에 대한 내용(비진의 표시, 통정허위표시, 착오로 인한 의사표시, 사기·강박에 의한 의사표시, 의사표시의 효력발생)을 학습합니다.
- 통정허위표시와 착오 및 사기·강박에 의한 의사표시에 관한 문제가 주로 출제되므로 관련 판례를 정리해 두는 것이 좋습니다.

제1절 총설

1 서설

1. 의사표시의 의의

(1) 의사표시란 일정한 법률효과의 발생을 목적으로 하는 의사를 표시하는 행위를 말한다.
(2) 의사표시는 법률행위의 필수불가결의 요소이며, 이 의사표시에 의해 행위자가 의욕한 대로 법률효과가 발생하게 된다.

2. 의사표시의 구성요소

(1) **의사표시가 성립하는 심리적 과정**

의사표시는 '동기 ⇨ 효과의사 ⇨ 표시의사 ⇨ 표시행위' 순으로 이루어진다.

> **사례**
>
> 甲이 자기 소유의 건물에 대해 乙에게 청약의 의사표시를 하는 경우
> 1. 甲은 그 건물을 팔고 다른 곳으로 이사를 가기 위해서 ⇨ 동기에 해당
> 2. 먼저 그 건물을 팔기로 마음 먹고 ⇨ 효과의사에 해당
> 3. 이를 乙에게 알리려는 생각을 가지고 ⇨ 표시의사에 해당
> 4. 乙에게 문서나 구두로 1억원에 팔겠다고 하였다. ⇨ 표시행위에 해당

(2) 의사표시의 구성요소

다수설은 위의 심리적 과정 중에서 효과의사와 표시행위만 의사표시의 구성요소가 된다고 본다. 즉, 동기는 원칙적으로 의사표시의 내용이 되지 않으며, 다만 동기가 표시된 경우에 한해 의사표시의 내용으로 된다는 것이다. 그리고 표시의사는 효과의사에 포함되므로 따로 의사표시의 내용으로 되지 않는다고 한다.

2 의사표시에 관한 일반이론

1. 논의의 배경

의사표시 이론이란 의사표시가 효력을 발생하는 근거가 무엇인가에 대한 논의인데, 이는 종래 착오의 효력을 어떻게 다룰 것인가를 중심으로 논의되어 왔다. 의사표시 이론에는 크게 의사주의와 표시주의가 있다.

2. 의사주의

(1) 의사주의는 의사표시의 해석에 있어서 표의자의 '내심의 효과의사'를 탐구하여야 한다는 입장으로서, 내심의 효과의사가 의사표시의 본질적 요소라고 본다.
(2) 따라서 내심의 효과의사가 존재하지 않는 경우 의사표시는 성립하지 않는 것으로 본다. 또한 의사주의는 착오로 인한 의사표시의 경우를 원칙적으로 무효로 취급한다.
(3) 이러한 의사주의는 표의자의 이익보호에 중점을 둔 해석론이다.

3. 표시주의

(1) 표시주의는 의사표시의 해석에 있어서 '표시행위가 지니는 객관적 의미'를 탐구하여야 한다는 입장으로서, 표시상의 효과의사가 의사표시의 본질적 요소라고 본다.

(2) 따라서 내심의 효과의사가 존재하지 않더라도 표시상의 효과의사는 존재하는 것으로 의제하므로 의사표시는 일단 성립하게 된다. 또한 표시주의는 착오로 인한 의사표시의 경우를 취소할 수 있는 것으로 취급한다.

(3) 이러한 표시주의는 상대방의 신뢰보호 또는 거래안전 보호에 중점을 둔 해석론이다.

4. 우리 민법의 태도

우리 민법은 표시주의에 가까운 절충주의를 취하고 있다(다수설, 판례). 다만, 당사자의 진의(眞意)가 절대적으로 중시되는 가족법상의 행위에 대해서는 원칙적으로 의사주의를 취하고 있다.

3 의사표시규정의 체계

1. 의사표시의 병리현상

의사표시가 효력을 발생하기 위해서는 의사와 표시가 일치하여야 하고 하자가 없어야 한다. 의사와 표시가 일치하고 하자가 없는 경우에는 당사자가 의욕한 대로 법률효과가 발생한다. 그런데 의사와 표시가 일치하지 않거나 하자가 있는 경우에는 이를 법적으로 어떻게 처리할 것인가? 민법은 이러한 의사표시의 병적인 경우를 처리하기 위하여 제107조부터 제110조까지의 규정을 두고 있다.

2. 의사표시규정의 체계

(1) 통설은 의사표시에 흠(欠)이 있는 경우를 '의사와 표시가 불일치하는 경우'('의사의 흠결'이라고도 함)와 '하자 있는 의사표시'로 나눈다.

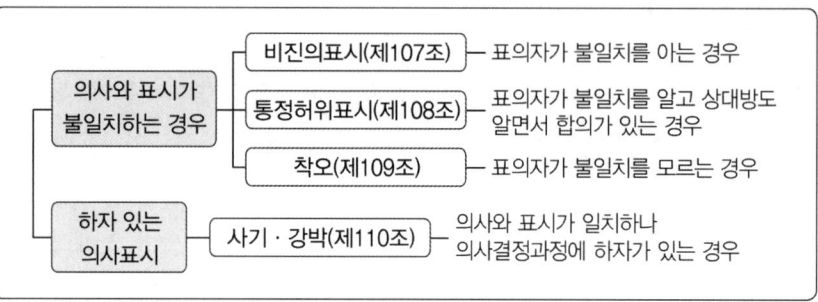

(2) 그 외에 민법은 의사표시의 효력발생시기(제111조), 제한능력자에 대한 의사표시의 효력(제112조), 의사표시의 공시송달(제113조)에 관해서도 규정하고 있다.

3. 의사표시규정의 적용범위 – 의사표시규정의 공통점

(1) 의사표시에 관한 민법의 규정(제107조 내지 제110조)은 원칙적으로 공법행위, 소송행위, 가족법상의 행위, 단체적 행위(법인설립행위 등)에는 적용되지 않는다. 또한 주식인수의 청약과 어음행위에도 원칙적으로 적용되지 않는다(다만, 통정허위표시규정은 적용됨).

(2) 의사표시에 관한 민법의 규정(제107조 내지 제110조)은 모두 "선의의 제3자에게 대항할 수 없다."라는 규정을 두고 있는데, 여기서 '제3자'의 의미는 제107조부터 제110조까지 공통적으로 적용되는 내용이다.

제2절 의사표시규정의 내용

1 비진의표시 ・24회 ・25회 ・27회

> **제107조 【진의 아닌 의사표시】** ① 의사표시는 표의자가 진의 아님을 알고 한 것이라도 그 효력이 있다. 그러나 상대방이 표의자의 진의 아님을 알았거나 이를 알 수 있었을 경우에는 무효로 한다.
> ② 전항의 의사표시의 무효는 선의의 제3자에게 대항하지 못한다.

1. 의의

(1) 甲이 乙에게 증여의 의사가 없음에도 불구하고 乙에게 건물소유권이전등기를 경료해 준 경우나, 甲이 사직할 의사 없이 회사에 대해 사직원을 제출하는 경우처럼 의사와 표시가 불일치하는 것을 표의자가 아는 경우를 비진의표시(非眞意表示)라 한다.

(2) 우리 민법은 상대방이 표의자의 진의 아님을 알 것이라고 기대하는 경우이든 모를 것이라고 기대하는 경우이든 모두 비진의표시로 취급하고 있다(독일 민법과의 차이점).

(3) 진의의 의미에 대해 판례는 "특정한 내용의 의사표시를 하고자 하는 표의자의 생각을 말하는 것이지 표의자가 진정으로 마음속에서 바라는 사항이 아니다."라고 하고 있다.

> **추가** 비진의표시는 단독허위표시, 심리유보(心理留保)라고도 한다.

판례

1. 학교법인이 「사립학교법」상의 제한규정 때문에 그 학교의 교직원의 명의를 빌려서 금원을 차용한 경우에 금원을 대여한 자가 그러한 사정을 알고 있었다고 하더라도 위 교직원의 의사는 위 금전의 대차에 관하여 그가 주채무자로서 채무를 부담하겠다는 뜻이라고 해석함이 상당하므로 이를 비진의표시라고 볼 수 없다(대판 1980.7.8, 80다639).

2. 법률상 또는 사실상의 장애로 자기 명의로 대출받을 수 없는 자를 위하여 대출금채무자로서의 명의를 빌려준 자에게 그와 같은 채무부담의 의사가 없는 것이라고는 할 수 없으므로 그 의사표시를 비진의표시에 해당한다고 볼 수 없고, 설령 명의대여자의 의사표시가 비진의표시에 해당한다고 하더라도 그 의사표시의 상대방인 상호신용금고로서는 명의대여자가 전혀 채무를 부담할 의사 없이 진의에 반한 의사표시를 하였다는 것까지 알았다거나 알 수 있었다고 볼 수도 없으므로, 명의대여자는 표시행위에 나타난 대로 대출금채무를 부담하여야 한다(대판 1996.9.10, 96다18182).

2. 요건

(1) 의사표시가 존재하여야 한다. 사교적인 농담, 배우의 대사, 교수가 강연 중에 한 말 등은 의사표시 자체가 아니므로 비진의표시의 문제가 발생하지 않는다.

(2) 의사와 표시가 불일치하여야 한다.

(3) 표의자가 그 불일치를 알고 있어야 한다.

(4) 비진의표시를 하게 된 동기는 불문한다.

3. 효과

(1) 원칙
비진의표시라도 원칙적으로 유효하다(제107조 제1항 본문).

(2) 예외
① 상대방이 표의자의 진의가 아님을 알았거나 알 수 있었을 경우에는 무효이다(제107조 제1항 단서).
② 상대방의 악의 또는 과실 유무의 판단시점은 상대방이 표시를 요지(了知)한 때이다.
③ 입증책임에 대해서는 비진의표시의 무효를 주장하는 자가 상대방의 악의 또는 과실 유무를 입증해야 한다.

(3) 제3자에 대한 관계
비진의표시가 예외적으로 무효가 되는 경우에 비진의표시의 무효로써 선의의 제3자에게 대항할 수 없다(제107조 제2항). 그러나 선의의 제3자 스스로 무효를 주장하는 것은 무방하다(통설).

4. 적용범위

(1) 상대방 없는 단독행위의 경우 제107조 제1항 본문은 적용되나, 단서는 적용되지 않으므로 언제나 유효하다(다수설).

(2) 상대방 있는 단독행위와 계약에 대해서는 제107조 제1항 본문·단서 모두 적용된다.

> **판례**
>
> **사직원 제출사안**
> 1. 물의를 일으킨 사립대학교 조교수가 사직원이 수리되지 않을 것이라고 믿고 사태수습의 방안으로 사직원을 제출한 경우 그 의사표시에 따라 효력을 발생한다(대판 1980.10.14, 79다2168).
> 2. 근로자가 회사의 경영방침에 따라 사직원을 제출하고 회사가 이를 받아들여 퇴직처리를 하였다가 즉시 재입사하는 형식을 취한 경우 사직원 제출은 근로자의 비진의표시에 해당하지만, 회사는 사직원 제출이 근로자의 진의 아님을 알고 있었다고 보아야 하므로 사직의 효과는 발생하지 않는다(대판 1988.5.10, 87다카2578).
> 3. 공무원이 사직원을 제출하여 의원면직처분*을 한 경우 비록 사직할 뜻이 아니었다고 하더라도 표시된 대로 효력을 발생한다(대판 1997.12.12, 97누13962).

기출지문 OX

진의 아닌 의사표시의 효력이 없는 경우, 법률행위의 당사자는 진의 아닌 의사표시를 기초로 새로운 이해관계를 맺은 선의의 제3자에게 대항하지 못한다. •27회
( )

정답 (O)

*의원면직처분
공무원 자신의 사의표시에 의하여 사직처리를 하는 것이나, 종종 강요에 의한 권고사직으로 악용되는 경우도 있다.

2 통정허위표시

제108조 【통정한 허위의 의사표시】 ① 상대방과 통정한 허위의 의사표시는 무효로 한다.
② 전항의 의사표시의 무효는 선의의 제3자에게 대항하지 못한다.

1. 의의

(1) 甲이 자신의 채권자의 강제집행을 회피하기 위하여 친구인 乙과 짜고 자기 소유의 건물에 대해 乙 앞으로 소유권이전등기를 경료해 준 경우처럼 의사와 표시가 불일치하는 것을 표의자도 알고 상대방도 알면서 외관창출에 대하여 합의(양해)가 있는 경우를 통정허위표시(通情虛僞表示)*라 한다.

(2) 통정이란 표의자가 진의 아닌 의사표시를 하는 것을 상대방이 알고 있는 것만으로는 부족하고, 상대방과의 합의 또는 양해(諒解)를 의미한다.

> **1. 통정허위표시에 해당하는 경우**
> 동일인에 대한 대출액 한도를 제한한 구(舊)「상호신용금고법」(1995.1.5, 법률 제4867호로 개정되기 전의 것) 제12조의 적용을 회피하기 위하여 실질적인 주채무자가 제3자를 형식상의 주채무자로 내세웠고 상호신용금고도 이를 양해하면서 제3자에 대하여는 채무자로서의 책임을 지우지 않을 의도하에 제3자 명의로 대출관계서류 및 약속어음을 작성받은 경우 제3자는 형식상의 명의만을 빌려 준 자에 불과하고 그 대출계약의 실질적인 당사자는 상호신용금고와 실질적 주채무자이므로, 제3자 명의로 되어 있는 대출약정 및 약속어음 발행은 상호신용금고의 양해하에 그에 따른 채무부담 의사 없이 형식적으로 이루어진 것에 불과하므로 이는 통정허위표시로서 무효이다(대판 1996.8.23, 96다18076).
>
> **2. 통정허위표시에 해당하지 않는 경우**
> 은행이 동일인 여신한도의 제한을 회피하기 위하여 실질적 주채무자가 아닌 제3자와 사이에 제3자를 주채무자로 하는 소비대차계약을 체결한 경우, 제3자가 은행을 직접 방문하여 금전소비대차약정서에 주채무자로서 서명·날인하였다면 제3자는 자신이 당해 소비대차계약의 주채무자임을 은행에 대하여 표시한 것이고, 제3자가 은행이 정한 동일인에 대한 여신한도 제한을 회피하여 타인으로 하여금 제3자 명의로 대출을 받아 이를 사용하도록 할 의도가 있었다거나 그 원리금을 타인의 부담으로 상환하기로 하였더라도, 특별한 사정이 없는 한 이는 소비대차계약에 따른 경제적 효과를 타인에게 귀속시키려는 의사에 불과할 뿐, 그 법률상의 효과까지도 타인에게 귀속시키려는 의사로 볼 수는 없으므로 위 계약이 제3자의 진의와 표시가 불일치하는 통정허위표시라고 볼 수는 없다(대판 1998.9.4, 98다17909).

---

* **통정허위표시**
표의자가 상대방과 합의하여 행하는 허위의 의사표시이며, 통정허위표시에 기한 법률행위를 가장행위(假裝行爲)라 한다.

기출지문 O X

통정허위표시가 성립하기 위해서는 진의와 표시의 불일치에 관하여 상대방과 합의가 있어야 한다. • 30회 ( )

정답 (○)

2. 구별개념

(1) 은닉행위 • 29회

① 은닉행위란 가장행위 속에 감추어진 행위를 말한다. 은닉행위는 허위표시의 일종이나, 보통의 허위표시와는 달리 은닉행위로서의 요건을 갖추는 한 유효하다.

② 예를 들어, 증여세를 면탈할 목적으로 매매를 가장한 증여의 경우 매매는 가장행위로서 무효지만, 증여는 은닉행위로서 증여의 요건을 갖추는 한 유효하다.

> **추가** 증여를 매매로 하여 등기하더라도 그 등기는 실체적 권리관계와 부합하므로 유효하다.

(2) 신탁행위

신탁행위는 당사자 사이에 진정한 권리이전의 의사가 있으므로 허위표시에 해당하지 않는다.

(3) 오표시무해의 원칙

오표시무해의 원칙은 비록 잘못된 표시이지만 당사자가 의욕한 대로 법률행위의 성립이 인정되므로 허위표시에 해당하지 않는다.

3. 요건

(1) 의사표시가 존재하여야 한다.
(2) 의사와 표시가 불일치하여야 한다.
(3) 표의자가 그 불일치를 알고 있어야 하며, 불일치에 관해 상대방과의 합의 또는 양해(諒解)가 있어야 한다.

> **추가** 상대방이 표의자의 진의 아님을 알았으므로 무효이다.

① 매수인 명의로 등기가 이전되었음에도 불구하고 매도인이 권리관계서류를 가지고 있는 경우에는 허위표시로 추정될 소지가 많다.
② 만약 통정이 결여된 경우에는 이른바 가장행위의 미수(未遂)로서 제107조 제1항 단서에 따라 무효가 된다.

(4) 허위표시를 하게 된 동기는 불문한다.

4. 효과 • 26회 • 30회 • 31회 • 32회 • 33회 • 34회 • 35회 • 36회

(1) 당사자 사이에서의 효력

① 통정허위표시는 당사자 사이에서는 언제나 무효이다(제108조 제1항). 따라서 이행하기 전이면 이행할 필요가 없고, 이행한 후이면 부당이득

으로서 서로 반환하여야 한다. 이때 불법원인급여규정(제746조)은 적용되지 않는다. 왜냐하면 허위표시에 기한 법률행위가 반사회적 법률행위에 해당하지 않으므로 허위표시에 기하여 상대방에게 급부한 것 역시 불법원인급여가 아니기 때문이다. 따라서 **표의자는 무효를 주장하여 자신이 상대방에게 급부한 것의 반환을 청구할 수 있다.**
② 한편 허위표시가 채권자취소권(제406조)의 요건을 갖춘 경우 통정허위표시를 한 채무자의 채권자는 채권자취소권을 행사할 수 있다.

(2) 제3자에 대한 효력
① 통정허위표시는 제3자에 대한 관계에서는 원칙적으로 무효이다. 그러나 그 무효로써 선의의 제3자에게 대항할 수 없다(제108조 제2항).
② 제3자가 선의인 경우 허위표시의 당사자뿐만 아니라 그 누구도 허위표시의 무효로써 선의의 제3자에게 대항할 수 없다. 그러나 선의의 제3자 스스로 무효를 주장하는 것은 무방하다(통설).

> **판례**
> 상대방과 통정한 허위의 의사표시는 무효이고, 누구든지 그 무효를 주장할 수 있는 것이 원칙이다. 그러나 허위표시의 당사자 및 포괄승계인 이외의 자로서 허위표시에 의하여 외형상 형성된 법률관계를 토대로 실질적으로 새로운 법률상 이해관계를 맺은 선의의 제3자에 대하여는 허위표시의 당사자뿐만 아니라 그 누구도 허위표시의 무효로 대항할 수 없다. 따라서 선의의 제3자에 대한 관계에서는 허위표시도 그 표시된 대로 효력이 있다(대판 1996.4.26, 94다12074).

③ 제3자란 당사자 및 그 포괄승계인을 제외하고 허위표시를 기초로 법률상 새로운 실질적 이해관계를 맺은 자를 말한다.

제3자에 해당하는 자	㉠ 가장매매의 매수인으로부터 목적부동산의 소유권을 취득한 자 ㉡ 가장매매의 매수인으로부터 저당권을 설정받은 자 ㉢ 가장전세권에 대하여 저당권을 취득한 자 ㉣ 가장저당권설정행위에 기한 저당권 실행에 의해 목적부동산을 경락받은 자 ㉤ 가장매매의 매수인으로부터 매매계약에 기한 소유권이전등기청구권을 보전하기 위하여 가등기를 경료한 자 ㉥ 가장매매에 기한 대금채권의 양수인 ㉦ 가장소비대차에 기한 대여금채권의 양수인 ㉧ 가장매매의 매수인에 대한 압류채권자 또는 전부채권자

기출지문 OX
통정허위표시로서 무효인 법률행위라도 채권자취소권의 대상이 될 수 있다. • 30회 (　)
정답 (○)

	㉢ 가장근저당권설정계약이 유효하다고 믿고 그 피담보채권에 대해 가압류한 자 ㉣ 파산자가 상대방과 통정한 허위의 의사표시에 의해 성립된 가장채권을 보유하고 있다가 파산선고가 된 경우의 파산관재인
제3자에 해당하지 않는 자	㉠ 당사자의 상속인 또는 회사합병의 경우의 회사 ㉡ 가장매매에 의한 손해배상청구권의 양수인 ㉢ 채권의 가장양도에 있어서의 채무자 또는 주식이 가장양도된 경우의 회사 ㉣ 가장의 '제3자를 위한 계약'에 있어서의 제3자 ㉤ 대리인이 상대방과 허위표시를 한 경우의 본인 또는 대표기관이 상대방과 허위표시를 한 경우의 법인 ㉥ 저당권 등 제한물권이 가장포기된 경우의 기존의 후순위 제한물권자 ㉦ 가장양수인의 일반채권자 ㉧ 채권의 가장양수인으로부터 추심을 위하여 채권을 양수한 자 ㉨ 자기의 채권을 보전하기 위하여 재산권을 가장양도한 채무자의 권리를 대위행사하는 채권자 ㉩ 甲이 乙로부터 금전을 차용하고 그 담보로 자기 소유의 부동산에 가등기를 하기로 약정한 후, 채권자들의 강제집행을 회피하기 위하여 위 부동산을 丙에게 가장양도한 경우에 丙으로부터 가등기를 경료받은 乙 ㉪ 가장소비대차에 있어서 대주의 지위를 이전받은 자

④ 제3자로서 보호받기 위해서는 선의이면 족하고, 무과실까지 요구되지는 않는다. 따라서 제3자는 선의이기만 하면 설사 과실(過失)이 있더라도 보호된다.

⑤ 선의의 입증책임에 대해서는 제3자의 선의는 추정되므로 무효를 주장하는 자가 제3자의 악의를 입증하여야 한다.

⑥ 또한 제3자가 선의인 경우 제3자로부터 권리를 취득한 전득자(轉得者)는 악의일지라도 유효하게 권리를 취득한다(이를 '엄폐물의 법칙'이라 함).

⑦ 전득자도 제108조 제2항의 제3자에 포함되므로 제3자가 악의이더라도 전득자가 선의이면 유효하게 권리를 취득한다.

5. 적용범위

(1) 상대방 없는 단독행위에 대해서는 제108조가 적용되지 않는다(통설). 왜냐하면 통정 자체가 불가능하기 때문이다.

(2) 상대방 있는 단독행위와 계약에 대해서는 제108조가 적용된다.

(3) 주식인수의 청약, 어음행위에 대해서는 제108조가 적용된다(판례).

기출지문OX

채권의 가장양도에서 변제 전 채무자는 통정허위표시를 기초로 새로운 법률상 이해관계를 맺은 제3자에 해당하지 않는다.
• 31회 ( )

정답 (○)

추가 새로운 이해관계를 맺은 것이 아니라 허위표시가 있기 전부터 있었던 자이므로 제3자에 해당하지 않는다.

기출지문OX

甲은 강제집행을 피하기 위해 자신의 X부동산을 乙에게 가장매도하여 소유권이전등기를 해 주었는데, 乙이 이를 丙에게 매도하고 소유권이전등기를 해 주었다. 악의의 丙이 선의의 丁에게 X부동산을 매도하고 소유권이전등기를 해 주더라도 丁은 소유권을 취득하지 못한다. • 35회 ( )

정답 (×)

제3자로부터 새로운 이해관계를 맺은 전득자도 제108조 제2항의 제3자에 포함된다. 따라서 제3자가 악의이더라도 전득자가 선의이면 선의의 제3자로서 보호를 받으므로 丁은 소유권을 취득할 수 있다.

추가 제108조는 계약에만 적용되고, 단독행위에는 적용되지 않는다. (×)

6. 허위표시의 철회

통정허위표시를 당사자 사이의 합의에 의해 철회(撤回)할 수 있다. 그러나 철회가 있기 전에 이해관계를 맺은 선의의 제3자나, 철회가 있은 후 그 외형을 제거하기 전에 이해관계를 맺은 선의의 제3자에게는 철회를 가지고 대항할 수 없다.

3 착오로 인한 의사표시 •25회 •28회 •31회 •35회 •36회

> **제109조【착오로 인한 의사표시】** ① 의사표시는 법률행위의 내용의 중요부분에 착오가 있는 때에는 취소할 수 있다. 그러나 그 착오가 표의자의 중대한 과실로 인한 때에는 취소하지 못한다.
> ② 전항의 의사표시의 취소는 선의의 제3자에게 대항하지 못한다.

1. 의의

(1) 착오(錯誤)로 인한 의사표시란 의사와 표시가 불일치하는 것을 표의자가 모르는 경우를 말한다(다수설). 착오로 인한 의사표시에 대한 입법주의로는 무효주의와 취소주의가 있으나, 우리 민법은 취소주의를 취하고 있다(제109조).

(2) 착오에 관한 제109조 규정은 임의규정이다. 따라서 당사자 사이의 특약으로 취소권을 배제할 수 있다.

2. 착오의 종류

(1) 동기의 착오

① **의의:** 동기란 의사표시를 하게 된 연유(緣由)를 말하고, 동기의 착오란 의사형성과정에 있어서의 착오, 즉 의사표시에는 착오가 없고 의사표시를 하게 된 동기에만 착오가 있는 경우를 말한다.

② **법적 취급:** 동기는 의사표시의 '내용'이 아니므로 원칙적으로 동기의 착오를 이유로 해서 의사표시를 취소할 수 없다. 다만, 동기가 표시되고 제109조의 요건을 갖추는 경우에는 취소할 수 있다(다수설, 판례).

기출지문 O X

매수한 토지가 계약체결 당시부터 법령상의 제한으로 인해 매수인이 의도한 목적대로 이용할 수 없게 된 경우, 매수인의 착오는 동기의 착오가 될 수 있다.
• 23회 ( )

정답 (O)

판례

동기의 착오를 이유로 법률행위를 취소하기 위한 요건
동기의 착오가 법률행위 내용의 중요부분의 착오에 해당함을 이유로 표의자가 법률행위를 취소하려면 그 동기를 당해 의사표시의 내용으로 삼을 것을 상대방에게 표시하고 의사표시의 해석상 법률행위의 내용으로 되어 있다고 인정되면 충분하고, 당사자들 사이에 별도로 그 동기를 의사표시의 내용으로 삼기로 하는 합의까지 이루어질 필요는 없다. 또한 그 법률행위의 내용의 착오는 보통 일반인이 표의자의 입장에 섰더라면 그와 같은 의사표시를 하지 아니하였으리라고 여겨질 정도로 그 착오가 중요한 부분에 관한 것이어야 한다(대판 1998.2.10, 97다44737).

③ **동기의 착오로서 취소를 부정한 판례**

판례

1. 우사(牛舍)를 짓기 위해 토지를 매수하였으나 우사를 지을 수 없는 경우(대판 1984.10.23, 83다카1187)
2. 공장에 쓰려고 토지를 매수하였으나 그린벨트지역인 경우(대판 1997.4.11, 96다31109)

④ **상대방으로부터 유발된 동기의 착오:** 판례는 동기가 상대방으로부터 유발된 경우에는 표시 여부를 불문하고 제109조의 요건을 갖추는 경우에는 취소할 수 있는 것으로 보고 있다.

판례

상대방으로부터 유발된 동기의 착오를 이유로 취소를 인정한 판례
1. 귀속재산이 아닌데도 공무원이 귀속재산이라고 하여 토지를 국가에 증여한 경우(대판 1978.7.11, 78다719)
2. 공무원의 법령오해에 터잡아 토지를 국가에 증여한 경우(대판 1990.7.10, 90다카7460)
3. 매매대상에 포함되었다는 시공무원의 말을 믿고 매매계약을 체결한 경우(대판 1991.3.27, 90다카27440)

(2) 표시상의 착오

표시상의 착오란 표시행위 자체를 잘못하는 경우를 말한다. 청약서에 100만원으로 적으려고 했으나 110만원으로 잘못 적은 경우와 같은 오기(誤記)가 이에 해당한다.

(3) 내용의 착오

내용의 착오란 표시행위 자체에는 착오가 없으나 표시행위의 내용적 의미를 잘못 이해하는 경우를 말한다. 홍콩달러와 미국달러의 화폐가치가 동일하다고 생각하고 100달러라고 적은 경우가 이에 해당한다.

(4) 표시기관의 착오

① 사자란 본인이 결정한 효과의사를 상대방에게 표시하거나 전달함으로써 표시행위의 완성에 협력하는 자를 말한다. 이러한 사자에는 표시기관으로서의 사자와 전달기관으로서의 사자가 있다.

② 표시기관으로서의 사자는 통신기사를 통하여 의사표시를 하는 경우와 같이 본인이 결정한 효과의사를 상대방에게 표시하여 그 의사표시를 완성하는 자를 말한다. 한편 전달기관으로서의 사자는 집배원 또는 심부름꾼이 본인의 의사표시를 전달하는 경우와 같이 완성된 본인의 의사표시를 그대로 전달하는 자를 말한다.

③ 표시기관으로서의 사자가 본인의 의사와 다르게 표시한 경우 이를 어떻게 취급할 것인가에 대해 다수설은 다음과 같이 판단한다.
  ㉠ 사자가 그 표시가 본인의 의사와 다르다는 것을 모르는 경우(선의)에는 본인의 착오의 문제로 다루어서 제109조를 준용한다.
  ㉡ 사자가 그 표시가 본인의 의사와 다르다는 것을 안 경우(악의)에는 표현대리문제로 다루어서 제126조를 유추적용한다.

④ 전달기관으로서의 사자가 다른 사람에게 잘못 전달한 경우 이는 의사표시의 부도달의 문제로 될 뿐 본인의 착오문제는 발생하지 않는다.

(5) 계산의 착오

계산의 기초가 되는 사항에 대한 착오로서, 이는 동기의 착오에 해당한다.

(6) 법률의 착오

이는 다시 법률의 존재와 의의에 대한 착오와 법률효과에 대한 착오로 나눌 수 있는데, 법률의 존재와 의의에 대한 착오는 동기의 착오에 해당하고, 법률효과에 대한 착오는 내용의 착오에 해당한다.

3. 취소요건

```
┌─────────────────────────────────┐
│ 법률행위 내용의 중요부분에 착오가 있을 것 │──── 표의자가 입증
└─────────────────────────────────┘
┌─────────────────────────────────┐
│ 표의자에게 중과실이 없을 것          │──── 상대방이 입증
└─────────────────────────────────┘
```

(1) 법률행위 내용의 중요부분에 착오가 있을 것

① **중요부분의 의미**

㉠ 착오를 이유로 의사표시를 취소하기 위해서는 법률행위 내용의 중요부분에 착오가 있어야 한다.

㉡ 중요부분인가의 여부는 주관적·객관적 기준에 따라, 구체적 사정에 따라 결정된다. 즉, 표의자의 입장에서도 착오를 알았더라면 의사표시를 하지 않았으리라고 인정되어야 하고, 동시에 일반인이 표의자의 입장에 섰더라도 착오를 알았더라면 의사표시를 하지 않았을 정도로 중요한 것이어야 한다.

㉢ 중요부분에 해당하는지의 여부는 표의자가 입증하여야 한다.

② **중요부분에 해당하는지 문제되는 경우**

중요부분의 착오에 해당하는 경우	
	㉠ 사람의 동일성에 관한 착오: '상대방이 누구냐'가 중요한 법률행위(위임, 고용, 증여, 임대차, 보증계약, 근저당권설정계약 등)에 있어서는 중요부분의 착오에 해당한다(대판 1995.12.22, 95다37087).
	㉡ 목적물의 동일성에 관한 착오(대판 1997.11.28, 97다32772·32789)
	㉢ 토지의 현황·경계에 관한 착오 ⓐ 매매목적물 1,800평(약 5,950m²)을 경작이 가능한 농지로 알고 매수하였으나 그중 1,355평(약 4,480m²)이 하천부지인 경우(대판 1974.4.23, 74다54) ⓑ 답 1,389평(약 4,590m²) 전부 경작할 수 있는 농지인 줄 알고 매수하였는데 그중 약 600평(약 1,980m²)이 하천을 이루고 있는 경우(대판 1968.3.26, 67다2160) ⓒ 주위토지통행권자가 인접대지 위의 담장이 그 대지의 경계선과 일치하는 것으로 잘못 알고 이 담장을 기준으로 통로폭을 정하여 주위토지소유자의 담장설치에 합의한 경우(대판 1989.7.25, 88다카9364)
	㉣ 법률행위의 성질에 관한 착오 ⓐ 임대차를 사용대차로 안 경우 ⓑ 연대보증을 단순보증으로 안 경우

기출지문 OX

농지의 상당 부분이 하천임을 사전에 알았더라면 농지매매계약을 체결하지 않았을 것이 명백한 경우, 법률행위 내용의 중요부분의 착오에 해당될 수 있다.
• 25회　　　　　　　( )

정답 (○)

	⑩ 부동산매매에 있어서 양도소득세가 부과되지 않을 것이라는 매수인의 설명을 믿고 한 매도인의 착오(대판 1981.11.10, 80다2475) ⓑ 매매에 따른 양도소득세를 매수인이 부담하기로 하고 그 세액을 매수인이 계산하여 이를 따로 지급하였는데 후에 양도소득세가 더 부과된 경우(대판 1994.6.10, 93다24810) ⓐ 교통사고로 인한 피해에 대해 손해배상액의 합의를 한 후 예상치 못한 후유증이 발생하고 합의금액이 손해액에 훨씬 못 미치는 경우(대판 1981.4.14, 80다2452) ⓞ 금융기관이 신용보증기금에게 연체가 발생하여 신용보증 제한대상이 되는 기업에 대한 거래상황확인서를 발급하면서 아무런 연체가 없는 것처럼 기재함으로써 신용보증기금이 신용보증을 하게 된 경우(대판 1992.2.25, 91다38419) ⓩ 신원보증서류에 '서명날인한다'는 착각에 빠진 상태로 연대보증의 서면에 서명날인한 경우(대판 2005.5.27, 2004다43824)
중요부분의 착오에 해당하지 않는 경우	㉠ 목적물의 소유권, 성질, 상태, 시가, 수량에 관한 착오(대판 1959. 9.24, 4290민상627 ; 대판 1955.7.7, 4288민상66 ; 대판 1985. 4.23, 84다카890) ㉡ 토지의 지적부족이나 매매목적물에 관한 지분의 근소한 부족에 관한 착오(대판 1969.5.13, 69다196 ; 대판 1984.4.10, 83다카1328) ㉢ 합의금을 약정하면서 강제추행을 강간치상으로 오인한 경우(대판 1977.10.31, 77다1562) ㉣ 고리대금업자인 줄 모르고 금전소비대차계약을 체결한 경우 ㉤ 매수인이 대출을 받아 잔금을 지급하기로 한 잔금지급계획(대판 1996.3.26, 93다55487) ⓑ 공(空)리스에 있어서 리스물건의 존재 여부에 대한 보증인의 착오(대판 2001.2.23, 2000다48135) ⓐ 착오로 인하여 표의자가 경제적 불이익을 입지 아니한 경우(대판 1999.2.23, 98다47924)

(2) 표의자에게 중과실이 없을 것

① 중과실의 의미

㉠ 중과실(重過失)이란 표의자의 직업, 행위의 종류, 목적 등에 비추어 보통 요구되는 주의를 현저하게 결여하는 것을 말한다. 법률행위 내용의 중요부분에 착오가 있더라도 표의자의 중대한 과실로 착오가 생긴 경우에는 취소할 수 없다.

㉡ 표의자의 중과실에 대한 입증책임은 상대방이 부담한다.

기출지문 OX

착오로 인하여 표의자가 경제적 불이익을 입은 것이 아니라면 이를 법률행위 내용의 중요부분의 착오라고 할 수 없다. •36회
( )

정답 (○)

② 중과실인지 문제되는 경우

 판례

1. 공장을 경영하는 자가 공장이 협소하여 새로운 공장을 설립할 목적으로 토지를 매수함에 있어 토지상에 공장을 건축할 수 있는지 여부를 관할관청에 알아보지 아니한 것은 중대한 과실에 해당한다(대판 1993.6.29, 92다38881).
2. 토지매매에서 특별한 사정이 없는 한 매수인에게 측량을 하거나 지적도와 대조하는 등의 방법으로 매매목적물이 지적도상의 그것과 정확히 일치하는지 여부를 미리 확인하여야 할 주의의무가 있다고 볼 수 없다. 따라서 토지매매에서 특별한 사정이 없는 한, 매수인이 측량을 통하여 매매목적물이 지적도상의 그것과 정확히 일치하는지 확인하지 않은 것은 중대한 과실에 해당하지 않는다(대판 2020.3.26, 2019다288232).
3. 고려청자로 알고 매수한 도자기가 진품이 아닌 것으로 밝혀진 경우, 매수인이 도자기를 매수하면서 자신의 골동품 식별 능력과 매매를 소개한 자를 과신한 나머지 고려청자 진품이라고 믿고 소장자를 만나 그 출처를 물어 보지 아니하고 전문적 감정인의 감정을 거치지 아니한 채 그 도자기를 고가로 매수하고 만일 고려청자가 아닐 경우를 대비하여 필요한 조치를 강구하지 아니한 잘못이 있다고 하더라도, 그와 같은 사정만으로는 중대한 과실에 해당하지 않는다(대판 1997.8.22, 96다26657).

③ **중과실이 있더라도 취소할 수 있는 경우**: 표의자에게 중과실이 있더라도 언제나 취소할 수 없는 것은 아니다. 상대방이 표의자의 착오를 알면서 이를 이용한 경우에는 표의자에게 중과실이 있더라도 표의자는 의사표시를 취소할 수 있다.

④ **표의자에게 경미한 과실이 있는 경우**: 표의자에게 경과실(보통 '과실'이란 경과실을 뜻함)이 있는 경우에도 표의자는 착오를 이유로 자신의 의사표시를 취소할 수 있다. 이 경우 표의자에게 과실이 있더라도 의사표시를 취소하는 것이 적법하므로 상대방은 표의자에게 불법행위에 기한 손해배상을 청구할 수 없다는 것이 판례의 태도이다.

● 보충 표의자의 착오에 대한 상대방의 인식가능성의 요부(要否)

표의자가 착오를 이유로 의사표시를 취소하기 위해서는 상대방이 표의자의 착오를 알았거나 알 수 있어야 하는가?
⇨ 이에 대해 다수설은 상대방의 인식가능성에 대한 법적 근거가 없다는 이유로 이를 요구하지 않는다.

기출지문 O X

의사표시의 상대방이 의사표시자의 착오를 알고 이용한 경우, 착오가 중대한 과실로 인한 것이라도 의사표시자는 의사표시를 취소할 수 있다. •35회 (   )

정답 (○)

4. 효과

(1) 당사자 사이의 효과
① 위의 요건을 갖추는 경우 표의자는 자신의 의사표시를 취소할 수 있다(제109조 제1항).
② 다만, 상대방이 착오자의 진의(眞意)에 동의한 경우에는 표의자는 자신의 의사표시를 취소할 수 없다.

(2) 제3자에 대한 효과
착오를 이유로 의사표시를 취소하는 경우에 그 취소로써 선의의 제3자에게 대항할 수 없다(제109조 제2항).

5. 적용범위
의사표시규정의 적용범위 부분(p.74)을 참조한다.

6. 관련 문제

(1) 담보책임과 착오가 경합하는 경우
매매목적물에 하자가 있음을 모르고 매매계약을 체결한 경우에 담보책임규정과 착오규정 중 어떤 규정이 적용되는가에 대해 다수설은 담보책임규정이 착오규정에 대한 특별규정이므로 담보책임규정만 적용된다고 한다. 그러나 판례는 매매계약 내용의 중요부분에 착오가 있는 경우, 매수인은 매도인의 하자담보책임이 성립하는지와 상관없이 착오를 이유로 매매계약을 취소할 수 있다고 하고 있다(대판 2018.9.13, 2015다78703).

(2) 착오와 사기가 경합하는 경우
착오가 타인의 기망행위에 의해 발생한 경우 표의자는 각각 그 요건을 입증하여 주장할 수 있다(대판 1969.6.24, 68다1749).

 판례

서명날인의 착오와 사기의 경합 여부
제3자의 기망행위에 의하여 신원보증서류에 서명날인한다는 착각에 빠진 상태로 연대보증의 서면에 서명날인한 경우는 제110조 제2항에 정한 사기에 의한 의사표시의 법리가 적용되지 않는다(대판 2005.5.27, 2004다43824).

기출지문 OX

매도인의 하자담보책임이 성립하더라도 착오를 이유로 한 매수인의 취소권은 배제되지 않는다.
• 31회 ( )

정답 (○)

(3) 해제와 착오가 경합하는 경우

매도인이 매매계약을 적법하게 해제한 후라도 매수인은 손해배상책임을 지거나 매매계약에 따른 계약금의 반환을 받을 수 없는 불이익을 면하기 위하여 착오를 이유로 매매계약을 취소할 수 있다(대판 1991.8.27, 91다11308).

(4) 화해계약과 착오의 경우

화해계약은 원칙적으로 착오를 이유로 취소할 수 없다. 다만, 화해당사자의 자격에 착오가 있거나 화해의 목적인 분쟁 외의 사항에 착오가 있는 경우에는 취소할 수 있다(제733조).

4 사기·강박에 의한 의사표시 •25회 •27회 •35회

> **제110조【사기, 강박에 의한 의사표시】** ① 사기나 강박에 의한 의사표시는 취소할 수 있다.
> ② 상대방 있는 의사표시에 관하여 제3자가 사기나 강박을 행한 경우에는 상대방이 그 사실을 알았거나 알 수 있었을 경우에 한하여 그 의사표시를 취소할 수 있다.
> ③ 전2항의 의사표시의 취소는 선의의 제3자에게 대항하지 못한다.

1. 사기에 의한 의사표시

(1) 의의

사기(詐欺)에 의한 의사표시란 표의자가 타인의 기망행위에 의해 착오에 빠지고 그 상태에서 의사표시를 한 경우를 말한다(기망행위 ⇨ 착오 ⇨ 의사표시).

(2) 요건 •25회 •27회

① **사기자의 고의:** 사기자의 고의(故意)는 2단계 고의이어야 한다. 즉, 표의자를 착오에 빠지게 하려는 고의와 표의자로 하여금 착오상태에서 의사표시를 하게 하려는 고의를 가져야 한다.

② **기망행위**

㉠ 기망행위란 타인으로 하여금 착오에 빠지게 하는 일체의 행위를 말한다. 이러한 기망행위는 작위(作爲)에 의한 기망행위와 부작위(不作爲)에 의한 기망행위로 나뉜다.

기출지문 O X

매도인이 매수인의 채무불이행을 이유로 계약을 적법하게 해제한 후에는 매수인은 착오를 이유로 취소권을 행사할 수 없다.
•31회 ( )

정답 (×)
매도인이 매매계약을 적법하게 해제한 후라도 매수인은 손해배상책임을 지거나 매매계약에 따른 계약금의 반환을 받을 수 없는 불이익을 면하기 위하여 착오를 이유로 매매계약을 취소할 수 있다.

추가 사기와 강박
의사와 표시가 일치하나 의사결정과정에 하자가 있는 경우

⑥ 작위에 의한 기망행위로는 명시적 기망행위와 묵시적 기망행위가 있다.
⑥ 부작위에 의한 기망행위로 문제가 되는 것은 침묵(沈默)의 경우이다. 침묵은 원칙적으로 기망행위가 아니지만, 신의성실의 원칙 및 거래관념에 비추어 어떤 상황을 고지할 법률상 의무를 지고 있는 자가 이를 고지하지 않음으로써 표의자를 착오에 빠지게 하는 경우에는 기망행위가 된다.

> **판례**
>
> 교환계약의 당사자가 교환목적물의 시가를 묵비하거나 허위로 시가보다 높은 가액을 시가라고 고지하였다 하더라도 기망행위에 해당하지 않는다(대판 2002.9.4, 2000다54406·54413).

③ **기망행위의 위법성:** 기망행위가 거래상 요구되는 신의성실의 원칙에 반하여야 한다.

> **판례**
>
> 1. 상가를 분양하면서 운영방법 및 수익보장에 대하여 다소의 과장허위광고를 한 경우는 위법성이 없다(대판 2001.5.29, 99다55601·55618).
> 2. 판매가격을 실제보다 높게 표시하고 할인판매를 가장한 대형백화점의 변칙 세일행위는 위법성이 있다(대판 1993.8.13, 92다52665).

④ **인과관계:** 인과관계도 2단계 인과관계이어야 한다. 즉, 기망행위와 착오 사이에 그리고 착오와 의사표시 사이에 각각 인과관계가 있어야 한다. 이때의 인과관계는 표의자의 주관적인 것이라도 무방하며(착오와 비교할 것), 표의자의 착오는 반드시 중요부분의 착오일 필요도 없다.

2. 강박에 의한 의사표시

(1) 의의

강박(强迫)에 의한 의사표시란 표의자가 타인의 강박행위에 의해 공포심을 가지고 그 상태에서 의사표시를 한 경우를 말한다(해악 고지 ⇨ 공포심 유발 ⇨ 의사표시).

기출지문 O X

아파트분양자가 아파트단지 인근에 공동묘지가 조성되어 있다는 사실을 분양계약자에게 고지하지 않은 경우에는 기망행위에 해당한다. • 35회 ( )

정답 (O)

(2) 요건 •25회

① **강박자의 고의:** 강박자의 고의(故意)는 2단계 고의이어야 한다. 즉, 표의자에게 공포심을 유발하려는 고의와 표의자로 하여금 공포상태에서 의사표시를 하게 하려는 고의를 가져야 한다.

② **강박행위**
　㉠ 강박행위란 해악(害惡)을 고지(告知)하여 공포심을 일으키는 행위를 말한다.
　㉡ 해악 고지의 방법에는 제한이 없다. 침묵도 경우에 따라서는 강박행위가 된다.
　㉢ 강박의 정도는 표의자로 하여금 공포심을 유발하기에 충분한 정도이면 족하다. 즉, 강박은 의사결정의 자유를 제한하는 정도를 말한다.
　㉣ 강박의 정도가 극심하여 표의자의 의사결정의 자유가 박탈(剝奪)된 상태에서 이루어진 의사표시는 무효이다.

③ **강박행위의 위법성:** 강박행위의 위법성은 목적이 위법한 경우(실제로 자기에게 채무를 지고 있는 자에게 탈세에 협력하지 않으면 즉시 채무이행을 구하는 소송을 제기하겠다고 협박하는 경우), 수단이 위법한 경우(채무를 면제시켜 주지 않으면 폭행을 하겠다고 협박하는 경우), 목적과 수단의 결합이 부적당한 경우(교통사고의 피해자가 사고에 대한 손해를 배상하지 않으면 우연히 목격했던 가해자의 과거의 범죄를 경찰에 신고하겠다고 협박하는 경우)에 인정된다. 또 범죄행위에 대한 고소 또는 고발도 그것이 부정한 이익의 취득을 목적으로 하는 경우나 목적이 정당하다 하더라도 행위나 수단 등이 부당한 때에는 위법성이 인정된다는 것이 판례의 태도이다.

④ **인과관계:** 인과관계도 2단계 인과관계이어야 한다. 즉, 해악 고지와 공포심 유발 사이에 그리고 공포심과 의사표시 사이에 각각 인과관계가 있어야 한다. 이때의 인과관계는 표의자의 주관적인 것이라도 무방하다(착오와 비교할 것).

3. 효과

(1) 상대방의 사기·강박의 경우

상대방이 표의자에 대하여 사기·강박을 한 경우에는 표의자는 그 의사표시를 취소할 수 있다(제110조 제1항).

(2) 제3자의 사기·강박의 경우

① **상대방 없는 의사표시의 경우**

㉠ 상대방 없는 의사표시에 있어서 제3자가 표의자에게 사기·강박을 한 경우에는 표의자는 언제나 그 의사표시를 취소할 수 있다.

㉡ 예를 들어, 丙의 사기·강박에 의해 甲이 乙에 대해 유증(遺贈)을 한 경우 甲은 언제나 유증의 의사표시를 취소할 수 있다.

② **상대방 있는 의사표시의 경우**

㉠ 상대방 있는 의사표시에 있어서 제3자가 표의자에게 사기·강박을 한 경우에는 표의자는 상대방이 그 사실을 알았거나 알 수 있었을 경우에만 그 의사표시를 취소할 수 있다(제110조 제2항).

㉡ 예를 들어, 주채무자 乙의 사기·강박에 의해 보증인 丙이 채권자 甲과 보증계약을 체결한 경우 丙은 甲이 그 사실을 알았거나 알 수 있었을 경우에만 보증계약을 취소할 수 있다.

㉢ 상대방의 대리인 등 상대방과 동일시할 수 있는 자는 제3자의 사기·강박에서 말하는 제3자에 해당하지 않는다.

(3) 제3자에 대한 효과

사기·강박에 의한 의사표시가 취소된 경우에도 그 취소로써 선의의 제3자에게 대항할 수 없다(제110조 제3항). 제3자의 선의는 추정되므로 취소를 주장하는 자가 제3자의 악의를 입증하여야 한다.

> **판례**
>
> 사기에 기한 의사표시를 취소한 경우, 취소를 주장하는 자와 양립되지 아니하는 법률관계를 가졌던 것이 취소 이전이든 이후이든 불문하고 사기 및 취소사실을 몰랐던 모든 제3자에게 대항할 수 없다(대판 1975.12.23, 75다533).

4. 적용범위

의사표시규정의 적용범위 부분(p.74)을 참조한다.

5. 관련 문제 ·25회

(1) 담보책임과 사기가 경합하는 경우

매매목적물에 하자가 있음에도 불구하고 매도인이 이를 속이고 매매계약을 체결한 경우 매수인(피기망자)은 각각 그 요건을 입증하여 주장할 수 있다.

추가 표의자가 상대방 없는 의사표시를 했는지 상대방 있는 의사표시를 했는지 잘 구별하여야 한다.

기출지문 O X

'제3자의 강박'에 의한 의사표시에서 상대방의 대리인은 제3자에 포함되지 않는다. ·35회
( )

정답 (O)

(2) 사기·강박과 불법행위

① 사기·강박행위가 동시에 불법행위에 해당하는 경우에는 표의자는 각각 그 요건을 입증하여 주장할 수 있다.
② 제3자에 의한 사기행위로 계약을 체결한 경우, 표의자는 그 계약을 취소하지 않고도 제3자에 대하여 불법행위로 인한 손해배상청구를 할 수 있다(대판 1998.3.10, 97다55829).

5 의사표시의 효력발생 • 30회

> 제111조【의사표시의 효력발생시기】① 상대방이 있는 의사표시는 상대방에게 도달한 때에 그 효력이 생긴다.
> ② 의사표시자가 그 통지를 발송한 후 사망하거나 제한능력자가 되어도 의사표시의 효력에 영향을 미치지 아니한다.
> 제112조【제한능력자에 대한 의사표시의 효력】의사표시의 상대방이 의사표시를 받은 때에 제한능력자인 경우에는 의사표시자는 그 의사표시로써 대항할 수 없다. 다만, 그 상대방의 법정대리인이 의사표시가 도달한 사실을 안 후에는 그러하지 아니하다.
> 제113조【의사표시의 공시송달】표의자가 과실 없이 상대방을 알지 못하거나 상대방의 소재를 알지 못하는 경우에는 의사표시는 「민사소송법」 공시송달의 규정에 의하여 송달할 수 있다.

1. 서설

(1) 상대방 없는 의사표시는 특정의 상대방이 없으므로 표의자가 표시행위를 완료한 때 의사표시의 효력이 발생한다.
(2) 상대방 있는 의사표시는 원칙적으로 수령능력이 있는 상대방에게 도달되어야 의사표시의 효력이 발생한다. 즉, 주관적 요건으로서 의사표시의 수령자에게 수령능력이 있어야 하고, 객관적 요건으로서 의사표시가 도달되어야 한다.

기출지문 OX

제3자의 사기로 계약을 체결한 경우, 피해자는 그 계약을 취소하지 않고 그 제3자에게 불법행위 책임을 물을 수 있다. • 25회
( )

정답 (○)

2. 의사표시의 도달 – 객관적 요건

(1) 의사표시의 효력발생시기에 관한 입법주의

> 甲이 乙의 사기·강박을 이유로 계약을 취소한다고 가정할 때, 甲의 의사표시는 보통 '표백(表白, 서면작성 완료) ⇨ 발신(發信, 우편함에 투입) ⇨ 도달(到達, 상대방에게 배달) ⇨ 요지(了知, 상대방이 서면을 읽음)'의 네 단계를 거친다.

① **표백주의:** 표시행위가 완료된 때 의사표시의 효력이 발생한다고 보는 입법주의로서 표의자의 이익을 지나치게 보호하는 경향이 있다.
② **발신주의:** 의사표시의 발신만으로 그 효력이 발생한다고 보는 입법주의로서 신속을 요하는 거래관계에 적합하나 표의자의 이익보호에 더 중점을 두고 있다.
③ **도달주의:** 의사표시가 상대방에게 도달한 때 그 효력이 발생한다고 보는 입법주의로서 당사자 쌍방의 이익을 잘 조화한 입법주의이다.
④ **요지주의:** 상대방이 의사표시의 내용을 안 때 그 효력이 발생한다고 보는 입법주의로서 상대방의 요지시기에 대한 입증이 곤란한 점이 있다.

(2) 민법의 태도

민법은 상대방 없는 의사표시에 관하여는 표백주의를 취하고 있지만, 상대방 있는 의사표시에 관하여는 도달주의를 원칙으로 하고 있다(제111조 제1항). 이러한 도달주의의 원칙은 대화자 간이냐 격지자 간이냐를 불문한다.

> **⊕ 보충** 민법이 예외적으로 발신주의를 취하고 있는 경우
> 1. 제한능력자의 상대방의 확답촉구에 대한 제한능력자 측의 확답(제15조)
> 2. 사원총회의 소집통지(제71조)
> 3. 무권대리인의 상대방의 최고에 대한 본인의 확답(제131조)
> 4. 채무인수에 있어서 채무자 또는 인수인의 최고에 대한 채권자의 확답(제455조)
> 5. 격지자 간의 계약성립에 있어서 승낙의 통지(제531조)
> ⊕ 제3자를 위한 계약에 있어서의 낙약자의 최고에 대한 제3자의 확답(제540조)은 도달주의에 의하고 있다.

(3) 제111조의 성질

상대방 있는 의사표시의 효력발생시기에 관한 제111조 규정은 임의규정이므로 당사자는 특약으로 효력발생시기를 다르게 정할 수 있다.

기출지문 OX

상대방이 표의자의 의사표시를 실제로 알아야 의사표시의 효력이 발생한다. • 30회 ( )

정답 (×)

상대방이 있는 의사표시는 상대방에게 도달한 때에 효력이 생기고 반드시 상대방이 의사표시의 내용을 알 필요는 없다.

(4) 도달주의의 내용

① **도달의 의미**: 의사표시가 상대방의 지배권 내에 들어가 사회통념상 의사표시의 내용을 '알 수 있는' 객관적인 상태에 이른 것을 말한다(요지가능시설이 통설과 판례의 태도). 따라서 상대방이 현실적으로 수령하거나 그 통지의 내용을 알았을 것까지는 필요 없다.

② **도달로 볼 수 있는지 문제되는 경우**

도달로 볼 수 있는 경우	㉠ 상대방이 내용을 확인하지 않은 상태에서 의사표시의 수령을 거절하는 경우 ㉡ 우편물이 내용증명우편이나 등기취급의 방법으로 발송되고 반송되지 않은 경우(대판 1997.2.25, 96다38322 ; 대판 1992.3.27, 91누3819, 수취인이 주민등록지에 실제로 거주하여야 함) ㉢ 동거 중인 처나 가족, 대리인, 피용인이 수령하였으나 본인에게 전달하지 않은 경우
도달로 볼 수 없는 경우	㉠ 매도인이 소유권유보의 의사표시를 상품송부서에 잘 알아볼 수 없게 기재한 경우 ㉡ 우편물이 보통우편의 방법으로 발송된 경우(대판 1993.11.26, 93누17478) ㉢ 수신인의 기재가 명료하지 않아 서신을 개봉하지 않은 경우 ㉣ 채권양도의 통지서를 가정부가 수령한 직후 한 집에 사는 채권양도인이 우편물을 바로 회수한 경우(대판 1983.8.23, 82다카439)

(5) 도달주의의 효과

① 상대방이 있는 의사표시는 상대방에게 도달한 때에 그 효력이 생기므로 상대방에게 도달하기 전에는 의사표시자는 자신의 의사표시를 철회할 수 있다.
② 의사표시자가 그 통지를 발송한 후 사망하거나 제한능력자가 되어도 의사표시의 효력에 영향을 미치지 않는다.

3. 의사표시의 수령능력 – 주관적 요건

(1) 제112조의 취지

상대방이 있는 의사표시는 그 의사표시가 상대방에게 도달하면 일정한 법률효과가 발생하므로 의사표시의 상대방에게는 의사표시의 내용을 알 수 있는 능력이 있어야 하는데, 이를 수령능력이라 한다. 민법은 의사표시의 상대방이 제한능력자인 경우에는 그 제한능력자를 보호하기 위하여 제112조를 두고 있다.

(2) 제한능력자에 대한 의사표시의 효력

① 의사표시의 상대방이 의사표시를 받은 때에 제한능력자인 경우에는 의사표시자는 그 의사표시로써 대항할 수 없다. 다만, 제한능력자 스스로 의사표시가 도달하여 효력이 발생한다고 주장하는 것은 무방하다.
② 제한능력자의 법정대리인이 의사표시가 도달한 사실을 안 후에는 의사표시자는 그 의사표시로써 대항할 수 있다.

> **참고** 의사무능력자에 대한 의사표시의 효력
> 의사무능력자는 요지할 능력이 없으므로 도달 자체가 없는 것으로 본다(다수설).

(3) 제112조의 적용범위

제112조는 상대방 없는 의사표시, 발신주의, 공시송달에 의한 의사표시에는 적용되지 않는다.

4. 공시송달에 의한 의사표시

(1) 표의자가 과실(過失) 없이 상대방을 알지 못하거나 상대방의 소재를 알지 못하는 경우에는 「민사소송법」의 공시송달 규정에 따라 의사표시를 송달할 수 있다(제113조).

(2) 첫 공시송달은 실시한 날부터 2주가 지나야 효력이 생긴다. 다만, 같은 당사자에게 하는 그 뒤의 공시송달은 실시한 다음 날부터 효력이 생긴다.

> **판례**
> 법원의 공시송달명령이 없는 한, 일간신문에 공고를 내었다 할지라도 공고를 통한 통지가 상대방에게 도달되었다는 입증이 없다면 상대방이 그 공고를 알았다고 인정할 수 없다(대판 1964.10.30, 64다65).

CHAPTER 03 최신기출문제로 확인!

01 진의 아닌 의사표시에 관한 설명으로 **틀린** 것은? (다툼이 있으면 판례에 따름) • 27회

① 진의란 특정한 내용의 의사표시를 하고자 하는 표의자의 생각을 말하는 것이지 표의자가 진정으로 마음 속에서 바라는 사항을 뜻하는 것은 아니다.
② 상대방이 표의자의 진의 아님을 알았을 경우, 표의자는 진의 아닌 의사표시를 취소할 수 있다.
③ 대리행위에 있어서 진의 아닌 의사표시인지 여부는 대리인을 표준으로 결정한다.
④ 진의 아닌 의사표시의 효력이 없는 경우, 법률행위의 당사자는 진의 아닌 의사표시를 기초로 새로운 이해관계를 맺은 선의의 제3자에게 대항하지 못한다.
⑤ 진의 아닌 의사표시는 상대방과 통정이 없다는 점에서 통정허위표시와 구별된다.

| 키워드 > 비진의표시
| 난이도 > ■■■■□
| 해설 > 의사표시는 표의자가 진의 아님을 알고 한 것이라도 그 효력이 있다. 그러나 상대방이 표의자의 진의 아님을 알았거나 이를 알 수 있었을 경우에는 무효로 한다(제107조 제1항).

02 甲은 강제집행을 피하기 위해 자신의 X부동산을 乙에게 가장매도하여 소유권이전등기를 해 주었는데, 乙이 이를 丙에게 매도하고 소유권이전등기를 해 주었다. 다음 설명 중 **틀린** 것은? (다툼이 있으면 판례에 따름) • 35회

① 甲과 乙 사이의 계약은 무효이다.
② 甲과 乙 사이의 계약은 채권자취소권의 대상이 될 수 있다.
③ 丙이 선의인 경우, 선의에 대한 과실의 유무를 묻지 않고 丙이 소유권을 취득한다.
④ 丙이 악의라는 사실에 관한 증명책임은 허위표시의 무효를 주장하는 자에게 있다.
⑤ 만약 악의의 丙이 선의의 丁에게 X부동산을 매도하고 소유권이전등기를 해 주더라도 丁은 소유권을 취득하지 못한다.

| 키워드 > 통정허위표시
| 난이도 > ■■■■□
| 해설 > ① 상대방과 통정한 허위의 의사표시는 무효로 한다.
② 통정허위표시로서 무효인 법률행위라도 채권자취소권의 대상이 될 수 있다.
③ 제3자로서 보호받기 위해서는 선의이면 족하고, 무과실까지 요구되지는 않는다. 따라서 제3자는 선의이기만 하면 설사 과실(過失)이 있더라도 보호된다.
④ 제3자의 선의는 추정되므로 무효를 주장하는 자가 제3자의 악의를 입증하여야 한다.
⑤ 제3자로부터 새로운 이해관계를 맺은 전득자도 제108조 제2항의 제3자에 포함된다. 따라서 제3자가 악의이더라도 전득자가 선의이면 선의의 제3자로서 보호를 받으므로 丁은 소유권을 취득할 수 있다.

정답 01 ② 02 ⑤

03 통정허위표시를 기초로 새로운 법률상 이해관계를 맺은 제3자에 해당하는 자를 모두 고른 것은? (다툼이 있으면 판례에 따름) •36회

> ㉠ 가장채권을 가압류한 자
> ㉡ 파산선고를 받은 가장채권자의 파산관재인
> ㉢ 가장소비대차의 계약상 지위를 이전받은 자

① ㉠
② ㉢
③ ㉠, ㉡
④ ㉡, ㉢
⑤ ㉠, ㉡, ㉢

키워드 〉 제108조 제2항의 제3자
난이도 〉
해설 〉 ㉠ 가장채권을 가압류한 자는 통정허위표시를 기초로 새로운 법률상 이해관계를 맺은 제3자에 해당한다.
㉡ 파산선고를 받은 가장채권자의 파산관재인은 통정허위표시를 기초로 새로운 법률상 이해관계를 맺은 제3자에 해당한다.
㉢ 가장소비대차의 계약상 지위를 이전받은 자는 통정허위표시를 기초로 새로운 법률상 이해관계를 맺은 제3자에 해당하지 않는다.

04 착오로 인한 의사표시에 관한 설명으로 옳은 것을 모두 고른 것은? (다툼이 있으면 판례에 따름) •35회

> ㉠ 착오로 인한 의사표시의 취소는 선의의 제3자에게 대항하지 못한다.
> ㉡ 의사표시의 상대방이 의사표시자의 착오를 알고 이용한 경우, 착오가 중대한 과실로 인한 것이라도 의사표시자는 의사표시를 취소할 수 있다.
> ㉢ X토지를 계약의 목적물로 삼은 당사자가 모두 지번에 착오를 일으켜 계약서에 목적물을 Y토지로 표시한 경우, 착오를 이유로 의사표시를 취소할 수 있다.

① ㉠
② ㉢
③ ㉠, ㉡
④ ㉡, ㉢
⑤ ㉠, ㉡, ㉢

키워드 〉 착오에 의한 의사표시
난이도 〉
해설 〉 ㉠ 착오로 인한 의사표시의 취소는 상대적 취소이므로 취소로써 선의의 제3자에게 대항하지 못한다.
㉡ 상대방이 표의자의 착오를 알면서 이를 이용한 경우에는 표의자에게 중과실이 있더라도 표의자는 의사표시를 취소할 수 있다.
㉢ X토지를 계약의 목적물로 삼은 당사자가 모두 지번에 착오를 일으켜 계약서에 목적물을 Y토지로 표시한 경우에는 오표시무해의 원칙에 의해 X토지에 대해 매매계약이 성립하므로 착오를 이유로 의사표시를 취소할 수 없다.

정답 03 ③ 04 ③

05 사기·강박에 의한 의사표시에 관한 설명으로 틀린 것은? (다툼이 있으면 판례에 따름) · 25회

① 사기나 강박에 의한 소송행위는 원칙적으로 취소할 수 없다.
② 대리인의 기망행위로 계약을 체결한 상대방은 본인이 선의이면 계약을 취소할 수 없다.
③ 강박으로 의사결정의 자유가 완전히 박탈되어 법률행위의 외형만 갖춘 의사표시는 무효이다.
④ 교환계약의 당사자 일방이 자기 소유 목적물의 시가를 묵비한 것은 특별한 사정이 없는 한 기망행위가 아니다.
⑤ 제3자의 사기로 계약을 체결한 경우, 피해자는 그 계약을 취소하지 않고 그 제3자에게 불법행위책임을 물을 수 있다.

키워드 〉 사기·강박에 의한 의사표시
난이도 〉 ■■■■■
해설 〉 ①「민사소송법」상의 소송행위에는 특별한 사정이 없는 한 민법상의 법률행위에 관한 규정이 적용될 수 없는 것이므로 사기·강박 또는 착오 등 의사표시의 하자를 이유로 그 무효나 취소를 주장할 수 없다(대판 1980.8.26, 80다76).
② 대리인의 기망행위로 계약을 체결한 상대방은 본인의 선의·악의 및 과실 유무를 불문하고 계약을 취소할 수 있다.
③ 대판 1997.3.11, 96다49353
④ 일방 당사자가 자기가 소유하는 목적물의 시가를 묵비하여 상대방에게 고지하지 아니하거나 혹은 허위로 시가보다 높은 가액을 시가라고 고지하였다 하더라도 이는 상대방의 의사결정에 불법적인 간섭을 한 것이라고 볼 수 없다(대판 2002.9.4, 2000다54406).
⑤ 대판 1998.3.10, 97다55829

정답 05 ②

06 의사표시에 관한 설명으로 틀린 것은? (다툼이 있으면 판례에 따름) • 36회

① 의사표시의 상대방이 의사표시를 받은 때에 제한능력자인 경우, 표의자는 원칙적으로 그 의사표시로써 대항할 수 없다.
② 비진의표시에서 진의란 특정한 내용의 의사표시를 하고자 하는 표의자의 생각을 말한다.
③ 경과실로 착오에 빠진 표의자가 착오를 이유로 의사표시를 취소한 경우, 표의자는 그로 인해 손해를 입은 상대방에 대하여 불법행위로 인한 손해배상책임을 진다.
④ 통정허위표시로서 무효인 법률행위도 채권자취소권의 대상이 될 수 있다.
⑤ 공무원의 사직 의사표시와 같은 사인의 공법행위에는 비진의표시에 관한 민법규정이 준용되지 않는다.

키워드 의사표시
난이도 ■■■■

해설 ① 의사표시의 상대방이 의사표시를 받은 때에 제한능력자인 경우에는 의사표시자는 그 의사표시로써 대항할 수 없다.
② 진의(眞意)란 특정한 내용의 의사표시를 하고자 하는 표의자의 생각을 말하는 것이지 표의자가 진정으로 마음 속에서 바라는 사항이 아니다.
③ 표의자의 착오에 경과실이 있는 경우 표의자는 착오를 이유로 자신의 의사표시를 취소할 수 있다. 또한 취소한 표의자의 행위가 적법하므로 상대방은 표의자에게 불법행위에 기한 손해배상을 청구할 수 없다.
④ 가장행위가 채권자를 해할 목적으로 행해진 경우 채권자는 채권자취소권을 행사할 수 있다.
⑤ 공법행위에는 의사표시에 관한 규정(제107조 내지 제110조)이 적용되지 않는다.

정답 06 ③

CHAPTER

04 법률행위의 대리

10개년 출제문항 수

27회	28회	29회	30회	31회
2	2	3	4	3
32회	33회	34회	35회	36회
3	4	3	2	2

↳ 총 40문제 中 평균 약 2.8문제 출제

학습전략

- 법률행위의 대리에서는 대리권, 대리행위, 복대리, 협의의 무권대리, 표현대리에 대한 내용을 학습합니다.
- 대리권의 소멸, 대리행위의 하자, 복대리, 협의의 무권대리, 제126조의 표현대리에서 문제가 주로 출제되므로 관련 이론을 정리해 두는 것이 좋습니다.

제1절 대리 일반론

1 서설

1. 대리의 의의

(1) 대리(代理)란 대리인(代理人)이 본인(本人)의 이름으로 법률행위를 하거나 의사표시를 수령함으로써 법률효과가 모두 직접 본인에게 귀속하도록 하는 제도를 말한다.

> 🔍 **사례**
>
> 건물을 매도하려는 甲이 친구인 乙에게 건물매도를 부탁하고 대리권을 수여하였다. 乙은 상대방을 물색한 끝에 丙과 매매계약을 체결하였다. 이 경우 매매계약은 乙과 丙이 체결하였지만 그 효과는 甲과 丙 사이에 발생하게 된다. 그리하여 甲은 丙에게 건물소유권이전의무를 부담하고, 丙은 甲에게 대금지급의무를 부담한다.

(2) 대리에 있어서 가장 큰 특징은 법률행위의 당사자(乙과 丙)와 법률효과의 당사자(甲과 丙)가 분리되는 현상이 발생한다는 점이다.

2. 대리제도의 기능

(1) 오늘날과 같이 복잡화·전문화된 사회에서 개인이 모든 법률행위를 스스로 처리한다는 것은 불가능하고 그 활동능력에도 한계가 있으므로 타인을 대리인으로 선임하여 그 자로 하여금 법률행위를 하도록 하고 그 법률행위의 효과를 직접 자신이 받는다면 개인의 법률행위의 영역은 그만큼 확장되게 된다.

(2) 한편 제한능력자는 단독으로 유효한 법률행위를 할 수 없으므로 법정대리인의 행위를 매개로 해서 권리를 취득하고 의무를 부담하게 한다면 제한능력자도 법률관계에 참가할 수 있게 된다.

(3) 이렇듯 대리제도는 임의대리(任意代理)에서는 사적 자치를 확장하는 기능을 하고(1차적 기능), 법정대리(法定代理)에서는 사적 자치를 보충하는 기능을 한다(2차적 기능). 법정대리는 행위능력이 제한되는 것을 보충하는 제도이지 권리능력을 보충하는 제도가 아니다.

3. 대리제도의 발전

로마법에서는 원칙적으로 대리를 허용하지 않았고, 프랑스 민법도 대리를 독립한 제도로 인정하지 않는다. 그러나 독일 민법과 우리 민법은 대리를 위임과 구별된 독립한 제도로 인정하고 있다.

2 대리제도의 본질론

1. 의의

대리제도의 본질론이란 대리인이 한 법률행위의 효과가 왜 법률행위를 하지 않은 본인에게 귀속하는지에 대한 이론적 근거의 문제이다. 종래 이에 대해서 본인행위설, 대리인행위설(다수설), 공동행위설, 행위·규율이분설, 통합요건설 등이 주장되어 왔다.

2. 두 가지 근거

대리에서 대리행위의 본질은 대리인의 행위에 있지만, 대리행위의 효과가 본인에게 귀속하는 이유는 첫째, 대리인에게 대리권이 존재하고 둘째, 법질서가 대리제도를 적법한 것으로 인정하기 때문이다. 민법도 대리인행위설을 근거로 하고 있다(제116조 제1항).

3 대리가 인정되는 범위

1. 법률행위

대리는 재산상의 법률행위에만 인정된다. 따라서 혼인이나 유언 등과 같은 가족법상의 법률행위(신분행위)에는 원칙적으로 대리가 인정되지 않는다.

2. 준법률행위

준법률행위(사실행위 포함)에는 원칙적으로 대리가 인정되지 않는다. 그러나 의사의 통지와 관념의 통지에 대해서는 의사표시규정이 유추적용되므로 대리가 인정된다.

3. 불법행위

불법행위에는 대리가 인정되지 않는다.

4 대리의 종류

1. 임의대리와 법정대리 - 대리권 수여의 근거에 따른 구별

(1) 임의대리(任意代理)란 본인의 수권행위(授權行爲)에 의해 대리권이 발생하는 경우를 말하고, 법정대리(法定代理)란 법률규정 등에 의해 대리권이 발생하는 경우를 말한다.
(2) 임의대리와 법정대리를 구별하는 실익은 대리인의 복임권(제120조, 제122조), 대리권의 소멸원인(제128조), 표현대리규정의 적용 여부에서 나타난다.

2. 능동대리와 수동대리 – 의사표시의 주체에 따른 구별

(1) 능동대리(能動代理)란 대리인이 상대방에 대하여 의사표시를 하는 경우를 말하고, 수동대리(受動代理)란 대리인이 상대방의 의사표시를 수령하는 경우를 말한다.

(2) 민법은 원칙적으로 능동대리를 기준으로 규정하고 있고, 수동대리에 대해서는 능동대리에 관한 규정을 부분적으로 준용(準用)*하고 있다(제114조 제2항). 특별한 사정이 없는 한 능동대리권이 있으면 수동대리권도 함께 가진다.

(3) 능동대리와 수동대리를 구별하는 실익은 현명주의(제114조, 제115조), 상대방 있는 단독행위의 무권대리(제136조)에서 나타난다.

> *** 준용**
> 필요한 변경을 가하여 적용한다는 의미이다.

3. 유권대리와 무권대리 – 대리권의 유무에 따른 구별

(1) 유권대리(有權代理)란 대리인에게 정당한 대리권이 있는 경우를 말하고, 무권대리(無權代理)란 대리인에게 정당한 대리권이 없는 경우를 말한다.

(2) 이처럼 통설은 대리를 유권대리와 무권대리로 나누고, 무권대리를 다시 협의의 무권대리(제130조 내지 제136조)와 표현대리(제125조, 제126조, 제129조)로 나누고 있다.

5 대리의 3면관계

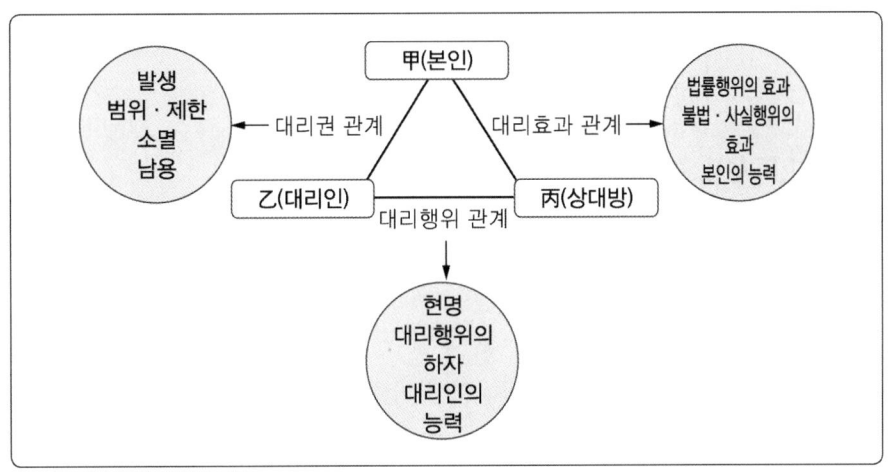

(1) 대리인이 한 법률행위의 효과가 본인에게 귀속하기 위한 요건
① 대리인에게 대리권이 존재할 것
② 대리인이 대리권의 범위 내에서 대리행위를 할 것
③ 대리인이 본인을 위한 것임을 표시할 것

(2) 3면관계의 내용
앞의 그림에서 본인과 대리인 사이의 관계를 대리권 관계, 대리인과 상대방 사이의 관계를 대리행위 관계, 본인과 상대방 사이의 관계를 대리효과 관계라 한다.

제2절 대리권

1 의의와 성질

1. 의의
대리권이란 대리인이 법률행위의 효과를 본인에게 귀속시킬 수 있는 법률상의 지위 내지 자격을 말한다.

2. 성질
대리권의 법적 성질에 대해서는 자격설이 통설이다. 따라서 대리권은 권리가 아니라 권한이다.

2 대리권의 발생원인 · 30회

1. 임의대리권의 발생원인

(1) 수권행위의 개념
① 임의대리권은 본인의 수권행위에 의해 발생한다. 수권행위(授權行爲)란 대리권수여를 목적으로 하는 법률행위를 말한다.
② 대리권수여행위는 의사표시이지만, 제125조의 대리권수여의 표시는 관념의 통지이다.

(2) 수권행위의 법적 성질

① 수권행위를 무명계약(無名契約)으로 이해하는 견해도 있으나, 통설은 상대방 있는 단독행위로 이해한다. 이에 대한 실정법적 근거로 대리인은 행위능력자임을 요하지 않는다는 제117조와 수권행위의 철회에 관한 제128조 제2문을 들고 있다.

② 통설에 따르면, 수권행위는 대리인에게 대리권한을 주는 것이지 어떠한 권리나 의무를 부담하게 하는 것이 아니므로 대리인이 될 자의 승낙은 필요하지 않게 된다. 또한 대리권의 발생에 대리인의 의사표시가 필요 없으므로 설사 대리인의 의사표시에 제한능력, 착오, 사기·강박 등의 흠이 있다고 하더라도 수권행위는 이에 영향을 받지 않는다.

(3) 수권행위의 상대방

수권행위는 대리인에 대해 하는 것이 일반적이다. 대리행위의 상대방에 대해서도 수권행위를 할 수 있는지의 여부에 대해서는 견해가 대립한다.

(4) 수권행위의 방식

① 수권행위는 불요식행위이다. 따라서 수권행위는 구두로도 할 수 있고 서면으로도 할 수 있다. 수권행위는 보통 위임장을 작성하여 교부하는 방식으로 하는 것이 보통이나, 이는 대리권을 수여한 사실을 증명하는 증거에 불과하다.

② 또한 수권행위는 명시적 의사표시뿐만 아니라 묵시적 의사표시로도 할 수 있다.

(5) 수권행위의 하자

① 대리행위의 하자(瑕疵) 유무는 원칙적으로 대리인을 기준으로 결정하나(제116조), 수권행위 자체의 하자(瑕疵) 유무는 본인을 기준으로 결정한다.

② 따라서 수권행위 자체의 하자에 대해서는 의사표시에 관한 민법의 규정(제107조 내지 제110조)이 적용된다.

2. 법정대리권의 발생원인

법정대리권은 법률의 규정, 지정권자의 지정행위, 법원의 선임행위에 의해 발생한다.

기출지문 OX

수권행위는 불요식행위로서 묵시적인 방법에 의해서도 가능하다. • 30회 ( )

정답 (○)

추가 법정대리권은 법률규정에 의해서만 발생한다. (×)

3 대리권의 범위 • 27회 • 30회 • 31회

1. 임의대리권의 범위

(1) 수권행위의 해석

임의대리권은 본인의 수권행위에 의해 발생하므로 임의대리권의 범위는 원칙적으로 수권행위의 해석에 의해 결정된다. 수권행위의 해석도 의사표시해석의 일반원칙이 적용된다.

> **판례**
>
> 1. 토지매각의 대리권은 중도금, 잔금을 수령하고 소유권이전등기를 할 권한을 포함한다(대판 1958.3.27, 4290민상840).
> 2. 매매계약의 체결과 이행에 관하여 포괄적으로 대리권을 수여받은 대리인은 약정된 매매대금의 지급기일을 연기하여 줄 권한을 가진다(대판 1992.4.14, 91다43107).
> 3. 대여금의 영수권한에는 대여금채무의 면제에 관한 권한은 포함되지 않으므로, 대여금채무의 일부를 면제하기 위해서는 본인의 특별수권이 필요하다(대판 1981.6.23, 80다3221).
> 4. 매매계약체결의 대리권에는 계약해제권 등의 처분권을 포함한다고 볼 수 없다(대판 1987.4.28, 85다카971).

(2) 수권행위의 해석에 대한 보충규정

> **제118조【대리권의 범위】** 권한을 정하지 아니한 대리인은 다음 각 호의 행위만을 할 수 있다.
> 1. 보존*행위
> 2. 대리의 목적인 물건이나 권리의 성질을 변하지 아니하는 범위에서 그 이용* 또는 개량*하는 행위

① 수권행위의 해석에 의해서도 대리권의 범위가 불분명한 경우에는 제118조가 보충적으로 적용된다. 제118조에 의하면, 권한이 정해지지 않은 대리인은 보존행위 및 일정한 범위 내의 이용·개량행위만 할 수 있다. 따라서 권한이 정해지지 않은 대리인은 관리행위만 할 수 있고 처분행위는 할 수 없다.

② 보존행위란 재산의 현상을 유지하기 위한 행위를 말한다. 가옥의 수선, 부패하기 쉬운 물건의 매각, 미등기부동산의 등기, 시효중단을 위한 소제기, 기한이 도래한 채권의 추심, 기한이 도래한 채무의 변제 등이 이에 해당한다. 이러한 보존행위는 무제한할 수 있다.

기출지문 OX

금전소비대차계약과 그 담보를 위한 담보권설정계약을 체결할 권한이 있는 임의대리인은 특별한 사정이 없는 한 계약을 해제할 권한까지 갖는 것은 아니다.
• 27회 ( )

정답 (○)

* 보존
현상유지

* 이용
유리하게 사용

* 개량
객관적 가치증가

③ 이용행위란 재산을 사용·수익하는 행위를 말하고, 개량행위란 재산의 가치를 증가시키는 행위를 말한다. 이러한 이용·개량행위는 대리의 목적인 물건이나 권리의 성질을 변하게 하지 않는 범위 내에서만 할 수 있다. 따라서 물건을 임대하거나 금전을 이자부로 대여하는 것은 이용행위로서 허용이 되고, 가옥에 부가시설을 설치하거나 무이자소비대차를 이자부로 전환하는 것은 개량행위로서 허용된다. 그러나 은행예금을 주식으로 전환하거나 보다 높은 금리로 개인에게 빌려주는 것은 허용되지 않는다. 또한 농지를 대지로 용도변경하는 것도 허용되지 않는다.

> **정리** 보존행위는 무제한할 수 있으나, 이용·개량행위는 성질이 변하지 않아야 한다는 제한이 있다.

2. 법정대리권의 범위

(1) 법정대리권의 범위는 법률규정에 의해 정해진다.
(2) 예를 들어, 친권자는 자(子)에 대해 대리권을 가지는데 그 범위는 제920조에 의해 재산상의 법률행위에 대리권을 가지는 것으로 정해진다.

4 대리권의 제한

1. 자기계약·쌍방대리의 금지

> **제124조【자기계약, 쌍방대리】** 대리인은 본인의 허락이 없으면 본인을 위하여 자기와 법률행위를 하거나 동일한 법률행위에 관하여 당사자 쌍방을 대리하지 못한다. 그러나 채무의 이행은 할 수 있다.

(1) 의의
  ① **자기계약**(自己契約): 대리인이 본인을 대리하면서 동시에 자기가 상대방이 되어 계약을 체결하는 경우를 말한다.
  ② **쌍방대리**(雙方代理): 대리인이 본인을 대리하면서 동시에 상대방을 대리하여 자기 혼자서 법률행위를 하는 경우를 말한다.

(2) 제124조의 취지
자기계약과 쌍방대리는 본인의 이익을 해할 가능성이 있기 때문에 원칙적으로 금지된다(제124조). 따라서 본인의 이익을 해할 가능성이 없는 경우에는 예외적으로 허용된다.

> 판례
>
> 민법 제124조는 "대리인은 본인의 허락이 없으면 본인을 위하여 자기와 법률행위를 하거나 동일한 법률행위에 관하여 당사자 쌍방을 대리하지 못한다."라고 규정하고 있다. 따라서 부동산 입찰절차에서 동일 물건에 관하여 이해관계가 다른 2인 이상의 대리인이 된 경우에는 그 대리인이 한 입찰은 무효이다(대결 2004.2.13, 2003마44).

(3) 자기계약·쌍방대리가 허용되는 경우

① **본인의 허락이 있는 경우**: 본인이 자기계약·쌍방대리를 허락하는 경우에는 허용된다. 사채알선업자가 채권자와 채무자 양쪽을 대리하는 경우가 이에 해당한다. 본인의 허락은 명시적으로뿐만 아니라 묵시적으로도 할 수 있다.

② **채무의 이행**: 채무의 이행 또는 이와 동일시할 수 있는 경우에는 자기계약·쌍방대리가 허용된다. 소유권이전등기신청, 상계, 주식의 명의개서 등에 대해서는 자기계약·쌍방대리가 허용된다. 그러나 대물변제, 경개, 다툼이 있는 채무의 이행, 기한이 도래하지 않은 채무의 변제에 대해서는 자기계약·쌍방대리가 허용되지 않는다.

(4) 자기계약·쌍방대리 금지규정 위반의 효과

자기계약·쌍방대리 금지규정에 위반한 대리행위는 무효가 아니라 무권대리행위로 된다.

(5) 적용범위

제124조는 임의대리, 법정대리 모두에 적용된다.

2. 공동대리의 제한

> **제119조 【각자대리】** 대리인이 수인인 때에는 각자가 본인을 대리한다. 그러나 법률 또는 수권행위에 다른 정한 바가 있는 때에는 그러하지 아니하다.

(1) 의의

대리인이 수인인 경우에는 각자가 본인을 대리한다(각자대리의 원칙). 그러나 법률이나 수권행위에서 공동(共同)으로 대리하게 한 경우에는 공동으로 대리하여야 한다(제119조).

(2) 제119조의 취지

이는 대리인으로 하여금 상호 견제하에 의사결정을 신중하게 함으로써 본인을 보호하고자 함에 있다.

(3) 공동의 의미

① 공동대리에 있어서의 공동은 '의사결정의 공동'을 의미한다(통설). 즉, 의사결정에 관하여 전원이 일치하면 되고, 전원이 모두 표시행위를 하여야 하는 것은 아니다. 따라서 일부대리인이 표시행위를 하더라도 법률효과가 본인에게 귀속한다.

② 공동대리의 제한이 있는 경우에 수동대리에서도 공동으로만 의사표시를 수령하여야 하는가? 이때에는 대리인 각자가 단독으로 의사표시를 수령하면 족하다(각자 수령의 원칙).

(4) 공동대리 제한규정 위반의 효과

공동대리 제한규정에 위반한 대리행위는 무효가 아니라 무권대리행위로 된다.

5 대리권의 소멸 · 25회 · 30회 · 33회

1. 임의대리권과 법정대리권에 공통된 소멸원인

> **제127조 【대리권의 소멸사유】** 대리권은 다음 각 호의 어느 하나에 해당하는 사유가 있으면 소멸된다.
> 1. 본인의 사망
> 2. 대리인의 사망, 성년후견의 개시 또는 파산

(1) 본인의 사망

① 본인이 사망하면 법률효과를 귀속시킬 주체가 없으므로 대리권은 소멸한다(제127조 제1호).

② 그러나 이에는 다음과 같은 예외가 있다.

㉠ 본인이 사망한 경우 대리권이 소멸한다는 제127조 제1호 규정은 임의규정이므로 본인이 사망하더라도 대리권이 존속하는 것으로 특약을 맺는 것은 유효하다.

      ⓒ 당사자의 사망으로 위임은 종료하지만, 긴박한 사정이 있는 경우에는 위임이 존속하는 것으로 간주되므로(제691조) 이 한도 내에서는 대리권은 존속한다.
      ⓒ 상행위의 위임에 의한 대리권은 본인의 사망으로 소멸하지 않고(상법 제50조), 소송대리권도 당사자의 사망으로 소멸하지 않는다(민사소송법 제95조).

(2) 대리인의 사망, 성년후견의 개시·파산
① 대리인이 사망하거나 성년후견개시심판을 받거나 파산선고를 받은 경우에는 대리권은 소멸한다(제127조 제2호).
② 다만, 대리인으로 선임되고 난 후에 성년후견개시심판 또는 파산선고를 받아야 대리권이 소멸한다.

2. 임의대리권에 특유한 소멸원인

(1) 원인된 법률관계의 종료
대리권의 원인이 된 법률관계가 종료된 경우 임의대리권은 소멸한다(제128조 제1문). 그러나 원인된 법률관계가 종료한 경우 임의대리권이 소멸한다는 제128조 제1문 규정은 임의규정이므로 대리권의 원인이 된 법률관계가 종료되더라도 임의대리권이 존속하는 것으로 특약을 맺는 것은 유효하다.

(2) 수권행위의 철회
대리권의 원인이 된 법률관계가 종료되기 전이라도 본인이 수권행위를 철회(撤回)하면 임의대리권은 소멸한다(제128조 제2문). 그러나 수권행위 철회 시 임의대리권이 소멸한다는 제128조 제2문 규정은 임의규정이므로 대리권의 원인이 된 법률관계가 종료되기 전에 수권행위를 철회하지 않겠다는 특약을 맺는 것은 유효하다.

(3) 수권행위의 취소
수권행위의 하자에 대해서는 의사표시에 관한 민법의 규정(제107조 내지 제110조)이 적용된다. 따라서 수권행위 자체에 하자가 있어 수권행위가 취소된 경우에는 임의대리권도 소멸한다.

3. 법정대리권에 특유한 소멸원인

법정대리권의 특유한 소멸원인은 법률규정에 의해 개별적으로 정해진다(제22조, 제23조, 제909조, 제925조, 제927조, 제937조, 제939조, 제940조, 제1098조, 제1105조, 제1106조 등).

6 대리권의 남용

1. 의의

(1) 대리권의 남용이란 대리인이 대리권의 범위 내에서 대리행위를 하였지만 그것이 자기 또는 제3자의 사리(私利)를 도모하기 위한 것인 경우를 말한다. 예를 들어, 대리인이 자기가 써버릴 생각으로 본인의 이름으로 금전을 빌리는 경우가 이에 해당한다.

(2) 대리권의 남용은 임의대리와 법정대리 모두에 존재할 수 있다.

> **◎ 참고 개념상의 주의점**
>
> 대리인이 대리권의 범위를 넘는 대리행위를 한 경우에는 이는 대리권남용의 문제가 아니라 제126조의 표현대리 또는 무권대리의 문제이다.

2. 취지

대리권이 남용되었다 하더라도 외형상 대리인이 대리권의 범위 내에서 대리행위를 하였고, 또 대리인에게 대리의사(代理意思)가 있으므로 대리행위의 효과는 일단 본인에게 귀속된다. 그러나 상대방이 대리인의 배임적 대리행위를 안 경우에는 본인을 보호하기 위하여 그 대리행위의 효력을 부정하는 것이다. 즉, 대리권남용이론은 본인을 보호하는 데 그 취지가 있다.

3. 법적 취급

(1) 제107조 제1항 단서 유추적용설

대리권이 남용되었다 하더라도 대리인에게 대리의사는 있으므로 일단 대리행위로서 유효하나, 상대방이 대리인의 배임적 대리행위를 알았거나 알 수 있었을 경우에 그 대리행위는 무효라고 보는 견해이다(다수설).

(2) 신의칙설 또는 권리남용설

상대방이 대리인의 배임적 대리행위를 안 경우 또는 중과실로 모른 경우 본인에게 대리행위의 효과를 주장하는 것은 신의칙 또는 권리남용금지의 원칙상 허용되지 않는다는 견해이다.

(3) 판례의 태도

판례는 과거 신의칙설을 취한 적도 있으나, 대체로 제107조 제1항 단서를 유추적용하여 대리권남용문제를 해결하고 있다.

 판례

> 진의 아닌 의사표시가 대리인에 의하여 이루어지고 그 대리인의 진의가 본인의 이익이나 의사에 반하여 자기 또는 제3자의 이익을 위한 배임적인 것임을 그 상대방이 알았거나 알 수 있었을 경우에는 민법 제107조 제1항 단서의 유추해석상 그 대리인의 행위에 대하여 본인은 아무런 책임을 지지 않는다고 보아야 한다. 이때 상대방이 대리인의 의사표시가 진의 아님을 알았거나 알 수 있었는가의 여부는 표의자인 대리인과 상대방 사이에 있었던 의사표시 형성과정과 그 내용 및 그로 인하여 나타나는 효과 등을 객관적인 사정에 따라 합리적으로 판단하여야 한다(대판 2001.1.19, 2000다20694).

4. 효과

(1) 상대방이 대리인의 대리권남용사실을 알았거나 알 수 있었을 경우에 그 대리행위는 무효이므로 대리행위의 효과는 본인에게 귀속하지 않는다(제107조 제1항 단서 유추적용설). 이때 상대방은 대리인에 대해 제135조의 책임을 물을 수 없다.

(2) 또한 판례는 상대방에게 악의 또는 중대한 과실이 있는 경우에는 사용자책임(제756조)도 성립하지 않는다고 한다.

제3절 대리행위

1 현명주의

> **제114조【대리행위의 효력】** ① 대리인이 그 권한 내에서 본인을 위한 것임을 표시한 의사표시는 직접 본인에게 대하여 효력이 생긴다.
> ② 전항의 규정은 대리인에게 대한 제3자의 의사표시에 준용한다.

1. 현명의 의의

(1) 대리인이 한 법률행위의 효과가 직접 본인에게 귀속하기 위해서는 대리인이 '본인의 이름으로' 법률행위를 하여야 하는데, 이를 현명(顯名)이라고 한다. 즉, 현명이란 대리인이 대리행위를 할 때 그 행위가 '본인을 위한 것임을 밝히는 것'을 말한다(제114조 제1항).

(2) 이때 '본인의 이름으로' 또는 '본인을 위한 것'의 의미는 본인에게 법률효과를 귀속시키려는 것을 말하는 것이지 본인의 이익을 위해서라는 뜻은 아니다.

(3) 수동대리에서는 상대방이 본인에 대한 의사표시임을 표시하여야 한다(제114조 제2항). 한편 상행위(商行爲)에서는 현명주의가 적용되지 않는다(상법 제48조).

> **◎ 참고** 현명과 같은 의미
>
> 현명 = 본인의 이름으로 법률행위를 하는 것 = 법률행위를 할 때 본인을 위한 것임을 표시하는 것 = 본인에게 법률효과를 귀속시키려는 의사를 표시하는 것 = 대리적 효과의사를 표시하는 것 = 대리의사를 표시하는 것

2. 현명의 법적 성질

통설에 의하면, 현명이란 대리적 효과의사를 상대방에게 표시하는 '의사표시'라고 한다(대리적 효과의사의 표시설). 따라서 반드시 대리의사(代理意思)를 표시하여야 그 법률효과가 본인에게 귀속한다.

추가 상법은 거래의 신속이 목적이므로 현명주의가 적용되지 않는다.

3. 현명의 방식 ·35회

(1) 현명의 방식에는 제한이 없다. 현명은 보통 '甲의 대리인 乙'로 표시하지만 반드시 그러한 형식을 취하여야 하는 것은 아니다. 현명은 구두로도 할 수 있고 서면으로도 할 수 있으며, 명시적으로뿐만 아니라 묵시적으로도 할 수 있다.

(2) 한편 현명한다는 것은 법률행위의 타인성(他人性)을 표시하는 것이므로 반드시 본인의 이름을 밝혀야 하는 것은 아니다. 따라서 본인의 이름이 표시되지 않더라도 주위사정으로 본인이 누구인지 알 수 있으면 족하다.

> **판례**
>
> 매매위임장을 제시하고 매매계약을 체결하는 자는 특단의 사정이 없는 한 소유자를 대리하여 매매행위하는 것이라고 보아야 하고, 매매계약서에 대리관계의 표시 없이 그 자신의 이름을 기재하였다고 해서 그것만으로 그 자신이 매도인으로서 타인 소유의 물건을 매매한 것이라고 볼 수는 없다(대판 1982.5.25, 81다1349).

(3) 나아가 대리인이 본인의 명의로 법률행위를 하였더라도 대리인에게 대리의사가 있는 것으로 인정되는 한 유효한 대리행위가 된다.

> **판례**
>
> 대리인은 대리인임을 표시하여 의사표시를 하여야 하는 것이 아니고 본인명의로도 할 수 있다(대판 1963.5.9, 63다67).

4. 현명하지 않은 대리행위의 효력

> **제115조【본인을 위한 것임을 표시하지 아니한 행위】** 대리인이 본인을 위한 것임을 표시하지 아니한 때에는 그 의사표시는 자기를 위한 것으로 본다. 그러나 상대방이 대리인으로서 한 것임을 알았거나 알 수 있었을 때에는 전조 제1항의 규정을 준용한다.

(1) 능동대리의 경우

① 대리인이 본인을 위한 것임을 표시하지 않고 의사표시를 한 경우에는 그 의사표시는 대리인 자신을 위한 것으로 본다(제115조 본문). 따라서 대리인이 법률관계의 당사자로 간주되므로, 상대방이 대리인에게 계약의 이행을 청구한 경우 대리인은 착오를 이유로 대리행위를 취소할 수 없다.

기출지문 OX

甲은 자신의 토지에 관한 매매계약 체결을 위해 乙에게 대리권을 수여하였고, 乙은 甲의 대리인으로서 丙과 매매계약을 체결하였다. 乙이 丙에게 甲의 위임장을 제시하고 계약을 체결하면서 계약서상 매도인을 乙로 기재한 경우, 특별한 사정이 없는 한 甲에게 그 계약의 효력이 미치지 않는다.
· 35회 ( )

정답 (×)
매매위임장을 제시하고 매매계약을 체결하는 자는 특단의 사정이 없는 한 소유자를 대리하여 매매행위하는 것이라고 보아야 한다. 따라서 이 경우에도 甲에게 매매계약의 효력이 미친다.

② 그러나 상대방이 대리인으로서 한 것임을 알았거나 알 수 있었을 때에는 대리행위의 효과는 본인에게 귀속한다(제115조 단서).

(2) 수동대리의 경우

수동대리에 대해서는 제115조가 적용되지 않으므로 상대방이 본인에 대한 의사표시임을 표시하지 않은 경우에는 본인에게 그 효과가 귀속하지 않는다.

> **보충 무권한자(무권리자)의 처분행위** • 36회
>
> 1. **의의**: 甲 소유의 건물에 대하여 乙이 이를 자기 이름으로 丙에게 매도한 것처럼 타인의 물건 또는 권리를 자기의 이름으로 처분하는 것을 무권한자의 처분행위라 한다.
> 2. **처분행위의 요건**: 물권행위와 준물권행위처럼 처분행위가 유효하기 위해서는 처분행위자에게 처분권한과 처분능력이 있어야 한다.
> 3. **효력**: 처분권한 없이 한 처분행위의 효력은 원칙적으로 무효이다(유동적 무효라고도 함). 보다 구체적으로는 당사자 사이에는 채권적 효력은 있으나(타인 권리의 매매), 물권적 효력이 없으므로 처분행위의 상대방은 원칙적으로 물권을 취득할 수 없다(다만, 동산의 경우에는 선의취득제도를 통하여 권리를 취득할 수 있음).
> 4. **본인의 추인 여부**: 무권한자의 처분행위에 대하여 본인은 추인할 수 있다. 추인의 근거에 대하여 판례는 무권대리의 추인규정(제133조)을 적용한다.

2 대리행위의 하자 • 26회

> **제116조 【대리행위의 하자】** ① 의사표시의 효력이 의사의 흠결, 사기, 강박 또는 어느 사정을 알았거나 과실로 알지 못한 것으로 인하여 영향을 받을 경우에 그 사실의 유무는 대리인을 표준하여 결정한다.
> ② 특정한 법률행위를 위임한 경우에 대리인이 본인의 지시에 좇아 그 행위를 한 때에는 본인은 자기가 안 사정 또는 과실로 인하여 알지 못한 사정에 관하여 대리인의 부지를 주장하지 못한다.

1. 원칙

(1) 대리의 경우 법률행위를 하는 자는 대리인이므로 대리행위의 하자의 유무는 원칙적으로 대리인을 기준으로 결정한다(제116조 제1항). 즉, 의사표시의 효력이 의사의 흠결, 사기, 강박 또는 어느 사정을 알았거나 과실로 알

기출지문 O X

무권리자의 처분이 계약으로 이루어진 경우, 권리자가 이를 추인하면 계약의 효과는 원칙적으로 추인한 때부터 권리자에게 귀속한다. • 36회   ( )

정답 (×)
'추인한 때부터'가 아니라 '계약 시에 소급하여' 계약효과가 권리자에게 귀속한다.

지 못한 것으로 인하여 영향을 받을 경우에 그 사실의 유무는 대리인을 표준으로 결정한다.

> **판례**
>
> 1. 대리인이 본인을 대리하여 매매계약을 체결함에 있어서 매매목적 토지에 관한 저간의 사정을 잘 알고 그 배임행위에 적극가담하였다면, 대리행위의 하자 유무는 대리인을 기준으로 판단하여야 하므로, 설사 본인이 미리 그러한 사정을 몰랐거나 반사회성을 야기한 것이 아니라고 할지라도 그 매매계약은 반사회적 법률행위로서 무효로 된다(대판 1998.2.27, 97다45532).
> 2. 매도인의 대리인이 매매한 경우에 있어서 그 매매가 본 조의 불공정한 법률행위인가를 판단함에는 매도인의 경솔, 무경험은 그 대리인을 기준으로 하여 판단하여야 하고, 궁박상태에 있었는지의 여부는 매도인 본인의 입장에서 판단되어야 한다(대판 1972.4.25, 71다2255).

(2) 대리행위에 하자가 있더라도 대리행위의 효과는 모두 직접 본인에게 귀속하므로 대리행위의 하자로 인한 하자담보청구권, 취소권, 해제권 등은 모두 본인에게 귀속한다.

> **⊕ 보충** 사기·강박에 의한 의사표시와 대리행위의 하자
>
> 1. 상대방이 대리인에 대해 사기·강박을 한 경우 본인은 자신이 사기·강박을 당하지 않았더라도 선의·악의를 불문하고 취소할 수 있다(제116조 제1항).
> 2. 상대방이 본인에 대해 사기·강박을 한 경우 대리인이 사기·강박을 당하지 않는 한 본인은 취소할 수 없다(제116조 제1항).
> 3. 대리인이 상대방에 대해 사기·강박을 한 경우 본인의 선의·악의를 불문하고 상대방은 취소할 수 있다(제110조 제1항).
> 4. 본인이 상대방에 대해 사기·강박을 한 경우 대리인의 선의·악의를 불문하고 상대방은 취소할 수 있다(제110조 제1항).
> 5. 제3자가 상대방에 대해 사기·강박을 한 경우 대리인이 그 사정을 알았거나 알 수 있었을 경우에만 상대방은 취소할 수 있다(제110조 제2항).
> 6. 제3자가 대리인에 대해 사기·강박을 한 경우 상대방이 그 사정을 알았거나 알 수 있었을 경우에만 본인은 취소할 수 있다(제110조 제2항).

2. 예외

(1) 대리인이 본인의 지시에 따라 법률행위를 한 경우에는 대리행위의 하자 유무는 본인을 기준으로 결정한다(제116조 제2항). 즉, 특정한 법률행위를 위임한 경우에 대리인이 본인의 지시에 좇아 그 행위를 한 때에는 본인은 자

기가 안 사정 또는 과실로 인하여 알지 못한 사정에 관하여 대리인의 부지를 주장하지 못한다.

(2) 따라서 본인으로부터 물건매수에 관한 대리권을 수여받은 대리인이 본인의 지시에 따라 상대방과 매매계약을 체결하는 경우, 본인이 그 물건에 하자가 있음을 안 때에는 대리인이 하자를 몰랐다 하더라도 본인은 상대방에게 하자담보책임을 물을 수 없다.

3. 제116조의 적용범위

제116조는 임의대리, 법정대리 모두에 적용된다.

3 대리인의 능력 · 24회 · 31회

> **제117조【대리인의 행위능력】** 대리인은 행위능력자임을 요하지 아니한다.

1. 권리능력과 의사능력

대리인은 법률행위를 하는 자이므로 권리능력과 의사능력은 가져야 한다.

2. 행위능력

(1) 제117조의 취지

대리인은 법률행위를 할 뿐 법률효과를 받는 자가 아니므로 대리인은 행위능력자일 필요가 없다. 따라서 본인은 대리인이 제한능력자임을 이유로 대리행위를 취소할 수 없다.

(2) 제117조가 법정대리에 적용되는지의 여부

① 친권자, 후견인, 유언집행자 등과 같이 법률규정으로 제한능력자가 법정대리인이 되는 것을 금지하는 경우에는 법정대리인은 행위능력자이어야 한다.

② 제한능력자가 법정대리인이 되는 것을 금지하는 명문규정이 없는 경우에는 법정대리제도의 취지상 법정대리인은 행위능력자이어야 한다는 견해와 제117조는 법정대리에도 적용되므로 법정대리인은 행위능력자일 필요가 없다는 견해가 대립한다.

기 출 지 문 O X

甲은 자신의 X부동산의 매매계약체결에 관한 대리권을 乙에게 수여하였고, 乙은 甲을 대리하여 丙과 매매계약을 체결하였다. 乙이 미성년자인 경우, 甲은 乙이 제한능력자임을 이유로 계약을 취소할 수 있다. · 31회 (   )

정답 (×)
대리인은 행위능력자임을 요하지 않으므로 乙이 미성년자이더라도 甲은 乙이 제한능력자임을 이유로 계약을 취소할 수 없다(제117조).

제4절 대리효과

• 29회 • 31회

1 법률행위의 효과귀속

대리인이 한 법률행위의 효과는 모두 직접 본인에게 귀속한다. 따라서 주된 법률효과(소유권이전등기청구권, 매매대금지급청구권)뿐만 아니라 부수적 법률효과(하자담보청구권, 취소권, 해제권)도 모두 본인에게 귀속된다.

2 불법행위 및 사실행위의 효과귀속

불법행위와 사실행위에 대해서는 대리가 인정되지 않으므로 그 효과는 대리인 자신에게 귀속된다.

3 본인의 능력

대리인이 한 법률행위의 효과를 받기 위해서는 본인은 권리능력만 있으면 된다. 임의대리의 경우 본인이 수권행위를 하기 위해서는 권리능력 외에 의사능력과 행위능력이 있어야 하는데, 이는 본인이 수권행위를 하기 위한 능력이므로 본인이 법률효과를 받기 위한 능력과는 별개이다.

제5절 복대리

1 서설

1. 복대리의 의의

(1) 복대리란 복대리인(代理人)이 본인(本人)의 이름으로 법률행위를 하거나 의사표시를 수령함으로써 법률효과가 모두 직접 본인에게 귀속하도록 하는 제도를 말한다.
(2) 대리인이 복대리인을 선임할 수 있는 법률상의 권한을 복임권(復任權)이라 하고, 복대리인 선임행위를 복임행위(復任行爲)라 한다.

(3) 복임권은 대리권과 별도로 법률규정에 의하여 대리인에게 인정되는 것이고, 복임행위는 복대리인에 대한 대리인의 수권행위이다.

2. 복대리인의 의의 •24회 •29회 •32회 •34회 •36회

(1) 복대리인은 대리인이 대리권의 범위 내에서 자신의 이름으로 선임한 본인의 대리인이다.
(2) 복대리인은 대리인에 의하여 선임된 자를 말하므로 본인의 수권행위에 의하여 대리권을 수여받은 자는 복대리인이 아니다.
(3) 복대리인은 대리인이 자신의 이름으로 선임하는 자이므로 복대리인 선임행위는 대리행위가 아니다.
(4) 복대리인 선임 후에도 대리인의 대리권은 그대로 존속하므로 복대리인 선임행위는 대리권의 양도가 아니다(이를 '병존적·설정적 행위설'이라 함).
(5) 복대리권은 대리권에 종속한다. 따라서 복대리권은 대리권을 초과할 수 없고, 대리권이 소멸하면 복대리권도 같이 소멸한다.
(6) 복대리인이 한 법률행위의 효과는 모두 직접 본인에게 귀속하여야 하므로 복대리인은 대리인의 대리인이 아니라 본인의 대리인이다.
(7) 복대리인은 본인의 대리인이므로 복대리인이 대리행위를 할 때에는 본인의 이름으로 하여야 한다.
(8) 복대리인은 항상 임의대리인이다. 따라서 복대리인도 본인의 승낙이 있거나 부득이한 사유가 있는 때에는 복임행위를 할 수 있다.

2 대리인의 복임행위와 그 책임 •33회

> **제120조【임의대리인의 복임권】** 대리권이 법률행위에 의하여 부여된 경우에는 대리인은 본인의 승낙이 있거나 부득이한 사유 있는 때가 아니면 복대리인을 선임하지 못한다.
> **제121조【임의대리인의 복대리인선임의 책임】** ① 전조의 규정에 의하여 대리인이 복대리인을 선임한 때에는 본인에게 대하여 그 선임감독에 관한 책임이 있다.
> ② 대리인이 본인의 지명에 의하여 복대리인을 선임한 경우에는 그 부적임 또는 불성실함을 알고 본인에 대한 통지나 그 해임을 태만한 때가 아니면 책임이 없다.
> **제122조【법정대리인의 복임권과 그 책임】** 법정대리인은 그 책임으로 복대리인을 선임할 수 있다. 그러나 부득이한 사유로 인한 때에는 전조 제1항에 정한 책임만이 있다.

기출지문 OX

복대리인은 대리인이 자신의 이름으로 선임한 대리인의 대리인이다. •36회 ( )

정답 (×)
'대리인의 대리인'이 아니라 '본인의 대리인'이다.

기출지문 OX

복대리인은 그 권한 내에서 대리인의 이름으로 법률행위를 한다. •24회 ( )

정답 (×)
복대리인은 본인의 대리인이므로 본인의 이름으로 법률행위를 하여야 한다.

1. 임의대리인의 복임행위와 그 책임

(1) 복임행위

임의대리인은 원칙적으로 복대리인을 선임할 수 없고, 본인의 승낙이 있거나 부득이한 사유가 있는 때에만 복대리인을 선임할 수 있다(제120조).

(2) 책임

① **선임·감독상의 과실책임:** 임의대리인은 원칙적으로 선임·감독상의 과실책임을 진다. 즉, 임의대리인이 본인의 승낙이나 부득이한 사유로 복대리인을 선임한 때에는 본인에 대하여 선임·감독에 관하여 책임을 져야 한다(제121조 제1항).

② **통지해태책임:** 임의대리인이 본인의 지명에 의해 복대리인을 선임한 경우에는 책임이 경감된다. 즉, 임의대리인이 본인의 지명에 의하여 복대리인을 선임한 경우에는 그 부적임 또는 불성실함을 알고 본인에 대한 통지나 그 해임을 태만한 때에만 책임을 진다(제121조 제2항).

> **◎ 참고** 해임 시 본인의 동의 요부(要否)
>
> 본인의 지명에 의해 복대리인을 선임한 경우에 복대리인의 부적임 또는 불성실한 사실이 있는 경우 임의대리인은 '본인의 동의 없이' 복대리인을 해임할 수 있다.

2. 법정대리인의 복임행위와 그 책임

(1) 복임행위

법정대리인은 언제나 복대리인을 선임할 수 있다(제122조 본문).

(2) 책임

① **무과실책임:** 법정대리인은 원칙적으로 선임·감독상의 과실 유무에 관계없이 복대리인의 행위에 대한 모든 책임을 진다(제122조 본문).

② **선임·감독상의 과실책임:** 법정대리인이 부득이한 사유로 복대리인을 선임한 경우에는 선임·감독상의 과실책임으로 경감된다(제122조 단서).

기출지문 OX

甲은 자기 소유 X토지를 매도하기 위해 乙에게 대리권을 수여하였다. 이후 乙은 丙을 복대리인으로 선임하였고, 丙은 甲을 대리하여 X토지를 매도하였다. 이 경우 X토지의 매매계약이 갖는 성질상 乙에 의한 처리가 필요하지 않다면, 특별한 사정이 없는 한 丙의 선임에 관하여 묵시적 승낙이 있는 것으로 보는 것이 타당하다.
• 32회 ( )

정답 (○)

3 복대리의 내용

> 제123조 【복대리인의 권한】 ① 복대리인은 그 권한 내에서 본인을 대리한다.
> ② 복대리인은 본인이나 제3자에 대하여 대리인과 동일한 권리·의무가 있다.

1. 본인과 복대리인의 관계

(1) 복대리인은 본인에 대해 대리인과 동일한 권리·의무가 있다.
(2) 복대리인은 본인에 대해 직접 비용상환을 청구할 수 있다.

2. 복대리인과 상대방의 관계

(1) 복대리인은 상대방에 대해 대리인과 동일한 권리·의무가 있다.
(2) 복대리인의 대리행위에 관해서는 대리의 일반원칙이 적용된다. 즉, 현명주의, 대리행위의 하자, 표현대리규정도 그대로 적용된다.

3. 대리인과 복대리인의 관계

(1) 복대리인은 대리인의 감독을 받고, 복대리권은 대리권의 범위에 따른다. 따라서 대리인의 대리권 중 일부만 행사하는 것은 아니다.
(2) 복대리권은 대리권을 초과할 수 없고, 대리권이 소멸하면 복대리권도 소멸한다.

4 복대리권의 소멸

복대리권은 대리권의 일반적 소멸원인(제127조), 대리인과 복대리인 사이의 기초적 내부관계의 종료(제128조 제1문), 복임행위의 하자, 복임행위에 대한 대리인의 철회(제128조 제2문), 모권(母權)인 대리권의 소멸로 소멸한다.

제6절 협의의 무권대리

1 서설

1. 무권대리의 의의

(1) 무권대리란 대리권 없이 이루어진 대리행위를 말한다. 무권대리로 되는 경우는 다양하다. 처음부터 대리권이 없거나, 대리권이 존재하다가 소멸한 경우, 대리권의 범위를 넘는 대리행위를 한 경우, 자기계약과 쌍방대리의 금지규정을 위반한 경우, 공동대리의 제한규정에 위반한 경우 모두 무권대리로 취급된다.

(2) 무권대리행위의 효력은 유효·무효가 아직 확정되지 않은 무효, 즉 유동적 무효(불확정적 무효)이다.

2. 무권대리의 종류

(1) 다수설은 무권대리를 협의의 무권대리와 표현대리로 나눈다. 따라서 표현대리도 무권대리의 일종이다.

(2) 표현대리는 대리권이 있는 것 같은 외관을 신뢰한 상대방을 보호하는 제도이다. 그런데 상대방이 표현대리를 주장하지 않고 있는 경우에 표현대리도 무권대리에 속하므로 협의의 무권대리로서의 성질을 함께 가진다. 따라서 협의의 무권대리에 관한 규정이 표현대리에도 적용된다. 다만, 다수설은 형평상 제135조는 적용되지 않는다고 해석한다.

2 협의의 무권대리

1. 서설

(1) 무권대리행위의 효력은 유동적 무효이다. 따라서 무권대리행위의 효력을 확정하고 당사자 사이의 이익을 조정하기 위하여 민법은 계약당사자에게 일정한 권리를 부여하고 있다. 즉, 본인에게 추인권과 추인거절권을 인정하고 있고, 상대방에게도 최고권, 철회권, 제135조의 책임주장권을 인정하고 있다.

(2) 본인과 무권대리인 사이에는 원칙적으로 아무런 법률관계가 생기지 않는다. 본인이 추인을 하면 사무관리의 문제로 처리되고, 무권대리인이 부당이득을 취한 경우에는 부당이득의 문제로 처리되며, 무권대리행위로 본인의 이익이 침해되면 불법행위의 문제로 처리된다.

(3) 무권대리제도는 상대방 보호가 취지이므로 상대방 없는 단독행위에 대해 무권대리행위가 이루어진 경우 그 법률행위는 언제나 확정적 무효이다.

2. 계약의 무권대리 · 24회 · 25회 · 26회 · 28회 · 30회 · 31회 · 32회 · 33회 · 34회 · 35회 · 36회

(1) 본인의 권리

① **본인의 추인권**

> **제130조【무권대리】** 대리권 없는 자가 타인의 대리인으로 한 계약은 본인이 이를 추인하지 아니하면 본인에 대하여 효력이 없다.
>
> **제132조【추인, 거절의 상대방】** 추인 또는 거절의 의사표시는 상대방에 대하여 하지 아니하면 그 상대방에 대항하지 못한다. 그러나 상대방이 그 사실을 안 때에는 그러하지 아니하다.
>
> **제133조【추인의 효력】** 추인은 다른 의사표시가 없는 때에는 계약 시에 소급하여 그 효력이 생긴다. 그러나 제3자의 권리를 해하지 못한다.

㉠ 의의: 추인이란 본인이 무권대리행위가 있음을 알고 그 행위의 효과를 받겠다는 의사표시를 말한다. 무권대리행위에 대한 본인의 추인은 사후 대리권의 수여가 아니다.

㉡ 성질: 추인은 상대방 있는 단독행위에 해당하고, 추인권은 형성권이다.

㉢ 추인권자: 추인권자는 본인, 본인의 상속인 및 법정대리인이다. 임의대리인은 원칙적으로 추인권을 행사할 수 없고 본인으로부터 추인에 관한 특별수권이 있어야 추인할 수 있다.

㉣ 추인의 방법: 추인은 불요식행위이다. 따라서 서면뿐만 아니라 구두에 의해서도 할 수 있다. 그리고 명시적으로뿐만 아니라 묵시적으로도 할 수 있다. 한편 재판상 행사할 수도 있고 재판 외에서 행사할 수도 있다. 추인은 의사표시의 전부에 대하여 이루어져야 하므로, 일부에 대한 추인이나 조건을 붙이거나 변경을 가한 추인은 상대방의 동의가 없는 한 무효이다.

기출지문 OX

대리권 없는 乙이 甲을 대리하여 甲의 토지에 대한 임대차계약을 丙과 체결하였다. 임대차계약은 甲이 추인하지 아니하면, 특별한 사정이 없는 한 甲에 대하여 효력이 없다. · 30회 ( )

정답 (○)

> **판례**
>
> **묵시적 추인**
> 1. 본인이 무권대리행위를 알고 상대방으로부터 매매대금의 전부 또는 일부를 수령한 것은 무권대리행위를 묵시적으로 추인한 것으로 볼 수 있다(대판 1963.4.11, 63다64).
> 2. 본인이 자신의 장남이 서류를 위조하여 매도한 부동산을 상대방에게 인도하고 10여 년간 아무런 이의를 제기하지 않았다면 장남의 무권대리행위를 묵시적으로 추인한 것으로 볼 수 있다(대판 1981.4.14, 81다151).
> 3. 본인이 무권대리행위 사실을 알고 있으면서 이의를 제기하지 않았거나 장시간 방치하였다는 것만으로는 묵시적 추인으로 볼 수 없다(대판 1990.3.27, 88다카181).

ⓜ **추인의 상대방**: 추인의 상대방은 무권대리인, 상대방 및 상대방의 승계인이다. 본인이 무권대리인에 대해 추인을 한 경우 상대방이 추인사실을 알 때까지는 상대방에게 대항할 수 없다. 따라서 이 경우에는 상대방이 먼저 계약을 철회할 수 있다.

ⓑ **추인의 효과**: 본인이 추인을 한 경우 무권대리행위는 계약을 맺은 때로 소급하여 유효로 되므로 처음부터 유권대리와 동일한 법률효과가 발생한다(당사자의 약정에 의해 소급효를 배제할 수는 있음). 그러나 추인의 소급효로써 제3자의 권리를 해하지 못한다. 이때의 제3자는 물권자만을 의미한다.

② **본인의 추인거절권**

㉠ **의의**: 추인거절이란 본인이 무권대리행위가 있음을 알고 그 행위의 효과를 받지 않겠다는 의사를 통지하는 것을 말한다.

㉡ **성질**: 추인거절은 의사의 통지에 해당하고, 추인거절권은 형성권이다.

㉢ **효과**: 본인이 추인을 거절한 경우 무권대리행위는 확정적으로 무효가 된다. 따라서 본인은 추인을 거절한 후 다시 추인할 수 없고, 상대방도 최고권 및 철회권을 행사할 수 없다.

> **⊕ 보충 무권대리와 상속 – 단독상속을 전제로 한 논의**
> 1. 무권대리인이 본인을 상속하면 무권대리행위는 당연히 유효로 되고, 무권대리인이 본인의 지위에서 추인거절권을 행사하는 것은 신의칙에 반한다.
> 2. 본인이 무권대리인을 상속한 경우 본인은 추인권을 행사할 수도 있고, 추인거절권을 행사할 수도 있다. 그러나 추인거절권을 행사하더라도 무권대리인의 책임(제135조)을 상속하게 되므로 상대방의 선택에 따라 계약의 이행 또는 손해배상책임을 지게 될 수 있다.

기출지문 OX

본인의 추인의 의사표시는 무권대리행위로 인한 권리의 승계인에 대하여는 할 수 없다. • 35회 ( )

정답 (×)

무권대리행위의 추인은 무권대리인, 무권대리행위의 직접의 상대방 및 그 무권대리행위로 인한 권리 또는 법률관계의 승계인에 대하여도 할 수 있다.

추가 무권대리의 추인은 소급효가 있으나, 무효행위의 추인은 소급효가 없다.

기출지문 OX

무권대리인 乙이 甲을 대리하여 甲 소유의 X부동산을 丙에게 매도하는 계약을 체결하였다. 乙이 甲을 단독상속한 경우, 본인 甲의 지위에서 추인을 거절하는 것은 신의성실의 원칙에 반한다. • 31회 ( )

정답 (○)

(2) 상대방의 권리

① 상대방의 최고권

> **제131조 【상대방의 최고권】** 대리권 없는 자가 타인의 대리인으로 계약을 한 경우에 상대방은 상당한 기간을 정하여 본인에게 그 추인 여부의 확답을 최고할 수 있다. 본인이 그 기간 내에 확답을 발하지 아니한 때에는 추인을 거절한 것으로 본다.

㉠ 의의: 최고란 무권대리인의 상대방이 본인에게 추인 여부에 대한 확답을 촉구하는 것을 말한다.
㉡ 성질: 최고는 의사의 통지에 해당하고, 최고권은 형성권이다.
㉢ 최고권자: 상대방은 선의·악의를 불문하고 최고권을 행사할 수 있다.
㉣ 최고의 방법: 상대방은 본인에게 일정한 사실을 적시하여 상당한 기간을 정하여 추인 여부의 확답을 최고하여야 한다.
㉤ 최고의 상대방: 최고의 상대방은 본인만 해당하며, 무권대리인은 이에 해당하지 않는다.
㉥ 최고의 효과: 본인이 상당한 기간 내에 확답을 한 경우에는 그 확답에 따라 법률효과가 발생한다. 그러나 본인이 상당한 기간 내에 확답을 발하지 않은 경우에는 추인을 거절한 것으로 본다.

② 상대방의 철회권

> **제134조 【상대방의 철회권】** 대리권 없는 자가 한 계약은 본인의 추인이 있을 때까지 상대방은 본인이나 그 대리인에 대하여 이를 철회할 수 있다. 그러나 계약 당시에 상대방이 대리권 없음을 안 때에는 그러하지 아니하다.

㉠ 의의: 철회란 대리행위의 효력이 발생하기 전에 상대방이 그 효력 발생을 저지하는 것을 말한다.
㉡ 행사시기: 철회권은 본인의 추인이 있기 전에 행사하여야 한다.
㉢ 철회권자: 선의의 상대방만 철회권을 행사할 수 있고, 악의의 상대방은 철회권을 행사할 수 없다.
㉣ 철회의 상대방: 철회는 무권대리인과 본인 중 누구에게 하더라도 무방하다.
㉤ 철회의 효과: 상대방이 철회권을 행사하면 계약은 확정적으로 무효로 된다. 따라서 본인은 추인할 수 없고, 상대방도 무권대리인에게 제135조의 책임을 물을 수 없다.

기출지문 OX

대리권 없는 乙이 甲을 대리하여 甲의 토지에 대한 임대차계약을 丙과 체결하였다. 丙이 계약 당시에 乙에게 대리권 없음을 알았던 경우에는 丙의 甲에 대한 최고권이 인정되지 않는다. •30회
( )

정답 (×)

최고권은 선의·악의를 불문하고 행사할 수 있다. 따라서 丙이 계약 당시에 乙에게 대리권 없음을 알았던 경우에도 丙은 甲에 대하여 추인 여부의 확답을 최고할 수 있다.

③ 제135조 책임주장권

> **제135조【상대방에 대한 무권대리인의 책임】** ① 다른 자의 대리인으로서 계약을 맺은 자가 그 대리권을 증명하지 못하고 또 본인의 추인을 받지 못한 경우에는 그는 상대방의 선택에 따라 계약을 이행할 책임 또는 손해를 배상할 책임이 있다.
> ② 대리인으로서 계약을 맺은 자에게 대리권이 없다는 사실을 상대방이 알았거나 알 수 있었을 때 또는 대리인으로서 계약을 맺은 사람이 제한능력자일 때에는 제1항을 적용하지 아니한다.

책임의 의의	무권대리인이 대리권을 증명하지 못하고 본인의 추인도 받지 못한 경우에는 상대방은 무권대리인에게 계약의 이행을 청구하거나 손해를 배상할 것을 청구할 수 있다.
책임의 성질	⑦ 제135조의 책임은 법정무과실책임이다(통설). ⓒ 제135조의 책임은 민법이 상대방 보호와 대리제도의 신용유지를 위해 무권대리인에게 정책적으로 부과하는 책임인 동시에 무권대리인이 대리권 없음에 대해 고의나 과실이 없더라도 부담하는 책임이다.
책임의 요건	⑦ 대리인으로 계약을 맺은 자가 그 대리권을 증명하지 못할 것: 무권대리인이 책임을 면하려면 자기에게 대리권이 있었음을 입증하여야 한다. ⓒ 무권대리행위에 대하여 본인의 추인을 받지 못할 것: 본인이 추인을 거절한 때뿐만 아니라 사실상 추인의 가능성이 없어진 경우도 포함된다. ⓒ 상대방이 선의·무과실일 것: 무권대리인이 상대방의 악의 또는 과실을 입증하여야 한다. ⓔ 상대방이 계약을 철회하지 않을 것 ⓜ 무권대리인이 행위능력자일 것: 무권대리인이 자신에게 행위능력이 없었음을 입증하여야 한다. ⓗ 표현대리가 성립하지 않을 것: 표현대리가 성립하는 경우에는 제135조가 적용되지 않는다는 것이 다수설의 태도이다.
책임의 내용	⑦ 위의 요건을 갖춘 경우 무권대리인은 상대방의 선택에 따라 계약을 이행할 책임 또는 손해를 배상할 책임을 진다. ⓒ 이때의 손해배상은 이행이익의 손해배상이다.

3. 단독행위의 무권대리

> **제136조【단독행위와 무권대리】** 단독행위에는 그 행위 당시에 상대방이 대리인이라 칭하는 자의 대리권 없는 행위에 동의하거나 그 대리권을 다투지 아니한 때에 한하여 전6조의 규정을 준용한다. 대리권 없는 자에 대하여 그 동의를 얻어 단독행위를 한 때에도 같다.

(1) 상대방 있는 단독행위

① 능동대리의 경우에는 상대방이 대리인이라 칭하는 자의 대리권 없는 행위에 동의하거나 그 대리권을 다투지 아니한 때에만 계약의 무권대리규정이 준용된다.

② 수동대리의 경우에는 무권대리인의 동의를 얻어 한 경우에만 계약의 무권대리규정이 준용된다.

(2) 상대방 없는 단독행위

능동대리·수동대리를 불문하고 언제나 확정적으로 무효이다. 따라서 본인이 추인할 수도 없고 추인하더라도 무효이다.

제7절 표현대리

• 32회

1 서설

1. 표현대리의 의의

표현대리(表見代理)란 대리권이 있는 것 같은 외관이 존재하고 외관발생에 대해 본인이 어느 정도 원인을 제공하여 상대방이 정당한 대리권이 있는 것으로 신뢰한 경우 무권대리행위에 의한 법률효과에 대해 본인이 책임을 지는 것을 말한다.

2. 표현대리제도의 취지

(1) 표현대리제도는 대리권이 있는 것 같은 외관의 존재를 신뢰한 상대방을 보호하고 거래안전을 보호하는 데 취지가 있다.

(2) 표현대리가 성립하는 것은 표현대리행위의 직접 상대방에 한한다. 따라서 직접 상대방에게 표현대리가 성립하면 제3자(상대방으로부터 전득한 자)는 선의·악의를 불문하고 보호된다. 그러나 직접 상대방에게 표현대리가 성립하지 않으면 제3자는 선의·무과실이라고 하더라도 보호되지 않는다.

> **추가** 본래의 급부를 청구하는 경우에는 과실상계의 법리를 유추적용할 수 없다.

> **◎ 참고** **과실상계규정의 적용 여부**
> 표현대리는 계약상의 책임을 이행할 것으로 청구하는 것이므로 과실상계의 법리를 적용 또는 유추적용할 수 없다는 것이 판례의 태도이다.

3. 책임의 근거

표현대리는 법정무과실책임이다(통설). 따라서 본인의 귀책사유는 요건이 아니다.

4. 표현대리의 본질

표현대리는 무권대리의 일종이므로 협의의 무권대리에 관한 규정이 적용되나, 형평상 제135조는 적용되지 않는다(통설, 판례).

> **판례**
> 유권대리에서는 본인이 대리인에게 수여한 대리권의 효력에 의하여 법률효과가 발생하는 반면, 표현대리에서는 대리권이 없음에도 불구하고 법률이 특히 거래상대방 보호와 거래안전유지를 위하여 본래 무효인 무권대리행위의 효과를 본인에게 미치게 한 것이다. 표현대리가 성립된다고 하여 무권대리의 성질이 유권대리로 전환되는 것은 아니므로, 양자의 구성요건 해당사실, 즉 주요 사실은 다르다고 볼 수밖에 없다. 따라서 유권대리에 관한 주장 속에 무권대리에 속하는 표현대리의 주장이 포함되어 있다고 볼 수 없다(대판 전합체 1983.12.13, 83다카1489).

5. 표현대리규정의 적용범위

(1) 표현대리규정은 공법행위, 소송행위에는 적용되지 않는다.
(2) 표현대리규정은 어음행위와 상행위에는 적용된다.
(3) 제125조는 임의대리에만 적용되고 법정대리에는 적용되지 않는다. 그러나 제126조와 제129조는 임의대리와 법정대리 모두에 적용된다.
(4) 복대리에도 제125조, 제126조, 제129조 모두 적용된다.

6. 표현대리의 요건과 입증책임

제125조	제126조	제129조	입증
① 대리권수여의 표시가 있을 것 ② 표시된 대리권의 범위 내에서 대리행위를 할 것	① 기본대리권이 존재할 것 ② 월권행위(권한을 넘는 행위)가 있을 것	① 존재하였던 대리권이 소멸할 것 ② 소멸한 대리권의 범위 내에서 대리행위를 할 것	상대방이 입증
③ 상대방이 선의·무과실일 것	③ 상대방에게 정당한 이유(선의·무과실)가 있을 것	③ 상대방이 선의·무과실일 것	① 다수설: 모두 본인이 입증 ② 판례: 제26조에서는 상대방이 입증

2 제125조의 표현대리(대리권수여의 표시에 의한 표현대리, 표시대리)

> **제125조 【대리권수여의 표시에 의한 표현대리】** 제3자에 대하여 타인에게 대리권을 수여함을 표시한 자는 그 대리권의 범위 내에서 행한 그 타인과 그 제3자 간의 법률행위에 대하여 책임이 있다. 그러나 제3자가 대리권 없음을 알았거나 알 수 있었을 때에는 그러하지 아니하다.

1. 요건

(1) 대리권수여의 표시가 있을 것

① **의의:** 대리권수여의 표시란 실제로 대리권을 수여한 사실이 없음에도 불구하고 본인이 상대방에 대해 대리인에게 대리권을 수여하였다고 표시한 경우를 말한다.

② **법적 성질:** 대리권수여의 표시는 관념의 통지에 해당한다.

③ **표시의 방법:** 대리권수여의 표시의 방법에는 제한이 없다. 따라서 서면(위임장 등)뿐만 아니라 구두로도 할 수 있다. 그리고 특정인에 대해서뿐만 아니라 불특정인에 대해서도 할 수 있다. 한편 명시적으로뿐만 아니라 묵시적으로도 할 수 있으며, 본인이 직접 할 수도 있고 대리인을 통해서도 할 수 있다.

> **판례**
>
> 1. 반드시 대리권 또는 대리인이라는 말을 사용하여야 하는 것이 아니라 사회통념상 대리권의 존재를 추단할 수 있는 직함이나 명칭 등의 사용을 승낙·묵인한 경우에도 대리권수여의 표시에 해당한다. 따라서 호텔 등의 시설이용 우대회원 모집계약을 체결하면서 자신의 판매점, 총대리점 또는 연락사무소 등의 명칭을 사용하여 회원모집 안내를 하거나 입회계약을 체결하는 것을 승낙 또는 묵인하였다면 제125조의 표현대리가 성립할 수 있다(대판 1998.6.12, 97다53762).
> 2. 본인이 타인에게 대리권을 수여하지 않았지만 수여하였다고 상대방에게 통보한 경우, 그 타인이 통보받은 상대방 외의 자와 본인을 대리하여 행위를 한 때에는 제125조의 대리권수여의 표시에 의한 표현대리가 성립하지 않는다.

④ **표시의 상대방**: 대리권수여표시의 상대방은 대리인이 아니라 대리행위의 상대방이다. 또한 제125조의 표현대리는 대리권수여의 통지를 받은 그 상대방과의 사이에서 대리행위가 이루어진 경우에 적용되고, 통지받은 상대방 외의 자와의 대리행위에 대해서는 제125조의 표현대리가 적용되지 않는다.

⑤ **표시의 철회**: 무권대리인이 대리행위를 하기 전에 대리권수여의 표시를 철회할 수 있다.

(2) 표시된 대리권의 범위 내에서 대리행위를 할 것

① 표시된 대리권의 범위를 넘는 대리행위를 한 경우는 제126조의 표현대리가 성립한다.
② 상대방은 표시의 통지를 받은 직접 상대방에 한한다.
③ 백지위임장의 보충권을 남용한 경우에도 표현대리가 성립하는가? 이에 대해 다수설은 백지위임장의 교부도 대리권이 수여되지 않았음이 분명한 경우에는 대리권수여의 표시에 해당하고, 따라서 그 보충권이 남용된 경우에는 제126조가 적용된다고 보고 있다.

(3) 상대방이 선의·무과실일 것

본인이 상대방의 악의 또는 과실을 입증하여야 한다는 것이 다수설의 태도이다.

추가 제125조의 표현대리권도 제126조의 기본대리권에 해당한다.

2. 효과

(1) 상대방이 표현대리를 주장하는 경우 본인은 무권대리인이 한 법률행위에 대해 책임을 부담한다.

(2) 상대방은 표현대리를 주장하지 않고 최고권과 철회권을 행사할 수도 있다. 한편 본인도 추인함으로써 상대방의 철회권을 소멸시킬 수 있다.

3. 적용범위

제125조의 표현대리는 임의대리에만 적용되고, 법정대리에는 적용되지 않는다는 것이 다수설이다.

③ 제126조의 표현대리(권한을 넘은 표현대리, 월권대리)

• 26회 • 29회 • 31회 • 33회

> **제126조 【권한을 넘은 표현대리】** 대리인이 그 권한 외의 법률행위를 한 경우에 제3자가 그 권한이 있다고 믿을 만한 정당한 이유가 있는 때에는 본인은 그 행위에 대하여 책임이 있다.

1. 요건

(1) 기본대리권이 존재할 것

① 기본대리권에는 임의대리권, 법정대리권, 제125조와 제129조의 표현대리권, 부부간의 일상가사대리권, 사자권, 복대리권, 사인의 공법행위를 할 권한 등이 포함된다.

② 단순히 타인의 인장을 보관하는 자가 타인 명의의 문서를 위조하여 소유권이전등기를 경료한 경우에는 기본대리권이 인정되지 않는다.

③ 대리인이 사술을 써서 대리행위의 표시를 하지 아니하고 단지 본인의 성명을 모용하여 자기가 마치 본인인 것처럼 기망하여 본인 명의로 직접 법률행위를 한 경우에는 특별한 사정이 없는 한 제126조의 표현대리는 성립할 수 없다.

기출지문 O X

공법상의 행위 중 등기신청에 관한 대리권도 기본대리권이 될 수 있다. • 22회 ( )

정답 (O)

기출지문 O X

권한을 넘은 표현대리의 경우, 기본대리권이 표현대리행위와 동종 내지 유사할 필요는 없다.
• 31회 ( )

정답 (○)

추가 기본대리권이 공법행위를 할 권한이고 월권행위가 사법행위이어도 제126조는 성립 가능하다.

(2) 월권행위가 있을 것
① 월권행위는 기본대리권과 동종·유사할 필요는 없다. 전혀 이종행위라도 무방하다.
② 등기신청권을 수여받은 자가 그 부동산을 대물변제로 제공한 경우에도 제126조 표현대리가 성립할 수 있다.

(3) 상대방에게 정당한 이유가 있을 것
① 정당한 이유란 대리권 존재에 대한 상대방의 선의·무과실을 말한다(다수설, 판례). 그리고 정당한 이유가 있는지의 여부는 대리행위 당시 존재하는 제반사정을 객관적으로 관찰하여 보통인의 입장에서 대리권이 있는 것으로 믿는 것이 당연하다고 생각되는지를 판단하는 것이다.
② 정당한 이유의 입증책임에 대해서 다수설은 본인이 상대방의 악의 또는 과실을 입증하여야 한다고 보나, 판례는 상대방이 정당한 이유 있음을 입증하여야 한다고 한다.

> **⊕ 보충** 정당한 이유의 존부판단에 대한 판례의 태도
>
> 1. 대리인이 본인의 권리관계서류(인장, 인감증명, 등기권리증) 일체를 소지하고 있는 때는 특별한 사정이 없는 한 정당한 이유가 인정된다. 그러나 일부 서류를 소지하지 않은 경우에는 본인에 대한 확인절차를 거치는 등의 다른 사정이 있어야만 정당한 이유가 인정된다.
> 2. 대리인이 재산관리권을 가지거나 동종의 거래가 반복되거나, 본인으로부터 부여받은 직책에 사회적 신뢰성이 있는 경우는 보통 정당한 이유가 인정된다. 그러나 본인과 대리인이 친족관계, 특히 부부관계인 경우에는 권리관계서류의 입수가 용이하므로 본인에 대한 확인절차를 거쳐야만 정당한 이유가 인정된다. 한편 행위자의 신분이 당해 행위를 할 수 없는 것이 객관적으로 명백한 경우에는 정당한 이유가 부정된다.
> 3. 대리인이 위임받은 대리권과 동종의 행위인 경우에는 정당한 이유가 인정되기 쉽다. 한편 은행 등 대출업무를 취급하는 자가 그 은행내규에 위반하거나, 확인절차가 용이함에도 이를 거치지 않고 대출해 준 경우에는 정당한 이유가 부정된다.

2. 효과

제125조의 표현대리의 효과와 동일하다.

3. 적용범위

제126조의 표현대리는 임의대리와 법정대리 모두에 적용된다.

4 제129조의 표현대리(대리권 소멸 후의 표현대리, 멸권대리)

> **제129조【대리권 소멸 후의 표현대리】** 대리권의 소멸은 선의의 제3자에게 대항하지 못한다. 그러나 제3자가 과실로 인하여 그 사실을 알지 못한 때에는 그러하지 아니하다.

1. 요건

(1) 존재하였던 대리권이 소멸할 것
① 처음부터 대리권이 없는 경우에는 제129조가 적용되지 않는다.
② 대리인이 대리권 소멸 후 직접 상대방과 사이에 대리행위를 하는 경우는 물론 대리인이 대리권 소멸 후 복대리인을 선임하여 복대리인으로 하여금 상대방과 사이에 대리행위를 하도록 한 경우에도 제129조의 표현대리가 성립할 수 있다.

> **판례**
> 표현대리법리는 거래안전을 위하여 어떠한 외관적 사실을 야기한 데에 원인을 준 자는 그 외관적 사실을 믿음에 정당한 사유가 있다고 인정되는 자에 대하여 책임이 있다는 일반적인 권리외관이론에 그 기초를 두고 있으므로, 대리인이 대리권 소멸 후 직접 상대방과 사이에 대리행위를 하는 경우는 물론 대리인이 대리권 소멸 후 복대리인을 선임하여 복대리인으로 하여금 상대방과 사이에 대리행위를 하도록 한 경우에도, 상대방이 대리권 소멸사실을 알지 못하여 복대리인에게 적법한 대리권이 있는 것으로 믿었고 그와 같이 믿은 데에 과실이 없다면 제129조에 의한 표현대리가 성립할 수 있다(대판 1998.5.29, 97다55317).

(2) 소멸한 대리권의 범위 내에서 대리행위를 할 것
소멸한 대리권의 범위를 넘는 대리행위를 한 경우에는 제126조의 표현대리가 성립한다.

기출지문 OX

甲은 자기 소유 X토지를 매도하기 위해 乙에게 대리권을 수여하였다. 이후 乙은 丙을 복대리인으로 선임하였고, 丙은 甲을 대리하여 X토지를 매도하였다. 만일 대리권이 소멸된 乙이 丙을 선임하였다면, X토지 매매에 대하여 민법 제129조에 의한 표현대리의 법리가 적용될 여지가 없다.
• 32회 ( )

정답 (×)
대리인이 대리권 소멸 후 복대리인을 선임하여 복대리인으로 하여금 상대방과 사이에 대리행위를 하도록 한 경우에도 제129조의 표현대리가 성립할 수 있다.

추가 제129조의 표현대리권도 제126조의 기본대리권에 해당한다.

(3) 상대방이 선의·무과실일 것

다수설은 본인이 상대방의 악의 또는 과실을 입증하여야 한다고 보나, 소수설은 선의는 상대방이 입증하고 과실은 본인이 입증하여야 한다고 한다.

2. 효과

제125조의 표현대리의 효과와 동일하다.

3. 적용범위

제129조의 표현대리는 임의대리와 법정대리 모두에 적용된다.

CHAPTER 04 **최신기출문제로 확인!**

01 甲으로부터 甲 소유 X토지의 매도 대리권을 수여받은 乙은 甲을 대리하여 丙과 X토지에 대한 매매계약을 체결하였다. 다음 설명 중 **틀린** 것은? (다툼이 있으면 판례에 따름) •34회

① 乙은 특별한 사정이 없는 한 매매잔금의 수령 권한을 가진다.
② 丙의 채무불이행이 있는 경우, 특별한 사정이 없는 한 乙은 매매계약을 해제할 수 없다.
③ 매매계약의 해제로 인한 원상회복의무는 甲과 丙이 부담한다.
④ 丙이 매매계약을 해제한 경우, 丙은 乙에게 채무불이행으로 인한 손해배상을 청구할 수 없다.
⑤ 乙이 자기의 이익을 위하여 배임적 대리행위를 하였고 丙도 이를 안 경우, 乙의 대리행위는 甲에게 효력을 미친다.

키워드 〉 대리권
난이도 〉 ■■■□□
해설 〉 ① 부동산의 소유자로부터 매매계약을 체결할 대리권을 수여받은 대리인은 특별한 사정이 없는 한 그 매매계약에서 약정한 바에 따라 중도금이나 잔금을 수령할 권한도 있다고 보아야 한다(대판 1994.2.8, 93다39379).
② 매매계약체결의 대리권에는 계약해제권 등의 처분권을 포함한다고 볼 수 없다(대판 1987.4.28, 85다카971).
③ 계약이 적법한 대리인에 의하여 체결되었는데 상대방 당사자가 계약상 채무불이행을 이유로 계약을 해제한 경우, 해제로 인한 원상회복의무는 본인과 상대방이 부담한다(대판 2011.8.18, 2011다30871).
④ 상대방이 계약을 해제한 경우 상대방은 본인에게 채무불이행으로 인한 손해배상을 청구하여야 한다.
⑤ 대리인이 대리권의 범위 내에서 대리행위를 하였지만 그것이 자기나 제3자의 사리(私利)를 도모하기 위한 것인 경우를 대리권의 남용이라 한다. 대리권이 남용되었더라도 대리인에게 대리의사가 있으므로 대리행위는 원칙적으로 유효하다. 그러나 상대방이 대리인의 대리권남용사실을 알았거나 알 수 있었을 경우에 그 대리행위는 무효이므로 대리행위의 효과는 본인에게 미치지 않는다.

정답 01 ⑤

02

甲은 자신의 토지에 관한 매매계약체결을 위해 乙에게 대리권을 수여하였고, 乙은 甲의 대리인으로서 丙과 매매계약을 체결하였다. 다음 설명 중 옳은 것을 모두 고른 것은? (다툼이 있으면 판례에 따름)

• 35회

> ㉠ 乙은 원칙적으로 복대리인을 선임할 수 있다.
> ㉡ 乙은 특별한 사정이 없는 한 계약을 해제할 권한이 없다.
> ㉢ 乙이 丙에게 甲의 위임장을 제시하고 계약을 체결하면서 계약서상 매도인을 乙로 기재한 경우, 특별한 사정이 없는 한 甲에게 그 계약의 효력이 미치지 않는다.

① ㉡
② ㉢
③ ㉠, ㉡
④ ㉠, ㉢
⑤ ㉡, ㉢

키워드 〉 대리의 3면관계

난이도 〉 ■■■

해설 〉 ㉠ 임의대리인은 원칙적으로 복대리인을 선임할 수 없고, 본인의 승낙이 있거나 부득이한 사유가 있는 때에만 복대리인을 선임할 수 있다.
㉡ 매매계약체결의 대리권에는 계약해제에 관한 권한은 포함되지 않는다.
㉢ 매매위임장을 제시하고 매매계약을 체결하는 자는 특단의 사정이 없는 한 소유자를 대리하여 매매행위하는 것이라고 보아야 한다. 따라서 이 경우에도 甲에게 매매계약의 효력이 미친다.

정답 02 ①

03 민법상 대리에 관한 설명으로 옳은 것은? (다툼이 있으면 판례에 따름) •33회

① 임의대리인이 수인(數人)인 경우, 대리인은 원칙적으로 공동으로 대리해야 한다.
② 대리행위의 하자로 인한 취소권은 원칙적으로 대리인에게 귀속된다.
③ 대리인을 통한 부동산거래에서 상대방 앞으로 소유권이전등기가 마쳐진 경우, 대리권 유무에 대한 증명책임은 대리행위의 유효를 주장하는 상대방에게 있다.
④ 복대리인은 대리인이 자신의 이름으로 선임한 대리인의 대리인이다.
⑤ 법정대리인은 특별한 사정이 없는 한 그 책임으로 복대리인을 선임할 수 있다.

키워드> 대리행위
난이도>
해설> ① 대리인이 수인인 경우에는 각자가 본인을 대리한다(제119조). 즉, 각자대리가 원칙이다.
② 대리행위에 하자가 있더라도 대리행위의 효과는 모두 직접 본인에게 귀속하므로 대리행위의 하자로 인한 취소권은 원칙적으로 본인에게 귀속한다.
③ 대리인을 통한 부동산거래에서 상대방 앞으로 소유권이전등기가 마쳐진 경우 상대방의 등기는 적법하게 이루어진 것으로 추정된다. 따라서 대리행위의 무효를 주장하는 본인이 대리인에게 대리권이 없음을 입증하여야 한다(대판 2009.9.24, 2009다37831).
④ 복대리인은 대리인이 대리권의 범위 내에서 자신의 이름으로 선임한 본인의 대리인이다.
⑤ 법정대리인은 그 책임으로 복대리인을 선임할 수 있다. 그러나 부득이한 사유로 인한 때에는 선임·감독상의 과실책임만이 있다(제122조).

정답 03 ⑤

04 복대리에 관한 설명으로 <u>틀린</u> 것은? (특별한 사정은 없으며, 다툼이 있으면 판례에 따름) • 34회

① 복대리인은 행위능력자임을 요하지 않는다.
② 복대리인은 본인에 대하여 대리인과 동일한 권리·의무가 있다.
③ 법정대리인은 그 책임으로 복대리인을 선임할 수 있다.
④ 대리인의 능력에 따라 사업의 성공 여부가 결정되는 사무에 대해 대리권을 수여받은 자는 본인의 묵시적 승낙으로도 복대리인을 선임할 수 있다.
⑤ 대리인이 대리권 소멸 후 선임한 복대리인과 상대방 사이의 법률행위에도 민법 제129조의 표현대리가 성립할 수 있다.

키워드 〉 복대리
난이도 〉 ■■■■□
해설 〉 ① 복대리인도 대리인이므로 행위능력자임을 요하지 아니한다(제117조).
② 복대리인은 본인이나 제3자에 대하여 대리인과 동일한 권리·의무가 있다(제123조 제2항).
③ 법정대리인은 그 책임으로 복대리인을 선임할 수 있다(제122조 본문).
④ 임의대리인은 본인의 승낙이 있거나 부득이한 사유가 있지 아니하면 복대리인을 선임할 수 없는 것인바, 아파트 분양업무는 그 성질상 분양 위임을 받은 수임인의 능력에 따라 그 분양사업의 성공 여부가 결정되는 사무로서, 본인의 명시적인 승낙 없이는 복대리인의 선임이 허용되지 아니하는 경우로 보아야 한다(대판 1999.9.3, 97다56099).
⑤ 대리인이 대리권 소멸 후 직접 상대방과 사이에 대리행위를 하는 경우는 물론 대리인이 대리권 소멸 후 복대리인을 선임하여 복대리인으로 하여금 상대방과 사이에 대리행위를 하도록 한 경우에도 제129조의 표현대리가 성립할 수 있다(대판 1998.5.29, 97다55317).

정답 04 ④

05 계약의 무권대리에 관한 설명으로 옳은 것은? (다툼이 있으면 판례에 따름) • 35회

① 본인이 추인하면 특별한 사정이 없는 한 그때부터 계약의 효력이 생긴다.
② 본인의 추인의 의사표시는 무권대리행위로 인한 권리의 승계인에 대하여는 할 수 없다.
③ 계약 당시 무권대리행위임을 알았던 상대방은 본인의 추인이 있을 때까지 의사표시를 철회할 수 있다.
④ 무권대리의 상대방은 상당한 기간을 정하여 본인에게 추인 여부의 확답을 최고할 수 있고, 본인이 그 기간 내에 확답을 발하지 않으면 추인한 것으로 본다.
⑤ 본인이 무권대리행위를 안 후 그것이 자기에게 효력이 없다고 이의를 제기하지 않고 이를 장시간 방치한 사실만으로는 추인하였다고 볼 수 없다.

키워드 〉 계약의 무권대리
난이도 〉
해설 〉 ① 본인이 추인하면 특별한 사정이 없는 한 계약 시에 소급하여 계약의 효력이 생긴다.
② 무권대리행위의 추인은 무권대리인, 무권대리행위의 직접의 상대방 및 그 무권대리행위로 인한 권리 또는 법률관계의 승계인에 대하여도 할 수 있다.
③ 선의의 상대방만 철회권을 행사할 수 있다.
④ 대리권 없는 자가 타인의 대리인으로 계약을 한 경우에 상대방은 상당한 기간을 정하여 본인에게 그 추인 여부의 확답을 최고할 수 있다. 본인이 그 기간 내에 확답을 발하지 아니한 때에는 추인을 거절한 것으로 본다.
⑤ 본인이 무권대리행위 사실을 알고 있으면서 이의를 제기하지 않았거나 장시간 방치하였다는 것만으로는 묵시적 추인으로 볼 수 없다.

정답 05 ⑤

06 무권대리인 乙이 甲을 대리하여 매수인 丙과 매매계약을 체결하였고, 당시 丙은 乙이 무권대리인이라는 사실에 대해 선의·무과실이었다. 이에 관한 설명으로 틀린 것은? (표현대리는 고려하지 않고, 다툼이 있으면 판례에 따름)
· 36회

① 甲이 무권대리행위의 일부를 추인한 경우, 丙의 동의가 없더라도 추인의 효력이 있다.
② 甲이 乙로부터 丙이 지급한 매매대금을 수령한 경우, 특별한 사정이 없는 한 甲은 매매계약을 추인한 것으로 본다.
③ 甲을 단독상속한 乙이 본인 甲의 지위에서 무권대리행위의 추인을 거절하는 것은 신의칙에 반한다.
④ 丙이 상당한 기간을 정하여 甲에게 추인 여부의 확답을 최고한 경우, 甲이 그 기간 내에 확답을 발하지 않은 때에는 추인을 거절한 것으로 본다.
⑤ 甲이 乙에게 무권대리행위를 추인한 경우, 이를 알지 못한 丙은 매매계약을 철회할 수 있다.

| 키워드 | 계약의 무권대리 |
| 난이도 | ■■■□□ |
| 해설 | ① 추인은 의사표시의 전부에 대하여 이루어져야 하므로 일부에 대한 추인은 상대방의 동의가 없는 한 추인으로서 효력이 없다.
② 본인이 무권대리행위를 알고 상대방으로부터 매매대금을 수령한 것은 무권대리행위를 묵시적으로 추인한 것으로 볼 수 있다.
③ 무권대리인이 본인을 단독상속한 후 추인거절권을 행사하는 것은 신의칙에 반하므로 허용되지 않는다.
④ 상대방이 상당한 기간을 정하여 본인에게 추인 여부의 확답을 최고하였으나, 본인이 그 기간 내에 확답을 발하지 아니한 때에는 추인을 거절한 것으로 본다.
⑤ 무권대리인에 대한 추인도 추인으로서의 효력이 있으나, 선의의 상대방에게는 대항할 수 없다. 따라서 선의의 상대방은 먼저 계약을 철회할 수 있다.

정답 06 ①

07 표현대리에 관한 설명으로 옳은 것은? (다툼이 있으면 판례에 따름) • 32회

① 본인이 타인에게 대리권을 수여하지 않았지만 수여하였다고 상대방에게 통보한 경우, 그 타인이 통보받은 상대방 외의 자와 본인을 대리하여 행위를 한 때는 민법 제125조의 표현대리가 적용된다.
② 표현대리가 성립하는 경우, 과실상계의 법리를 유추적용하여 본인의 책임을 경감할 수 있다.
③ 민법 제129조의 표현대리를 기본대리권으로 하는 민법 제126조의 표현대리는 성립될 수 없다.
④ 대리행위가 강행법규에 위반하여 무효인 경우에는 표현대리의 법리가 적용되지 않는다.
⑤ 유권대리의 주장 속에는 표현대리의 주장이 포함되어 있다.

키워드 〉 표현대리
난이도 〉 ■■■■■
해설 〉 ① 제125조의 표현대리(대리권수여의 표시에 의한 표현대리)의 경우에는 대리권수여의 통지를 받은 그 상대방과의 사이에서 대리행위가 이루어진 경우에 적용된다. 따라서 통지받은 상대방 외의 자와의 대리행위에 대해서는 제125조의 표현대리가 적용되지 않는다.
② 표현대리행위가 성립하는 경우에 본인은 표현대리행위에 기하여 전적인 책임을 져야 하는 것이고, 상대방에게 과실이 있다고 하더라도 과실상계의 법리를 유추적용하여 본인의 책임을 감경할 수는 없다(대판 1994.12.22, 94다24985).
③ 제129조의 대리권 소멸 후의 표현대리로 인정되는 경우에, 그 표현대리의 권한을 넘는 대리행위가 있을 때에는 제126조의 표현대리가 성립될 수 있다(대판 1979.3.27, 79다234).
④ 표현대리가 성립하기 위해서는 대리행위 자체는 일단 유효하여야 하므로 대리행위가 강행법규에 위반되어 무효인 경우에는 표현대리의 법리가 준용될 여지가 없다(대판 1996.8.23, 94다38199).
⑤ 유권대리에 관한 주장 속에 무권대리에 속하는 표현대리의 주장이 포함되어 있다고 볼 수 없다(대판 전합체 1983.12.13, 83다카1489).

정답 07 ④

CHAPTER 05 | 무효와 취소

10개년 출제문항 수

27회	28회	29회	30회	31회
1	2	4	2	3
32회	33회	34회	35회	36회
2	2	2	2	2

→ 총 40문제 中 평균 약 2.2문제 출제

학습전략

- 무효와 취소에서는 무효와 취소 일반, 법률행위의 무효, 법률행위의 취소에 대한 내용을 학습합니다.
- 무효와 취소의 차이, 무효행위의 재생, 법률행위의 취소에서 문제가 주로 출제되므로 관련 이론을 정리해 두는 것이 좋습니다.

제1절 무효와 취소 일반

1 서설

1. 무효의 의의

(1) 무효란 처음부터 당연히 법률행위의 효과가 발생하지 않는 것을 말한다.
(2) 법률행위의 무효와 불성립(부존재)은 구별된다(통설).

2. 취소의 의의

취소란 일단 성립한 법률행위가 후에 취소권자의 취소권 행사에 의해 소급적으로 그 효력을 잃게 되는 것을 말한다.

3. 무효와 취소의 구별기준

구별기준에 관해서는 일원적 기준설(통설), 다원적 기준설이 있으나 어떤 법률행위를 무효사유로 할 것인지 취소사유로 할 것인지는 입법정책의 문제이다.

4. 무효와 취소의 경합

어떤 법률행위가 무효사유와 취소사유 모두에 해당하는 경우 각각의 요건을 입증하여 주장할 수 있다.

2 무효와 취소의 차이점 •24회 •25회 •31회

구분	무효	취소
의의	처음부터 당연히 아무런 효력이 발생하지 않는 것	일응 유효한 법률행위를 소급적으로 소멸시키는 것
주장권자	누구든지 주장할 수 있음	취소권자만 주장할 수 있음
주장기간	제한이 없음	단기제척기간이 있음(3년, 10년)
기본적 효과	절대적 무효가 원칙	상대적 취소가 원칙
방치한 경우	무효원인이 치유되지 않음	제척기간 도과 시 취소원인이 치유됨
추인	추인을 하더라도 효력이 치유되지 않는 것이 원칙(무효행위의 추인)	추인을 한 경우 확정적으로 유효가 됨(취소추인, 법정추인)
전환	일정한 경우 전환이 인정	전환제도가 없음
각각의 사유	• 권리능력 흠결 • 의사무능력 • 법률행위의 목적을 확정할 수 없는 경우 • 원시적·객관적·전부불능 • 강행규정(효력법규) 위반 • 반사회적 법률행위(제103조) • 불공정한 법률행위(제104조) • 상대방이 표의자의 진의 아님을 알았거나 알 수 있었을 경우(제107조 제1항 단서) • 통정허위표시(제108조 제1항) • 불법조건부 법률행위(제151조 제1항) • 기성조건이 해제조건인 법률행위(제151조 제2항 후단) • 불능조건이 정지조건인 법률행위(제151조 제3항 후단)	• 제한능력(제5조 제2항, 제10조, 제13조) • 착오(제109조 제1항) • 사기·강박(제110조 제1항)

기출지문 OX

상대방의 사기로 체결한 교환계약은 취소할 수 있는 법률행위이다. •31회 ( )

정답 (O)

3 무효와 취소의 종류

1. 무효의 종류

(1) 절대적 무효와 상대적 무효

① 절대적 무효란 무효로써 선의의 제3자에게도 대항할 수 있는 경우를 말하고, 상대적 무효란 무효로써 선의의 제3자에게 대항할 수 없는 경우를 말한다. 무효는 절대적 무효인 것이 원칙이다.

② 반사회적 법률행위(제103조), 불공정한 법률행위(제104조) 등은 절대적 무효에 해당하고, 비진의표시(제107조 제2항), 통정허위표시(제108조 제2항) 등은 상대적 무효에 해당한다.

(2) 당연무효와 재판상 무효

① 당연무효란 무효를 재판상으로뿐만 아니라 재판 외에서도 주장할 수 있는 경우를 말하고, 재판상 무효란 무효를 재판상으로만 주장할 수 있는 경우를 말한다. 무효는 당연무효인 것이 원칙이다.

② 「상법」상의 회사설립의 무효와 회사합병의 무효는 재판상 무효에 속한다.

(3) 전부무효와 일부무효

① 전부무효란 법률행위의 전부가 무효인 경우를 말하고, 일부무효란 법률행위 중 일부가 무효인 경우를 말한다. 무효는 전부무효인 것이 원칙이다.

② 일부무효는 양적 일부무효와 질적 일부무효로 나눌 수 있는데, 일부무효의 법리(제137조)는 양적 일부무효에 해당하고, 무효행위의 전환(제138조)은 질적 일부무효에 해당한다.

(4) 확정적 무효와 불확정적 무효(유동적 무효)

① 확정적 무효란 법률행위의 효력이 전혀 발생하지 않는 경우를 말하고, 불확정적 무효(유동적 무효)는 법률행위의 효력이 유효로 될 것인지 무효로 될 것인지 확정되지 않은 경우*를 말한다. 무효는 확정적 무효인 것이 원칙이다.

② 특히 판례는 「부동산 거래신고 등에 관한 법률」상 토지거래허가구역 내의 토지거래계약과 관련해서 유동적 무효이론을 전개하고 있다.

---

* 법률행위의 효력이 유효로 될 것인지 무효로 될 것인지 확정되지 않은 경우

현재는 효력이 발생하지 않으나 나중에 일정 요건 하에 효력이 발생할 수 있는 무효를 말한다.

2. 취소의 종류

(1) 협의의 취소

① 취소에 관한 제140조 내지 제146조의 규율을 받는 경우를 말한다. 이는 다시 절대적 취소와 상대적 취소로 나눌 수 있다.

② 절대적 취소란 취소로써 선의의 제3자에게도 대항할 수 있는 경우를 말하고, 상대적 취소란 취소로써 선의의 제3자에게 대항할 수 없는 경우를 말한다. 취소는 상대적 취소인 것이 원칙이다.

③ 제한능력을 이유로 한 취소는 절대적 취소에 해당하고, 착오와 사기·강박을 이유로 한 취소는 상대적 취소에 해당한다.

(2) 광의의 취소

취소에 관한 제140조 내지 제146조의 적용을 받지 않는 경우를 말한다. 이에는 공법상의 취소, 완전행위의 취소, 가족법상의 법률행위의 취소 등이 있다.

> **⊕ 보충** 광의의 취소의 예
>
> 1. **공법상의 취소**: 피한정후견재판의 취소, 피성년후견재판의 취소, 실종선고의 취소, 부재자재산관리에 관한 명령의 취소, 법인설립허가의 취소 등
> 2. **완전행위의 취소**: 법정대리인의 제한능력자에 대한 영업허락의 취소, 사해행위의 취소, 부부간의 계약취소 등
> 3. **가족법상의 법률행위의 취소**: 혼인의 취소, 이혼의 취소, 인지의 취소, 입양의 취소, 친생자승인의 취소, 부양의 취소, 유언의 취소 등

제2절 법률행위의 무효

1 무효의 효과

1. 무효와 부당이득

법률행위가 무효로 되는 경우 당사자가 의욕한 대로의 법률효과가 발생하지 않는다. 따라서 이행하기 전이면 이행할 필요가 없고, 이행한 후이면 부당이득으로 반환하여야 한다.

2. 무효의 소급효

무효는 처음부터 당연히 효력이 발생하지 않는 경우이므로 법률행위가 무효로 밝혀지는 경우에 그 법률행위는 소급적으로 무효가 된다.

2 무효행위의 재생

1. 서설

무효는 확정적 무효가 원칙이나, 민법은 무효인 법률행위를 유효 내지 새로운 법률행위로 간주하는 경우가 있다(이를 '무효행위의 재생'이라 함). 일부무효의 법리, 무효행위의 전환, 무효행위의 추인이 바로 이에 해당하는 경우이다.

2. 일부무효의 법리

> **제137조【법률행위의 일부무효】** 법률행위의 일부분이 무효인 때에는 그 전부를 무효로 한다. 그러나 그 무효부분이 없더라도 법률행위를 하였을 것이라고 인정될 때에는 나머지 부분은 무효가 되지 아니한다.

(1) 의의

법률행위의 일부분이 무효인 때에는 전부무효를 원칙으로 한다. 전부를 무효로 하는 것이 당사자의 의사에 부합하기 때문이다. 그러나 그 무효부분이 없더라도 법률행위를 하였을 것이라고 인정될 때에는 나머지 부분은 유효하다.

(2) 성질

일부무효의 법리에 관한 제137조는 양적 일부무효를 규정한 것으로 임의규정이다.

(3) 나머지 부분이 유효로 되기 위한 요건

법률행위의 일체성 및 가분성이 있어야 하고(객관적 요건), 무효부분이 없더라도 법률행위를 하였을 것이라는 당사자의 가상적 의사가 인정되어야 한다(주관적 요건).

기출지문 O X

법률행위의 일부분이 무효일 때, 그 나머지 부분의 유효성을 판단함에 있어 나머지 부분을 유효로 하려는 당사자의 가정적 의사는 고려되지 않는다. • 32회
( )

정답 (×)
법률행위의 일부분이 무효인 경우 그 일부분이 유효로 되기 위해서는 그 무효부분이 없더라도 법률행위를 하였을 것이라고 인정되어야 한다.

(4) 일부무효에 대한 특별규정

민법 제137조의 특칙규정으로는 수량부족·일부멸실 시의 매도인의 담보책임(제574조), 담보책임면제의 특약(제584조), 환매기간(제591조), 지상권의 존속기간(제280조), 「약관의 규제에 관한 법률」의 일부 무효의 특칙(제16조) 등이 있다.

(5) 일부취소의 문제

통설과 판례는 일부무효의 법리를 유추적용하여 일부취소도 인정한다.

> **판례**
>
> 1. 법률행위의 일부분에 취소사유가 있는 경우 그 법률행위가 가분적이거나 목적물의 일부가 특정될 수 있고 나머지 부분만이라도 이를 유지하려는 당사자의 가상적 의사가 인정되는 경우에는 그 일부만을 취소할 수 있다(대판 1990.7.10, 90다카7460).
> 2. 위의 요건을 갖춘 경우 법률행위의 일부를 취소할 수 있지만, 이는 어디까지나 법률행위가 존재함을 전제로 한다. 따라서 매매계약체결 시 토지의 일정 부분을 매매대상에서 제외시키는 특약을 한 경우, 이는 매매계약의 목적 토지를 특정하여 그 일정 부분에 대하여는 매매계약이 체결되지 않았음을 분명히 한 것으로서 그 부분에 대한 어떠한 법률행위가 이루어진 것으로는 볼 수 없으므로, 그 특약만을 기망에 의한 법률행위로서 취소할 수는 없다(대판 1999.3.26, 98다56607).

3. 무효행위의 전환

> **제138조【무효행위의 전환】** 무효인 법률행위가 다른 법률행위의 요건을 구비하고 당사자가 그 무효를 알았더라면 다른 법률행위를 하는 것을 의욕하였으리라고 인정될 때에는 다른 법률행위로서 효력을 가진다.

(1) 의의

무효행위의 전환이란 무효인 법률행위가 동시에 다른 법률행위로서의 요건을 갖춘 경우 당사자가 무효를 알았더라면 다른 법률행위를 하였을 것이라고 인정되는 경우에 다른 법률행위로서의 효력을 인정하는 것을 말한다.

추가 불성립의 경우에는 전환의 문제가 발생할 여지가 없다.

> **보충** 민법 자체에서 무효행위의 전환을 인정하는 경우
>
> 1. 비밀증서에 의한 유언이 그 방식에 흠결이 있는 경우에 그 증서가 자필증서의 방식에 적합한 때에는 자필증서에 의한 유언으로 본다(제1071조).
> 2. 연착된 승낙은 청약자가 이를 새로운 청약으로 볼 수 있다(제530조).
> 3. 청약에 대하여 조건을 붙이거나 변경을 가한 승낙은 청약거절과 동시에 새로 청약한 것으로 본다(제534조).

(2) 성질

무효행위의 전환에 관한 제138조는 질적 일부무효를 규정한 것으로 임의규정이다.

(3) 요건

① **일단 성립한 법률행위가 무효일 것**: 일단 성립한 법률행위가 무효이어야 하므로 불성립의 경우에는 전환의 문제가 발생할 여지가 없다.
② 다른 법률행위의 요건을 구비할 것
③ **다른 법률행위를 의욕하였을 것**: 전환의 의사는 법률행위 성립 당시를 기준으로 판단하여야 하며, 이때의 당사자의 의사는 가상적 의사이지 실재적 의사가 아니다.
④ **다른 법률행위의 내포성**: 다른 법률행위는 원래의 법률행위보다 작은 것이어서 이에 내포될 수 있어야 한다.
⑤ **전환에 있어서의 요식성 여부**
   ㉠ 불요식행위를 불요식행위로 전환할 수 있다.
   ㉡ 불요식행위를 요식행위로 전환할 수는 없다.
   ㉢ 요식행위를 불요식행위로 전환할 수 있다.
   ㉣ 요식행위를 요식행위로 전환하는 것은 예외적으로만 할 수 있다.

> **판례**
>
> **무효행위의 전환**
> 1. 타인의 자를 자기의 자로 출생신고를 한 경우 입양의 요건을 갖추는 한 입양으로서의 효력이 있다(대판 전합체 1977.7.26, 77다492).
> 2. 혼인 외의 출생자를 혼인 중의 출생자로 출생신고를 한 경우 인지의 요건을 갖추는 한 인지로서의 효력이 있다(대판 1971.11.15, 71다1983).

4. 무효행위의 추인 •24회 •28회 •29회 •31회 •32회 •34회

> **제139조【무효행위의 추인】** 무효인 법률행위는 추인하여도 그 효력이 생기지 아니한다. 그러나 당사자가 그 무효임을 알고 추인한 때에는 새로운 법률행위로 본다.

(1) 의의
① 무효행위의 추인이란 무효인 법률행위를 유효로 하겠다는 당사자의 의사표시를 말한다.
② 민법은 당사자가 무효임을 알고 해당 법률행위를 추인한 때에는 무효인 법률행위를 곧바로 유효로 취급하지 않고 새로운 법률행위를 한 것으로 간주한다. 또한 무효인 법률행위를 추인한 때에는 추인한 때로부터 새로운 법률행위를 한 것으로 간주한다(이를 '장래효'라 함).

> **판례**
> 당사자의 양도금지의 의사표시로써 채권은 양도성을 상실하며 양도금지의 특약에 위반해서 채권을 제3자에게 양도한 경우에 악의 또는 중과실의 채권양수인에 대하여는 채권 이전의 효과가 생기지 아니하나, 악의 또는 중과실로 채권양수를 받은 후 채무자가 그 양도에 대하여 승낙을 한 때에는 채무자의 사후승낙에 의하여 무효인 채권양도행위가 추인되어 유효하게 되며 이 경우 다른 약정이 없는 한 소급효가 인정되지 않고 양도의 효과는 승낙 시부터 발생한다(대판 2009.10.29, 2009다47685).

(2) 성질
무효행위의 추인에 관한 제139조 규정은 임의규정이다. 따라서 당사자의 약정에 의해 소급적으로 추인하는 것은 허용된다. 다만, 당사자의 약정에 의한 소급효를 인정하더라도 제3자의 권리를 침해할 수는 없다.

(3) 추인의 요건
① **당사자가 그 법률행위가 무효임을 알고 추인할 것**: 추인은 명시적으로뿐만 아니라 묵시적으로도 할 수 있고, 무효행위의 추인의 경우 당사자의 의사는 실재적 의사이다.

기출지문 OX

무효인 가등기를 유효한 등기로 전용하기로 약정하면 그 가등기는 소급하여 유효한 등기가 된다.
•28회 ( )

정답 (×)

무효인 가등기를 유효한 등기로 전용하기로 한 약정은 그때부터 유효하고 이로써 위 가등기가 소급하여 유효한 등기로 전환될 수 없다.

기출지문 OX
통정허위표시에 의한 부동산매매계약은 추인할 수 있는 법률행위이다. •31회 ( )
정답 (○)

② **추인 시에 새로운 법률행위의 효력요건이 존재할 것**: 무효행위의 추인은 무효원인이 소멸한 후에 하여야 한다. 따라서 통정허위표시에 해당하는 행위에 대해서는 무효행위의 추인이 인정되지만, 반사회적 법률행위와 불공정한 법률행위 및 강행법규 위반으로 무효인 법률행위에 대해서는 무효행위의 추인이 인정되지 않는다.

> **판례**
>
> **묵시적 추인**
> 1. 15세로 된 후 망인과 자신 사이에 친생자관계가 없는 등의 사유로 입양이 무효임을 알면서도 망인이 사망할 때까지 아무런 이의를 제기하지 않은 경우는 묵시적으로 입양을 추인한 것으로 볼 수 있다(대판 1990.3.9, 89므389).
> 2. 무효등기의 유용에 관한 합의 내지 추인은 묵시적으로도 이루어질 수 있으나, 위와 같은 묵시적 합의 내지 추인을 인정하려면 무효등기 사실을 알면서 장기간 이의를 제기하지 아니하고 방치한 것만으로는 부족하고 그 등기가 무효임을 알면서도 유효함을 전제로 기대되는 행위를 하거나 용태를 보이는 등 무효등기를 유용할 의사에서 비롯되어 장기간 방치된 것이라고 볼 수 있는 특별한 사정이 있어야 한다(대판 2007.1.11, 2006다50055).

(4) 당사자의 약정에 의한 소급적 추인

① **채권적 소급적 추인**: 당사자 사이에 소급효를 인정하더라도 제3자의 권리를 침해하지 않는다.
② **물권적 소급적 추인**: 무효인 물권행위에 대한 추인은 제3자의 권리를 침해하지 않는 범위 내에서만 할 수 있다.

3 유동적 무효의 법률관계

1. 서설

(1) 의의

유동적 무효란 현재로서는 법률행위의 효력이 발생하지 않지만 추후에 허가·인가·추인 등에 의해 유효로 확정될 수 있는 법적 상태를 말한다.

> **판례**
>
> 「부동산 거래신고 등에 관한 법률」상 토지거래허가구역 내의 토지에 대하여 관할관청의 허가를 받을 것을 전제로 체결한 매매계약은 허가를 받을 때까지는 법률상의 미완성의 법률행위로서 소유권 등 권리의 이전에 관한 계약의 효력이 전혀 발생하지 아니함은 확정적 무효의 경우와 다를 바 없다. 그러나 허가를 받게 되면 그 계약은 소급하여 유효한 계약이 되고 그와 달리 허가를 받지 못하게 된 때에는 무효로 확정되므로 허가를 받기까지는 유동적 무효의 상태에 있다. 그리고 허가를 전제로 체결한 계약이 관할관청의 허가를 받으면 소급해서 유효가 되므로 허가 후에 새로이 거래계약을 체결할 필요가 없다(대판 전합체 1991.12.24, 90다12243).

(2) 유동적 무효의 예
① 무권대리행위
② 무권한자의 처분행위
③ 「부동산 거래신고 등에 관한 법률」상의 토지거래허가구역 내의 토지에 대해 허가를 받을 것을 전제로 체결된 매매계약
④ 조건부·기한부 법률행위 등

(3) 확정적 무효로 되는 경우
① 처음부터 허가를 배제하거나 잠탈을 기도한 경우
② 적법한 절차를 거쳐 이루어진 신청에 대하여 관할관청의 불허가처분이 확정된 경우
③ 당사자 쌍방이 허가신청협력의무 거절의사를 명백히 표시한 경우
④ 허가 전의 토지거래계약이 정지조건부 계약인 경우 그 조건이 토지거래허가를 받기 전에 이미 불성취로 확정된 경우

2. 유동적 무효상태에서의 구체적인 쟁점 – 판례의 태도

• 26회 • 30회 • 33회

(1) 유동적 무효인 상태에서 거래계약의 효력에 대해, 판례는 채권적 효력도 없고 물권적 효력도 없다고 한다. 이로부터 다음의 내용들이 전개되고 있다.

(2) 유동적 무효인 상태에서는 채권적 효력이 없으므로 계약상의 채무에 대한 이행청구(소유권이전등기청구 또는 매매대금지급청구 등), 강제이행, 채무불이행으로 인한 계약해제 및 손해배상청구, 계약금 등에 대한 부당이득반환청구 모두 인정되지 않는다. 다만, 해약금에 의한 계약해제는 인정된다.

기출지문 OX

甲은 토지거래허가구역 내 자신의 토지를 乙에게 매도하였고 곧 토지거래허가를 받기로 하였다. 甲은 계약상 채무불이행을 이유로 계약을 해제할 수 있다.
• 26회 ( )

정답 (×)
유동적 무효상태에서는 계약상의 채무불이행을 이유로 계약을 해제할 수 없다.

(3) 유동적 무효인 상태에서 계약당사자 사이에 허가신청에 협력할 의무는 인정된다. 이러한 협력의무는 소구(訴求)할 수 있다. 한편 당사자의 일방이 협력의무를 위반한 경우에는 손해배상도 청구할 수 있다. 따라서 협력의무 위반에 대한 손해배상액의 예정계약은 유효하다. 그러나 협력의무 위반을 이유로 계약해제는 할 수 없다.

> **참고** 협력의무이행청구권의 대위 여부
> 1. 매매계약의 매수인은 매도인에 대한 토지거래허가신청절차의 협력의무이행청구권을 피보전권리로 하여 매매목적 토지의 처분을 금하는 가처분을 구할 수 있다.
> 2. 채권자는 토지거래허가신청절차의 협력의무이행청구권을 보전하기 위하여 채무자를 대위하여 제3자에게 토지거래허가신청절차의 협력의무의 이행을 청구할 수 있다.

(4) 중간생략등기를 금지하는 「부동산 거래신고 등에 관한 법률」상의 규정은 효력법규이므로 이를 위반한 중간생략등기의 효력은 무효이다.

(5) 유동적 무효상태에서도 무효·취소(제107조 내지 제110조) 주장을 할 수 있다.

(6) 토지거래허가구역의 지정해제 또는 지정기간 만료 후 재지정하지 않은 경우에는 확정적으로 유효로 된다.

(7) 토지거래허가구역 내의 토지와 지상건물을 일괄하여 매매한 경우 건물만의 소유권이전등기청구는 인정되지 않는다.

(8) 「부동산 거래신고 등에 관한 법률」상의 토지거래허가규정에 위반한 자 스스로 무효를 주장하더라도 신의칙에 반하는 것은 아니다.

추가 무효주장을 받아주지 않으면 입법목적을 달성할 수 없기 때문이다.

(9) 토지의 이용목적이 거래계약의 내용으로 되어 있음에도 그 계약내용과 다른 이용목적이 기재된 토지거래허가신청서가 제출되어 불허가처분된 경우에도 당해 거래계약은 여전히 유동적 무효이다.

(10) 유동적 무효상태에 있는 토지거래허가의 일방 당사자만이 임의로 토지거래허가신청에 대한 불허가처분을 유도할 의도로 허가신청서에 기재하도록 되어 있는 계약내용과 토지의 이용계획 등에 관하여 사실과 다르게 기재하여 이로 인해 실제로 토지거래허가신청에 대한 불허가처분이 있었더라도 위 토지거래계약은 여전히 유동적 무효이다.

제3절 법률행위의 취소

1 서설

1. 취소의 의의

취소란 일단 성립한 법률행위가 후에 취소권자의 취소권 행사에 의해 소급적으로 그 효력을 잃게 되는 것을 말한다.

2. 구별개념

(1) 무효
무효란 처음부터 당연히 법률행위의 효과가 발생하지 않는 것으로서, 법률행위로서 성립하여 일응 유효한 법률행위를 사후적으로 그 효력을 소급적으로 소멸시키는 취소와 구별된다.

(2) 철회
철회란 법률행위의 효과가 발생하기 전에 장래에 향하여 그 효과의 발생을 저지하는 행위로서, 법률행위의 효력이 발생한 후에 소급적으로 그 효력을 소멸시키는 취소와 구별된다.

(3) 해제
취소와 해제의 차이점을 살펴보면 다음과 같다.

구분	취소	해제
법률관계의 해소	일방적 의사표시에 의해 법률행위의 효력을 소급적으로 소멸	
적용범위	모든 법률행위에 인정	계약에만 인정
발생원인	법률규정에 의해서만 발생	약정과 법률규정에 의해 발생
반환범위	부당이득반환에 의함	원상회복에 의함
손해배상청구	×	○

2 취소권 ・26회 ・33회 ・35회 ・36회

1. 취소권의 원인

(1) 취소는 취소권자의 일방적 의사표시에 의하여 법률행위가 소급적으로 소멸되므로, 취소를 하기 위해서는 반드시 취소권이라는 근거가 있어야 한다.
(2) 취소는 상대방 있는 단독행위이며 취소권은 형성권이다.

2. 취소권자

> **제140조【법률행위의 취소권자】** 취소할 수 있는 법률행위는 제한능력자, 착오로 인하거나 사기·강박에 의하여 의사표시를 한 자, 그의 대리인 또는 승계인만이 취소할 수 있다.

(1) 제한능력자
① 제한능력자도 법정대리인의 동의 없이 자신이 단독으로 취소할 수 있다.
② 제한능력자의 취소의 효과는 확정적이다. 따라서 법정대리인의 동의 없음을 이유로 다시 취소할 수 없다.
③ 법정대리인이 추인을 한 경우 제한능력자의 취소권도 소멸하므로 제한능력자는 취소할 수 없다.

(2) 착오로 인하거나 사기·강박에 의하여 의사표시를 한 자

(3) 대리인
① 법정대리인은 당연히 취소할 수 있다. 따라서 법정대리인은 자신의 취소권을 행사하는 것이지 제한능력자의 취소권을 대리하는 것이 아니다.
② 임의대리인은 원칙적으로 취소할 수 없고, 본인으로부터 취소에 관한 특별수권이 있어야 취소할 수 있다. 즉, 임의대리인이 취소하는 것은 본인의 취소권을 대리하는 것이다.

(4) 승계인
① 포괄승계인은 당연히 취소할 수 있다.
② 특정승계인은 취소권만의 승계는 인정되지 않으므로 취소할 수 있는 행위에 의해 취득한 권리의 승계가 있는 경우에만 취소할 수 있다. 이때 법정추인사유에 해당하지 않는 한 전권리자의 취소권도 병존하게 된다.

3. 취소의 상대방

> 제142조【취소의 상대방】 취소할 수 있는 법률행위의 상대방이 확정한 경우에는 그 취소는 그 상대방에 대한 의사표시로 하여야 한다.

(1) 계약·상대방 있는 단독행위의 경우
① 상대방이 확정된 경우에는 해당 취소할 수 있는 법률행위의 '직접 상대방'이 취소의 상대방이다.
② 상대방이 취소의 목적이 된 행위에 의해 취득한 권리를 제3자에게 양도한 경우에도 원래의 상대방이 취소의 상대방이다.

(2) 상대방 없는 단독행위의 경우
특정인에게 할 필요는 없고 취소의 의사표시를 적당한 방법으로 외부에 객관화하면 족하다.

4. 취소권의 행사방법

(1) 취소는 불요식행위이므로 서면뿐만 아니라 구두로도 할 수 있다. 그리고 명시적으로뿐만 아니라 묵시적으로도 할 수 있다.
(2) 취소는 취소권자의 일방적 의사표시에 의하여 법률행위가 소급적으로 소멸되므로, 취소에는 원칙적으로 조건·기한을 붙일 수 없다.

5. 취소의 효과 ·26회

> 제141조【취소의 효과】 취소된 법률행위는 처음부터 무효인 것으로 본다. 다만, 제한능력자는 그 행위로 인하여 받은 이익이 현존하는 한도에서 상환(償還)할 책임이 있다.

(1) 법률행위의 소급적 무효
① 법률행위를 취소한 경우 그 성립 당시에 소급하여 무효로 된다(제141조 본문). 따라서 이행 전이면 이행할 필요가 없고, 이행 후이면 부당이득으로 반환하여야 한다.
② 제한능력을 이유로 한 취소의 효과는 절대적 취소에 해당하고, 착오와 사기·강박을 이유로 한 취소의 효과는 상대적 취소에 해당한다.

기출지문 OX

미성년자 甲은 자신의 부동산을 법정대리인 乙의 동의 없이 丙에게 매각하고 丙은 다시 이 부동산을 丁에게 매각하였다. 甲이 아직 미성년자인 경우 취소권자는 甲 또는 乙이고 취소의 상대방은 丙이다. ·21회 ( )

정답 (○)

③ 취소할 수 있는 법률행위를 취소한 이후에 무효행위의 추인에 따라 추인할 수는 있다.

(2) 반환범위

① **원칙**
  ㉠ 원물반환의 경우에는 제201조 내지 제203조(점유자와 회복자의 관계)가 적용된다.
  ㉡ 가액반환의 경우에는 제748조가 적용된다. 제748조에 의하면 선의인 경우에는 현존이익 한도에서 반환하면 되고, 악의인 경우에는 전손해를 반환하여야 한다(받은 것 + 이자 + 손해배상).

② **제한능력자의 반환범위의 특칙**
  ㉠ 제한능력자는 선의·악의를 불문하고 취소할 수 있는 행위로 얻은 이익이 현존하는 한도에서만 반환하면 된다.
  ㉡ 현존이익이란 소비하고 남은 잔존이익 그 자체나 변형물을 말한다. 예를 들어, 멸실·낭비(유흥비로 탕진한 경우 등)의 경우에는 현존이익이 없으나, 치료비·생활비·물건구입에 지출한 경우에는 현존이익이 있다.
  ㉢ 이익현존의 판단시점은 반환청구 시가 아니라 취소 시이다.
  ㉣ 현존이익의 입증책임에 대해, 판례는 금전의 경우에는 이익이 현존하는 것으로 추정하므로 제한능력자 측에서 현존이익이 없음을 입증하여야 한다고 한다(대판 2005.4.15, 2003다60297).

3 취소할 수 있는 법률행위의 추인 · 29회

> **제143조 【추인의 방법, 효과】** ① 취소할 수 있는 법률행위는 제140조에 규정한 자가 추인할 수 있고 추인 후에는 취소하지 못한다.
> ② 전조의 규정은 전항의 경우에 준용한다.
> **제144조 【추인의 요건】** ① 추인은 취소의 원인이 소멸된 후에 하여야만 효력이 있다.
> ② 제1항은 법정대리인 또는 후견인이 추인하는 경우에는 적용하지 아니한다.

기출지문 OX

미성년자 甲은 법정대리인 丙의 동의 없이 자신의 토지를 甲이 미성년자임을 안 乙에게 매도하고 대금수령과 동시에 소유권이전등기를 해 주었는데, 丙이 甲의 미성년을 이유로 계약을 적법하게 취소하였다. 甲이 대금을 모두 생활비로 사용한 경우 대금 전액을 반환하여야 한다. • 26회
( )

정답 (O)

1. 의의

(1) 취소할 수 있는 법률행위의 추인이란 취소의 원인이 소멸된 후에 취소권자가 더 이상 취소권을 행사하지 않겠다는 의사를 표시하는 것이다.

(2) 취소할 수 있는 법률행위의 추인은 취소권의 포기라는 소극적 측면과 취소할 수 있는 법률행위를 확정적으로 유효로 하겠다는 적극적 측면이 있다.

> **추가** 취소추인은 의사표시에 의해 취소권 포기의 효과가 발생한다.

2. 추인의 요건

(1) 취소의 원인이 소멸될 것

① 제한능력자는 능력자로 된 후에 추인할 수 있다. 미성년자는 성년자가 되어야 하고, 피성년후견인과 피한정후견인은 각각 그 선고가 취소된 후에만 추인할 수 있다. 다만, 제한능력자도 능력자가 되기 전에 법정대리인 또는 후견인의 동의를 얻어 추인할 수는 있다.

② 착오, 사기·강박에 의해 의사표시를 한 자는 그 상태를 벗어난 후에 추인할 수 있다.

③ 취소의 원인이 소멸되기 전에 한 추인은 효력이 없다. 다만, 법정대리인 또는 후견인은 취소의 원인이 소멸되기 전이라도 추인할 수 있다. 왜냐하면 법정대리인 또는 후견인은 제한능력, 착오, 사기·강박상태에 있는 자가 아니기 때문이다.

(2) 추인권자는 취소권자에 한할 것

① 추인권자는 제140조에 규정된 자이다. 다만, 추인은 취소의 원인이 종료(소멸)된 후에 하여야 하므로 추인권자의 범위는 취소권자의 범위보다 좁다.

② 취소권자가 수인인 경우 1인이 추인을 하면 다른 취소권자는 취소를 할 수 없다.

(3) 취소할 수 있는 법률행위임을 알고 추인할 것

3. 추인의 상대방

추인의 상대방 역시 취소의 상대방과 같다.

4. 추인의 방법

추인은 불요식행위이므로 서면뿐만 아니라 구두로도 할 수 있고, 명시적으로뿐만 아니라 묵시적으로도 할 수 있다.

5. 추인의 효과

(1) 취소할 수 있는 법률행위를 추인하면 취소권을 포기한 것이므로 취소할 수 있는 법률행위는 확정적으로 유효하게 된다. 따라서 추인한 후에는 다시 취소할 수 없다.

(2) 취소할 수 있는 법률행위를 추인한 경우 추인한 때로부터 불확정적 유효에서 확정적 유효로 된다.

4 법정추인 ・25회 ・30회 ・32회 ・35회

> **제145조 【법정추인】** 취소할 수 있는 법률행위에 관하여 전조의 규정에 의하여 추인할 수 있는 후에 다음 각 호의 사유가 있으면 추인한 것으로 본다. 그러나 이의를 보류한 때에는 그러하지 아니하다.
> 1. 전부나 일부의 이행
> 2. 이행의 청구
> 3. 경개
> 4. 담보의 제공
> 5. 취소할 수 있는 행위로 취득한 권리의 전부나 일부의 양도
> 6. 강제집행

1. 의의

(1) 법정추인이란 일정한 사실이 존재하는 경우 취소권의 포기로 간주하는 것을 말한다.

(2) 법정추인은 취소할 수 있는 법률행위의 추인과 달리 취소할 수 있는 법률행위임을 알고 할 필요는 없다.

추가 법정추인은 법률규정에 의해 취소권 포기의 효과가 발생한다.

기출지문 O X

취소할 수 있는 법률행위에 관하여 법정추인이 되려면 취소권자가 취소권의 존재를 인식해야 한다.
・32회　　　　　　　(　)

정답 (×)
법정추인은 취소할 수 있는 법률행위의 추인과 달리 취소할 수 있는 법률행위임을 알고 할 필요는 없다.

2. 법정추인의 요건

(1) 시점
취소의 원인이 소멸된 후이어야 한다.

(2) 사유
① **전부나 일부의 이행:** 취소권자가 채무의 전부나 일부를 이행하거나 상대방의 이행을 수령한 경우이다.
② **이행의 청구:** 취소권자가 상대방에게 이행을 청구한 경우만 법정추인에 해당한다.
③ **경개:** 경개란 취소할 수 있는 법률행위로 생긴 채무를 소멸시키고 신채무를 성립시키기로 하는 당사자 사이의 계약을 말한다. 취소권자가 채권자로서 경개계약을 하든 채무자로서 경개계약을 하든 모두 법정추인에 해당한다.
④ **담보의 제공:** 취소권자가 채무자로서 담보를 제공한 경우이든 채권자로서 담보를 제공받은 경우이든 모두 법정추인에 해당한다.
⑤ **취소할 수 있는 행위로 취득한 권리의 전부나 일부의 양도:** 취소권자가 양도한 경우만 법정추인에 해당하고, 양도에는 제한물권을 설정하는 것뿐만 아니라 임대차계약을 체결하는 것도 포함된다. 다만, 취소함으로써 생기게 될 부당이득반환청구권을 양도하는 것은 법정추인에 해당하지 않는다.
⑥ **강제집행:** 취소권자가 채권자로서 강제집행을 한 경우이든 채무자로서 강제집행을 받은 경우이든 모두 법정추인에 해당한다.

(3) 취소권자가 이의를 보류하지 않을 것

3. 효과

법정추인의 요건에 해당하는 경우 취소권의 포기로 간주되므로 취소할 수 있는 법률행위는 확정적으로 유효가 된다. 따라서 더 이상 취소할 수 없게 된다.

기출지문 OX

상대방이 취소권자에게 이행을 청구한 경우는 법정추인에 해당하지 않는다. • 30회 (　)

정답 (○)

5 취소권의 단기제척기간 •29회 •35회

> **제146조【취소권의 소멸】** 취소권은 추인할 수 있는 날로부터 3년 내에 법률행위를 한 날로부터 10년 내에 행사하여야 한다.

1. 제146조의 취지

(1) 제146조에서 취소권의 제척기간*을 규정하고 있는 이유는 법률관계를 조속히 확정하고 상대방을 보호하기 위해서이다.

(2) 법률행위의 취소사유는 제척기간의 경과로 그 하자가 치유된다.

2. 기간의 성질

(1) 취소권은 추인할 수 있는 날부터 3년 내에, 법률행위를 한 날부터 10년 내에 행사하여야 한다. 이때 추인할 수 있는 날이란 취소의 원인이 소멸된 때를 의미한다.

(2) 두 기간 중 어느 하나라도 기간이 만료하면 취소권은 소멸된다.

(3) 위 기간은 제척기간에 해당한다. 제척기간의 성질에 대해 통설은 출소기간(出訴期間)으로 이해하여 위 기간 내에 권리를 재판상 행사하여야 한다고 보나, 판례는 행사기간(行使其間)으로 이해하여 위 기간 내에 권리를 재판상으로뿐만 아니라 재판 외에서 행사하면 족하다고 본다.

(4) 취소권의 행사로 인한 부당이득반환청구권의 존속기간에 대해서, 다수설은 제146조에 정한 기간 내에 행사하여야 한다고 보나, 판례는 부당이득반환청구권이 발생한 때로부터 10년의 소멸시효에 걸린다고 보고 있다.

---

* **제척기간**
권리의 존속기간

기출지문 O X

취소권은 추인할 수 있는 날로부터 10년이 경과하더라도 행사할 수 있다. •35회 ( )

정답 (×)
취소권은 추인할 수 있는 날로부터 3년 내에, 법률행위를 한 날로부터 10년 내에 행사하여야 한다. 따라서 추인할 수 있는 날로부터 10년이 경과하면 취소권을 행사할 수 없다.

CHAPTER 05 최신기출문제로 확인!

01 법률행위의 무효에 관한 설명으로 옳은 것은? (다툼이 있으면 판례에 따름)   • 32회

① 무효인 법률행위의 추인은 그 무효의 원인이 소멸한 후에 하여야 그 효력이 인정된다.
② 무효인 법률행위는 무효임을 안 날로부터 3년이 지나면 추인할 수 없다.
③ 법률행위의 일부분이 무효일 때, 그 나머지 부분의 유효성을 판단함에 있어 나머지 부분을 유효로 하려는 당사자의 가정적 의사는 고려되지 않는다.
④ 무효인 법률행위의 추인은 묵시적인 방법으로 할 수는 없다.
⑤ 강행법규 위반으로 무효인 법률행위를 추인한 때에는 다른 정함이 없으면 그 법률행위는 처음부터 유효한 법률행위가 된다.

키워드 〉 법률행위의 무효
난이도 〉
해설 〉 ① 무효행위의 추인은 그 무효원인이 소멸한 후에 하여야 그 효력이 있다(대판 1997.12.12, 95다38240). 따라서 반사회적 법률행위(대판 2002.3.15, 2001다77352)와 불공정한 법률행위(대판 1994.6.24, 94다10900)는 무효행위의 추인이 인정되지 않는다.
② 무효인 법률행위는 무효임을 안 날로부터 3년이 지나더라도 무효행위의 추인의 요건을 갖추면 추인할 수 있다(제139조).
③ 법률행위의 일부분이 무효인 경우 그 일부분이 유효로 되기 위해서는 그 무효부분이 없더라도 법률행위를 하였을 것이라고 인정되어야 한다.
④ 무효인 법률행위의 추인은 명시적으로 뿐만 아니라 묵시적인 방법으로도 할 수 있다(대판 2011.2.10, 2010다83199).
⑤ 무효인 법률행위는 당사자가 무효임을 알고 추인할 경우 추인한 때로부터 새로운 법률행위를 한 것으로 간주한다(제139조). 다만, 강행법규 위반으로 무효인 법률행위는 추인하더라도 효력이 생기지 않는다(대판 2016.6.9, 2014다64752).

정답 01 ①

02 추인할 수 있는 법률행위가 <u>아닌</u> 것은? (다툼이 있으면 판례에 따름) · 31회

① 통정허위표시에 의한 부동산매매계약
② 상대방의 강박으로 체결한 교환계약
③ 무권대리인이 본인을 대리하여 상대방과 체결한 임대차계약
④ 미성년자가 법정대리인의 동의나 허락 없이 자신의 부동산을 매도하는 계약
⑤ 처음부터 허가를 잠탈할 목적으로 체결된 토지거래허가구역 내의 토지거래계약

> 키워드 〉 무효와 취소
> 난이도 〉 ■■■■■
> 해설 〉 ① 통정허위표시에 의한 부동산매매계약은 무효이다. 이 경우 당사자가 이 매매계약이 무효임을 알고 추인한 때에는 새로운 법률행위로 본다(제139조).
> ② 상대방의 강박으로 체결한 교환계약은 취소할 수 있다. 취소할 수 있는 법률행위는 취소권자가 추인할 수 있다(제143조).
> ③ 무권대리인이 본인을 대리하여 상대방과 체결한 임대차계약은 유동적 무효이다. 이러한 무권대리행위에 대해 본인은 추인할 수 있다(제130조).
> ④ 미성년자가 법정대리인의 동의나 허락 없이 자신의 부동산을 매도하는 계약은 취소할 수 있다. 취소할 수 있는 법률행위는 취소권자가 추인할 수 있다(제143조).
> ⑤ 처음부터 허가를 잠탈할 목적으로 체결된 토지거래허가구역 내의 토지거래계약은 확정적 무효이다(대판 2000. 4.7. 99다68812). 이 경우에는 토지거래계약이 무효가 된 원인이 치유될 수 없으므로 위 거래계약은 추인할 수 없다.

03 토지거래허가구역 내의 토지에 대한 매매계약이 체결된 경우(유동적 무효)에 관한 설명으로 옳은 것을 모두 고른 것은? (다툼이 있으면 판례에 따름) · 33회

> ㉠ 해약금으로서 계약금만 지급된 상태에서 당사자가 관할관청에 허가를 신청하였다면 이는 이행의 착수이므로 더 이상 계약금에 기한 해제는 허용되지 않는다.
> ㉡ 당사자 일방이 토지거래허가 신청절차에 협력할 의무를 이행하지 않는다면 다른 일방은 그 이행을 소구할 수 있다.
> ㉢ 매도인의 채무가 이행불능임이 명백하고 매수인도 거래의 존속을 바라지 않는 경우, 위 매매계약은 확정적 무효로 된다.
> ㉣ 위 매매계약 후 토지거래허가구역 지정이 해제되었다고 해도 그 계약은 여전히 유동적 무효이다.

① ㉠, ㉡
② ㉠, ㉣
③ ㉡, ㉢
④ ㉢, ㉣
⑤ ㉠, ㉡, ㉢

정답 02 ⑤ 03 ③

키워드 〉 유동적 무효의 법률관계

난이도 〉 ■■■■■

해설 〉 ㉠ 토지거래허가구역 내의 토지에 관하여 매매계약을 체결하고 계약금만 주고받은 상태에서 토지거래허가를 받은 경우는 이행의 착수에 해당하지 않으므로 해약금에 의한 계약해제를 할 수 있다(대판 2009.4.23, 2008다62427).
㉡ 토지거래허가구역 내의 토지에 대하여 거래계약이 체결된 경우 쌍방 당사자는 공동으로 관할관청의 허가를 신청할 의무가 있고, 허가신청절차에 협력하지 않는 상대방에 대하여 그 협력의무의 이행을 소송으로써 구할 이익이 있다(대판 전합체 1991.12.24, 90다12243).
㉢ 매도인의 채무가 이행불능임이 명백하고 매수인도 거래의 존속을 바라지 않는다면 이는 당사자 쌍방이 허가신청 협력의무의 이행거절 의사를 명백히 표시한 경우에 해당하므로 위 토지매매계약은 확정적 무효로 된다(대판 1995.6.9, 95다2487).
㉣ 「부동산 거래신고 등에 관한 법률」상 토지거래허가구역으로 지정된 토지에 대한 거래계약이 유동적 무효인 상태에서 그 토지에 대한 토지거래허가구역 지정이 해제된 경우, 그 토지거래계약은 확정적 유효로 된다(대판 전합체 1999.6.17, 98다40459).

04 법률행위의 취소에 관한 설명으로 옳은 것을 모두 고른 것은? (다툼이 있으면 판례에 따름) •36회

㉠ 취소권자에 대한 상대방의 이행청구는 법정추인사유가 아니다.
㉡ 제한능력을 이유로 법률행위가 취소된 경우, 악의의 제한능력자는 그 행위로 인하여 받은 이익이 현존하는 한도에서 상환할 책임이 있다.
㉢ 표의자의 착오를 상대방이 알고 이를 이용한 경우라도 그 착오가 표의자의 중대한 과실로 인한 것이면 표의자는 의사표시를 취소할 수 없다.

① ㉠
② ㉢
③ ㉠, ㉡
④ ㉡, ㉢
⑤ ㉠, ㉡, ㉢

키워드 〉 법률행위의 취소

난이도 〉 ■■■■

해설 〉 ㉠ 취소권자가 상대방에게 이행을 청구하여야 법정추인에 해당하고, 상대방이 취소권자에게 이행을 청구하는 것은 법정추인사유가 아니다.
㉡ 제한능력자는 선의·악의를 불문하고 그 행위로 인하여 받은 이익이 현존하는 한도에서 상환할 책임이 있다.
㉢ 표의자의 착오를 상대방이 알고 이를 이용한 경우에는 그 착오가 표의자의 중대한 과실로 인한 것이더라도 표의자는 의사표시를 취소할 수 있다.

정답 04 ③

05 법률행위의 무효와 추인에 관한 설명으로 옳은 것을 모두 고른 것은? (다툼이 있으면 판례에 따름)

• 34회

> ㉠ 무효인 법률행위의 추인은 무효원인이 소멸된 후 본인이 무효임을 알고 추인해야 그 효력이 인정된다.
> ㉡ 무권리자의 처분이 계약으로 이루어진 경우, 권리자가 추인하면 원칙적으로 계약의 효과는 계약체결 시에 소급하여 권리자에게 귀속된다.
> ㉢ 양도금지특약에 위반하여 무효인 채권양도에 대해 양도대상이 된 채권의 채무자가 승낙하면 다른 약정이 없는 한 양도의 효과는 승낙 시부터 발생한다.

① ㉠
② ㉡
③ ㉠, ㉢
④ ㉡, ㉢
⑤ ㉠, ㉡, ㉢

키워드 > 무효와 취소

난이도 > ■■■■

해설 > ㉠ 무효행위의 추인은 그 무효원인이 소멸한 후에 본인이 무효임을 알고 추인해야 그 효력이 인정된다(대판 1997.12.12, 95다38240).
㉡ 무권리자가 타인의 권리를 처분한 경우에는 특별한 사정이 없는 한 권리가 이전되지 않는다. 다만, 이러한 경우에 권리자가 무권리자의 처분을 추인하는 것도 사적 자치의 원칙에 따라 허용된다. 권리자가 무권리자의 처분행위를 추인하는 경우에는 무권대리의 추인규정이 유추적용된다. 따라서 무권리자의 처분이 계약으로 이루어진 경우에 권리자가 이를 추인하면 원칙적으로 계약의 효과는 계약을 체결했을 때에 소급하여 권리자에게 귀속된다(대판 2017.6.8, 2017다3499).
㉢ 당사자의 양도금지의 의사표시로써 채권은 양도성을 상실하며 양도금지의 특약에 위반해서 채권을 제3자에게 양도한 경우에 악의 또는 중과실의 채권양수인에 대하여는 채권 이전의 효과가 생기지 아니하나, 악의 또는 중과실로 채권양수를 받은 후 채무자가 그 양도에 대하여 승낙을 한 때에는 채무자의 사후승낙에 의하여 무효인 채권양도행위가 추인되어 유효하게 되며 이 경우 다른 약정이 없는 한 소급효가 인정되지 않고 양도의 효과는 승낙 시부터 발생한다(대판 2009.10.29, 2009다47685).

정답 05 ⑤

06 법률행위의 취소에 관한 설명으로 틀린 것은? (다툼이 있으면 판례에 따름) • 33회

① 제한능력자가 제한능력을 이유로 자신의 법률행위를 취소하기 위해서는 법정대리인의 동의를 받아야 한다.
② 취소권은 추인할 수 있는 날로부터 3년 내에, 법률행위를 한 날로부터 10년 내에 행사하여야 한다.
③ 취소된 법률행위는 특별한 사정이 없는 한 처음부터 무효인 것으로 본다.
④ 제한능력을 이유로 법률행위가 취소된 경우, 제한능력자는 그 법률행위에 의해 받은 급부를 이익이 현존하는 한도에서 상환할 책임이 있다.
⑤ 취소할 수 있는 법률행위에 대해 취소권자가 적법하게 추인하면 그의 취소권은 소멸한다.

| 키워드 | 법률행위의 취소
| 난이도 | ■■■■■
| 해설 | ① 제한능력자가 제한능력을 이유로 자신의 법률행위를 단독으로 취소할 수 있다(제140조). 따라서 취소 시에 법정대리인의 동의는 필요 없다.
② 취소권은 추인할 수 있는 날로부터 3년 내에, 법률행위를 한 날로부터 10년 내에 행사하여야 한다(제146조).
③④ 취소된 법률행위는 특별한 사정이 없는 한 처음부터 무효인 것으로 본다(제141조 본문). 다만, 제한능력자는 그 행위로 인하여 받은 이익이 현존하는 한도에서 상환(償還)할 책임이 있다(제141조 단서).
⑤ 취소할 수 있는 법률행위를 추인하면 취소권을 포기한 것이므로 취소할 수 있는 법률행위는 확정적으로 유효하게 된다(제143조).

07 취소할 수 있는 법률행위의 법정추인사유가 아닌 것은? • 35회

① 혼동
② 경개
③ 취소권자의 이행청구
④ 취소권자의 강제집행
⑤ 취소권자인 채무자의 담보제공

| 키워드 | 법정추인
| 난이도 | ■■■■■
| 해설 | 혼동은 법정추인사유에 해당하지 않는다. 법정추인사유는 다음과 같다.

1. 전부나 일부의 이행
2. 이행의 청구
3. 경개
4. 담보의 제공
5. 취소할 수 있는 행위로 취득한 권리의 전부나 일부의 양도
6. 강제집행

정답 06 ① 07 ①

CHAPTER 06 조건과 기한

10개년 출제문항 수

27회	28회	29회	30회	31회
	2	1	1	1
32회	33회	34회	35회	36회
1	1	1	1	1

→ 총 40문제 中 평균 약 1문제 출제

학습전략

- 조건과 기한에서는 조건부 법률행위와 기한부 법률행위에 대한 내용을 학습합니다.
- 조건부 법률행위의 효력에서 문제가 주로 출제되므로 관련 이론을 정리해 두는 것이 좋습니다.

제1절 법률행위의 부관

1 부관의 의의

(1) 법률행위의 부관(附款)이란 법률행위의 효력의 발생 또는 소멸을 제한하기 위하여 부가되는 약관을 말한다.

(2) 법률행위의 부관도 사적 자치의 원칙상 인정된다.

2 부관의 종류

1. 조건

조건이란 법률행위의 효력의 발생 또는 소멸을 장래의 불확실한 사실에 의존하게 하는 법률행위의 부관을 말한다.

2. 기한

기한이란 법률행위의 효력의 발생 또는 소멸을 장래의 확실한 사실에 의존하게 하는 법률행위의 부관을 말한다.

3. 부담

부담이란 무상행위에서 출연자의 상대방에게 요구되는 대가적 급부를 말한다. 부담도 부관의 일종이라는 것이 통설의 태도이다.

제2절 조건부 법률행위

1 조건과 조건부 법률행위

1. 조건의 의의

(1) 조건이란 법률행위의 효력의 발생 또는 소멸을 장래의 불확실한 사실에 의존하게 하는 법률행위의 부관을 말한다.
(2) 조건은 법률행위의 내용이므로 당사자가 임의로 정한 것이어야 한다. 따라서 법정조건은 조건이 아니다. 다만, 법정조건에도 조건에 관한 규정이 유추적용된다.

2. 조건부 법률행위

조건부 법률행위란 조건이 붙은 법률행위를 말한다. 즉, 조건이 법률행위의 내용이 되는 경우를 의미하는 것이다.

2 조건의 종류 •25회 •28회 •30회 •31회 •33회

1. 정지조건과 해제조건

(1) **정지조건**
정지조건이란 법률행위의 효력의 발생을 장래의 불확실한 사실에 의존하게 하는 조건으로서 효력발생조건이라고도 한다.
① 네가 시험에 합격하면 이 APT를 주겠다는 계약
② **소유권유보부 매매:** 대금완납을 정지조건으로 하는 매매에 해당
③ 장래 불하받을 것을 조건으로 하는 귀속재산의 매매

(2) 해제조건

해제조건이란 법률행위의 효력의 소멸을 장래의 불확실한 사실에 의존하게 하는 조건으로서 효력소멸조건이라고도 한다.

① 네가 시험에 합격할 때까지 생활비를 대주겠다는 계약
② **약혼예물의 수수**: 혼인불성립을 해제조건으로 하는 증여계약에 해당
③ **매매토지 중 공장부지로 편입되지 아니한 부분을 매도인에게 원가로 반환한다는 약정**: 공장부지로 사용되지 아니한 것을 해제조건으로 하는 매매에 해당

2. 적극조건과 소극조건

(1) 적극조건

장래의 불확실한 사실이 현재의 상태를 변경하는 것을 내용으로 하는 경우를 말한다. '시험에 합격하면', '내일 비가 오면' 등과 같이 '~하면'으로 표현된다.

(2) 소극조건

장래의 불확실한 사실이 현재의 상태를 변경하지 않는 것을 내용으로 하는 경우를 말한다. '시험에 합격하지 않으면', '내일 비가 오지 않으면' 등과 같이 '~하지 않으면'으로 표현된다.

3. 수의조건과 비수의조건

(1) 수의조건(隨意條件)

조건성취 여부가 당사자의 일방적 의사결정에 의존하는 경우를 말한다. 수의조건은 순수수의조건과 단순수의조건으로 나뉜다.

① **순수수의조건**: 조건성취 여부가 당사자의 일방적 의사결정에만 또는 전적으로 의존하는 경우를 말한다. 예를 들어, '내 마음이 내키면' 물건을 주겠다는 내용의 계약이 이에 해당한다. 순수수의조건이 붙은 법률행위는 언제나 무효라는 것이 다수설의 태도이다.
② **단순수의조건**: 조건성취 여부가 당사자의 일방적 의사결정과 일정한 작위 또는 부작위에 의존하는 경우를 말한다. 예를 들어, '내가 이번에 미국여행을 가면' 물건을 주겠다는 내용의 계약이 이에 해당한다. 단순수의조건이 붙은 법률행위도 유효하다.

> **추가 무효로 되는 경우**
> 수의조건과 비수의조건 중 무효로 되는 것은 순수수의조건뿐이다.

(2) 비수의조건(非隨意條件)

조건성취 여부가 당사자의 일방적 의사결정에 의존하지 않는 경우를 말한다. 비수의조건은 우성조건과 혼성조건으로 나뉜다.

① **우성조건**(偶成條件): 조건성취 여부가 당사자의 의사결정과는 관계없이 자연적 사실이나 제3자의 의사나 행위에 의존하는 경우를 말한다. 예를 들어, '내일 비가 오면' 또는 '甲이 미국여행에서 돌아오면' 물건을 주겠다는 내용의 계약을 들 수 있다. 우성조건이 붙은 법률행위도 유효하다.

② **혼성조건**(混成條件): 조건성취 여부가 당사자의 의사와 제3자의 의사에 의존하는 경우를 말한다. 예를 들어, '네가 乙과 결혼하면' 물건을 주겠다는 내용의 계약을 들 수 있다. 혼성조건이 붙은 법률행위도 유효하다.

4. 가장조건 • 30회 • 31회 • 34회

> **제151조 【불법조건, 기성조건】** ① 조건이 선량한 풍속 기타 사회질서에 위반한 것인 때에는 그 법률행위는 무효로 한다.
> ② 조건이 법률행위의 당시 이미 성취한 것인 경우에는 그 조건이 정지조건이면 조건 없는 법률행위로 하고 해제조건이면 그 법률행위는 무효로 한다.
> ③ 조건이 법률행위의 당시에 이미 성취할 수 없는 것인 경우에는 그 조건이 해제조건이면 조건 없는 법률행위로 하고 정지조건이면 그 법률행위는 무효로 한다.

(1) 불법조건

① 불법조건(不法條件)이란 선량한 풍속 기타 사회질서를 위반하는 조건을 말한다. 甲이 乙에게 '丙을 살해해 주면' 5천만원을 지급하겠다는 내용의 계약을 들 수 있다. 또한 판례는 부첩관계의 종료를 해제조건으로 하는 증여계약도 불법조건부 법률행위에 해당된다고 본다.

② 불법조건이 붙은 법률행위는 그것이 정지조건이든 해제조건이든 불문하고 조건뿐만 아니라 법률행위 전체가 무효이다.

(2) 불능조건

① 불능조건(不能條件)이란 법률행위를 할 당시에 이미 성취될 수 없는 조건을 말한다.

② 불능조건이 정지조건이면 그 법률행위는 무효이고, 불능조건이 해제조건이면 조건 없는 법률행위로 된다.

기출지문 OX

조건이 법률행위 당시에 이미 성취할 수 없는 것인 경우, 그 조건이 정지조건이면 그 법률행위는 무효로 한다. • 30회 ( )

정답 (O)

(3) 기성조건

① 기성조건(既成條件)이란 법률행위를 할 당시에 이미 성취된 조건을 말한다.
② 기성조건이 해제조건이면 그 법률행위는 무효이고, 기성조건이 정지조건이면 조건 없는 법률행위로 된다.

(4) 법정조건

① 법정조건(法定條件)이란 법률에 의해 요구되는 여러 가지 요건을 말한다. 제한능력자의 법률행위 시에 '법정대리인의 동의를 얻는 것'이 이에 해당한다.
② 법정조건은 조건이 아니나 조건에 관한 규정이 유추적용되므로, 법정조건에도 조건을 붙일 수 있다.

> **기 출 지 문 O X**
> 조건부 법률행위에서 기성조건이 해제조건이면 그 법률행위는 무효이다. •31회 ( )
> 정답 (O)

③ 조건을 붙일 수 있는 지 문제되는 경우

1. 단독행위

(1) 철회, 상계, 추인, 취소, 해제, 해지, 환매, 선택채권의 선택 등과 같은 단독행위에는 원칙적으로 조건을 붙일 수 없다.
(2) 다만, 단독행위라도 다음과 같은 경우에는 조건을 붙일 수 있다.
① 상대방의 동의가 있는 경우
② 상대방에게 이익만 주는 경우(채무면제, 유증)
③ 상대방이 결정할 수 있는 사실을 조건으로 하는 경우

2. 가족법상의 행위

(1) 혼인, 이혼, 인지, 입양과 같은 가족법상의 행위에는 원칙적으로 조건을 붙일 수 없다.
(2) 그러나 약혼, 유언에는 조건·기한을 붙일 수 있다.

3. 물권행위

물권행위에도 법률행위 일반에 관한 규정이 적용되므로, 조건을 붙일 수 있다. 예를 들어, 저당권설정계약을 체결하면서 조건을 붙일 수 있다.

4. 어음·수표행위

(1) 어음·수표행위에는 원칙적으로 조건을 붙일 수 없다.
(2) 다만, 어음보증에는 조건을 붙일 수 있다.

4 조건의 성취와 불성취

1. 조건의 성취와 불성취의 내용

조건의 성취 또는 불성취에 따라 법률행위의 효력이 결정된다.

2. 조건의 성취·불성취에 대한 반신의행위 금지

> **제150조 【조건성취, 불성취에 대한 반신의행위】** ① 조건의 성취로 인하여 불이익을 받을 당사자가 신의성실에 반하여 조건의 성취를 방해한 때에는 상대방은 그 조건이 성취한 것으로 주장할 수 있다.
> ② 조건의 성취로 인하여 이익을 받을 당사자가 신의성실에 반하여 조건을 성취시킨 때에는 상대방은 그 조건이 성취하지 아니한 것으로 주장할 수 있다.

(1) 조건이 성취되면 불이익을 당할 당사자가 신의성실을 위반하여 조건의 성취를 방해한 경우에는 상대방은 그 조건이 성취된 것으로 주장할 수 있고, 조건이 성취되면 이익을 얻을 당사자가 신의성실을 위반하여 조건을 성취시킨 경우에는 상대방은 그 조건이 성취되지 않은 것으로 주장할 수 있다. 이때 신의성실에 반하는 방해행위 또는 성취행위가 있는 경우에 곧바로 조건이 성취 또는 불성취로 간주(의제)되는 것은 아니고, 상대방은 조건의 성취 또는 불성취를 주장할 수 있는 것이다.
(2) 객관적으로 신의칙에 반하는 행위만 있으면 충분하고, 방해행위 또는 성취행위에 대한 주관적 요건(고의·과실)은 필요 없다.
(3) 방해행위에 있어서 조건의 성취로 의제되는 시점은 방해한 시점이 아니라 신의성실에 반하는 행위가 없었다면 조건이 성취되었으리라고 추산되는 시점이다.

5 조건부 법률행위의 효력

1. 조건의 성부 확정 전의 효력

> 제148조 【조건부 권리의 침해금지】 조건 있는 법률행위의 당사자는 조건의 성부가 미정한 동안에 조건의 성취로 인하여 생길 상대방의 이익을 해하지 못한다.
> 제149조 【조건부 권리의 처분 등】 조건의 성취가 미정한 권리·의무는 일반규정에 의하여 처분, 상속, 보존 또는 담보로 할 수 있다.

(1) 조건부 권리의 취득
① 조건부 권리자는 장차 조건이 성취되면 권리를 취득할 기대이익을 가지므로 조건부 권리는 일종의 기대권이다.
② 기대권은 장래의 권리가 아니고 현재의 권리이다. 즉, 조건의 성부 확정 전에 발생하므로 민법은 조건부 권리를 보호하고 있다.

(2) 조건부 권리에 대한 보호
① **조건부 권리의 침해금지**(소극적 보호): 조건부 권리를 침해하는 경우 조건부 권리자는 그 권리를 침해한 상대방에 대해 조건성취를 전제로 손해배상을 청구할 수 있다. 이때 손해배상은 이행이익의 손해배상이다. 한편 조건부 권리를 침해하는 처분행위는 조건성취에 의해 발생할 효과를 멸실 또는 훼손하는 한도 내에서 무효이다.
② **조건부 권리의 실현**(적극적 보호): 조건부 권리도 일반규정에 따라 처분·상속·보존하거나 담보로 할 수 있다.

2. 조건의 성부 확정 후의 효력 •25회 •29회 •30회 •32회 •33회

> 제147조 【조건성취의 효과】 ① 정지조건 있는 법률행위는 조건이 성취한 때로부터 그 효력이 생긴다.
> ② 해제조건 있는 법률행위는 조건이 성취한 때로부터 그 효력을 잃는다.
> ③ 당사자가 조건성취의 효력을 그 성취 전에 소급하게 할 의사를 표시한 때에는 그 의사에 의한다.

(1) 법률행위의 효력의 확정

① 정지조건부 법률행위는 조건이 성취되면 효력이 발생하고, 조건이 불성취되면 무효로 확정된다.

② 해제조건부 법률행위는 조건이 성취되면 효력이 소멸하고, 조건이 불성취되면 유효로 확정된다.

> **판례**
>
> **입증책임에 대한 판례의 태도**
> 1. 법률행위에 조건이 붙어 있는지 여부에 대한 입증책임
>   사실인정의 문제이므로 조건의 존재를 주장하는 자에게 있다(대판 2006.11.24, 2006다35766).
> 2. 조건성취사실에 대한 입증책임
>   조건성취로 인하여 이익을 얻는 자에게 있다. 따라서 정지조건의 경우에는 조건성취로 인하여 권리를 취득하고자 하는 자가 입증하여야 하고, 해제조건의 경우에는 조건성취로 인하여 의무를 면하게 되는 자가 입증하여야 한다(대판 1984.9.25, 84다카967).

(2) 조건성취의 효력

① **장래효가 원칙**: 조건부 법률행위는 조건이 성취된 때로부터 효력이 발생하거나 소멸한다.

② **특약에 의한 소급효 여부**: 조건부 법률행위는 조건이 성취된 때로부터 그 효력이 발생하거나 소멸하는 것이 원칙이지만, 당사자가 조건성취의 효력발생시기를 그 성취 시점 전으로 소급시킬 의사를 표시한 경우에는 그 의사에 따른다. 다만, 소급효 약정으로 제3자의 권리를 해할 수는 없다.

기출지문 O X

해제조건 있는 법률행위는 조건이 성취한 때로부터 그 효력을 잃는다. •30회 ( )

정답 (○)

기출지문 O X

조건부 법률행위는 조건이 성취되었을 때에 비로소 그 법률행위가 성립한다. •32회 ( )

정답 (×)

조건부 법률행위는 조건이 성취되었을 때에 법률행위의 '효력'이 발생하거나 소멸한다.

제3절 기한부 법률행위

1 기한과 기한부 법률행위

1. 기한의 의의

기한이란 법률행위의 효력의 발생 또는 소멸을 장래의 확실한 사실에 의존하게 하는 법률행위의 부관을 말한다.

2. 기한부 법률행위

기한부 법률행위란 기한이 붙은 법률행위로서 기한이 법률행위의 내용이 되는 경우를 말한다.

2 기한의 종류

1. 시기와 종기

(1) 시기(始期)

법률행위의 효력의 발생을 장래의 확실한 사실에 의존하게 하는 기한을 말한다. 예를 들어, '내년 1월 1일이 오면' 임대해 주겠다는 내용의 계약이 이에 해당한다.

(2) 종기(終期)

법률행위의 효력의 소멸을 장래의 확실한 사실에 의존하게 하는 기한을 말한다. 예를 들어, '금년 12월 31일까지만' 임대해 주겠다는 내용의 계약이 이에 해당한다.

2. 확정기한과 불확정기한

(1) 확정기한

기한도래시기가 확정되어 있는 경우를 말한다. 예를 들어, 임대기간을 '내년 1월 1일부터 12월 31일까지'로 한다는 내용의 계약이 이에 해당한다.

(2) 불확정기한

기한도래시기가 확정되어 있지 않은 경우를 말한다. 예를 들어, 甲이 乙에게 '丙이 사망하면' 아파트를 주겠다는 내용의 계약이 이에 해당한다. 또한 상가분양계약에서 중도금지급기일을 '1층 골조공사 완료 시'로 정한 것은 불확정기한에 해당한다는 것이 판례의 태도이다.

> **판례**
>
> **조건인지 불확정기한인지의 구별**
> 부관이 붙은 법률행위에서 부관에 표시된 사실이 발생하지 아니하면 채무를 이행하지 아니하여도 된다고 보는 것이 상당한 경우에는 조건으로 보아야 한다. 표시된 사실이 발생한 때에는 물론이고 반대로 발생하지 아니하는 것이 확정된 때에도 그 채무를 이행하여야 한다고 보는 것이 상당한 경우에는 표시된 사실의 발생 여부가 확정되는 것을 불확정기한으로 정한 것으로 보아야 한다(대판 2003.8.19, 2003다24215).

3 기한을 붙일 수 없는 법률행위(기한과 친하지 않은 법률행위) ·30회

(1) 기한을 붙일 수 없는 법률행위는 조건을 붙일 수 없는 법률행위와 대체로 유사하다.

(2) 소급효가 있는 법률행위에는 시기를 붙일 수 없다(취소, 추인, 상계 등). 또한 법률행위의 성립과 동시에 효력이 발생하여야 하는 법률행위에는 시기를 붙일 수 없다(가족법상의 행위 등). 어음·수표행위에 시기를 붙일 수는 있다.

4 기한의 도래

기한은 기일의 도래 또는 기간이 경과함으로써 도래한다. 또한 기한의 이익을 포기한 경우에도 기한은 도래한 것으로 본다.

기출지문 OX

상계의 의사표시에는 시기(始期)를 붙일 수 없다. ·30회
( )

정답 (○)

5 기한부 법률행위의 효력

1. 기한도래 전의 효력

> **제154조 【기한부 권리와 준용규정】** 제148조와 제149조의 규정은 기한 있는 법률행위에 준용한다.

(1) 기한부 권리의 취득
기한부 권리자는 장차 기한이 도래하면 권리를 취득할 기대이익을 가지므로 기한부 권리 역시 일종의 기대권이다.

(2) 기한부 권리에 대한 보호
① 조건과 달리 기한은 반드시 도래하므로 기한부 권리를 보호할 필요성이 더욱 강하다. 따라서 민법은 제154조에서 조건에 관한 제148조와 제149조를 준용하고 있다.
② 기한부 권리 역시 침해해서는 안 되며, 기한부 권리도 일반규정에 따라 처분·상속·보존하거나 담보로 할 수 있다.

2. 기한도래 후의 효력

> **제152조 【기한도래의 효과】** ① 시기 있는 법률행위는 기한이 도래한 때로부터 그 효력이 생긴다.
> ② 종기 있는 법률행위는 기한이 도래한 때로부터 그 효력을 잃는다.

(1) 법률행위의 효력의 확정
시기부 법률행위는 기한이 도래하면 법률행위의 효력이 발생하고, 종기부 법률행위는 기한이 도래하면 법률행위의 효력이 소멸한다.

(2) 기한도래의 효력
① **장래효:** 기한부 법률행위는 기한이 도래한 때로부터 법률행위의 효력이 발생하거나 소멸한다.
② **특약에 의한 소급효 여부:** 조건과 달리 기한은 당사자의 특약으로 기한도래의 효력을 기한도래 전으로 소급하게 할 수 없다. 당사자의 약정에 의해 기한도래의 효력을 기한도래 전으로 소급하게 하면 기한제도 자체가 아무런 의미가 없어지기 때문이다.

> **판례**
>
> 당사자가 불확정한 사실이 발생한 때를 이행기로 정한 경우 그 사실이 발생한 때는 물론 그 사실의 발생이 불가능하게 된 때에도 이행기는 도래한 것으로 보아야 한다(대판 2007.5.10, 2005다67353).

6 기한의 이익 • 35회 • 36회

> **제153조【기한의 이익과 그 포기】** ① 기한은 채무자의 이익을 위한 것으로 추정한다.
> ② 기한의 이익은 이를 포기할 수 있다. 그러나 상대방의 이익을 해하지 못한다.

1. 의의

기한의 이익이란 기한이 도래하지 않음으로써 당사자가 받는 이익을 말한다.

2. 기한의 이익을 가지는 자

(1) 기한의 이익을 누가 가지느냐는 주로 법률행위의 성질에 의해 정해진다.
  ① **채권자만이 기한의 이익을 가지는 경우:** 무상임치
  ② **채무자만이 기한의 이익을 가지는 경우:** 무이자 소비대차·사용대차
  ③ **쌍방이 기한의 이익을 가지는 경우:** 이자부 소비대차, 임대차
(2) 기한의 이익이 누구에게 있는지 불분명한 경우 기한은 채무자의 이익을 위한 것으로 추정한다.

3. 기한의 이익의 포기

(1) 기한의 이익은 포기할 수 있다. 다만, 이로써 상대방의 이익을 침해할 수 없다.
(2) 기한의 이익의 포기에는 소급효가 없다.

4. 기한의 이익의 상실

(1) 기한이익의 상실사유

채무자는 다음의 사유가 있는 때에는 기한의 이익을 상실한다.

① 채무자가 담보를 손상, 감소 또는 멸실하게 한 때(제388조 제1호)
② 채무자가 담보제공의 의무를 이행하지 아니한 때(제388조 제2호)
③ 채무자가 파산한 때(채무자 회생 및 파산에 관한 법률 제425조)

(2) 기한이익 상실의 효과

기한이익을 상실하는 경우 채무자는 기한의 이익을 주장할 수 없다. 다만, 기한이익 상실사유가 발생하더라도 이는 기한도래의 의제가 아니므로 채권자는 즉시 이행을 청구할 수도 있고 본래의 이행기, 즉 기한까지 기다려서 이행을 청구할 수도 있다.

> **판례**
>
> **기한이익 상실의 특약**
> 기한이익 상실의 특약은 그 내용에 의하여 일정한 사유가 발생하면 채권자의 청구 등을 요함이 없이 당연히 기한의 이익이 상실되어 이행기가 도래하는 것으로 하는 정지조건부 기한이익 상실의 특약과 일정한 사유가 발생한 후 채권자의 통지나 청구 등 채권자의 의사행위를 기다려 비로소 이행기가 도래하는 것으로 하는 형성권적 기한이익 상실의 특약의 두 가지로 대별할 수 있고, 기한이익 상실의 특약이 위의 양자 중 어느 것에 해당하느냐는 당사자의 의사해석의 문제이지만 일반적으로 기한이익 상실의 특약이 채권자를 위하여 둔 것인 점에 비추어 명백히 정지조건부 기한이익 상실의 특약이라고 볼 만한 특별한 사정이 없는 이상 형성권적 기한이익 상실의 특약으로 추정하는 것이 타당하다(대판 2002.9.4, 2002다28340).

기출지문 OX

기한이익 상실특약은 특별한 사정이 없는 한 정지조건부 기한이익 상실특약으로 추정한다. • 35회
( )

정답 (×)
기한이익 상실특약은 정지조건부 기한이익 상실특약으로 볼 만한 특별한 사정이 없는 한 형성권적 기한이익 상실특약으로 추정된다.

CHAPTER 06 최신기출문제로 확인!

01 법률행위의 부관에 관한 설명으로 틀린 것은? (다툼이 있으면 판례에 따름) • 32회

① 조건이 선량한 풍속 기타 사회질서에 위반한 경우, 그 조건만 무효이고 법률행위는 유효하다.
② 법률행위에 조건이 붙어 있는지 여부는 조건의 존재를 주장하는 자에게 증명책임이 있다.
③ 기한은 특별한 사정이 없는 한 채무자의 이익을 위한 것으로 추정한다.
④ 조건부 법률행위에서 기성조건이 해제조건이면 그 법률행위는 무효이다.
⑤ 종기(終期) 있는 법률행위는 기한이 도래한 때로부터 그 효력을 잃는다.

키워드 조건과 기한

난이도

해설 ① 불법조건이 붙은 법률행위는 그것이 정지조건이든 해제조건이든 불문하고 조건뿐만 아니라 법률행위 전체가 무효이다(제151조 제1항).
② 법률행위에 조건이 붙어 있는지 여부에 대한 입증책임은 사실인정의 문제이므로 조건의 존재를 주장하는 자에게 있다(대판 2006.11.24, 2006다35766).
③ 기한은 채무자의 이익을 위한 것으로 추정한다(제153조 제1항).
④ 기성조건이 해제조건이면 그 법률행위는 무효이고, 기성조건이 정지조건이면 조건 없는 법률행위로 된다(제151조 제2항).
⑤ 종기 있는 법률행위는 기한이 도래한 때로부터 그 효력을 잃는다(제152조 제2항).

정답 01 ①

02 조건에 관한 설명으로 틀린 것은? (다툼이 있으면 판례에 따름) • 33회

① 조건성취의 효력은 특별한 사정이 없는 한 소급하지 않는다.
② 해제조건이 선량한 풍속 기타 사회질서에 위반한 것인 때에는 특별한 사정이 없는 한 조건 없는 법률행위로 된다.
③ 정지조건과 이행기로서의 불확정기한은 표시된 사실이 발생하지 않는 것으로 확정된 때에 채무를 이행하여야 하는지 여부로 구별될 수 있다.
④ 이행지체의 경우 채권자는 상당한 기간을 정한 최고와 함께 그 기간 내에 이행이 없을 것을 정지조건으로 하여 계약을 해제할 수 있다.
⑤ 신의성실에 반하는 방해로 말미암아 조건이 성취된 것으로 의제되는 경우, 성취의 의제시점은 그 방해가 없었더라면 조건이 성취되었으리라고 추산되는 시점이다.

키워드 조건부 법률행위

난이도

해설 ① 조건부 법률행위는 조건이 성취된 때로부터 효력이 발생하거나 소멸하는 것이 원칙이다(제147조).
② 불법조건이 붙은 법률행위는 그것이 정지조건이든 해제조건이든 불문하고 조건뿐만 아니라 법률행위 전체가 무효이다(제151조 제1항).
③ 부관이 붙은 법률행위에 있어서 부관에 표시된 사실이 발생하지 아니하면 채무를 이행하지 아니하여도 된다고 보는 것이 상당한 경우에는 조건으로 보아야 하고, 표시된 사실이 발생한 때에는 물론이고 반대로 발생하지 아니하는 것이 확정된 때에도 그 채무를 이행하여야 한다고 보는 것이 상당한 경우에는 표시된 사실의 발생 여부가 확정되는 것을 불확정기한으로 정한 것으로 보아야 한다(대판 2003.8.19, 2003다24215).
④ 이행지체의 경우 채권자는 상당한 기간을 정한 최고와 동시에 그 기간 내에 이행이 없을 것을 정지조건으로 하여 계약을 해제할 수 있다(대판 1992.12.22, 92다28549).
⑤ 조건성취로 인하여 불이익을 받을 당사자가 신의성실에 반하여 조건성취를 방해한 경우 조건의 성취로 의제되는 시점은 방해한 시점이 아니라 신의성실에 반하는 행위가 없었다면 조건이 성취되었으리라고 추산되는 시점이다(대판 1998.12.22, 98다42356).

정답 02 ②

03 법률행위의 조건과 기한에 관한 설명으로 틀린 것은? •32회

① 법정조건은 법률행위의 부관으로서의 조건이 아니다.
② 조건이 선량한 풍속 기타 사회질서에 위반한 것이면 그 법률행위는 무효이다.
③ 조건부 법률행위는 조건이 성취되었을 때에 비로소 그 법률행위가 성립한다.
④ 조건부 법률행위에서 불능조건이 정지조건이면 그 법률행위는 무효이다.
⑤ 과거의 사실은 법률행위의 부관으로서의 조건으로 되지 못한다.

키워드 조건과 기한
난이도
해설 ① 조건은 법률행위의 내용이므로 당사자가 임의로 정한 것이어야 한다. 따라서 법정조건은 법률행위의 부관으로서의 조건이 아니다.
② 조건이 선량한 풍속 기타 사회질서에 위반한 것이면 그 법률행위는 무효이다(제151조 제1항).
③ 조건은 이미 법률행위로서 성립은 하였고 그 효력의 발생 또는 소멸을 장래의 불확실한 사실에 맡기는 것이다. 따라서 조건부 법률행위는 조건이 성취되었을 때에 법률행위의 '효력'이 발생하거나 소멸한다.
④ 조건부 법률행위에서 불능조건이 정지조건이면 그 법률행위는 무효이다(제151조 제3항).
⑤ 조건은 법률행위의 효력의 발생 또는 소멸을 장래의 불확실한 사실에 맡기는 것이므로, 과거의 사실은 법률행위의 부관으로서의 조건으로 되지 못한다.

04 법률행위의 조건과 기한에 관한 설명으로 틀린 것은? (다툼이 있으면 판례에 따름) •31회

① 조건부 법률행위에서 불능조건이 정지조건이면 그 법률행위는 무효이다.
② 조건부 법률행위에서 기성조건이 해제조건이면 그 법률행위는 무효이다.
③ 법률행위에 조건이 붙어 있다는 사실은 그 조건의 존재를 주장하는 자가 증명해야 한다.
④ 기한이익 상실특약은 특별한 사정이 없으면 정지조건부 기한이익 상실특약으로 추정된다.
⑤ 종기(終期) 있는 법률행위는 기한이 도래한 때로부터 그 효력을 잃는다.

키워드 조건과 기한
난이도
해설 ① 조건이 법률행위의 당시에 이미 성취할 수 없는 것인 경우에는 그 조건이 해제조건이면 조건 없는 법률행위로 하고 정지조건이면 그 법률행위는 무효로 한다(제151조 제3항).
② 조건이 법률행위의 당시 이미 성취한 것인 경우에는 그 조건이 정지조건이면 조건 없는 법률행위로 하고 해제조건이면 그 법률행위는 무효로 한다(제151조 제2항).
③ 대판 2006.11.24, 2006다35766
④ 기한이익 상실특약은 정지조건부 기한이익 상실특약으로 볼 만한 특별한 사정이 없는 한 형성권적 기한이익 상실특약으로 추정된다(대판 2002.9.4, 2002다28340).
⑤ 종기 있는 법률행위는 기한이 도래한 때로부터 그 효력을 잃는다(제152조 제2항).

정답 03 ③ 04 ④

05 법률행위의 부관에 관한 설명으로 틀린 것은? (다툼이 있으면 판례에 따름) • 36회

① 불법조건이 붙은 법률행위는 법률행위 전부가 무효로 된다.
② 법률행위에 조건이 붙어 있는지에 대한 증명책임은 그 조건의 존재를 주장하는 자에게 있다.
③ 기한의 이익은 채무자를 위한 것으로 추정되므로 기한이익 상실에 관한 당사자 간의 특약은 효력이 없다.
④ 불확정한 사실이 발생한 때를 이행기로 정한 경우, 그 사실의 발생이 불가능한 것으로 확정된 때에도 이행기는 도래한 것으로 본다.
⑤ 조건부 권리는 조건 성취가 미정인 동안에도 일반규정에 의해 담보로 할 수 있다.

키워드 조건과 기한
난이도
해설 ① 불법조건이 붙은 법률행위는 조건뿐만 아니라 법률행위 전부가 무효로 된다.
② 법률행위에 조건이 붙어 있는지 여부는 조건의 존재를 주장하는 자가 입증하여야 한다.
③ 기한의 이익이 누구에게 있는지 불분명한 경우 기한은 채무자의 이익을 위한 것으로 추정한다. 그리고 기한이익 상실에 관한 당사자 사이의 특약은 유효하다.
④ 불확정한 사실이 발생한 때를 이행기로 정한 경우, 그 사실의 발생이 가능한 경우뿐만 아니라 불가능한 것으로 확정된 때에도 이행기는 도래한 것으로 본다.
⑤ 조건부 권리는 조건 성취가 미정인 동안에도 일반규정에 의해 처분, 상속, 보존 및 담보로 할 수 있다.

06 법률행위의 부관에 관한 설명으로 틀린 것은? (다툼이 있으면 판례에 따름) • 35회

① 조건의사가 있더라도 외부에 표시되지 않으면 그것만으로는 조건이 되지 않는다.
② 기한이익 상실특약은 특별한 사정이 없는 한 정지조건부 기한이익 상실특약으로 추정한다.
③ 조건을 붙일 수 없는 법률행위에 조건을 붙인 경우, 다른 정함이 없으면 그 법률행위 전부가 무효로 된다.
④ '정지조건부 법률행위에 해당한다는 사실'에 대한 증명 책임은 그 법률행위로 인한 법률효과의 발생을 다투는 자에게 있다.
⑤ 불확정한 사실이 발생한 때를 이행기한으로 정한 경우, 그 사실의 발생이 불가능하게 된 때에도 기한이 도래한 것으로 보아야 한다.

키워드 조건과 기한
난이도
해설 ① 조건의사가 있더라도 그것이 외부에 표시되지 않으면 법률행위의 동기에 불과하다.
② 기한이익 상실특약은 정지조건부 기한이익 상실특약으로 볼 만한 특별한 사정이 없는 한 형성권적 기한이익 상실특약으로 추정된다(대판 2002.9.4, 2002다28340).
③ 조건을 붙일 수 없는 법률행위에 조건을 붙인 경우에는 조건만 무효가 아니라 법률행위 전체가 무효로 된다.
④ 어떠한 법률행위가 정지조건부 법률행위에 해당한다는 사실은 그 법률행위로 인한 법률효과의 발생을 저지하는 사유로서 그 법률효과의 발생을 다투려는 자에게 주장입증책임이 있다.
⑤ 당사자가 불확정한 사실이 발생한 때를 이행기로 정한 경우 그 사실이 발생한 때는 물론 그 사실의 발생이 불가능하게 된 때에도 이행기는 도래한 것으로 보아야 한다.

정답 05 ③ 06 ②

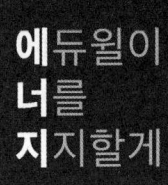

**에듀윌이
너를
지**지할게

ENERGY

계획하지 않는 것은
실패를 계획하는 것과 같다.

– 에피 닐 존스(Effie Neal Jones)

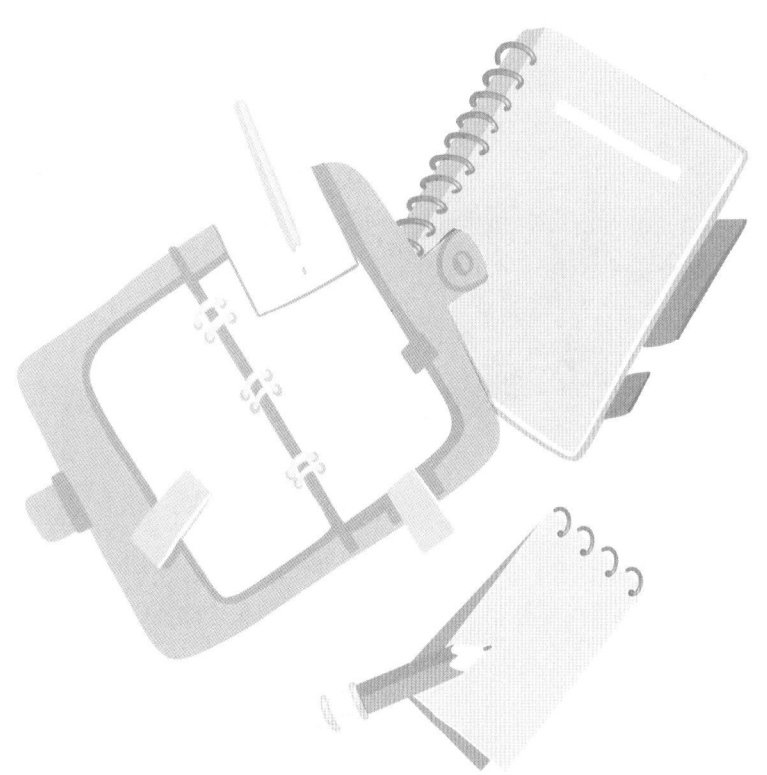

PART 2
물권법

최근 10개년 출제비중
35.5%

제36회 출제비중
35%

CHAPTER별 10개년 출제비중 & 출제키워드

CHAPTER	10개년 출제비중	BEST 출제키워드
01 물권의 의의	10.6%	물권의 특질, 일물일권주의, 물권적 청구권
02 물권의 변동	11.3%	등기청구권, 청구권보전의 가등기의 효력, 등기의 추정력, 부동산물권변동, 중간생략등기, 혼동
03 점유권	9.1%	점유자와 회복자의 관계, 점유보호청구권
04 소유권	19.7%	상린관계, 주위토지통행권, 점유취득시효, 부합, 물권적 청구권, 공유의 법률관계와 주장
05 용익물권	21.1%	지상권, 관습법상의 법정지상권, 지역권의 특질, 전세권의 존속기간, 전세권의 효력
06 담보물권	28.2%	유치권의 성립요건, 유치권의 효력, 저당권의 성립, 저당권의 효력, 법정지상권과 일괄경매청구권, 저당권의 양도와 소멸, 공동저당, 근저당

* 여러 CHAPTER의 개념을 묻는 복합문제이거나, 법률이 개정 및 제정된 경우 분류 기준에 따라 수치가 달라질 수 있습니다.

제37회 시험 학습전략

물권법은 출제비중이 제일 높은 부분입니다. 특히 소유권, 용익물권, 담보물권의 비중이 높습니다. 물권법도 판례가 많이 출제되는 부분인데, 시험에서는 주로 판례의 결론을 물어보는 문제가 많습니다. 기본서 여백 부분에 판례의 결론을 꼭 정리해 두시길 바랍니다.

CHAPTER 01 | 물권의 의의

10개년 출제문항 수

27회	28회	29회	30회	31회
2		1	1	1

32회	33회	34회	35회	36회
2	3	2	2	1

↳ 총 40문제 中 평균 약 1.5문제 출제

학습전략

- 물권의 의의에서는 물권의 의의와 종류 및 물권의 일반적 효력에 대한 내용을 학습합니다.
- 물권의 종류와 분류, 물권적 청구권에서 문제가 주로 출제되므로 관련 이론을 정리해 두는 것이 좋습니다.

제1절 물권의 의의와 종류

1 서설

1. 물권법의 의의

(1) 물권법이란 각종 재화에 대한 지배관계를 규율하는 일반사법이다.

(2) 물권법은 형식적 의미의 물권법과 실질적 의미의 물권법으로 나눌 수 있는데, 형식적 의미의 물권법이란 민법전의 물권편을 말하고, 실질적 의미의 물권법이란 물건과 권리에 대한 지배관계를 규율하는 모든 법령을 말한다.

(3) 물권법의 법원(法源)으로는 성문법과 관습법의 두 가지가 있다. 성문법으로는 민법전의 물권편, 민사부속법령, 민사특별법 등이 이에 해당한다. 그리고 관습법은 성문법에 규정이 없는 경우에만 물권법의 법원이 된다(다수설).

2. 물권법의 특질 - 채권법과의 비교 논의

(1) 강행규정성

① 채권법은 계약자유의 원칙으로 인하여 대부분 임의규정으로 되어 있으나, 물권법은 물권법정주의로 인하여 대부분 강행규정으로 되어 있다.

② 다만, 상린관계에 관한 규정과 유치권에 관한 규정 및 관습법상의 법정지상권에 관한 규정은 임의규정이다.

(2) 고유법성
① 채권법은 국제적 보편성을 띠나, 물권법은 각국의 고유한 전통과 관습에 바탕을 두고 있으므로 고유법성을 띤다.
② 그러나 우리나라의 물권법은 우리의 물권관계에 관한 전통과 관습을 충분히 고려하지 못한 채 독일 민법을 계승하였으므로 고유법성이 약하다. 다만, 전세권과 분묘기지권은 고유법성이 강하다고 할 수 있다.

(3) 로마법적 요소와 게르만법적 요소의 결합
① 채권법은 주로 로마법의 영향을 받았지만, 물권법은 로마법적 요소와 게르만법적 요소의 결합으로 이루어져 있다.
② 특히 점유제도는 로마법적 요소(Possessio)와 게르만법적 요소(Gewere)의 결합으로 이루어져 있는데, 이에 대해서는 점유권에서 자세히 검토하기로 한다.

2 물권의 의의

1. 물권과 채권의 차이점

물권이란 사람이 물건을 직접 지배하는 권리를 말하고, 채권이란 특정인이 다른 특정인에게 일정한 행위를 요구하는 권리를 말한다.

물권	채권
사람 vs 물건	사람 vs 사람
사람이 물건을 직접 지배하는 권리	특정인이 다른 특정인에게 일정한 행위를 요구하는 권리
모든 사람에게 주장할 수 있다(절대권).	특정한 상대방에게만 주장할 수 있다(상대권).

2. 물권의 특질

(1) 직접적 지배권성
채권은 채권자가 채무자에게 '일정한 행위'(이를 '급부'라 함)를 요구하여 채무자가 그 요구에 응하여야 비로소 채권자는 자신의 권리를 실현할 수 있다.

> 정리
> 1. **물권**: 사람이 물건을 직접 지배하는 권리
> 2. **채권**: 사람이 사람에게 일정한 행위를 요구하는 권리

그러나 물권은 타인의 행위를 매개하지 않고 사람이 직접 물건을 지배하여 이익을 얻을 수 있는 권리이다.

(2) 배타성

채권은 배타성이 없으므로 하나의 물건 위에 수개의 채권이 병존할 수 있다. 이에 비하여 물권은 배타성이 있으므로 하나의 물건 위에 양립할 수 없는 물권이 동시에 성립할 수 없다. 따라서 물권의 존재를 외부에 알려주는 공시제도가 중요한 의미를 가진다.

(3) 절대성

채권은 원칙적으로 특정인에게만 주장할 수 있는 상대권이다. 이에 비하여 물권은 모든 자에 대하여 주장할 수 있는 절대권이다. 물권의 절대성은 두 가지 의미를 지닌다.

① 물권자는 모든 사람에 대해 자신의 물권을 주장할 수 있다. 이로부터 물권이 채권에 우선하는 효력이 인정되며, 먼저 성립한 물권이 후에 성립한 물권에 우선하는 효력이 인정된다.

② 물권자는 어느 누구의 침해로부터도 보호된다. 이로부터 물권적 청구권이 인정된다.

(4) 관념성

본권은 물건에 대한 '지배가능성'을 기초로 하는 관념적인 권리(이를 '지배할 수 있는' 권리라고 표현함)이고, 점유권은 물건에 대한 '사실상의 지배'를 기초로 하는 사실적인 권리(이를 '지배하는' 권리라고 표현함)이다.

(5) 양도성

물권은 채권과 함께 재산권에 속하므로 양자 모두 양도성을 가진다. 그러나 물권의 양도성은 본질적이나, 채권의 양도성은 비본질적이다(제282조, 제306조, 제629조를 비교할 것).

■ 물권의 특질

물권의 특질	① 직접적 지배권성
	② 배타성 ─ 공시의 원칙 / 일물일권주의
	③ 절대성 ─ 우선적 효력 / 물권적 청구권
	④ 관념성
	⑤ 양도성

3 물권의 종류

1. 물권법정주의

> **제185조【물권의 종류】** 물권은 법률 또는 관습법에 의하는 외에는 임의로 창설하지 못한다.

(1) 의의
① 물권법정주의란 물권은 법률 또는 관습법에 의하는 외에는 임의로 창설하지 못한다는 것을 말한다(제185조).
② 제185조는 강행규정이므로 당사자는 이 규정에 위반하여 물권의 종류나 내용을 창설할 수 없다.

(2) 근거
물권법정주의는 물권거래를 안전하게 하고 공시의 원칙을 관철하기 위하여 인정된 것이다.

(3) 제185조의 해석
① **법률의 의미:** 제185조는 "물권은 법률 또는 관습법에 의하는 외에는 임의로 창설하지 못한다."라고 규정하고 있다. 이때의 법률은 형식적 의미의 법률을 의미한다. 따라서 명령이나 규칙에 의한 물권창설은 원칙적으로 허용되지 않는다.
② **관습법의 효력범위:** 관습법에 의한 물권창설도 허용이 되지만, 관습법은 법률의 규정이 없는 경우에 한해 보충적으로 적용된다(보충적 효력설이 다수설의 태도).
③ **'임의로 창설하지 못한다'의 의미:** 종류강제 + 내용강제
   ㉠ 종류강제: 법률 또는 관습법이 인정하지 않는 새로운 종류의 물권을 당사자들이 임의로 창설할 수 없다.
   ㉡ 내용강제: 법률 또는 관습법이 인정하는 종류의 물권이라도 그 내용이 법률 또는 관습법이 정하는 내용과 달라서는 안 된다.

(4) 제185조 위반의 효력
① 제185조에 위반하는 법률행위는 무효이다. 즉, 종류강제를 위반한 경우에는 전부무효로 다루어지고, 내용강제를 위반한 경우에는 일부무효의 법리(제137조)에 의한다.

> **판례**
>
> **법률이 인정하지 않는 새로운 종류의 물권의 창설이 허용되는지 여부**
> 민법 제185조는 "물권은 법률 또는 관습법에 의하는 외에는 임의로 창설하지 못한다."라고 규정하여 이른바 물권법정주의를 선언하고 있다. 따라서 법률(성문법과 관습법)이 인정하지 않는 새로운 종류의 물권을 창설하는 것은 허용되지 않는다(대판 2002.2.26, 2001다64165).

② 다만, 제185조에 위반하더라도 당사자 사이에 채권적 효력은 있으므로 채무불이행책임이 문제될 수는 있다.

2. 물권의 종류 · 26회 · 32회 · 35회 · 36회

(1) 민법상의 물권
① 개관

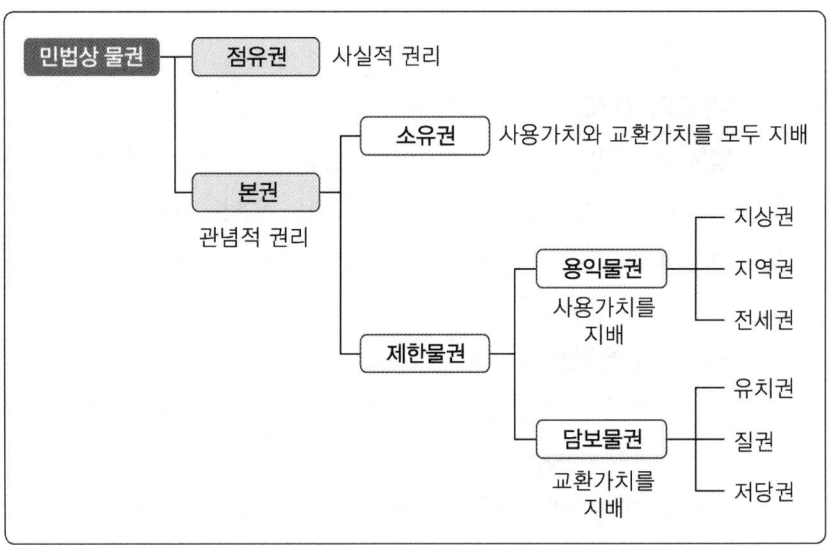

② 부동산물권과 동산물권
㉠ 물권의 객체가 부동산인 경우를 부동산물권이라 하고, 동산인 경우를 동산물권이라 한다.
㉡ 부동산과 동산 모두를 객체로 할 수 있는 물권으로는 점유권, 소유권, 유치권이 있다.

(2) 다른 법률에 의한 물권
① 매도담보권, 양도담보권, 가등기담보권
② 선박저당권, 자동차저당권, 항공기저당권, 건설기계저당권
③ 공장저당권, 공장재단저당권, 광업재단저당권, 입목저당권, 농지저당권 등

(3) 관습법상의 물권
① 판례에 의하여 인정된 관습법상의 물권으로는 분묘기지권, 관습법상의 법정지상권이 있다.
② 그러나 온천권과 사도통행권 및 근린공원이용권은 관습법상의 물권이 아니라는 것이 판례의 태도이다(대판 1970.5.26, 69다1239 ; 대판 2002.2.26, 2001다64165 ; 대결 1995.5.23, 94마2218). 또한 미등기 무허가건물의 양수인이라도 그 소유권이전등기를 경료하지 않는 한 그 건물의 소유권을 취득할 수 없고, 소유권에 준하는 관습법상의 물권이 있다고도 할 수 없다는 것이 판례의 태도이다(대판 2006.10.27, 2006다49000).

4 물권의 주체와 객체 • 27회 • 35회

1. 물권의 주체
물권의 주체는 자연인과 법인이다.

2. 물권의 객체

(1) 물권의 객체는 물건과 권리이다.
① 물권의 객체는 원칙적으로는 물건이며, 물권의 객체로서의 물건은 '현존하는 특정의 독립한 물건'이어야 한다.
   ㉠ 물권의 객체로서 물건은 현존하여야 하므로, 장래에 생길 물건에 대해 물권이 성립할 수 없다. 다만, 장래에 생길 물건이라도 매매, 교환, 임대차와 같은 채권의 목적물은 될 수 있다.
   ㉡ 물권은 물건에 대한 배타적 지배를 내용으로 하므로 불특정물(종류물)에 대해서는 물권이 성립할 수 없다.

기출지문 OX

근린공원을 자유롭게 이용한 사정만으로 그 공원 인근 주민들이 공원이용권이라는 배타적 권리를 취득하였다고 볼 수 없다. •36회
( )

정답 (○)

판례

증감변동하는 집합물의 특정성 여부
성장을 계속하는 어류일지라도 그 종류, 장소 또는 수량지정 등의 방법에 의하여 특정되어 있으면 그 전부를 하나의 물건으로 보아 이에 대한 양도담보계약은 유효하게 성립되었다 할 것이다(대판 1990.12.26, 88다카20224).

ⓒ 물권이 성립하기 위해서는 독립한 물건이어야 한다. 따라서 하나의 물건의 일부나 구성부분에 대해서는 원칙적으로 물권이 성립할 수 없다.

② 물권의 객체는 원칙적으로 물건이지만, 예외적으로 권리에 대해 물권이 성립하는 경우도 있다.
  ㉠ 재산권의 준점유(제210조)
  ㉡ 유가증권을 목적으로 하는 유치권(제320조)
  ㉢ 재산권을 목적으로 하는 질권(제345조 내지 제355조)
  ㉣ 지상권과 전세권을 목적으로 하는 저당권(제371조)

> **추가** 지역권과 임차권은 저당권의 객체가 될 수 없다.

(2) 일물일권주의

① **의의:** 일물일권주의란 하나의 물건 위에 하나의 물권이 성립한다는 원칙을 말하는데, 그 내용은 다음과 같다.
  ㉠ 하나의 물건 위에 양립할 수 없는 물권이 동시에 성립할 수 없다.
  ㉡ 하나의 물건의 일부 또는 구성부분에 대해서는 물권이 성립할 수 없다.
  ㉢ 수개의 물건 전체 위에 하나의 물권이 성립할 수 없다.

② **인정근거:** 일물일권주의를 인정하는 근거는 물건의 일부나 집합물 위에 하나의 물권을 인정하여야 할 필요나 실익이 없다는 점과 물건의 일부나 집합물 위에 하나의 물권을 인정하면 공시가 곤란하게 된다는 것이다.

③ **일물의 기준**
  ㉠ 일물이냐의 여부는 사회통념에 따라 결정된다. 건물은 기둥과 지붕 및 주벽을 갖추면 독립한 건물로 인정되고, 건물의 개수는 물리적 구조와 거래관념을 고려하여 결정된다.
  ㉡ 이에 비하여 토지는 「공간정보의 구축 및 관리 등에 관한 법률」에 의한 지적공부상의 필수를 기준으로 결정된다.

「공간정보의 구축 및 관리 등에 관한 법률」상의 분필절차를 거치지 아니한 경우의 분필등기의 효력

토지의 개수는 「공간정보의 구축 및 관리 등에 관한 법률」에 의한 지적공부상의 토지의 필수를 기준으로 결정된다. 1필의 토지를 수필의 토지로 분할하여 등기하려면 먼저 「공간정보의 구축 및 관리 등에 관한 법률」이 정하는 바에 따라 분할절차를 밟아 지적공부에 각 필지마다 등록이 되어야 한다. 따라서 「공간정보의 구축 및 관리 등에 관한 법률」상의 분필절차를 거치지 아니하는 한 1개의 토지로서 등기의 목적이 될 수 없는 것이며, 설사 등기부에만 분필의 등기가 실행되었다 하여도 이로써 분필의 효과가 발생할 수 없는 것이므로, 결국 이러한 분필등기는 1부동산 1등기기록의 원칙에 반하는 등기로서 무효이다(대판 1990.12.7, 90다카25208).

④ **일물일권주의에 대한 예외:** 물건의 일부나 집합물 위에 하나의 물권을 인정하여야 할 필요가 있고 또 어느 정도 공시가 가능하거나 공시와 관계가 없는 때에는 다음과 같은 예외가 인정된다.

㉠ 1필 토지의 일부에 대해서는 분필절차를 거치지 않아도 용익물권이 인정될 수 있다.
㉡ 1동 건물의 일부에 대해서도 구분소유권, 전세권이 인정된다.
㉢ 수목의 집단이 「입목에 관한 법률」에 의하여 소유권보존등기를 하면 이를 입목이라고 부르는데, 이러한 입목은 소유권과 저당권의 객체가 될 수 있다(입목에 관한 법률 제3조 제2항).
㉣ 명인방법을 갖춘 수목의 집단·미분리과실은 소유권의 객체가 된다.
㉤ 판례에 의하면, 권원 없이 타인의 토지에 농작물을 심어 그 농작물이 수확기에 이른 경우 농작물은 토지에 부합하지 않고 언제나 경작자의 소유이다.

> **기출지문 OX**
>
> 1필 토지의 일부에 대해서는 저당권이 성립할 수 없다. • 35회
> ( )
>
> 정답 (O)

권한 없이 경작한 농작물의 귀속

적법한 경작권 없이 타인의 토지를 경작하였더라도 그 경작된 입도(立稻)가 성숙하여 독립한 물건으로서의 존재를 갖추었다면 그 입도의 소유권은 경작자에게 귀속한다(대판 1979.8.28, 79다784).

㉥ 이 외에도 각종 재단저당법에서는 다수의 기업재산을 하나의 부동산으로 취급하여 저당권이 설정될 수 있도록 하고 있다.

> **기출지문 OX**
>
> 농지 소유자의 승낙 없이 농작물을 경작한 경우 명인방법을 갖추지 않더라도 토지와 별도로 독립된 소유권의 객체로 된다.
> • 27회 ( )
>
> 정답 (O)

제2절 물권의 일반적 효력

1 우선적 효력

1. 채권에 우선하는 효력

(1) 동일물 위에 물권과 채권이 병존하는 경우 성립시기를 불문하고 원칙적으로 물권이 채권에 우선한다.

(2) 그러나 예외적으로 채권이 물권에 우선하는 경우도 있다.

시간적 성립시기를 불문하고 항상 채권이 우선하는 경우	「주택임대차보호법」과 「상가건물 임대차보호법」의 최우선변제권, 「근로기준법」상의 근로관계채권, 선박우선특권 등이 있다.
순위의 원칙이 적용되는 경우	대항력을 갖춘 임차권, 지상건물이 등기된 경우의 토지임차권, 가등기된 부동산소유권이전등기청구권, 조세채권 등이 있다.

2. 물권 상호간의 우선적 효력

(1) 하나의 물건 위에 수개의 물권이 병존하는 경우, 시간적으로 먼저 성립한 물권이 후에 성립한 물권에 우선한다. 이를 순위의 원칙(성립의 선후, 등기의 선후)이라고 한다.

(2) 다만, 점유권은 우선적 효력이 없으므로 본권과 점유권은 병존할 수 있고, 소유권과 제한물권이 충돌하는 경우에는 언제나 제한물권이 소유권에 우선한다. 따라서 순위의 원칙이 적용되는 것은 제한물권 상호간의 우열문제에 한한다.

2 물권적 청구권 •26회 •30회 •31회 •32회 •33회 •34회 •35회

1. 의의

물권적 청구권이란 물권의 내용이 침해당하거나 침해당할 염려가 있는 경우에 물권자가 침해자에 대해 물건의 반환, 방해제거, 방해예방을 청구할 수 있는 권리를 말한다.

2. 인정이유

물권은 절대권이므로 모든 사람에게 주장할 수 있는 한편, 또 모든 사람으로부터 물권의 침해를 받을 수 있다. 그런데 그 침해로부터 물권을 보호해 줄 장치가 없다면 물권을 모든 사람에게 주장할 수 있도록 한 것이 아무런 의미가 없어지게 된다. 따라서 물권적 청구권은 물권의 실효성을 확보하기 위해서 인정되는 제도이다.

3. 민법의 규정체계

(1) 민법은 점유권에 기한 물권적 청구권(제204조~제206조)과 소유권에 기한 물권적 청구권(제213조·제214조) 규정을 두고, 소유권에 기한 물권적 청구권을 다른 물권에 준용하고 있다(제290조·제301조·제319조·제370조).

(2) 그런데 유치권과 질권에는 준용규정이 없다. 따라서 유치권과 질권 자체에 기한 물권적 청구권이 인정될 수 있느냐가 문제된다. 다수설에 의하면, 유치권은 유치권 자체에 기한 물권적 청구권은 인정되지 않고 점유권에 기한 물권적 청구권만 인정된다고 한다. 그러나 질권은 점유권에 기한 물권적 청구권뿐만 아니라 질권 자체에 기한 물권적 청구권도 인정된다고 한다.

4. 성질

(1) 물권적 청구권의 성질에 대해서는 물권의 효력으로서 발생하는 특수한 청구권으로 이해하는 것이 통설이다. 이에 따르면 첫째, 물권적 청구권은 기본적으로는 물권적 성격을 갖는다.
① 일반적으로 물권이 채권에 우선하므로 물권적 청구권은 채권적 청구권에 우선한다.
② 물권적 청구권은 물권과 운명을 같이하고 물권에 부종하므로 물권적 청구권만의 양도는 허용되지 않는다. 또한 소유권을 상실한 전소유자는 소유권에 기한 물권적 청구권을 행사할 수 없다.

기출지문 OX

소유권을 양도한 전소유자가 물권적 청구권만을 분리, 유보하여 불법점유자에 대해 그 물권적 청구권에 의한 방해배제를 할 수 있다.
• 32회 ( )

정답 (×)
소유권에 기한 물권적 청구권은 소유권과 분리하여 양도할 수 없다.

> **판례**
>
> **소유권을 상실한 자의 물권적 청구권 행사 가부**
> 소유권을 양도함에 있어 소유권에 의하여 발생되는 물상청구권(물권적 청구권)을 소유권과 분리하여 소유권이 없는 전소유자에게 유보하여 제3자에 대하여 이를 행사하게 한다는 것은 소유권이 절대적 권리인 점에 비추어 허용될 수 없는 것이다. 따라서 일단 소유권을 상실한 전소유자는 제3자인 불법점유자에 대하여 물권적 청구권에 의한 방해배제를 청구할 수 없다(대판 전합체 1969.5.27, 68다725).

③ <u>소유권에 기한 물권적 청구권은 소멸시효에 걸리지 않는다</u>(통설, 판례). 그러나 제한물권에 기한 물권적 청구권이 소멸시효에 걸리는지에 대해서는 견해가 대립한다. 이에 대하여 판례는 직접적으로 판단한 바가 없고, 다수설은 물권의 실효성 확보라는 측면에서 제한물권에 기한 물권적 청구권도 소멸시효에 걸리지 않는다고 한다.

> **판례**
>
> 1. 채권담보의 목적으로 이루어지는 부동산 양도담보의 경우에 있어서 피담보채무가 변제된 이후에 양도담보권설정자가 행사하는 등기청구권은 소유권에 기한 물권적 청구권이므로 소멸시효에 걸리지 않는다(대판 1979.2.13, 78다2412).
> 2. 매매계약이 합의해제된 경우에도 매수인에게 이전되었던 소유권은 당연히 매도인에게 복귀하는 것이므로, 합의해제에 따른 매도인의 원상회복청구권은 소유권에 기한 물권적 청구권이므로 이는 소멸시효의 대상이 되지 않는다(대판 1982.7.27, 80다2968).

(2) 둘째, 물권적 청구권은 처음부터 의무자가 특정되어 있다는 점을 제외하고는 사람에 대해 일정한 행위를 청구하는 것이므로 채권적 성격도 있다. 따라서 물권적 청구권 행사 시에는 채권법규정이 유추적용될 수 있다.

5. 요건

(1) 물권적 청구권이 성립하기 위해서는 물권에 대한 침해 또는 침해의 염려가 있어야 한다. 이때 침해자의 고의·과실은 필요 없다.
(2) 물권적 청구권의 주체는 침해된 물권의 정당한 소지자이다.
(3) 물권적 청구권의 상대방은 현재 방해상태를 지배하는 자이다. 방해상태를 지배한다는 것은 물건에 대한 점유를 말하는데, 이때의 점유는 직접점유, 간접점유를 불문한다.

> **사례** 물권적 청구권의 상대방
>
> 1. 乙이 甲 소유의 노트북을 절취하여 丙에게 판 경우 甲은 丙을 상대로 소유권에 기한 반환청구를 하여야 한다.
> 2. 乙이 甲 소유의 노트북을 절취하여 丙에게 빌려준 경우 甲은 乙과 丙 모두를 상대로 소유권에 기한 반환청구를 할 수 있다.

6. 내용

(1) 물권적 청구권의 내용으로는 반환청구, 방해제거청구, 방해예방청구가 있다. 그러나 지역권과 저당권은 목적물을 점유하는 권리가 아니므로 반환청구권이 인정되지 않는다.
(2) 반환청구권의 예로는 대지인도, 건물명도 등을 들 수 있고, 방해제거청구권의 예로는 건물철거, 등기말소 등을 들 수 있으며, 방해예방청구권의 예로는 건축금지, 공사중지 등을 들 수 있다.

7. 다른 청구권과의 관계

(1) 물권적 청구권과 불법행위로 인한 손해배상청구권과의 관계

구분	물권적 청구권	불법행위로 인한 손해배상청구권
요건	물권 침해의 가능성만으로 성립	권리 침해의 발생가능성만으로는 불성립
	침해자의 고의·과실은 요건 ×	가해자의 고의·과실이 요건 ○
효과	물건의 반환, 방해제거, 방해예방	손해배상(금전배상이 원칙)
경합	물권의 침해가 침해자의 고의·과실에 의한 경우 양 청구권이 병존하므로 양자를 함께 행사하거나 선택적으로 행사할 수 있음	

기출지문 OX

타인 토지에 무단으로 신축된 미등기건물을 매수하여 대금을 지급하고 점유하는 자는 건물철거청구의 상대방이 될 수 있다.
• 31회 ( )

정답 (○)

(2) 물권적 청구권과 부당이득반환청구권

타인의 물건을 무단으로 점유한 경우 점유도 이득에 해당하므로 물권적 청구권과 부당이득반환청구권이 병존한다. 다만, 원물반환의 경우 점유자와 회복자의 관계에 관한 규정(제201조 내지 제203조)이 부당이득반환에 관한 규정(제748조)의 특칙에 해당한다.

(3) 물권적 청구권과 불법원인급여

불법원인급여를 한 자는 부당이득반환청구권뿐만 아니라 소유권에 기한 반환청구권도 행사할 수 없다.

(4) 부동산임차인의 물권적 청구권

대항력을 갖춘 부동산임차권·주택임차권은 임차권 자체에 기한 방해제거청구권이 인정된다.

CHAPTER 01 최신기출문제로 확인!

01 물권에 관한 설명으로 옳은 것은? (다툼이 있으면 판례에 따름) • 34회

① 물건 이외의 재산권은 물권의 객체가 될 수 없다.
② 물권은 「부동산등기규칙」에 의해 창설될 수 있다.
③ 구분소유의 목적이 되는 건물의 등기부상 표시에서 전유부분의 면적 표시가 잘못된 경우, 그 잘못 표시된 면적만큼의 소유권보존등기를 말소할 수 없다.
④ 1필의 토지의 일부를 객체로 하여 지상권을 설정할 수 없다.
⑤ 기술적인 착오로 지적도의 경계선이 실제 경계선과 다르게 작성된 경우, 토지의 경계는 지적도의 경계선에 의해 확정된다.

> 키워드 │ 물권의 의의와 종류
> 난이도 │ ■■■■
> 해설 │ ① 물권의 객체는 물건과 권리이다. 권리에 대해 물권이 성립하는 경우로는 지상권과 전세권을 목적으로 하는 저당권을 들 수 있다.
> ② 물권은 법률 또는 관습법에 의하는 외에는 임의로 창설하지 못한다(제185조). 따라서 「부동산등기규칙」에 의해서는 물권을 창설할 수 없다.
> ③ 구분소유의 목적이 되는 하나의 부동산에 대한 등기부상 표시 중 전유부분의 면적 표시가 잘못된 경우, 이는 경정등기의 방법으로 바로 잡아야 하는 것이고 그 잘못 표시된 면적만큼의 소유권보존등기의 말소를 구하는 소는 법률상 허용되지 않는다(대판 2000.10.27, 2000다39582).
> ④ 지상권은 1필 토지의 일부에 대해서도 성립할 수 있다.
> ⑤ 토지소유권의 범위는 현실의 경계와 관계없이 지적공부상 경계에 의하여 확정되는 것이 원칙이다. 그러나 지적도를 작성하면서 기점을 잘못 선택하는 등 기술적인 착오로 말미암아 지적도상의 경계선이 진실한 경계선과 다르게 작성된 경우에는 토지의 경계는 실제의 경계에 의하여야 한다(대판 2006.9.22, 2006다24971).

정답 01 ③

02 물권에 관한 설명으로 틀린 것은? (다툼이 있으면 판례에 따름) •32회

① 민법 제185조에서의 '법률'은 국회가 제정한 형식적 의미의 법률을 의미한다.
② 사용·수익 권능을 대세적·영구적으로 포기한 소유권도 존재한다.
③ 처분권능이 없는 소유권은 인정되지 않는다.
④ 근린공원을 자유롭게 이용한 사정만으로 공원이용권이라는 배타적 권리를 취득하였다고 볼 수는 없다.
⑤ 온천에 관한 권리를 관습법상의 물권이라고 볼 수는 없다.

키워드 〉 물권의 의의와 종류
난이도 〉 ■■■□□

해설 〉 ① 제185조에서의 '법률'은 국회가 법률이라는 이름으로 제정한 형식적 의미의 법률을 의미한다. 따라서 명령이나 규칙에 의한 물권창설은 원칙적으로 허용되지 않는다(대판 2002.2.26, 2001다64165 참조).
② 물건에 대한 배타적인 사용·수익권은 소유권의 핵심적 권능이므로, 소유권의 사용·수익 권능을 대세적·영구적으로 포기하는 것은 허용되지 않는다(대판 2013.8.22, 2012다54133).
③ 소유권의 핵심적 권능인 처분권능이 없는 소유권은 인정되지 않는다(대판 2014.3.13, 2009다105215).
④ 근린공원이용권은 관습법상의 물권으로 볼 수 없다(대결 1995.5.23, 94마2218).
⑤ 온천권은 관습법상의 물권으로 볼 수 없다(대판 1970.5.26, 69다1239).

03 물권에 관한 설명으로 옳은 것은? (다툼이 있으면 판례에 따름) •35회

① 관습법에 의한 물권은 인정되지 않는다.
② 저당권은 법률규정에 의해 성립할 수 없다.
③ 부동산 물권변동에 관해서 공신의 원칙이 인정된다.
④ 1필 토지의 일부에 대해서는 저당권이 성립할 수 없다.
⑤ 물건의 집단에 대해서는 하나의 물권이 성립하는 경우가 없다.

키워드 〉 물권의 종류
난이도 〉 ■■■□□

해설 〉 ① 물권은 법률 또는 관습법에 의하는 외에는 임의로 창설하지 못한다. 따라서 분묘기지권, 관습법상의 법정지상권과 같이 관습법에 의한 물권이 인정된다.
② 저당권은 당사자의 약정에 의해 성립하는 것이 원칙이나, 법률규정에 의해서도 성립할 수 있다. 민법 제649조는 "토지임대인이 변제기를 경과한 최후 2년의 차임채권에 의하여 그 지상에 있는 임차인 소유의 건물을 압류한 때에는 저당권과 동일한 효력이 있다."라고 규정하고 있다. 이는 법률규정에 의해 저당권이 성립하는 경우로서 압류등기를 한 때에 저당권이 성립한다.
③ 부동산 물권변동에 관해서 공신의 원칙이 인정되지 않는다.
④ 1필의 토지에 대해서 저당권이 성립하므로 1필 토지의 일부에 대해서는 저당권이 성립할 수 없다.
⑤ 거래의 필요가 있고 공시방법이 갖춰져 있는 경우에는 물건의 집단에 대해서도 물권이 성립할 수 있다.

정답 02 ② 03 ④

04 1필의 토지의 일부를 객체로 할 수 없는 권리는? (다툼이 있으면 판례에 따름) • 33회

① 저당권
② 전세권
③ 지상권
④ 임차권
⑤ 점유권

키워드〉 물권의 의의와 종류
난이도〉 ■■■■■
해설〉 ① 1필 토지의 일부에 대해서는 원칙적으로 저당권을 설정할 수 없다(제356조). 따라서 1필의 토지에 대하여는 이를 분할하기 전에는 저당권을 설정할 수 없다.
②③④⑤ 1필 토지의 일부에 대해서 전세권, 지상권, 임차권, 점유권이 성립할 수 있다.

05 물권적 청구권에 관한 설명으로 옳은 것을 모두 고른 것은? (다툼이 있으면 판례에 따름) • 33회

㉠ 지상권을 설정한 토지의 소유자는 그 토지 일부의 불법점유자에 대하여 소유권에 기한 방해배제를 청구할 수 없다.
㉡ 토지의 소유권을 양도하여 소유권을 상실한 전(前)소유자도 그 토지 일부의 불법점유자에 대하여 소유권에 기한 방해배제를 청구할 수 있다.
㉢ 소유자는 자신의 소유권을 방해할 염려 있는 행위를 하는 자에 대하여 그 예방이나 손해배상의 담보를 청구할 수 있다.

① ㉠
② ㉢
③ ㉠, ㉡
④ ㉡, ㉢
⑤ ㉠, ㉡, ㉢

키워드〉 물권적 청구권
난이도〉 ■■■■■
해설〉 ㉠ 지상권을 설정한 토지의 소유자는 불법점유자에 대하여 소유권에 기한 방해제거청구권을 행사할 수 있다(대판 1974.11.12, 74다1150).
㉡ 소유권에 기한 물권적 청구권은 소유권과 분리하여 양도할 수 없으므로 소유권을 상실한 전소유자는 소유권에 기한 물권적 청구권을 행사하지 못한다(대판 전합체 1969.5.27, 68다725).
㉢ 소유자는 소유권을 방해할 염려 있는 행위를 하는 자에 대하여 그 예방이나 손해배상의 담보를 청구할 수 있다(제214조 후단).

정답 04 ① 05 ②

06 甲소유 토지에 乙이 무단으로 건물을 신축한 뒤 丙에게 임대하여 丙이 현재 그 건물을 점유하고 있다. 다음 설명 중 틀린 것은? (다툼이 있으면 판례에 따름)

• 35회

① 甲은 丙을 상대로 건물에서의 퇴거를 청구할 수 없다.
② 甲은 乙을 상대로 건물의 철거 및 토지의 인도를 청구할 수 있다.
③ 甲은 乙을 상대로 토지의 무단 사용을 이유로 부당이득반환청구권을 행사할 수 있다.
④ 만약 乙이 임대하지 않고 스스로 점유하고 있다면, 甲은 乙을 상대로 건물에서의 퇴거를 청구할 수 없다.
⑤ 만약 丙이 무단으로 건물을 점유하고 있다면, 乙은 丙을 상대로 건물의 인도를 청구할 수 있다.

| 키워드 | 물권적 청구권
| 난이도 | ■■■□
| 해설 | ① 甲은 乙에게 건물철거청구를 할 수 있으므로 소유권에 기한 방해배제로서 丙을 상대로 건물에서 퇴거할 것을 청구할 수 있다.
② 건물철거청구는 건물에 대한 처분권한을 가지고 있는 자에게 하여야 한다. 따라서 甲은 乙을 상대로 건물의 철거 및 토지의 인도를 청구할 수 있다.
③ 甲은 무단점유자 乙에게 지료 상당의 부당이득반환을 청구할 수 있다.
④ 甲은 건물의 소유자가 아니므로 乙을 상대로 건물에서의 퇴거를 청구할 수는 없다.
⑤ 乙은 자신의 건물을 무단으로 점유하고 있는 丙을 상대로 건물의 인도를 청구할 수 있다.

정답 06 ①

07 물권적 청구권에 관한 설명으로 틀린 것은? (다툼이 있으면 판례에 따름) •34회

① 저당권자는 목적물에서 임의로 분리, 반출된 물건을 자신에게 반환할 것을 청구할 수 있다.
② 진정명의회복을 원인으로 한 소유권이전등기청구권의 법적 성질은 소유권에 기한 방해배제청구권이다.
③ 소유자는 소유권을 방해하는 자에 대해 민법 제214조에 기해 방해배제비용을 청구할 수 없다.
④ 미등기 무허가건물의 양수인은 소유권에 기한 방해배제청구권을 행사할 수 없다.
⑤ 소유권에 기한 방해배제청구권은 현재 계속되고 있는 방해원인의 제거를 내용으로 한다.

키워드 〉 물권적 청구권
난이도 〉
해설 〉 ① 물권적 청구권의 내용에 있어서, 지역권과 저당권에는 목적물에 대한 반환청구권이 인정되지 않는다.
② 말소등기에 갈음하여 허용되는 진정명의회복을 원인으로 한 소유권이전등기청구권과 무효등기의 말소청구권은 어느 것이나 진정한 소유자의 등기명의를 회복하기 위한 것으로서 실질적으로 그 목적이 동일하고, 두 청구권 모두 소유권에 기한 방해배제청구권으로서 그 법적 근거와 성질이 동일하다(대판 전합체 2001.9.20, 99다37894).
③ 소유자는 물권적 청구권에 의하여 방해제거비용 또는 방해예방비용을 청구할 수는 없다(대판 2014.11.27, 2014다52612).
④ 미등기 무허가건물의 양수인이라도 소유권이전등기를 마치지 않는 한 건물의 소유권을 취득할 수 없고, 소유권에 준하는 관습상의 물권이 있다고도 할 수 없으므로, 미등기 무허가건물의 양수인은 소유권에 기한 방해제거청구를 할 수 없다(대판 2016.7.29, 2016다214483 · 214490).
⑤ 소유권에 기한 방해제거청구권에 있어서 '방해'란 현재에도 지속되고 있는 침해를 의미하고, 법익침해가 과거에 일어나서 이미 종결된 경우에 해당하는 '손해'의 개념과는 다르다. 따라서 소유권에 기한 방해제거청구권은 방해결과의 제거를 내용으로 하는 것이 되어서는 아니 되며(이는 손해배상의 영역에 해당함) 현재 계속되고 있는 방해의 원인을 제거하는 것을 내용으로 한다(대판 2003.3.28, 2003다5917).

정답 07 ①

CHAPTER

02 물권의 변동

10개년 출제문항 수

27회	28회	29회	30회	31회
1	1	1	2	3
32회	33회	34회	35회	36회
2		2	2	2

↳ 총 40문제 中 평균 약 1.6문제 출제

학습전략

- 물권의 변동에서는 물권변동 일반, 등기, 물권변동, 물권의 소멸에 대한 내용을 학습합니다.
- 등기, 제186조와 제187조의 물권변동에서 문제가 주로 출제되므로 관련 이론을 정리해 두는 것이 좋습니다.

제1절 물권변동 일반

1 서설

1. 물권변동의 의의

물권의 변동이란 물권의 발생, 변경, 소멸을 총칭하는 말이다. 물권변동을 권리의 주체라는 관점에서 보면 물권의 득실변경(得失變更)을 의미한다.

2. 물권변동의 원인

(1) 물권변동의 원인은 크게 법률행위에 의한 물권변동과 법률규정에 의한 물권변동으로 나눌 수 있다.

(2) 법률행위에 의한 물권변동이란 당사자의 의사에 의한 물권변동으로서 사적 자치를 원칙으로 하는 민법에서 가장 중요한 물권변동 원인이다.

(3) 법률규정에 의한 물권변동이란 당사자의 의사에 의하지 않은 물권변동을 총칭하는 것으로서 취득시효, 선의취득, 무주물선점·유실물습득·매장물발견, 첨부, 상속, 공용징수, 경매, 소멸시효, 혼동, 몰수 등이 이에 해당한다.

2 공시의 원칙과 공신의 원칙

1. 공시의 원칙

(1) 의의

공시(公示)의 원칙이란 물권이 변동한 경우 이를 외부에 알려주어야 한다는 원칙을 말한다.

(2) 필요성

물권은 배타적인 권리이므로 물권의 내용과 변동을 외부에서 인식할 수 있는 일정한 표상, 즉 공시방법을 통해 공시하여야 거래안전을 도모할 수 있다.

(3) 실현방법

① **입법주의**: 공시의 원칙을 실현하는 방법에는 성립요건주의와 대항요건주의가 있다. 다만, 성립요건주의와 대항요건주의의 대립은 법률행위에 의한 물권변동에서만 문제된다.

② **성립요건주의**(형식주의, 獨法주의): 당사자의 의사표시 이외에 공시방법이라는 형식을 갖추어야 물권변동의 효력이 발생하고, 공시방법을 갖추지 않은 경우 물권변동의 효력을 전부 부인하는 방법이다. 성립요건주의는 법률관계의 안정을 도모할 수 있고 물권변동의 시기를 명료하게 할 수 있으므로 거래안전보호에 적합하다.

③ **대항요건주의**(의사주의, 佛法주의): 당사자의 의사표시만으로 물권변동의 효력이 발생하나, 공시방법을 갖추지 않으면 그 물권변동을 가지고 제3자에게 대항하지 못하도록 하는 방법(공시방법을 갖추지 않은 경우 물권변동의 효력을 부분적으로 부인하는 방법)이다. 대항요건주의는 계약자유의 원칙에 부합하는 장점이 있다.

(4) 우리 민법의 태도

① 우리 민법은 성립요건주의를 취하고 있다.
② 부동산물권변동은 등기에 의해, 동산물권변동은 인도(점유의 이전)에 의해, 입목(입목에 관한 법률에 의하여 등기된 수목의 집단)에 관한 물권변동은 등기에 의해, 기타 수목의 집단이나 미분리과실에 관한 물권변동은 명인방법에 의해 각각 공시된다.

(5) 공시의 원칙의 확장
① 공시의 원칙은 물권에 한정된 현상이 아니고, 채권, 지적 재산권, 준물권, 가족법상의 행위에도 적용된다.
② 구체적으로 채권양도의 경우에는 통지·승낙을 통해, 주택임차권의 경우에는 주택의 인도와 주민등록을 통해, 지적 재산권은 등록을 통해, 광업권과 어업권은 등록을 통해, 가족법상의 행위는 신고를 통해 각각 공시되고 있다.

2. 공신의 원칙

(1) 의의
공신(公信)의 원칙이란 공시방법을 신뢰하여 거래한 자가 있는 경우에 그 공시내용이 진실한 권리관계와 일치하지 않더라도 마치 공시된 대로의 권리가 존재하는 것처럼 취급하여 그 자의 신뢰를 보호하여야 한다는 원칙을 말한다.

(2) 필요성
① 공신의 원칙은 물권거래의 안전과 신속을 도모하기 위하여 인정되는 것이다. 즉, 공신의 원칙은 진정한 권리자의 권리를 희생하고 거래상대방의 신뢰를 보호하는 제도이다.
② 물권변동에 있어 공신력을 인정하는 경우 권리를 잃게 되는 진정한 권리자는 진정한 권리자임을 사칭한 양도인에 대해 불법행위에 기한 손해배상청구권이나 부당이득반환청구권을 행사할 수 있다.

(3) 연혁
① 로마법은 "어느 누구도 자기가 가지는 권리 이상의 권리를 타인에게 줄 수 없다."라고 하여 공신의 원칙을 부정하고 있다.
② 게르만법은 "사람은 자기가 신뢰를 준 곳에서 신뢰를 찾아야 한다." 또는 "손이 손을 지켜야 한다."라고 하여 공신의 원칙을 긍정하고 있다.
③ 프랑스 민법은 "동산은 추급할 수 없다."라고 하여 공신의 원칙을 긍정하고 있다.

(4) 우리 민법의 태도
① 우리 민법은 동산에 관해서만 공신의 원칙을 채택하고 있고, 부동산에는 공신의 원칙을 부정하고 있다.

② 따라서 부동산거래 시에 등기를 믿고 거래했더라도 등기명의인에게 등기된 권리가 없는 경우에는 원칙적으로 보호를 받지 못한다(이를 '등기의 공신력'이 인정되지 않는다고 표현함). 다만, 개별적 제3자 보호규정(제107조 내지 제110조, 제548조 제1항 단서)이나 제3자 보호범위의 확대이론을 통해 보호받을 여지는 있다.

(5) 공신의 원칙의 확장(외관법리)

① 채권의 준점유자에 대한 변제(제470조)
② 영수증소지자에 대한 변제(제471조)
③ 지시채권의 소지인에 대한 변제(제518조)
④ 표현대리(제125조, 제126조, 제129조)
⑤ 채무자가 이의를 유보하지 않고 채권양도를 승낙한 경우(제451조 제1항)
⑥ 의사표시에 있어서의 표시주의
⑦ 금전, 어음·수표 기타 유가증권의 선의취득 등

제2절 물권행위

1 의의

(1) 물권행위란 직접 물권변동을 목적으로 하는 법률행위를 말한다.
(2) 물권행위는 처분행위로서 이행의 문제를 남기지 않으며, 물권행위를 하기 위해서는 처분자에게 처분권한이 있어야 한다.

2 종류

(1) 물권적 단독행위

물권적 단독행위에는 상대방 없는 물권적 단독행위와 상대방 있는 물권적 단독행위가 있다. 상대방 없는 물권적 단독행위로는 소유권과 점유권의 포기를 들 수 있고, 상대방 있는 물권적 단독행위로는 제한물권의 포기, 승역지소유자의 위기(委棄)를 들 수 있다.

(2) 물권계약

물권계약이란 물권변동을 목적으로 하는 두 개의 의사표시의 합치를 말하는데, 주로 물권적 합의라고 표현한다.

(3) 물권적 합동행위

물권적 합동행위란 수인의 물권자가 동일한 방향의 물권적 의사표시를 함으로써 성립하는 물권행위를 말한다. 공유자 전원에 의한 공유물의 포기가 이에 해당한다.

> **판례**
>
> 민법 제548조 제1항 본문에 의하면, 계약이 해제되면 각 당사자는 상대방을 계약이 없었던 것과 같은 상태에 복귀하게 할 의무를 부담한다는 뜻을 규정하고 있다. 계약에 따른 채무의 이행으로 이미 등기나 인도를 하고 있는 경우에 그 원인행위인 채권계약이 해제됨으로써 원상회복된다고 할 때 그 이론구성에 관하여 채권적 효과설과 물권적 효과설이 대립되어 있다. 그런데 우리의 법제가 물권행위의 독자성과 무인성을 인정하고 있지 않는 점과 민법 제548조 제1항 단서가 거래안전을 위한 특별규정이란 점을 생각할 때 계약이 해제되면 그 계약의 이행으로 변동이 생겼던 물권은 당연히 그 계약이 없었던 원상태로 복귀한다 할 것이다(대판 1977.5.24, 75다1394).

3 방식과 내용

(1) 물권행위는 불요식행위이다(다수설).
(2) 물권법정주의에 위반되지 않는 한 물권행위의 내용에 관하여도 아무런 제한이 없다. 그리고 물권행위에도 조건·기한을 붙일 수 있다.

제3절 등기

1 서설

1. 등기의 의의
(1) 등기란 국가기관인 등기관이 등기부에 부동산에 관한 일정한 사실관계 및 권리관계를 기록하는 것 또는 그러한 기록 그 자체를 말한다.
(2) 등기신청이 있었다 하더라도 등기부에 기록이 없으면 등기가 있었다고 할 수 없다.

2. 등기의 종류 · 34회

(1) 기능에 따른 분류
① **사실의 등기**: 표제부의 등기로서 부동산의 현황을 기록하는 것을 말한다.
② **권리의 등기**: 甲구·乙구의 등기로서 부동산의 권리관계를 기록하는 것을 말한다(보존등기, 권리변동등기 등).

(2) 내용에 따른 분류
① **기입등기**: 새로운 등기원인에 의해 새로 기입하는 등기를 말한다. 소유권보존등기, 소유권이전등기, 저당권설정등기 등이 이에 해당한다.
② **경정등기**: 등기관의 착오나 탈루로 인한 원시적 불일치를 시정하는 등기를 말한다. 경정등기의 경우에는 실체적 권리관계와의 동일성이 인정되어야 한다.
③ **변경등기**: 등기와 실체적 권리관계 사이의 후발적 불일치를 시정하는 등기를 말한다. 변경등기의 경우에도 실체적 권리관계와의 동일성이 인정되어야 한다.
④ **말소등기**: 기존 등기 전부를 말소하는 등기를 말한다.
⑤ **말소회복등기**
  ㉠ 말소회복등기란 등기사항이 불법하게 말소된 경우에 행해지는 등기를 말한다.
  ㉡ 말소회복등기청구의 상대방은 현재의 등기명의인이 아니라 말소 당시의 소유자이다.
⑥ **멸실등기**: 부동산이 전부 멸실한 경우에 행해지는 등기를 말한다.

(3) 방식에 따른 분류
① **주등기**: 표시번호란 또는 순위번호란에 독립된 번호를 붙여서 하는 등기를 말한다.
② **부기등기**: 독립된 번호 없이 주등기의 번호에 따라서 행해지는 등기를 말한다.

(4) 효력에 따른 분류
① **본등기**(종국등기): 물권변동의 효력이 직접 발생하는 등기를 말한다.
② **가등기**: 가등기에는 청구권보전의 가등기(부동산등기법 제88조)와 담보가등기(가등기담보 등에 관한 법률 제2조)가 있다.

■ 등기의 종류

기능에 따른 분류	사실의 등기	표제부의 등기로서 부동산의 현황을 기록하는 것
	권리의 등기	甲구·乙구의 등기로서 부동산의 권리관계를 기록하는 것
내용에 따른 분류	기입등기	새로운 등기원인에 의해 새로 기입하는 등기
	경정등기	등기관의 착오나 탈루로 인한 원시적 불일치를 시정하는 등기
	변경등기	등기와 실체적 권리관계 사이의 후발적 불일치를 시정하는 등기
	말소등기	기존 등기 전부를 말소하는 등기
	말소회복등기	등기가 불법하게 말소된 경우에 행해지는 등기
	멸실등기	부동산이 전부 멸실한 경우에 행해지는 등기
방식에 따른 분류	주등기	표시번호란 또는 순위번호란에 독립된 번호를 붙여서 하는 등기
	부기등기	독립된 번호 없이 주등기의 번호에 따라서 행해지는 등기
효력에 따른 분류	본등기	물권변동의 효력이 직접 발생하는 등기('종국등기'라고도 함)
	가등기	청구권보전의 가등기 + 담보가등기

3. 등기부와 대장

(1) 등기부
① 등기부란 전산정보처리조직에 의하여 입력·처리된 등기정보자료를 대법원규칙으로 정하는 바에 따라 편성한 것을 말한다.
② 등기부는 1필의 토지 또는 1동의 건물에 대하여 1등기기록을 사용함으로써 권리의 객체인 1개의 부동산을 단위로 편성된다. 이를 물적 편성주의라고 한다(부동산등기법 제15조 제1항).

기출지문 OX

구분소유의 목적이 되는 건물의 등기부상 표시에서 전유부분의 면적 표시가 잘못된 경우, 그 잘못 표시된 면적만큼의 소유권보존등기를 말소할 수 없다. • 34회
( )

정답 (○)

③ 1등기기록은 등기번호란, 표제부, 甲구, 乙구의 4부분으로 구성되어 있다.

(2) 대장

① 대장이란 부동산에 관한 사실상의 상황을 기록하는 공적 장부를 말한다. 대장에는 토지에 관한 것으로 토지대장, 임야대장이 있고, 건물에 관한 것으로 건축물대장이 있다.
② 대장은 과세를 관장하고, 대장의 소관청은 시장·군수·구청장이다.

(3) 등기부와 대장의 관계

① 양자는 기록내용의 일치를 위한 절차적 의존·협력관계에 있다.
② 부동산의 상황 및 동일성에 관한 사항은 대장의 기록에 따르고, 부동산의 권리변동에 관한 사항은 등기부의 기록에 따른다. 다만, 소유권보존등기에 관한 소유권확인은 대장의 기록에 따른다.

판례

부동산등기부와 대장상의 소유자에 관한 사항이 일치하지 않는 경우, 그 변경 또는 경정절차

「공간정보의 구축 및 관리 등에 관한 법률」과 「부동산등기법」의 제규정을 종합하면, 지적공부는 등기된 토지에 관한 한 토지소유자에 관한 사항을 증명하는 것은 아니라고 할 것이고, 그리하여 부동산등기부상의 소유자의 주소와 임야대장상의 소유자의 주소가 다른 경우에는 먼저 진정한 소유자의 신청에 의한 경정등기가 이루어져야 하고, 그 다음에 경정등기가 이루어진 등기필정보·등기사항증명서 또는 초본에 의하여 임야대장상의 등록사항 정정이 이루어져야 한다. 등기된 부동산의 경우 지적공부가 직접 경정등기의 자료로 사용되는 것이 아니어서 부동산등기에 직접적으로 영향을 미치는 것이 아니라, 오히려 등기부에 먼저 소유자에 관한 사항이 변경 또는 경정된 후에 그에 따라 후속적으로 공부의 기재사항이 변경되어야 하는 것이고, 이러한 절차를 거쳐 부동산등기부와 대장상의 소유자에 관한 사항이 일치하지 아니하면 당해 부동산에 대하여 다른 등기를 신청할 수 없다(대판 2003.11.13, 2001다37910).

4. 등기사항

(1) 실체법상의 등기사항과 절차법상의 등기사항
① 실체법상의 등기사항은 등기하지 않으면 사법상의 일정한 효력이 생기지 않는 사항으로서 민법 제186조와 제187조에 의해서 결정된다.
② 절차법상의 등기사항은 「부동산등기법」상 등기를 할 수 있는 사항으로서 이에 해당하는 사항에 대해서는 등기능력이 있다고 표현한다.

(2) 양자의 관계
① 실체법상의 등기사항은 모두 절차법상의 등기사항이다.
② 절차법상의 등기사항은 실체법상의 등기사항보다 그 범위가 넓기 때문에 실체법상의 등기사항이 아닌 것도 절차법상의 등기사항이 될 수 있다. 예를 들어, 신축건물의 소유권취득은 실체법상의 등기사항은 아니지만 절차법상의 등기사항이다.

5. 등기절차

(1) 등기의 신청
① **의의:** 등기신청이란 사법상의 권리변동을 목적으로 국가기관인 등기소에 대하여 하는 공법상의 행위를 말한다.
② **공동신청의 원칙:** 등기는 등기권리자와 등기의무자가 공동으로 신청하여야 하는 것이 원칙이다. 이는 등기로 불이익을 당하는 자를 등기신청에 참가시킴으로써 등기의 진정성을 확보하기 위해서이다.
③ **단독신청의 예외:** 공동신청에 의하지 않더라도 등기의 진정성을 확보할 수 있거나 성질상 등기의무자가 없는 경우에는 단독신청이 허용된다. 예를 들어, 판결에 의한 등기나 미등기건물의 보존등기 또는 상속에 의한 등기의 경우가 이에 해당된다.

> **참고** 등기신청의 대리·대위 여부
> 1. 등기신청은 대리가 가능하다. 따라서 대리인이 등기신청을 할 수 있다.
> 2. 등기신청은 대위가 가능하다. 따라서 채권자는 채무자를 대위하여 등기신청을 할 수 있다.

(2) 등기신청에 필요한 서면

① 등기신청은 요식행위이다.

② 등기신청은 신청서, 등기원인을 증명하는 서면, 등기의무자의 권리에 관한 등기필정보, 제3자의 허가나 동의 또는 승낙을 증명하는 서면, 대리권을 증명하는 서면, 신청인의 주소를 증명하는 서면, 인감증명서 등과 법정서면을 첨부해서 하여야 한다.

(3) 등기신청에 대한 심사

① 「부동산등기법」은 등기관의 심사권한에 관하여 형식적 심사주의를 취하고 있다.

② 따라서 등기관은 등기절차상의 적법성 여부만을 심사한다.

(4) 등기의 실행과 등기필정보의 교부

① 등기관은 「부동산등기법」 제29조 소정의 사유가 없는 한 접수번호순으로 등기를 실행한 후 등기권리자에게 등기필정보를 교부하여야 한다.

② 일정한 등기의 경우에는 대장을 소관하는 관청에 이를 통지하고, 과세관청에 과세자료를 송부하여야 한다.

(5) 등기관의 처분에 대한 이의

① 등기관의 결정 또는 처분에 이의가 있는 자는 그 결정 또는 처분을 한 등기관이 속한 지방법원에 이의신청을 할 수 있다.

② 그리고 부당한 처분으로 손해를 받은 자는 국가를 상대로 손해배상을 청구할 수 있다.

2 등기청구권 ·32회 ·36회

1. 의의

(1) 등기청구권이란 등기권리자가 등기의무자에 대하여 등기신청에 협력할 것을 청구할 수 있는 실체법상의 권리를 말한다.

> **판례**
>
> 부동산에 관한 등기는 법률에 다른 규정이 없는 한 등기권리자와 등기의무자의 신청에 의하는 것인바, 위 등기의무자란 등기부상의 형식상 신청하는 그 등기에 의하여 권리를 상실하거나 기타 불이익을 받은 자(등기명의인이거나 그 포괄승계인)를 말한다(대판 1979.7.24, 79다345).

(2) 등기청구권은 등기를 공동으로 신청하는 경우에만 문제되고 단독으로 신청하는 경우에는 문제되지 않는다. 따라서 신축건물의 보존등기 시에는 등기청구권이 문제되지 않는다.

2. 구별개념

(1) 등기신청권

등기청구권은 사법상의 권리라는 점에서 공법상의 권리인 등기신청권과 구별된다.

> 정리 등기청구권은 사법상의 권리이고, 등기신청권은 공법상의 권리이다.

(2) 등기인수청구권

① 등기청구권은 실체법상의 권리라는 점에서 「부동산등기법」상의 권리인 등기인수청구권과 구별된다.
② 등기인수청구권(登記引受請求權)이란 등기권리자가 등기를 하지 아니함으로써 등기의무자가 과세 또는 분쟁 등의 불이익 등을 방지하기 위하여 등기권리자에 대해 등기를 인수해 갈 것을 청구할 수 있는 권리를 말한다. 등기인수청구권도 인정된다는 것이 통설과 판례의 입장이다.

3. 등기청구권의 발생원인과 법적 성질

(1) 법률행위에 의한 등기청구권(부동산매수인의 소유권이전등기청구권)

① 부동산매매계약에 있어서 매수인이 매도인에 대해 가지는 등기청구권은 법률행위(채권행위)에 의해 발생하는 채권적 청구권이다(다수설, 판례).
② 이때의 등기청구권이 소멸시효에 걸리는지에 대해 학설은 대립하나, 판례는 부동산의 매수인이 부동산을 인도받아 사용·수익하고 있는 한 매수인의 등기청구권은 소멸시효에 걸리지 않는다고 한다(대판 전합체 1976.11.6, 76다148).
③ 또한 판례는 부동산의 매수인이 부동산을 인도받아 사용·수익하고 있다가 '보다 적극적인 권리행사의 일환'으로 제3자에게 그 부동산을 처분하고 점유를 승계하여 준 경우에도 소유권이전등기청구권의 소멸시효는 진행하지 않는다고 한다(대판 전합체 1999.3.18, 98다32175).

> **기출지문 OX**
> 매매계약에 기한 매수인의 소유권이전등기청구권은 물권적 청구권이다. • 36회 ( )
> 정답 (×)
> '물권적 청구권'이 아니라 '채권적 청구권'이다.

(2) 등기가 실체적 권리관계에 부합하지 않는 경우

① 예를 들어, 甲 소유의 부동산을 乙이 등기서류를 위조하여 자기 앞으로 소유권이전등기를 한 경우 甲은 乙을 상대로 등기말소를 청구할 수 있다. 이때의 등기청구권은 물권의 효력으로서 발생하는 물권적 청구권이다.
② 그 외에도 법정지상권자의 법정지상권설정등기청구권도 법률규정에 의해 발생하는 물권적 청구권이고, 매매계약이 해제·취소된 경우 물권적 효과설에 따른 등기청구권 역시 물권적 청구권이다.

(3) 취득시효완성으로 인한 등기청구권

20년간 소유의 의사로 평온, 공연하게 부동산을 점유하는 자는 등기함으로써 그 소유권을 취득한다(제245조 제1항). 이때의 등기청구권은 법률규정에 의해 발생하는 채권적 청구권이다.

(4) 부동산임차인의 임차권등기절차 협력청구권

부동산임차인은 당사자 간에 반대약정이 없으면 임대인에 대하여 그 임대차등기절차에 협력할 것을 청구할 수 있다(제621조 제1항). 이때의 등기청구권은 법률규정에 의해 발생하는 채권적 청구권이다.

(5) 환매특약으로 인한 등기청구권

매매의 목적물이 부동산인 경우에 매매등기와 동시에 환매권의 보류(保留)를 등기한 때에는 제3자에 대하여 그 효력이 있다(제592조). 이때의 등기청구권은 당사자 사이의 계약에 의해 발생하는 채권적 청구권이다.

4. 등기청구권의 행사

(1) 등기청구권은 등기권리자가 등기의무자를 상대로 행사한다.
(2) 이러한 등기청구권은 재판상뿐만 아니라 재판 외에서 행사할 수도 있다.
(3) 등기청구권을 대위행사하는 것도 허용된다.

기출지문 OX

甲 소유의 부동산을 乙이 등기에 필요한 문서를 위조하여 乙 명의로 등기한 경우, 甲의 말소등기청구권은 물권적 청구권으로 이해된다. •15회 (　)

정답 (O)

3 등기의 효력

1. 가등기의 효력 • 32회

(1) 가등기의 의의

① 청구권보전의 가등기란 부동산물권 및 그에 준하는 권리의 설정·이전·변경의 청구권을 보전하기 위하여 예비로 하는 등기를 말한다. 이는 「부동산등기법」에 의해 규율되고 있다. 담보가등기란 채권담보의 목적으로 경료된 가등기를 말한다. 이는 「가등기담보 등에 관한 법률」에 의해 규율되고 있다.

② 담보가등기는 우선변제적 효력이 인정되는데, 이는 PART 4 민사특별법 중 「가등기담보 등에 관한 법률」 부분에서 자세히 검토하기로 하고, 이하에서는 청구권보전의 가등기를 중심으로 살펴보기로 한다.

> **판례**
>
> 가등기가 담보가등기인지 여부는 그 등기부상 표시나 등기 시에 주고 받은 서류의 종류에 의하여 형식적으로 결정될 것이 아니고 거래의 실질과 당사자의 의사해석에 따라 결정될 문제라고 할 것이다(대판 1992.2.11, 91다36932).

(2) 청구권보전의 가등기의 원인

부동산물권 및 그에 준하는 권리의 설정·이전·변경의 청구권을 보전하려고 하는 경우, 보전할 청구권이 정지조건부 권리 또는 시기부 권리인 경우, 청구권이 장래에 확정될 청구권(예약완결권 등)인 경우에 가등기를 할 수 있다.

(3) 청구권보전의 가등기의 효력

① 본등기 전의 효력(가등기인 채로의 효력)

㉠ 본등기가 경료되기 전에 가등기인 채로는 아무런 실체법적 효력이 없다. 또한 가등기가 되어 있다고 하더라도 소유권이전등기를 청구할 어떤 법률관계가 존재하는 것으로 추정되지도 않는다. 다만, 가등기가 불법말소된 경우 가등기권리자는 불법하게 말소된 가등기의 회복등기를 청구할 수 있다.

㉡ 가등기에 기한 본등기가 없는 한 가등기의무자는 여전히 자신의 권리를 처분할 수 있으며, 그 처분에 기하여 한 등기도 유효하다. 따라서 가등기권리자는 가등기만으로는 가등기 후의 본등기를 취득한 제3자에게 대항할 수 없다.

기출지문 OX

가등기는 물권적 청구권을 보전하기 위해서는 할 수 없다.
• 32회 ( )

정답 (O)

기출지문 OX

甲 소유의 토지에 乙 명의로 소유권이전청구권 보전을 위한 가등기가 경료되어 있다. 이 경우 가등기가 있다고 해서 乙이 甲에게 소유권이전등기를 청구할 법률관계의 존재가 추정되지는 않는다.
• 21회 ( )

정답 (O)

② **본등기 후의 효력**
  ㉠ 가등기에 기하여 본등기를 한 경우 본등기의 순위는 가등기의 순위에 의한다(이를 '순위보전의 효력'이라 함). 다만, 이 경우에도 물권변동의 효력은 본등기를 한 때 발생한다.
  ㉡ 가등기 후에 제3자에게 소유권이전의 본등기가 된 경우 가등기권리자는 누구를 상대로 가등기에 기한 본등기를 청구하여야 하는가? 가등기권리자는 현재의 등기명의인이 아니라 가등기의무자인 전소유자를 상대로 본등기를 청구하여야 하고, 본등기가 되면 가등기 이후에 있었던 제3자의 본등기는 직권으로 말소된다(부동산등기법 제92조 제1항).
  ㉢ 한편 가등기에 기한 본등기가 경료됨으로써 자신의 소유권을 상실한 제3자는 양도인을 상대로 제576조에 의한 담보책임(저당권에 의한 제한)을 물을 수 있다는 것이 판례의 태도이다.

> **판례**
>
> 가등기의 목적이 된 부동산을 매수한 사람이 그 뒤 가등기에 기한 본등기가 경료됨으로써 그 부동산의 소유권을 상실하게 된 때에는 매매의 목적부동산에 설정된 저당권 또는 전세권의 행사로 인하여 매수인이 취득한 소유권을 상실한 경우와 유사하다. 따라서 민법 제576조의 규정(저당권에 의한 제한)이 준용되어 같은 조 소정의 담보책임을 진다고 보는 것이 상당하고 민법 제570조에 의한 담보책임(전부 타인의 권리)을 진다고 할 수 없다(대판 1992.10.27, 92다21784).

(4) 가등기의 가등기

甲 소유의 부동산에 대해 매매계약을 체결한 乙이 장래의 소유권이전등기청구권을 보전하기 위해 가등기를 한 상태에서 그 청구권을 丙에게 양도한 경우 丙이 자신의 청구권을 보전하기 위해 乙의 가등기에 채권이전의 부기등기를 할 수 있는가? 가등기의 가등기도 인정된다는 것이 다수설과 판례의 태도이다.

> **판례**
>
> 가등기는 원래 순위를 확보하는 데에 그 목적이 있으나, 순위보전의 대상이 되는 물권변동의 청구권은 그 성질상 양도될 수 있는 재산권일 뿐만 아니라 가등기로 인하여 그 권리가 공시되어 결과적으로 공시방법까지 마련된 셈이다. 따라서 이를 양도한 경우에는 양도인과 양수인의 공동신청으로 그 가등기상의 권리의 이전등기를 가등기에 대한 부기등기의 형식으로 경료할 수 있다고 보아야 한다(대판 전합체 1998.11.19, 98다24105).

2. 본등기의 효력

(1) 권리변동적 효력(창설적 효력)
물권행위와 그에 부합하는 등기가 있으면 부동산물권변동의 효력이 발생한다. 등기관이 등기를 마친 경우 그 등기는 접수한 때부터 효력을 발생한다.

(2) 대항적 효력
부동산제한물권, 부동산임차권 및 부동산환매권에 관하여 일정한 사항을 등기하면 제3자에 대해서도 그 내용을 주장할 수 있다.

(3) 순위확정적 효력
① 같은 부동산에 관하여 등기한 권리의 순위는 법률에 다른 규정이 없으면 등기한 순서에 따른다(부동산등기법 제4조 제1항).
② 등기의 순서는 등기기록 중 같은 구에서 한 등기 상호간에는 순위번호에 따르고, 다른 구에서 한 등기 상호간에는 접수번호에 따른다(부동산등기법 제4조 제2항).
③ 부기등기의 순위는 주등기의 순위에 따른다. 다만, 같은 주등기에 관한 부기등기 상호간의 순위는 그 등기 순서에 따른다(부동산등기법 제5조).

(4) 추정적 효력 ・25회・30회・31회・33회
① **의의:** 추정적 효력이란 등기가 형식적으로 존재하면 무효인 등기라도 그에 상응하는 실체적 권리가 존재하는 것으로 추정하는 힘을 말한다. 이러한 추정적 효력은 부동산의 권리에 관한 사항에만 인정되고, 표시에 관한 사항에는 인정되지 않는다.
② **성질:** 등기의 추정력은 법률상 추정이다.
③ **추정력의 범위**
  ㉠ 물적 범위: 등기가 있으면 일단 적법한 '절차'에 의해 경료된 것으로 추정된다. 그리고 등기가 있으면 그 등기에 '기록된 사항'도 적법한 것으로 추정된다.

> **판례**
>
> 1. 어느 부동산에 관하여 등기가 경료되어 있는 경우 특별한 사정이 없는 한 그 원인과 절차에 있어서 적법하게 경료된 것으로 추정된다(대판 1995.4.28, 94다23524).
> 2. 등기된 '권리'가 등기명의인에게 귀속하는 것으로 추정된다. 또한 저당권설정등기의 경우 저당권의 존재뿐만 아니라 피담보채권의 존재까지도 추정된다(대판 1969.2.18, 68다2329).
> 3. 등기는 등기원인을 증명하는 서면을 첨부하므로 '등기원인'도 적법한 것으로 추정된다(대판 1966.7.26, 66다864).
> 4. 부동산을 매수하여 등기한 자가 전소유자의 대리인으로부터 매수하였다고 주장하는 경우에는 그 대리권의 존재도 추정된다(대판 1999.2.26, 98다56072).

ⓒ 인적 범위: 추정의 효과는 등기명의인뿐만 아니라 제3자도 원용(援用)할 수 있다. 또한 등기의 추정력은 등기명의인의 이익뿐만 아니라 불이익(과세 등)을 위해서도 추정된다. 등기의 추정력은 물권변동의 당사자 사이에서도 미친다. 따라서 소유권이전등기의 현 등기명의인은 전 등기명의인에 대해서도 추정력을 주장할 수 있다.

④ 추정력의 효과

㉠ 기본적 효과: 추정의 기본적 효과는 입증책임이 상대방에게 전환된다는 점이다. 즉, 등기명의인이 권리자임을 주장하고 등기부를 증거로 제출하면 등기명의인은 적법한 권리자로 추정되므로, 상대방은 등기명의인이 권리자가 아님을 입증하여야 한다.

㉡ 부수적 효과: 등기를 신뢰하고 거래한 경우 당해 거래행위에 관해 무과실이 추정된다. 다만, 등기내용에 관해서는 악의로(등기내용을 알고 있었던 것으로) 추정된다.

⊕ 보충 점유의 권리적법 추정력과의 관계

1. 점유의 권리적법 추정력에 관한 제200조는 오직 동산에만 적용되고 부동산에는 적용되지 않는다는 것이 판례의 태도이다. 따라서 부동산의 등기명의인과 점유자가 다른 경우 등기의 추정력이 우선하므로 등기명의인이 적법한 권리자로 추정된다.
2. 미등기부동산인 경우에도 점유의 권리적법 추정력이 인정되지 않으므로 통상의 입증에 따라 권리자를 가려야 한다.

기 출 지 문 O X

등기부상 권리변동의 당사자 사이에서는 등기의 추정력을 원용할 수 없다. •31회 ( )

정답 (×)
등기의 추정력은 물권변동의 당사자 사이에서도 미친다.

⑤ **특수한 등기의 추정력**
  ㉠ 소유권보존등기의 추정력: 소유권보존등기는 약한 추정력을 가진다. 즉, 소유권이 진실하게 보존되어 있다는 사실에 관해서만 추정력이 있고 권리변동 사실은 추정되지 않는다. 따라서 보존등기명의인이 원시취득자가 아니라는 사실이 드러나면 추정력은 부정된다.
  ㉡ 특별조치법에 의한 보존등기: 각종의 특별조치법에 의한 보존등기는 강한 추정력을 가진다. 즉, 추정을 깨뜨리기 위해서는 특별조치법 소정의 보증서나 확인서가 위조 내지 허위라는 점까지 입증하여야 한다.

(5) 등기의 공신력 인정 여부

① 등기의 공신력이란 등기를 신뢰하여 거래한 자가 있는 경우에 등기명의인에게 등기된 권리가 없더라도 마치 등기된 대로의 권리가 존재하는 것처럼 취급하여 그 자의 신뢰를 보호하여야 한다는 원칙을 말한다.
② 우리 법제는 등기관에게 형식적 심사권만을 부여하고 있으므로 등기가 실체적 권리관계와 합치하지 않는 이른바 부실등기(不實登記)가 생길 가능성이 많다. 또한 등기의 공신력을 인정하게 되면 등기를 신뢰한 자는 보호되지만 진정한 권리자는 권리를 잃게 되는데, 진정한 권리자의 권리희생의 대가가 너무 크기 때문에 우리 민법은 등기의 공신력을 인정하지 않고 있다.

4 등기의 유효요건

1. 의의

(1) 등기는 물권행위와 함께 부동산물권변동의 요건이다. 등기가 물권변동의 효과를 가지려면 형식적(절차적) 유효요건과 실질적(실체적) 유효요건을 갖추어야 한다.
(2) 형식적 유효요건이란 「부동산등기법」상의 절차를 밟아 적법하게 등기하는 것을 말하고, 실질적 유효요건이란 물권행위와 등기가 일치할 것을 말한다.

2. 형식적 유효요건

(1) 등기의 존재

① **등기가 불법으로 말소된 경우:** 등기는 물권의 효력발생요건이지 존속요건이 아니므로 등기가 불법으로 말소되어도 물권은 그대로 존속한다.

> **판례**
>
> 1. 등기는 물권의 효력발생요건이고 효력존속요건이 아니므로 물권에 관한 등기가 원인 없이 말소된 경우에 그 물권의 효력에는 아무런 영향을 미치지 않는다(대판 1982.9.14, 81다카923).
> 2. 부동산에 관하여 근저당권설정등기가 경료되었다가 그 등기가 위조된 등기서류에 의하여 불법말소되었다는 사정만으로는 곧바로 근저당권이 소멸하는 것은 아니다. 그러나 부동산이 경매절차에서 경락되면 그 부동산에 존재하였던 근저당권은 당연히 소멸하는 것이므로, 근저당권설정등기가 원인 없이 말소된 이후에 그 근저당 목적물인 부동산에 관하여 다른 근저당권자 등 권리자의 경매신청에 따라 경매절차가 진행되어 경락허가결정이 확정되고 경락인이 경락대금을 완납하였다면, 원인 없이 말소된 근저당권은 이에 의하여 소멸한다. 따라서 근저당권설정등기가 위법하게 말소되어 아직 회복등기를 경료하지 못한 연유로 그 부동산에 대한 경매절차에서 피담보채권액에 해당하는 금액을 전혀 배당받지 못한 근저당권자로서는 위 경매절차에서 실제로 배당받은 자에 대하여 부당이득반환청구로서 그 배당금의 한도 내에서 그 근저당권설정등기가 말소되지 아니하였더라면 배당받았을 금액의 지급을 구할 수 있을 뿐이고, 이미 소멸한 근저당권에 관한 말소등기의 회복등기를 위하여 현소유자를 상대로 그 승낙의 의사표시를 구할 수는 없다(대판 1998.10.2, 98다27197).

② **등기부가 멸실한 경우**
　㉠ 등기부가 멸실된 경우 그 회복기간 내에 회복등기를 하지 않았다 하더라도 소유권은 소멸하지 않는다(대판 1968.2.20, 67다1797).
　㉡ 그 회복기간 내에 회복등기를 하지 아니한 부동산은 미등기부동산이므로 새로이 소유권보존등기를 신청하여야 한다(대판 1984.2.28, 83다카994).

③ **등기의 후발적 탈루(脫漏)의 경우:** 등기된 사항을 새로운 등기부에 옮겨 기록하는 과정에서 등기관의 잘못으로 누락된 경우에도 종전 등기의 효력은 존속한다.

(2) 관할등기소에서 행해지고 등기사항일 것
① 관할위반의 등기는 무효이다.
② 「부동산등기법」상 등기할 수 없는 것이 명백한 사항에 대한 등기도 무효이다.

(3) 물권변동의 대상인 부동산에 대한 등기일 것
① 등기가 유효하려면 일단 목적부동산이 존재하여야 한다. 따라서 존재하지 않는 부동산 또는 그 지분에 관한 등기는 무효이다.
② 표제부의 표시란의 기록은 실제 부동산과 동일성 내지 유사성이 인정되어야 한다.

> **1. 부동산등기부의 표제부의 표시에 착오 또는 오류가 있는 경우, 그 등기의 유효 여부**
> 일반적으로 부동산에 관한 등기의 소재지나 지번 등의 표시에 다소의 착오 또는 오류가 있다고 할지라도 그것이 실제의 권리관계를 표시함에 족할 정도로 동일 혹은 유사성이 있다고 인정되는 경우에는 등기가 유효하고, 만일 이 표시상의 착오 또는 오류가 중대하여 그 실질관계와 동일성 또는 유사성조차 인정할 수 없는 경우에는 그 등기는 공시의 기능을 발휘할 수 없다(대판 1995.9.29, 95다22849·22856).
>
> **2. 부동산에 관한 등기의 지번 표시에 착오 또는 오류가 있는 등기의 경정등기가 허용되는 한계**
> 부동산에 관한 등기의 지번 표시에 다소의 착오 또는 오류가 있다 할지라도 적어도 그것이 실질상의 권리관계를 표시함에 족한 정도로 동일 혹은 유사성이 있다고 인정되는 경우에만 그 등기는 유효하고 그 경정등기도 허용된다. 따라서 동일성 혹은 유사성조차 인정할 수 없는 착오 또는 오류가 있는 경우에는 그 등기는 무효로서 공시의 기능도 발휘할 수 없고 경정등기도 허용할 수 없다.
> 다만, 이러한 경우에도 같은 부동산에 대하여 따로 보존등기가 존재하지 아니하거나 등기의 형식상으로 보아 예측할 수 없는 손해를 미칠 염려가 있는 이해관계인이 없는 경우에는 당해 오류 있는 등기의 경정을 허용하여 그 경정된 등기를 유효하다고 보아야 한다(대판 전합체 1975.4.22, 74다2188). 따라서 동일부동산을 표상하는 다른 등기기록에 이미 소유자로 기록되어 있는 자나 권리에 관한 등기가 되어 있는 경우에는 경정등기의 방법으로도 잘못된 지번 표시를 고칠 수가 없게 되는 것은 당연하고 설령 잘못하여 경정등기가 이루어졌다 하더라도 그 등기는 무효인 것이다(대판 1989.1.31, 87다카2358).

(4) 1부동산 1등기기록의 원칙에 따라 편성될 것

① 우리는 물적 편성주의를 취하고 있다. 그런데 동일한 부동산에 관하여 절차상의 잘못으로 이중등기가 된 경우 그 효력은 어떻게 되는가? 이것이 이른바 '이중으로 경료된 소유권보존등기의 효력'의 문제이다.

② 이에 대한 판례를 정리하면 다음과 같다.
  ㉠ 표시란의 이중등기의 경우: 등기의 선후와 관계없이 부동산의 실제상황과 일치하는 보존등기만이 유효하다. 양자 모두 부동산의 실제상황과 일치한다면 원칙적으로 먼저 이루어진 등기가 유효하나, 이해관계인이 생긴 것이 있다면 예외적으로 그 등기가 우선한다.
  ㉡ 사항란의 이중등기의 경우: 이는 다시 두 가지로 나누어, 등기명의인이 동일인인 경우에는 먼저 이루어진 보존등기만 유효하고 뒤에 이루어진 보존등기는 무효이다. 그리고 등기명의인이 동일인이 아닌 경우에는 먼저 이루어진 소유권보존등기가 원인무효로 되지 않는 한 뒤에 이루어진 소유권보존등기가 비록 그 부동산의 매수인에 의해 이루어진 경우라도 1부동산 1등기기록의 원칙상 무효이다.

(5) 「부동산등기법」이 정하는 절차에 따를 것

① 등기가 유효한 것으로 되기 위해서는 「부동산등기법」이 정하는 절차에 따라 이루어져야 한다.

② 따라서 위조문서에 의한 등기, 사자명의로 등기신청을 한 경우, 무권대리인이 등기신청을 한 경우에는 원칙적으로 무효이다. 다만, 그 등기가 실체적 권리관계와 부합하면 예외적으로 유효하다는 것이 판례의 태도이다.

3. 실질적 유효요건 ·26회 ·31회

(1) 시간적 불합치

처분권자는 물권행위 시와 등기신청 시 모두 처분권한과 능력이 있어야 한다. 그런데 양자 사이에는 보통 시간적 간격이 있게 된다. 이로 인하여 다음과 같은 문제들이 생길 수 있다.

① **당사자가 사망한 경우:** 제111조 제2항에 따라 물권행위의 효력에는 영향이 없으나, 등기는 상속인에 의해 행해져야 한다(이를 '상속인에 의한 등기'라 함).

② **당사자가 제한능력자가 된 경우:** 등기신청행위는 공법상의 행위이지만 제5조 이하의 규정을 유추적용하여 원칙적으로 법정대리인이 등기신청을 하여야 한다.

③ **당사자가 교체된 경우:** 당사자가 교체되는 경우에는 상대방은 새 권리자와 다시 물권행위를 하고 등기신청을 하여야 한다.
④ **등기가 먼저 있고 물권행위가 있는 경우:** 물권행위가 효력을 발생하는 때 물권이 변동한다.

(2) 내용적 불합치

① **부분적 불일치**(양적 불일치): 등기의 양이 물권행위의 양보다 많은 경우에는 물권행위의 한도 내에서 그 등기는 유효하다. 그러나 등기의 양이 물권행위의 양보다 적은 경우에는 일부무효의 법리(제137조)에 따라 해결된다.
② **객체의 불일치:** 甲토지에 대해 매매계약을 체결하였으나 乙토지에 대해 소유권이전등기를 한 경우 그 등기는 무효이다.
③ **등기원인의 불일치:** 등기가 등기원인과 불일치하는 경우 그 등기는 원칙적으로 무효이지만, 실체적 권리관계와 부합하면 유효로 된다. 예를 들어, 증여나 대물변제를 매매로 한 경우, 법률행위의 무효·취소·해제의 경우, 등기명의회복방법으로 말소등기를 이전등기로 한 경우는 각각 그 등기는 실체적 권리관계에 부합하므로 유효하다.
④ **물권행위 또는 등기원인의 부존재:** 예를 들어, 지상권설정합의를 했는데 전세권설정등기를 한 경우 그 등기는 무효이다.

(3) 물권변동 과정의 불일치 – 중간생략등기 •31회 •35회

① **의의:** 중간생략등기란 최초양도인(甲)과 중간자(乙)가 물권행위를 하고 이전등기를 하지 않은 상태에서 중간자와 최종양수인(丙)이 물권행위를 한 경우 중간자의 등기를 생략하고 최초양도인에게서 최종양수인에게로 행해지는 등기를 말한다.
② **중간생략등기가 행해지는 이유:** 종래 중간생략등기는 조세부담의 회피, 복잡한 등기절차의 회피, 등기비용 절감 등의 목적으로 널리 이용되어 왔다. 이러한 중간생략등기는 부동산투기를 조장하고 부동산거래질서를 혼란하게 하므로 이에 대한 규제가 필요하게 되었고 현재는 「부동산등기 특별조치법」에서 중간생략등기를 금지하고 있다.
③ **이미 경료된 중간생략등기의 유효성**
   ㉠ 당사자 사이에 적법한 원인행위가 성립되어 일단 중간생략등기가 이루어진 경우에는 중간생략등기에 관한 합의 여부를 불문하고 유효하다는 것이 판례의 태도이다.
   ㉡ 다만, 판례는 「부동산 거래신고 등에 관한 법률」상의 토지거래허가 규정을 위반하여 이루어진 중간생략등기는 3자 합의가 있더라도 무효라고 하고 있다.

④ 중간생략등기청구권(직접청구권)의 인정 여부

㉠ 최종양수인 앞으로 중간생략등기가 경료되지 않은 경우 최종양수인은 최초양도인에게 직접 자기 명의로의 소유권이전등기를 청구할 수 있는가? 이에 대해 판례는 중간생략등기의 합의가 있는 경우에는 그 합의를 기초로 최종양수인이 최초양도인에게 직접 자기 명의로의 소유권이전등기를 청구할 수 있다고 한다. 이러한 중간생략등기의 합의는 전원이 함께 할 수도 있고 순차적으로 할 수도 있다.

> **판례**
>
> 부동산의 양도계약이 순차 이루어져 최종양수인이 중간생략등기의 합의를 이유로 최초양도인에게 직접 그 소유권이전등기청구권을 행사하기 위하여는 관계당사자 전원의 의사합치, 즉 중간생략등기에 대한 최초양도인과 중간자의 동의가 있는 외에 최초양도인과 최종양수인 사이에도 그 중간등기생략의 합의가 있었어야 한다. 따라서 최초양도인이 중간생략등기를 거부하고 있다면 매수인란이 공란으로 된 백지의 매도증서와 위임장 및 인감증명서를 교부한 것만으로는 중간등기생략에 관한 합의가 있었다고 할 수 없다(대판 1991.4.23, 91다5761).

㉡ 한편 중간생략등기의 합의가 없는 경우에는 최종양수인은 최초양도인에 대해 직접 자기 명의로의 소유권이전등기를 청구할 수 없고 중간자를 대위(代位)하여 최초양도인에 대해 중간자 앞으로 소유권이전등기를 청구할 수 있다고 한다. 다만, 판례는 채권양도의 법리에 의한 중간생략등기청구권을 명시적으로 부정한다.

> **판례**
>
> 부동산의 매매로 인한 소유권이전등기청구권은 물권의 이전을 목적으로 하는 매매의 효과로서 매도인이 부담하는 재산권이전의무의 한 내용을 이루는 것이고, 매도인이 물권행위의 성립요건을 갖추도록 의무를 부담하는 경우에 발생하는 채권적 청구권으로 그 이행과정에 신뢰관계가 따르는 것이다. 따라서 소유권이전등기청구권을 매수인으로부터 양도받은 양수인은 매도인이 그 양도에 대하여 동의하지 않고 있다면 매도인에 대하여 채권양도를 원인으로 하여 소유권이전등기절차의 이행을 청구할 수 없고, 따라서 매매로 인한 소유권이전등기청구권은 특별한 사정이 없는 이상 그 권리의 성질상 양도가 제한되고 그 양도에 채무자의 승낙이나 동의를 요한다고 할 것이므로 통상의 채권양도와 달리 양도인의 채무자에 대한 통지만으로는 채무자에 대한 대항력이 생기지 않으며 반드시 채무자의 동의나 승낙을 받아야 대항력이 생긴다(대판 2001.10.9, 2000다51216).

기 출 지 문 O X

甲은 자신의 토지를 乙에게 매도하여 인도하였고, 乙은 그 토지를 점유·사용하다가 다시 丙에게 매도하여 인도하였다. 甲과 乙은 모두 대금 전부를 수령하였고, 甲·乙·丙 사이에 중간생략등기의 합의가 있었다. 이 경우 丙은 직접 甲을 상대로 소유권이전등기를 청구할 수 없다. •35회 (   )

정답 (X)

중간생략등기의 합의가 있으므로 丙은 직접 甲을 상대로 소유권이전등기를 청구할 수 있다.

기 출 지 문 O X

乙은 甲 소유의 건물을 매수하여 다시 이를 丙에게 매도한 경우 만약 乙이 丙에게 소유권이전등기청구권을 양도하고 그 사실을 甲에게 통지하였더라도 丙은 직접 甲에 대하여 이전등기를 청구할 수 없다. •20회 (   )

정답 (O)

기 출 지 문 O X

X토지는 甲⇨乙⇨丙으로 순차 매도되고, 3자 간에 중간생략등기의 합의를 하였다. 이 경우 丙은 甲에게 직접 소유권이전등기를 청구할 수 있다. •31회 (   )

정답 (O)

⑤ **중간생략등기의 파생유형:** 미등기부동산의 양수인이 직접 소유권보존등기를 하는 경우, 상속재산의 양도 시 피상속인으로부터 양수인에게 직접 소유권이전등기를 하는 경우 등이 이에 해당된다.

(4) 무효등기의 유용

① 무효등기의 유용(流用)이란 어떤 등기가 행하여졌으나 실체적 권리관계에 부합하지 않아서 무효가 된 후에 그에 부합하는 실체적 권리관계가 있게 된 경우 기존의 무효인 등기를 그대로 이용하는 것을 말한다.
② 무효등기의 유용에 대해 판례는 유용의 합의 이전에 등기부상 이해관계를 가진 제3자가 없는 한 허용된다고 한다. 다만, 무효등기의 유용은 사항란의 등기에만 인정되고, 표제부의 등기의 유용은 인정되지 않는다.

제4절 부동산물권변동

1 법률행위에 의한 부동산물권변동

> **제186조【부동산물권변동의 효력】** 부동산에 관한 법률행위로 인한 물권의 득실변경은 등기하여야 그 효력이 생긴다.

1. 원칙

법률행위에 의한 물권변동의 경우 우리 민법은 성립요건주의를 취하고 있다. 따라서 법률행위에 의해 부동산물권이 변동하기 위해서는 물권행위와 등기가 있어야 한다.

2. 제186조의 적용범위

제186조는 소유권, 지상권, 지역권, 전세권, 저당권에만 적용된다.

2 법률규정에 의한 부동산물권변동 •25회 •30회 •31회 •34회 •35회 •36회

> **제187조 【등기를 요하지 아니하는 부동산물권취득】** 상속, 공용징수, 판결, 경매 기타 법률의 규정에 의한 부동산에 관한 물권의 취득은 등기를 요하지 아니한다. 그러나 등기를 하지 아니하면 이를 처분하지 못한다.

1. 원칙

(1) 법률규정에 의한 부동산물권변동이란 법률행위에 의하지 않은 부동산물권변동을 총칭하는 것이다. 법률규정에 의한 부동산물권의 취득 시에는 등기가 필요하지 않다. 등기가 필요하지 않은 이유는 성질상 등기가 불가능하거나 국가기관의 행위라는 점 등을 들고 있다.

(2) 법률규정에 의한 부동산물권을 처분할 때에는 등기를 하여야 한다.

> **판례**
>
> 민법 제187조 단서가 등기를 하지 않으면 그 물권을 처분할 수 없다고 규정하고 있는 취지는, 같은 조 본문에 의하여 부동산물권을 등기 없이 취득하였더라도 그 권리자가 이를 법률행위에 의하여 처분하려면 미리 물권의 취득을 등기하고 그 후에 그 법률행위를 원인으로 하는 등기를 경료하여야 한다는 당연한 원칙을 선언한 것에 불과하다. 따라서 부동산물권을 등기 없이 취득한 자가 자기 명의의 등기 없이 이를 처분한 경우 그 처분의 상대방은 부동산물권을 취득할 수 없다는 것일 뿐, 그 처분행위의 채권적 효력까지 부인되는 것은 아니다(대판 1994.10.21, 93다12176).

2. 제187조의 적용범위

(1) **상속**
① 상속의 경우에는 피상속인이 사망한 때에 등기 없이 물권변동의 효력이 생긴다.
② 포괄유증과 회사합병도 상속과 동일하므로 등기 없이 물권변동의 효력이 생긴다.

(2) **공용징수**
① 공용징수란 국가가 법률에 의하여 국민의 재산권을 강제적으로 취득하는 것을 말한다.

② 재결수용의 방법으로 공용징수가 이루어진 경우 토지수용위원회에서 정한 보상금이 지급 또는 공탁되면 사업시행자는 수용개시일에 등기 없이 토지소유권을 원시취득한다.

③ 공용징수에 의한 물권취득은 원시취득에 해당하지만 실무상 이전등기를 한다.

> **판례**
>
> 「공익사업을 위한 토지 등의 취득 및 보상에 관한 법률」 등에 의한 토지수용의 경우 기업자가 과실 없이 진정한 토지소유자를 알지 못하여 등기부상 소유명의자를 토지소유자로 보고 그를 피수용자로 하여 수용절차를 마쳤다면 그 수용의 효과를 부인할 수 없으며 수용목적물의 소유자가 누구임을 막론하고 이미 가지고 있던 소유권은 소멸함과 동시에 기업자가 그 권리를 원시취득한다(대판 1991.5.10, 91다8654).

(3) 판결

① 제187조에서 말하는 판결은 형성판결에 한하고 이행판결과 확인판결은 이에 포함되지 않는다. 형성판결에 해당하는 예로는 공유물분할판결, 사해행위취소판결, 상속재산분할판결 등을 들 수 있다. 또한 화해조서나 인낙조서도 법률관계의 형성에 관한 것일 때에는 제187조의 판결에 포함된다.

② 판결의 경우에는 판결이 확정된 때에 등기 없이 물권변동의 효력이 생긴다.

(4) 경매

① 제187조에서 말하는 경매는 공경매(公競賣)에 한한다. 공경매에는 「민사집행법」의 강제집행절차에 의한 경매(담보권실행경매와 통상의 강제집행)와 「국세징수법」에 의한 공매가 있다.

② 경매의 경우에는 매수인이 매각대금을 다 낸 때(경락인이 경락대금을 완납한 때)에 물권변동의 효력이 생긴다.

(5) 기타 법률규정에 해당하는 경우

제187조의 '기타 법률의 규정'에는 형식적 의미의 법률뿐만 아니라 관습법도 포함된다. '기타 법률의 규정'에 의한 물권변동의 예로는 다음과 같은 것들이 있다.

기출지문 OX

이행판결에 기한 부동산물권의 변동시기는 확정판결 시이다.
• 31회 (   )

정답 (×)
부동산소유권이전등기청구소송에서 원고의 승소판결이 확정된 경우에는 판결에 기한 이전등기를 하여야 소유권을 취득한다.

① 신축건물의 소유권취득
② 법정지상권의 취득, 관습법상의 법정지상권의 취득
③ 법정저당권의 취득, 법정대위에 의한 저당권의 이전
④ 물건의 멸실·혼동·소멸시효로 인한 물권의 소멸
⑤ 존속기간 만료로 인한 용익물권의 소멸, 건물전세권의 법정갱신
⑥ 피담보채권의 소멸로 인한 저당권의 소멸
⑦ 분배농지의 상환완료로 인한 소유권취득

3. 제187조의 예외

(1) 점유취득시효(제245조 제1항, 제248조)는 제187조의 유일한 예외이다. 따라서 점유취득시효를 완성한 것만 가지고는 소유권을 취득하지 못하고 등기하여야 소유권을 취득한다.

(2) 점유취득시효로 인한 소유권취득은 원시취득이므로 이론상 보존등기를 하여야 하나, 실무상 이전등기를 한다.

 판례

완성된 건물의 소유권귀속관계
1. 건축허가서는 허가된 건물에 관한 실체적 권리의 득실변경의 공시방법이 아니며 추정력도 없으므로 건축허가서에 건축주로 기재된 자가 건물의 소유권을 취득하는 것은 아니므로, 자기 비용과 노력으로 건물을 신축한 자는 그 건축허가가 타인의 명의로 된 여부에 관계없이 그 소유권을 원시취득한다(대판 2002.4.26, 2000다16350).
2. 건축주의 사정으로 건축공사가 중단되었던 미완성의 건물을 인도받아 나머지 공사를 마치고 완공한 경우, 그 건물이 공사가 중단된 시점에서 이미 사회통념상 독립한 건물이라고 볼 수 있는 형태와 구조를 갖추고 있었다면 원래의 건축주가 그 건물의 소유권을 원시취득한다(대판 2002.4.26, 2000다16350).
3. 그러나 그 공사의 중단 시점에 이미 사회통념상 독립한 건물이라고 볼 수 있는 정도의 형태와 구조를 갖춘 경우가 아닌 경우에는 이를 인도받아 자기의 비용과 노력으로 완공한 자가 그 건물의 원시취득자가 된다(대판 2006. 5.12, 2005다68783).

3 제186조에 의한 물권변동인지 제187조에 의한 물권변동인지 문제되는 경우

1. 원인행위의 실효에 의한 물권의 복귀

(1) 문제의 소재

원인행위인 채권행위와 독립하여 물권행위가 행해지고 또한 유효한 경우에 원인행위인 채권행위가 무효, 취소, 해제 기타의 사유로 실효된 경우에 물권은 당연히 복귀하는가?

(2) 원인행위가 무효·취소된 경우

① **물권행위의 무인설**: 원인행위가 무효·취소되더라도 물권행위에는 영향이 없고 물권변동은 그대로 유효하므로, 물권은 당연히 복귀하지 않고 또 다른 물권행위와 말소등기를 하여야 복귀한다는 입장이다. 따라서 무인설에 의하면 제186조에 의한 물권변동에 해당된다. 이 견해에 따르면 물권자는 상대방에 대해 부당이득반환청구권을 행사하여 등기의 말소 또는 이전등기를 한다.

② **물권행위의 유인설**(판례): 원인행위가 무효·취소된 경우 물권행위도 소급적으로 무효가 되고 물권변동은 처음부터 없었던 것으로 되므로, 물권은 말소등기 없이 당연히 복귀한다는 입장이다. 따라서 유인설에 의하면 제187조에 의한 물권변동에 해당된다. 이 견해에 따르면 물권자는 상대방에 대해 소유권에 기한 물권적 청구권을 행사하여 등기의 말소 또는 이전등기를 한다.

(3) 계약해제의 경우

① **채권적 효과설**: 이는 물권행위의 무인설의 입장으로서, 이 견해에 의하면 제186조에 의한 물권변동에 해당된다.

② **물권적 효과설**(판례): 이는 물권행위의 유인설의 입장으로서, 이 견해에 의하면 제187조에 의한 물권변동에 해당된다.

(4) 제3자 보호의 문제

① **물권행위의 무인설**: 이에 의하면 상대방과 거래한 제3자는 선의·악의 불문하고 보호된다.

② **물권행위의 유인설**: 이에 의하면 상대방과 거래한 제3자는 원칙적으로 권리를 취득할 수 없고, 다만 개별적 제3자 보호규정(제107조 제2항,

제108조 제2항, 제109조 제2항, 제110조 제3항, 제548조 제1항 단서)을 통해 보호된다.

2. 재단법인설립의 경우 출연재산의 귀속시기

(1) 제48조

> **제48조【출연재산의 귀속시기】** ① 생전처분으로 재단법인을 설립하는 때에는 출연재산은 법인이 성립된 때로부터 법인의 재산이 된다.
> ② 유언으로 재단법인을 설립하는 때에는 출연재산은 유언의 효력이 발생한 때로부터 법인에 귀속한 것으로 본다.

(2) 문제의 소재

제48조와 물권변동에 관한 성립요건주의 원칙이 정면으로 충돌하고 있다.

(3) 견해의 대립

① 다수설은 제48조를 제187조의 '기타 법률의 규정'에 해당한다고 보아, 제48조가 규정한 시기에 법인에게 귀속한다는 입장이다. 이 견해에 따르면 제187조에 의한 물권변동에 해당된다.

② 이에 대해 소수설은 출연행위는 법률행위이므로, 설립등기 외에 제186조에 의해 이전등기를 한 때 법인에게 귀속한다는 입장이다. 이 견해에 따르면 제186조에 의한 물권변동에 해당된다.

③ 한편 판례는 출연자와 법인 간에는 제48조가 규정한 시기에 법인에게 귀속되나, 법인이 취득한 부동산을 가지고 제3자에게 대항하기 위해서는 제186조에 따라 이전등기를 하여야 한다고 한다(이를 '소유권의 관계적 귀속현상'이라 함. 대판 전합체 1979.12.11, 78다481·482).

3. 소멸시효완성과 용익물권의 소멸

(1) 절대적 소멸설(다수설)

이 견해에 의하면 소멸시효의 완성으로 물권은 말소등기 없이도 당연히 소멸한다고 보므로, 이는 제187조에 의한 물권변동에 해당된다.

(2) 상대적 소멸설(소수설)

이 견해에 의하면 소멸시효의 완성만으로는 물권이 소멸하지 않고 상대방이 원용권(援用權)을 행사해 말소등기를 하여야 물권이 소멸한다고 보므로, 이는 제186조에 의한 물권변동에 해당된다.

4. 지상권과 전세권의 소멸청구

(1) 등기불요설
이 견해에 의하면 소멸청구는 형성권의 행사이므로 말소등기 없이도 소멸한다고 보므로, 이는 제187조에 의한 물권변동에 해당된다.

(2) 등기필요설
이 견해에 의하면 소멸청구는 물권적 단독행위 또는 채권적 청구권이므로 말소등기를 하여야 소멸한다고 보므로, 이는 제186조에 의한 물권변동에 해당된다.

5. 전세권의 소멸통고

(1) 등기불요설
이 견해에 의하면 소멸통고는 형성권의 행사이므로 6개월 경과 후 말소등기 없이도 소멸한다고 보므로, 이는 제187조에 의한 물권변동에 해당된다.

(2) 등기필요설
이 견해에 의하면 거래안전을 위해 6개월 경과 후 말소등기를 하여야 소멸한다고 보므로, 이는 제186조에 의한 물권변동에 해당된다.

6. 부동산물권의 포기

부동산물권의 포기의 경우에는 등기필요설이 다수설이다. 이 견해에 의하면 제186조에 의한 물권변동에 해당된다.

제5절 동산물권변동

1 동산물권변동의 원인

1. 법률행위에 의한 동산물권변동

법률행위에 의한 동산물권변동은 권리자로부터의 취득과 무권리자로부터의 취득(동산의 선의취득)으로 나눌 수 있다. 동산의 선의취득은 법률행위를 매개로 하지만, 물권취득의 효과는 법률규정에 의해 발생한다.

2. 법률규정에 의한 동산물권변동

법률규정에 의한 동산물권변동은 부동산에서와 같은 총칙규정을 두고 있지 않고 소유권의 취득부분에서 따로 규율하고 있다. 즉, 동산의 취득시효, 선의취득, 무주물선점·유실물습득·매장물발견, 첨부(부합·혼화·가공) 등이 그것이다.

2 권리자로부터의 취득

> 제188조【동산물권양도의 효력, 간이인도】 ① 동산에 관한 물권의 양도는 그 동산을 인도하여야 효력이 생긴다.
> ② 양수인이 이미 그 동산을 점유한 때에는 당사자의 의사표시만으로 그 효력이 생긴다.
> 제189조【점유개정】 동산에 관한 물권을 양도하는 경우에 당사자의 계약으로 양도인이 그 동산의 점유를 계속하는 때에는 양수인이 인도받은 것으로 본다.
> 제190조【목적물반환청구권의 양도】 제3자가 점유하고 있는 동산에 관한 물권을 양도하는 경우에는 양도인이 그 제3자에 대한 반환청구권을 양수인에게 양도함으로써 동산을 인도한 것으로 본다.

1. 원칙

민법 제188조 제1항은 "동산에 관한 물권의 양도*는 그 동산을 인도*하여야 효력이 생긴다."라고 규정하여 성립요건주의를 취하고 있다. 따라서 법률행위에 의한 동산물권이 변동하기 위해서는 물권행위와 인도가 있어야 한다.

* 양도
의사표시에 의한 재산권 이전

* 인도
점유의 이전

2. 적용범위

제188조 제1항이 적용되는 것은 실질적으로 소유권뿐이다.

3. 물권행위

(1) 동산물권변동을 위한 물권행위는 대부분 원인행위인 채권행위와 합체되어 행해지지만 그렇지 않은 경우도 있다.

(2) 타인의 물건에 관한 매매의 경우에는 채권행위는 유효하나, 물권행위는 원칙적으로 무효이다.

(3) 물권행위의 성립시기는 대금이 완납되고 물건이 구체적으로 특정되어 양도인이 점유이전의 준비를 완료한 때이다.

4. 인도

(1) 의의
인도란 점유의 이전, 즉 사실상의 지배를 이전하는 것을 말한다. 이러한 인도는 혼합사실행위에 해당된다.

(2) 종류
① **현실의 인도:** 물건을 배달하는 것과 같이 물건에 대한 사실상의 지배를 이전하는 것을 말한다. 사실상의 지배가 이전되었는지는 결국 사회통념에 의해 정해진다.

> **판례**
> 물건의 인도가 이루어졌는지 여부는 사회관념상 목적물에 대한 양도인의 사실상 지배인 점유가 동일성을 유지하면서 양수인의 지배로 이전되었다고 평가할 수 있는지 여부에 달려 있는 것이다. 현실의 인도가 있었다고 하려면 양도인의 물건에 대한 사실상의 지배가 동일성을 유지한 채 양수인에게 완전히 이전되어 양수인은 목적물에 대한 지배를 계속적으로 확고하게 취득하여야 하고, 양도인은 물건에 대한 점유를 완전히 종결하여야 한다(대판 2003.2.11, 2000다66454).

② **간이인도:** 양수인이 이미 그 동산을 점유한 때에는 당사자의 의사표시만으로 바로 점유가 이전되는 것으로 처리하는 것을 말한다. 예를 들어, 甲이 乙에게 빌려주었던 자전거를 乙에게 매도하는 경우에 甲이 乙에게 자전거의 점유를 이전하는 의사표시를 하는 것만으로 乙은 인도 받은 것이 된다.

③ **점유개정:** 점유개정(占有改定)이란 동산물권을 양도할 때 양도인이 양수인과의 사이에 점유매개관계를 설정하여 양수인에게 간접점유를 취득시키고 스스로는 양수인의 점유매개자로서 점유를 계속하는 것을 말한다. 예를 들어, 자전거의 소유자 甲이 이를 乙에게 매도하고 계속하여 그 자전거의 임차인으로서 점유를 하는 경우에 甲·乙 사이의 계약만으로 乙은 인도를 받은 것이 된다. 양도담보는 점유개정에 의한 소유권이전형식의 전형적인 예이다.

> **판례**
> 1. 동산의 소유자가 각각 점유개정의 방법으로 이를 이중으로 양도한 경우에 양수인 간에는 먼저 현실의 인도를 받아 점유를 한 자가 소유권을 취득한다(대판 1989.10.24, 88다카26802).

추가 점유개정
공시방법으로 가장 불완전하다.

2. 점유개정의 방법으로 동산에 대한 이중의 양도담보설정계약이 체결된 경우 뒤에 설정계약을 체결한 후순위채권자는 양도담보권을 취득할 수 없다(대판 2005.2.18, 2004다37430).
   ➕ 선의취득이 인정되지 않는 한 나중에 설정계약을 체결한 채권자로서는 양도담보권을 취득할 수 없는데, 점유개정의 방법으로는 선의취득이 인정되지 아니하므로 결국 뒤의 채권자는 적법하게 양도담보권을 취득할 수 없다.

④ **목적물반환청구권의 양도에 의한 인도**
  ㉠ 목적물반환청구권의 양도에 의한 인도란 제3자가 점유하고 있는 동산에 관한 물권을 양도하는 경우에는 양도인이 그 제3자에 대한 목적물반환청구권을 양수인에게 양도함으로써 동산을 인도하는 형태를 말한다. 예를 들어, 甲이 창고업자 丙에게 맡겨 놓은 쌀을 乙에게 매도하는 경우 甲은 그 쌀을 찾아서 乙에게 현실의 인도를 할 필요 없이 甲이 丙에 대해 가지고 있는 목적물반환청구권을 乙에게 양도하면 乙은 물건을 인도받은 것이 된다.
  ㉡ 이때의 목적물반환청구권은 채권적 청구권이므로 목적물반환청구권의 양도에 의한 인도의 경우에는 채권양도에 관한 규정이 적용된다. 따라서 동산을 점유하고 있는 제3자에 대한 통지·승낙이 필요하다(제450조).

(3) 인도주의의 예외

① **부동산등기에 의해 공시되는 동산**: 부동산의 종물인 동산이 소유권 또는 저당권의 목적으로 된 때에는 따로 인도를 필요로 하지 않고 등기에 의해 물권변동의 효력이 생긴다.
② **등기·등록에 의해 공시되는 동산**: 선박은 등기를 하여야 제3자에게 대항할 수 있으며, 자동차·항공기·건설기계 등은 등록을 하여야 소유권 또는 저당권의 물권변동이 발생한다.
③ **선하증권, 화물상환증, 창고증권과 같은 증권의 인도**: 선하증권, 화물상환증, 창고증권과 같은 증권의 인도는 상품 자체의 인도와 동일한 효력을 가진다.

3 무권리자로부터의 취득 – 선의취득

제249조 【선의취득】 평온, 공연하게 동산을 양수한 자가 선의이며 과실 없이 그 동산을 점유한 경우에는 양도인이 정당한 소유자가 아닌 때에도 즉시 그 동산의 소유권을 취득한다.

추가 동산의 선의취득은 공신의 원칙과 관계된 제도이다.

1. 의의

선의취득이란 동산을 점유하고 있는 자를 권리자로 믿고 평온하고 공연하게 동산을 양수한 자가 선의로 과실(過失) 없이 그 동산을 점유한 경우에는 비록 양도인이 정당한 권리자가 아니더라도 소유권 또는 질권을 취득하는 제도를 말한다.

> **Q 사례**
>
> 甲의 시계를 임차하여 점유하고 있는 乙이 그 시계를 자신의 것인 것처럼 丙에게 매도한 경우, 乙을 시계의 소유자인 것으로 믿고 거래한 丙은 시계의 소유권을 취득하게 된다.

2. 인정이유

선의취득제도는 상대방의 점유를 신뢰하여 동산을 거래행위에 의해 양수한 자는 설사 상대방이 무권리자라 할지라도 그 동산의 소유권을 유효하게 취득하게 하여 거래의 안전과 신속을 도모하기 위한 제도이다.

3. 요건

(1) 선의취득에 의하여 취득할 수 있는 권리

선의취득에 의해 취득할 수 있는 권리는 소유권과 질권이다.

(2) 객체에 관한 요건

① 선의취득의 객체가 되는 것은 동산에 한한다. 부동산과 부동산의 일부는 선의취득의 대상이 아니다.
② 금전은 가치의 표상으로 유통되는 경우에는 선의취득의 대상이 아니다. 그러나 단순한 물건으로서 거래되는 경우에는 선의취득의 대상이 된다. 따라서 제250조 단서의 금전 역시 '물건으로서의 금전'을 의미한다.
③ 등기·등록에 의해 공시되는 동산(선박·자동차·항공기·건설기계 등)은 선의취득의 대상이 아니다.
④ 등기 또는 명인방법에 의해 공시되는 지상물은 선의취득의 대상이 아니다. 다만, 토지로부터 분리된 경우에는 동산의 성질을 가지므로 선의취득이 인정된다.
⑤ 양도금지물건은 거래할 수 없으므로 선의취득의 대상이 아니다.

⑥ 증권적 채권은 각각 특별규정(제514조, 제524조)이 있으므로 동산의 선의취득규정이 적용되지 않는다.
⑦ 부동산등기에 의해 공시되는 동산은 선의취득의 대상이 된다.

(3) 양도인(前主)에 관한 요건

① **양도인이 동산을 점유하고 있을 것**
   ㉠ 양도인은 동산을 점유하고 있어야 한다. 이때의 점유는 직접점유이든 간접점유이든, 자주점유이든 타주점유이든 불문한다.
   ㉡ 점유보조자가 점유물을 처분한 경우에도 선의취득이 인정된다(다수설).

② **양도인이 무권리자일 것**
   ㉠ 양도인은 무권리자여야 한다. 즉, 동산에 관한 소유권 기타 처분권이 없는 자여야 한다.
   ㉡ 대리인이 본인 소유 동산을 자기 이름으로 처분한 경우에는 선의취득이 인정된다. 그러나 대리인이 본인 소유 물건을 대리인으로서 처분한 경우 대리인에게 처분권한이 없으면 무권대리 내지 표현대리의 문제가 될 뿐 선의취득은 인정되지 않는다(다수설).

(4) 양수인(善意取得者)에 관한 요건

① **유효한 거래행위가 있을 것**
   ㉠ 거래행위가 있을 것: 거래행위란 매매에 한하지 않고 경매도 포함된다. 또한 거래행위는 특정승계에 한하고 포괄승계는 포함되지 않는다. 한편 거래행위가 아닌 사실행위에는 선의취득규정이 적용되지 않는다. 예를 들어, 타인의 산림을 자기의 것으로 잘못 알고 벌채하거나 유실물을 자기의 것으로 잘못 알고 습득하더라도 선의취득이 인정되지 않는다.
   ㉡ 거래행위가 유효할 것: 양도인과 양수인 사이의 거래행위는 유효하여야 한다. 따라서 거래행위가 무효·취소되는 경우에는 선의취득이 적용되지 않는다. 이때 제3자는 개별적 선의자 보호규정에 의해 보호될 수는 있다. 거래행위가 무효·취소되더라도 양수인으로부터 동산을 다시 양수한 자는 선의취득에 의해 보호된다.

② **평온·공연·선의·무과실에 의해 점유를 취득할 것**
   ㉠ 제197조 제1항은 "점유자는 소유의 의사로 선의, 평온 및 공연하게 점유한 것으로 추정한다."라고 규정하고 있다. 따라서 무과실은 추

정되지 않으므로 양수인이 자신에게 과실 없음을 입증하여야 한다는 것이 판례의 태도이다(대판 1968.9.3, 68다169).
ⓒ 선의·무과실의 기준시점은 물권행위가 완성하는 때이다.

판례

민법 제249조가 규정하는 선의·무과실의 기준시점은 물권행위가 완성하는 때이므로, 물권행위가 인도보다 먼저 행해지면 인도된 때를, 인도가 물권행위보다 먼저 행해지면 물권행위가 이루어진 때를 기준으로 하여야 한다(대판 1991.3.22, 91다70).

ⓒ 점유취득의 방법으로 현실의 인도, 간이인도, 목적물반환청구권의 양도에 의한 인도는 인정되나, 점유개정은 인정되지 않는다(통설, 판례).

> **추가** 점유개정의 경우는 외부에서 점유의 이전이 있었는지 알기 어려우므로 선의취득이 인정되지 않는다.

판례

1. 동산의 선의취득에 필요한 점유의 취득은 이미 현실적인 점유를 하고 있는 양수인에게는 간이인도에 의한 점유취득으로 그 요건은 충족된다(대판 1981.8.20, 80다2530).
2. 양도인이 소유자로부터 보관을 위탁받은 동산을 제3자에게 보관시킨 경우에 양도인이 그 제3자에 대한 반환청구권을 양수인에게 양도하고 지명채권 양도의 대항요건을 갖추었을 때에는 동산의 선의취득에 필요한 점유의 취득요건을 충족한다(대판 1999.1.26, 97다48906).
3. 동산의 선의취득에 필요한 점유의 취득은 현실적인 인도가 있어야 하고 점유개정에 의한 점유취득만으로서는 그 요건을 충족할 수 없다(대판 1964.5.5, 63다775).

4. 효과

(1) 선의취득에 의해 소유권 또는 질권을 취득한다.

판례

선의취득제도의 취지
민법 제249조의 동산의 선의취득제도는 동산을 점유하는 자의 권리 외관을 중시하여 이를 신뢰한 자의 소유권취득을 인정하고 진정한 소유자의 추급을 방지함으로써 거래의 안전을 확보하기 위하여 법이 마련한 제도이다. 따라서 위 법조 소정의 요건이 구비되어 동산을 선의취득한 자는 권리를 취득하는 반면 종전 소유자는 소유권을 상실하게 되는 법률효과가 법률의 규정에 의하여 발생되므로, 선의취득자가 임의로 이와 같은 선의취득 효과를 거부하고 종전 소유자에게 동산을 반환받아 갈 것을 요구할 수 없다(대판 1998. 6.12, 98다6800).

(2) 선의취득은 원시취득이므로 종전 소유자에게 존재했던 제한은 모두 소멸한다.

(3) 선의취득은 거래안전을 보호하기 위하여 인정되는 것이므로 선의취득자는 취득한 이익을 보유할 수 있다. 따라서 선의취득자는 원칙적으로 부당이득반환의무를 지지 않는다. 다만, 선의취득이 무상행위로 인한 경우에는 부당이득반환의무가 있다는 것이 다수설이다.

5. 도품과 유실물에 대한 특례

> **제250조 【도품, 유실물에 대한 특례】** 전조의 경우에 그 동산이 도품이나 유실물인 때에는 피해자 또는 유실자는 도난 또는 유실한 날로부터 2년 내에 그 물건의 반환을 청구할 수 있다. 그러나 도품이나 유실물이 금전인 때에는 그러하지 아니하다.
>
> **제251조 【도품, 유실물에 대한 특례】** 양수인이 도품 또는 유실물을 경매나 공개시장에서 또는 동종류의 물건을 판매하는 상인에게서 선의로 매수한 때에는 피해자 또는 유실자는 양수인이 지급한 대가를 변상하고 그 물건의 반환을 청구할 수 있다.

(1) 의의

① 양수인이 선의취득의 요건을 갖추더라도 그 동산이 도품이나 유실물인 때에는 피해자 또는 유실자는 도난 또는 유실한 날로부터 2년 내에 그 물건의 반환을 청구할 수 있다. 그러나 도품이나 유실물이 금전인 때에는 반환을 청구할 수 없다.

② 제250조와 제251조는 도품 및 유실물에 관한 특칙을 규정한 것이므로 제250조와 제251조는 제249조를 전제로 한 규정이다.

③ 따라서 도품 또는 유실물에 관하여 양수인이 제249조의 선의취득의 요건을 갖추지 못하는 경우에는 피해자 또는 유실자는 2년 내의 기간 제한 없이 소유권에 기한 반환청구를 할 수 있고, 양수인이 경매나 공개시장에서 또는 동종류의 물건을 판매하는 상인에게서 매수한 때에도 대가변상 없이 그 물건의 반환을 청구할 수 있다.

④ 한편 제251조는 양수인의 선의만을 규정하고 있지만, 제251조가 제249조의 특칙인 점에 비추어 볼 때 양수인은 선의뿐만 아니라 무과실의 요건도 갖추어야 한다.

(2) 적용범위

① 도품(盜品)이란 절도나 강도와 같이 점유자의 의사에 반하여 점유를 침탈당한 물건을 말한다. 따라서 사기나 공갈에 의한 물건은 이에 해당하지 않는다. 또한 점유보조자가 횡령한 경우 「형법」상으로는 절도죄가 되나, 민법상으로는 도품에 해당되지 않는다. 한편 유실물(遺失物)이란 점유자의 점유의사에 의하지 아니하고 점유를 이탈한 물건으로서 도품이 아닌 것을 말한다.

② 점유이탈물인지의 여부는 직접점유자의 의사를 기준으로 하여 결정하여야 한다.

(3) 특칙의 내용

① 반환청구권자는 피해자 또는 유실자이다. 직접점유자가 반환청구권을 가지는 경우에 간접점유자인 원소유자도 반환청구권을 가진다. 반환청구의 상대방은 현재 도품 또는 유실물을 점유하고 있는 자로서 직접취득자 외에 특정승계인도 포함된다.

② 반환청구기간은 도난 또는 유실한 날부터 2년이다. 이 기간의 성질에 대해서는 제척기간으로 보는 것이 다수설의 태도이다.

③ 반환청구기간 동안 도품·유실물의 소유권은 누구에게 있는가? 이에 대해 통설은 일단 소유권은 선의취득자에게 귀속하고, 원소유자는 2년간 반환을 청구할 수 있을 뿐이라고 한다. 따라서 이때의 반환청구권은 소유권에 기한 반환청구권이 아니라 제250조에 의한 법정채권이라고 한다.

④ 양수인이 도품이나 유실물을 경매나 공개시장에서 또는 같은 종류의 물건을 판매하는 상인에게서 선의로 매수한 경우에는 피해자나 유실자는 양수인이 지급한 대가를 변상하고 그 물건의 반환을 청구할 수 있다. 대가변상을 청구할 수 있는 권리는 단순히 선의취득자(양수인)에게 대가변상이 없으면 반환을 거절할 수 있는 항변권만을 인정한 것이 아니라 적극적으로 선의취득자에게 대가변상의 청구권을 인정하는 것이므로 선의취득자는 일단 물건을 반환한 후에도 대가변상을 청구할 수 있다.

제6절 입목등기와 명인방법에 의한 물권변동

1 입목

1. 입목의 의의

입목이란 수목의 집단 중 「입목에 관한 법률」에 의하여 소유권보존등기를 받은 것을 말한다. 입목은 토지와 독립한 별개의 부동산으로 소유권과 저당권의 객체가 된다(입목에 관한 법률 제4조 제1항).

2. 법정지상권

입목소유자와 입목이 부착하고 있는 토지의 소유자가 경매 기타의 사유로 다르게 된 경우에 토지소유자는 입목소유자에게 지상권을 설정한 것으로 본다(입목에 관한 법률 제6조).

2 명인방법

1. 명인방법의 의의

건물 이외의 토지 정착물을 토지와 분리하지 않은 채로 토지소유권으로부터 분리하여 그 자체를 독립적으로 거래목적으로 이용하는 관습법상의 공시방법이다. 예를 들어, '입산금지 소유자 甲'이라는 푯말을 세우는 것이나 새끼줄을 치고 요소요소에 소유자를 표시하는 경우가 이에 해당한다.

2. 명인방법에 의해 공시할 수 있는 물건

수목의 집단, 미분리의 과실, 입도(立稻), 인삼 등이다.

3. 명인방법에 의해 공시되는 물권

명인방법은 공시방법으로서 불완전하므로 명인방법에 의해 공시되는 물권은 소유권(양도담보 포함)에 한하고, 저당권은 허용되지 않는다.

4. 명인방법의 요건

(1) 소유권이 누구에게 있다는 것을 대외적으로 표시하여야 한다. 현재의 권리자만 표시하면 족하다.

(2) 지상물이 특정되어야 한다. '특정 임야 중의 일정 수량과 같이 특정되어 있지 않은 수목을 거래하고 명인방법을 갖추어도 그것은 효력이 없다.

(3) 명인방법은 계속되고 있어야 한다. 일단 명인방법을 갖추었더라도 그 후에 제3자가 권리를 취득할 당시 명인할 수 없는 상태였다면 명인방법으로서의 효력이 없다. 따라서 수목을 매수하였음을 수목 소재지 주민에게 발표하는 것은 상당한 명인방법이 아니다.

5. 명인방법의 효력

(1) 명인방법도 등기와 마찬가지로 권리변동적 효력이 있으므로 지상물을 이중으로 매매한 경우에는 먼저 명인방법을 갖춘 사람이 소유권을 취득한다.

(2) 명인방법과 등기와의 우열관계는 일반원칙에 따라 등기와 명인방법의 선후에 따라 그 우열이 결정된다.

제7절 물권의 소멸

1 서설

1. 물권의 소멸원인

(1) 절대적 소멸
물권의 절대적 소멸원인에는 모든 물권에 공통된 소멸원인과 각종 물권에 특유한 소멸원인이 있다. 모든 물권에 공통된 소멸원인으로는 목적물의 멸실, 소멸시효, 포기, 혼동, 공용징수, 몰수 등이 있다. 각종 물권에 특유한 소멸원인은 개별 물권과 관련하여 살펴보기로 한다.

(2) 상대적 소멸
물권의 상대적 소멸은 물권의 이전을 전주의 입장에서 본 것이다.

2. 목적물의 멸실

(1) 목적물이 멸실하는 경우를 나누어 살펴보면 다음과 같다.
① 물건이 전부 멸실한 경우 물권이 소멸하는 것이 원칙이다.
② 물건이 일부 멸실한 경우 동일성이 유지되는 한 물권은 존속한다.
③ 물질적 변형물이 남는 경우 물권은 그 물질적 변형물에 미친다.
④ 가치적 변형물이 남는 경우 질권과 저당권은 그 가치적 변형물에 미친다(이를 '물상대위'라 함).

(2) 멸실의 효과는 절대적이다. 따라서 건물이 멸실된 경우 동일한 구조로 신축하더라도 등기의 유용이 인정되지 않는다. 또한 포락(浦落) 후 토지가 성토화된 경우에도 소멸된 소유권은 다시 부활하지 않는다(소유권 소멸 시 말소등기도 불요).

3. 소멸시효

(1) 소유권은 성질상 소멸시효에 걸리지 않는다.
(2) 점유권은 점유와 운명을 같이하므로 특별히 소멸시효가 적용될 여지가 없다.
(3) 담보물권은 피담보채권에 부종하는 권리이므로 피담보채권과 독립하여 소멸시효에 걸리는 일이 없다.
(4) 민법상의 물권 중 소멸시효에 걸리는 것은 지상권, 지역권, 전세권뿐이며, 그 기간은 20년이다(제162조 제2항).

4. 물권의 포기

(1) 물권의 포기란 물권자가 자기의 물권을 포기한다는 의사를 표시하는 것을 말한다. 소유권과 점유권의 포기는 상대방 없는 단독행위이고, 제한물권의 포기는 상대방 있는 단독행위이다. 부동산물권의 포기의 경우에는 물권적 단독행위와 말소등기가 있어야 한다(등기필요설이 다수설). 동산물권의 포기의 경우에는 물권적 단독행위와 점유의 포기가 있어야 한다.

(2) 물권은 원칙적으로 자유로이 포기할 수 있으나 일정한 경우에는 제3자의 동의가 필요하다. 즉, 지상권 또는 전세권을 목적으로 저당권을 설정한 자는 저당권자의 동의 없이 지상권 또는 전세권을 소멸하게 하는 행위를 할 수 없다(제371조 제2항).

> **판례**
>
> **소유권의 사용·수익 권능을 대세적, 영구적으로 포기할 수 있는지 여부**
> 물건에 대한 배타적인 사용·수익권은 소유권의 핵심적 권능이므로 소유자가 제3자와의 채권관계에서 소유물에 대한 사용·수익의 권능을 포기하거나 사용·수익권의 행사에 제한을 설정하는 것을 넘어 이를 대세적, 영구적으로 포기하는 것은 법률에 의하지 않고 새로운 물권을 창설하는 것과 다를 바 없어 허용되지 않는다(대판 2013.8.22, 2012다54133).

2 물권의 혼동

> **제191조 【혼동으로 인한 물권의 소멸】** ① 동일한 물건에 대한 소유권과 다른 물권이 동일한 사람에게 귀속한 때에는 다른 물권은 소멸한다. 그러나 그 물권이 제3자의 권리의 목적이 된 때에는 소멸하지 아니한다.
> ② 전항의 규정은 소유권 이외의 물권과 그를 목적으로 하는 다른 권리가 동일한 사람에게 귀속한 경우에 준용한다.
> ③ 점유권에 관하여는 전2항의 규정을 적용하지 아니한다.

1. 혼동의 의의

(1) 혼동(混同)이란 서로 대립하는 두 개의 법률상 지위 또는 자격이 동일인에게 귀속되는 것을 말한다. 혼동은 물권과 채권의 공통된 소멸원인이다.

(2) 점유권은 성질상 혼동으로 소멸하지 않으며, 광업권도 토지소유권의 내용이 아니므로 혼동으로 소멸하지 않는다.

2. 소유권과 제한물권의 혼동 ·24회

(1) 제한물권이 소멸하는 것이 원칙

소유권과 제한물권이 동일인에게 귀속하는 경우 제한물권이 소멸하는 것이 원칙이다. 예를 들어, 지상권자가 토지소유권을 매매나 상속을 원인으로 취득한 경우 지상권은 소멸한다.

(2) 제한물권이 소멸하지 않는 예외

① 소유권과 제한물권이 동일인에게 귀속하더라도 본인의 이익보호와 관계없는 때에는 그 제한물권은 소멸한다. 예를 들어, 어느 부동산에 1번 저당권과 2번 저당권이 있는 경우에 2번 저당권자가 소유권을 매매나 상속을 원인으로 취득한 때에는 2번 저당권은 소멸한다.

② 소유권과 제한물권이 동일인에게 귀속한 경우 본인의 이익보호를 위하여 제한물권을 존속시킬 필요가 있는 경우에는 제한물권이 소멸하지 않는다. 예를 들어, 1번 저당권자가 저당물에 대한 소유권을 매매(피담보채무를 인수하지 않은 경우에 한함), 증여 또는 교환(피담보채무를 인수하지 않은 경우에 한함)을 원인으로 취득한 경우 1번 저당권은 소멸하지 않는다. 그러나 담보물권의 부종성(附從性)으로 인한 경우에는 제한물권이 소멸한다. 예를 들어, 1번 저당권자가 상속을 원인으로 저당물에 대한 소유권을 취득한 경우에는 채권·채무가 혼동되어 피담보채권이 소멸하므로 담보물권도 소멸하는 결과 이때는 1번 저당권도 소멸한다.

③ 소유권과 제한물권이 동일인에게 귀속한 경우 그 제한물권이 제3자의 권리의 목적이 된 때에는 제3자의 이익보호를 위하여 제한물권은 소멸하지 않는다. 예를 들어, 지상권이 저당권의 목적이 된 때에는 지상권자가 토지소유권을 취득하더라도 지상권은 소멸하지 않는다.

3. 제한물권과 '그 제한물권을 목적으로 하는 다른 제한물권'의 혼동

(1) 제한물권을 목적으로 하는 다른 제한물권이 소멸하는 것이 원칙

제한물권과 '그 제한물권을 목적으로 하는 다른 제한물권'이 동일인에게 귀속하는 경우 '그 제한물권을 목적으로 하는 다른 제한물권'은 소멸하는 것이 원칙이다. 예를 들어, 지상권이 저당권의 목적인 때 저당권자가 지상권을 취득한 경우 저당권은 소멸한다.

(2) 제한물권을 목적으로 하는 다른 제한물권이 소멸하지 않는 예외

① 제한물권이 다른 제한물권의 목적인 경우 본인의 이익보호와 관계없는 때에는 소멸한다. 예를 들어, 甲이 토지소유자, 乙이 지상권자, 그리고 乙의 지상권에 대해 丙이 1번 저당권, 丁이 2번 저당권을 가지는 경우 丁이 매매 또는 상속을 원인으로 지상권을 취득한 경우 丁의 저당권은 소멸한다.

② 그러나 본인의 이익보호를 위한 경우에는 소멸하지 않는다. 예를 들어, 甲이 토지소유자, 乙이 지상권자, 그리고 乙의 지상권에 대해 丙이 1번 저당권, 丁이 2번 저당권을 가지는 경우 丙이 매매(피담보채무를 인수하지 않은 경우에 한함), 증여 또는 교환(피담보채무를 인수하지 않은 경우에 한함)을 원인으로 지상권을 취득한 경우 丙의 저당권은 소멸하지 않는다. 한편 담보물권의 부종성으로 인한 경우에는 소멸한다. 甲이 토지소유자, 乙이 지상권자, 그리고 乙의 지상권에 대해 丙이 1번 저당권, 丁이 2번 저당권을 가지는 경우 丙이 상속을 원인으로 지상권을 취득한 경우 丙의 저당권은 소멸한다.

③ 혼동한 제한물권이 제3자의 권리의 목적인 경우 제3자의 이익보호를 위하여 소멸하지 않는다. 예를 들어, 甲이 토지소유자, 乙이 지상권자, 그리고 乙의 지상권에 대해 丙이 저당권자, 그리고 丁이 저당권을 목적으로 한 질권자인 경우 丙이 지상권을 취득하여도 丙의 저당권은 소멸하지 않는다.

4. 혼동의 효과

혼동으로 인한 물권의 소멸은 절대적이다. 그러나 혼동을 생기게 한 원인이 부존재하거나 원인행위가 무효, 취소, 해제된 경우에는 소멸하였던 물권은 부활한다.

> **판례**
>
> 1. 채권은 채권과 채무가 동일한 주체에 귀속한 때에만 혼동으로 소멸하는 것이 원칙이므로, 어느 특정의 물건에 관한 채권을 가지는 자가 그 물건의 소유자가 되었다는 사정만으로는 채권과 채무가 동일한 주체에 귀속한 경우에 해당한다고 할 수 없어 그 물건에 관한 채권이 혼동으로 소멸하는 것은 아니다. 따라서 가등기권리자가 가등기에 기한 본등기 절차에 의하지 아니하고 가등기의무자로부터 '별도의 소유권이전등기'를 경료받은 경우 가등기에 기한 본등기청구권은 혼동의 법리에 의해 소멸하지 않는다(대판 1995.12.26, 95다29888).
> 2. 부동산에 대한 소유권과 임차권이 동일인에게 귀속하게 되는 경우 임차권은 혼동에 의하여 소멸하는 것이 원칙이지만, 그 임차권이 대항요건을 갖추고 있고 또한 그 대항요건을 갖춘 후에 저당권이 설정된 때에는 혼동으로 인한 물권소멸원칙의 예외규정인 민법 제191조 제1항 단서를 준용하여 임차권은 소멸하지 않는다(대판 2001.5.15, 2000다12693).

CHAPTER 02 최신기출문제로 확인!

01 등기청구권의 법적 성질에 관한 설명으로 옳은 것을 모두 고른 것은? (다툼이 있으면 판례에 따름)

• 36회

> ㉠ 매매계약에 기한 매수인의 소유권이전등기청구권은 물권적 청구권이다.
> ㉡ 무효인 등기의 말소등기에 갈음하는 진정명의회복을 원인으로 한 소유권이전등기청구권은 물권적 청구권이다.
> ㉢ 점유취득시효 완성을 원인으로 한 소유권이전등기청구권은 채권적 청구권이다.

① ㉠
② ㉡
③ ㉠, ㉡
④ ㉡, ㉢
⑤ ㉠, ㉡, ㉢

키워드 > 등기청구권

난이도 >

해설 > ㉠ 매매계약에 기한 매수인의 소유권이전등기청구권은 채권적 청구권이다.
㉡ 소유자는 말소등기청구에 갈음하여 현재의 등기명의인을 상대로 진정명의회복을 원인으로 한 소유권이전등기청구를 할 수 있는데, 이는 소유권에 기한 물권적 청구권에 근거한 것이므로 이 때의 소유권이전등기청구권은 물권적 청구권이다.
㉢ 점유취득시효 완성을 원인으로 한 소유권이전등기청구권은 채권적 청구권이다.

정답 01 ④

02 청구권보전을 위한 가등기에 관한 설명으로 틀린 것은? (다툼이 있으면 판례에 따름) · 32회

① 가등기된 소유권이전청구권은 가등기에 대한 부기등기의 방법으로 타인에게 양도될 수 있다.
② 정지조건부 청구권을 보전하기 위한 가등기도 허용된다.
③ 가등기에 기한 본등기 절차에 의하지 않고 별도의 본등기를 경료받은 경우, 제3자 명의로 중간처분의 등기가 있어도 가등기에 기한 본등기 절차의 이행을 구할 수 없다.
④ 가등기는 물권적 청구권을 보전하기 위해서는 할 수 없다.
⑤ 소유권이전청구권을 보전하기 위한 가등기에 기한 본등기를 청구하는 경우, 가등기 후 소유자가 변경되더라도 가등기 당시의 등기명의인을 상대로 하여야 한다.

키워드 청구권보전의 가등기의 효력
난이도
해설 ① 가등기에 의하여 순위보전의 대상이 되어 있는 물권변동청구권이 양도된 경우, 그 가등기상의 권리의 이전등기를 가등기에 대한 부기등기의 형식으로 경료할 수 있다(대판 전합체 1998.11.19, 98다24105).
② 부동산물권 및 그에 준하는 권리의 설정·이전·변경의 청구권을 보전하려고 하는 경우, 보전할 청구권이 정지조건부 권리 또는 시기부 권리인 경우, 청구권이 장래에 확정될 청구권(예약완결권 등)인 경우에 가등기를 할 수 있다(부동산등기법 제88조 참조).
③ 부동산에 관한 소유권이전청구권 보전을 위한 가등기 경료 이후에 다른 가압류등기가 경료되었다면, 그 가등기에 기한 본등기 절차에 의하지 아니하고 별도로 가등기권자 명의의 소유권이전등기가 경료되었다고 하여 가등기 권리자와 의무자 사이의 가등기 약정상의 채무의 본지에 따른 이행이 완료되었다고 할 수는 없으니, 특별한 사정이 없는 한, 가등기권자는 가등기의무자에 대하여 그 가등기에 기한 본등기 절차의 이행을 구할 수도 있다(대판 1995.12.26, 95다29888).
④ 물권적 청구권의 보전을 위한 가등기는 할 수 없다(대판 1982.11.23, 81다카1110).
⑤ 가등기권리자는 가등기의무자인 전소유자를 상대로 본등기청구권을 행사할 것이고 제3자를 상대로 할 것이 아니다(대결 전합체 1962.12.24, 4294민재항675).

정답 02 ③

03 등기의 추정력에 관한 설명으로 옳은 것을 모두 고른 것은? (다툼이 있으면 판례에 따름) • 30회

> ⊙ 사망자 명의로 신청하여 이루어진 이전등기에는 특별한 사정이 없는 한 추정력이 인정되지 않는다.
> ⓒ 대리에 의한 매매계약을 원인으로 소유권이전등기가 이루어진 경우, 대리권의 존재는 추정된다.
> ⓒ 근저당권등기가 행해지면 피담보채권뿐만 아니라 그 피담보채권을 성립시키는 기본계약의 존재도 추정된다.
> ② 건물 소유권보존등기 명의자가 전(前)소유자로부터 그 건물을 양수하였다고 주장하는 경우, 전(前)소유자가 양도사실을 부인하더라도 그 보존등기의 추정력은 깨어지지 않는다.

① ⊙, ⓒ
② ⊙, ⓒ
③ ⓒ, ⓒ
④ ⓒ, ②
⑤ ⓒ, ②

키워드 > 등기의 추정력

난이도 >

해설 > ⊙ 대판 1997.11.28, 95다51991
ⓒ 대판 1992.4.24, 91다26379
ⓒ 근저당권설정등기의 경우에도 피담보채권을 성립시키는 기본계약의 존재는 추정되지 않는다. 따라서 근저당권의 피담보채권을 성립시키는 법률행위가 있었는지 여부에 대한 증명책임은 그 존재를 주장하는 측에 있다(대판 2011.4.28, 2010다107408).
② 소유권보존등기의 명의인이 부동산을 양수받은 것이라 주장하는데 전소유자가 양도사실을 부인하는 경우 보존등기의 추정력은 깨어진다(대판 1982.9.14, 82다카707).

정답 03 ①

04 甲은 자신의 토지를 乙에게 매도하여 인도하였고, 乙은 그 토지를 점유·사용하다가 다시 丙에게 매도하여 인도하였다. 甲과 乙은 모두 대금 전부를 수령하였고, 甲·乙·丙 사이에 중간생략등기의 합의가 있었다. 다음 설명 중 옳은 것은? (다툼이 있으면 판례에 따름) •35회

① 甲은 丙을 상대로 소유물반환을 청구할 수 있다.
② 甲은 乙을 상대로 소유물반환을 청구할 수 없다.
③ 丙은 직접 甲을 상대로 소유권이전등기를 청구할 수 없다.
④ 丙은 乙을 대위하여 甲을 상대로 소유권이전등기를 청구할 수 없다.
⑤ 만약 乙이 인도받은 후 현재 10년이 지났다면, 乙은 甲에 대해 소유권이전등기를 청구할 수 없다.

키워드〉 중간생략등기
난이도〉 ■■■
해설〉 ① 소유권이전등기를 경료받기 전에 토지를 인도받은 매수인으로부터 다시 토지를 매수하여 점유·사용하고 있는 자에 대하여 매도인은 소유권에 기한 반환청구권을 행사할 수 없다. 따라서 甲은 丙을 상대로 소유물반환을 청구할 수 없다.
② 소유권이전등기를 경료받기 전에 토지를 인도받은 매수인에 대하여 매도인은 소유권에 기한 반환청구권을 행사할 수 없다. 따라서 甲은 乙을 상대로 소유물반환을 청구할 수 없다.
③ 중간생략등기의 합의가 있으므로 丙은 직접 甲을 상대로 소유권이전등기를 청구할 수 있다.
④ 중간생략등기의 합의가 있는 경우에도 최종양수인은 중간자의 소유권이전등기청구권을 대위행사할 수 있다. 따라서 丙은 乙을 대위하여 甲을 상대로 소유권이전등기를 청구할 수 있다.
⑤ 부동산의 매수인이 부동산을 인도받아 사용·수익하고 있는 한 매수인의 등기청구권은 소멸시효에 걸리지 않는다. 따라서 乙이 인도받은 후 현재 10년이 지났더라도 乙은 甲에 대해 소유권이전등기를 청구할 수 있다.

정답 04 ②

05 등기 없이도 물권변동의 효력이 생기는 사유가 아닌 것은? (다툼이 있으면 판례에 따름) • 36회

① 상속
② 재결수용
③ 이행판결
④ 건물의 신축
⑤ 「국세징수법」상 공매

키워드 〉 물권의 변동
난이도 〉
해설 〉 ① 상속은 등기 없이도 물권변동의 효력이 생긴다.
② 재결수용은 등기 없이도 물권변동의 효력이 생긴다.
③ 이행판결은 등기하여야 물권변동의 효력이 생긴다.
④ 건물의 신축은 등기 없이도 물권변동의 효력이 생긴다.
⑤ 「국세징수법」상 공매는 등기 없이도 물권변동의 효력이 생긴다.

06 민법 제187조(등기를 요하지 아니하는 부동산물권취득)에 관한 설명으로 틀린 것은? (다툼이 있으면 판례에 따름) • 34회

① 상속인은 상속 부동산의 소유권을 등기 없이 취득한다.
② 민법 제187조 소정의 판결은 형성판결을 의미한다.
③ 부동산 강제경매에서 매수인이 매각 목적인 권리를 취득하는 시기는 매각대금 완납 시이다.
④ 부동산소유권이전을 내용으로 하는 화해조서에 기한 소유권취득에는 등기를 요하지 않는다.
⑤ 신축에 의한 건물소유권취득에는 소유권보존등기를 요하지 않는다.

키워드 〉 부동산물권변동
난이도 〉
해설 〉 ① 상속, 공용징수, 판결, 경매 기타 법률의 규정에 의한 부동산에 관한 물권의 취득은 등기를 요하지 아니한다(제187조).
② 제187조의 판결은 형성판결에 한하고, 이행판결과 확인판결은 이에 포함되지 않는다(대판 1970.6.30, 70다568).
③ 경매의 경우에는 매수인이 매각대금을 다 낸 때에 소유권을 취득한다(민사집행법 제135조).
④ 소유권이전의 약정을 내용으로 하는 화해조서에 기한 소유권취득은 민법 제187조의 이른바 '판결에 의한 부동산 물권취득'에 포함되지 않으므로 등기하여야 물권변동의 효력이 생긴다(대판 1965.8.17, 64다1721).
⑤ 신축건물의 소유권취득은 등기를 요하지 아니한다(제187조).

정답 05 ③ 06 ④

CHAPTER 03 점유권

10개년 출제문항 수

27회	28회	29회	30회	31회
1	2	2	1	1
32회	33회	34회	35회	36회
1	2	1	1	1

↳ 총 40문제 中 평균 약 1.3문제 출제

학습전략

- 점유권에서는 점유권과 점유의 관념화, 점유의 모습, 점유권의 효력에 대한 내용을 학습합니다.
- 자주점유와 타주점유, 점유자와 회복자의 관계에서 문제가 주로 출제되므로 관련 이론을 정리해 두는 것이 좋습니다.

제1절 점유권 일반

1 점유권

1. 의의

(1) 甲이 어떤 물건을 가지고 있는 경우를 살펴보면 소유자로서 가지고 있는 경우, 임차인으로서 가지고 있는 경우, 훔쳐서 가지고 있는 경우 등 여러 가지가 있을 수 있다. 그런데 민법은 이 모든 경우에 점유취득의 원인을 불문하고 甲이 그 물건을 가지고 있다는 사실상태만으로 여러 가지 법적 보호를 해주고 있다.

> **추가** 점유권은 '지배하는 권리'라 하고, 본권은 '지배할 수 있는 권리'라 한다.

(2) 이처럼 점유권이란 본권(사실상의 지배를 정당화시켜 주는 법률상의 권리) 유무를 불문하고 물건에 대한 사실상의 지배를 보호하는 권리이다. 점유권은 본권과 개념상 구별된다. 보통 점유권과 본권은 병존하나, 점유권은 있으나 본권이 없는 경우(盜人)도 있고, 본권은 있으나 점유권이 없는 경우(피해자)도 있다.

2. 성질

(1) 점유권도 물권의 일종이다. 점유권은 일시적, 포괄적, 중성적 권리이다.

(2) 점유와 점유권의 관계에 대해서는 점유를 점유권의 법률요건으로 이해하는 것이 다수설이다.

3. 점유제도의 연혁

(1) 점유제도에 관한 법적 이론구성에 있어서는 점유를 본권과 무관하게 이해하는 방법과 점유를 본권과 관련하여 이해하는 방법의 두 가지가 있다. 점유를 본권과 무관하게 이해하는 방법을 로마법의 포셋시오(Possessio)라고 하고, 점유를 본권과 관련하여 이해하는 방법을 게르만법의 게베레(Gewere)라고 한다.

(2) 우리의 점유제도는 로마법적인 요소와 게르만법적인 요소의 결합으로 구성되어 있다.

포셋시오(Possessio)	게베레(Gewere)
① 점유자와 회복자의 관계(제201조 내지 제203조)	① 점유의 추정력
② 점유보호청구권(제204조 내지 제206조)	② 자력구제
③ 점유의 소와 본권의 소와의 관계(제208조)	③ 점유보조자
	④ 간접점유
	⑤ 동산의 선의취득
	⑥ 공시제도

2 점유의 개념

> **제192조【점유권의 취득과 소멸】** ① 물건을 사실상 지배하는 자는 점유권이 있다.

1. 의의

(1) 점유란 물건에 대한 사실상의 지배를 말한다.

(2) 사실상의 지배라는 것이 반드시 물건에 대한 직접적 실력행사를 의미하지는 않는다. 물건에 대해 직접 실력을 미치면서도 점유가 인정되지 않는 경우(점유보조자)도 있고, 직접 실력을 미치지 않으면서도 점유가 인정되는 경우(간접점유, 점유권의 상속)도 있다. 이와 같은 것을 점유의 관념화(觀念化)라고 한다.

2. 요건

(1) 점유가 성립하기 위해서는 객관적 요건으로서 사실상의 지배와 주관적 요건으로서 점유설정의사가 있어야 한다.

(2) 사실상의 지배란 사회통념상 어떤 물건이 어떤 사람의 지배 내에 있다고 인정되는 객관적인 관계를 말한다. 이는 장소적인 관계(장소적 밀접성), 시간적인 관계(시간적 계속성), 타인 지배의 배제가능성 및 본권과의 관계를 고려해 판단한다. 점유는 본권과 무관하게 성립하는 것이지만 본권과의 관계도 사실상의 지배를 판단함에 있어서 중요한 참고사항이 된다.

> **판례**
>
> 물건에 대한 점유란 사회관념상 어떤 사람의 사실적 지배에 있다고 보이는 객관적 관계를 말하는 것이다. 사실상의 지배가 있다고 하기 위하여는 반드시 물건을 물리적·현실적으로 지배하는 것만을 의미하는 것이 아니고, 물건과 사람과의 시간적·공간적 관계와 본권관계, 타인 지배의 배제가능성 등을 고려하여 사회관념에 따라 합목적적으로 판단하여야 한다. 특히 임야에 대한 점유의 이전이나 점유의 계속은 반드시 물리적이고 현실적인 지배를 요한다고 볼 것은 아니고 관리나 이용의 이전이 있으면 인도가 있었다고 보아야 하고, 임야에 대한 소유권을 양도하는 경우라면 그에 대한 지배권도 넘겨지는 것이 거래상 통상적인 형태라고 할 것이다(대판 1997.8.22, 97다2665).

(3) 점유가 성립하기 위해서 점유의사는 필요하지 않으나 점유설정의사는 필요하다. 점유설정의사란 사실적인 지배관계를 가지려는 의사를 말한다. 점유설정의사는 일반적·자연적·잠재적 의사로도 충분하다.

> **판례**
>
> 점유설정의사는 권리관계의 변동을 바라는 효과의사가 아니고, 일정한 사실관계의 효과에 불과하다(대판 1973.2.13, 72다2450).

제2절 점유의 관념화

1 점유보조자

> **제195조 【점유보조자】** 가사상, 영업상 기타 유사한 관계에 의하여 타인의 지시를 받아 물건에 대한 사실상의 지배를 하는 때에는 그 타인만을 점유자로 한다.

1. 의의

(1) 가게의 점원, 가사도우미와 같이 가사상, 영업상 기타 유사한 관계에 의하여 타인의 지시를 받아 물건을 사실상 지배하는 자를 점유보조자라 한다(제195조).

(2) 점유보조자는 물건에 대한 사실상의 지배를 하고 있지만 점유권이 인정되지 않고, 점유주(占有主)에게만 점유권이 인정된다.

2. 요건

(1) 사실상의 지배가 있을 것

어떤 사람이 물건을 사실상 직접 지배하고 있어야 한다.

(2) 점유보조관계가 있을 것

① 점유보조관계는 점유보조자가 점유주의 지시에 따라야 할 관계로서 사회적 종속관계를 말한다.

② 이러한 종속관계는 사법관계뿐만 아니라 공법관계일 수도 있으며, 반드시 유효할 필요도 없다. 또한 종속관계는 계속적인 것이어야 하는 것도 아니고 외부에서도 용이하게 인식할 것을 요하지도 않는다.

> **⊕ 보충** 점유보조관계의 성립 여부가 문제되는 경우
> 1. 처(妻)는 부(夫)의 점유보조자가 아니다(통설). 남녀평등의 원칙상 부부 사이에서는 사회적 종속관계를 인정할 수 없으므로 혼인생활을 영위하는 주거와 가사물건에 대해 처를 부의 점유보조자라고 할 수 없다.
> 2. 법인의 대표기관의 점유는 법인의 점유이다(판례).
> 3. 자기 물건에 대해서도 점유보조자가 될 수 있다. 예를 들어, 부모가 어린이에게 물건을 준 경우 그 어린이는 소유자인 동시에 점유보조자가 될 수 있다.

3. 효과

(1) 점유보조자는 점유자가 아니다. 따라서 점유권과 점유보호청구권이 인정되지 않는다. 다만, 점유주를 위한 자력구제권은 인정된다.

(2) 점유의 취득과 상실은 점유보조자를 기준으로 판단한다. 따라서 점유보조자의 점유의 취득과 상실은 점유주의 점유의 취득과 상실에 영향을 미친다.

(3) 점유의 모습은 원칙적으로 점유주를 기준으로 판단한다. 점유주가 악의인 경우 점유자는 점유보조자의 선의를 원용할 수 없고, 점유주가 선의이고 점유보조자가 악의이면 점유보조자의 악의는 점유주의 불이익으로 돌아간다.

(4) 점유보조자와 점유주 사이의 종속관계가 종료하면 점유보조자의 지위도 종료한다. 이러한 점유보조관계의 종료는 외부에서 명백히 인식할 수 있어야 한다.

2 간접점유 · 29회 · 30회

> **제194조【간접점유】** 지상권, 전세권, 질권, 사용대차, 임대차, 임치 기타의 관계로 타인으로 하여금 물건을 점유하게 한 자는 간접으로 점유권이 있다.
>
> **제207조【간접점유의 보호】** ① 전3조의 청구권은 제194조의 규정에 의한 간접점유자도 이를 행사할 수 있다.
> ② 점유자가 점유의 침탈을 당한 경우에 간접점유자는 그 물건을 점유자에게 반환할 것을 청구할 수 있고 점유자가 그 물건의 반환을 받을 수 없거나 이를 원하지 아니하는 때에는 자기에게 반환할 것을 청구할 수 있다.

1. 의의

(1) 간접점유자란 지상권, 전세권, 질권, 사용대차, 임대차, 임치 기타의 관계로 타인으로 하여금 물건을 점유하게 한 자를 말한다(제194조). 예를 들어, 임대차에 기하여 임대인이 임차인에게 건물을 점유하게 하면 임차인은 직접점유자에 해당하고 임대인은 간접점유자에 해당한다.

(2) 간접점유자는 물건에 대한 사실상의 지배를 하고 있지 않지만 점유권이 인정된다.

2. 요건

(1) 점유매개자의 점유는 직접·타주점유일 것
점유매개자의 점유는 직접점유이면서 타주점유이어야 한다.

(2) 점유매개관계가 있을 것
① 점유매개관계는 점유보조관계와 달리 사회적 종속관계가 아니다. 점유매개관계는 사법관계뿐만 아니라 공법관계일 수도 있으며, 반드시 유효할 필요도 없다. 점유매개관계는 중첩적으로 있을 수 있다.
② 직접점유자의 점유할 권리는 간접점유자의 권리로부터 전래한 것이므로 간접점유자의 권리는 직접점유자의 권리보다 포괄적이어야 한다.
③ 간접점유자는 직접점유자에 대해 반환청구권을 가져야 한다.

3. 효과

(1) 간접점유자는 점유자이다. 따라서 점유권과 점유보호청구권이 인정된다. 다만, 자력구제권은 인정되지 않는다(다수설).
(2) 제3자가 직접점유자의 점유를 침탈한 경우에는 간접점유자도 점유물반환청구를 할 수 있다. 그러나 직접점유자가 임의로 제3자에게 점유물을 양도한 경우에는 간접점유자는 점유물반환청구를 할 수 없다.

> **판례**
>
> 직접점유자가 임의로 점유를 제3자에게 양도한 경우에는 점유이전이 간접점유자의 의사에 반한다 하더라도 이는 간접점유자의 점유가 침탈된 경우에 해당하지 않는다(대판 1993.3.9, 92다5300).

(3) 간접점유자는 직접점유자에 대해 점유보호청구권과 자력구제권을 행사할 수 없고, 점유매개관계나 본권에 기한 청구권만 행사할 수 있다. 이에 비하여 직접점유자는 간접점유자에 대해 점유보호청구권과 자력구제권을 행사할 수 있고, 점유매개관계에 기한 청구권도 행사할 수 있다.
(4) 직접점유자의 점유상실, 점유매개관계의 단절로 간접점유는 소멸한다.

■ 점유보조자와 간접점유자의 비교

점유보조자	간접점유자
점유권 ×, 점유보호청구권 ×, 자력구제권 ○	점유권 ○, 점유보호청구권 ○, 자력구제권 ×
점유보조관계는 사회적 종속관계 ○	점유매개관계는 사회적 종속관계 ×
점유보조관계는 중첩적으로 성립 ×	점유매개관계는 중첩적으로 성립 ○

3 점유권의 상속

> **제193조 【상속으로 인한 점유권의 이전】** 점유권은 상속인에 이전한다.

1. 의의

점유자가 사망하면 그의 점유권은 상속인에게 이전된다(제193조). 따라서 상속인은 물건에 대한 사실상의 지배를 하고 있지 않더라도 점유권이 인정된다.

2. 효과

상속인은 피상속인이 사망하면 점유권을 취득하므로 상속개시사실을 모르거나 자기가 상속인임을 모르더라도 점유권을 취득한다. 다만, 상속인은 피상속인의 점유의 성질과 하자를 그대로 승계한다.

제3절 점유의 모습

1 자주점유와 타주점유 •29회 •33회

1. 의의

(1) 자주점유(自主占有)란 소유의 의사가 있는 점유를 말하고, 타주점유(他主占有)란 소유의 의사가 없는 점유를 말한다.

(2) 소유의 의사란 타인의 소유권을 배척하고 자기가 소유자로서 사실상 점유하려는 의사를 말한다. 따라서 매수인, 도인(盜人) 등이 자주점유에 해당되고, 지상권자, 전세권자, 질권자, 임차인 등은 타주점유에 해당된다.

> **판례**
>
> 자주점유는 소유자와 동일한 지배를 하려는 의사를 가지고 하는 점유를 의미하는 것이지, 법률상 그러한 지배를 할 수 있는 권한, 즉 소유권을 가지고 있거나 또는 소유권이 있다고 믿고서 하는 점유를 의미하는 것은 아니다(대판 1987.4.14, 85다카2230).

2. 구별실익

자주점유와 타주점유를 구별하는 실익은 취득시효(제245조, 제246조), 무주물선점(제252조), 점유물의 멸실·훼손에 대한 책임(제202조) 등에 있다.

3. 구별기준

(1) 자주점유인지의 여부는 점유취득의 원인이 된 권원의 성질에 의해 객관적으로 결정하여야 한다는 것이 통설이다. 그러나 판례는 점유권원의 성질뿐만 아니라 점유와 관계가 있는 모든 사정을 고려하여야 한다고 한다(대판 2005.4.15, 2003다49627).

(2) 소유의 의사는 점유개시 시에 있으면 족하다.

> **판례**
>
> **자주점유인지 문제되는 경우**
> 1. 타인의 토지 위에 분묘를 설치 또는 소유하는 자는 그 분묘의 보존 및 관리에 필요한 범위 내에서만 타인의 토지를 점유하는 것이므로, 점유권원의 성질상 소유의 의사가 추정되지 않는다(대판 1994.11.8, 94다31549).
> 2. 명의신탁에 의하여 부동산의 소유자로 등기된 자의 점유는 그 권원의 성질상 자주점유라 할 수 없다(대판 1991.12.10, 91다27655).
> 3. 공유자 1인이 공유토지의 전부를 점유하더라도 다른 공유자의 지분비율의 범위 내에서는 타주점유이다(대판 1968.4.30, 67다2862).
> 4. 점유에 있어 소유의 의사 유무는 점유취득의 원인사실에 의하여 외형적, 객관적으로 정하여져야 할 것인즉, 토지매수인이 매매계약에 기하여 목적토지의 점유를 취득한 경우에는 그 매매가 설사 타인의 토지의 매매로서

그 소유권을 취득할 수는 없다 하여도 다른 특별한 사정이 없는 이상 매수인의 점유는 소유의 의사로써 하는 것이라고 해석된다(대판 1981.11.24, 80다3083).

5. 토지를 매수·취득하여 점유를 개시함에 있어서 매수인이 인접 토지와의 경계선을 정확하게 확인하여 보지 아니하여 착오로 인접 토지의 일부를 그가 매수·취득한 토지에 속하는 것으로 믿고서 인접 토지의 일부를 현실적으로 인도받아 점유하고 있다면 인접 토지의 일부에 대한 점유는 소유의 의사에 기한 것이라고 보아야 한다(대판 2000.9.29, 99다58570·58587).

6. 매매대상 건물 부지의 면적이 등기부상의 면적을 상당히 초과하는 경우에는 특별한 사정이 없는 한 계약당사자들이 이러한 사실을 알고 있었다고 보는 것이 상당하며, 이러한 경우에는 매도인이 그 초과 부분에 대한 소유권을 취득하여 이전하여 주기로 약정하는 등의 특별한 사정이 없는 한, 그 초과 부분은 단순한 점용권의 매매로 보아야 하고, 따라서 그 점유는 권원의 성질상 타주점유에 해당한다(대판 1999.6.25, 99다5866).

7. 점유자가 타인의 선대를 위하여 그 선산과 분묘 등을 돌보면서 이를 관리하여 온 경우, 이들 토지에 대한 점유자의 점유는 그 권원의 성질상 처음부터 타주점유이고 이를 상속 등의 방법으로 승계한 자의 점유 역시 특단의 사정이 없는 한 피상속인의 점유의 성질을 그대로 승계하여 타주점유라고 보아야 한다(대판 1998.2.13, 97다42625).

8. 귀속재산의 점유자는 권원의 성질상 타주점유에 해당하나, 귀속재산을 불하받아 그 상환을 완료한 날부터는 그 불하받은 부분에 대한 점유는 자주점유로 보아야 한다(대판 1992.4.28, 91다27259·27266).

기출지문 OX

실제 면적이 등기된 면적을 상당히 초과하는 토지를 매수하여 인도받은 때에는 특별한 사정이 없으면 초과부분의 점유는 자주점유이다. •29회 ( )

정답 (×)
타주점유이다.

---

4. 양자의 전환

(1) 타주점유에서 자주점유로의 전환

타주점유가 자주점유로 전환하기 위해서는 새로운 권원에 의하여 다시 소유의 의사로 점유하거나 점유를 시킨 자에게 소유의 의사가 있음을 표시하여야 한다(판례). 예를 들어, 임차인이 임차물을 매수하면 그때부터 자주점유가 된다. 상속이 새로운 권원이 될 수 있는지에 대해 판례는 상속은 새로운 권원이 아니라고 한다. 따라서 판례에 의하면 상속인은 피상속인의 점유의 모습을 그대로 승계하고, 상속인이 새로운 권원에 의하여 자기 고유의 점유를 개시하지 않는 한 피상속인의 점유를 떠나 자기만의 점유를 주장할 수 없다.

(2) 자주점유에서 타주점유로의 전환

자주점유자가 새로운 권원에 기하여 타인을 위하는 의사를 가지고 점유를 시작하거나, 점유를 시킨 자에게 타주점유의사를 표시하여야 한다. 예를 들어, 부동산이 제3자에게 경락되고 대금이 납부되면 종전 소유자는 타주점유로 전환된다(대판 1996.11.26, 96다29335).

5. 자주점유의 추정과 번복

(1) 자주점유인지 타주점유인지 불분명한 경우 점유자는 자주점유로 추정된다. 따라서 상대방이 점유자의 점유가 타주점유임을 입증하여야 한다.
(2) 그러나 판례는 악의의 무단점유가 입증된 경우에는 자주점유의 추정이 깨어진다고 한다.

> **판례**
>
> 점유자가 점유 개시 당시에 소유권취득의 원인이 될 수 있는 법률행위 기타 법률요건이 없이 그와 같은 법률요건이 없다는 사실을 잘 알면서 타인 소유의 부동산을 무단점유한 것임이 입증된 경우, 특별한 사정이 없는 한 점유자는 타인의 소유권을 배척하고 점유할 의사를 갖고 있지 않다고 보아야 하므로, 이로써 소유의 의사가 있는 점유라는 추정은 깨어진다(대판 전합체 1997.8.21, 95다28625).

2 평온·공연한 점유와 폭력·은비에 의한 점유

1. 의의

(1) 평온점유(平穩占有)란 물건을 순순히 건네받은 경우처럼 점유를 취득할 때 폭력을 쓰지 않은 경우를 말하고, 폭력점유(暴力占有)란 폭력을 써서 점유를 취득한 경우를 말한다.
(2) 공연한 점유(公然占有)란 누구나 알 수 있도록 드러내 놓고 한 점유를 말하고, 은비(隱秘)에 의한 점유란 남들이 모르게 드러내지 않은 점유를 말한다.

2. 구별실익

평온·공연한 점유와 폭력·은비에 의한 점유를 구별하는 실익은 선의취득(제249조), 선의점유자의 과실취득권(제201조 제3항) 등에 있다.

3. 평온·공연의 추정

평온·공연한 점유인지 폭력·은비에 의한 점유인지 불분명한 경우 점유자는 평온·공연하게 점유하는 것으로 추정된다(제197조 제1항).

3 선의점유와 악의점유 •32회 •33회

1. 의의

(1) 선의점유(善意占有)란 본권이 없음에도 불구하고 본권이 있다고 믿고서 하는 점유를 말한다.
(2) 악의점유(惡意占有)란 본권이 없음을 알거나 본권의 유무에 관해 의심을 품으면서 하는 점유를 말한다.

2. 구별실익

(1) 선의점유와 악의점유를 구별하는 실익은 취득시효(제245조 제2항, 제246조 제2항), 선의취득(제249조), 선의점유자의 과실취득권(제201조), 점유물의 멸실·훼손에 대한 책임(제202조) 등에 있다.
(2) 비용상환청구권(제203조)은 점유자의 선의·악의를 불문하고 인정되므로 선의·악의의 구별실익이 없다.

3. 선의의 추정

(1) 선의점유인지 악의점유인지 불분명한 경우 점유자는 선의점유로 추정된다(제197조 제1항).
(2) 다만, 선의의 점유자라도 본권에 관한 소에 패소한 때에는 그 소가 제기된 때로부터 악의의 점유자로 본다(제197조 제2항).

기출지문 OX

선의의 점유자가 본권의 소에서 패소하면 패소 확정 시부터 악의의 점유자로 본다. •32회
( )

정답 (×)
소가 제기된 때로부터 악의의 점유자로 본다.

4 과실 있는 점유와 과실 없는 점유

1. 의의

과실 있는 점유란 본권이 있다고 믿은 데에 잘못이 있는 경우를 말하고, 과실 없는 점유란 본권이 있다고 믿은 데에 잘못이 없는 경우를 말한다.

2. 구별실익

과실 있는 점유와 과실 없는 점유를 구별하는 실익은 취득시효(제245조 제2항, 제246조 제2항), 선의취득(제249조) 등에 있다.

3. 무과실의 추정 여부

무과실은 추정되지 않는다는 것이 통설과 판례의 태도이다(제197조 제1항 참조). 따라서 점유자 스스로 과실 없음을 입증하여야 한다.

> **추가** 자주, 평온, 공연, 선의까지는 추정되나 무과실은 추정되지 않는다.

5 계속점유와 불계속점유

1. 의의

계속점유란 점유를 개시한 때부터 현재까지 점유가 끊어지지 않고 계속 이어진 경우를 말하고, 불계속점유란 중간에 점유가 끊어진 경우를 말한다.

2. 점유계속의 추정

(1) 전후 양시에 점유한 사실이 있는 때에는 그 점유는 계속한 것으로 추정한다(제198조).

(2) 점유계속의 추정규정은 전후 두 시점의 점유자가 다른 경우에도 점유의 승계가 입증되는 한 점유계속은 추정된다는 것이 판례의 태도이다.

제4절 점유권의 취득과 소멸

1 점유권의 취득

> **제192조【점유권의 취득과 소멸】** ① 물건을 사실상 지배하는 자는 점유권이 있다.
> ② 점유자가 물건에 대한 사실상의 지배를 상실한 때에는 점유권이 소멸한다. 그러나 제204조의 규정에 의하여 점유를 회수한 때에는 그러하지 아니하다.
> **제196조【점유권의 양도】** ① 점유권의 양도는 점유물의 인도로 그 효력이 생긴다.
> ② 전항의 점유권의 양도에는 제188조 제2항, 제189조, 제190조의 규정을 준용한다.

1. 직접점유의 취득

(1) 무주물선점, 유실물습득 또는 절취와 같이 물건에 대한 사실상의 지배를 하면 직접점유를 원시취득한다.

(2) 한편 특정물건의 점유를 타인으로부터 승계하는 경우와 상속인의 점유를 이전받는 경우에도 직접점유를 취득한다.

2. 간접점유의 취득

(1) 직접점유자는 점유매개관계를 통하여 타인에게 직접점유를 시키는 경우 간접점유를 취득하고, 점유개정의 경우에도 간접점유가 성립할 수 있다.

(2) 한편 간접점유자가 직접점유자에 대해 가지는 반환청구권을 양도함으로써 간접점유를 승계시킬 수 있으며, 피상속인이 간접점유를 하고 있었던 경우에는 상속인도 역시 간접점유를 하게 된다(포괄승계).

3. 점유권의 승계의 효과 · 26회

> **제199조【점유의 승계의 주장과 그 효과】** ① 점유자의 승계인은 자기의 점유만을 주장하거나 자기의 점유와 전점유자의 점유를 아울러 주장할 수 있다.
> ② 전점유자의 점유를 아울러 주장하는 경우에는 그 하자도 승계한다.

(1) 점유의 분리·병합

점유자의 승계인은 자기의 점유만을 주장하거나(점유의 분리), 자기의 점유와 종전 점유자의 점유를 아울러 주장할 수 있다(점유의 병합). 이때 종전 점유자란 현점유자에 앞서는 모든 점유자를 의미한다. 종전 점유자의 점유를 아울러 주장하는 경우에는 그 하자도 승계한다.

(2) 점유개시 시기의 선택문제

종전 점유자의 점유를 아울러 주장하는 경우 원칙적으로 종전 점유자의 점유개시 시를 기산점으로 주장하여야 하고, 종전 점유자의 점유기간 중의 임의의 시점을 선택해서 주장할 수 없다.

2 점유권의 소멸

1. 직접점유의 소멸

직접점유는 점유물에 대한 사실상의 지배를 잃으면 소멸한다(제192조 제2항). 즉, 점유자가 물건에 대한 사실상의 지배를 잃은 경우에는 점유권을 상실한다. 다만, 제204조에 따라 점유를 되찾은 경우에는 점유권은 소멸하지 않는다.

2. 간접점유의 소멸

직접점유자가 점유를 상실하거나 점유매개관계가 단절되면 간접점유는 소멸한다.

3. 혼동과 소멸시효에 의한 소멸 여부

점유권은 성질상 혼동으로 소멸하지 않으며, 소멸시효의 문제가 발생하지 않는다.

제5절 점유권의 효력

1 추정적 효력

1. 점유의 태양(態樣)에 관한 추정

점유자는 소유의 의사로 평온하고 공연하게 선의로 점유한 것으로 추정한다(제197조 제1항).

2. 점유의 계속추정

전후 양시에 점유한 사실이 있는 때에는 그 점유는 계속한 것으로 추정한다(제198조).

3. 점유의 권리적법 추정 • 31회

> 제200조【권리의 적법의 추정】 점유자가 점유물에 대하여 행사하는 권리는 적법하게 보유한 것으로 추정한다.

(1) 의의

점유자가 점유물에 대하여 행사하는 권리는 적법하게 보유한 것으로 추정한다(제200조).

(2) 추정의 요건

① **동산에 한할 것**: 점유의 권리적법 추정력에 관한 제200조는 동산에만 적용되고, 부동산에는 적용되지 않는다. 부동산의 등기명의인과 점유자가 다른 경우 등기명의인이 적법한 권리자로 추정된다.

> **판례**
> 민법 제200조는 동산에 관한 규정이므로 미등기부동산인 경우에도 그에 의거하여 점유의 추정력을 인정할 것은 아니며, 이때에는 통상의 입증에 따라 권리자를 가려야 한다(대판 1982.4.13, 81다780).

② 점유의 종류와 하자는 불문한다.

기 출 지 문 O X

점유자의 권리추정 규정은 특별한 사정이 없는 한 부동산 물권에는 적용되지 않는다. • 31회
( )

정답 (O)

(3) 추정의 범위

① **물적 범위:** 점유물에 대하여 행사하는 권리는 점유할 수 있는 권한을 포함하는 모든 권리를 의미한다. 소유권, 질권 등의 물권뿐만 아니라 임차권 등의 채권도 포함된다.

② **인적 범위:** 점유의 권리적법 추정은 등기의 추정력과 달리 소유자와 그로부터 점유를 취득한 자 사이에는 적용되지 않는다.

> **추가** 등기의 추정력은 당사자 사이에 미친다.

(4) 추정의 효과

① 권리의 적법추정은 법률상 추정에 해당하고, 입증책임이 상대방에게 전환된다.

② 권리의 적법추정은 점유자의 이익뿐만 아니라 불이익을 위해서도 추정된다.

③ 추정의 효과는 점유자뿐만 아니라 제3자도 원용할 수 있다.

2 점유자와 회복자의 관계 ·24회 ·25회 ·27회 ·28회 ·29회 ·31회 ·33회

1. 서설

(1) 본권자(회복자)가 본권이 없는 점유자에 대해 반환청구권을 행사하는 경우 발생하는 문제들을 해결하기 위해 민법은 제201조 내지 제203조 규정을 두고 있다. 이 규정의 취지는 점유자의 이익을 보호하기 위해서이다.

(2) 제201조 내지 제203조 규정은 계약의 무효·취소에는 적용되나, 계약의 해제에는 적용되지 않는다. 계약의 해제의 경우에는 제548조가 적용된다.

2. 점유자의 과실취득권

> **제201조 【점유자와 과실】** ① 선의의 점유자는 점유물의 과실을 취득한다.
> ② 악의의 점유자는 수취한 과실을 반환하여야 하며 소비하였거나 과실로 인하여 훼손 또는 수취하지 못한 경우에는 그 과실의 대가를 보상하여야 한다.
> ③ 전항의 규정은 폭력 또는 은비에 의한 점유자에 준용한다.

(1) 선의점유자의 과실취득권

① **인정이유:** 선의점유자는 과실(果實)을 취득하여 소비하는 것이 보통이므로 점유 중에 취득했던 과실까지 전부 반환하게 하는 것은 가혹하기 때문이다.

② 요건
　㉠ 과실취득권이 있는 본권에 관해 오신할 것: 과실취득권이 있는 본권(소유권·전세권·임차권 등)에 관해 오신(誤信)한 경우에는 과실을 취득할 수 있지만, 과실취득권이 없는 본권(유치권, 질권 등)에 관해 오신한 경우에는 과실을 반환하여야 한다.
　㉡ 오신할만한 정당한 근거가 있을 것: 다수설은 과실취득권이 있는 본권에 관해 오신(誤信)한 데에 과실(過失)이 있더라도 과실취득권을 인정하나, 판례는 과실취득권이 있는 본권을 가지고 있다고 오신한 데에 대한 정당한 근거가 있어야 과실을 취득할 수 있다고 한다.

> **판례**
>
> 민법 제201조 제1항은 "선의의 점유자는 점유물의 과실을 취득한다."라고 규정하고 있는바, 여기서 선의의 점유자라 함은 과실취득권을 포함하는 권원이 있다고 오신한 점유자를 말하고, 다만 그와 같은 오신을 함에는 오신할 만한 정당한 근거가 있어야 한다(대판 2000.3.10, 99다63350).

　㉢ 선의 여부를 결정하는 시기: 과실(果實)에 대하여 독립한 소유권이 성립하는 때를 기준으로 점유자의 선의·악의를 결정한다.

③ 효과
　㉠ 선의점유자는 점유물의 과실(果實)을 취득한다. 과실(果實)에는 천연과실, 법정과실은 물론 사용이익도 포함한다.
　㉡ 제201조 제1항은 선의점유자에게 적극적으로 과실취득권을 부여한 것이므로, 선의의 점유자는 단순히 소비한 과실뿐만 아니라 수취한 과실 전부에 대하여 소유권을 취득한다.
　㉢ 선의점유자가 점유물의 과실을 취득할 수 있는 범위 내에서 부당이득은 성립하지 않는다. 그러나 선의점유자에게 과실취득권이 인정되더라도 점유를 취득함에 있어 과실(過失)이 있는 경우에는 회복자에 대하여 불법행위로 인한 손해배상책임을 진다.

> **판례**
>
> 1. 토지를 사용함으로써 얻는 이득은 그 토지로 인한 과실(果實)과 동일시할 것이므로, 민법 제201조 제1항에 의하여 선의의 점유자는 비록 법률상 원인 없이 타인의 토지를 점유·사용하고 이로 말미암아 그에게 손해를 입혔다 하더라도 그 점유·사용으로 인한 이득을 그 타인에게 반환할 의무는 없다(대판 1995.5.12, 95다573·580).

2. 토지의 선의의 점유자로 그 과실(果實)을 취득할 권리가 있어서 경작한 농작물의 소유권을 취득할 수 있다 하더라도, 법령의 부지로 상속인이 될 수 없는 사람을 상속인이라고 생각하고 토지를 점유하였다면 점유자에게 과실(過失)이 있다고 할 수 있는바, 이는 그 토지의 진정한 소유자에 대해서는 불법행위를 구성하므로 선의점유자라도 그 불법행위로 인한 손해배상책임이 있는 것이다(대판 1966.7.19, 66다994).

(2) 악의점유자의 과실반환의무

① 악의의 점유자는 수취한 과실을 반환하여야 하며, 소비하였거나 과실로 인하여 훼손 또는 수취하지 못한 경우에는 그 과실의 대가를 보상하여야 한다.
② 악의의 점유자가 타인 소유물을 권원 없이 점유함으로써 얻은 사용이익을 반환하는 경우에는 받은 이익에 이자를 붙여 반환하여야 하며, 이자의 이행지체로 인한 지연손해금도 지급하여야 한다(대판 2003.11.14, 2001다61869).
③ 폭력·은비에 의한 점유자와 본권에 관한 소에서 패소한 선의의 점유자는 악의의 점유자와 마찬가지로 과실을 반환하여야 한다(제201조 제3항, 제197조 제2항).

3. 점유물의 멸실·훼손에 대한 책임

제202조【점유자의 회복자에 대한 책임】 점유물이 점유자의 책임 있는 사유로 인하여 멸실 또는 훼손한 때에는 악의의 점유자는 그 손해의 전부를 배상하여야 하며 선의의 점유자는 이익이 현존하는 한도에서 배상하여야 한다. 소유의 의사가 없는 점유자는 선의인 경우에도 손해의 전부를 배상하여야 한다.

(1) 의의

점유물이 점유자에게 책임이 있는 사유로 멸실되거나 훼손된 경우에는 점유자는 회복자에 대해 손해를 배상할 의무를 진다(제202조).

(2) 내용

선의이면서 자주점유자는 이익이 현존하는 한도에서 손해를 배상하면 되지만, 그 이외의 자는 손해의 전부를 배상하여야 한다.

기 출 지 문 O X

악의의 점유자는 받은 이익에 이자를 붙여 반환하고 그 이자의 이행지체로 인한 지연손해금까지 지급하여야 한다. • 29회
( )

정답 (O)

기 출 지 문 O X

악의의 점유자가 책임 있는 사유로 점유물을 훼손한 경우, 이익이 현존하는 한도에서 배상해야 한다. • 31회 ( )

정답 (×)
악의의 점유자는 손해의 전부를 배상하여야 한다.

4. 점유자의 비용상환청구권 •27회 •31회 •34회

> **제203조【점유자의 상환청구권】** ① 점유자가 점유물을 반환할 때에는 회복자에 대하여 점유물을 보존하기 위하여 지출한 금액 기타 필요비의 상환을 청구할 수 있다. 그러나 점유자가 과실을 취득한 경우에는 통상의 필요비는 청구하지 못한다.
> ② 점유자가 점유물을 개량하기 위하여 지출한 금액 기타 유익비에 관하여는 그 가액의 증가가 현존한 경우에 한하여 회복자의 선택에 좇아 그 지출금액이나 증가액의 상환을 청구할 수 있다.
> ③ 전항의 경우에 법원은 회복자의 청구에 의하여 상당한 상환기간을 허여할 수 있다.

(1) 필요비상환청구권
① 필요비란 물건을 사용하는 데에 적합한 상태로 보존·관리하는 데 지출되는 비용을 말한다. 이에는 통상의 필요비와 특별필요비가 있다. 통상의 필요비로는 보존비, 수리비 등을 들 수 있고, 특별필요비로는 태풍으로 지붕이 날아가 수선하는 데 든 비용을 들 수 있다.
② 필요비는 점유자의 선의·악의를 불문하고 청구할 수 있다.
③ 점유자가 과실(果實)을 취득한 경우에는 통상의 필요비를 청구할 수 없다.

(2) 유익비상환청구권
① 유익비란 물건의 개량이나 물건의 객관적 가치를 증가시키기 위해 지출된 비용을 말한다.
② 유익비는 점유자의 선의·악의를 불문하고 청구할 수 있다.
③ 유익비는 가액의 증가가 현존한 때에 한하여 회복자의 선택에 좇아 그 지출금액이나 증가액의 상환을 청구할 수 있다.
④ 유익비의 경우에는 법원은 회복자의 청구에 의하여 상당한 상환기간을 허여할 수 있다.

> **판례**
>
> **점유자가 필요비·유익비의 상환청구를 할 수 있는 시기**
> 민법 제203조 제1항·제2항에 의하여 점유자의 필요비 또는 유익비상환청구권은 점유자가 회복자로부터 점유물의 반환을 청구받거나 회복자에게 점유물을 반환한 때에 비로소 행사할 수 있다(대판 1994.9.9, 94다4592).

기출지문 OX

선의의 점유자는 점유물의 과실을 취득하면 회복자에 대하여 통상의 필요비 상환을 청구하지 못한다. •27회 ( )
정답 (○)

기출지문 OX

점유자가 유익비를 지출한 경우, 점유자의 선택에 좇아 그 지출금액이나 증가액의 상환을 청구할 수 있다. •31회 ( )
정답 (×)
회복자의 선택에 따라 지출금액이나 증가액의 상환을 청구할 수 있다.

3 점유보호청구권 • 35회

1. 서설

(1) 점유보호청구권은 본권의 유무와는 관계없이 점유 그 자체를 보호하기 위해 인정되는 물권적 청구권의 일종이다.
(2) 점유보호청구권을 인정하는 이유는 점유제도의 목적, 즉 사회질서와 법적 평화를 유지하기 위해서이다.

2. 점유보호청구권의 당사자

(1) 주체
① 점유보호청구권의 주체는 점유자이다. 이때의 점유는 선의점유·악의점유 또는 직접점유·간접점유를 불문한다. 준점유자도 점유보호청구권을 행사할 수 있다.
② 점유보조자는 점유권이 인정되지 않으므로 점유보호청구권을 행사할 수 없다.

(2) 상대방
① 점유보호청구권의 상대방은 현재 방해상태를 지배하는 자이다. 이 경우에는 침해자의 고의·과실은 필요 없다. 포괄승계인은 선의·악의를 불문하고 상대방이 되나, 특정승계인은 악의인 경우에만 반환청구의 상대방이 되고 선의인 경우에는 상대방이 되지 않는다(제204조 제2항).
② 손해배상청구권의 상대방은 스스로 손해를 발생시킨 자(원래의 침해자)이다. 이 경우에는 가해자의 고의·과실이 필요하다. 포괄승계인은 선의·악의를 불문하고 상대방이 되나, 특정승계인은 선의·악의를 불문하고 상대방이 되지 않는다.

3. 점유보호청구권의 유형

> **제204조【점유의 회수】** ① 점유자가 점유의 침탈을 당한 때에는 그 물건의 반환 및 손해의 배상을 청구할 수 있다.
> ② 전항의 청구권은 침탈자의 특별승계인에 대하여는 행사하지 못한다. 그러나 승계인이 악의인 때에는 그러하지 아니하다.
> ③ 제1항의 청구권은 침탈을 당한 날로부터 1년 내에 행사하여야 한다.

제205조【점유의 보유】① 점유자가 점유의 방해를 받은 때에는 그 방해의 제거 및 손해의 배상을 청구할 수 있다.
② 전항의 청구권은 방해가 종료한 날로부터 1년 내에 행사하여야 한다.
③ 공사로 인하여 점유의 방해를 받은 경우에는 공사착수 후 1년을 경과하거나 그 공사가 완성한 때에는 방해의 제거를 청구하지 못한다.

제206조【점유의 보전】① 점유자가 점유의 방해를 받을 염려가 있는 때에는 그 방해의 예방 또는 손해배상의 담보를 청구할 수 있다.
② 공사로 인하여 점유의 방해를 받을 염려가 있는 경우에는 전조 제3항의 규정을 준용한다.

(1) 점유물반환청구권

① 점유자가 점유를 침탈당한 경우에는 그 물건의 반환과 손해의 배상을 청구할 수 있다(제204조 제1항).

② 점유물반환청구의 상대방은 점유를 침탈한 자 및 포괄승계인이다. 도품의 양수인과 같은 점유를 침탈한 자의 특정승계인은 원칙적으로 상대방이 되지 않고 그가 악의인 경우에만 상대방이 된다(제204조 제2항).

③ 점유물반환청구권 및 손해배상청구권은 점유를 침탈당한 날부터 1년 내에 행사하여야 한다. 1년의 기간의 성질은 제척기간이다. 판례는 제204조 제3항의 경우에는 1년 내에 소를 제기하는 방법으로 권리를 행사하여야 한다고 보고 있다.

> **사례**
>
> **점유의 상호 침탈**
> 甲이 그 소유의 자전거를 도난당한 지 몇 개월 후에, 도둑으로부터 그 정(情)을 알고서 양수한 乙에게 그 물건이 있음을 알고서, 甲이 乙로부터 자력으로 탈환한 경우에, 乙은 점유를 빼앗아 갔다는 것을 이유로 甲에게 점유물반환청구를 할 수 있는가?
> 통설은 乙에게 점유물반환청구를 인정하더라도 다시 甲이 점유물반환청구를 할 수 있게 되어 소송상 비경제라는 것을 논거로 하여 乙의 점유물반환청구를 부정하고 있다.

(2) 점유물방해제거청구권

① 점유자가 침탈 이외의 방법으로 점유를 방해받은 경우에는 그 방해의 제거와 손해의 배상을 청구할 수 있다(제205조 제1항).

기출지문 OX

乙이 甲을 기망하여 甲으로부터 점유물을 인도받은 경우, 甲은 乙에게 점유물반환청구권을 행사할 수 없다. •21회 ( )

정답 (○)

② 점유물방해제거청구권 및 손해배상청구권은 방해행위가 종료한 날부터 1년 내에 행사하여야 한다(제205조 제2항). 1년의 기간의 성질은 제척기간이다. 판례는 제204조 제3항의 경우와 마찬가지로 1년 내에 소를 제기하는 방법으로 권리를 행사하여야 한다고 보고 있다.
③ 공사로 인하여 점유를 방해받은 경우에 공사 착수 후 1년이 경과하였거나 공사가 완성된 때에는 방해의 제거를 청구할 수 없다(제205조 제3항).

(3) 점유물방해예방청구권

① 점유자가 점유를 방해받을 염려가 있는 경우에는 그 방해의 예방이나 손해배상의 담보를 청구할 수 있다(제206조 제1항). 방해예방청구권과 손해배상의 담보청구권 중 어느 하나만 행사할 수 있다.
② 방해예방청구권은 방해를 받을 염려가 있는 동안에는 언제든지 할 수 있다. 그러나 공사로 인하여 점유를 방해받을 염려가 있는 경우에는 공사 착수 후 1년이 경과하였거나 공사가 완성된 때에는 방해의 예방을 청구할 수 없다(제206조 제2항).

4. 점유의 소와 본권의 소와의 관계

> **제208조【점유의 소와 본권의 소와의 관계】** ① 점유권에 기인한 소와 본권에 기인한 소는 서로 영향을 미치지 아니한다.
> ② 점유권에 기인한 소는 본권에 관한 이유로 재판하지 못한다.

(1) 의의

점유의 소란 점유보호청구권을 청구원인으로 하는 소송을 말하고, 본권의 소란 본권을 청구원인으로 하는 소송(소유물반환청구소송이 대표적인 예임)을 말한다.

(2) 양소의 무관계성

① 양소는 실체적 경합관계에 있다(제208조 제1항). 점유의 소와 본권의 소는 전혀 별개의 소송이므로 두 소를 동시에 제기할 수도 있고, 별도로 제기할 수도 있다. 또한 한쪽의 소가 패소하더라도 다른 쪽의 소를 제기할 수가 있고, 일방의 소권이 소멸하더라도 타방의 소권에는 영향이 없다.
② 점유의 소는 본권에 관한 이유로 재판할 수 없다(제208조 제2항). 따라서 원고의 점유방해배제의 소는 점유에 관한 소송이므로 원고에게 본권이 없다는 이유로 원고청구를 배척할 수 없다(대판 1964.9.8, 64다223).

기출지문 OX

공사로 인하여 점유의 방해를 받은 경우, 그 공사가 완성한 때에는 방해의 제거를 청구하지 못한다.
• 35회 ( )

정답 (○)

4 자력구제

> **제209조【자력구제】** ① 점유자는 그 점유를 부정히 침탈 또는 방해하는 행위에 대하여 자력으로써 이를 방위할 수 있다.
> ② 점유물이 침탈되었을 경우에 부동산일 때에는 점유자는 침탈 후 직시(直時) 가해자를 배제하여 이를 탈환할 수 있고 동산일 때에는 점유자는 현장에서 또는 추적하여 가해자로부터 이를 탈환할 수 있다.

1. 의의

(1) 자력구제(自力救濟)란 점유자가 자기의 점유권을 보호하기 위해 자신이 직접 실력을 행사하는 권리구제제도를 말한다. 이는 국가구제가 불가능하거나 대단히 곤란한 경우에 예외적으로 인정된다.

(2) 민법 제209조는 자력구제와 관련하여 자력방위권과 자력탈환권을 인정하고 있다.

2. 요건

(1) 자력방위권

이는 점유를 부정하게 침탈 또는 방해하는 행위가 진행 중인 경우에 행사할 수 있다.

(2) 자력탈환권

① 이는 점유를 부당하게 침탈하는 행위가 완료되었으나 점유를 침탈한 자의 새로운 점유가 확립되기 전인 경우에 행사할 수 있다.

② 점유물이 부동산이면 침탈당한 직시 가해자를 배제하여 탈환할 수 있고, 동산이면 현장에서 또는 추적하여 가해자에게서 탈환할 수 있다.

> **판례**
> 점유자의 자력탈환권을 규정한 민법 제209조 제2항 소정의 '침탈 후 직시(直時)'란 '객관적으로 가능한 한 신속히' 또는 '사회관념상 가해자를 배제하여 점유를 회복하는 데 필요하다고 인정되는 범위 안에서 되도록 속히'라는 뜻으로 해석할 것이다. 따라서 점유자가 점유를 침탈당한 사실을 알고 모르고와는 관계없이 점유를 침탈당한 후 상당한 시간이 흘렀다면 자력탈환권을 행사할 수 없다(대판 1993.3.26, 91다14116).

3. 자력구제권의 주체와 상대방

(1) 주체
직접점유자나 점유보조자는 자력구제권을 행사할 수 있으나, 간접점유자는 자력구제권을 행사할 수 없다(다수설).

(2) 상대방
자력구제의 상대방은 점유를 부당하게 빼앗거나 방해하는 자(자력방위의 경우), 점유물을 침탈한 자(자력탈환의 경우) 및 그 승계인이다.

4. 효과
자력구제는 위법성을 조각(阻却)한다. 다만, 상당성(相當性)의 원칙을 넘는 자력구제는 불법행위를 구성한다.

제6절 준점유

1 의의

> 제210조【준점유】 본장의 규정은 재산권을 사실상 행사하는 경우에 준용한다.

준점유(準占有)란 물건이 아닌 재산권을 사실상 행사하는 것을 말한다.

2 요건

1. 점유를 수반하지 않는 재산권일 것

(1) 준점유의 객체는 점유를 수반하지 않는 재산권이다. 지역권, 저당권, 채권, 지적 재산권, 형성권, 환매권, 광업권 등은 준점유의 객체가 될 수 있다.

(2) 그러나 소유권, 지상권, 전세권, 유치권, 질권, 임차권 등과 같이 점유를 수반하는 권리는 준점유의 객체가 될 수 없다.

2. 재산권을 사실상 행사할 것

재산권을 사실상 행사한다는 것은 점유를 수반하지 않는 재산권이 사실상 어떤 자에게 귀속하는 것과 같이 보이는 외관이 존재하는 것을 말한다. 예금통장과 인장을 소지하거나 채권증서를 소지하고 있는 경우가 이에 해당한다.

3 효과

준점유에는 점유에 관한 규정이 준용된다(제210조). 그러나 선의취득규정(제249조)은 준점유에 준용되지 않는다.

CHAPTER 03 최신기출문제로 확인!

01 점유에 관한 설명으로 옳은 것은? (다툼이 있으면 판례에 따름) • 29회

① 점유매개관계의 직접점유자는 타주점유자이다.
② 점유자는 소유의 의사로 과실 없이 점유한 것으로 추정한다.
③ 甲이 乙로부터 임차한 건물을 乙의 동의 없이 丙에게 전대한 경우, 乙만이 간접점유자이다.
④ 甲이 乙과의 명의신탁약정에 따라 자신의 부동산 소유권을 乙 명의로 등기한 경우, 乙의 점유는 자주점유이다.
⑤ 실제 면적이 등기된 면적을 상당히 초과하는 토지를 매수하여 인도받은 때에는 특별한 사정이 없으면 초과부분의 점유는 자주점유이다.

키워드> 점유
난이도> ■■■■
해설> ① 제194조 참조
② 점유자는 소유의 의사로 선의, 평온 및 공연하게 점유한 것으로 추정한다(제197조 제1항). 따라서 무과실은 추정되지 않는다.
③ 甲이 乙로부터 임차한 건물을 乙의 동의 없이 丙에게 전대한 경우, 乙과 甲이 간접점유자에 해당한다.
④ 명의신탁에 의하여 부동산의 소유자로 등기된 자의 점유는 그 권원의 성질상 자주점유라 할 수 없다(대판 1991.12.10, 91다27655).
⑤ 실제 면적이 등기된 면적을 상당히 초과하는 토지를 매수하여 인도받은 때에는 특별한 사정이 없으면 초과부분의 점유는 타주점유에 해당한다(대판 1999.6.25, 99다5866).

정답 01 ①

02 점유에 관한 설명으로 옳은 것은? (다툼이 있으면 판례에 따름) •33회

① 제3자가 직접점유자의 점유를 방해한 경우, 특별한 사정이 없는 한 간접점유자에게는 점유권에 기한 방해배제청구권이 인정되지 않는다.
② 취득시효의 요건인 점유에는 간접점유가 포함되지 않는다.
③ 소유권의 시효취득을 주장하는 점유자는 특별한 사정이 없는 한 자신의 점유가 자주점유에 해당함을 증명하여야 한다.
④ 선의의 점유자가 본권에 관한 소에 패소한 경우, 그 자는 패소가 확정된 때부터 악의의 점유자로 본다.
⑤ 양도인이 등기부상의 명의인과 동일인이며 그 명의를 의심할 만한 특별한 사정이 없는 경우, 그 부동산을 양수하여 인도받은 자는 과실(過失) 없는 점유자에 해당한다.

키워드〉 점유
난이도〉 ■■■□
해설〉 ① 제3자가 직접점유자의 점유를 방해한 경우에는 간접점유자도 점유물방해제거청구를 할 수 있다(제207조).
② 취득시효의 요건인 점유는 직접점유뿐만 아니라 간접점유도 포함된다(대판 1998.2.24, 96다8888).
③ 자주점유인지 타주점유인지 불분명한 경우 점유자는 자주점유로 추정된다(제197조 제1항). 따라서 취득시효를 부정하는 자가 점유자의 점유가 타주점유임을 입증하여야 한다. 따라서 점유자가 취득시효를 주장하는 경우 스스로 소유의 의사를 입증할 책임은 없고, 그 점유자의 점유가 소유의 의사가 없는 점유임을 주장하여 취득시효의 성립을 부정하는 자에게 그 입증책임이 있다(대판 2002.2.26, 99다72743).
④ 선의의 점유자라도 본권에 관한 소에 패소한 때에는 그 소가 제기된 때로부터 악의의 점유자로 본다(제197조 제2항).
⑤ 등기부상의 명의인과 매도인이 동일인인 경우 그를 소유자로 믿고 그 부동산을 매수하여 점유하는 자는 특별한 사정이 없는 한 과실 없는 점유자에 해당한다(대판 1994.6.28, 94다7829).

정답 02 ⑤

03 점유권에 관한 설명으로 **틀린** 것은? (다툼이 있으면 판례에 따름)   • 32회

① 특별한 사정이 없는 한, 건물의 부지가 된 토지는 그 건물의 소유자가 점유하는 것으로 보아야 한다.
② 전후 양 시점의 점유자가 다른 경우 점유승계가 증명되면 점유계속은 추정된다.
③ 적법하게 과실을 취득한 선의의 점유자는 회복자에게 통상의 필요비의 상환을 청구하지 못한다.
④ 점유자가 상대방의 사기에 의해 물건을 인도한 경우 점유침탈을 이유로 한 점유물반환청구권은 발생하지 않는다.
⑤ 선의의 점유자가 본권의 소에서 패소하면 패소 확정 시부터 악의의 점유자로 본다.

키워드 〉 점유자와 회복자의 관계

난이도 〉

해설 〉 ① 건물소유자가 현실적으로 건물이나 그 부지를 점거하지 않더라도 특별한 사정이 없는 한 건물의 부지에 대한 점유가 인정된다(대판 2003.11.13, 2002다57935).
② 제198조 소정의 점유계속 추정은 동일인이 전후 양 시점에 점유한 것이 증명된 때에만 적용되는 것이 아니고 전후 양 시점의 점유자가 다른 경우에도 점유의 승계가 입증되는 한 점유계속은 추정된다(대판 1996.9.20, 96다24279·24286).
③ 적법하게 과실을 취득한 선의의 점유자는 회복자에게 통상의 필요비의 상환을 청구하지 못한다(제203조 제1항 단서).
④ 사기의 의사표시에 의해 건물을 명도해 준 것은 건물의 점유를 침탈당한 것이 아니므로 피해자는 점유물반환청구권이 없다(대판 1992.2.28, 91다17443).
⑤ 선의의 점유자라도 본권에 관한 소에 패소한 때에는 그 소가 제기된 때로부터 악의의 점유자로 본다(제197조 제2항).

정답 03 ⑤

04 점유자와 회복자의 관계에 관한 설명으로 옳은 것은? (다툼이 있으면 판례에 따름) • 33회

① 악의의 점유자가 점유물의 과실을 수취하여 소비한 경우, 특별한 사정이 없는 한 그 점유자는 그 과실의 대가를 보상하여야 한다.
② 은비(隱秘)에 의한 점유자는 점유물의 과실을 수취할 권리가 있다.
③ 점유물의 전부가 점유자의 책임 있는 사유로 멸실된 경우, 선의의 자주점유자는 특별한 사정이 없는 한 그 멸실로 인한 손해의 전부를 배상해야 한다.
④ 점유자는 특별한 사정이 없는 한 회복자가 점유물의 반환을 청구하기 전에도 그 점유물의 반환 없이 그 회복자에게 유익비상환청구권을 행사할 수 있다.
⑤ 악의의 점유자는 특별한 사정이 없는 한 점유물에 지출한 통상의 필요비의 상환을 청구할 수 없다.

키워드 〉 점유자와 회복자의 관계
난이도 〉 ■■■■
해설 〉 ① 악의의 점유자는 수취한 과실을 반환하여야 하며 소비하였거나 과실로 인하여 훼손 또는 수취하지 못한 경우에는 그 과실의 대가를 보상하여야 한다(제201조 제2항).
② 폭력·은비에 의한 점유자는 악의의 점유자와 마찬가지로 과실을 반환하여야 한다(제201조 제3항).
③ 점유물이 점유자에게 책임이 있는 사유로 멸실되거나 훼손된 경우 선의이면서 자주점유자는 이익이 현존하는 한도에서 손해를 배상하면 된다(제202조).
④ 점유자의 필요비 또는 유익비상환청구권은 점유자가 회복자로부터 점유물의 반환을 청구받거나 회복자에게 점유물을 반환한 때에 비로소 행사할 수 있다(대판 1994.9.9, 94다4592).
⑤ 선의의 점유자는 과실을 취득한 경우 통상의 필요비를 청구하지 못한다(제203조 제1항 단서). 그러나 과실취득권이 없는 악의의 점유자는 점유물에 지출한 통상의 필요비의 상환을 청구할 수 있다(대판 2021.4.29, 2018다261889).

정답 04 ①

05 점유자와 회복자의 관계에 관한 설명으로 옳은 것은? (다툼이 있으면 판례에 따름) • 31회

① 선의의 점유자는 과실을 취득하더라도 통상의 필요비의 상환을 청구할 수 있다.
② 이행지체로 인해 매매계약이 해제된 경우, 선의의 점유자인 매수인에게 과실취득권이 인정된다.
③ 악의의 점유자가 책임 있는 사유로 점유물을 훼손한 경우, 이익이 현존하는 한도에서 배상해야 한다.
④ 점유자가 유익비를 지출한 경우, 점유자의 선택에 좇아 그 지출금액이나 증가액의 상환을 청구할 수 있다.
⑤ 무효인 매매계약의 매수인이 점유목적물에 필요비 등을 지출한 후 매도인이 그 목적물을 제3자에게 양도한 경우, 점유자인 매수인은 양수인에게 비용상환을 청구할 수 있다.

키워드 〉 점유자와 회복자의 관계
난이도 〉 ■■■■
해설 〉 ① 선의의 점유자는 과실을 취득한 경우에는 통상의 필요비의 상환을 청구할 수 없다(제203조 제1항 단서).
② 계약해제로 인한 원상회복의무는 부당이득반환의무의 특칙에 해당하므로, 해제로 인한 원상회복의 범위는 이익의 현존 여부나 선의·악의에 불문하고 특단의 사유가 없는 한 받은 이익의 전부이다(대판 1998.12.23, 98다43175). 따라서 이행지체로 인해 매매계약이 해제된 경우, 선의의 점유자인 매수인은 과실을 반환하여야 한다(대판 2000.2.25, 97다30066).
③ 점유물이 점유자의 책임 있는 사유로 인하여 멸실 또는 훼손한 때에는 악의의 점유자는 그 손해의 전부를 배상하여야 한다(제202조 제1문 전단).
④ 점유자가 점유물을 개량하기 위하여 지출한 금액 기타 유익비에 관하여는 그 가액의 증가가 현존한 경우에 한하여 회복자의 선택에 좇아 그 지출금액이나 증가액의 상환을 청구할 수 있다(제203조 제2항).
⑤ 점유자의 비용상환청구권은 비용을 지출할 당시의 소유자가 누구이었는지 관계없이 점유회복 당시의 소유자에게 행사할 수 있다(대판 2003.7.25, 2001다64752). 따라서 위의 경우에는 점유자인 매수인은 현재의 소유자인 양수인에게 비용상환을 청구할 수 있다.

정답 05 ⑤

06 점유보호청구권에 관한 설명으로 틀린 것은? (다툼이 있으면 판례에 따름) · 35회

① 점유권에 기인한 소는 본권에 관한 이유로 재판하지 못한다.
② 과실 없이 점유를 방해하는 자에 대해서도 방해배제를 청구할 수 있다.
③ 점유자가 사기를 당해 점유를 이전한 경우, 점유물반환을 청구할 수 없다.
④ 공사로 인하여 점유의 방해를 받은 경우, 그 공사가 완성한 때에는 방해의 제거를 청구하지 못한다.
⑤ 타인의 점유를 침탈한 뒤 제3자에 의해 점유를 침탈당한 자는 점유물반환청구권의 상대방이 될 수 있다.

키워드〉 점유보호청구권
난이도〉 ■■■■□
해설〉 ① 점유권과 소유권은 전혀 별개의 제도이므로 점유권에 기인한 소는 본권에 관한 이유로 재판하지 못한다.
② 물권적 청구권의 경우에는 상대방의 고의, 과실은 필요 없다. 따라서 과실 없이 점유를 방해하는 자에 대해서도 방해배제를 청구할 수 있다.
③ 사기는 점유물이 침탈된 경우에 해당하지 않는다. 따라서 점유자가 사기를 당해 점유를 이전한 경우, 점유물반환을 청구할 수 없다.
④ 점유자가 점유의 방해를 받은 때에는 그 방해의 제거 및 손해의 배상을 청구할 수 있다. 그러나 공사로 인하여 점유의 방해를 받은 경우에는 공사착수 후 1년을 경과하거나 그 공사가 완성한 때에는 방해의 제거를 청구하지 못한다.
⑤ 물권적 청구권의 상대방은 현재 방해상태를 지배하는 자이다. 따라서 타인의 점유를 침탈한 뒤 제3자에 의해 점유를 침탈당한 자는 점유물반환청구권의 상대방이 될 수 없다.

정답 06 ⑤

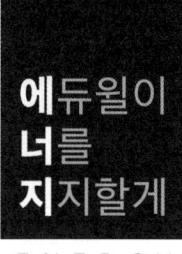

위대한 일들을 이루기 전에
스스로에게 위대한 일들을 기대해야 한다.

– 마이클 조던(Michael Jordan)

CHAPTER 04 | 소유권

10개년 출제문항 수

27회	28회	29회	30회	31회
3	3	3	4	2
32회	33회	34회	35회	36회
3	3	2	2	3

↳ 총 40문제 中 평균 약 2.8문제 출제

학습전략

- 소유권에서는 소유권 일반, 소유권의 취득, 공동소유에 대한 내용을 학습합니다.
- 지역권과 상린관계, 소유권의 취득, 공유의 주장에서 문제가 주로 출제되므로 관련 이론을 정리해 두는 것이 좋습니다.

제1절 소유권 일반

1 서설 · 29회

> **제211조 【소유권의 내용】** 소유자는 법률의 범위 내에서 그 소유물을 사용, 수익, 처분할 권리가 있다.

1. 소유권의 의의

소유권이란 법률의 범위 내에서 물건을 직접 사용·수익·처분할 권리를 말한다(제211조). 이러한 소유권은 물건이 갖는 가치를 전면적으로 지배할 수 있는 완전물권이란 점에서 물건의 일부가치만을 대상으로 하는 제한물권과 구별된다.

2. 소유권의 법률적 성질

(1) 관념성

소유권은 현실적으로 지배하는 권리가 아니고 '지배할 수 있는 권리'이다.

(2) 전면성
소유권은 물건의 사용가치와 교환가치의 전부를 지배한다.

(3) 혼일성(운일성)
소유권은 여러 권능의 단순한 집합이 아니라 모든 권능의 원천이 되는 포괄적인 권리이다.

(4) 탄력성
소유권은 제한물권의 제한을 받으면서 일시적으로 그 권능의 일부를 사용할 수 없지만, 그 제한이 소멸하면 본래의 모습으로 되돌아온다.

(5) 항구성
소유권은 존속기간의 제한 없이 영원히 존재하며 소멸시효에 걸리지 않는다.

3. 소유권의 객체

소유권의 객체는 물건에 한한다. 따라서 채권과 같은 권리에 대해서는 소유권이 성립할 수 없다.

4. 소유권의 내용과 제한

(1) 소유권의 내용
① **사용·수익권능:** 물건을 물질적으로 사용하거나 그로부터 생기는 과실을 취득하는 것이다.
② **처분권능:** 처분에는 물건의 소비·변형·개조·파괴 등의 사실적 처분과 양도·담보설정 등 법률적 처분이 있다.

(2) 소유권의 제한
① **소유권절대의 원칙에 대한 수정:** 근대민법의 기본원리인 소유권절대의 원칙은 20세기에 들어와 자본주의의 폐해가 심각하게 나타나자 그에 대한 수정이 불가피하게 되었다.
② **제한의 모습:** 소유권 제한의 모습은 다양하나, 주요한 것은 다음과 같다.
　㉠ **민법상의 제한:** 상린관계에 의한 제한, 권리남용금지의 원칙
　㉡ **특별법에 의한 제한:** 소유의 제한(농지법 제6조, 제7조), 취득 또는 처분의 제한(농지법 제8조, 구(舊) 국토의 계획 및 이용에 관한 법률 제

118조, 사립학교법 제28조, 공익법인의 설립·운영에 관한 법률 제11조 제3항, 전통사찰의 보존 및 지원에 관한 법률 제9조)

ⓒ 소유권의 박탈: 공용징수에 의하여 소유권을 박탈하는 경우 등

2 토지소유권의 범위

> **제212조【토지소유권의 범위】** 토지의 소유권은 정당한 이익 있는 범위 내에서 토지의 상하에 미친다.

1. 제212조

(1) 토지소유권은 정당한 이익이 있는 범위 내에서 토지의 상하에 미친다. 따라서 토지소유자는 지표뿐만 아니라 지상의 공중이나 지하도 이용할 수 있다.

(2) 정당한 이익의 범위는 구체적인 상황을 고려하여 거래관념에 따라 결정된다.

2. 문제되는 경우

(1) 수목의 집단

입목(입목에 관한 법률에 의하여 등기된 수목의 집단)과 명인방법을 갖춘 수목의 집단은 토지와 독립한 별개의 독립한 부동산이다. 입목등기나 명인방법을 갖추지 않은 경우에는 토지의 일부인 부동산이다.

(2) 농작물

판례에 의하면, 권원 없이 타인의 토지에 농작물을 심어 그 농작물이 수확기에 이른 경우 농작물은 토지에 부합하지 않고 언제나 경작자의 소유라고 한다.

(3) 자연석 등

토사(土沙)·토석(土石)은 원칙적으로 토지소유권의 범위에 속한다. 다만, 판례는 임야 내의 자연석을 조각하여 제작한 석불은 임야와는 독립한 소유권 객체가 된다고 한다(대판 1970.9.22, 70다1494).

(4) 미채굴의 광물

미채굴의 광물은 국유의 부동산으로 보는 견해(다수설)와 국가의 배타적 채굴취득허가권의 객체라는 견해가 대립하고 있다. 미채굴의 광물을 국가의 배타적 채굴취득허가권의 객체라고 보는 견해도 미채굴의 광물도 일단 토지소유권의 범위 내에 속하지만 국가가 배타적 채굴취득허가권을 가지므로 그 범위 내에서는 토지소유자의 소유권 행사가 제한된다고 본다.

(5) 지하수

① 지하수는 토지의 구성부분이다. 따라서 자연히 솟아나는 지하수는 토지소유자가 자유로이 이용할 수 있다. 한편 인공적으로 솟아나게 한 지하수는 타인의 이용권을 침해하지 않는 한도 내에서만 이용할 수 있다.

② 온천수도 지하수의 일종으로서 토지의 구성부분이다. 따라서 토지소유자는 자신의 토지에서 솟아나는 온천수를 자유로이 이용할 수 있지만, 온천수에 대해 토지소유권과는 별개의 독립한 물권이 성립할 수는 없다. 판례도 온천권은 관습법상의 물권이 아니라고 하고 있다.

3 상린관계 •24회 •25회 •26회 •28회 •33회

1. 서설

(1) 상린관계의 의의

① 토지는 서로 연속되어 있기 때문에 각 토지소유자가 자신의 토지소유권을 주장하고 행사하는 경우에는 인접 부동산소유자와의 충돌이 발생할 수 있다.

② 따라서 민법은 인접한 부동산소유자 상호간의 이용을 조절하기 위하여 제216조 내지 제244조 규정을 두고 있는데, 이를 상린관계(相隣關係)라 하고, 상린관계로부터 발생하는 권리를 상린권(相隣權)이라 한다.

③ 상린권은 소유권에 종속하는 법적 지위에 불과하고 독립된 물권이 아니므로 등기를 요하지 아니하고 독립하여 포기하거나 소멸시효에 걸리지 않는다.

(2) 상린관계규정의 성격과 적용범위

① 상린관계에 관한 규정이 임의규정인가 강행규정인가에 대해 견해가 대립하나, 판례는 임의규정으로 보고 있다.

② 한편 상린관계에 관한 규정은 지상권과 전세권(제290조, 제319조)에도 준용되며, 부동산임차권에 관해서도 명문규정은 없으나 통설은 상린관계규정을 유추적용하고 있다.

(3) 상린관계와 지역권의 구별

구분	상린관계	지역권
발생원인	법률규정에 의해 발생(등기 불요)	계약에 의해 발생(등기 필요)
성질	소유권의 내용 그 자체	독립한 물권
내용	소유권에 대한 최소한의 확장·제한	탄력적인 이용조절
	양자 모두 토지의 이용관계를 내용으로 하므로 병존할 수 있음	
인접성	인접성을 요구함	요역지와 승역지가 인접할 필요 없음
대상	부동산 + 물의 이용관계	토지만의 이용관계
소멸시효	소멸시효에 걸리지 않음	소멸시효에 걸림
기원	게르만법의 단체주의	로마법의 개인주의

(4) 관습이 우선하는 상린관계규정

① **비용부담에 관해 관습이 우선하는 경우:** 소통공사비용(제222조), 저수·배수·인수를 위한 공작물 공사비용(제223조), 경계표·담의 설치비용, 측량비용(제237조)

② **그 외 관습이 우선하는 경우:** 수류의 변경(제229조), 공유하천용수권(제234조), 경계선 부근의 건축제한(제242조)

> ✅ 참고 관습우선규정이 없는 경우
> 1. 남은 물의 소통비용, 담의 특수시설비용은 관습이 우선한다는 내용이 없다.
> 2. 특수지역권에는 관습이 우선한다는 내용이 있다(제302조).

2. 건물의 구분소유

(1) 제215조

① 수인이 한 채의 건물을 구분하여 각각 그 일부분을 소유한 때에는 건물과 그 부속물 중 공용하는 부분은 그의 공유로 추정한다(동조 제1항).
② 공용부분의 보존에 관한 비용 기타의 부담은 각자의 소유부분의 가액에 비례하여 분담한다(동조 제2항).

(2) 적용범위

제215조는 과거에 규모가 작은 건물을 세로로 구분한 경우를 생각하여 제정된 조문이어서 오늘날 중·고층의 대규모 구분소유를 합리적으로 규율할수 없어서 특별법으로 「집합건물의 소유 및 관리에 관한 법률」이 제정·시행되고 있다.

3. 인지사용에 관한 상린관계

(1) 인지사용청구권

① 토지소유자는 경계나 그 근방에서 담 또는 건물을 축조하거나 수선하기 위하여 필요한 범위 내에서 이웃 토지의 사용을 청구할 수 있다. 그러나 이웃 사람의 승낙이 없으면 그 주거에 들어가지 못한다(제216조 제1항). 이 경우에 이웃 사람이 손해를 받은 때에는 보상을 청구할 수 있다(제216조 제2항).

② 인지사용청구에 대하여 승낙이 없으면 판결로써 승낙에 갈음할 수 있다. 그러나 주거에 들어가기 위한 승낙의 경우에는 판결로써 승낙에 갈음할 수 없다.

(2) 수도 등의 설치권

① 토지소유자는 타인의 토지를 통과하지 않으면 필요한 수도·배수관·가스관·전선 등을 설치할 수 없거나 설치하는 데 비용이 지나치게 많이 드는 경우에는 타인의 토지를 통과하여 설치할 수 있다. 다만, 시설의 설치로 인한 손해가 가장 적은 장소와 방법을 선택하여 설치하여야 하며, 시설이 통과하는 토지소유자의 청구에 의하여 손해를 보상하여야 한다(제218조 제1항).

② 수도 등의 시설을 설치한 후 사정이 변경된 경우에는 그 시설이 통과하는 토지의 소유자는 그 시설의 변경을 청구할 수 있다. 이 경우 시설 변경에 드는 비용은 토지소유자가 부담한다(제218조 제2항).

(3) 주위토지통행권 ·32회

① **유상이 원칙**: 어느 토지와 공로 사이에 그 토지의 용도에 필요한 통로가 없는 경우에 그 토지소유자는 주위의 토지를 통행 또는 통로로 하지 아니하면 공로에 출입할 수 없거나 과다한 비용을 요하는 때에는 그 주위의 토지를 통행할 수 있고 필요한 경우에는 통로를 개설할 수 있다.

그러나 이로 인한 손해가 가장 적은 장소와 방법을 선택하여야 하고(제219조 제1항), 통행권자는 그 주위토지소유자의 손해를 보상하여야 한다(제219조 제2항).

② **무상의 예외:** 분할로 인하여 공로에 통하지 못하는 토지가 있는 경우 그 토지소유자는 공로에 출입하기 위하여 다른 분할자의 토지를 통행할 수 있다. 이 경우에는 보상의 의무가 없다(제220조 제1항). 또한 토지소유자가 토지의 일부를 양도하여 공로에 통하지 못하는 토지가 있는 경우 그 토지소유자는 공로에 출입하기 위하여 토지의 일부를 양도한 소유자의 토지를 통행할 수 있다. 이 경우에도 보상의 의무가 없다(제220조 제2항). 한편 이러한 무상통행권은 토지의 직접 분할자 또는 일부양도의 당사자 사이에만 적용된다는 것이 판례의 태도이다.

> **판례**
>
> 1. 주위토지통행권은 그 소유 토지와 공로 사이에 그 토지의 용도에 필요한 통로가 없는 경우에만 인정되는 것이므로, 이미 그 소유 토지의 용도에 필요한 통로가 있는 경우에는 그 통로를 사용하는 것보다 더 편리하다는 이유만으로 다른 장소로 통행할 권리를 인정할 수 없다(대판 1995.6.13, 95다1088·1095).
> 2. 통로가 있기는 하지만 그것이 일상생활을 하기에 불편한 정도이거나 그 토지의 용도에 부적합하여 실제로 통로로서의 충분한 기능을 하지 못하는 경우에는 주위토지통행권이 인정된다(대판 2003.8.19, 2002다53469).
> 3. 일단 주위토지통행권이 발생하였다고 하더라도 나중에 그 토지에 접하는 공로가 개설됨으로써 주위토지통행권을 인정할 필요성이 없어진 때에는 그 통행권은 소멸한다(대판 1998.3.10, 97다47118).
> 4. 주위토지통행권은 통행권자가 그 소유 토지 및 지상주택에서 일상생활을 영위하기 위하여 출입을 하고 물건을 운반하기에 필요한 범위는 허용되어야 하며(대판 1989.7.25, 88다카9364), 토지의 이용방법에 따라서는 자동차 등이 통과할 수 있는 통로의 개설도 허용되지만 단지 토지이용의 편의를 위해 다소 필요한 상태라고 여겨지는 정도에 그치는 경우까지 자동차의 통행을 허용할 것은 아니다(대판 2006.6.2, 2005다70144).

기출지문 OX

토지분할로 무상주위토지통행권을 취득한 분할토지의 소유자가 그 토지를 양도한 경우, 양수인에게는 무상주위토지통행권이 인정되지 않는다. •24회 ( )

정답 (○)

기출지문 OX

포위된 토지가 공로에 접하게 되어 주위토지통행권을 인정할 필요성이 없어진 경우에도 그 통행권은 존속한다. •32회 ( )

정답 (×)

일단 주위토지통행권이 발생하였다고 하더라도 나중에 그 토지에 접하는 공로가 개설됨으로써 주위토지통행권을 인정할 필요성이 없어진 때에는 그 통행권은 소멸한다.

4. 매연 등에 의한 방해금지

(1) 의의
① 토지소유자는 매연, 열기체, 액체, 음향, 진동 기타 이에 유사한 것으로 이웃 토지의 사용을 방해하거나 이웃 거주자의 생활에 고통을 주지 아니하도록 적당한 조처를 할 의무가 있다(제217조 제1항).
② 이웃 거주자는 위의 사태가 이웃 토지의 통상의 용도에 적당한 것인 때에는 이를 인용할 의무가 있다(제217조 제2항).

(2) 요건
① 금지의 대상이 되는 것은 불가량물(不可量物)이다. 매연·열기체·액체·음향·진동은 불가량물에 대한 예시이다.
② 불가량물이 공중 또는 대기 중으로 발산하는 것이어야 한다. 따라서 지표상에 흐르는 액체는 이에 포함되지 않는다.
③ 불가량물에 의한 방해상태가 이웃 토지의 사용을 방해하거나 이웃 거주자의 생활에 고통을 주어야 한다. 이웃 토지의 사용을 방해하거나 이웃 거주자의 생활에 고통을 주는지는 사회통념에 따라 객관적으로 결정하여야 한다.
④ 이웃 토지가 반드시 인접하고 있어야 하는 것은 아니다. 판례에 의하면, 폭파작업장으로부터 나오는 소음·진동은 그 작업장으로부터 100미터 내지 190미터 거리에 있는 양계장에 대해서도 생활방해가 될 수 있다고 한다.

(3) 효과
① 이웃 거주자는 불가량물에 의한 방해상태가 이웃 토지의 통상의 용도에 적당한 것인 때에는 이를 인용할 의무가 있다.
② 수인한도(受忍限度)를 초과하는 경우에는 적당한 조처를 청구하거나 방해의 중지 또는 예방을 청구할 수 있으며, 손해가 있으면 불법행위로 인한 손해배상을 청구할 수 있다.

> **판례**
>
> **병원시체실에 인접한 거주자의 인용의무의 한계**
> 피고 경영의 ○○병원이 이 사건 시체실을 그곳에 안치한 시체로부터 발산하는 악취의 확산방지나 제거를 위한 조치, 유족이나 조객들의 곡성이 외곽에 전파되지 않도록 하는 조치, 시체봉구 시의 시체의 일반인에의 노출방지 조치 등 상당한 조치를 취하지 않고 원심이 인정한 상태대로 계속 사용한다면, 원고가 받게 되는 피해와 고통은 사회관념상 일반적으로 요구되는 수인의 정도를 초과함을 인정할 수 있으므로 원고는 피고에 대하여 위 방해요인의 제거 내지 예방을 청구할 수 있다(대판 1974.12.24, 68다1489).

5. 물에 관한 상린관계

(1) 자연유수에 관한 의무와 권리
① 토지소유자는 이웃 토지로부터 자연히 흘러오는 물을 막지 못한다(제221조 제1항).
② 고지소유자는 이웃 저지에 자연히 흘러 내리는 이웃 저지에서 필요한 물을 자기의 정당한 사용범위를 넘어서 이를 막지 못한다(제221조 제2항).

(2) 소통공사권
흐르는 물이 저지에서 폐색된 때에는 고지소유자는 자비로 소통에 필요한 공사를 할 수 있다(제222조).

(3) 처마물에 대한 시설의무
토지소유자는 처마물이 이웃에 직접 낙하하지 아니하도록 적당한 시설을 하여야 한다(제225조).

(4) 저수, 배수, 인수를 위한 공작물에 대한 공사청구권
토지소유자가 저수, 배수 또는 인수하기 위하여 공작물을 설치한 경우에 공작물의 파손 또는 폐색으로 타인의 토지에 손해를 가하거나 가할 염려가 있는 때에는 타인은 그 공작물의 보수, 폐색의 소통 또는 예방에 필요한 청구를 할 수 있다(제223조).

(5) 여수소통권
① 고지소유자는 침수지를 건조하기 위하여 또는 가용이나 농·공업용의 여수를 소통하기 위하여 공로, 공류 또는 하수도에 달하기까지 저지에 물을 통과하게 할 수 있다(제226조 제1항).

② 이 경우에는 저지의 손해가 가장 적은 장소와 방법을 선택하여야 하며 손해를 보상하여야 한다(제226조 제2항).

(6) 유수용 공작물의 사용권
① 토지소유자는 그 소유지의 물을 소통하기 위하여 이웃 토지소유자의 시설한 공작물을 사용할 수 있다(제227조 제1항).
② 이 공작물을 사용하는 자는 그 이익을 받는 비율로 공작물의 설치와 보존의 비용을 분담하여야 한다(제227조 제2항).

(7) 여수급여청구권
토지소유자는 과다한 비용이나 노력을 요하지 아니하고는 가용이나 토지이용에 필요한 물을 얻기 곤란한 때에는 이웃 토지소유자에게 보상하고 여수의 급여를 청구할 수 있다(제228조).

(8) 수류(水流)의 변경
① 구거 기타 수류지의 소유자는 대안의 토지가 타인의 소유인 때에는 그 수로나 수류의 폭을 변경하지 못한다(제229조 제1항).
② 양안의 토지가 수류지소유자의 소유인 때에는 소유자는 수로와 수류의 폭을 변경할 수 있다. 그러나 하류는 자연의 수로와 일치하도록 하여야 한다(제229조 제2항).

(9) 언의 설치·이용권
① 수류지의 소유자가 언을 설치할 필요가 있는 때에는 그 언을 대안에 접촉하게 할 수 있다. 그러나 이로 인한 손해를 보상하여야 한다(제230조 제1항).
② 대안의 소유자는 수류지의 일부가 자기 소유인 때에는 그 언을 사용할 수 있다. 그러나 그 이익을 받는 비율로 언의 설치, 보존의 비용을 분담하여야 한다(제230조 제2항).

(10) 공유하천용수권
① 공유하천의 연안에서 농·공업을 경영하는 자는 이에 이용하기 위하여 타인의 용수를 방해하지 아니하는 범위 내에서 필요한 인수를 할 수 있고, 인수를 하기 위하여 필요한 공작물을 설치할 수 있다(제231조).
② 위 경우에 인수나 공작물로 인하여 하류연안의 용수권을 방해하는 때에는 그 용수권자는 방해의 제거 및 손해의 배상을 청구할 수 있다(제232조).

> **추가** 종래 관습법에 의해 인정된 물권이었으나, 민법이 이를 명문화한 것이다.

③ 농·공업의 경영에 이용하는 수로 기타 공작물의 소유자나 몽리자의 특별승계인은 그 용수에 관한 전소유자나 몽리자의 권리·의무를 승계한다(제233조).

(11) 공용수(共用水)의 용수권

① 상린자는 그 공용에 속하는 원천이나 수도를 각 수요의 정도에 응하여 타인의 용수를 방해하지 아니하는 범위 내에서 각각 용수할 권리가 있다(제235조).
② 필요한 용도나 수익이 있는 원천이나 수도가 타인의 건축 기타 공사로 인하여 단수, 감수 기타 용도에 장해가 생긴 때에는 용수권자는 손해배상을 청구할 수 있다(제236조 제1항).
③ 위의 공사로 인하여 음료수 기타 생활상 필요한 용수에 장해가 있을 때에는 원상회복을 청구할 수 있다(제236조 제2항).

6. 경계에 관한 상린관계 ·25회 ·26회

(1) 경계표·담의 설치권

① 인접하여 토지를 소유하는 자는 공동비용으로 통상의 경계표나 담을 설치할 수 있다(제237조 제1항).
② 경계표·담의 설치비용은 쌍방이 절반하여 부담한다(제237조 제2항 본문). 그러나 측량비용은 토지의 면적에 비례하여 부담한다(제237조 제2항 단서).

> **판례**
>
> 토지의 경계에 경계표나 담이 설치되어 있지 아니하다면 특별한 사정이 없는 한 어느 한쪽 토지의 소유자는 인접한 토지의 소유자에 대하여 공동비용으로 통상의 경계표나 담을 설치하는 데에 협력할 것을 요구할 수 있고, 인접 토지소유자는 그에 협력할 의무가 있다고 보아야 하므로, 한쪽 토지소유자의 요구에 대하여 인접 토지소유자가 응하지 아니하는 경우에는 한쪽 토지소유자는 민사소송으로 인접 토지소유자에 대하여 그 협력의무의 이행을 구할 수 있다(대판 1997.8.26, 97다6063).

③ **담의 특수시설권:** 인지소유자는 자기의 비용으로 담의 재료를 통상보다 양호한 것으로 할 수 있으며 그 높이를 통상보다 높게 할 수 있고 또는 방화벽 기타 특수시설을 할 수 있다(제238조).

기출지문 OX

서로 인접한 토지의 통상의 경계표를 설치하는 경우, 측량비용을 제외한 설치비용은 다른 관습이 없으면 쌍방이 절반하여 부담한다.
·26회 ( )

정답 (○)

④ **경계표 등의 공유추정**: 경계에 설치된 경계표, 담, 구거 등은 상린자의 공유로 추정한다. 그러나 경계표, 담, 구거 등이 상린자 일방의 단독비용으로 설치되었거나 담이 건물의 일부인 경우에는 추정이 부정된다(제239조).

(2) 경계를 넘은 수지, 목근의 제거권

① 인접지의 수목가지가 경계를 넘은 때에는 그 소유자에 대하여 가지의 제거를 청구할 수 있고(제240조 제1항), 그 소유자가 제거청구에 응하지 아니한 때에는 청구자가 그 가지를 제거할 수 있다(제240조 제2항).

② 인접지의 수목뿌리가 경계를 넘은 때에는 임의로 제거할 수 있다(제240조 제3항).

(3) 토지의 심굴금지

토지소유자는 인접지의 지반이 붕괴할 정도로 자기의 토지를 심굴하지 못한다. 그러나 충분한 방어공사를 한 때에는 그러하지 아니하다(제241조).

(4) 경계선 부근의 건축제한

① 건물을 축조함에는 특별한 관습이 없으면 경계로부터 반미터 이상의 거리를 두어야 한다(제242조 제1항).

② 인접지소유자는 이를 위반한 자에 대하여 건물의 변경이나 철거를 청구할 수 있다(제242조 제2항 본문). 그러나 건축에 착수한 후 1년을 경과하거나 건물이 완성된 후에는 손해배상만을 청구할 수 있다(제242조 제2항 단서).

> **판례**
> 건물을 축조하면서 특별한 관습이 없으면 경계로부터 반미터 이상의 거리를 두어야 한다고 규정한 것은 서로 인접한 대지에 건물을 축조하는 경우에 각 건물의 통풍이나 채광 또는 재해방지 등을 꾀하려는 취지이므로, '경계로부터 반미터'는 경계로부터 건물의 가장 돌출된 부분까지의 거리를 말한다(대판 2011.7.28, 2010다108883).

(5) 차면시설 의무

경계로부터 2미터 이내의 거리에서 이웃 주택의 내부를 관망할 수 있는 창이나 마루를 설치하는 경우에는 적당한 차면시설을 하여야 한다(제243조).

기출지문 OX

건물을 축조함에는 특별한 관습이 없으면, 경계로부터 그 건물의 가장 돌출된 부분까지 반미터 이상의 거리를 두어야 한다.
• 25회   (   )

정답 (○)

(6) 지하시설 등에 대한 제한

① 우물을 파거나 용수, 하수 또는 오물 등을 저치할 지하시설을 하는 때에는 경계로부터 2미터 이상의 거리를 두어야 하며 저수지, 구거 또는 지하실공사에는 경계로부터 그 깊이의 반 이상의 거리를 두어야 한다(제244조 제1항).

② 위 ①의 공사를 함에는 토사가 붕괴하거나 하수 또는 오액이 이웃에 흐르지 아니하도록 적당한 조처를 하여야 한다(제244조 제2항).

제2절 소유권의 취득

1 취득시효

> **제245조【점유로 인한 부동산소유권의 취득기간】** ① 20년간 소유의 의사로 평온, 공연하게 부동산을 점유하는 자는 등기함으로써 그 소유권을 취득한다.
> ② 부동산의 소유자로 등기한 자가 10년간 소유의 의사로 평온, 공연하게 선의이며 과실 없이 그 부동산을 점유한 때에는 소유권을 취득한다.
> **제246조【점유로 인한 동산소유권의 취득기간】** ① 10년간 소유의 의사로 평온, 공연하게 동산을 점유한 자는 그 소유권을 취득한다.
> ② 전항의 점유가 선의이며 과실 없이 개시된 경우에는 5년을 경과함으로써 그 소유권을 취득한다.
> **제247조【소유권취득의 소급효, 중단사유】** ① 전2조의 규정에 의한 소유권취득의 효력은 점유를 개시한 때에 소급한다.
> ② 소멸시효의 중단에 관한 규정은 전2조의 소유권취득기간에 준용한다.
> **제248조【소유권 이외의 재산권의 취득시효】** 전3조의 규정은 소유권 이외의 재산권의 취득에 준용한다.

1. 서설 · 33회

(1) 의의

취득시효란 물건 또는 권리를 점유하는 사실상태가 일정기간 동안 계속된 경우에 그 상태가 진실한 권리관계와 일치하는가의 여부를 묻지 않고 권리취득의 효과가 생기는 것으로 하는 제도를 말한다.

(2) 존재이유

취득시효제도는 사회질서의 안정과 유지, 입증곤란의 구제 및 권리행사의 태만에 대한 제재를 그 존재이유로 하고 있다.

(3) 취득시효를 통하여 취득할 수 있는 권리

소유권, 지상권, 지역권(계속되고 표현된 것에 한함), 전세권, 질권, 광업권, 어업권, 지식 재산권은 취득시효를 통하여 취득할 수 있는 권리이다. 그러나 점유권, 유치권, 가족법상의 권리, 저당권, 형성권은 취득시효를 통하여 취득할 수 있는 권리가 아니다.

> **기출지문 OX**
> 저당권은 시효취득을 할 수 없다.
> • 26회 ( )
> 정답 (O)

(4) 취득시효의 종류

부동산물권의 취득시효	점유취득시효	20년간 소유의 의사로 평온·공연하게 부동산을 점유한 자가 등기함으로써 소유권을 취득하는 제도
	등기부취득시효	부동산의 소유자로 등기한 자가 10년간 소유의 의사로 평온·공연·선의·무과실로 부동산을 점유하면 소유권을 취득하는 제도
동산물권의 취득시효	장기취득시효	10년간 소유의 의사로 평온·공연하게 동산을 점유하면 소유권을 취득하는 제도
	단기취득시효	5년간 소유의 의사로 평온·공연·선의·무과실로 동산을 점유하면 소유권을 취득하는 제도

2. 점유취득시효 •24회 •26회 •30회 •31회 •32회 •34회 •36회

(1) 주체

점유취득시효의 주체는 자연인과 법인 외에 권리능력 없는 사단(법인 아닌 사단, 비법인사단)·권리능력 없는 재단(법인 아닌 재단, 비법인재단), 국가 또는 지방자치단체도 될 수 있다. 따라서 종중도 취득시효의 주체가 될 수 있다.

(2) 객체

① 점유취득시효의 객체는 부동산이다. 반드시 타인 소유의 부동산일 필요는 없으며, 자기의 부동산에 대해서도 취득시효할 수 있다.
② 1필 토지의 일부에 대해서는 점유취득시효는 인정되나, 분필절차를 밟지 않는 한 등기부취득시효는 인정되지 않는다.
③ 공유지분에 대해서도 취득시효가 인정된다. 단, 공유물 전체를 점유하여야 한다.

> **기출지문 OX**
> 1필 토지의 일부에 대해서도 점유취득시효가 인정될 수 있다.
> • 30회 ( )
> 정답 (O)

④ 국유재산에 대해서는 원칙적으로 취득시효가 인정되지 않으나, 국유일반재산(과거 '잡종재산'이라 불렀음)에 대해서는 취득시효가 인정된다. 다만, 국유일반재산에 대해 취득시효가 완성된 후 등기가 경료되기 전에 행정재산으로 편입된 경우에는 취득시효가 인정되지 않는다.

(3) 시효기간의 기산점

① 점유자는 20년간 계속 점유하여야 한다. 점유의 계속사실은 추정된다(제198조). 시효기간의 기산점은 원칙적으로 점유개시 시이다. 따라서 점유자는 원칙적으로 기산점을 임의로 선택할 수 없고, 현재 점유하고 있는 시점을 기준으로 역산할 수 없다.
② 시효기간 중 소유자의 변동이 없는 경우에는 기산점을 임의로 선택할 수도 있고 역산할 수도 있다.
③ 시효기간 중 소유자의 변동이 있는 경우에는 다시 원칙으로 돌아가 점유개시 시를 기준으로 하여야 한다.
④ 취득시효 완성 후 소유자에 변동이 있더라도 당초의 점유자가 계속 점유하고 있고 소유자가 변동된 시점을 새로운 기산점으로 삼아도 다시 취득시효기간이 완성하는 경우(이를 '재취득시효' 또는 '2차의 취득시효'라 함)에는 소유권변동시점을 새로운 기산점으로 할 수 있다.
⑤ 앞 ① 내지 ④의 내용은 전점유자의 점유를 아울러 주장하는 경우에도 동일하게 적용된다. 따라서 점유의 병합을 주장하는 경우에는 원칙적으로 종전 점유자가 점유를 개시한 시점을 기준으로 하여야 하고, 종전 점유자의 점유기간 중의 임의의 시점을 선택해서 주장할 수 없다.

(4) 소유의 의사

① **자주점유**: 점유취득시효를 통하여 소유권을 취득하기 위해서는 소유의 의사로 점유하여야 한다.
② **판단기준**: 자주점유인지의 여부는 점유취득의 원인이 된 권원의 성질에 의해 객관적으로 결정하여야 한다는 것이 통설이다. 그러나 판례는 권원의 성질뿐만 아니라 점유와 관계가 있는 모든 사정을 고려하여야 한다고 한다(대판 2005.4.15, 2003다49627).
③ **판단시점**: 소유의 의사는 점유개시 시에 있으면 족하다.

기출지문 OX

국유재산 중 일반재산은 취득시효의 대상이 된다. •31회
( )

정답 (O)

④ **자주점유의 추정과 번복**
  ㉠ 추정규정의 보충성: 점유자는 소유의 의사로 점유한 것으로 추정된다(제197조 제1항). 자주점유의 추정에 관한 판례내용을 정리하면 다음과 같다.

권원이 없음이 밝혀진 경우		자주점유의 추정은 깨어진다.
권원이 있음이 밝혀진 경우	권원의 성질이 분명한 경우	
	권원의 성질이 불분명한 경우	자주점유로 추정된다.
권원의 존부가 불분명한 경우		

  ㉡ 입증책임: 자주점유로 추정되는 경우에는 상대방이 점유자의 점유가 타주점유임을 입증하여야 한다.
  ㉢ 추정의 번복: 판례는 악의의 무단점유가 입증된 경우에는 자주점유의 추정이 깨어진다고 한다. 즉, 점유자가 점유개시 당시에 소유권 취득의 원인이 될 수 있는 법률행위 기타 법률요건이 없이 그와 같은 법률요건이 없다는 사실을 알면서도 타인 소유의 부동산을 무단점유한 경우에는 점유자는 타인의 소유권을 배척하고 점유할 의사를 갖고 있지 않다고 보아야 하므로 이로써 자주점유의 추정은 깨진 것으로 보아야 한다고 하고 있다(대판 전합체 1997.8.21, 95다28625). 다만, 타인의 토지의 매매에 해당하여 그에 의하여 곧바로 소유권을 취득할 수 없다고 하더라도 그것만으로 자주점유의 추정이 번복되는 것은 아니다(대판 전합체 2000.3.16, 97다37661).
  ㉣ 양자의 전환

타주점유에서 자주점유로의 전환	타주점유가 자주점유로 전환하기 위해서는 새로운 권원에 의하여 다시 소유의 의사로 점유하거나 점유를 시킨 자에게 소유의 의사가 있음을 표시하여야 한다. 예를 들어, 임차인이 임차물을 매수하면 그때부터 자주점유가 된다.
자주점유에서 타주점유로의 전환	자주점유자가 새로운 권원에 기하여 타인을 위하는 의사를 가지고 점유를 시작하거나, 점유를 시킨 자에게 타주점유 의사를 표시하여야 한다. 예를 들어, 경락허가결정이 있으면 종전 소유자는 타주점유로 전환된다.

> ⊕ **보충** 상속이 새로운 권원인지의 여부
>
> 상속이 새로운 권원이 될 수 있는지에 대해 판례는 상속은 새로운 권원이 아니라고 한다. 따라서 판례에 의하면 상속인은 피상속인의 점유의 모습을 그대로 승계하고, 상속인이 새로운 권원에 의하여 자기 고유의 점유를 개시하지 않는 한 피상속인의 점유를 떠나 자기만의 점유를 주장할 수 없다고 한다.

(5) 평온·공연한 점유

점유는 직접점유뿐만 아니라 간접점유도 포함되며, 점유자는 평온하고 공연하게 점유한 것으로 추정된다(제197조 제1항).

(6) 등기

① 점유자가 위의 요건을 구비한 때에는 등기함으로써 그 소유권을 취득한다(제245조 제1항).
② 점유취득시효는 제187조의 예외로서 등기하여야 소유권을 취득한다.

> **⊕ 보충** 취득시효완성 전후의 법률관계
>
> 1. 취득시효완성으로 인한 등기청구권
>   ① 취득시효완성으로 인한 등기청구권은 법률규정에 의해 발생하는 채권적 청구권이다.
>   ② 등기청구의 상대방은 취득시효완성 당시의 소유자이다.
>   ③ 시효완성자(시효취득자)가 목적물을 계속 점유하고 있는 한 취득시효완성으로 인한 등기청구권은 소멸시효에 걸리지 않는다. 이때의 점유에는 직접점유, 간접점유를 불문한다.
>   ④ 시효완성 후 점유자가 부동산을 제3자에게 매도한 경우 소유자에 대한 등기청구권이 소멸하는 것은 아니나, 점유상실 시부터 등기청구권의 소멸시효는 진행한다.
>   ⑤ 시효완성자로부터 점유를 승계한 자는 그 부동산의 등기명의인에게 직접 자기 앞으로 소유권이전등기를 청구할 수는 없으며, 시효완성자의 등기청구권을 대위(代位)행사하여야 한다.
> 2. 취득시효완성 전후의 법률관계
>   ① 소유자가 취득시효완성 전에 제3자에게 부동산을 양도한 경우: 시효완성자는 제3자에 대해 취득시효의 완성을 원인으로 소유권이전등기를 청구할 수 있다.
>   ② 소유자가 취득시효완성 후에 제3자에게 부동산을 양도한 경우
>   ㉠ 시효완성자와 제3자의 법률관계: 시효완성자는 제3자에게 취득시효의 완성을 원인으로 소유권이전등기를 청구할 수 없다. 다만, 재취득시효(2차의 취득시효)는 가능하다.
>   ㉡ 시효완성자와 종전의 소유자의 법률관계: 종전의 소유자가 자신의 부동산을 처분하더라도 이는 원칙적으로 채무불이행이나 불법행위를 구성하지 않는다. 다만, 시효완성자가 취득시효를 주장하면서 소유권이전등기청구소송을 제기하여 입증까지 마친 경우 부동산소유자는 시효취득사실을 알 수 있으므로 제3자에게 부동산을 처분한 경우 시효완성자에 대해 불법행위를 구성한다. 그리고 나아가 제3자가 부동산소유자의 불법행위에 적극가담한 경우에는 종전 소유자와 제3자의 법률행위는 사회질서를 위반한 법률행위(제103조)에 해당하므로 무효가 된다.

기출지문 OX

취득시효완성으로 인한 소유권이전등기청구권은 원소유자의 동의가 없어도 제3자에게 양도할 수 있다. • 31회 (   )

정답 (O)

추가 미등기매수인의 경우에는 소멸시효가 진행 ×

3. 취득시효완성과 토지수용

시효완성자가 취득시효를 완성하였으나 당해 토지가 국가에 수용된 경우 시효완성자는 그 수용보상금에 대해 권리를 행사할 수 있는가가 대상청구권(代償請求權)의 문제이다. 이에 대해 판례는 시효완성자가 대상청구권을 행사하기 위해서는 이행불능(토지수용) 전에 등기명의인에 대해 취득시효가 완성되었음을 이유로 그 권리를 주장하거나 등기청구권을 행사하였어야 한다고 본다.

(7) 취득시효의 효과

① **원시취득**: 취득시효로 인한 소유권의 취득은 원시취득이다. 따라서 전(前) 권리자에게 존재하였던 모든 제한은 소멸한다. 다만, 승역지의 점유자가 지역권의 부담을 인용하는 상태에서 승역지를 시효취득한 경우 지역권은 존속한다. 한편 취득시효로 인한 소유권의 취득은 원시취득이므로 이론상 보존등기를 하여야 하나 실무상 이전등기를 한다.

② **취득시효의 소급효**: 취득시효로 인한 권리취득의 효과는 점유를 개시한 때에 소급한다(제247조 제1항). 따라서 시효기간 중에 시효완성자가 취득한 과실은 정당한 소유자로서 취득한 것이고, 시효기간 중 시효완성자가 한 임대 기타 처분은 유효한 것으로 된다. 다만, 모든 관계에서 소급효가 관철되는 것은 아니므로 시효기간 중의 원소유자가 한 처분 기타 법률행위는 유효하다.

(8) 취득시효의 중단, 정지 및 포기

① **취득시효의 중단**: 소멸시효의 중단에 관한 규정(제168조 내지 제178조)은 취득시효에도 준용된다(제247조 제2항). 따라서 시효중단의 사유와 효력은 소멸시효에서와 같다.

② **취득시효의 정지**: 소멸시효의 정지에 관한 규정(제179조 내지 제182조)이 취득시효에도 준용되는지에 관해 명문규정은 없지만, 통설은 시효정지제도의 취지에 비추어 소멸시효의 정지에 관한 규정을 취득시효에도 유추적용할 수 있다고 한다.

③ **취득시효이익의 포기**: 취득시효기간 만료 후에 시효이익을 포기할 수 있다(통설, 판례). 취득시효완성을 원인으로 소유권이전등기를 청구하였으나 상대방의 소유를 인정하고 소를 취하한 경우에는 취득시효이익의 포기로 볼 수 있다. 그러나 취득시효기간 경과 후에 소유자에 대해 매수를 제의한 것만으로는 취득시효이익의 포기로 볼 수 없다(대판 1989.4.11, 88다카5843).

기출지문 O X

甲 소유의 X토지를 乙이 20년 이상 소유의 의사로 평온, 공연하게 현재까지 점유하고 있다. 乙은 甲에게 취득시효완성을 이유로 X토지의 소유권이전등기를 청구하였지만, 아직 등기는 이전받지 못하였다. 이후 X토지가 수용되어 甲이 보상금을 수령한 경우, 乙은 甲에게 보상금의 반환을 청구할 수 없다. • 36회 (   )

정답 (×)

X토지가 수용되기 전에 등기청구권을 행사하였으므로 乙은 甲에게 보상금의 반환을 청구할 수 있다.

3. 등기부취득시효 •31회

(1) 서설
주체, 객체, 시효기간의 기산점, 소유의 의사, 평온·공연한 점유, 취득시효의 효과, 취득시효의 중단·정지 및 포기의 내용은 점유취득시효에서 설명한 내용과 같다. 이하에서는 등기부취득시효의 특별한 요건에 대해서 살펴보기로 한다.

(2) 시효취득자 명의의 등기
① 소유자가 아니면서 소유자로 등기되어 있어야 한다. 이때의 등기는 적법 유효한 등기일 필요는 없고 원인무효의 등기라도 무방하다.
② 다만, 판례는 부동산에 관하여 등기명의인을 달리하여 소유권보존등기가 경료된 경우, 먼저 이루어진 등기가 원인무효가 아니어서 뒤에 이루어진 소유권보존등기가 무효로 되는 때에는, 뒤에 이루어진 소유권보존등기나 이에 터잡은 소유권이전등기를 근거로 하여서는 등기부취득시효의 완성을 주장할 수 없다고 한다.

> **판례**
>
> 민법 제245조 제2항은 부동산의 소유자로 등기한 자가 10년간 소유의 의사로 평온·공연하게 선의이며 과실 없이 그 부동산을 점유한 때에는 소유권을 취득한다고 규정하고 있는바, 위 법 조항의 '등기'는 「부동산등기법」 제15조가 규정한 1부동산 1등기기록의 원칙에 위배되지 아니한 등기를 말한다. 따라서 어느 부동산에 관하여 등기명의인을 달리하여 소유권보존등기가 2중으로 경료된 경우 먼저 이루어진 소유권보존등기가 원인무효가 아니어서 뒤에 된 소유권보존등기가 무효로 되는 때에는, 뒤에 된 소유권보존등기나 이에 터잡은 소유권이전등기를 근거로 하여서는 등기부취득시효의 완성을 주장할 수 없다(대판 전합체 1996.10.17, 96다12511).

(3) 10년의 등기 및 점유
① 등기기간과 점유기간은 각각 10년이어야 한다. 문제는 소유자로 등기된 기간과 점유기간이 때를 같이하여 다같이 10년이어야 하는가이다. 이에 대해 다수설과 판례는 반드시 시효취득자 명의로 10년간 등기되어 있어야 하는 것은 아니고 전주명의의 등기기간까지 합쳐서 10년간 소유자로 등기되어 있으면 충분하다고 한다(대판 전합체 1989.12.26, 87다카2176). 왜냐하면 등기와 점유는 공시방법에 있어 동등한 가치를 가지므로 점유의 승계에 관한 제199조를 유추적용하여 등기의 승계도

기출지문 OX

중복등기로 인해 무효인 소유권보존등기에 기한 등기부취득시효는 부정된다. •31회 ( )

정답 (○)

인정된다는 것이다. 한편 상속등기를 경료하지 않은 상속인도 등기부 취득시효를 할 수 있다.
② 선의·무과실로 점유하여야 한다. 점유자의 선의는 추정되나(제197조 제1항), 무과실은 추정되지 않는다. 따라서 무과실에 대한 입증책임은 그 시효취득을 주장하는 자에게 있다. 선의·무과실은 시효기간 내내 계속되어야 하는 것은 아니고 점유를 개시한 때에 있으면 그것으로 충분하다.

4. 동산취득시효

(1) 장기취득시효
10년간 소유의 의사로 평온하고 공연하게 동산을 점유한 자는 그 소유권을 취득한다(제246조 제1항).

(2) 단기취득시효
5년간 소유의 의사로 평온하고 공연하게 선의로 과실(過失) 없이 동산을 점유한 때에는 그 소유권을 취득한다(제246조 제2항).

2 무주물선점, 유실물습득, 매장물발견

1. 무주물선점

> **제252조【무주물의 귀속】** ① 무주의 동산을 소유의 의사로 점유한 자는 그 소유권을 취득한다.
> ② 무주의 부동산은 국유로 한다.
> ③ 야생하는 동물은 무주물로 하고 사양하는 야생동물도 다시 야생상태로 돌아가면 무주물로 한다.

(1) 의의
무주의 동산을 소유의 의사로 점유한 자는 즉시 그 소유권을 취득한다(제252조).

(2) 요건
① 소유자가 없는 물건이어야 한다. 사양(飼養)하는 야생동물도 다시 야생상태로 돌아가면 무주물로 한다.

② 선점에 의하여 소유권을 취득할 수 있는 대상은 동산에 한한다. 무주의 부동산은 국유이다.
③ 소유의 의사로 점유하여야 한다. 소유의 의사는 자연적 의사이므로 제한능력자도 무주물선점에 의하여 소유권을 취득할 수 있다.

(3) 효과
① 위의 요건을 갖추는 경우 선점한 자는 즉시 소유권을 취득한다.
② 다만, 무주물이 학술, 기예 또는 고고의 중요한 재료가 되는 물건인 경우에는 국유로 한다. 다만, 선점한 자는 국가에 적당한 보상을 청구할 수 있다(제255조 제2항 유추적용).

2. 유실물습득

> **제253조 【유실물의 소유권취득】** 유실물은 법률에 정한 바에 의하여 공고한 후 6개월 내에 그 소유자가 권리를 주장하지 아니하면 습득자가 그 소유권을 취득한다.

(1) 의의
유실물은 법률의 규정(유실물법)에 따라 공고한 후 6개월 내에 그 소유자가 권리를 주장하지 않으면 습득자가 소유권을 취득한다(제253조).

(2) 요건
① 유실물 또는 이에 준하는 물건이어야 한다. 유실물이란 점유자의 의사에 기하지 않고 그 점유를 떠난 물건으로서 도품이 아닌 것을 말한다. 준유실물에는 범죄자가 놓고 간 것으로 인정되는 물건, 착오로 인하여 점유한 물건, 타인이 놓고 간 물건, 일실(逸失)한 가축 등이 있다.
② 습득하여야 한다. 습득이란 유실물의 점유를 취득하는 것을 말한다. 이때 소유의 의사나 유실물임에 대한 인식은 필요 없다.
③ 법률의 규정(유실물법)에 따라 공고한 후 6개월 내에 그 소유자가 권리를 주장하지 않아야 한다.

(3) 효과

① 위의 요건을 갖추는 경우 습득자는 소유권을 취득한다. 법률의 규정 (유실물법)에 따라 공고한 후 6개월 내에 그 소유자가 권리를 주장한 경우에는 유실물 습득에 의한 소유권취득은 인정되지 않는다. 다만, 이 경우에 습득자는 소유자에 대해 보상을 청구할 수 있다.

> **참고 보상청구의 범위**
> 1. 「유실물법」에 의하면 소유자는 원칙적으로 유실물건의 가액의 100분의 5 이상 100분의 20 이하의 보상금을 지급하여야 한다고 규정하고 있다(동법 제4조).
> 2. 유가증권의 경우에는 액면가가 아니라 유실자가 받게 되는 불이익을 기준으로 보상금을 정하여야 한다는 것이 판례의 태도이다.

② 습득한 유실물이 학술, 기예 또는 고고의 중요한 재료가 되는 물건인 경우에는 국유로 한다(제255조 제1항). 다만, 습득자는 국가에 대하여 적당한 보상을 청구할 수 있다(제255조 제2항).

3. 매장물발견

> **제254조【매장물의 소유권취득】** 매장물은 법률에 정한 바에 의하여 공고한 후 1년 내에 그 소유자가 권리를 주장하지 아니하면 발견자가 그 소유권을 취득한다. 그러나 타인의 토지 기타 물건으로부터 발견한 매장물은 그 토지 기타 물건의 소유자와 발견자가 절반하여 취득한다.

(1) 의의

매장물은 법률의 규정(유실물법)에 따라 공고한 후 1년 내에 그 소유자가 권리를 주장하지 않으면 발견자가 소유권을 취득한다(제254조).

(2) 요건

① 매장물이어야 한다. 매장물이란 토지 그 밖에 물건에 묻혀 외부에서 쉽게 발견할 수 없는 상태에 있고 현재 소유자가 누구인지 확인할 수 없는 물건을 말한다. 즉, 과거의 어느 누구에게 속하고 있었고 현재에도 상속에 의하여 소유권이 계속되고 있으나 소유자를 확정할 수 없는 물건이어야 한다. 매장물은 반드시 동산에만 한정되는 것은 아니고 부동산도 포함된다(건물의 발굴 등).

② 발견하여야 한다. 발견이란 매장물의 존재를 처음으로 인식하는 것으로 점유의 취득은 필요하지 않다.
③ 법률의 규정(유실물법)에 따라 공고한 후 1년 내에 그 소유자가 권리를 주장하지 않아야 한다.

(3) 효과

① 위의 요건을 갖추는 경우 발견자는 소유권을 취득한다. 그러나 타인의 토지 기타 물건으로부터 발견한 매장물은 그 토지 기타 물건의 소유자와 발견자가 절반하여 취득한다.
② 매장물이 학술, 기예 또는 고고의 중요한 재료가 되는 물건인 경우에는 국유로 한다(제255조 제1항). 다만, 발견자 및 매장물이 발견된 토지 기타 물건의 소유자는 국가에 대하여 적당한 보상을 청구할 수 있다(제255조 제2항).

3 첨부(부합·혼화·가공)

1. 서설

(1) 의의

① 첨부(添附)란 어떤 물건에 타인의 물건이 결합하거나 타인의 노력이 가하여지는 것으로서 이에는 부합·혼화·가공이 있다.
② 첨부제도는 어떤 물건에 타인의 물건이 결합하거나 타인의 노력이 가하여진 경우에 이를 원상회복하는 것이 물리적으로 불가능하지는 않다 하더라도 사회·경제적으로 불이익하므로 그 복구를 허용하지 않고서 그것을 어느 누구의 소유에 귀속시키고자 하는 데 취지가 있다.
③ 첨부에 의한 소유권취득은 법률규정에 의한 소유권취득이므로 공시방법을 요하지 않는다.

(2) 첨부의 중심적 효과

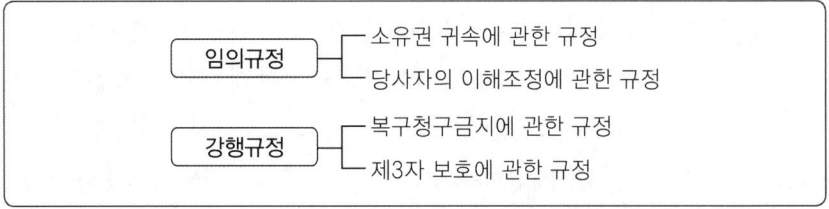

① 첨부의 중심적 효과로서는 소유권 귀속에 관한 내용, 당사자의 이해조정에 관한 내용, 복구청구금지에 관한 내용, 제3자 보호에 관한 내용이 있다. 이 중 소유권 귀속에 관한 규정과 당사자의 이해조정에 관한 규정은 임의규정에 해당하고, 복구청구금지에 관한 규정과 제3자 보호에 관한 규정은 강행규정에 속한다.

② 첨부규정(제256조부터 제259조까지의 규정)에 따라 동산의 소유권이 소멸된 경우에는 그 동산을 목적으로 한 다른 권리도 소멸되는 것이 원칙이다(제260조 제1항).

③ 동산의 소유자가 합성물, 혼화물 또는 가공물의 단독소유자가 된 경우에는 그 동산을 목적으로 한 다른 권리는 합성물, 혼화물 또는 가공물에 존속하고, 공유자가 된 경우에는 그의 지분(持分)에 존속한다(제260조 제2항).

④ 첨부의 경우에 손해를 입은 자는 부당이득에 관한 규정에 따라 보상을 청구할 수 있다(제261조).

2. 부합 · 28회 · 29회 · 30회

> **제256조【부동산에의 부합】** 부동산의 소유자는 그 부동산에 부합한 물건의 소유권을 취득한다. 그러나 타인의 권원에 의하여 부속된 것은 그러하지 아니하다.
>
> **제257조【동산 간의 부합】** 동산과 동산이 부합하여 훼손하지 아니하면 분리할 수 없거나 그 분리에 과다한 비용을 요할 경우에는 그 합성물의 소유권은 주된 동산의 소유자에게 속한다. 부합한 동산의 주종을 구별할 수 없는 때에는 동산의 소유자는 부합 당시의 가액의 비율로 합성물을 공유한다.

(1) 의의

부합이란 소유자를 각각 달리하는 수개의 물건이 결합하여 훼손이나 과다한 비용을 지출하지 않고서는 분리할 수 없어서 1개의 물건으로 되는 것을 말한다. 부합에는 부동산에의 부합과 동산 간의 부합이 있다.

(2) 부동산에의 부합

① **의의:** 부동산의 소유자는 그 부동산에 부합된 물건의 소유권을 취득한다. 다만, 타인의 권원(權原)에 의하여 부속된 것은 그렇지 않다(제256조).

② 요건
　㉠ 부동산에의 부합에 있어서 부합물은 동산에 한하지 않고 부동산도 포함된다(판례).
　㉡ 부합의 정도는 훼손하지 아니하면 분리할 수 없거나 그 분리에 과다한 비용을 요하는 경우이다.

> **판례**
>
> 주유소의 지하에 매설된 유류저장탱크는 토지로부터 분리하는 데 과다한 비용이 들고, 이를 분리하여 발굴할 경우 그 경제적 가치가 현저히 감소할 것이 분명하므로 토지에 부합한다(대판 1995.6.29, 94다6345).

③ 효과
　㉠ 부동산의 소유자는 그 부동산에 부합한 물건의 소유권을 취득한다(제256조 본문).
　㉡ 타인의 권원(權原)에 의하여 부속된 것은 부속시킨 자의 소유로 된다(제256조 단서). 권원(權原)이란 타인의 토지를 이용할 수 있는 정당한 근거로서 지상권·전세권·임차권 등을 말한다. 부속(附屬)이란 부합과 달리 독립한 물건이어야 함을 의미한다.

> **＋ 보충　부합 여부가 문제되는 경우**
>
> 1. 토지에의 부합 여부
>   ① 건물은 토지와 독립한 별개의 부동산이기 때문에 토지에 부합하지 않는다.
>   ② 입목(입목에 관한 법률에 의하여 등기된 수목의 집단)과 명인방법을 갖춘 수목의 집단은 토지와 독립한 별개의 부동산이므로 토지에 부합하지 않는다.
>   ③ 기타의 수목의 집단은 토지의 일부인 부동산이므로 토지에 부합한다.
>   ④ 농작물에 대해서 판례는 권원 없이 타인의 토지에 농작물을 심어 그 농작물이 수확기에 이른 경우 농작물은 토지에 부합하지 않고 언제나 경작자의 소유라고 한다.
> 2. 건물에의 부합 여부
>   ① 기존 건물을 증축 또는 개축한 경우 그 증축 또는 개축한 부분이 기존건물과 독립성이 있는 경우에는 기존 건물에 부합하지 않는다.
>   ② 이때 부합 여부는 증축부분이 기존 건물에 부착된 물리적 구조뿐만 아니라 이용면에서 독립한 경제적 효용을 가지고 있는지 및 증축하여 소유하는 자의 의사 등을 종합하여 판단하여야 한다는 것이 판례의 태도이다.

(3) 동산 간의 부합

① 동산과 동산이 부합하여 훼손하지 아니하면 분리할 수 없거나 그 분리에 과다한 비용을 요할 경우에는 그 합성물의 소유권은 주된 동산의 소유자에게 속한다(제257조 전단).
② 부합한 동산의 주종을 구별할 수 없는 때에는 동산의 소유자는 부합 당시의 가액의 비율로 합성물을 공유한다(제257조 후단).

3. 혼화

> **제258조【혼화】** 전조의 규정은 동산과 동산이 혼화하여 식별할 수 없는 경우에 준용한다.

(1) 혼화란 곡물 또는 금전이 혼합되거나, 술 또는 기름이 서로 섞인 것처럼 물건이 동종의 다른 물건과 섞여서 원물을 식별할 수 없게 되는 것을 말한다.

(2) 혼화의 경우에는 동산 간의 부합에 관한 규정을 준용한다(제258조). 주종을 구별할 수 있는 경우에는 주된 동산의 소유자가 소유권을 취득하고, 주종을 구별할 수 없는 경우에는 각 동산의 소유자는 혼화 당시의 가액의 비율로 합성물을 공유한다.

4. 가공

> **제259조【가공】** ① 타인의 동산에 가공한 때에는 그 물건의 소유권은 원재료의 소유자에게 속한다. 그러나 가공으로 인한 가액의 증가가 원재료의 가액보다 현저히 다액인 때에는 가공자의 소유로 한다.
> ② 가공자가 재료의 일부를 제공하였을 때에는 그 가액은 전항의 증가액에 가산한다.

(1) 가공이란 타인의 동산에 노력을 가하여 새로운 물건을 만들어내는 것을 말한다.

(2) 타인의 동산에 가공한 때에는 그 물건의 소유권은 원재료의 소유자에게 속한다(제259조 제1항 본문). 그러나 가공으로 인한 가액의 증가가 원재료의 가액보다 현저히 다액인 때에는 가공자의 소유로 한다(제259조 제1항 단서).

제3절 소유권에 기한 물권적 청구권

1 의의

(1) 소유권의 내용이 침해당하거나 침해당할 염려가 있는 경우에 소유자가 침해자에 대해 물건의 반환, 방해의 제거, 방해의 예방을 청구할 수 있는 권리를 말한다.

(2) 민법은 제213조와 제214조에서 소유권에 기한 물권적 청구권 규정을 두고, 이 규정을 다른 물권에 준용하고 있다(제290조·제301조·제319조·제370조).

2 유형 ·26회 ·29회 ·30회

> **제213조【소유물반환청구권】** 소유자는 그 소유에 속한 물건을 점유한 자에 대하여 반환을 청구할 수 있다. 그러나 점유자가 그 물건을 점유할 권리가 있는 때에는 반환을 거부할 수 있다.
> **제214조【소유물방해제거, 방해예방청구권】** 소유자는 소유권을 방해하는 자에 대하여 방해의 제거를 청구할 수 있고 소유권을 방해할 염려 있는 행위를 하는 자에 대하여 그 예방이나 손해배상의 담보를 청구할 수 있다.

1. 소유물반환청구권

(1) 요건

① 청구권자는 법률상 소유자로서 현재 물건을 점유하고 있지 않은 자이다. 법률상 소유자이어야 하므로 부동산 매수인이 이 권리를 행사하려면 소유권이전등기를 경료하여야 한다. 법률상 소유자인지의 여부는 사실심 변론종결 시를 기준으로 결정한다.

> 미등기 무허가건물의 양수인이라 할지라도 그 소유권이전등기를 경료받지 않는 한 그 건물에 대한 소유권을 취득할 수 없고, 그러한 상태의 건물양수인에게 소유권에 준하는 관습상의 물권이 있다고 볼 수도 없다. 따라서 건물을 신축하여 그 소유권을 원시취득한 자로부터 그 건물을 매수하였으나 아직 소유권이전등기를 갖추지 못한 자는 그 건물의 불법점거자에 대하여 직접 자신의 소유권 등에 기하여 명도를 청구할 수는 없다(대판 2007.6.15, 2007다11347).

② 상대방은 현재 물건을 점유하고 있는 자이다. 점유보조자는 점유권이 없으므로 상대방이 되지 않는다. 그러나 간접점유자는 점유권이 있으므로 소유자는 직접점유자뿐만 아니라 간접점유자에 대해서도 반환청구를 할 수 있다. 상대방의 고의·과실은 불문하며, 점유하고 있는지의 여부는 사실심 변론종결 시를 기준으로 결정한다.

③ 상대방에게 점유할 권리가 없어야 한다. 점유할 권리에는 지상권, 전세권, 유치권, 질권, 임차권, 동시이행의 항변권 등이 있다.

(2) 효과

소유자는 점유자에 대하여 물건의 반환을 청구할 수 있다. 반환은 점유의 이전, 즉 인도이다.

2. 소유물방해제거청구권

(1) 요건

① 청구권자는 소유권의 내용실현을 방해받고 있는 소유자이다. 과거에 소유자로서 방해를 받았더라도 소유권을 상실한 자는 방해제거청구를 할 수 없다.

② 상대방은 현재 방해상태를 지배하는 자이다. 따라서 타인의 토지에 무단으로 건물을 신축한 후 타인에게 양도한 경우에는 점유하고 있는 양수인이 상대방이 된다.

③ 상대방이 점유침탈 이외의 방법으로 소유권을 방해하고 있어야 한다. 방해란 현재에도 지속되고 있는 침해를 의미하고, 법익침해가 과거에 일어나서 이미 종결된 경우에 해당하는 손해와는 다르다. 상대방의 고의·과실은 불문한다.

(2) 효과

소유자는 상대방에 대하여 방해의 제거를 청구할 수 있다. 방해제거청구는 현재 계속되고 있는 방해의 원인을 제거하는 것을 말하며, 방해결과의 제거를 내용으로 하는 것이 되어서는 안 된다.

> **판례**
>
> 쓰레기 매립으로 조성한 토지에 소유권자가 매립에 동의하지 않은 쓰레기가 매립되어 있다 하더라도 이는 과거의 위법한 매립공사로 인하여 생긴 결과로서 소유권자가 입은 손해에 해당하므로, 그 쓰레기가 현재 소유권에 대하여 별도의 침해를 지속하고 있다고 볼 수 없으므로 소유권에 기한 방해배제청구권을 행사할 수 없다(대판 2003.3.28, 2003다5917).

기출지문 OX

물권적 방해배제청구권의 요건으로 요구되는 방해는 개념상 손해와 구별된다. •30회 ( )

정답 (○)

3. 소유물방해예방청구권

(1) 요건

① 청구권자는 소유권을 방해당할 염려가 있는 소유자이다.
② 상대방은 장차 소유권을 방해할 염려가 있는 행위를 하는 자이다. 상대방의 고의·과실은 불문한다.
③ 상대방이 소유권을 방해할 염려가 있어야 한다. 방해의 염려란 장차 방해가 생길 상당한 개연성을 의미하므로 관념적인 가능성만으로는 부족하다.

(2) 효과

소유자는 상대방에 대하여 방해예방 또는 손해배상의 담보를 청구할 수 있다(양자의 선택적 청구만 가능).

제4절 공동소유

1 공동소유 일반

1. 의의

(1) 공동소유란 하나의 물건을 수인이 공동으로 소유하는 것을 말한다.

(2) 공동소유의 유형으로 민법은 당사자 간의 인적 결합관계의 정도에 따라 공유, 합유, 총유의 3가지를 인정하고 있다.

(3) 공유(共有)란 1개의 소유권이 분량적으로 분할되어 수인에게 귀속하는 공동소유 형태를 말하고(제262조 제1항), 합유(合有)란 법률의 규정이나 계약에 따라 수인이 조합체(組合體)로서 물건을 소유하는 경우를 말하며(제271조 제1항 전단), 총유(總有)란 권리능력 없는 사단(법인 아닌 사단, 비법인사단)의 사원이 집합체로서 물건을 소유하는 경우를 말한다(제275조 제1항).

2. 공유·합유·총유의 비교

구분	공유	합유	총유
지분	공유지분	합유지분	지분이 없음
지분처분	자유(지분처분금지 특약 가능)	전원의 동의	없음
분할청구	자유	조합이 존속하는 동안은 불가	불가
보존행위	각자가 단독으로	각자가 단독으로	사원총회의 결의
관리행위	지분의 과반수	조합계약 ⇨ 조합원의 과반수	사원총회의 결의
물건의 처분·변경행위	전원의 동의	전원의 동의	사원총회의 결의
사용·수익	지분의 비율로 전부	지분비율, 조합계약	정관 기타 규약

2 공유 · 32회

> **제262조【물건의 공유】** ① 물건이 지분에 의하여 수인의 소유로 된 때에는 공유로 한다.
> ② 공유자의 지분은 균등한 것으로 추정한다.

1. 서설

(1) 공유(共有)란 1개의 소유권이 분량적으로 분할되어 수인에게 귀속하는 공동소유 형태를 말한다(제262조 제1항).

(2) 지분은 1개의 소유권의 분량적 일부분이다.

2. 공유관계의 성립

(1) 법률행위에 의한 성립
공유는 수인이 하나의 물건을 공동으로 소유하기로 합의함으로써 성립한다. 이때 그 물건이 동산이면 공동점유, 부동산인 경우에는 등기가 요구된다. 등기는 공유의 등기와 지분의 등기를 모두 하여야 한다.

(2) 법률규정에 의한 성립
① 수인이 공동으로 한 무주물선점·유실물습득·매장물발견
② 타인의 토지나 기타 물건에서 발견한 매장물
③ 주종을 구별할 수 없는 동산 간의 부합·혼화
④ 공유물의 과실
⑤ 건물의 구분소유에서의 공용부분
⑥ 경계에 설치된 경계표·담·구거(공유로 추정)
⑦ 공동상속재산, 공동포괄수유재산
⑧ 누구에게 속한 것인지 분명하지 않은 부부재산(공유로 추정)
⑨ 명의수탁자가 수인인 경우(판례)

3. 공유의 지분

(1) 지분의 개념
지분(持分)이란 '1개의 소유권의 분량적 일부분'을 말한다.

(2) 지분의 비율
① 지분의 비율은 공유자 사이의 약정 또는 법률규정에 의하여 정하여지나, 그것이 분명하지 않은 경우에는 균등한 것으로 추정한다(제262조 제2항).
② 공유자가 그 지분을 포기하거나 상속인 없이 사망한 때에는 그 지분은 다른 공유자에게 각 지분의 비율로 귀속한다(제267조). 그러나 「집합건물의 소유 및 관리에 관한 법률」에서는 민법 제267조 규정의 적용을 배제하고 있다(동법 제22조).

(3) 지분의 처분

① 각 공유자는 자유로이 자신의 지분을 처분할 수 있다(제263조 전단). 즉, 지분을 양도할 수 있고 자신의 지분 위에 담보물권을 설정할 수도 있다. 지분처분에 대한 다른 공유자의 동의는 필요하지 않다.

② 지분처분금지의 특약이 있더라도 이는 당사자 사이에서 채권적 효력을 가질 뿐이다.

4. 공유자 간의 법률관계 ·32회 ·35회

(1) 공유물의 사용·수익

공유자는 공유물 전부를 지분비율로 사용하고 수익할 수 있다(제263조 후단). 사용·수익의 대상은 공유물 전부이지 공유물의 특정부분이 아니다.

(2) 공유물의 관리 및 보존

① 공유물의 관리에 관한 사항은 공유자 지분의 과반수로써 결정한다(제265조 본문). 여기서 관리란 공유물의 이용·개량을 말한다.

② 공유물의 보존행위는 각자가 단독으로 할 수 있다(제265조 단서). 여기서 보존이란 공유물의 멸실 또는 훼손을 방지하고 그 현상을 유지하기 위하여 하는 행위를 말한다. 취득시효의 중단과 같은 물권적 청구권의 행사도 공유물의 보존행위에 해당한다. 따라서 공유자는 자신의 지분에 관하여 단독으로 제3자의 취득시효를 중단시킬 수 있다.

(3) 공유물의 처분·변경

① 공유자는 다른 공유자의 동의 없이 공유물을 처분하거나 변경할 수 없다(제264조). 즉, 공유물을 처분하려면 공유자 전원의 동의가 있어야 한다. 여기서 처분이란 공유물의 양도 또는 담보물권의 설정을 말한다. 변경이란 공유물에 대하여 사실상의 물리적인 변화를 가하는 것을 말한다.

② 공유자 중 1인이 다른 공유자의 동의 없이 공유물을 매도하여 매수인 명의로 소유권이전등기가 마쳐진 경우, 매매계약은 무효가 아니고 자기의 지분을 넘는 범위에서는 타인권리의 매매(제569조)에 해당하고, 매수인 명의로 된 소유권이전등기도 처분공유자의 지분범위 내에서는 유효하다는 것이 판례의 태도이다.

(4) 공유물에 대한 부담

공유자는 그 지분비율로 공유물의 관리비용 기타 의무를 부담한다(제266조

기출지문 OX

공유자는 자신의 지분에 관하여 단독으로 제3자의 취득시효를 중단시킬 수 없다. ·35회
( )

정답 (×)
취득시효의 중단과 같은 물권적 청구권의 행사는 공유물의 보존행위에 해당한다. 따라서 공유자는 자신의 지분에 관하여 단독으로 제3자의 취득시효를 중단시킬 수 있다.

제1항). 공유자가 1년 이상 관리비용 기타 의무이행을 지체한 때에는 다른 공유자는 상당한 가액으로 지분을 매수할 수 있다(제266조 제2항).

5. 공유의 주장에 관한 판례의 태도 •24회 •25회 •26회 •28회 •30회 •31회 •36회

(1) 공유자의 1인은 공유물에 관한 보존행위로서 제3자에 대하여 등기 전부의 말소를 청구할 수 있다(대판 1993.5.11, 92다52870).

(2) 공유자 중의 1인이 부정한 방법으로 공유물 전부에 관한 소유권이전등기를 그 단독명의로 경료한 경우 다른 공유자는 공유물의 보존행위로서 단독명의로 등기를 경료하고 있는 공유자에 대하여 그 공유자의 공유지분을 제외한 나머지 공유지분 전부에 관하여 소유권이전등기 말소등기절차의 이행을 청구할 수 있다(대판 1988.2.23, 87다카961).

(3) 과반수지분권자는 공유물의 관리에 관한 사항을 단독으로 결정할 수 있으므로 공유물의 특정부분을 배타적으로 사용·수익할 것을 정할 수 있다. 다만, 이 경우에도 공유물을 전혀 사용·수익하지 않고 있는 다른 공유자에 대하여 그 지분에 상응하는 부당이득반환의무는 있다(대판 1991.9.24, 88다카33855).

(4) 공유물의 소수지분권자가 다른 공유자와의 협의 없이 공유물을 배타적으로 점유하는 경우 다른 소수지분권자는 공유물의 보존행위로서 공유물의 인도를 청구할 수는 없고, 공유물에 대한 공동점유·사용을 방해하는 소수지분권자의 행위에 대한 방해금지나 소수지분권자가 설치한 지상물의 제거 등 방해제거만을 청구할 수 있다(대판 전합체 2020.5.21, 2018다287522).

(5) 일부 공유자가 공유물의 전부를 배타적으로 사용·수익하든 자신의 지분비율에 상응하는 부분을 배타적으로 사용·수익하든 공유물을 전혀 사용·수익하지 않고 있는 다른 공유자에 대하여 그 지분에 상응하는 부당이득반환의무가 있다(대판 2002.10.11, 2000다17803 ; 대판 2001.12.11, 2000다13948).

(6) 과반수지분의 공유자로부터 사용·수익을 허락받은 점유자에 대하여 소수지분의 공유자는 건물의 철거나 퇴거 등 점유배제를 청구할 수 없다(대판 2002.5.14, 2002다9738).

(7) 과반수지분의 공유자로부터 공유물의 특정부분의 사용·수익을 허락받은 점유자는 소수지분권자에 대하여 부당이득을 얻었다고 할 수 없다(대판 2002.5.14, 2002다9738).

기출지문 OX

甲, 乙, 丙은 각 1/3 지분으로 나대지인 X토지를 공유하고 있다. 이 경우 甲은 특별한 사정이 없는 한 X토지를 배타적으로 점유하는 丙에게 보존행위로서 X토지의 인도를 청구할 수 없다. •31회
( )

정답 (○)

(8) 공유토지에 관하여 점유취득시효가 완성된 후 취득시효완성 당시의 공유자들 일부로부터 과반수에 미치지 못하는 소수지분을 양수·취득한 제3자는 나머지 과반수지분에 관하여 취득시효에 의한 소유권이전등기를 경료받아 과반수지분권자가 될 지위에 있는 시효취득자(점유자)에 대하여 지상건물의 철거와 토지의 인도 등 점유배제를 청구할 수 없다(대판 2001.11.27, 2000다33638·33645).

6. 공유물의 분할 •29회 •35회

> **제268조【공유물의 분할청구】** ① 공유자는 공유물의 분할을 청구할 수 있다. 그러나 5년 내의 기간으로 분할하지 아니할 것을 약정할 수 있다.
> ② 전항의 계약을 갱신한 때에는 그 기간은 갱신한 날로부터 5년을 넘지 못한다.
> ③ 전2항의 규정은 제215조, 제239조의 공유물에는 적용하지 아니한다.

(1) 공유물분할의 자유
① 공유자는 언제든지 공유물의 분할을 청구할 수 있다(제268조). 공유물분할청구권은 일종의 형성권이다. 다만, 건물을 구분소유하는 경우의 공용부분(제215조) 및 경계에 설치된 경계표·담·구거(제239조) 등은 분할이 인정되지 않는다(제268조 제3항).
② 그러나 공유자는 5년 내의 기간을 정하여 그 기간 동안 분할하지 않기로 약정할 수 있다(제268조 제1항 단서). 불분할의 특약은 갱신할 수 있지만 계약을 갱신하는 경우에는 그 기간은 갱신한 날부터 5년을 넘을 수 없다(제268조 제2항). 또한 부동산의 공유에 있어서 불분할의 특약은 등기하여야 하고, 등기하지 않으면 지분의 양수인에게 대항할 수 없다.
③ 공유물분할청구권은 형성권이므로 공유물분할청구권을 행사하면 각 공유자 사이에는 공유물의 분할을 실현할 법률관계가 발생한다.

(2) 분할의 방법
① **협의에 의한 분할:** 공유물의 분할은 협의에 의하는 것이 원칙이다(제269조 제1항). 분할방법으로는 공유물을 그대로 양적으로 분할하는 현물분할(現物分割)이 원칙이지만, 경우에 따라서는 공유물을 매각하여 그 대금을 분할하는 대금분할(代金分割) 및 공유자의 한 사람이 단독소유권을 취득하고 다른 공유자에게 지분의 가격을 지급하는 가격배상(價格賠償)도 인정된다.

> **판례**
>
> 공유자 사이에 공유토지에 관한 현물분할의 협의가 성립한 경우에는 공유자들이 협의한 바에 따라 토지의 분필절차를 마친 후 각 단독소유로 하기로 한 부분에 관하여 다른 공유자의 공유지분을 이전받아 등기를 마침으로써 비로소 그 부분에 대한 대세적 권리로서의 소유권을 취득하게 된다고 보아야 한다(대판 전합체 2013.11.21, 2011두1917).

② **재판에 의한 분할:** 공유물의 분할방법에 관하여 협의가 이루어지지 않은 경우에는 공유자는 법원에 분할을 청구할 수 있다(제269조 제1항). 공유물분할의 소는 형성의 소이다. 따라서 그 판결의 확정으로 등기 없이 물권변동의 효과가 발생한다(제187조). 또한 공유물분할청구소송은 필요적 공동소송이므로 공유자 전원이 소송의 당사자로 되어야 한다. 재판에 의한 분할도 현물분할이 원칙이나, 현물로 분할할 수 없거나 분할로 인하여 그 가액이 현저히 줄어들 염려가 있으면 법원은 물건의 경매를 명할 수 있다(제269조 제2항).

> **판례**
>
> 여러 사람이 공유하는 물건을 재판에 의하여 현물분할하는 경우에는 분할청구자의 지분한도 안에서 현물분할을 하고 분할을 원하지 않는 나머지 공유자는 공유자로 남는 방법도 허용될 수 있다(대판 1991.11.12, 91다27228).

기출지문 O X

재판상 분할에서 분할을 원하는 공유자의 지분만큼은 현물분할하고, 분할을 원하지 않는 공유자는 계속 공유로 남게 할 수 있다.
• 35회 ( )

정답 (○)

(3) 분할의 효과

① **분할로 인한 담보책임:** 분할은 지분의 교환 또는 매매의 성질을 가지는 것이므로 공유자는 다른 공유자가 분할로 인하여 취득한 물건에 대하여 그의 지분 비율에 따라 매도인과 같은 담보책임이 있다(제270조).

② **분할의 효과의 불소급:** 분할은 지분의 교환 또는 매매의 성질을 가지기 때문에 분할의 효과는 소급하지 않는다. 다만, 예외적으로 상속재산의 분할은 상속개시 시에 소급하여 효력이 있다(제1015조).

7. 지분상의 담보물권

(1) 공유자의 지분 위에 성립하고 있던 담보물권은 분할에 의하여 어떠한 영향을 받는가?

(2) 그 지분을 가지는 자가 공유물의 일부를 취득한 경우에는, 담보물권은 종전의 지분의 범위 내에서 분할된 그 물건과 다른 공유자가 분할로 취득한 다른 물건 위에 존속한다.

(3) 그 지분을 가지는 자가 공유물 전부를 취득한 경우에는, 담보물권은 종전의 지분의 범위 내에서 그 물건 위에 존속한다.

(4) 공유물이 전부 제3자 또는 다른 공유자에게 귀속하고 그 지분을 가지는 자가 대금 또는 가격을 취득하는 경우에는, 담보물권은 종전의 지분의 범위 내에서 그 타인에게 귀속한 물건 위에 존속하며, 그 밖에 물상대위의 규정에 따라 그 대금이나 가격 위에 권리를 행사할 수 있다.

3 합유 ·27회 ·33회 ·34회 ·36회

1. 서설

> **제271조【물건의 합유】** ① 법률의 규정 또는 계약에 의하여 수인이 조합체로서 물건을 소유하는 때에는 합유로 한다. 합유자의 권리는 합유물 전부에 미친다.
> ② 합유에 관하여는 전항의 규정 또는 계약에 의하는 외에 다음 3조의 규정에 의한다.

(1) 의의

합유(合有)란 법률의 규정이나 계약에 따라 수인이 조합체(組合體)로서 물건을 소유하는 경우를 말한다(제271조 제1항 전단).

(2) 성질

합유는 총유보다 단체성이 약하고 구성원의 개성이 강하게 드러나므로 공유와 마찬가지로 지분을 가진다. 그러나 각 합유자 사이에는 공동목적을 위한 단체적 구속이 있기 때문에 지분처분의 자유와 분할청구권이 원칙적으로 인정되지 않는다.

2. 합유관계의 성립

계약에 의한 합유관계의 성립으로는 동업계약과 계(契)가 있고, 법률규정에 의한 합유관계의 성립에는 「신탁법」상의 조합과 「광업법」상의 조합이 있다.

3. 합유의 법률관계

(1) 합유지분

합유자의 권리(합유지분)는 합유물 전부에 미친다(제271조 제1항). 합유지분은 조합원의 지위와 분리될 수 없으므로 합유자는 전원의 동의 없이 합유물에 대한 지분을 처분할 수 없다(제273조 제1항).

> **판례**
>
> 부동산의 합유자 중 일부가 사망한 경우, 합유자 사이에 특별한 약정이 없는 한 사망한 합유자의 상속인은 합유자로서의 지위를 승계하는 것이 아니다. 따라서 해당 부동산은 잔존 합유자가 2인 이상일 때에는 잔존 합유자의 합유로 귀속되고, 잔존 합유자가 1인인 때에는 잔존 합유자의 단독소유로 귀속된다(대판 1996.12.10, 96다23238).

(2) 합유물의 처분·변경과 보존

합유물을 처분 또는 변경함에는 합유자 전원의 동의가 있어야 한다(제272조 본문). 그러나 합유물의 보존행위는 각자가 단독으로 할 수 있다(제272조 단서).

(3) 합유물의 분할청구

조합체가 존속하는 한 합유자는 합유물의 분할을 청구할 수 없다(제273조 제2항). 다만, 부득이한 사유가 있는 경우 각 조합원은 조합체의 해산을 청구할 수 있는데(제720조), 이 때에는 합유관계가 종료하므로 합유물을 분할할 수 있다.

4. 합유의 종료

(1) 합유는 조합체의 해산이나 합유물의 양도로 종료된다(제274조 제1항).

(2) 조합체의 해산에 따른 합유물의 분할에 관하여는 공유물의 분할에 관한 규정을 준용한다(제274조 제2항).

4 총유

1. 서설

> **제275조【물건의 총유】** ① 법인이 아닌 사단의 사원이 집합체로서 물건을 소유할 때에는 총유로 한다.
> ② 총유에 관하여는 사단의 정관 기타 계약에 의하는 외에 다음 2조의 규정에 의한다.

(1) 의의

총유(總有)란 권리능력 없는 사단(법인 아닌 사단, 비법인사단)의 사원이 집합체로서 물건을 소유하는 경우를 말한다(제275조 제1항).

(2) 성질

총유는 소유권 내용의 일부분인 관리·처분권능이 구성원의 총체에 속하고, 사용·수익권능은 각 구성원에 분속하는 점에서 다른 공동소유 형태와 다르다. 총유의 경우에는 지분이 없다.

> **참고 권리능력 없는 사단(법인 아닌 사단, 비법인사단)**
> 1. 사단(社團)으로서의 실질은 가지고 있으나 설립등기를 하지 아니하여 법인격을 취득하지 못한 경우를 말한다.
> 2. 권리능력 없는 사단의 예로는 종중(문중), 교회, 사찰, 동리부락, 채권자로 이루어진 청산위원회, 아파트입주자대표회의, 집합건물관리단, 주택조합, 어촌계 등을 들 수 있다.

2. 총유의 법률관계

(1) 총유물의 관리·처분과 사용·수익

총유물의 관리 및 처분은 사원총회의 결의에 따른다(제276조 제1항). 각 사원은 정관이나 기타 규약에 따라 총유물을 사용하고 수익할 수 있다(제276조 제2항).

> **판례**
> 총유재산에 관한 소송은 법인 아닌 사단이 그 명의로 사원총회의 결의를 거쳐 하거나 또는 그 구성원 전원이 당사자가 되어 필수적 공동소송의 형태로 할 수 있을 뿐 그 사단의 구성원은 설령 그가 사단의 대표자라거나 사원총회의 결의를 거쳤다 하더라도 그 소송의 당사자가 될 수 없고, 이러한 법리는 총유재산의 보존행위로서 소를 제기하는 경우에도 마찬가지라 할 것이다(대판 전합체 2005.9.15, 2004다44971).

(2) 총유물에 관한 권리와 의무의 취득·상실

총유물에 관한 사원의 권리와 의무는 사원의 지위를 취득하거나 상실함에 따라 취득하거나 상실한다(제277조).

5 준공동소유

> **제278조【준공동소유】** 본절의 규정은 소유권 이외의 재산권에 준용한다. 그러나 다른 법률에 특별한 규정이 있으면 그에 의한다.

준공동소유(準共同所有)란 소유권 이외의 재산권을 공동으로 소유하는 형태를 말한다. 준공동소유에 대해서는 공동소유에 관한 규정을 준용한다(제278조).

CHAPTER 04 최신기출문제로 확인!

01 소유권에 관한 설명으로 틀린 것은? (다툼이 있으면 판례에 따름) • 32회

① 기술적 착오로 지적도상의 경계선이 진실한 경계선과 다르게 작성된 경우, 그 토지의 경계는 실제의 경계에 따른다.
② 토지가 포락되어 원상복구가 불가능한 경우, 그 토지에 대한 종전 소유권은 소멸한다.
③ 타인의 토지를 통과하지 않으면 필요한 수도를 설치할 수 없는 토지의 소유자는 그 타인의 승낙 없이도 수도를 시설할 수 있다.
④ 포위된 토지가 공로에 접하게 되어 주위토지통행권을 인정할 필요성이 없어진 경우에도 그 통행권은 존속한다.
⑤ 증축된 부분이 기존의 건물과 구조상·이용상 독립성이 없는 경우, 그 부분은 기존의 건물에 부합한다.

키워드 상린관계

난이도

해설
① 토지소유권의 범위는 현실의 경계와 관계없이 지적공부상 경계에 의하여 확정되는 것이 원칙이다. 그러나 지적도를 작성하면서 기점을 잘못 선택하는 등 기술적인 착오로 말미암아 지적도상의 경계선이 진실한 경계선과 다르게 작성된 경우에는 토지의 경계는 실제의 경계에 의하여야 한다(대판 2006.9.22, 2006다24971).
② 한 번 포락되어 해면 아래에 잠김으로써 복구가 심히 곤란하여 토지로서의 효용을 상실하면 종전의 소유권이 영구히 소멸된다(대판 1992.9.25, 92다24677).
③ 타인의 토지를 통과하지 않으면 필요한 수도를 설치할 수 없는 토지의 소유자는 그 타인의 승낙 없이도 수도를 시설할 수 있다(제218조).
④ 일단 주위토지통행권이 발생하였다고 하더라도 나중에 그 토지에 접하는 공로가 개설됨으로써 주위토지통행권을 인정할 필요성이 없어진 때에는 그 통행권은 소멸한다(대판 1998.3.10, 97다47118).
⑤ 증축된 부분이 기존의 건물과 구조상·이용상 독립성이 없는 경우, 그 부분은 기존의 건물에 부합한다(대판 1981.12.8, 80다2821).

정답 01 ④

02 민법상 상린관계에 관한 설명으로 옳은 것을 모두 고른 것은? (다툼이 있으면 판례에 따름) · 33회

> ㉠ 토지 주변의 소음이 사회통념상 수인한도를 넘지 않은 경우에도 그 토지소유자는 소유권에 기하여 소음피해의 제거를 청구할 수 있다.
> ㉡ 우물을 파는 경우에 경계로부터 2미터 이상의 거리를 두어야 하지만, 당사자 사이에 이와 다른 특약이 있으면 그 특약이 우선한다.
> ㉢ 토지소유자가 부담하는 자연유수의 승수의무(承水義務)에는 적극적으로 그 자연유수의 소통을 유지할 의무가 포함된다.

① ㉠
② ㉡
③ ㉢
④ ㉠, ㉡
⑤ ㉡, ㉢

키워드 〉 상린관계

난이도 〉 ■■■■

해설 〉 ㉠ 토지 주변의 소음이 사회통념상 수인한도를 넘지 않는 경우에는 그 토지소유자는 소유권에 기하여 소음피해의 제거를 청구를 할 수 없다(대판 2007.6.15, 2004다37904).
㉡ 지하시설을 하는 경우에 있어서 경계로부터 두어야 할 거리에 관한 사항에 관한 규정은 임의규정이므로 이와 다른 내용의 당사자 간의 특약은 유효하다(대판 1982.10.26, 80다1634).
㉢ 자연유수의 승수의무란 토지소유자는 다만 소극적으로 이웃 토지로부터 자연히 흘러오는 물을 막지 못한다는 것뿐이지 적극적으로 그 자연유수의 소통을 유지할 의무까지 토지소유자로 하여금 부담케 하려는 것은 아니다(대판 1977.11.22, 77다1588).

정답 02 ②

03 부동산 점유취득시효에 관한 설명으로 옳은 것은? (다툼이 있으면 판례에 따름) • 34회

① 국유재산 중 일반재산이 시효완성 후 행정재산으로 되더라도 시효완성을 원인으로 한 소유권이전등기를 청구할 수 있다.
② 시효완성 당시의 소유권보존등기가 무효라면 그 등기명의인은 원칙적으로 시효완성을 원인으로 한 소유권이전등기청구의 상대방이 될 수 없다.
③ 시효완성 후 점유자 명의로 소유권이전등기가 경료되기 전에 부동산 소유명의자는 점유자에 대해 점유로 인한 부당이득반환청구를 할 수 있다.
④ 미등기부동산에 대한 시효가 완성된 경우, 점유자는 등기 없이도 소유권을 취득한다.
⑤ 시효완성 전에 부동산이 압류되면 시효는 중단된다.

> 키워드 〉 점유취득시효
> 난이도 〉 ■■■■□
> 해설 〉 ① 국유재산 중 일반재산은 취득시효의 대상이 된다(대판 2010.11.25, 2010다58957). 그러나 일반재산(과거에는 잡종재산이라 함)에 대하여 취득시효가 완성된 후 그 일반재산이 행정재산으로 편입된 경우에는 취득시효 완성을 원인으로 소유권이전등기를 청구할 수 없다(대판 1997.11.14, 96다10782).
> ② 점유취득시효완성을 원인으로 한 소유권이전등기청구는 취득시효완성 당시의 소유자를 상대로 하여야 하므로 시효완성 당시의 소유권보존등기 또는 이전등기가 무효라면 원칙적으로 그 등기명의인은 시효취득을 원인으로 한 소유권이전등기청구의 상대방이 될 수 없고, 이 경우 시효취득자는 소유자를 대위하여 무효등기의 말소를 구하고 다시 소유자를 상대로 취득시효완성을 이유로 한 소유권이전등기를 구하여야 한다(대판 2007.7.26, 2006다64573).
> ③ 부동산에 대한 점유취득시효가 완성하였으나 아직 소유권이전등기를 경료하지 아니한 점유자에 대하여 소유명의자는 점유로 인한 부당이득반환청구를 할 수 없다(대판 1993.5.25, 92다51280).
> ④ 미등기부동산의 점유자는 점유취득시효기간의 완성만으로 등기 없이 그 부동산의 소유권을 취득하는 것은 아니다(대판 2006.9.28, 2006다22074).
> ⑤ 부동산에 대한 압류 또는 가압류는 취득시효의 중단사유가 될 수 없다(대판 2019.4.3, 2018다296878).

정답 03 ②

04 甲 소유의 X토지를 乙이 20년 이상 소유의 의사로 평온, 공연하게 현재까지 점유하고 있다. 乙은 甲에게 취득시효완성을 이유로 X토지의 소유권이전등기를 청구하였지만, 아직 등기는 이전받지 못하였다. 이후 발생한 아래 각 상황에 관한 설명으로 틀린 것은? (다툼이 있으면 판례에 따름) • 36회

① 甲이 X토지 위에 비닐하우스를 설치한 경우, 乙은 甲에게 점유권에 기한 방해배제를 청구할 수 있다.
② 甲은 乙에게 X토지의 점유로 인한 손해의 배상을 청구할 수 없다.
③ 甲은 乙에게 X토지의 점유로 인한 부당이득의 반환을 청구할 수 없다.
④ X토지가 수용되어 甲이 보상금을 수령한 경우, 乙은 甲에게 보상금의 반환을 청구할 수 없다.
⑤ 甲이 乙의 시효완성 사실을 알면서도 丙에게 X토지를 처분하여 취득시효완성에 따른 소유권이전등기의 무가 이행불능이 된 경우, 乙은 甲에게 불법행위로 인한 손해배상을 청구할 수 있다.

| 키워드 | 취득시효 |
| 난이도 | ■■■□□ |
| 해설 | ① 시효완성자는 토지소유자에게 점유권에 기한 방해배제를 청구할 수 있다.
② 토지소유자는 시효완성자에게 토지의 점유로 인한 손해의 배상을 청구할 수 없다.
③ 토지소유자는 시효완성자에게 토지의 점유로 인한 부당이득의 반환을 청구할 수 없다.
④ 토지가 수용되기 전에 시효완성자가 등기청구권을 행사하거나 취득시효를 주장한 경우에는 대상청구권을 행사하여 토지소유자를 상대로 수용보상금의 양도를 청구할 수 있다.
⑤ 소유자가 시효완성 사실을 알고 제3자에게 부동산을 양도한 경우에는 소유자는 시효완성자에게 불법행위책임을 진다.

정답 04 ④

05 부동산 공유에 관한 설명으로 틀린 것은? (다툼이 있으면 판례에 따름) • 35회

① 공유물의 보존행위는 공유자 각자가 할 수 있다.
② 공유자는 공유물 전부를 지분의 비율로 사용·수익할 수 있다.
③ 공유자는 다른 공유자의 동의 없이 공유물을 처분하거나 변경하지 못한다.
④ 공유자는 자신의 지분에 관하여 단독으로 제3자의 취득시효를 중단시킬 수 없다.
⑤ 공유물 무단점유자에 대한 차임 상당의 부당이득반환청구권은 특별한 사정이 없는 한 각 공유자에게 지분 비율만큼 귀속된다.

키워드〉 공유의 법률관계
난이도〉 ■■■■

해설〉 ① 공유물의 보존행위는 각 공유자가 단독으로 할 수 있다.
② 각 공유자는 공유물 전부를 지분비율로 사용·수익할 수 있다.
③ 공유지분의 처분은 자유이지만, 공유물처분·변경 시에는 공유자 전원의 동의가 있어야 한다.
④ 취득시효의 중단과 같은 물권적 청구권의 행사는 공유물의 보존행위에 해당한다. 따라서 공유자는 자신의 지분에 관하여 단독으로 제3자의 취득시효를 중단시킬 수 있다.
⑤ 공유자는 공유물 무단점유자에 대해 자신의 지분에 상응하는 차임 상당의 부당이득반환을 청구할 수 있다.

정답 05 ④

06 민법상 합유에 관한 설명으로 틀린 것은? (특별한 사정이 없으며, 다툼이 있으면 판례에 따름) • 36회

① 합유자의 권리는 합유물 전부에 미친다.
② 합유는 조합체의 해산으로 인하여 종료한다.
③ 합유자는 조합체가 존속하는 한 합유물의 분할을 청구하지 못한다.
④ 합유자는 합유자 전원의 동의 없이 합유지분을 처분할 수 없다.
⑤ 부동산에 관한 합유지분의 포기는 등기 없이도 물권변동의 효력이 생긴다.

키워드 〉 합유의 법률관계

난이도 〉 ■■■■

해설 〉 ① 합유지분은 합유물 전부에 미친다.
② 합유는 조합체의 해산으로 인하여 종료한다.
③ 합유자는 조합체가 존속하는 한 합유물의 분할을 청구하지 못한다.
④ 합유자는 합유자 전원의 동의 없이 합유지분을 처분할 수 없다.
⑤ 부동산에 관한 합유지분의 포기는 등기하여야 물권변동의 효력이 생긴다.

정답 06 ⑤

05 | 용익물권

10개년 출제문항 수

27회	28회	29회	30회	31회
2	4	3	3	3
32회	33회	34회	35회	36회
3	2	3	3	4

↳ 총 40문제 中 평균 약 3문제 출제

학습전략

- 용익물권에서는 용익물권 일반, 지상권, 지역권, 전세권에 대한 내용을 학습합니다.
- 지상권, 전세권의 존속기간, 전세권의 효력에서 문제가 주로 출제되므로 관련 이론을 정리해 두는 것이 좋습니다.

제1절 용익물권 일반

1 서설

용익물권(用益物權)이란 타인의 물건을 일정한 범위 내에서 사용·수익할 수 있는 물권을 말한다. 용익물권은 물건의 사용가치를 지배한다는 점에서 물건의 교환가치를 지배하는 담보물권과 다르다. 용익물권에는 지상권, 지역권, 전세권의 세 가지가 있다.

2 용익물권의 종류 · 33회

1. 지상권

지상권은 타인의 토지에서 건물 기타 공작물이나 수목(樹木)을 소유하기 위하여 그 토지를 사용할 수 있는 권리이다.

2. 지역권

지역권은 일정한 목적을 위하여 타인의 토지를 자기 토지의 편익에 이용하는 권리이다.

3. 전세권

전세권은 전세금을 지급하고 타인의 부동산을 점유하여 그 부동산의 용도에 따라 사용·수익하며, 그 부동산 전부에 대하여 후순위권리자나 기타 채권자보다 우선하여 전세금을 변제받는 권리이다.

3 지상권·전세권·임차권의 비교

1. 각 제도의 특질

(1) 지상권
① 지상권자는 갱신청구권과 지상물매수청구권을 가진다.
② 지상권설정자도 지상물매수청구권을 가진다.

(2) 전세권
① 전세권자는 부속물매수청구권을 가진다.
② 전세권설정자도 부속물매수청구권을 가진다.
③ 토지전세권자에게는 갱신청구권과 지상물매수청구권이 인정되는 경우가 있다(대판 2007.9.21, 2005다41740).

(3) 임차권
① 토지임차인은 갱신청구권과 지상물매수청구권을 가진다(지상권자와 동일).
② 건물임차인·전차인은 부속물매수청구권을 가진다.

2. 각 제도의 비교

(1) 지상권자·전세권자·임차인 모두 수거권과 원상회복의무를 부담한다.
(2) 지상권자에게는 부속물매수청구권이 인정되지 않는다.
(3) 임대인에게는 지상물 또는 부속물매수청구권이 인정되지 않는다.

3. 개별적 중요사항

(1) 법정갱신(묵시의 갱신)
지상권에는 없고, 전세권(건물)과 임차권(토지 + 건물)에는 있다.

(2) 소멸청구와 해지

① 지상권에서는 2년 이상의 지료체납 시 소멸청구를 할 수 있다.

② 전세권에서는 사용목적 위반 시 소멸청구를 할 수 있다.

③ 임차권에서는 2기의 차임연체와 사용목적 위반 시 해지를 할 수 있다.

(3) 소멸통고 또는 해지통고

지상권에는 소멸통고제도가 없고, 전세권은 소멸통고제도를, 임대차는 해지통고제도를 두고 있다.

(4) 비용상환청구권

① 지상권자는 유익비상환청구권만 가진다(해석상 인정).

② 전세권자도 유익비상환청구권만 가진다(명문규정으로 인정).

③ 임차인은 필요비상환청구권, 유익비상환청구권 모두 가진다(명문규정으로 인정).

(5) 최단 존속기간

① 지상권에는 최단 존속기간 제한규정이 있다(30년, 15년, 5년).

② 전세권에는 건물전세권에만 최단 존속기간 제한규정이 있다(1년).

③ 임대차에는 최단 존속기간과 최장 존속기간 제한규정이 없다. 다만, 주택임대차(2년)와 상가건물임대차(1년)의 경우에는 최단 존속기간 제한규정이 있다.

제2절 지상권

1 의의

> **제279조 【지상권의 내용】** 지상권자는 타인의 토지에 건물 기타 공작물이나 수목을 소유하기 위하여 그 토지를 사용하는 권리가 있다.

(1) 지상권(地上權)이란 타인의 토지에서 건물 기타 공작물이나 수목(樹木)을 소유하기 위하여 그 토지를 사용할 수 있는 권리이다(제279조).

(2) 토지 위에 존재하는 건물 기타 공작물이나 수목은 지상물(地上物)이라 한다.

2 성질 •26회 •31회

1. 타물권

(1) 지상권은 '타인 소유'의 토지에 대해 성립하는 물권이다[이를 '타(他)물권'이라 함]. 또한 지상권은 물권이므로 '토지소유자'에 대한 권리가 아니라 '토지'에 대한 권리이며, 양도성과 상속성이 있다.

(2) 지상권은 1필 토지의 일부에 대해서도 성립할 수 있다.

2. 건물 기타 공작물이나 수목을 소유하기 위한 권리

(1) 공작물에는 지상공작물뿐만 아니라 지하공작물도 포함된다. 수목이란 식재(植栽)의 대상이 되는 식물만을 말하고, 경작의 대상이 되는 식물은 포함되지 않는다.

(2) 지상권은 지상물의 소유에 필요한 범위 내에서 그 부속지에까지 그 효력이 미친다.

3. 타인의 토지를 사용할 수 있는 권리

(1) 우리나라의 경우 토지와 건물은 별개 부동산이므로 건물은 토지에 부합하지 않는다. 따라서 우리 민법은 지상권을 타인의 토지를 '사용할 수 있는 권리'로 파악하고 있다.

(2) 지상권에는 부종성이 없다. 따라서 현재 건물 기타 공작물이나 수목이 없더라도 지상권은 성립할 수 있고, 기존의 건물 기타 공작물이나 수목이 멸실하더라도 지상권은 존속한다.

> **판례**
>
> **지상권의 부종성 여부**
> 입목에 대한 벌채권의 확보를 위하여 지상권을 설정하였다 할지라도 지상권에는 부종성이 인정되지 아니하므로 벌채권이 소멸했더라도 지상권마저 소멸하는 것은 아니다. 지상권은 독립된 물권으로서 다른 권리에 부종함이 없이 그 자체로써 양도될 수 있으며, 그 양도성은 민법 제282조·제289조에 의하여 절대적으로 보장되므로 소유자의 의사에 반하여도 자유롭게 타인에게 양도할 수 있다(대판 1991.11.8, 90다15716).

기출지문 OX

지상권설정의 목적이 된 건물이 전부 멸실하더라도 지상권은 소멸하지 않는다. •23회 ( )

정답 (O)

(3) 지상권은 토지를 점유할 수 있는 권리를 포함한다. 따라서 지상권자에게는 지상권과 점유권이 모두 인정된다.

4. 지료의 지급이 지상권의 성립요건인지의 여부

지료의 지급은 지상권의 성립요건이 아니다.

3 지상권의 취득

1. 법률행위에 의한 취득

지상권은 토지소유자(지상권설정자)와 지상권자 사이의 지상권설정계약과 등기에 의해 성립한다. 또한 유증과 지상권의 양도에 의해서도 지상권은 승계취득될 수 있다.

2. 법률규정에 의한 취득

상속, 공용징수, 판결, 경매, 그 밖에 법률의 규정(법정지상권과 관습법상의 법정지상권)에 의한 지상권의 취득은 등기를 요하지 않는다(제187조 본문). 다만, 점유취득시효의 경우에는 등기하여야 지상권을 취득한다(제245조 제1항, 제248조).

4 지상권의 존속기간

1. 존속기간을 약정한 경우

> **제280조 【존속기간을 약정한 지상권】** ① 계약으로 지상권의 존속기간을 정하는 경우에는 그 기간은 다음 연한보다 단축하지 못한다.
> 1. 석조, 석회조, 연와조 또는 이와 유사한 견고한 건물이나 수목의 소유를 목적으로 하는 때에는 30년
> 2. 전호 이외의 건물의 소유를 목적으로 하는 때에는 15년
> 3. 건물 이외의 공작물의 소유를 목적으로 하는 때에는 5년
> ② 전항의 기간보다 단축한 기간을 정한 때에는 전항의 기간까지 연장한다.

기출지문 OX

지료의 지급은 지상권의 성립요소이다. •31회 ( )

정답 (×)
지료의 지급은 지상권의 성립요건이 아니다.

(1) 지상권에는 최단 존속기간 제한규정이 있다(제280조). 즉, 석조, 석회조, 연와조 또는 이와 유사한 견고한 건물이나 수목의 소유를 목적으로 하는 경우에는 30년, 그 외의 건물의 소유를 목적으로 하는 경우에는 15년, 건물 외의 공작물의 소유를 목적으로 하는 경우에는 5년간은 최소한 존속기간이 보장된다. 지상권의 존속기간을 최단 존속기간보다 짧게 정한 경우에는 최단 존속기간까지 연장된다.

> **판례**
>
> 최단 존속기간에 관한 규정(제280조)은 지상권자가 건물이나 수목 등의 '소유'를 목적으로 지상권을 설정하는 경우를 그 대상으로 하는 것이므로, 기존 건물의 '사용'을 목적으로 지상권을 설정하는 경우에는 그 적용이 없다(대판 1996.3.22, 95다49318).

(2) 지상권에는 최장 존속기간 제한규정이 없다. 따라서 영구무한의 지상권설정이 가능한가가 문제되는데, 판례는 이를 긍정하고 있다.

2. 존속기간을 약정하지 아니한 경우

> **제281조【존속기간을 약정하지 아니한 지상권】** ① 계약으로 지상권의 존속기간을 정하지 아니한 때에는 그 기간은 전조의 최단 존속기간으로 한다.
> ② 지상권 설정 당시에 공작물의 종류와 구조를 정하지 아니한 때에는 지상권은 전조 제2호의 건물의 소유를 목적으로 한 것으로 본다.

(1) 계약으로 지상권의 존속기간을 정하지 않은 경우에는 최단 존속기간을 그 존속기간으로 한다(제281조 제1항).

(2) 지상권 설정 당시에 공작물의 종류와 구조를 정하지 않은 경우에는 지상권의 존속기간은 15년으로 본다. 따라서 수목의 소유를 목적으로 하는 지상권의 존속기간은 언제나(존속기간을 정했든 정하지 않았든) 최소한 30년간은 보장된다.

3. 계약의 갱신

(1) **약정갱신**

① 지상권의 존속기간이 만료한 경우 당사자는 합의에 의하여 지상권설정계약을 갱신할 수 있다.

② 당사자가 계약을 갱신하는 경우에는 지상권의 존속기간은 갱신한 날로부터 최단 존속기간보다 단축하지 못한다. 그러나 당사자는 이보다 장기의 기간을 정할 수 있다(제284조).

(2) 지상권자의 갱신청구권과 지상물매수청구권

> **제283조【지상권자의 갱신청구권, 매수청구권】** ① 지상권이 소멸한 경우에 건물 기타 공작물이나 수목이 현존한 때에는 지상권자는 계약의 갱신을 청구할 수 있다.
> ② 지상권설정자가 계약의 갱신을 원하지 아니하는 때에는 지상권자는 상당한 가액으로 전항의 공작물이나 수목의 매수를 청구할 수 있다.

① 갱신청구권
  ㉠ 지상권이 존속기간의 만료로 소멸된 때에 지상권이 설정된 토지 위에 건물 기타 공작물이나 수목이 현존한 때에는 지상권자는 계약의 갱신을 청구할 수 있다(제283조 제1항).
  ㉡ 갱신청구권은 청구권이다. 따라서 지상권자의 갱신청구로 곧 계약 갱신의 효과가 발생하는 것이 아니라 지상권설정자가 갱신청구에 응하여 갱신계약을 체결하여야 갱신의 효과가 발생한다.

② 지상물매수청구권
  ㉠ 지상권설정자가 계약의 갱신을 원하지 않는 경우에는 지상권자는 상당한 가액으로 지상물의 매수를 청구할 수 있다(제283조 제2항).
  ㉡ 지상물매수청구권은 형성권이다. 따라서 지상권자가 지상물매수청구권을 행사하면 지상권설정자의 승낙이 없이도 곧바로 지상물에 관한 매매계약이 성립한다.
  ㉢ 매수청구할 수 있는 지상물에는 제한이 없다. 다만, 지상권설정자가 지상권자의 지료체납을 이유로 지상권소멸청구를 하여 지상권이 소멸된 경우에는 지상물매수청구권을 행사할 수 없다(판례).

5 지상권의 효력 ·32회

1. 지상권자의 토지사용권

(1) 토지사용권의 내용
지상권자는 설정행위로 정한 목적범위 내에서 토지를 직접 사용할 수 있다.

반면 지상권설정자는 지상권자의 토지사용을 방해해서는 안 되는 소극적인 인용의무를 부담한다.

(2) 상린관계규정의 준용

지상권은 토지를 이용할 수 있는 권리이므로 지상권자와 인지소유자(지상권자, 전세권자, 임차인 포함) 사이에는 상린관계에 관한 규정이 준용된다(제290조, 제216조 내지 제244조).

(3) 물권적 청구권

지상권자에게는 지상권과 점유권이 모두 인정되므로 지상권이 침해된 경우 지상권자는 지상권에 기한 물권적 청구권뿐만 아니라 점유권에 기한 물권적 청구권도 행사할 수 있다.

2. 지상권의 처분 •25회 •26회 •28회 •29회 •31회 •34회

> **제282조 【지상권의 양도, 임대】** 지상권자는 타인에게 그 권리를 양도하거나 그 권리의 존속기간 내에서 그 토지를 임대할 수 있다.

(1) 투하자본의 회수

지상권자는 타인의 토지 위에 건물을 축조하거나 수목을 식재하여 많은 자본을 투하하게 된다. 따라서 지상권자는 자신이 투하한 자본을 회수할 필요가 생긴 경우에는 지상권을 처분할 수 있어야 한다.

(2) 지상권의 양도·임대·담보제공

① 지상권자는 지상권설정자의 동의 없이 타인에게 지상권을 양도하거나 지상권의 존속기간 내에서 지상권이 설정된 토지를 임대할 수 있고(제282조), 또한 지상권을 담보로 제공할 수 있다. 지상권을 담보로 제공하는 방법은 저당권을 설정하는 것뿐이다.
② 지상권설정자는 설정행위로써 지상권의 처분을 금지시킬 수 없다. 지상권의 처분에 관한 규정(제282조)은 편면적 강행규정이므로 양도·임대·담보제공을 금지하는 특약은 지상권자에게 불리하므로 모두 무효이다.

3. 지료지급의무

(1) 지료
① 지료의 지급은 지상권의 성립요건이 아니나, 당사자가 지료의 지급을 약정한 때에는 지상권자는 지료지급의무를 부담한다. 따라서 지료에 관한 약정이 있는 경우 지상권설정자는 지상권자에게 지료의 지급을 청구할 수 있다. 지료지급청구권은 청구권이다.
② 지료는 금전에 한하지 않으며, 일시급이든 정기급이든 불문한다.

(2) 지료증감청구권
지료가 토지에 관한 조세 기타 부담의 증감이나 지가의 변동으로 인하여 상당하지 아니하게 된 때에는 당사자는 그 증감을 청구할 수 있다(제286조). 지료증감청구권은 형성권이다.

(3) 지료체납의 효과 ・29회 ・31회

> **제287조【지상권소멸청구권】** 지상권자가 2년 이상의 지료를 지급하지 아니한 때에는 지상권설정자는 지상권의 소멸을 청구할 수 있다.
> **제288조【지상권소멸청구와 저당권자에 대한 통지】** 지상권이 저당권의 목적인 때 또는 그 토지에 있는 건물, 수목이 저당권의 목적이 된 때에는 전조의 청구는 저당권자에게 통지한 후 상당한 기간이 경과함으로써 그 효력이 생긴다.

① 지상권설정자는 지상권자가 2년 이상의 지료를 지급하지 않으면 지상권의 소멸을 청구할 수 있다(제287조). 지상권소멸청구권은 형성권이다.
② 이때의 '2년'이란 연속된 2년간의 지료체납을 의미하는 것이 아니라 체납한 지료의 합산액이 2년분에 이르면 된다는 의미이다.

> **판례**
> 1. 지상권자의 지료지급 연체가 토지소유권의 양도 전후에 걸쳐 이루어진 경우 토지양수인에 대한 연체기간이 2년분이 되지 않는다면 양수인은 지상권소멸청구를 할 수 없다(대판 2001.3.13, 99다17142).
> 2. 지상권설정자가 지상권의 소멸을 청구하지 않고 있는 동안 지상권자로부터 연체된 지료 일부를 받고 이의 없이 수령하여 연체된 지료가 2년 미만으로 된 경우에는 종전에 2년분의 지료를 연체하였다는 사유를 들어 지상권자에게 지상권의 소멸을 청구할 수 없다(대판 2014.8.28, 2012다102384).
> 3. 법정지상권의 지료액수가 판결에 의하여 정해진 경우 지체된 지료가 판결확정의 전후에 걸쳐 2년분 이상일 경우에는 토지소유자는 지상권의 소멸을 청구할 수 있다(대판 2005.10.13, 2005다37208).

기출지문 O X

지료체납 중 토지소유권이 양도된 경우, 양도 전·후를 통산하여 2년에 이르면 지상권소멸청구를 할 수 있다. ・31회 ( )

정답 (×)
지상권자의 지료지급 연체가 토지소유권의 양도 전후에 걸쳐 이루어진 경우 토지양수인에 대한 연체기간이 2년이 되지 않는다면 양수인은 지상권소멸청구를 할 수 없다.

6 지상권의 소멸

1. 소멸원인

(1) 일반적 소멸원인

지상권은 목적물(토지)의 멸실, 공용징수, 혼동, 소멸시효, 존속기간의 만료, 약정소멸사유의 발생, 지상권에 우선하는 저당권의 실행에 의한 경매 등에 의하여 소멸한다.

(2) 특유한 소멸원인

① **지상권설정자의 소멸청구:** 지상권설정자는 지상권자가 2년 이상의 지료를 지급하지 않으면 지상권의 소멸을 청구할 수 있다(제287조). 지상권설정자의 소멸청구의 경우에는 말소등기 없이도 지상권이 소멸한다(다수설).

② **지상권의 포기:** 지상권은 자유롭게 포기할 수 있으나, 유상의 지상권의 경우에는 포기로 인하여 토지소유자가 입은 손해를 배상하여야 한다. 지상권의 포기의 경우에는 말소등기까지 하여야 지상권이 소멸한다(다수설). 한편 지상권이 저당권의 목적이 된 때에는 저당권자의 동의 없이 포기할 수 없다.

2. 소멸효과

> 제285조【수거의무, 매수청구권】① 지상권이 소멸한 때에는 지상권자는 건물 기타 공작물이나 수목을 수거하여 토지를 원상에 회복하여야 한다.
> ② 전항의 경우에 지상권설정자가 상당한 가액을 제공하여 그 공작물이나 수목의 매수를 청구한 때에는 지상권자는 정당한 이유 없이 이를 거절하지 못한다.

(1) 수거권과 원상회복의무

지상권이 소멸된 경우에는 지상권자는 건물 기타 공작물이나 수목을 수거하여 토지를 원래 상태로 회복시켜야 한다(제285조 제1항). 이는 지상권자의 권리이자 의무이다.

(2) 지상권설정자의 지상물매수청구권

① 지상권이 소멸한 경우에 지상권설정자가 상당한 가액을 제공하여 그 공작물이나 수목의 매수를 청구한 때에는 지상권자는 정당한 이유 없이 그 청구를 거절할 수 없다(제285조 제2항). 상당한 가액이란 매수청구권 행사 당시의 시가 상당액을 말한다.

② 지상권설정자의 지상물매수청구권 역시 형성권이다. 따라서 지상권설정자가 지상물의 시가에 해당하는 금액을 제공하여 지상물의 매수를 청구하면 지상권자의 승낙이 없이도 곧바로 지상물에 관한 매매계약이 성립한다.

(3) 지상권자의 유익비상환청구권

지상권자는 토지를 직접 사용하므로 필요비의 상환을 청구할 수 없고, 유익비에 대해서만 그 상환을 청구할 수 있다(제310조와 제626조 제2항의 유추적용).

7 편면적 강행규정

제280조 내지 제287조의 규정, 즉 지상권의 존속, 지상권의 양도 및 임대, 갱신청구권과 지상물매수청구권, 지료증감청구권, 지상권소멸청구권에 관한 규정은 편면적 강행규정이므로 이를 위반하는 계약으로서 지상권자에게 불리한 것은 효력이 없다(제289조).

8 특수지상권

1. 구분지상권

> **제289조의2【구분지상권】** ① 지하 또는 지상의 공간은 상하의 범위를 정하여 건물 기타 공작물을 소유하기 위한 지상권의 목적으로 할 수 있다. 이 경우 설정행위로써 지상권의 행사를 위하여 토지의 사용을 제한할 수 있다.
> ② 제1항의 규정에 의한 구분지상권은 제3자가 토지를 사용·수익할 권리를 가진 때에도 그 권리자 및 그 권리를 목적으로 하는 권리를 가진 자 전원의 승낙이 있으면 이를 설정할 수 있다. 이 경우 토지를 사용·수익할 권리를 가진 제3자는 그 지상권의 행사를 방해하여서는 아니 된다.
> **제290조【준용규정】** ① 제213조, 제214조, 제216조 내지 제244조의 규정은 지상권자 간 또는 지상권자와 인지소유자 간에 이를 준용한다.
> ② 제280조 내지 제289조 및 제1항의 규정은 제289조의2의 규정에 의한 구분지상권에 관하여 이를 준용한다.

(1) 의의

구분지상권이란 지하나 지상의 공간에 상하의 범위를 정하여 건물이나 기타 공작물을 소유하기 위한 지상권을 말한다(제289조의2 제1항).

(2) 특징

① 구분지상권은 과학기술의 발달 및 경제적 필요에 따라 토지이용의 입체화가 가능해짐에 따라 현실화된 권리이다.
② 구분지상권이 설정되는 경우에는 그 목적이 되는 층 이외의 층은 원칙적으로 토지소유자가 그대로 이용한다.
③ 구분지상권은 건물이나 기타 공작물을 소유하기 위한 권리이므로 지상권과 본질적인 차이는 없고, 객체가 토지의 상하의 어느 층에 한정된다는 점에서 지상권과 양적인 차이만 있는 것이다.
④ 수목을 소유하기 위한 구분지상권을 설정할 수는 없다.

(3) 성립

① 구분지상권이 성립하기 위해서는 구분지상권설정계약과 등기가 있어야 한다.
② 구분지상권의 객체는 토지의 어느 층에 한정되므로 반드시 토지의 상하의 범위를 정하여 등기하여야 한다.
③ 제3자가 토지를 사용·수익할 권리를 가진 경우에도 그 권리자와 그 권리를 목적으로 하는 권리를 가진 자 전원의 승낙이 있으면 구분지상권을 설정할 수 있다. 이 경우 토지를 사용·수익할 권리를 가진 제3자는 그 지상권의 행사를 방해해서는 안 된다(제289조의2 제2항).

(4) 효과

① **토지사용권의 범위:** 토지사용권의 범위는 설정행위에서 정해진 구분층에 한정되고, 나머지 부분은 토지소유자 또는 이용권자가 그대로 사용한다.
② **토지사용권의 제한**
  ㉠ 설정행위로써 구분지상권의 행사를 위하여 토지소유자의 사용권을 제한할 수 있고, 이를 등기하면 제3자에게 대항할 수 있다.
  ㉡ 기존 이용권자의 승낙을 얻어 구분지상권이 설정된 경우 기존 이용권자는 구분지상권의 정당한 행사를 방해해서는 안 된다.

ⓒ 구분지상권에 관해서는 지상권의 정의규정(제279조)을 제외한 모든 규정이 준용된다. 따라서 구분지상권에 관한 내용은 지상권에 관한 내용과 동일하다.
ⓓ 구분지상권에 관해서도 상린관계규정이 준용된다.
ⓔ 구분지상권에 기하여 토지에 부속된 공작물의 소유권은 구분지상권자에게 귀속한다(제256조 단서).

추가 수목의 소유를 위한 구분지상권은 불가능하기 때문이다.

2. 분묘기지권 •26회 •35회

(1) 의의
분묘기지권(墳墓基地權)이란 분묘를 소유하기 위하여 기지를 사용할 수 있는 권리를 말한다.

(2) 성립요건
① **세 가지 취득원인**: 판례에 의하면, 분묘기지권을 취득하는 원인에는 세 가지가 있다.
  ㉠ 토지소유자의 승낙을 얻어 분묘를 설치한 경우: 설치 당시 당사자의 약정에 의한 지료지급의무의 존부와 범위는 토지의 승계인에게도 효력이 미친다.
  ㉡ 자기 소유 토지에 분묘를 설치하고 그 토지를 타인에게 양도한 경우: 분묘기지권이 성립한 때부터 지료를 지급하여야 한다.
  ㉢ 분묘기지권을 시효취득한 경우

> **◎ 참고** **시효취득의 주체**
> 분묘기지권을 시효취득하는 자는 제사주재자(일반적으로 종손)이다. 따라서 방계자손은 분묘기지권을 시효취득할 수 없다. 다만, 분묘에 안치된 선조의 자손들은 종손의 권리에 터잡아 분묘의 기지를 사용할 수 있다.

② **공시방법**: 분묘기지권은 분묘 자체가 공시방법의 기능을 하므로 등기는 필요 없다. 분묘가 평장(平葬) 또는 암장(暗葬)된 경우에는 분묘기지권을 취득할 수 없다.

기출지문 O X

자기 소유 토지에 분묘를 설치한 사람이 그 토지를 양도하면서 분묘를 이장하겠다는 특약을 하지 않음으로써 분묘기지권을 취득한 경우, 분묘기지권자는 특별한 사정이 없는 한 분묘기지권이 성립한 때부터 지료를 지급할 의무가 있다. •35회 ( )

정답 (O)

> **판례**
>
> **분묘기지권의 취득과 공시방법**
> 타인 소유의 토지에 소유자의 승낙 없이 분묘를 설치한 경우에는 20년간 평온, 공연하게 그 분묘의 기지를 점유하면 지상권 유사의 관습법상의 물권인 분묘기지권을 시효로 취득한다. 이러한 분묘기지권은 봉분 등 외부에서 분묘의 존재를 인식할 수 있는 형태를 갖추고 있는 경우에만 인정되고, 평장되어 있거나 암장되어 있어 객관적으로 인식할 수 있는 외형을 갖추고 있지 아니한 경우에는 인정되지 않는다(대판 1996.6.14, 96다14036).

(3) 효력

① **분묘기지권의 보호**: 분묘가 침해된 경우 분묘소유자는 그 침해의 배제를 청구할 수 있다.

② **효력범위**

㉠ 분묘기지권의 범위는 분묘가 설치된 기지에 국한되는 것이 아니고 분묘의 수호 및 제사의 봉행에 필요한 주위의 빈 땅에도 효력이 미친다.

㉡ 이미 설치되어 있는 분묘를 소유하기 위해서만 분묘기지권을 취득한다. 기존의 분묘기지권이 미치는 지역적 범위 내에서 부부 합장을 위한 쌍분형태의 분묘를 새로이 설치할 수 없다(대판 1997.5.23, 95다29086). 또 부부 중 일방이 먼저 사망하여 이미 그 분묘가 설치되고 그 분묘기지권이 미치는 범위 내에서 그 후에 사망한 다른 일방을 단분형태로 합장하여 분묘를 설치하는 것도 허용되지 않는다(대판 2001.8.21, 2001다28367).

③ **존속기간**: 분묘기지권의 존속기간을 약정한 경우에는 약정기간에 의한다. 존속기간을 약정하지 않은 경우에는 권리자가 분묘의 수호와 제사의 봉행을 계속하는 한 분묘기지권의 존속기간도 계속되어야 한다. 따라서 분묘기지권에는 지상권의 존속기간에 관한 규정을 유추적용해서는 안 된다.

> **⊕ 보충** **지료지급 여부**
>
> 1. 토지소유자의 승낙을 얻어 분묘를 설치한 경우에는 지료에 관한 당사자의 약정이 있으면 약정에 의하고, 약정이 없는 경우에는 무상이다.
> 2. 자기 소유 토지에 분묘를 설치하고 그 토지를 타인에게 양도한 경우에는 유상이다.
> 3. 분묘기지권을 시효취득한 경우에는 유상이다.

3. 법정지상권

(1) 의의와 인정이유

① 우리 법제는 토지와 건물을 별개의 부동산으로 취급하므로 타인의 토지를 이용하기 위해서는 반드시 토지에 대한 이용권원(지상권, 전세권, 임차권 등)이 있어야 한다. 그런데 이러한 이용권원을 설정할 수 없는 상태에서 토지와 건물의 소유자가 달라지는 경우 건물은 철거될 수밖에 없다.

② 따라서 토지와 건물의 소유자가 다른 경우 건물소유자가 토지소유자와 토지의 이용관계에 대한 협의를 미리 할 수 없는 부득이한 경우에 건물의 철거를 방지하고 건물소유자의 잠재적인 토지이용관계를 현실화하기 위하여 법정지상권이 인정되는 것이다.

③ 법정지상권은 건물의 철거를 방지하기 위하여 인정되므로 법정지상권을 취득하는 자는 항상 건물소유자(입목소유자)이다.

(2) 성질

법정지상권에 관한 규정은 강행규정이다. 따라서 당사자의 특약에 의하여 법정지상권의 성립을 배제할 수 없다.

(3) 유형

① **제305조 제1항:** 대지와 건물이 동일한 소유자에 속한 경우에 건물에 전세권을 설정한 때에는 그 대지소유권의 특별승계인은 전세권설정자에 대하여 지상권을 설정한 것으로 본다.

② **제366조:** 저당물의 경매로 인하여 토지와 그 지상건물이 다른 소유자에 속한 경우에는 토지소유자는 건물소유자에 대하여 지상권을 설정한 것으로 본다.

③ 「**가등기담보 등에 관한 법률**」 **제10조:** 토지와 그 위의 건물이 동일한 소유자에게 속한 경우 그 토지나 건물에 대하여 소유권을 취득하거나 본등기가 행하여진 경우 그 건물의 소유를 목적으로 그 토지 위에 지상권이 설정된 것으로 본다.

④ 「**입목에 관한 법률**」 **제6조:** 입목의 경매나 기타 사유로 토지와 그 입목이 각각 다른 소유자에게 속하게 되는 경우에는 토지소유자는 입목소유자에 대하여 지상권을 설정한 것으로 본다.

4. 관습법상의 법정지상권 •24회•28회•36회

(1) 의의
관습법상의 법정지상권이란 토지와 건물이 동일한 소유자에게 속하였다가 그중 어느 하나가 매매 기타 사유로 소유자가 다르게 된 경우에 건물을 철거한다는 특약이 없는 한 건물소유자가 당연히 취득하는 지상권을 말한다.

(2) 성질
① 관습법상의 법정지상권은 판례에 의해 인정된 관습법상의 물권이다.
② 관습법상의 법정지상권은 건물을 철거한다는 '특약'이 없는 경우에 인정되는 것이므로 관습법상의 법정지상권에 관한 규정은 임의규정이다.

(3) 성립요건
① **토지와 건물이 동일인 소유일 것**
　㉠ 토지 위에 건물이 존재하면 되므로 미등기건물·무허가건물의 경우에도 관습법상의 법정지상권이 성립할 수 있다.
　㉡ 토지와 건물이 처분 당시에 동일인의 소유에 속하면 족하고, 원시적으로 동일인의 소유에 속할 필요는 없다.
② **토지와 건물 중 어느 하나가 매매 기타 사유로 소유자가 달라질 것**
　㉠ '매매 기타 사유'에는 매매뿐만 아니라 증여, 대물변제, 공유물분할, 귀속재산의 불하, 통상의 강제집행(강제경매),「국세징수법」에 의한 공매 등도 포함된다.
　㉡ 소유자가 달라지는 시점은 법률행위인 경우에는 소유권이전등기를 경료한 때이고, 통상의 강제집행(강제경매)과「국세징수법」에 의한 공매의 경우에는 매수인이 매각대금을 다 낸 때이다.
③ **당사자 사이에 건물을 철거한다는 특약이 없을 것**
　㉠ 당사자 사이에 건물철거의 합의가 있는 경우에는 관습법상의 법정지상권은 성립하지 않는다.
　㉡ 건물철거의 특약의 존재에 대한 주장·입증책임은 그러한 특약의 존재를 주장하는 자가 부담한다.

(4) 효력
① 관습법상의 법정지상권은 법률규정에 의한 물권변동이므로 등기 없이 취득한다(제187조 본문). 따라서 건물소유자는 법정지상권을 취득할 당시의 토지소유자에 대하여서는 물론 그로부터 토지소유권을 전득한 제

기 출 지 문 O X

동일인 소유의 건물과 토지가 매매로 인하여 서로 소유자가 다르게 되었으나, 당사자가 그 건물을 철거하기로 합의한 때에는 관습법상 법정지상권이 성립하지 않는다. •24회　　　(　)

정답 (○)

3자에 대하여도 등기 없이 관습법상의 법정지상권을 주장할 수 있다. 한편 관습법상의 법정지상권을 처분하는 경우에는 등기하여야 한다(제187조 단서).
② 관습법상의 법정지상권의 효력에 관해서는 지상권에 관한 규정이 유추적용된다. 따라서 존속기간은 원칙적으로 그 약정을 하지 않은 것으로 처리되고(제281조), 지료는 당사자 사이의 협의 또는 법원의 결정에 의한다.

제3절 지역권

1 지역권 일반 •24회 •25회 •26회 •28회 •29회 •30회 •31회 •32회 •35회

1. 의의

> **제291조【지역권의 내용】** 지역권자는 일정한 목적을 위하여 타인의 토지를 자기 토지의 편익에 이용하는 권리가 있다.

(1) 지역권(地役權)이란 일정한 목적을 위하여 타인의 토지를 자기 토지의 편익에 이용하는 물권을 말한다(제291조). 이때 편익을 받는 토지를 요역지(要役地)라 하고, 편익을 위하여 제공되는 토지를 승역지(承役地)라 한다.
(2) 지역권은 승역지를 요역지의 편익에 이용하는 권리이다. '토지의 편익에 이용'한다는 것은 요역지의 사용가치를 증가시키는 것을 말한다. 지역권에서 편익을 받는 것은 토지이지 사람이 아니다.
(3) 지역권의 경우에는 승역지소유자에게 적극적 행위의무를 부담하게 할 수 있다. 그리고 지역권은 유상, 무상을 불문한다. 지역권에 관해 대가를 지급하기로 약정하였더라도 그 약정은 등기할 수 없다.
(4) 요역지와 승역지 사이의 관계는 다음과 같다.
① 지역권설정계약의 당사자는 원칙적으로 요역지소유자와 승역지소유자이나, 지상권자와 전세권자도 각각 그 권한 내에서 지역권설정계약의 당사자가 될 수 있다.
② 요역지는 반드시 1필의 토지이어야 한다. 따라서 1필 토지의 일부를 위한 지역권은 설정할 수 없다.

추가 사람이 편익을 받을 때에는 인역권이라 한다.

③ 승역지는 1필 토지의 일부이어도 무방하다. 따라서 1필 토지의 일부에 대한 지역권을 설정할 수 있다.
④ 요역지와 승역지는 인접할 필요는 없다.

2. 타제도와의 비교

(1) 임차권과의 비교

임차권은 채권이기 때문에 토지소유자 등이 변경되면 존속할 수 없게 된다는 점에서 지역권과 차이가 있다. 그런데 임차권은 채권이기는 하지만 임차권이 한 번 설정되면 토지소유자의 이용권능은 전면적으로 임차인에게 이전한다는 점에서, 점유를 수반하지 않고 비배타적으로 타인의 토지만을 사용하는 지역권과 다르다.

(2) 상린관계와의 비교

상린관계는 법률규정에 의하여 인접한 토지 사이의 이용조절을 꾀하는 소유권의 한 내용인 데 비하여, 지역권은 당사자 간의 계약에 의하여 서로 떨어진 토지 사이에서도 발생할 수 있는 독립한 물권이다.

(3) 지상권 및 전세권과의 비교

지상권과 전세권은 사람이 어느 부동산을 사용하는 권리로 구성되어 있고 또한 토지의 사용목적이 한정되어 있다. 이에 비해 지역권은 토지 자체가 타인의 토지를 통해 편익을 받는 권리로 구성되어 있고 그 편익의 내용에는 제한이 없다.

3. 성질 ·25회 ·31회 ·33회

(1) 비배타성(공용적 성격)

지역권은 배타성이 없으므로 하나의 승역지에 수개의 지역권이 설정될 수 있다.

(2) 부종성

① 지역권은 요역지소유권에 부종하여 이전하며 또는 요역지에 대한 소유권 이외의 권리의 목적이 된다. 그러나 다른 약정이 있는 때에는 그 약정에 의한다(제292조 제1항).

기출지문 OX

요역지의 소유권이 양도되면 지역권은 원칙적으로 이전되지 않는다. ·31회 ( )

정답 (×)

지역권은 요역지소유권에 부종하여 이전하므로, 특별한 사정이 없는 한 요역지소유권이 양도되면 지역권도 함께 이전한다.

② 지역권은 요역지와 분리하여 양도하거나 다른 권리의 목적으로 하지 못한다(제292조 제2항).

(3) 불가분성

> **제293조 【공유관계, 일부양도와 불가분성】** ① 토지공유자의 1인은 지분에 관하여 그 토지를 위한 지역권 또는 그 토지가 부담한 지역권을 소멸하게 하지 못한다.
> ② 토지의 분할이나 토지의 일부양도의 경우에는 지역권은 요역지의 각 부분을 위하여 또는 그 승역지의 각 부분에 존속한다. 그러나 지역권이 토지의 일부분에만 관한 것인 때에는 다른 부분에 대하여는 그러하지 아니하다.
> **제295조 【취득과 불가분성】** ① 공유자의 1인이 지역권을 취득한 때에는 다른 공유자도 이를 취득한다.
> ② 점유로 인한 지역권 취득기간의 중단은 지역권을 행사하는 모든 공유자에 대한 사유가 아니면 그 효력이 없다.
> **제296조 【소멸시효의 중단, 정지와 불가분성】** 요역지가 수인의 공유인 경우에 그 1인에 의한 지역권 소멸시효의 중단 또는 정지는 다른 공유자를 위하여 효력이 있다.

추가 지역권에 대한 민법의 이념
① 지역권은 되도록 존치
② 취득은 쉽게
③ 소멸은 어렵게

① 토지의 공유자 중 1인은 자기의 지분에 관하여 그 토지를 위한 지역권이나 그 토지가 부담한 지역권을 소멸시킬 수 없다(제293조 제1항).
② 토지가 분할되거나 토지의 일부가 양도된 경우에는 지역권은 요역지의 각 부분을 위하여 존속하거나 편익을 위하여 제공되는 토지의 각 부분에 존속한다. 다만, 지역권이 토지의 일부분에 관한 것인 경우에는 다른 부분에 대해서는 그렇지 않다(제293조 제2항).
③ 토지의 공유자 중 1인이 지역권을 취득한 경우에는 다른 공유자도 지역권을 취득한다(제295조 제1항).
④ 지역권 취득시효의 중단은 지역권을 행사하는 모든 공유자에게 해당하는 사유가 아니면 효력이 없다(제295조 제2항).
⑤ 공유자 1인에게 취득시효의 정지사유가 존재하여도 그 효력은 다른 공유자에 미치지 않는다.
⑥ 요역지가 공유인 경우에 공유자 1인에 의한 지역권 소멸시효의 중단이나 정지는 다른 공유자를 위하여 효력이 있다(제296조).

기출지문 O X
공유자 1인이 지역권을 취득한 때에는 다른 공유자도 이를 취득한다. • 25회 ( )
정답 (O)

기출지문 O X
점유로 인한 지역권 취득기간의 중단은 지역권을 행사하는 모든 공유자에 대한 사유가 아니면 그 효력이 없다. • 31회 ( )
정답 (O)

4. 지역권의 취득

(1) 법률행위에 의한 취득
지역권은 지역권설정계약과 등기에 의하여 취득한다. 그 외에 유언과 지역권의 양도에 의해서도 지역권을 취득할 수 있다. 유언에 의한 경우에는 등기를 하여야 하나, 지역권의 양도의 경우에는 등기가 필요 없다.

(2) 법률규정에 의한 취득
지역권은 상속과 취득시효에 의해서도 취득될 수 있다. 상속의 경우에는 등기가 필요 없으나, 취득시효의 경우에는 등기를 하여야 한다. 지역권은 계속되고 표현된 것에 한해 취득시효가 인정된다.

> **판례**
>
> **'계속과 표현'의 개념**
> 판례는 이를 매우 좁게 해석하고 있다. 즉, 통행지역권의 경우에 요역지의 소유자가 승역지상의 통로를 개설하여 승역지를 항시 사용하고 있다는 객관적 상태가 제245조에 규정된 기간 동안 계속된 사실이 있어야 한다고 한다(대판 2001.4.13, 2001다8493). 또한 요역지의 소유자 기타 사용권자만이 시효취득할 수 있고, 요역지의 불법점유자는 시효취득할 수 없다고 한다(대판 1976.10.29, 76다1694).

5. 존속기간

지역권의 존속기간에 관해서는 규정이 없다. 영구무한의 지역권 설정도 가능하다(통설, 판례).

6. 종류

지역권의 행사형태에 따라 작위와 부작위 지역권, 계속과 불계속 지역권, 표현과 불표현 지역권 등으로 구분할 수 있다.

기출지문 O X

지역권은 표현된 것이 아니더라도 시효취득할 수 있다. · 35회
( )

정답 (×)
지역권은 계속되고 표현된 것에 한해 시효취득할 수 있다.

7. 효력 •26회 •29회 •36회

(1) 지역권자의 권리

① **승역지이용권**

㉠ **승역지의 이용**: 지역권자는 지역권의 내용에 따라 승역지를 자기 토지의 편익에 이용할 수 있다. 다만, 지역권도 토지 사이의 이용조절을 목적으로 하므로 지역권의 목적을 달성하는 데 필요하고 승역지이용자의 손해가 가장 적은 범위 내에서 사용하여야 하는 제한이 있다.

㉡ **용수지역권**: 요역지에 필요한 물을 위하여 승역지를 이용하는 지역권을 용수지역권이라 한다. 용수지역권의 경우에 승역지의 물의 양이 요역지와 승역지에 필요한 양보다 적을 때에는 그 필요한 정도에 따라 먼저 가정용으로 공급한 후 다른 용도에 공급하여야 한다. 다만, 설정행위에서 달리 약정하였으면 그 약정에 따른다(제297조 제1항). 승역지에 수개의 용수지역권이 설정된 경우에는 후순위 지역권자는 선순위 지역권자의 물 사용을 방해해서는 안 된다(제297조 제2항).

㉢ **공작물의 공동사용**: 승역지의 소유자는 지역권 행사를 방해하지 않는 범위에서 지역권자가 지역권을 행사하기 위하여 승역지에 설치한 공작물을 사용할 수 있다(제300조 제1항). 승역지의 소유자는 이익을 얻는 정도에 비례하여 공작물의 설치와 보존에 드는 비용을 분담하여야 한다(제300조 제2항).

② **지역권에 기한 물권적 청구권**: 지역권에는 승역지를 점유할 권능이 없으므로 승역지에 대한 반환청구권은 인정되지 않고, 방해제거 및 방해예방청구권만이 인정된다(제301조).

(2) 승역지소유자의 의무

① **부작위의무**: 승역지소유자의 기본적 의무는 지역권의 내용에 따라 지역권자의 행위를 인용하고 일정한 이용을 하지 않을 부작위의무를 부담하는 것이다.

② **승역지소유자의 의무의 승계**: 계약에 따라 승역지소유자가 지역권 행사를 위하여 자기 비용으로 공작물을 설치하거나 수리할 의무를 부담한 경우에는 승역지소유자의 특별승계인도 그 의무를 부담한다(제298조). 승역지의 소유자는 지역권에 필요한 부분의 토지소유권을 지역권자에게 양도한다는 의사표시(이를 '위기'라 함)를 함으로써 의무부담을 면할 수 있다(제299조).

기출지문 OX

지역권에 기한 승역지 반환청구권은 인정되지 않는다. •32회
( )

정답 (○)

기출지문 OX

승역지의 소유자는 지역권에 필요한 부분의 토지소유권을 지역권자에게 위기(委棄)하여 공작물의 설치나 수선의무의 부담을 면할 수 있다. •26회 ( )

정답 (○)

8. 지역권의 소멸

(1) 지역권의 소멸사유
지역권도 물권일반의 소멸사유에 의해서 소멸된다.

(2) 승역지의 시효취득에 의한 소멸
① 승역지가 제3자에 의해서 시효취득되면 지역권은 소멸하는 것이 원칙이다(취득시효로 인한 소유권취득이 원시취득이기 때문임).
② 다만, 승역지점유자가 지역권의 존재를 승인하면서 점유를 계속한 때에는 지역권의 제한을 받는 소유권을 시효취득하게 된다.

(3) 지역권의 소멸시효
지역권은 20년의 소멸시효에 걸린다(제162조 제2항). 한편 지역권의 일부만을 행사하는 때에는 그 불행사 부분만 시효로 소멸한다.

2 특수지역권

> **제302조【특수지역권】** 어느 지역의 주민이 집합체의 관계로 각자가 타인의 토지에서 초목, 야생물 및 토사의 채취, 방목 기타의 수익을 하는 권리가 있는 경우에는 관습에 의하는 외에 본장의 규정을 준용한다.

1. 의의
특수지역권이란 어느 지역의 주민이 집합체를 이루어 각자가 타인의 토지에서 초목, 야생물 및 토사를 채취하거나 방목하거나 기타 방법으로 수익할 권리이다(제302조).

2. 성질
특수지역권은 인역권(人役權)의 일종으로서 토지사용권의 준총유에 해당한다. 특수지역권은 양도성과 상속성이 없다.

3. 취득
계약에 의한 취득의 경우에는 등기가 필요하나, 관습에 의한 취득의 경우에는 등기가 필요 없다.

4. 내용

지역 주민 각자는 목적토지를 다른 주민과 공동으로 사용할 수 있다. 사용의 구체적인 내용은 개개의 경우에 관습에 의하여 정해진다. 그리고 특수지역권에 대한 침해가 있는 경우 물권적 청구권이 인정된다.

제4절 전세권

1 의의

> **제303조【전세권의 내용】** ① 전세권자는 전세금을 지급하고 타인의 부동산을 점유하여 그 부동산의 용도에 좇아 사용·수익하며, 그 부동산 전부에 대하여 후순위권리자 기타 채권자보다 전세금의 우선변제를 받을 권리가 있다.
> ② 농경지는 전세권의 목적으로 하지 못한다.

(1) 전세권(傳貰權)이란 전세금을 지급하고 타인의 부동산을 점유하여 그 부동산의 용도에 따라 사용·수익하며, 그 부동산 전부에 대하여 후순위권리자나 기타 채권자보다 우선하여 전세금을 변제받을 권리이다(제303조 제1항).

(2) 전세권설정계약을 맺고 등기를 하지 않은 경우를 채권적 전세라 하는데, 채권적 전세는 목적부동산을 사용·수익하게 해 줄 것을 요구할 수 있는 채권에 불과하다. 따라서 채권적 전세에 관하여는 민법상의 임대차규정(제618조 내지 제654조)과 「주택임대차보호법」 또는 「상가건물 임대차보호법」이 적용된다.

2 성질 · 29회 · 31회

1. 타물권

(1) 전세권은 '타인 소유'의 부동산에 대해 성립하는 물권이다[이를 '타(他)물권'이라 함]. 또한 전세권은 물권이므로 '부동산소유자'에 대한 권리가 아니라 '부동산'에 대한 권리이며, 양도성과 상속성이 있다.

(2) 전세권은 1필 토지의 일부 또는 1동 건물의 일부에 대해서도 성립할 수 있다. 그러나 농경지는 전세권의 목적으로 할 수 없다.

2. 용익물권

(1) 전세권은 목적부동산을 점유하여 그 부동산의 용도에 따라 사용·수익하는 권리이다.

(2) 지상권과 동일한 목적을 위하여 전세권을 설정하는 것도 가능하다.

3. 전세금

(1) 전세금의 지급은 전세권의 성립요건이다. 다만, 판례는 전세금이 현실적으로 수수(授受)될 필요는 없고 기존 채권으로 전세금의 지급에 갈음할 수도 있다고 한다.

(2) 전세금은 목적물의 사용대가로서의 성질, 전세권자의 모든 채무를 담보하는 보증금으로서의 성질, 신용수수의 수단으로서의 성질을 가진다.

(3) 전세금이 목적부동산에 관한 조세·공과금 기타 부담의 증감이나 경제사정의 변동으로 인하여 상당하지 아니하게 된 때에는 당사자는 장래에 대하여 그 증감을 청구할 수 있다(제312조의2 본문). 전세금증감청구권은 형성권이다. 다만, 증액하는 경우에는 대통령령으로 정하는 기준에 따른 비율을 초과할 수 없다(제312조의2 단서). 전세금의 증액청구의 비율은 약정한 전세금의 20분의 1을 초과하지 못하고, 전세금의 증액청구는 전세권설정계약이 있은 날 또는 약정한 전세금의 증액이 있은 날로부터 1년 이내에는 이를 하지 못한다(민법 제312조의2 단서의 시행에 관한 규정 제2조 및 제3조).

4. 전세권의 담보물권성

전세권자는 부동산 전부에 대하여 후순위권리자나 기타 채권자보다 우선하여 전세금을 변제받을 권리가 있다. 전세권은 담보물권성을 가지므로 담보물권의 통유성이 인정된다.

3 전세권의 취득

1. 법률행위에 의한 취득

전세권은 전세권설정계약과 등기에 의해 성립한다. 목적부동산의 인도는 성립요건이 아니다. 그 밖에 전세권의 양도에 의해서도 전세권을 취득할 수 있다.

> **판례**
>
> 전세권은 다른 담보권과 마찬가지로 전세권자와 전세권설정자 및 제3자 사이에 합의가 있으면 그 전세권자의 명의를 제3자로 하는 것도 가능하므로, 임대차계약에 바탕을 두고 이에 기한 임차보증금반환채권을 담보할 목적으로 임대인, 임차인 및 제3자 사이의 합의에 따라 제3자 명의로 경료된 전세권설정등기는 유효하다(대판 2005.5.26, 2003다12311).

기출지문 OX

목적물의 인도는 전세권의 성립요건이 아니다. • 21회 (   )

정답 (○)

2. 법률규정에 의한 취득

전세권은 상속에 의해서 취득할 수 있고, 전세권의 시효취득도 가능하다.

4 전세권의 존속기간 •31회 •33회

> **제312조【전세권의 존속기간】** ① 전세권의 존속기간은 10년을 넘지 못한다. 당사자의 약정기간이 10년을 넘는 때에는 이를 10년으로 단축한다.
> ② 건물에 대한 전세권의 존속기간을 1년 미만으로 정한 때에는 이를 1년으로 한다.
> ③ 전세권의 설정은 이를 갱신할 수 있다. 그 기간은 갱신한 날로부터 10년을 넘지 못한다.
> ④ 건물의 전세권설정자가 전세권의 존속기간 만료 전 6월부터 1월까지 사이에 전세권자에 대하여 갱신거절의 통지 또는 조건을 변경하지 아니하면 갱신하지 아니한다는 뜻의 통지를 하지 아니한 경우에는 그 기간이 만료된 때에 전전세권과 동일한 조건으로 다시 전세권을 설정한 것으로 본다. 이 경우 전세권의 존속기간은 그 정함이 없는 것으로 본다.
>
> **제313조【전세권의 소멸통고】** 전세권의 존속기간을 약정하지 아니한 때에는 각 당사자는 언제든지 상대방에 대하여 전세권의 소멸을 통고할 수 있고 상대방이 이 통고를 받은 날로부터 6월이 경과하면 전세권은 소멸한다.

1. 존속기간을 약정한 경우

(1) 건물전세권에는 최단 존속기간 제한규정이 있다. 즉, 건물에 대한 전세권의 존속기간을 1년 미만으로 정한 경우에는 그 기간을 1년으로 한다(제312조 제2항). 그러나 토지전세권에는 최단 존속기간 제한규정이 없다.

(2) 전세권에는 최장 존속기간 제한규정이 있다. 즉, 전세권의 존속기간은 10년을 넘을 수 없다. 당사자의 약정기간이 10년을 넘는 경우에는 그 기간을 10년으로 단축한다(제312조 제1항).

2. 존속기간을 약정하지 아니한 경우

(1) 전세권의 존속기간을 약정하지 않은 경우에는 각 당사자는 언제든지 상대방에게 전세권 소멸을 통고할 수 있고, 상대방이 통고를 받은 날부터 6개월이 지나면 전세권은 소멸된다(제313조).

(2) 단, 건물전세권에 대해서는 존속기간을 약정하지 않더라도 최단 존속기간을 두고 있는 취지에 비추어 1년간은 그 존속이 보장된다(다수설).

3. 계약의 갱신

(1) 약정갱신
① 전세권 설정계약은 갱신할 수 있다. 이 경우 그 기간은 갱신한 날부터 10년을 넘을 수 없다(제312조 제3항). 전세권자에게는 갱신청구권이 인정되지 않는다.
② 약정갱신은 법률행위에 의한 전세권의 존속기간의 변경이므로 등기하여야 효력을 발생한다(제186조).

(2) 법정갱신(묵시의 갱신)
① 건물의 전세권설정자가 전세권의 존속기간이 만료되기 6개월 전부터 1개월 전까지의 기간 중에 전세권자에 대한 전세권 갱신거절의 통지 또는 전세권의 조건을 변경하지 않으면 전세권을 갱신하지 않는다는 통지를 하지 않은 경우에는 그 기간이 만료된 때에 종전의 전세권과 동일한 조건으로 다시 전세권을 설정한 것으로 본다. 이 경우 전세권의 존속기간은 정하지 않은 것으로 본다(제312조 제4항).

기출지문 OX

甲은 자신의 X건물에 관하여 乙과 전세금 1억원으로 하는 전세권설정계약을 체결하고 乙 명의로 전세권설정등기를 마쳐주었다. 이 경우 전세권 존속기간을 15년으로 정하더라도 그 기간은 10년으로 단축된다. • 31회 (　)

정답 (O)

기출지문 OX

甲은 자신의 X건물에 관하여 乙과 전세금 1억원으로 하는 전세권설정계약을 체결하고 乙 명의로 전세권설정등기를 마쳐주었다. 乙의 전세권이 법정갱신된 경우, 乙은 전세권갱신에 관한 등기 없이도 甲에 대하여 갱신된 전세권을 주장할 수 있다. • 31회 (　)

정답 (O)

② 법정갱신은 법률규정에 의한 전세권의 존속기간의 변경이므로 등기 없이도 효력을 발생한다(제187조).

5 전세권의 효력 ·24회 ·26회 ·28회 ·34회 ·36회

1. 전세권의 효력이 미치는 범위

(1) 건물전세권의 지상권·임차권에 대한 효력
① 타인의 토지에 있는 건물에 전세권을 설정한 때에는 전세권의 효력은 그 건물의 소유를 목적으로 한 지상권 또는 임차권에 미친다(제304조 제1항).
② 이 경우에 전세권설정자는 전세권자의 동의 없이 지상권 또는 임차권을 소멸시키는 행위를 할 수 없다(제304조 제2항).

(2) 법정지상권
① 대지와 건물이 동일인의 소유인 경우에 그 건물에 전세권을 설정한 때에는 그 대지소유권의 특별승계인은 '전세권설정자(건물소유자)'에 대하여 지상권을 설정한 것으로 본다(제305조 제1항).
② 이 경우에 대지소유자는 타인에게 그 대지를 임대하거나 그 대지를 목적으로 한 지상권이나 전세권을 설정할 수 없다(제305조 제2항).

2. 전세권자의 권리·의무

(1) 사용·수익할 권리
① 전세권자는 목적부동산을 점유하여 그 부동산의 용도에 따라 직접 사용·수익할 수 있다. 반면 전세권설정자는 전세권자의 사용·수익을 방해해서는 안 되는 소극적인 인용의무를 부담한다.
② 전세권자가 사용목적을 위반한 경우 전세권설정자는 전세권의 소멸을 청구할 수 있다.

(2) 전세권자의 현상유지·수선의무

> **제309조【전세권자의 유지, 수선의무】** 전세권자는 목적물의 현상을 유지하고 그 통상의 관리에 속한 수선을 하여야 한다.

> **제310조 【전세권자의 상환청구권】** ① 전세권자가 목적물을 개량하기 위하여 지출한 금액 기타 유익비에 관하여는 그 가액의 증가가 현존한 경우에 한하여 소유자의 선택에 좇아 그 지출액이나 증가액의 상환을 청구할 수 있다.
> ② 전항의 경우에 법원은 소유자의 청구에 의하여 상당한 상환기간을 허여할 수 있다.

① 전세권자는 목적물의 현상을 유지하고 통상의 관리에 필요한 수선을 하여야 한다(제309조). 따라서 전세권자에게는 필요비상환청구권이 인정되지 않는다.

② 전세권자에게는 유익비상환청구권이 인정된다. 전세권자가 목적물을 개량하기 위하여 지출한 금액이나 기타 유익비에 관하여는 그 가액의 증가가 현존한 때에 한하여 소유자의 선택에 좇아 그 지출금액이나 증가액의 상환을 청구할 수 있다(제310조 제1항). 이 경우에 법원은 소유자의 청구에 의하여 상당한 상환기간을 허여할 수 있다(제310조 제2항).

(3) 상린관계규정의 준용

전세권은 토지전세권이든 건물전세권이든 토지를 이용할 수 있는 권리이므로 전세권자와 인지소유자(지상권자, 전세권자, 임차인 포함) 사이에는 상린관계에 관한 규정이 준용된다(제319조, 제216조 내지 제244조).

(4) 물권적 청구권

전세권자에게는 전세권과 점유권이 모두 인정되므로 전세권에 대한 침해가 있는 경우 전세권자는 전세권에 기한 물권적 청구권뿐만 아니라 점유권에 기한 물권적 청구권을 행사할 수 있다.

3. 전세권의 처분

> **제306조 【전세권의 양도, 임대 등】** 전세권자는 전세권을 타인에게 양도 또는 담보로 제공할 수 있고 그 존속기간 내에서 그 목적물을 타인에게 전전세 또는 임대할 수 있다. 그러나 설정행위로 이를 금지한 때에는 그러하지 아니하다.

(1) 처분의 자유

전세권자는 전세권을 타인에게 양도하거나 담보로 제공할 수 있고, 전세권 존속기간 내에서 목적물을 타인에게 전전세하거나 임대할 수 있다(제306조 본문). 그러나 설정행위로 처분을 금지할 수 있고, 이를 등기한 때에는 제3자에게 대항할 수 있다.

기출지문 OX

건물의 사용·수익을 목적으로 하는 전세권에도 상린관계에 관한 규정이 준용된다. •24회
( )

정답 (○)

(2) 전세권의 양도

전세권의 양도는 당사자 간의 합의와 등기를 하여야 효력이 생긴다(제186조). 전세권 양수인은 전세권설정자에 대하여 전세권 양도인과 동일한 권리와 의무가 있다(제307조).

> **판례**
>
> **전세권양도의 법률관계**
> 1. 전세권만의 양도는 인정되지 않는다. 따라서 전세권을 전세금반환청구권과 분리하여 양도하는 것은 허용되지 않는다(대판 1997.11.25, 97다29790).
> 2. 전세금반환청구권의 양도는 원칙적으로 전세권의 양도를 수반한다. 따라서 전세권이 존속하는 동안은 전세권을 존속시키기로 하면서 전세금반환청구만을 전세권과 분리하여 양도하는 것은 원칙적으로 허용되지 않는다(대판 2002.8.23, 2001다69122). 다만, 전세권의 존속 중에는 장래에 그 전세권이 소멸하는 경우에 전세금반환청구권이 발생하는 것을 조건으로 그 장래의 조건부 채권을 양도할 수는 있다.
> 3. 전세권이 존속기간의 만료로 소멸한 경우이거나 전세권설정계약의 합의해지 또는 당사자 간의 특약에 의하여 전세금반환청구권의 양도에도 불구하고 전세권의 처분이 따르지 않는 경우 등의 특별한 사정이 있는 때에는 전세금반환청구권만의 양도도 가능하다. 다만, 전세권이 전세금반환청구권의 양도에 수반하지 않는다는 특약을 한 경우 채권양수인은 전세권이 없는 무담보의 채권을 양수한 것이 되고, 전세금반환청구권의 처분에 수반하지 않은 전세권은 소멸한다(대판 1997.11.25, 97다29790).
> 4. 존속기간의 경과로서 본래의 용익물권적 권능은 소멸하고 담보물권적 권능만 남은 전세권도 그 피담보채권인 전세금반환청구권과 함께 제3자에게 양도할 수 있다(대판 2005.3.25, 2003다35659).

(3) 임대

전세권자는 전세권 존속기간 내에서 목적물을 타인에게 임대할 수 있다. 이때 전세권설정자의 동의는 필요 없다. 전세권자가 목적물을 임대한 경우에는 전전세의 경우와 마찬가지로 전세권자의 책임이 가중된다. 즉, 전세권자는 목적물을 임대한 경우에는 임대하지 않았으면 피할 수 있었던 손해에 대하여 불가항력이었더라도 책임이 있다(제308조).

(4) 전전세

① **의의:** 전전세(轉傳貰)란 전세권자가 자신의 전세권을 그대로 유지하면서 목적물의 전부 또는 일부에 대하여 타인에게 다시 전세권을 설정하는 것을 말한다.

② **요건**
   ㉠ 전전세가 성립하기 위해서는 전전세권설정계약과 등기가 있어야 한다.
   ㉡ 전전세계약의 당사자는 전전세권설정자(원전세권자)와 전전세권자이다.
   ㉢ 전전세금의 지급은 전전세권의 성립요건이다.
   ㉣ 전전세권은 원전세권에 종속한다. 따라서 전전세권의 존속기간은 원전세권의 존속기간 내이어야 하고, 전전세금은 원전세금을 초과할 수 없다. 또한 원전세권이 소멸하는 경우 전전세권도 소멸한다.

③ **효과**
   ㉠ 전전세권자의 지위: 전전세권자는 전세권자로서의 모든 권리를 가지나, 원전세권설정자에 대해서는 아무런 권리·의무를 가지지 않는다.
   ㉡ 전세권자의 책임가중: 전세권의 목적물을 전전세한 경우에는 전세권자는 전전세하지 아니하였으면 면할 수 있는 불가항력으로 인한 손해에 대하여 그 책임을 부담한다(제308조).
   ㉢ 전전세권자의 경매권과 우선변제권: 전전세권자도 경매권과 우선변제권을 가지나, 전전세권의 존속기간이 만료하였더라도 원전세권의 존속기간이 만료하고 또한 원전세권설정자가 원전세권자에 대해 전세금의 반환을 지체한 경우에만 경매청구를 할 수 있는 제한이 있다.

(5) 담보제공

전세권을 담보로 제공하는 방법은 저당권뿐이다.

6 전세권의 소멸 •25회 •30회 •35회

1. 소멸원인

(1) 일반적 소멸원인

전세권은 목적물의 멸실, 공용징수, 혼동, 소멸시효, 존속기간의 만료, 약정소멸사유의 발생, 전세권에 우선하는 저당권의 실행에 의한 경매 등에 의하여 소멸한다.

(2) 특유한 소멸원인

① **전세권설정자의 소멸청구:** 전세권자가 전세권설정계약이나 목적물의 성질에 따라 정해진 용법으로 목적물을 사용·수익하지 않은 경우에는 전세권설정자는 전세권의 소멸을 청구할 수 있다(제311조 제1항). 이 경우에 전세권설정자는 전세권자에게 원상회복이나 손해배상을 청구할 수 있다(제311조 제2항). 전세권소멸청구권은 형성권으로서 등기 없이도 전세권은 소멸한다(다수설).

② **각 당사자의 소멸통고:** 전세권의 존속기간을 약정하지 않은 경우에는 각 당사자는 언제든지 상대방에게 전세권 소멸을 통고할 수 있고, 상대방이 통고를 받은 날부터 6개월이 지나면 전세권은 소멸된다(제313조).

③ **전세권의 포기:** 전세권의 포기는 물권적 단독행위로서 등기하여야 전세권이 소멸한다(다수설).

④ **목적물의 멸실**

> **제314조【불가항력으로 인한 멸실】** ① 전세권의 목적물의 전부 또는 일부가 불가항력으로 인하여 멸실된 때에는 그 멸실된 부분의 전세권은 소멸한다.
> ② 전항의 일부멸실의 경우에 전세권자가 그 잔존부분으로 전세권의 목적을 달성할 수 없는 때에는 전세권설정자에 대하여 전세권 전부의 소멸을 통고하고 전세금의 반환을 청구할 수 있다.
>
> **제315조【전세권자의 손해배상책임】** ① 전세권의 목적물의 전부 또는 일부가 전세권자에 책임 있는 사유로 인하여 멸실된 때에는 전세권자는 손해를 배상할 책임이 있다.
> ② 전항의 경우에 전세권설정자는 전세권이 소멸된 후 전세금으로써 손해의 배상에 충당하고 잉여가 있으면 반환하여야 하며 부족이 있으면 다시 청구할 수 있다.

㉠ **목적물의 전부 멸실:** 불가항력으로 인하여 멸실된 경우이든 전세권자의 귀책사유에 의해 멸실된 경우이든 전세권은 당연히 소멸된다.

ⓒ 목적물의 일부 멸실: 목적물의 일부가 불가항력으로 인하여 멸실된 경우에는 그 멸실된 부분의 전세권은 소멸된다. 이 경우 전세권자가 남은 부분만으로 전세권의 목적을 달성할 수 있는 때에는 전세권은 잔존부분에 존속하고(이때 멸실부분에 해당하는 만큼의 전세금은 감액됨), 남은 부분만으로 전세권의 목적을 달성할 수 없는 때에는 전세권설정자에게 전세권 전부의 소멸을 통고하고 전세금 반환을 청구할 수 있다(이때 소멸통고는 소멸청구의 의미임). 전세권자의 귀책사유에 의해 일부가 멸실된 경우에는 전세권자의 사용목적 위반을 이유로 전세권설정자는 전세권소멸청구를 할 수 있고, 전세권자도 남은 부분만으로 전세권의 목적을 달성할 수 없는 때에는 전세권의 소멸을 청구할 수 있다(통설).

ⓒ 전세권자의 손해배상책임: 전세권자는 목적물의 전부나 일부가 자신의 책임 있는 사유로 멸실된 경우에는 그에 따른 손해를 배상할 책임이 있다. 이 경우에 전세권설정자는 전세권이 소멸된 후 전세금으로 손해의 배상에 충당하고 남은 금액이 있으면 반환하여야 하며, 부족하면 부족한 금액을 청구할 수 있다.

2. 소멸효과 · 32회

(1) 동시이행

전세권이 소멸한 때에는 전세권설정자는 전세권자로부터 그 목적물의 인도 및 전세권설정등기의 말소등기에 필요한 서류의 교부를 받는 동시에 전세금을 반환하여야 한다(제317조).

(2) 전세권자의 경매권과 우선변제권

① 전세권설정자가 전세금의 반환을 지체한 경우에는 전세권자는 「민사집행법」의 규정에 따라 전세권의 목적물의 경매를 청구할 수 있다(제318조).
② 전세권자는 그 부동산 전부에 대하여 후순위권리자 기타 채권자보다 전세금의 우선변제를 받을 권리가 있다(제303조 제1항 후단). 우선변제의 순위에 대해 살펴보면 다음과 같다.
   ㉠ 전세권자는 일반채권자에 대해서는 언제나 우선한다.
   ㉡ 전세권과 저당권은 등기의 선후에 따라서 우선순위를 결정한다. 즉, 저당권보다 후순위전세권은 저당권의 실행으로 소멸한다. 그러나 저당권보다 선순위전세권은 저당권의 실행으로 소멸하지 않는다.

기출지문 O X

전세금의 반환은 전세권말소등기에 필요한 서류를 교부하기 전에 이루어져야 한다. · 35회
( )

정답 (×)
전세권이 소멸한 때에는 전세권설정자는 전세권자로부터 그 목적물의 인도 및 전세권설정등기의 말소등기에 필요한 서류의 교부를 받는 동시에 전세금을 반환하여야 한다.

다만, 전세권자가 배당요구를 하면 매각으로 소멸한다(민사집행법 제91조 제4항).

③ 부동산의 일부에 대하여 전세권이 설정되어 있는 경우 전세권자는 전세권의 목적물이 아닌 나머지 부분에 대하여는 경매신청권이 없다. 다만, 부동산 전부에 대하여 후순위권리자나 기타 채권자보다 우선하여 전세금을 변제받을 권리는 인정된다.

> **판례**
>
> **부동산의 일부에 대한 전세권자의 경매신청권**
> 건물의 일부에 대하여 전세권이 설정되어 있는 경우 그 전세권자는 민법 제303조 제1항, 제318조의 규정에 의하여 그 건물 전부에 대하여 후순위권리자 기타 채권자보다 전세금의 우선변제를 받을 권리가 있고, 전세권설정자가 전세금의 반환을 지체한 때에는 전세권의 목적물의 경매를 청구할 수 있다 할 것이나, 전세권의 목적물이 아닌 나머지 건물부분에 대하여는 우선변제권은 별론으로 하고 경매신청권은 없다(대결 1992.3.10, 91마256).

(3) 수거권과 원상회복의무

존속기간 만료로 전세권이 소멸된 경우에는 전세권자는 목적물을 원래 상태로 회복시켜야 하며, 목적물에 부속시킨 물건은 수거할 수 있다(제316조 제1항 본문).

(4) 부속물매수청구권

① 전세권이 존속기간의 만료로 소멸한 경우 전세권설정자는 전세권자가 목적물에 부속시킨 물건의 매수를 청구할 수 있고, 이 경우 전세권자는 정당한 이유 없이 이를 거절하지 못한다(제316조 제1항 단서).

② 전세권이 존속기간의 만료로 소멸한 경우 목적물에 부속시킨 물건이 전세권설정자의 동의를 얻어 부속시킨 경우이거나 전세권설정자로부터 매수한 것인 때에는 전세권자는 전세권설정자에 대하여 그 부속물의 매수를 청구할 수 있다(제316조 제2항).

③ 부속물매수청구권은 형성권이다. 따라서 전세권설정자가 부속물의 시가에 해당하는 금액을 제공하여 부속물의 매수를 청구하면 전세권자의 승낙이 없이도 곧바로 부속물에 관한 매매계약이 성립한다. 한편 전세권자가 전세권설정자의 동의를 얻어 목적물에 부속시킨 물건과 전세권설정자로부터 매수한 부속물에 대해 매수를 청구하면 전세권설정자의 승낙이 없이도 곧바로 부속물에 관한 매매계약이 성립한다.

기출지문 OX

건물의 일부에 대한 전세에서 전세권설정자가 전세금의 반환을 지체하는 경우, 전세권자는 전세권에 기하여 건물 전부에 대해서 경매청구할 수 있다. •32회
( )

정답 (×)
전세권의 목적물이 아닌 나머지 건물부분에 대하여는 경매신청권이 없다.

CHAPTER 05 **최신기출문제로 확인!**

01 乙은 甲과의 지상권설정계약으로 甲 소유의 X토지에 지상권을 취득한 후, 그 지상에 Y건물을 완성하여 소유권을 취득하였다. 다음 설명 중 옳은 것을 모두 고른 것은? (다툼이 있으면 판례에 따름) • 34회

> ㉠ 乙은 지상권을 유보한 채 Y건물 소유권만을 제3자에게 양도할 수 있다.
> ㉡ 乙은 Y건물 소유권을 유보한 채 지상권만을 제3자에게 양도할 수 있다.
> ㉢ 지료지급약정이 있음에도 乙이 3년분의 지료를 미지급한 경우, 甲은 지상권소멸을 청구할 수 있다.

① ㉠
② ㉢
③ ㉠, ㉡
④ ㉡, ㉢
⑤ ㉠, ㉡, ㉢

키워드 > 지상권

난이도 >

해설 > ㉠㉡ 지상권자는 지상권을 유보한 채 지상물소유권만을 양도할 수도 있고 지상물소유권을 유보한 채 지상권만을 양도할 수도 있는 것이어서 지상권자와 그 지상물의 소유권자가 반드시 일치하여야 하는 것은 아니다(대판 2006.6.15, 2006다6126).
㉢ 지상권자가 2년 이상의 지료를 지급하지 아니한 때에는 지상권설정자는 지상권의 소멸을 청구할 수 있다(제287조).

정답 01 ⑤

02 관습법상 법정지상권에 관한 설명으로 옳은 것은? (다툼이 있으면 판례에 따름) · 36회

① 무허가건물에 대해서는 법정지상권이 인정될 수 없다.
② 가설건축물에 대해서는 원칙적으로 법정지상권이 인정될 수 있다.
③ 법정지상권을 포기하기로 하는 특약은 효력이 없다.
④ 법정지상권자는 그 지상권등기 없이도 지상권을 취득할 당시의 토지소유자로부터 그 토지를 양수한 제3자에게 대항할 수 있다.
⑤ 법정지상권이 성립한 건물을 매매계약에 기해 양수한 자는 등기 없이도 법정지상권을 취득한다.

키워드 〉 관습법상의 법정지상권
난이도 〉 ■■■□□
해설 〉 ① 무허가건물에 대해서도 법정지상권이 인정될 수 있다.
② 가설건축물에 대해서는 법정지상권이 원칙적으로 인정되지 않는다.
③ 관습법상의 법정지상권에 관한 규정은 임의규정이므로 이를 포기하기로 하는 특약은 유효하다.
④ 관습법상의 법정지상권이 성립한 후 토지소유자가 제3자에게 토지를 양도한 경우에는 등기 없이도 토지양수인에게 관습법상의 법정지상권을 주장할 수 있다.
⑤ 관습법상의 법정지상권이 붙은 건물을 매매계약을 통해 양수한 자는 등기하여야 관습법상의 법정지상권을 취득한다.

정답 02 ④

03 지역권에 관한 설명으로 틀린 것은?

• 36회

① 민법은 지역권의 존속기간을 규정하고 있지 않다.
② 요역지에 설정된 저당권에 기하여 경매가 된 경우, 다른 특약이 없는 한 경매매수인은 요역지의 소유권과 함께 지역권을 취득한다.
③ 점유로 인한 지역권 취득기간의 중단은 지역권을 행사하는 모든 공유자에 대한 사유가 아니면 그 효력이 없다.
④ 지역권자는 지역권을 방해할 염려 있는 행위를 하는 자에 대하여 그 예방이나 손해배상의 담보를 청구할 수 있다.
⑤ 승역지 소유자는 지역권의 행사를 방해하지 않는 범위 내에서 지역권자가 지역권의 행사를 위하여 승역지에 설치한 공작물을 수익 정도의 비율에 따른 비용 분담 없이 사용할 수 있다.

키워드 〉 지역권
난이도 〉 ■■■

해설 〉 ① 지역권의 존속기간을 제한하는 규정은 없다.
② 지역권은 요역지소유권에 부종하여 이전하며 또는 요역지에 대한 소유권 이외의 권리의 목적이 된다. 따라서 요역지에 설정된 저당권에 기하여 경매가 된 경우, 다른 특약이 없는 한 경매매수인은 요역지의 소유권과 함께 지역권을 취득한다.
③ 점유로 인한 지역권 취득기간의 중단은 지역권을 행사하는 모든 공유자에 대한 사유가 아니면 그 효력이 없다.
④ 지역권자는 지역권을 방해할 염려 있는 행위를 하는 자에 대하여 그 예방이나 손해배상의 담보를 청구할 수 있다.
⑤ 승역지의 소유자는 이익을 얻는 정도에 비례하여 공작물의 설치와 보존에 드는 비용을 분담하여야 한다.

04 지역권에 관한 설명으로 틀린 것은?

• 32회

① 지역권은 요역지와 분리하여 따로 양도하거나 다른 권리의 목적으로 하지 못한다.
② 1필의 토지의 일부에는 지역권을 설정할 수 없다.
③ 요역지의 공유자 중 1인이 지역권을 취득한 경우, 요역지의 다른 공유자도 지역권을 취득한다.
④ 지역권에 기한 승역지 반환청구권은 인정되지 않는다.
⑤ 계속되고 표현된 지역권은 시효취득의 대상이 될 수 있다.

키워드 〉 지역권
난이도 〉 ■■■

해설 〉 ① 지역권은 요역지와 분리하여 양도하거나 다른 권리의 목적으로 하지 못한다(제292조 제2항).
② 승역지는 1필 토지의 일부이어도 무방하다. 따라서 1필 토지의 일부에 대해서도 지역권을 설정할 수 있다.
③ 공유자의 1인이 지역권을 취득한 때에는 다른 공유자도 이를 취득한다(제295조 제1항).
④ 지역권에는 승역지를 점유할 권능이 없으므로 승역지에 대한 반환청구권은 인정되지 않고, 방해제거 및 방해예방청구권만이 인정된다(제301조).
⑤ 지역권은 계속되고 표현된 것에 한해 취득시효가 인정된다(제294조).

정답 03 ⑤ 04 ②

05 전세권에 관한 설명으로 틀린 것은?

• 35회

① 전세금의 반환은 전세권말소등기에 필요한 서류를 교부하기 전에 이루어져야 한다.
② 전세권자는 전세권설정자에 대하여 통상의 수선에 필요한 비용의 상환을 청구할 수 없다.
③ 전전세한 목적물에 불가항력으로 인한 손해가 발생한 경우, 그 손해가 전전세하지 않았으면 면할 수 있는 것이었던 때에는 전세권자는 그 책임을 부담한다.
④ 대지와 건물을 소유한 자가 건물에 대해서만 전세권을 설정한 후 대지를 제3자에게 양도한 경우, 제3자는 전세권설정자에 대하여 대지에 대한 지상권을 설정한 것으로 본다.
⑤ 타인의 토지에 지상권을 설정한 자가 그 위에 건물을 신축하여 그 건물에 전세권을 설정한 경우, 그 건물소유자는 전세권자의 동의 없이 지상권을 소멸하게 하는 행위를 할 수 없다.

키워드 > 전세권
난이도 >
해설 > ① 전세권이 소멸한 때에는 전세권설정자는 전세권자로부터 그 목적물의 인도 및 전세권설정등기의 말소등기에 필요한 서류의 교부를 받는 동시에 전세금을 반환하여야 한다.
② 전세권자에게는 필요비상환청구권이 인정되지 않는다.
③ 전전세의 경우 전세권자의 책임은 가중된다. 따라서 전세권의 목적물을 전전세한 경우에 전세권자는 전전세하지 아니하였으면 면할 수 있는 불가항력으로 인한 손해에 대하여 그 책임을 부담한다.
④ 대지와 건물이 동일한 소유자에 속한 경우에 건물에 전세권을 설정한 때에는 그 대지소유권의 특별승계인은 전세권설정자에 대하여 지상권을 설정한 것으로 본다.
⑤ 타인의 토지에 있는 건물에 전세권을 설정한 때에는 전세권의 효력은 그 건물의 소유를 목적으로 한 지상권 또는 임차권에 미친다. 이 경우에 전세권설정자는 전세권자의 동의 없이 지상권 또는 임차권을 소멸시키는 행위를 할 수 없다.

정답 05 ①

06 전세권에 관한 설명으로 옳은 것은? (다툼이 있으면 판례에 따름) • 34회

① 전세권설정자의 목적물 인도는 전세권의 성립요건이다.
② 타인의 토지에 있는 건물에 전세권을 설정한 경우, 전세권의 효력은 그 건물의 소유를 목적으로 한 지상권에 미친다.
③ 전세권의 사용·수익 권능을 배제하고 채권담보만을 위해 전세권을 설정하는 것은 허용된다.
④ 전세권설정자는 특별한 사정이 없는 한 목적물의 현상을 유지하고 그 통상의 관리에 속한 수선을 해야 한다.
⑤ 건물전세권이 법정갱신된 경우, 전세권자는 이를 등기해야 제3자에게 대항할 수 있다.

키워드〉 전세권
난이도〉 ■■■
해설〉 ① 전세권은 용익물권적 성격과 담보물권적 성격을 겸비하고 있으며 목적물의 인도는 전세권의 성립요건이 아니다(대판 1995.2.10, 94다18508).
② 타인의 토지에 있는 건물에 전세권을 설정한 때에는 전세권의 효력은 그 건물의 소유를 목적으로 한 지상권 또는 임차권에 미친다(제304조 제1항).
③ 전세권설정계약의 당사자가 전세권의 핵심인 사용·수익 권능을 배제하고 채권담보만을 위해 전세권을 설정하였다면, 법률이 정하지 않은 새로운 내용의 전세권을 창설하는 것으로서 물권법정주의에 반하여 허용되지 않고 이러한 전세권설정등기는 무효라고 보아야 한다(대판 2021.12.30, 2018다40235·40242).
④ 전세권자는 목적물의 현상을 유지하고 그 통상의 관리에 속한 수선을 하여야 한다(제309조).
⑤ 전세권의 법정갱신(제312조 제4항)은 법률규정에 의한 부동산물권변동이므로 전세권갱신에 관한 등기를 필요로 하지 아니하고 전세권자는 등기 없이도 전세권설정자나 그 목적물을 취득한 제3자에 대하여 그 권리를 주장할 수 있다(대판 1989.7.11, 88다카21029).

정답 06 ②

벽을 내려치느라 시간을 낭비하지 마라.
그 벽이 문으로 바뀔 수 있도록 노력하라.

– 가브리엘 "코코" 샤넬(Gabrielle "Coco" Chanel)

CHAPTER 06 담보물권

10개년 출제문항 수

27회	28회	29회	30회	31회
6	4	4	4	4
32회	33회	34회	35회	36회
3	4	4	4	3

↳ 총 40문제 中 평균 약 4문제 출제

학습전략

- 담보물권에서는 담보물권 일반, 유치권, 저당권에 대한 내용을 학습합니다.
- 저당권에서 문제가 주로 출제되므로 관련 이론을 정리해 두는 것이 좋습니다.

제1절 담보물권 일반

1 담보제도

1. 의의

채권담보제도란 채권자의 채권의 만족을 확보하기 위한 수단을 말한다.

2. 종류

(1) 인적 담보

① 인적 담보제도란 채무자의 재산과 다른 제3자의 재산을 책임재산으로 하여 담보에 충당하는 제도를 말한다. 이에는 보증채무, 연대채무, 불가분채무 등이 있다.

② 인적 담보제도는 책임재산의 총액이 증대되어 지급불능의 위험이 감소한다는 장점이 있으나, 채권자평등의 원칙이 적용되고 책임재산이 수시로 증감변동한다는 단점이 있다.

(2) 물적 담보

① 물적 담보제도란 책임재산을 이루고 있는 재화 중의 어느 특정 재화를 가지고 담보에 충당하는 제도를 말한다. 민법이 규정한 전형담보로서

는 유치권, 질권, 저당권이 있고, 거래계의 편의상 발달한 비전형담보로서 매도담보, 양도담보, 가등기담보가 있다.

② 물적 담보제도는 다른 채권자보다 우선변제받을 수 있다는 장점이 있지만, 절차가 복잡하다는 단점이 있다.

2 담보물권의 본질

1. 가치권성

담보물권은 목적물의 교환가치만을 지배하는 가치권인 점에서 물건의 사용가치만을 지배하는 용익물권과 다르다. 담보물권의 부종성이 강하면 가치권성은 약해진다.

2. 물권성

저당권은 '타인 소유'의 물건에 대해 성립하는 물권이다[이를 '타(他)물권'이라 함]. 저당권은 물권이므로 '물건소유자'에 대한 권리가 아니라 '물건'에 대한 권리이며, 양도성과 상속성이 있다.

3 담보물권의 통유성 • 31회 • 36회

1. 부종성

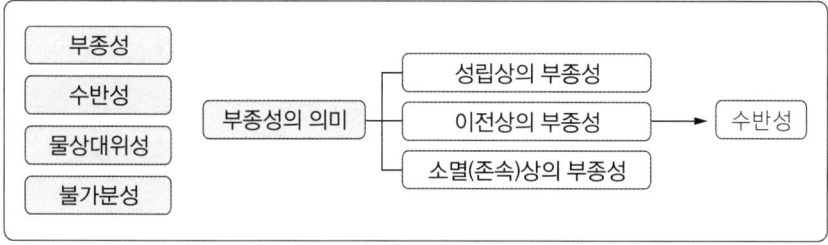

(1) 부종성(附從性)이란 성립상의 부종성과 존속상의 부종성을 말한다. 성립상의 부종성이란 피담보채권이 성립하여야 담보물권도 성립한다는 것을 말하고, 존속상의 부종성이란 피담보채권이 소멸하면 담보물권도 소멸한다는 것을 말한다.

(2) 법정담보물권(유치권, 법정질권, 법정저당권)은 부종성이 엄격하게 적용되나, 약정담보물권(질권, 저당권)은 부종성이 다소 완화된다. 즉, 성립상의 부종성이 완화되는 경우로는 장래의 채권을 위한 담보, 무효등기의 유용이 있고, 존속상의 부종성이 완화되는 경우로는 근질, 근저당, 소유자저당이 있다.

2. 수반성

(1) 수반성(隨伴性)이란 이전상의 부종성을 말한다. 이전상의 부종성이란 피담보채권이 이전하면 담보물권도 함께 이전된다는 것을 말한다. 따라서 담보물권만의 양도는 불가능하다.

(2) 또한 판례에 의하면 피담보채권이 이전하더라도 담보물권이 이에 수반하지 않는 특별한 사정이 있는 경우 피담보채권만을 분리해서 양도할 수 있다고 한다. 그리고 이때 양수인은 무담보의 채권을 양수한 것이 되고 담보물권은 소멸한다고 한다(대판 1997.11.25, 97다29790).

3. 물상대위성

(1) 물상대위성(物上代位性)이란 담보물권의 목적물이 멸실, 훼손, 공용징수로 인하여 그 목적물에 갈음하는 금전 기타 물건으로 변하여 소유자에게 귀속하는 경우 담보물권은 그 가치적 변형물에도 효력이 미치는 것을 말한다. 물상대위성은 우선변제권이 인정되는 질권과 저당권에만 인정이 되고(제370조, 제342조), 유치권에는 인정되지 않는다.

(2) 물상대위는 추급력(追及力)이 끝나는 곳에서 시작된다. 추급력이란 목적물의 소유권이 변동되더라도 담보물권은 계속 따라가면서 권리를 행사할 수 있는 성질을 말한다. 멸실, 훼손, 공용징수의 경우에는 추급할 수 없으므로 물상대위를 할 수 있지만, 매매나 임대차의 경우에는 추급할 수 있으므로 물상대위를 할 수 없다.

(3) 물상대위의 목적물은 담보물권설정자가 받을 금전 기타 물건의 지급청구권 또는 인도청구권이다.

(4) 물상대위를 하기 위해서는 담보물권설정자가 금전 기타의 물건을 지급 또는 인도받기 전에 압류를 하여야 한다. 압류는 특정성(特定性)을 보존*하기 위한 것이므로 제3자가 압류하여도 무방하다.

기출지문 OX

유치권에는 물상대위성이 인정된다. •31회 ( )

정답 (×)

물상대위성은 우선변제권이 인정되는 질권과 저당권에만 인정이 되고, 유치권에는 인정되지 않는다.

*특정성의 보존

설정자가 받을 금전 기타 물건이 설정자의 다른 재산과 섞이지 않게 하는 것

4. 불가분성

(1) 불가분성(不可分性)이란 피담보채권의 전부를 변제받을 때까지 목적물의 전부에 대해 권리를 행사할 수 있음을 말한다. 불가분성은 담보물권의 효력을 강하게 하기 위해 인정되는 것으로서 모든 담보물권에 공통적으로 인정된다.

(2) 불가분성의 예외로는 공동저당과 불가항력으로 인한 목적물의 일부 멸실 시 전세금감액이 있다.

4 담보물권의 효력

담보물권의 효력에 관한 개략적 내용을 살펴보면 다음과 같다.

구분	성질	경매권	별제권*	간이변제충당	유치적 효력	우선변제적 효력
유치권	법정	○	○	○	○	×
질권	약정	○	○	○	○	○
저당권	약정	○	○	×	×	○
전세권	약정	○	○	수익적 효력	○	○

> *** 별제권(別除權)**
> 파산재단(破産財團)에 속하는 특정재산에 대하여 다른 채권자보다 우선하여 변제를 받을 수 있는 권리

제2절 유치권

1 서설

> **제320조【유치권의 내용】** ① 타인의 물건 또는 유가증권을 점유한 자는 그 물건이나 유가증권에 관하여 생긴 채권이 변제기에 있는 경우에는 변제를 받을 때까지 그 물건 또는 유가증권을 유치할 권리가 있다.
> ② 전항의 규정은 그 점유가 불법행위로 인한 경우에 적용하지 아니한다.

1. 의의

유치권(留置權)이란 타인의 물건 또는 유가증권을 점유한 자가 그 물건이나 유가증권에 관하여 생긴 채권이 변제기에 있는 경우에 그 채권의 변제를 받을 때까지 그 물건 또는 유가증권을 유치할 수 있는 권리를 말한다(제320조 제1항).

2. 인정이유

타인의 물건 또는 유가증권을 점유한 자가 그 물건이나 유가증권에 관하여 채권을 가지는 경우 그 채권의 변제를 받을 때까지 그 물건 또는 유가증권의 반환을 거절하는 것이 공평의 원칙에 부합하기 때문이다.

3. 법적 성질

(1) 물권으로서의 특질

유치권도 물권이므로 물권으로서의 일반적인 특질을 가진다. 점유의 계속은 유치권의 존속요건이므로 점유를 상실하면 유치권도 소멸한다. 점유를 침탈당한 경우 유치권 자체에 기한 반환청구권은 인정되지 않고, 점유권에 기한 반환청구권만 인정된다.

(2) 담보물권으로서의 특질

유치권은 법정담보물권이므로 등기 없이도 당연히 취득한다. 유치권에는 담보물권의 통유성 중 물상대위성이 없다. 또한 유치권은 우선변제적 효력은 없다.

4. 유치권과 동시이행항변권의 비교

구분	유치권	동시이행항변권
공통점	• 양자 모두 공평의 원칙에 입각함 • 양자 모두 채권의 변제를 촉구하는 기능을 함(양자는 병존할 수 있음) • 소송에서 항변이 인용된 경우 상환이행판결(원고일부승소판결)이 내려짐	
차이점	물권이므로 절대성과 배타성이 있음 (對世權)	쌍무계약의 효력으로서 인정되는 것이므로 당사자 사이에서만 효력이 있음 (對人權)
	그 물건에 관한 일체의 채권의 변제 확보가 목적(채권담보가 핵심)	쌍무계약상의 채권의 이행이 목적 (선이행방지가 핵심)
	채권의 전부를 변제받을 때까지 목적물 전부에 대해 권리행사를 할 수 있음	일부를 제공한 경우 미제공부분에 대해서만 권리행사를 할 수 있음
	채권의 변제를 받을 때까지 권리행사를 할 수 있음	이행의 제공을 할 때까지만 권리행사를 할 수 있음
	물건의 인도를 거절	일체의 채무의 이행을 거절
	다른 담보를 제공하고 소멸청구를 할 수 있음	다른 담보를 제공하고 권리행사를 저지시킬 수 없음

2 성립요건 • 25회 • 26회 • 27회 • 30회 • 31회 • 32회

1. 타인의 물건이나 유가증권일 것

(1) 유치권의 객체는 타인 소유의 물건이어야 한다. 따라서 자기 소유물에 대해서는 유치권이 성립할 수 없다. 또한 타인에는 채무자뿐만 아니라 제3자도 포함되므로 제3자 소유의 물건에 대해서도 유치권이 성립할 수 있다.

(2) 유치권의 객체는 동산, 부동산, 유가증권이다. 부동산유치권의 경우 등기가 필요 없으며, 유가증권을 목적으로 하는 유치권의 경우에도 배서는 필요 없다.

 판례

> 건물신축공사를 도급받은 수급인은 사회통념상 독립한 건물이 되지 못한 정착물을 토지에 설치한 상태에서 공사가 중단된 경우, 그 정착물이나 토지에 대하여 유치권을 행사할 수 없다(대결 2008.5.30, 2007마98).

기출지문 OX

X물건의 소유자가 甲인지 여부는 X물건에 대한 甲의 유치권 성립에 영향을 미친다. • 30회 ( )

정답 (○)

2. 목적물에 대한 점유가 적법할 것

(1) 유치권이 성립하기 위해서는 목적물을 점유하여야 한다. 이때의 점유는 직접점유·간접점유를 불문한다. 다만, 채권자가 채무자를 직접점유자로 하여 간접점유하는 경우에는 유치권이 성립하지 않는다.

(2) 또한 유치권이 존속하기 위해서는 점유가 계속되어야 한다. 따라서 유치권자가 점유를 상실하면 유치권은 소멸된다. 다만, 점유를 상실한 원인이 점유의 침탈인 경우 유치권자가 점유를 침탈당한 후 1년 내에 점유물반환청구권을 행사하여 점유를 회수한 때에는 처음부터 점유를 상실하지 않은 것으로 되므로 유치권은 소멸하지 않은 것으로 된다.

(3) 유치권이 성립하려면 목적물에 대한 점유가 적법하여야 한다. 따라서 불법행위에 의해 점유를 개시한 경우 유치권이 성립하지 않고, 점유자가 목적물을 점유할 권원이 없음을 알면서 비용을 지출한 경우에도 유치권이 성립하지 않는다. 또한 처음에는 권원에 의해 점유를 개시하였더라도 후에 권원이 소멸한 경우 역시 유치권이 성립하지 않는다. 따라서 임차인이 임대차계약이 해지된 후에도 계속 목적물을 점유하고 그 기간 동안에 필요비나 유익비를 지출하더라도 그 상환청구권에 관해서는 유치권이 성립하지 않는다.

기출지문 OX

X물건에 대한 甲의 점유가 채무자를 매개로 한 간접점유가 아닌 한, 직접점유인지 간접점유인지 여부는 X물건에 대한 甲의 유치권 성립에 영향을 미치지 않는다. • 30회 ( )

정답 (○)

3. 채권과 목적물 사이에 견련성이 있을 것

(1) 유치권이 성립하기 위해서는 채권과 목적물 사이에 견련성(牽連性)이 있어야 한다.

① **견련성이 인정되는 경우**('관하여 생긴'의 의미)
  ㉠ 채권이 목적물 자체로부터 발생한 경우와 채권이 목적물반환청구권과 동일한 법률관계 또는 동일한 사실관계로부터 발생한 경우에 견련성이 인정된다.
  ㉡ 채권이 목적물 자체로부터 발생한 경우로는 수리대금채권, 목적물에 지출한 비용상환청구권, 목적물로부터 받은 손해에 대한 손해배상청구권(제758조, 제759조), 도급인의 소유에 속하는 완성물에 대한 수급인의 공사대금채권 등을 들 수 있고, 채권이 목적물반환청구권과 동일한 법률관계 또는 동일한 사실관계로부터 발생한 경우로는 매매계약이 무효·취소되어 생기는 부당이득반환청구권과 우연히 물건을 서로 바꾸어 가서 생기는 반환청구권을 들 수 있다.

② **견련성이 인정되지 않는 경우**
  ㉠ 채권이 목적물 그 자체를 목적으로 하는 경우에는 견련성이 인정되지 않는다. 즉, 보증금반환청구권, 권리금반환청구권, 부속물매수청구권의 행사로 취득한 매매대금채권에 대해서는 유치권이 성립하지 않는다.
  ㉡ 사람의 배신행위에 기한 손해배상청구권을 담보하기 위한 경우에도 견련성이 인정되지 않는다. 즉, 부동산이중매매, 양도담보권자의 처분, 임대인의 처분의 경우에 발생하는 각 손해배상청구권에 대해서는 유치권이 성립하지 않는다.

> **판례**
> 甲이 건물 신축공사 수급인인 乙주식회사와 체결한 약정에 따라 공사현장에 시멘트와 모래 등의 건축자재를 공급한 경우, 甲의 건축자재대금채권은 매매계약에 따른 매매대금채권에 불과할 뿐 건물 자체에 관하여 생긴 채권이라고 할 수는 없으므로 유치권이 성립하지 않는다(대판 2012.1.26, 2011다96208).

기출지문 OX

임차인은 임대인과의 약정에 의한 권리금반환채권으로 임차건물에 유치권을 행사할 수 없다.
• 31회 ( )

정답 (○)

(2) 유치권이 성립하기 위해서는 채권과 목적물 사이에 견련성(牽連性)만 있으면 되고, 채권과 목적물의 '점유'와의 견련성은 필요 없다. 즉, 채권이 목적물의 점유 중 또는 점유와 동시에 발생할 필요는 없고, 목적물을 점유하기 전에 채권이 발생하였고 후에 점유를 취득한 경우에도 유치권은 성립한다.

4. 채권의 변제기가 도래할 것

(1) 유치권이 성립하기 위해서는 채권의 변제기가 도래하여야 한다. 유치권에서는 피담보채권의 변제기 도래가 유치권의 성립요건이나, 질권과 저당권에서는 피담보채권의 변제기 도래가 각각 실행요건이다.

(2) 점유자와 전세권자 및 임차인의 유익비상환청구에 대하여 법원이 상당한 상환기간을 허여한 경우(제203조 제3항, 제310조 제2항, 제626조 제2항 제2문)에는 유치권이 성립하지 않는다.

추가 채권의 변제기가 뒤로 늦춰지므로 유치권이 성립하지 않는다.

5. 유치권 배제의 특약이 없을 것

(1) 유치권에 관한 규정은 임의규정이므로 유치권이 성립하기 위해서는 당사자 사이에 유치권을 배제하기로 하는 특약이 없어야 한다.

(2) 판례는 건물임차인이 임대차관계 종료 시에 건물을 원상으로 복구하여 임대인에게 명도하기로 약정한 것은 비용상환 면제특약으로서 이는 유치권 배제특약에 해당하므로 유치권이 성립하지 않는다고 한다.

3 효력 · 26회 · 29회 · 31회 · 33회 · 35회

1. 유치권자의 권리

(1) 유치권

① 유치권자는 채권 전부를 변제받을 때까지 목적물 전부에 대하여 그 권리를 행사할 수 있다(제320조). 유치(留置)란 채권의 변제를 받을 때까지 점유를 계속하면서 인도를 거절하는 것을 말한다.

② 부동산임차인은 비용상환청구권에 관한 유치권을 행사하기 위해 종전대로 그 부동산을 사용할 수 있으나, 그 동안의 사용이익은 부당이득으로 채무자에게 반환하여야 한다.

> **참고** 유치권 주장과 법원의 판결
>
> 원고(原告)의 목적물인도청구소송에 대해 피고(被告)의 유치권 항변이 인용되는 경우 법원은 상환이행판결(상환급부판결, 원고일부승소판결, 원고일부승소·일부패소판결)을 한다.

③ 유치권은 물권이므로 유치권자는 채무자뿐만 아니라 모든 사람에 대해서도 유치권을 주장할 수 있다. 따라서 유치목적물의 소유권이 변동된 경우에도 유치권자는 신소유자에 대하여 유치권을 행사할 수 있다. 질권과 저당권과의 관계에 있어서도 유치권은 성립시기에 관계없이 질권 또는 저당권에 우선한다. 경락인에 대한 관계에서는, 먼저 경매개시결정의 등기 전에 성립한 유치권의 경우에는 경락인에게 유치권을 주장할 수 있지만, 경매개시결정의 등기 후에 성립한 유치권의 경우에는 경락인에게 유치권을 주장할 수 없다.

> **판례**
>
> 1. 경매개시결정의 등기(압류의 효력이 발생) 전에 성립한 유치권의 경우에는 경매절차의 매수인에게 유치권을 주장할 수 있다(대결 2011.5.13, 2010마1544).
> 2. 경매개시결정의 등기(압류의 효력이 발생) 후에 성립한 유치권의 경우에는 경매절차의 매수인에게 유치권을 주장할 수 없다(대판 2013.6.27, 2011다50165).

(2) 경매권

> **제322조【경매, 간이변제충당】** ① 유치권자는 채권의 변제를 받기 위하여 유치물을 경매할 수 있다.
> ② 정당한 이유 있는 때에는 유치권자는 감정인의 평가에 의하여 유치물로 직접 변제에 충당할 것을 법원에 청구할 수 있다. 이 경우에는 유치권자는 미리 채무자에게 통지하여야 한다.

① **경매권:** 유치권자는 채권을 변제받기 위하여 유치물을 경매할 수 있다(제322조 제1항). 경매는 「민사집행법」이 정하는 절차에 의해 행해진다.

② **간이변제충당권:** 유치권자에게는 경매권 외에 간이변제충당권이 인정된다. 간이변제충당이란 유치물로서 직접 채권의 변제에 충당하는 것을 말한다. 즉, 유치권자는 정당한 이유가 있는 경우에는 감정인의 평가에 따라 유치물로 직접 변제에 충당할 것을 법원에 청구할 수 있고,

---

기출지문 OX

유치권자는 채권의 변제를 받기 위하여 유치물을 경매할 수 있다.
• 31회 ( )

정답 (○)

이 경우 유치권자는 미리 채무자에게 그 사실을 통지하여야 한다(제322조 제2항). 간이변제충당을 하기 위해서는 ㉠ 정당한 이유가 있을 것, ㉡ 감정인의 평가에 따를 것, ㉢ 법원에 청구할 것, ㉣ 법원에 청구하기 전에 미리 채무자에게 통지할 것이 필요하다. 위의 요건을 갖추는 경우 유치권자는 유치물의 소유권을 취득한다. 평가액이 채권액을 넘는 경우 그 차액을 채무자에게 반환하여야 한다.

(3) 우선변제권의 여부

유치권자에게는 법률상 우선변제권이 없다. 다만, 채무자 또는 제3자가 목적물을 인도받으려면 유치권자에게 채무를 변제할 책임을 지므로 유치권자는 사실상 채권의 우선변제를 받을 수 있게 된다. 이렇게 유치권자가 사실상 채권의 우선변제를 받게 되는 경우는 유치권자가 별제권, 간이변제충당권, 과실수취권을 가지는 경우이다.

> **⊕ 보충** 매수인(경락인)에 대한 이행청구 여부
>
> 유치권의 목적물인 부동산이 경락된 경우 유치권자는 유치권을 주장하여 매수인(경락인)에게 목적물의 인도를 거절할 수는 있으나, 매수인(경락인)에게 피담보채무의 변제를 청구할 수 없다.

(4) 과실수취권

유치권자는 유치물의 과실을 수취하여 다른 채권보다 먼저 자기 채권의 변제에 충당할 수 있다(제323조 제1항). 과실에는 천연과실, 법정과실 모두 포함되고, 사용이익은 법정과실에 준한다. 과실은 먼저 채권의 이자에 충당하고, 남은 것이 있으면 원본(元本)에 충당한다(제323조 제2항). 과실이 금전이 아닌 경우에는 경매하여야 한다.

(5) 유치물사용권

> **제324조【유치권자의 선관의무】** ② 유치권자는 채무자의 승낙 없이 유치물의 사용, 대여 또는 담보제공을 하지 못한다. 그러나 유치물의 보존에 필요한 사용은 그러하지 아니하다.
> ③ 유치권자가 전2항의 규정에 위반한 때에는 채무자는 유치권의 소멸을 청구할 수 있다.

① **승낙에 의한 사용:** 유치권자는 채무자의 승낙을 받으면 유치물을 사용·대여하거나 담보로 제공할 수 있다(제324조 제2항 본문). 채무자란

소유자를 말한다. 따라서 채무자와 소유자가 다른 경우 소유자의 승낙을 받아야 한다.

② **보존에 필요한 사용:** 유치권자는 채무자의 승낙을 받지 않더라도 유치물을 보존하기 위하여 필요한 사용은 할 수 있다(제324조 제2항 단서). 부동산임차인은 비용상환청구권에 관한 유치권을 행사하기 위해 종전대로 그 부동산을 사용할 수 있다. 다만, 유치의 근거에 대해 학설은 부동산의 유치방법 그 자체라고 하고 있고, 판례는 보존에 필요한 사용이라고 한다. 유치권자가 유치물을 보존하기 위하여 필요한 사용으로서 이익을 얻은 경우 이를 부당이득으로 채무자에게 반환하여야 한다.

(6) 비용상환청구권

> 제325조 【유치권자의 상환청구권】 ① 유치권자가 유치물에 관하여 필요비를 지출한 때에는 소유자에게 그 상환을 청구할 수 있다.
> ② 유치권자가 유치물에 관하여 유익비를 지출한 때에는 그 가액의 증가가 현존한 경우에 한하여 소유자의 선택에 좇아 그 지출한 금액이나 증가액의 상환을 청구할 수 있다. 그러나 법원은 소유자의 청구에 의하여 상당한 상환기간을 허여할 수 있다.

① 유치권자가 유치물에 관하여 필요비를 지출한 경우에는 소유자에게 상환을 청구할 수 있다(제325조 제1항). 상환청구권자는 유치권자에 한하고, 상대방은 소유자로 규정되어 있으나 채무자를 말한다.

② 유치권자가 유치물에 관하여 유익비를 지출한 경우에는 그 가액의 증가가 현존한 때에 한하여 소유자의 선택에 좇아 그 지출금액이나 증가액의 상환을 청구할 수 있다. 이 경우 법원은 소유자의 청구에 의하여 상당한 상환기간을 허여할 수 있다(제325조 제2항).

2. 유치권자의 의무

(1) 선관주의의무

① 유치권자는 선량한 관리자의 주의(注意)로 목적물을 점유하여야 한다(제324조 제1항). 선관주의의무를 위반한 경우 채무불이행으로 인한 손해배상을 청구하거나 유치권소멸청구를 할 수 있다.

② 유치권자가 동일채권을 담보하기 위한 복수의 유치물 중 일부를 채무자의 승낙 없이 타인에게 대여한 경우, 위반행위가 있었던 유치물에 대해서만 유치권소멸청구를 할 수 있다.

기출지문 OX

공사대금채권에 기하여 유치권을 행사하는 자가 스스로 유치물인 주택에 거주하며 사용하는 것은 특별한 사정이 없는 한 유치물의 보존에 필요한 사용에 해당한다.
• 35회 ( )

정답 (O)

기출지문 OX

임대차종료 후 법원이 임차인의 유익비상환청구권에 유예기간을 인정한 경우, 임차인은 그 기간 내에는 유익비상환청구권을 담보하기 위해 임차목적물을 유치할 수 없다. • 26회 ( )

정답 (O)

(2) 사용금지의무

① 유치권자는 채무자의 승낙 없이 유치물을 사용·대여하거나 담보로 제공할 수 없다. 사용금지의무를 위반한 경우 유치권소멸청구를 할 수 있다(제324조 제3항).

② 사용금지의무 위반을 이유로 실제로 유치권소멸청구를 하여야 유치권이 소멸하는 것이지 의무위반사실만으로는 곧바로 유치권이 소멸하는 것은 아니다.

4 유치권의 소멸 ・27회 ・31회 ・34회 ・36회

1. 일반적 소멸원인

(1) 모든 물권에 공통된 소멸원인

① 목적물의 멸실, 공용징수, 혼동, 몰수, 포기에 의하여 유치권은 소멸한다.

② 유치권은 종된 권리이므로 피담보채권과 독립하여 소멸시효에 걸리지 않는다.

(2) 담보물권에 공통된 소멸원인

① 유치권은 피담보채권의 소멸로 소멸한다.

② 유치권의 행사는 피담보채권의 시효중단사유가 아니므로 채권자가 유치권을 행사하더라도 피담보채권의 소멸시효는 그와 관계없이 진행한다(제326조).

2. 특유한 소멸원인

(1) 유치권소멸청구

① 유치권자의 의무위반에 대해 채무자의 소멸청구가 있으면 유치권은 소멸한다(제324조 제3항). 유치권자의 의무위반을 원인으로 하는 유치권소멸청구권은 형성권이다.

② 채무자는 상당한 담보를 제공하고 유치권의 소멸을 청구할 수 있다(제327조). 타담보제공과 유치권소멸청구를 할 수 있는 자는 채무자로 되어 있으나 소유자도 소멸청구를 할 수 있다. 이때 담보에는 인적 담보, 물적 담보 모두 포함된다. 다른 담보제공을 원인으로 하는 유치권소멸청구권은 청구권이다.

기출지문 O X

채무자는 상당한 담보를 제공하고 유치권의 소멸을 청구할 수 있다. ・31회   (   )

정답 (O)

(2) 점유의 상실

유치권자가 점유를 상실하면 유치권은 소멸된다. 다만, 점유를 침탈당한 후 1년 내에 점유를 회수한 경우 처음부터 점유를 상실하지 않은 것으로 되므로 유치권도 소멸하지 않은 것으로 된다.

제3절 저당권

1 서설 · 36회

1. 의의

> 제356조 【저당권의 내용】 저당권자는 채무자 또는 제3자가 점유를 이전하지 아니하고 채무의 담보로 제공한 부동산에 대하여 다른 채권자보다 자기 채권의 우선변제를 받을 권리가 있다.

추가 물상보증인
① 채무 ×
② 책임 ○

(1) 저당권(抵當權)이란 채무자 또는 물상보증인이 점유를 이전하지 않고 채무의 담보로 제공한 부동산으로부터 다른 채권자보다 우선하여 자기 채권을 변제받을 권리이다(제356조).

(2) 약정담보물권이라고 하는 점에서 질권과 유사하지만 질권은 주로 동산을 대상으로 하는 데 비하여, 저당권은 주로 부동산을 대상으로 한다. 또한 질권은 동산을 인도받아 질권자가 이를 점유하는 데 비하여, 저당권은 저당부동산에 관하여 저당권설정등기를 할 뿐 점유의 이전을 받지 않는다는 점에서 두 제도는 서로 다르다.

2. 사회적 작용

저당권은 목적물의 소유권과 점유를 채권자에게 이전하지 않고 그 교환가치만을 지배하고 목적물은 여전히 저당권설정자가 사용·수익한다는 점에서 그 효용성이 매우 크다.

3. 성질

(1) 저당권은 채무자 또는 물상보증인이 점유를 이전하지 않고 채무의 담보로 제공한 부동산 기타 목적물에 대하여 우선변제를 받는 약정담보물권이다(제356조).
(2) 저당권은 목적물에 대한 점유와 사용·수익은 저당권설정자에게 그대로 두고 목적물의 교환가치만을 지배하는 담보제도이다.
(3) 목적물의 점유를 저당권설정자가 하기 때문에 저당권의 목적물이 될 수 있는 것은 '등기'나 '등록'을 할 수 있는 것에 한한다.
(4) 담보물권이므로 담보물권의 통유성이 인정된다.

2 저당권의 성립 · 33회

1. 저당권이 성립하는 경우

(1) 약정저당권의 성립
저당권은 저당권설정계약과 등기에 의해 성립한다.

(2) 법정저당권의 성립
① 민법 제649조는 "토지임대인이 변제기를 경과한 최후 2년의 차임채권에 의하여 그 지상에 있는 임차인 소유의 건물을 압류한 때에는 저당권과 동일한 효력이 있다."라고 규정하고 있다. 이는 법률규정에 의해 저당권이 성립하는 경우로서 압류등기를 한 때에 저당권이 성립한다.
② 한편 민법 제666조는 "부동산공사의 수급인은 자신의 보수채권을 담보하기 위하여 그 부동산을 목적으로 한 저당권의 설정을 청구할 수 있다."라고 규정하고 있다. 부동산공사수급인의 저당권설정청구권의 행사의 경우에는 도급인이 수급인의 청구에 응하여 저당권설정등기를 한 때에 저당권이 성립한다.

2. 저당권설정계약과 등기

(1) 저당권설정계약의 성질
① 저당권설정계약이란 직접 저당권의 발생을 목적으로 하는 물권계약이다. 저당권설정행위는 처분행위이므로 저당권설정자는 저당물에 관하여 처분권한을 가지고 있어야 한다.

② 저당권설정계약은 금전소비대차계약의 종된 행위이고, 불요식행위이다.
③ 저당권설정계약에 관해서도 조건과 기한을 붙일 수 있다.

(2) 저당권설정계약의 당사자

① 저당권설정자는 채무자뿐만 아니라 제3자(물상보증인)도 포함된다.
② 저당권자는 피담보채권의 채권자에 한하는 것이 원칙이다. 그러나 채무자 소유의 부동산을 담보로 제공하는 경우에 채권자 아닌 제3자의 명의로 저당권등기를 하는 데 대하여 채권자와 채무자 및 제3자 사이에 합의가 있었고, 나아가 제3자에게 그 채권이 실질적으로 귀속되었다고 볼 수 있는 특별한 사정이 있는 때에는 제3자 명의의 저당권등기도 유효하다(대판 2000.12.12, 2000다49879).

(3) 저당권설정등기

저당권은 저당권설정계약 외에 저당권설정등기가 있어야 성립한다.

3. 저당권의 객체

(1) 저당권의 객체는 반드시 등기·등록할 수 있는 것에 한한다.
(2) 민법상 저당권의 객체로는 토지, 건물, 지상권, 전세권이 있다. 1필 토지의 일부에 대해서는 저당권을 설정할 수 없고, 1동 건물의 일부에 대해서도 구분소유권의 객체로 되는 경우를 제외하고는 저당권을 설정할 수 없다. 또한 지역권과 임차권을 목적으로 저당권을 설정할 수 없다.
(3) 특별법상 저당권의 객체로는 선박·자동차·항공기·건설기계, 입목(입목에 관한 법률에 의하여 등기된 수목의 집단), 광업권·어업권, 각종 재단저당 등이 있다. 명인방법을 갖춘 수목의 집단에 대해서는 저당권을 설정할 수 없다.

4. 피담보채권

(1) 피담보채권은 금전채권인 경우가 보통이나, 금전지급 이외의 급부를 목적으로 하는 채권도 피담보채권이 될 수 있다. 예를 들어, 물건인도청구권을 담보하기 위해서도 저당권을 설정할 수 있다. 다만, 피담보채권의 가액을 금전으로 산정하여 이를 등기하여야 한다.
(2) 수인의 채무자, 수인의 채권자, 수개의 채무, 채무의 일부를 위해 1개의 저당권을 설정할 수도 있다.

(3) 장래의 특정·불특정 채권을 위해서도 저당권을 설정할 수 있다.

3 저당권의 효력

1. 저당권의 효력이 미치는 범위 ·26회 ·29회 ·30회 ·32회 ·33회 ·35회 ·36회

(1) 목적물의 범위

> **제358조【저당권의 효력의 범위】** 저당권의 효력은 저당부동산에 부합된 물건과 종물에 미친다. 그러나 법률에 특별한 규정 또는 설정행위에 다른 약정이 있으면 그러하지 아니하다.
>
> **제359조【과실에 대한 효력】** 저당권의 효력은 저당부동산에 대한 압류가 있은 후에 저당권설정자가 그 부동산으로부터 수취한 과실 또는 수취할 수 있는 과실에 미친다. 그러나 저당권자가 그 부동산에 대한 소유권, 지상권 또는 전세권을 취득한 제3자에 대하여는 압류한 사실을 통지한 후가 아니면 이로써 대항하지 못한다.

① **부합물과 종물**
  ㉠ 원칙적으로 저당권의 효력은 저당권설정 전후를 불문하고 저당부동산에 부합된 물건과 종물에 미친다(제358조 본문).
  ㉡ 주된 건물에 대한 저당권의 효력은 부속건물에 관하여도 미친다. 저당건물이 증축된 경우에도 증축부분이 독립성이 없으면 증축부분에도 저당권의 효력이 미친다.
  ㉢ 건물에 대한 저당권의 효력은 그 건물의 소유를 목적으로 하는 지상권, 전세권, 임차권에도 미친다. 따라서 경매절차에서의 매수인(경락인)은 건물소유권을 취득할 때 지상권, 전세권, 임차권까지 취득한다. 이 경우 임대인의 동의가 없으므로 매수인(경락인)은 임대인에게 대항할 수 없는 것이 원칙이나, 자신의 임차권취득이 임대인에 대한 배신행위가 아니라는 것을 입증하면 임대인에게 자신의 임차권을 주장할 수 있다.
  ㉣ 토지저당권의 효력은 저당토지 위의 건물과 입목(입목에 관한 법률에 의하여 등기된 수목의 집단) 및 명인방법을 갖춘 수목의 집단에는 미치지 않는다.
  ㉤ 저당권의 효력이 부합물과 종물에 미치는 것이 원칙이지만, 법률에 특별한 규정이 있거나 설정행위에서 달리 약정하였으면 저당권의 효력이 미치지 않는다(제358조 단서).

② **과실:** 과실(果實)은 저당권설정자가 취득하는 것이므로 저당권의 효력은 원칙적으로 과실(천연과실·법정과실 불문)에는 미치지 않는다. 그러나 저당권의 효력은 저당부동산이 압류된 후에 저당권설정자가 그 부동산으로부터 수취한 과실 또는 수취할 수 있는 과실에 미친다. 다만, 그 부동산에 대한 소유권, 지상권 또는 전세권을 취득한 제3자에 대해서는 저당권자가 압류한 사실을 통지한 후에만 대항할 수 있다(제359조).

③ **물상대위:** 저당권자는 저당물의 멸실, 훼손 또는 공용징수로 인하여 저당권설정자가 받을 금전이나 기타 물건에 대해서도 저당권을 행사할 수 있다(제370조에서 제342조를 준용하고 있음). 이를 물상대위라 하는데, 물상대위를 하기 위해서는 저당권설정자가 금전 기타 물건을 지급 또는 인도받기 전에 압류하여야 한다.

기출지문 OX

저당권이 설정된 토지가 「공익사업을 위한 토지 등의 취득 및 보상에 관한 법률」에 따라 협의취득된 경우, 저당권자는 토지소유자가 수령할 보상금에 대하여 물상대위를 할 수 없다. • 26회
( )

정답 (O)

(2) 피담보채권의 범위

> **제360조 【피담보채권의 범위】** 저당권은 원본, 이자, 위약금, 채무불이행으로 인한 손해배상 및 저당권의 실행비용을 담보한다. 그러나 지연배상에 대하여는 원본의 이행기일을 경과한 후의 1년분에 한하여 저당권을 행사할 수 있다.

① **제360조의 취지:** 저당권의 피담보채권의 범위에 관한 제360조는 후순위담보물권자나 저당부동산의 제3취득자를 보호하기 위해 지연배상에 관해 일정한 제한을 가하고 있다.

② **내용**
　㉠ 원본·이자·위약금은 등기하여야 담보되나, 저당권실행비용과 채무불이행으로 인한 손해배상은 등기하지 않아도 담보된다. 이자는 등기된 것을 전제로 무제한 담보되나, 지연배상(지연이자)은 원본의 이행기일이 지난 후의 1년분만 담보된다.
　㉡ 제360조 단서에서 저당권이 지연배상을 1년분만을 담보하도록 하고 있는 이유는 후순위담보물권자나 제3취득자를 보호하기 위한 것이므로 이들이 없는 경우에는 전액 담보된다.
　㉢ 저당권의 피담보채권의 범위는 질권의 경우와 달리 그 범위가 좁다. 저당권은 목적물을 점유하는 것이 아니므로, 저당물보존비용과 저당물의 하자로 인한 손해배상청구권은 저당권의 피담보채권의 범위에 속하지 않는다.

③ **불가분성:** 저당권에 관하여도 불가분성이 적용된다. 따라서 저당권자는 채권 전부를 변제받을 때까지 저당물 전부에 대하여 저당권을 행사할 수 있다(제370조에서 제321조를 준용하고 있음).

2. 우선변제적 효력

(1) 저당권자가 피담보채권의 변제를 받는 방법
① **저당권을 실행하는 방법:** 경매신청에 의한 저당권 실행방법으로는 담보권실행경매가 있다. 이 경우에는 집행권원이 필요 없다. 그 외에 경매에 의하지 않은 저당권 실행방법으로는 유저당이 있다.
② **이미 개시된 집행에 참가하는 방법:** 저당권자는 후순위저당권자의 저당권 실행, 전세권자 또는 유치권자의 경매신청, 일반채권자의 경매신청에 참가하여 우선순위에 따라 변제받을 수 있다.
③ **채무자의 일반재산에 대한 강제집행:** 저당권자는 저당물에 의하여 변제받지 못한 부분의 채권에만 채무자의 다른 재산으로부터 변제를 받을 수 있다. 이를 통상의 강제집행(강제경매)이라 한다. 이 경우에는 집행권원이 필요하다. 또한 저당권자는 저당권을 실행하지 않고 먼저 채무자의 일반재산에 대해 강제집행을 할 수 있다. 그러나 일반채권자가 이의를 신청한 경우 그 강제집행은 저지된다.

> **추가** 채무자는 이의신청 ×

(2) 우선변제의 순위
① **일반채권자에 대한 관계:** 저당권자는 언제나 일반채권자에 우선한다. 다만, 「주택임대차보호법」상의 우선변제와 최우선변제의 예외가 있다(주택임대차보호법 제3조의2, 제8조). 저당권과 「주택임대차보호법」상의 우선변제권이 있는 주택임차권은 각각 저당권설정등기와 확정일자를 비교해 우선순위를 결정한다. 보증금 중 일정액은 경매신청의 등기 전에 대항요건을 갖춘 경우 언제나 저당권자보다 먼저 변제를 받는다.
② **전세권자에 대한 관계:** 전세권과 저당권의 우선순위는 등기의 선후로 결정된다.
③ **저당권 상호간의 관계:** 저당권 상호간의 우선순위는 등기의 선후로 결정된다. 선순위저당권이 변제 기타의 사유로 소멸하면 후순위저당권은 그 순위가 승진한다(이를 '순위승진의 원칙'이라 함).

④ **국세우선권과의 관계:** 저당물의 소유자가 체납하고 있는 국세와 저당권의 우선순위는 법정기일과 등기를 비교해 우선순위를 결정한다. 다만, 저당물 자체에 부과된 국세와 가산금, 즉 당해세는 언제나 저당권에 우선한다.
⑤ **파산채권자에 대한 관계:** 저당부동산의 소유자가 파산한 경우 저당권자는 별제권(別除權)을 행사할 수 있다.
⑥ **근로관계채권과의 관계:** 기업이 도산하여 근로관계가 소멸하는 경우 최종 3월분의 임금, 최종 3년분의 퇴직금 및 재해보상금은 사용자의 총재산에 대하여 저당권에 의해 담보된 채권에 우선한다(근로기준법 제38조 제2항, 근로자퇴직급여 보장법 제12조).

4 저당권의 실행

1. 의의

저당권의 실행이란 저당권자 스스로의 발의로 저당물을 환가하고 그 대가로부터 피담보채권의 변제를 받는 것을 말한다. 저당권의 실행방법에는 「민사집행법」에 의한 담보권실행경매 외에 유저당이 있다.

2. 담보권실행경매

(1) 담보권실행경매(임의경매)는 통상의 강제집행(강제경매)과 달리 집행권원을 요하지 않는다. 담보권실행경매를 하기 위해서는 피담보채권이 존재하여야 하고, 저당권이 존재하여야 하며, 피담보채권의 변제기가 도래하여야 한다.
(2) 담보권실행경매의 절차는 다음과 같다.

> ① 경매신청 및 경매개시결정 ⇨ ② 배당요구의 종기결정 및 공고 ⇨ ③ 매각의 준비 ⇨ ④ 매각방법 등의 지정·공고·통지 ⇨ ⑤ 매각의 실시 ⇨ ⑥ 매각결정절차 ⇨ ⑦ 매각대금의 납부 ⇨ ⑧ 소유권이전등기 등의 촉탁 및 부동산 인도명령 ⇨ ⑨ 배당절차

(3) 매수인(경락인)은 매각대금을 다 낸 때(경락대금을 완납한 때)에 소유권을 취득하며, 매수인이 매각대금을 다 내면 법원은 배당기일을 정하고 이해관계인과 배당을 요구한 채권자에게 그 기일을 통지하여 배당을 실시한다.

배당순위는 다음과 같다.

제0순위	① 경매비용 ② 제3취득자의 비용상환청구권	–
제1순위	① 보증금 중 일정액 ② 최종 3월분의 임금과 최종 3년분의 퇴직금 및 재해보상금	이들 상호간에는 동순위로 채권액에 비례하여 배당함
제2순위	저당물 자체에 부과된 국세와 가산금	당해세(상속세·재산세·자동차세 등)라 함
제3순위	① 국세와 지방세의 법정기일 전에 설정된 저당권·전세권으로 담보되는 채권 ② 국세와 지방세의 법정기일 전에 설정된 대항요건과 확정일자를 갖춘 주택·상가건물 임차보증금채권	① 저당권 vs 저당권: 등기의 선후로 결정 ② 저당권 vs 전세권: 등기의 선후로 결정 ③ 저당권 vs 임차보증금채권: 등기와 우선변제권 취득날짜를 비교해 결정
제4순위	최종 3월분의 임금과 최종 3년분의 퇴직금 및 재해보상금을 제외한 근로관계 채권	
제5순위	국세와 지방세	
제6순위	각종 공과금(의료보험료, 연금보험료 등)	
제7순위	일반채권	

5 저당권과 용익관계

1. 저당권과 용익권의 관계

(1) 저당권과 용익권의 관계는 등기 또는 대항력의 선후로 결정한다.

(2) 용익권(지상권, 전세권, 대항력 있는 임차권 등)이 저당권 실행에 의해 소멸하는지의 여부는 최고 순위의 저당권과 비교해 결정한다.

2. 법정지상권 ·24회 ·25회 ·27회 ·29회 ·33회 ·35회

> **제366조 【법정지상권】** 저당물의 경매로 인하여 토지와 그 지상건물이 다른 소유자에 속한 경우에는 토지소유자는 건물소유자에 대하여 지상권을 설정한 것으로 본다. 그러나 지료는 당사자의 청구에 의하여 법원이 이를 정한다.

추가 건물철거 방지가 목적

(1) 의의
제366조의 법정지상권이란 토지와 건물이 동일인의 소유이었다가 저당물의 경매로 인하여 토지와 그 토지에 있는 건물의 소유자가 달라진 경우에 건물소유자가 당연히 취득하는 지상권을 말한다.

(2) 인정이유
① 우리 법제는 토지와 건물을 별개의 부동산으로 취급하므로 타인의 토지를 이용하기 위해서는 반드시 토지에 대한 이용권원(지상권, 전세권, 임차권 등)이 있어야 한다. 그런데 이러한 이용권원을 설정할 수 없는 상태에서 토지와 건물의 소유자가 달라지는 경우 건물은 철거될 수밖에 없다.
② 따라서 토지와 건물의 소유자가 다른 경우 건물소유자가 토지소유자와 토지의 이용관계에 대한 협의를 미리 할 수 없는 부득이한 경우에 건물의 철거를 방지하고 건물소유자의 잠재적인 토지이용관계를 현실화하기 위하여 법정지상권이 인정되는 것이다.

(3) 성질
법정지상권에 관한 제366조 규정은 강행규정이다. 따라서 당사자의 특약에 의하여 법정지상권의 성립을 배제할 수 없다.

(4) 성립요건
① **저당권설정 당시에 토지 위에 건물이 있을 것**: 건물이 없는 토지에 저당권을 설정한 후에 건물을 지은 때에는 법정지상권이 성립하지 않는다. 건물이 존재하면 되므로 무허가건물, 미등기건물이더라도 법정지상권이 성립한다. 그러나 가설건축물의 경우에는 법정지상권이 성립하지 않는다. 한편 저당권설정 당시에 존재하던 건물이 증축, 개축된 경우뿐만 아니라 건물이 멸실되거나 철거된 후 신축 또는 재축된 경우에도 법정지상권이 성립한다. 다만, 법정지상권의 범위, 존속기간 등은 구건물을 기준으로 결정한다.

> **판례**
> 동일인 소유에 속하는 토지와 건물에 대하여 공동저당권이 설정된 후 그 건물이 철거되고 새로 건물이 신축된 경우에는 특별한 사정이 없는 한 저당물의 경매로 인하여 토지소유자와 그 신축건물의 소유자가 다르게 되더라도 그 신축건물을 위한 법정지상권이 성립하지 않는다(대판 전합체 2003.12.18, 98다43601).

기출지문 OX
토지에 관한 저당권설정 당시 해당 토지에 일시사용을 위한 가설건축물이 존재하였던 경우, 법정지상권은 성립하지 않는다. • 35회
( )
정답 (O)

② **저당권설정 당시에 토지와 건물이 동일인의 소유일 것**: 저당권설정 당시 토지와 건물의 소유자가 다른 경우에는 법정지상권이 인정되지 않는다. 따라서 미등기건물을 그 대지와 함께 매수한 사람이 그 대지에 관하여만 소유권이전등기를 넘겨받고 건물에 대하여는 그 등기를 이전받지 못하고 있다가, 대지에 대하여 저당권을 설정하고 그 저당권의 실행으로 대지가 경매되어 다른 사람의 소유로 된 경우에는 법정지상권이 성립될 여지가 없다. 한편 저당권설정 당시에 토지와 건물이 동일인 소유이기만 하면 되므로 저당권설정 후에 토지 또는 건물이 제3자에게 양도된 경우에도 법정지상권이 성립한다.

③ **토지 또는 건물에 저당권이 설정되었을 것**: 토지와 건물 어느 하나에 저당권이 설정되는 경우는 물론 양쪽 모두에 저당권이 설정되어도 무방하다.

④ **담보권실행경매로 토지소유자와 건물소유자가 달라질 것**: 제366조의 경매란 담보권실행경매를 말하며, 통상의 강제집행은 이에 포함되지 않는다(판례). 따라서 담보권실행경매 이외의 방법으로 소유자가 달라진 경우에는 관습법상의 법정지상권이 성립한다.

(5) 성립시기와 등기

① **성립시기**: 법정지상권이 성립하는 시기는 매수인이 매각대금을 다 낸 때(경락인이 경락대금을 완납한 때)이다.

② **등기**: 법정지상권의 취득은 법률규정에 의한 물권변동에 해당한다(제187조). 따라서 법정지상권을 취득할 때에는 등기를 요하지 않으나, 이를 처분하는 경우에는 등기하여야 한다.

③ **법정지상권에 관한 등기 없이 건물을 처분한 경우**: 판례는 법정지상권부 건물의 양수인은 양도인을 대위(代位)해 토지소유자에게 지상권설정등기를 청구할 수 있고, 이때 토지소유자가 건물양수인에 대해 건물철거를 청구하는 것은 신의칙에 반한다고 한다(다만, 토지소유자는 법정지상권부 건물의 양수인을 상대로 지료 상당의 부당이득반환청구는 할 수 있음).

(6) 법정지상권의 내용과 지료

① 법정지상권의 범위는 반드시 그 건물의 대지에 한정되는 것은 아니며, 건물 이용에 필요한 한도 내에서 대지 이외의 부분까지 미친다.

② 지료는 당사자의 협의로 이를 정하나, 협의가 이루어지지 않은 때에는 당사자의 청구에 의하여 법원이 이를 정한다(제366조 단서).

기출지문 OX

토지에 저당권이 설정될 당시 지상에 건물이 존재하고 있었고 그 양자가 동일 소유자에게 속하였다가 그 후 저당권의 실행으로 토지가 매각되기 전에 건물이 제3자에게 양도된 경우에는 법정지상권이 인정된다. • 22회 ( )

정답 (○)

③ 법정지상권이 인정된다고 하더라도 법정지상권자는 대지소유자에게 지료를 지급할 의무가 있는 것이 원칙이므로 법정지상권자가 2년 이상 지료를 체납한 경우 토지소유자는 지상권소멸청구를 할 수 있다. 다만, 지료에 관한 협의나 법원의 결정이 없어서 '지료에 관한 내용 자체'가 없는 경우에는 지료체납이 있을 수 없으므로 토지소유자는 지상권소멸청구를 할 수 없다.

3. 저당토지 위의 건물에 대한 일괄경매청구권 • 30회 • 31회

> **제365조【저당지상의 건물에 대한 경매청구권】** 토지를 목적으로 저당권을 설정한 후 그 설정자가 그 토지에 건물을 축조한 때에는 저당권자는 토지와 함께 그 건물에 대하여도 경매를 청구할 수 있다. 그러나 그 건물의 경매대가에 대하여는 우선변제를 받을 권리가 없다.

(1) 의의

일괄경매청구권(一括競賣請求權)이란 토지를 목적으로 저당권을 설정한 자가 저당권을 설정한 후 그 토지에 건물을 지은 경우에는 저당권자는 토지와 함께 그 건물에 대해서도 경매를 청구할 수 있는 권리이다(제365조).

(2) 인정이유

제366조의 법정지상권 취득이 불가능한 경우 건물의 철거를 방지하고 토지의 교환가치를 확보하기 위해 일괄경매청구권이 인정된다.

> **추가** 건물철거 방지가 목적

(3) 법적 성격

① 일괄경매청구권은 권리이지 의무가 아니다. 따라서 일괄경매청구 여부는 저당권자의 자유이다.
② 토지만을 경매하여 그 대금으로부터 충분히 피담보채권의 변제를 받을 수 있다고 하더라도 일괄경매청구권은 인정되며, 과잉경매로 되지 않는다.

(4) 요건

① **저당권설정 당시에 토지 위에 건물이 없을 것:** 저당권설정 당시에 토지 위에 건물이 없는 경우에만 제365조의 일괄경매청구권이 문제되고, 저당권설정 당시에 토지 위에 건물이 있는 경우에는 제366조의 법정지상권이 문제된다.

② 저당권설정자가 건물을 축조하여 소유하고 있을 것
- ⊙ 저당권설정자 이외의 제3자가 건물을 축조하더라도 일괄경매청구권은 인정되지 않는다.
- ⓒ 저당권설정자가 건물을 축조한 후 이를 제3자에게 양도한 경우 일괄경매청구권은 인정되지 않는다.
- ⓒ 저당권설정자로부터 저당토지에 용익권을 설정받은 자가 그 토지에 건물을 축조한 경우라도 그 후 저당권설정자가 그 건물의 소유권을 취득한 경우에는 일괄경매청구권이 인정된다.

(5) 효과
① 일괄경매청구권을 인정하는 취지상 토지와 건물이 동일인에게 매각(경락)되어야 한다.
② 우선변제권은 토지의 경락대금에 한정되고, 건물의 경락대금에 대해서는 우선변제권이 인정되지 않는다.

4. 제3취득자의 지위 •29회 •32회

(1) 의의
제3취득자란 저당권이 설정된 후에 저당부동산에 대하여 소유권, 지상권 또는 전세권을 취득한 자를 말한다.

(2) 보호의 필요성
저당권이 실행되는 경우 제3취득자는 자신의 권리를 상실하므로 민법은 제3취득자를 보호하기 위한 특별규정을 두고 있다.

(3) 제3취득자의 지위
① **경매인(競買人)이 될 수 있는 권리**: 저당물의 소유권을 취득한 제3자는 경매인이 될 수 있다(제363조 제2항).
② **제3취득자의 변제권**

> **제364조 【제3취득자의 변제】** 저당부동산에 대하여 소유권, 지상권 또는 전세권을 취득한 제3자는 저당권자에게 그 부동산으로 담보된 채권을 변제하고 저당권의 소멸을 청구할 수 있다.

⊙ 제364조의 내용: 저당부동산의 제3취득자는 저당권자에게 피담보채권을 변제하고 저당권의 소멸을 청구할 수 있다.

기출지문 O X

甲은 그 소유 나대지(X)에 乙에 대한 채무담보를 위해 乙 명의의 저당권을 설정하였다. 이후 丙은 X에 건물(Y)을 신축하여 소유하고자 甲으로부터 X를 임차하여 Y를 완성한 후, Y에 丁 명의의 저당권을 설정하였다. 乙이 X에 대한 저당권을 실행하는 경우, Y에 대해서는 일괄경매를 청구할 수 없다. •30회 (　)

정답 (O)

기출지문 O X

저당부동산에 대한 후순위저당권자는 저당부동산의 피담보채권을 변제하고 그 저당권의 소멸을 청구할 수 있는 제3취득자에 해당하지 않는다. •32회
(　)

정답 (O)

ⓒ 제469조와의 차이점: 제3취득자는 이해관계 있는 제3자이므로 채무자의 의사에 반해서도 변제할 수 있다(제469조). 그런데 제469조 외에 특별히 제364조를 두고 있는 이유는 제469조에 의한 변제의 경우에는 채무 전액을 변제하여야 하나, 제364조에 의한 변제의 경우에는 제360조가 정하는 범위의 금액만을 변제하고 저당권의 소멸을 청구할 수 있기 때문이다. 따라서 지연배상은 1년분만 변제하면 된다.

ⓒ 제3취득자는 피담보채권의 변제기가 도래하기 전에는 피담보채권을 변제할 수 없다.

> **❶ 보충** 제364조의 변제권의 특징
>
> 1. 제3취득자의 변제에 의해 피담보채권이 소멸하면 저당권은 부종성에 의해 당연히 소멸한다. 따라서 제364조의 소멸청구는 무의미하다. 또한 이는 법률규정에 의한 물권변동이므로 등기가 필요 없다.
> 2. 제3취득자가 변제한 경우 채무자에 대해 구상권(求償權)을 가지며, 그 구상권을 확보하기 위해 법정대위(法定代位)가 인정된다(제482조 제1항). 따라서 저당권은 제3취득자에게 이전한다.

③ **제3취득자의 비용상환청구권**: 저당물의 제3취득자가 그 부동산을 보존하거나 개량하기 위하여 필요비나 유익비를 지출한 경우에는 제203조에 따라 저당물의 경매대가에서 그 비용을 우선하여 상환받을 수 있다(제367조).

④ **담보책임**: 제3취득자가 저당권의 실행으로 자신의 권리를 상실한 경우 제576조에 의해 담보책임(저당권에 의한 제한)을 물을 수 있다.

> **제576조 【저당권, 전세권의 행사와 매도인의 담보책임】** ① 매매의 목적이 된 부동산에 설정된 저당권 또는 전세권의 행사로 인하여 매수인이 그 소유권을 취득할 수 없거나 취득한 소유권을 잃은 때에는 매수인은 계약을 해제할 수 있다.
> ② 전항의 경우에 매수인의 출재로 그 소유권을 보존한 때에는 매도인에 대하여 그 상환을 청구할 수 있다.
> ③ 전2항의 경우에 매수인이 손해를 받은 때에는 그 배상을 청구할 수 있다.

기출지문 OX

저당부동산의 제3취득자는 부동산의 보존·개량을 위해 지출한 비용을 그 부동산의 경매대가에서 우선변제받을 수 있다.
• 29회 ( )

정답 (○)

6 저당권의 침해와 구제

1. 저당권 침해의 특수성

저당권자의 담보를 위태롭게 하는 일체의 행위가 저당권을 침해하는 것이 되나, 그 침해로 인해 목적물의 교환가치가 감소하더라도 목적물의 가치가 피담보채권액을 넘고 있는 동안에는 저당권자에게 손해가 발생하였다고 볼 수 없다.

2. 구제방법

(1) 물권적 청구권

저당권자는 저당권의 침해가 있는 때에는 방해제거나 방해예방을 청구할 수 있다(제214조, 제370조). 저당물의 교환가치가 피담보채권액을 넘는 경우라도 물권적 청구권을 행사할 수 있다. 저당권의 경우에는 방해제거청구권과 방해예방청구권만 인정되고, 반환청구권은 인정되지 않는다.

(2) 불법행위로 인한 손해배상청구권

저당권자는 저당권 자체의 침해를 이유로 침해자에게 불법행위로 인한 손해배상을 청구할 수 있다. 다만, 손해배상청구권은 저당물의 침해로 저당권자가 피담보채권의 완전한 만족을 얻을 수 없을 때에만 발생한다. 손해배상청구를 할 수 있는 시기는 경매 시를 기다릴 필요 없이 변제기 전이라도 가능하다.

(3) 담보물보충청구권

저당권설정자의 책임 있는 사유로 인하여 저당물의 가액이 현저히 감소된 때에는 저당권자는 저당권설정자에 대하여 그 원상회복 또는 상당한 담보제공을 청구할 수 있다(제362조).

(4) 기한이익 상실로 인한 즉시변제청구권

채무자가 담보를 손상, 감소시킨 경우에는 기한의 이익을 주장할 수 없다. 이 경우 저당권자는 기한이익 상실을 이유로 즉시 변제를 청구할 수 있고, 저당권을 실행할 수 있다.

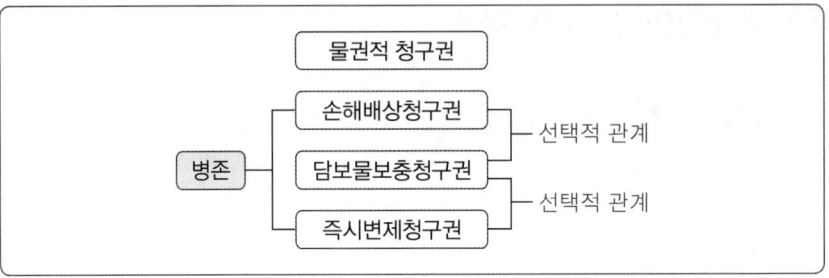

> **⊕ 보충** 권리 상호간의 관계
>
> 1. 담보물보충청구권을 행사하는 경우에는 불법행위로 인한 손해배상청구권이나 즉시변제청구권을 행사할 수 없다.
> 2. 불법행위로 인한 손해배상청구권은 기한이익 상실로 인한 즉시변제청구권과 함께 행사할 수 있다.

7 저당권의 처분과 소멸 ·25회 ·28회

1. 저당권의 처분

(1) 저당권처분의 자유의 제한
저당권은 피담보채권과 분리하여 타인에게 양도하거나 다른 채권의 담보로 할 수 없다.

(2) 저당권부 채권의 양도
저당권과 피담보채권은 일체로서 처분되는 것이 원칙이므로 채권양도에 관해서는 채권양도에 관한 규정이 적용되고(제449조 내지 제452조), 저당권의 양도에 관해서는 등기를 하여야 효력이 생긴다(제186조).

2. 저당권의 소멸

(1) 일반적 소멸원인
저당권의 일반적 소멸원인에는 물권에 공통한 소멸원인과 담보물권에 공통한 소멸원인이 있다.

(2) 특유한 소멸원인
저당권은 경매, 제3취득자의 변제로 소멸한다. 그리고 피담보채권이 시효의 완성 기타 사유로 인하여 소멸한 때에는 저당권도 소멸한다.

판례

1. **저당권이 설정된 후 부동산소유권이 이전된 경우 저당권설정자인 종전 소유자도 피담보채무의 소멸을 원인으로 저당권의 말소등기를 청구할 수 있는지의 여부**

   저당권이 설정된 후에 그 부동산의 소유권이 제3자에게 이전된 경우, 현재의 소유자는 자신의 소유권에 기하여 피담보채무의 소멸을 원인으로 저당권등기의 말소를 청구할 수 있고, 저당권설정자인 종전의 소유자도 저당권설정계약상의 권리에 기초하여 저당권등기의 말소를 청구할 수 있다(대판 전합체 1994.1.25, 93다16338).

2. **전세권이 기간만료로 종료된 경우 전세권을 목적으로 한 저당권의 소멸 여부**

   전세권이 기간만료로 종료된 경우 전세권은 전세권설정등기의 말소등기 없이도 당연히 소멸하고, 저당권의 목적물인 전세권이 소멸하면 저당권도 당연히 소멸하는 것이므로 전세권을 목적으로 한 저당권자는 전세권의 목적물인 부동산의 소유자에게 더 이상 저당권을 주장할 수 없다(대판 1999.9.17, 98다31301).

8 특수저당권

1. 공동저당

(1) 의의

① 공동저당(共同抵當)이란 동일한 채권을 담보하기 위하여 수개의 부동산에 저당권을 설정한 경우이다. 예를 들어, 甲이 乙에게 1천만원을 빌리고 그 담보로 자기 소유의 X토지와 Y건물에 대해 乙에게 저당권을 설정해 준 경우이다. 따라서 공동저당의 경우에는 목적물의 수만큼 저당권이 존재하게 된다.

② 공동저당은 채권자에게는 위험을 분산시켜 채권의 만족을 얻을 수 있는 확률을 높일 수 있는 장점이 있고, 채무자에게는 낮은 가격의 부동산 또는 이미 담보권이 설정된 부동산을 모아서 필요한 자금을 융통하게 해 주는 장점이 있다.

(2) 공동저당의 특수성

공동저당권자는 어느 부동산이든 임의로 골라서 경매하여 피담보채권의 전부 또는 일부를 우선변제받을 수 있으므로, 공동저당권이 설정된 부동산에 대하여 소유권을 취득한 자나 후순위담보권을 가진 자는 공동저당권자의 권리행사에 의하여 취득한 소유권을 잃거나 채권의 전부를 변제받지 못하게 될 수도 있다.

(3) 공동저당권의 성립

① **공동저당권설정계약**: 동일한 채권을 담보하기 위하여 수개의 부동산에 저당권이 설정되면 공동저당권은 성립하는데, 공동저당은 때를 달리하여 설정되는 경우도 있고 수개의 저당물의 소유자 내지 수개의 저당권의 순위를 달리하여 설정되는 경우도 있다.

② **등기**: 각 부동산에 관하여 저당권설정등기를 요하며, 각 부동산이 하나의 채권의 공동담보로 되어 있다는 것을 아울러 기록하여야 한다.

(4) 공동저당권의 효력 · 25회 · 29회

> **제368조 【공동저당과 대가의 배당, 차순위자의 대위】** ① 동일한 채권의 담보로 수개의 부동산에 저당권을 설정한 경우에 그 부동산의 경매대가를 동시에 배당하는 때에는 각 부동산의 경매대가에 비례하여 그 채권의 분담을 정한다.
> ② 전항의 저당부동산 중 일부의 경매대가를 먼저 배당하는 경우에는 그 대가에서 그 채권 전부의 변제를 받을 수 있다. 이 경우에 그 경매한 부동산의 차순위저당권자는 선순위저당권자가 전항의 규정에 의하여 다른 부동산의 경매대가에서 변제를 받을 수 있는 금액의 한도에서 선순위자를 대위하여 저당권을 행사할 수 있다.

① **동시배당(同時配當)의 경우**

㉠ 동일한 채권을 담보하기 위하여 수개의 부동산에 저당권을 설정한 경우에 그 부동산의 경매대가를 동시에 배당할 때에는 각 부동산의 경매대가에 비례하여 그 채권의 분담액을 정한다(제368조 제1항). 제368조 제1항은 부동산에 관하여 후순위저당권자의 존재 여부와 관계없이 적용된다.

ⓛ 제368조 제1항은 채무자 소유의 수개의 부동산에 저당권이 설정된 경우에만 적용된다. 따라서 채무자 소유의 부동산과 물상보증인 소유의 부동산의 경매대가를 동시에 배당하는 때에는 공동저당권자는 먼저 채무자 소유의 부동산의 경매대가로부터 채권의 변제를 받아야 하고, 부족분이 생길 때에만 물상보증인 소유의 부동산의 경매대가에서 변제를 받아야 한다(판례).

② **이시배당**(異時配當)**의 경우**

㉠ 공동저당부동산 중 일부의 경매대가를 먼저 배당하는 경우에는 그 대가에서 채권 전부를 변제받을 수 있다(제368조 제2항 제1문). 이 경우 먼저 경매된 부동산의 다음 순위 저당권자는 선순위저당권자가 제1항에 따라 다른 부동산의 경매대가에서 변제받을 수 있는 금액의 한도에서 선순위자를 대위(代位)하여 저당권을 행사할 수 있다(제368조 제2항 제2문). 대위에 의하여 공동저당권자의 저당권은 후순위저당권자에게 이전한다.

ⓛ 후순위저당권자의 대위(제368조 제2항 제2문)는 채무자 소유의 수개의 부동산에 저당권이 설정된 경우에만 적용된다. 따라서 채무자와 물상보증인 소유의 부동산에 대해 각각 1번 저당권을 가진 자가 채무자 소유의 부동산에 대해 경매를 실행한 경우 채무자 소유의 부동산에 대한 후순위저당권자는 물상보증인 소유의 부동산에 대해 대위권을 행사할 수 없다(대판 1996.3.8, 95다36596).

③ **물상보증인과의 관계:** 공동저당부동산의 일부가 물상보증인(또는 제3취득자)의 소유인 경우, 그 부동산이 경매되는 경우에 물상보증인은 변제자대위규정(제481조, 제482조)에 의해 구상권을 취득하고 다른 부동산에 대하여 공동저당권자를 대위한다. 이 경우에는 채무자 소유의 부동산에 대한 후순위저당권과의 이익이 서로 충돌하게 되는데, 판례는 물상보증인을 우선시키는 입장이다(대판 2001.6.1, 2001다21854). 즉, 물상보증인은 그 전액에 관하여 공동저당권자를 대위할 수 있으나, 채무자 소유의 부동산에 대한 후순위저당권자는 물상보증인 소유의 부동산에 대해 공동저당권자를 대위할 수 없다. 한편 물상보증인 소유의 부동산에 대한 후순위저당권자는 물상보증인이 대위취득한 1번 저당권에 대하여 물상대위를 할 수 있다.

2. 근저당 •24회 •26회 •28회 •31회 •33회 •34회 •35회

> 제357조【근저당】① 저당권은 그 담보할 채무의 최고액만을 정하고 채무의 확정을 장래에 보류하여 이를 설정할 수 있다. 이 경우에는 그 확정될 때까지의 채무의 소멸 또는 이전은 저당권에 영향을 미치지 아니한다.
> ② 전항의 경우에는 채무의 이자는 최고액 중에 산입한 것으로 본다.

(1) 의의

근저당(根抵當)이란 계속적 거래관계로부터 발생하는 장래의 불특정채권을 '일정한 한도액'의 범위 내에서 담보하는 저당권을 말한다.

추가 계속적 거래관계를 기본계약이라고도 하고, '일정한 한도액'은 채권최고액을 의미한다.

(2) 근저당의 특수성

① **피담보채권의 불특정성**: 근저당권은 장래의 불특정채권을 담보하는 점에서 일반저당권과 다르다.
② **소멸상의 부종성의 완화**: 근저당권은 일반저당권과 달리 소멸상의 부종성이 요구되지 않는다. 즉, 채무액이 일시 존재하지 않더라도 근저당권은 소멸하지 않는다. 따라서 채무가 일시적으로 전부 변제되더라도 근저당권은 소멸하지 않고, 채권이 다시 발생하면 근저당권은 동일성을 유지한 채 그 채권을 담보한다.

(3) 근저당권의 성립

① 근저당권도 근저당권설정계약과 등기에 의해 성립한다. 근저당권설정계약의 당사자는 근저당권자와 근저당권설정자이다. 근저당권자는 채권자에 한하나, 근저당권설정자는 채무자인 것이 보통이지만 물상보증인일 수도 있다. 근저당권설정계약에는 채권최고액과 피담보채권의 범위를 결정하는 기준을 정하여야 한다. 또한 근저당권설정계약에는 기본계약관계도 명백히 정해져 있어야 한다.
② 근저당권설정등기 시에는 근저당이라는 취지와 채권최고액을 반드시 등기하여야 한다. 원본, 이자, 위약금 모두 채권최고액에 포함되며, 지연배상도 1년분에 한하지 않는다. 다만, 근저당권실행비용은 채권최고액에 포함되지 않는다. 한편 근저당권의 존속기간 또는 결산기는 필요적 등기사항이 아니다.

기출지문 OX
채무자가 아닌 제3자도 근저당권을 설정할 수 있다. •31회 ( )
정답 (O)

기출지문 OX
채권자가 아닌 제3자 명의의 근저당권설정등기는 특별한 사정이 없는 한 무효이다. •31회 ( )
정답 (O)

기출지문 OX
1년분이 넘는 지연배상금이라도 채권최고액의 한도 내라면 전액 근저당권에 의해 담보된다. •26회 ( )
정답 (O)

(4) 근저당권의 효력

① **채권최고액**: 이는 근저당권에 의하여 담보되는 한도액, 즉 목적물로부터 우선변제를 받을 수 있는 최고한도액을 말한다. 따라서 확정된 피담보채권액이 채권최고액을 초과하면 그 초과부분은 근저당권에 의하여 담보되지 아니하고 최고액까지만 담보되며, 확정된 피담보채권의 액이 채권최고액에 미달하는 때에는 확정된 피담보채권액까지만 우선변제 받을 수 있다.

② **피담보채권의 확정**

㉠ 근저당권을 실행하기 위해서는 피담보채권이 확정되어야 한다.

> **⊕ 보충** 근저당권의 피담보채권이 확정되는 경우
>
> 1. 존속기간의 만료
> 2. 결산기의 도래
> 3. 기본계약 또는 근저당권설정계약의 해제·해지
> 4. 채무자 또는 물상보증인의 파산선고
> 5. 근저당권자가 경매를 신청하는 경우: 경매신청 시에 확정
> 6. 후순위근저당권자가 경매를 신청하는 경우: 선순위근저당권자의 피담보채권은 매수인이 매각대금을 다 낸 때(경락인이 경락대금을 완납한 때)에 확정

㉡ 확정된 피담보채권액이 채권최고액을 초과하는 경우에 채무자는 채권최고액만을 변제하고 근저당권의 소멸을 청구할 수 있는가? 이에 대해 판례는 근저당권설정자인 채무자는 확정된 피담보채권액 전부를 변제하여야 근저당권의 소멸을 청구할 수 있고, 물상보증인과 제3취득자는 채권최고액까지만 변제하고 근저당권의 소멸을 청구할 수 있다고 한다.

③ **근저당권의 실행**: 근저당권자는 피담보채권이 확정되고 확정된 피담보채권의 변제기가 도래하면 근저당권을 실행하여 채권최고액까지 피담보채권의 우선변제를 받는다. 근저당권실행절차는 일반저당권의 실행절차에 의한다.

기 출 지 문 O X

근저당권설정자가 적법하게 기본계약을 해지하면 피담보채권은 확정된다. •31회 ( )

정답 (O)

기 출 지 문 O X

근저당권자가 피담보채무의 불이행을 이유로 경매신청을 하여 경매개시결정이 있은 후에 경매신청이 취하된 경우에도 채무확정의 효과는 번복되지 않는다. •20회 ( )

정답 (O)

(5) 근저당권의 변경

① **채권최고액과 존속기간의 변경:** 당사자는 계약에 의하여 근저당권설정계약으로 정한 채권최고액과 존속기간을 변경할 수 있다. 근저당권은 원래 피담보채권이 특정되어 있지 않으므로 채권최고액을 증액하더라도 피담보채권 자체의 변경이 있는 것이라고 할 수 없다. 다만, 채권최고액의 증액은 당해 근저당권 자체의 변경이므로 변경등기를 하여야 그 효력이 발생한다.

② **기본계약의 추가·변경:** 어떤 기본계약에 기하여 근저당권을 설정한 후 당사자가 기본계약을 변경하거나 다른 기본계약을 추가할 수 있다.

③ **채권자·채무자의 변경:** 근저당권설정계약상의 채권자·채무자는 상속 또는 합병에 의하여 변경될 수 있다. 더 나아가 기본계약의 특정승계도 인정된다. 기본계약의 특정승계는 계약인수에 해당하기 때문에 근저당권자·양수인·채무자의 3면계약에 의하여야 한다.

> **판례**
>
> 근저당권은 보통의 저당권과 달리 성립 및 소멸상의 부종성이 완화되므로, 피담보채무가 확정되기 전에는 채무의 범위나 채무자를 변경할 수 있는 것이고, 채무의 범위나 채무자가 변경된 경우에는 당연히 변경 후의 범위에 속하는 채권이나 채무자에 대한 채권만이 당해 근저당에 의해 담보되고, 변경 전의 범위에 속하는 채권이나 채무자에 대한 채권은 그 근저당권에 의하여 담보되는 채무의 범위에서 제외된다(대판 1999.5.14, 97다15777).

④ **근저당권의 양도:** 피담보채권이 양도되면 근저당권도 함께 이전한다. 따라서 피담보채권과 분리하여 근저당권만의 양도는 허용되지 않는다.

(6) 포괄근저당의 유효성 여부

포괄근저당(包括根抵當)이란 기본계약관계조차 특정하지 않고서 채권자가 채무자에 대하여 취득하는 모든 채권을 담보하는 근저당권을 말한다. 포괄근저당에 대해서도 대체로 그 유효성을 인정하고 있다(다수설, 판례).

기출지문 OX

피담보채무 확정 전에는 채무자를 변경할 수 있다. •35회 ( )

정답 (○)

CHAPTER 06 최신기출문제로 확인!

01 유치권 성립을 위한 견련관계가 인정되는 경우를 모두 고른 것은? (다툼이 있으면 판례에 따름) · 32회

> ㉠ 임대인과 임차인 사이에 건물명도 시 권리금을 반환하기로 약정을 한 때, 권리금반환청구권을 가지고 건물에 대한 유치권을 주장하는 경우
> ㉡ 건물의 임대차에서 임차인의 임차보증금반환청구권으로써 임차인이 그 건물에 유치권을 주장하는 경우
> ㉢ 가축이 타인의 농작물을 먹어 발생한 손해에 관한 배상청구권에 기해 그 타인이 그 가축에 대한 유치권을 주장하는 경우

① ㉠　　　　　　　　　　　　　② ㉡
③ ㉢　　　　　　　　　　　　　④ ㉠, ㉢
⑤ ㉡, ㉢

키워드 유치권의 성립요건

난이도 ■■■□□

해설 ㉠ 임대인과 임차인 사이에 건물명도 시 권리금을 반환하기로 하는 약정이 있었다 하더라도 그와 같은 권리금반환청구권은 건물에 관하여 생긴 채권이라 할 수 없으므로, 그와 같은 채권을 가지고 건물에 대한 유치권을 행사할 수 없다(대판 1994.10.14, 93다62119).
㉡ 임대차에서 보증금반환청구권은 채권과 목적물 사이의 견련성이 인정되지 않으므로 유치권이 성립할 수 없다(대판 1976.5.11, 75다1305).
㉢ 甲의 말 2필이 乙의 밭에 들어가 농작물을 먹어치운 경우 乙은 손해배상청구권을 담보하기 위하여 말을 유치할 수 있다(대판 1969.11.25, 69다1592).

정답 01 ③

02 민법상 유치권에 관한 설명으로 틀린 것은? (다툼이 있으면 판례에 따름) • 35회

① 권리금반환청구권은 유치권의 피담보채권이 될 수 없다.
② 유치권의 행사는 피담보채권 소멸시효의 진행에 영향을 미치지 않는다.
③ 공사대금채권에 기하여 유치권을 행사하는 자가 스스로 유치물인 주택에 거주하며 사용하는 것은 특별한 사정이 없는 한 유치물의 보존에 필요한 사용에 해당한다.
④ 유치권에 의한 경매가 목적부동산 위의 부담을 소멸시키는 법정매각조건으로 실시된 경우, 그 경매에서 유치권자는 일반채권자보다 우선하여 배당을 받을 수 있다.
⑤ 건물신축공사를 도급받은 수급인이 사회통념상 독립한 건물이 되지 못한 정착물을 토지에 설치한 상태에서 공사가 중단된 경우, 수급인은 그 정착물에 대하여 유치권을 행사할 수 없다.

키워드 〉 유치권
난이도 〉
해설 〉 ① 임대인과 임차인 사이에 건물명도 시 권리금을 반환하기로 하는 약정이 있었다 하더라도 그와 같은 권리금반환청구권은 건물에 관하여 생긴 채권이라 할 수 없으므로, 그와 같은 채권을 가지고 건물에 대한 유치권을 행사할 수 없다(대판 1994.10.14, 93다62119).
② 유치권의 행사는 피담보채권의 소멸시효중단사유가 아니다.
③ 부동산임차인은 비용상환청구권에 관한 유치권을 행사하기 위해 종전대로 그 부동산을 사용할 수 있고, 이는 보존에 필요한 사용에 해당한다.
④ 유치권자에게는 우선변제권이 인정되지 않는다. 따라서 유치권자는 일반채권자보다 우선하여 배당을 받을 수 없다.
⑤ 사회통념상 독립한 건물이 되지 못한 정착물은 독립성이 없으므로 이에 대해서는 유치권이 성립할 수 없다.

정답 02 ④

03 민법상 유치권에 관한 설명으로 **틀린** 것은? (다툼이 있으면 판례에 따름) •36회

① 유치물의 침탈로 인한 유치권자의 유치권소멸에 따른 손해배상청구권은 침탈당한 날로부터 1년 내에 행사할 것을 요하지 않는다.
② 유치권자로부터 유치물의 유치방법으로 그 보관을 위탁 받은 자는 특별한 사정이 없는 한 유치물소유자의 소유물반환청구를 거부할 수 있다.
③ 토지전세권이 소멸하기 전에는 전세권자의 지상물매수청구권을 피담보채권으로 하는 유치권은 성립할 수 없다.
④ 복수의 유치물은 그 각 부분으로써 피담보채권의 전부를 담보한다.
⑤ 유치권자가 동일채권을 담보하기 위한 복수의 유치물 중 일부를 채무자의 승낙없이 타인에게 대여한 경우, 특별한 사정이 없는 한 채무자는 유치물 전부에 대한 유치권의 소멸을 청구할 수 있다.

> 키워드 유치권의 성립요건
> 난이도 ■■■
> 해설   ① 점유자가 점유의 침탈을 당한 때에는 그 물건의 반환 및 손해의 배상을 청구할 수 있고, 이 경우 점유물반환청구권과 손해배상청구권은 점유를 침탈당한 날부터 1년 내에 행사하여야 한다. 그런데 이 내용은 본권 침해로 발생한 손해배상청구권의 행사에는 적용되지 않으므로, 점유를 침탈당한 자가 본권인 유치권 소멸에 따른 손해배상청구권을 행사하는 때에는 점유를 침탈당한 날부터 1년 내에 행사할 것을 요하지 않는다.
> ② 유치권자로부터 유치물의 유치방법으로 그 보관을 위탁 받은 자는 유치물을 점유할 정당한 권리가 있으므로 유치물소유자의 소유물반환청구를 거부할 수 있다.
> ③ 토지전세권이 소멸하기 전에는 전세권자의 지상물매수청구권을 피담보채권으로 하는 유치권은 성립할 수 없다.
> ④ 유치권자는 채권 전부의 변제를 받을 때까지 유치물 전부에 대하여 그 권리를 행사할 수 있다. 따라서 유치물은 그 각 부분으로써 피담보채권의 전부를 담보하며, 이와 같은 유치권의 불가분성은 그 목적물이 분할 가능하거나 수개의 물건인 경우에도 마찬가지이다.
> ⑤ 하나의 채권을 피담보채권으로 하여 여러 필지의 토지에 대하여 유치권을 취득한 유치권자가 그중 일부 필지의 토지에 대하여 선량한 관리자의 주의의무를 위반하였다면 특별한 사정이 없는 한 위반행위가 있었던 필지의 토지에 대하여만 유치권소멸청구를 할 수 있다.

정답 03 ⑤

04 甲은 乙에게 1억원을 대여하면서 乙 소유의 Y건물에 저당권을 취득하였다. 다음 설명 중 옳은 것을 모두 고른 것은? (다툼이 있으면 판례에 따름)

• 34회

> ㉠ 乙이 甲에게 피담보채권 전부를 변제한 경우, 甲의 저당권은 말소등기를 하지 않아도 소멸한다.
> ㉡ 甲은 Y건물의 소실로 인하여 乙이 취득한 화재보험금청구권에 대하여 물상대위권을 행사할 수 있다.
> ㉢ 甲은 저당권을 피담보채권과 분리하여 제3자에게 양도하지 못한다.

① ㉠
② ㉢
③ ㉠, ㉡
④ ㉡, ㉢
⑤ ㉠, ㉡, ㉢

키워드 저당권의 효력

난이도 ■■■■

해설 ㉠ 피담보채권이 변제, 소멸시효의 완성 기타 사유로 인하여 소멸한 때에는 저당권도 말소등기 없이 소멸한다.
㉡ 저당권자는 저당목적물의 소실로 인하여 저당권설정자가 취득한 화재보험금청구권에 대하여 물상대위권을 행사할 수 있다(대판 2004.12.24, 2004다52798).
㉢ 저당권은 종된 권리이므로 주된 권리인 피담보채권과 분리하여 타인에게 양도할 수 없다(제361조).

정답 04 ⑤

05 법률에 특별한 규정 또는 설정행위에 다른 약정이 없는 경우, 저당권의 우선변제적 효력이 미치는 것을 모두 고른 것은? (다툼이 있으면 판례에 따름) • 33회

㉠ 토지에 저당권이 설정된 후 그 토지 위에 완공된 건물
㉡ 토지에 저당권이 설정된 후 토지소유자가 그 토지에 매설한 유류저장탱크
㉢ 저당토지가 저당권 실행으로 압류된 후 그 토지에 관하여 발생한 저당권 설정자의 차임채권
㉣ 토지에 저당권이 설정된 후 토지의 전세권자가 그 토지에 식재하고 등기한 입목

① ㉡
② ㉠, ㉣
③ ㉡, ㉢
④ ㉠, ㉢, ㉣
⑤ ㉡, ㉢, ㉣

키워드〉 저당권의 효력
난이도〉 ■■■□□
해설〉 ㉠ 토지와 건물은 전혀 별개의 부동산이므로 토지저당권의 효력은 저당토지 위의 건물에 미치지 않는다. 또한 토지저당권자가 건물에 대해서도 일괄경매를 청구할 수 있다고 하더라도 건물의 경매대가에 대해서는 우선변제받을 권리가 없다(제365조).
㉡ 저당권의 효력은 저당부동산에 부합한 물건과 종물에 미친다(제358조). 따라서 저당토지에 매설된 유류저장탱크는 토지에 부합하므로 토지저당권의 효력은 유류저장탱크에도 미친다(대판 1995.6.29, 94다6345).
㉢ 저당권의 효력은 저당부동산이 압류된 후에 저당권설정자가 그 부동산으로부터 수취한 과실 또는 수취할 수 있는 과실에 미친다(제359조). 따라서 저당토지가 압류된 후에는 저당권설정자가 받을 토지에 대한 차임채권에 대해서는 저당권의 효력이 미친다.
㉣ 토지에 저당권이 설정된 후 토지의 전세권자가 그 토지에 식재하고 등기한 입목은 토지와는 독립한 별개의 부동산이므로 토지저당권의 효력이 미치지 않는다(대결 1998.10.28, 98마1817).

정답 05 ③

06 甲에게 법정지상권 또는 관습법상 법정지상권이 인정되는 경우를 모두 고른 것은? (다툼이 있으면 판례에 따름)

• 33회

> ㉠ 乙 소유의 토지 위에 乙의 승낙을 얻어 신축한 丙 소유의 건물을 甲이 매수한 경우
> ㉡ 乙 소유의 토지 위에 甲과 乙이 건물을 공유하면서 토지에만 저당권을 설정하였다가, 그 실행을 위한 경매로 丙이 토지소유권을 취득한 경우
> ㉢ 甲이 乙로부터 乙소유의 미등기건물과 그 대지를 함께 매수하고 대지에 관해서만 소유권이전등기를 한 후, 건물에 대한 등기 전 설정된 저당권에 의해 대지가 경매되어 丙이 토지소유권을 취득한 경우

① ㉠
② ㉡
③ ㉠, ㉢
④ ㉡, ㉢
⑤ ㉠, ㉡, ㉢

키워드 〉 법정지상권

난이도 〉 ■■■■■

해설 〉 ㉠ 관습법상의 법정지상권이 성립되기 위하여는 토지와 건물 중 어느 하나가 처분될 당시에 토지와 그 지상건물이 동일인의 소유에 속하여야 한다(대판 1995.7.28, 95다9075). 따라서 이 경우는 처분 당시에 토지와 건물이 동일인의 소유가 아니므로 관습법상의 법정지상권이 성립할 수 없다.
㉡ 건물공유자의 1인이 그 건물의 부지인 토지를 단독으로 소유하면서 그 토지에만 저당권을 설정하였다가 그 실행을 위한 경매로 토지소유자가 달라진 경우에도 법정지상권이 인정된다(대판 2011.1.13, 2010다67159).
㉢ 미등기건물을 대지와 함께 매수하였으나 대지에 관하여만 소유권이전등기를 넘겨받고 대지에 대하여 저당권을 설정한 후 저당권이 실행된 경우, 저당권설정 당시에 이미 대지와 건물이 각각 다른 사람의 소유에 속하고 있었으므로 제366조의 법정지상권이 성립될 여지가 없다(대판 전합체 2002.6.20, 2002다9660).

정답 06 ②

07 甲은 乙 소유의 X토지에 저당권을 취득하였다. X토지에 Y건물이 존재할 때, 甲이 X토지와 Y건물에 대해 일괄경매를 청구할 수 있는 경우를 모두 고른 것은? (다툼이 있으면 판례에 따름) • 31회

> ㉠ 甲이 저당권을 취득하기 전, 이미 X토지 위에 乙의 Y건물이 존재한 경우
> ㉡ 甲이 저당권을 취득한 후, 乙이 X토지 위에 Y건물을 축조하여 소유하고 있는 경우
> ㉢ 甲이 저당권을 취득한 후, 丙이 X토지에 지상권을 취득하여 Y건물을 축조하고 乙이 그 건물의 소유권을 취득한 경우

① ㉠
② ㉡
③ ㉠, ㉢
④ ㉡, ㉢
⑤ ㉠, ㉡, ㉢

키워드 〉 법정지상권과 일괄경매청구권

난이도 〉

해설 〉 ㉠ 甲이 저당권을 취득하기 전, 이미 X토지 위에 乙의 Y건물이 존재한 경우에는 일괄경매청구권이 인정되지 않는다(제365조).
㉡ 甲이 저당권을 취득한 후, 乙이 X토지 위에 Y건물을 축조하여 소유하고 있는 경우에는 일괄경매청구권이 인정된다(제365조).
㉢ 甲이 저당권을 취득한 후, 丙이 X토지에 지상권을 취득하여 Y건물을 축조하고 乙이 그 건물의 소유권을 취득한 경우에는 일괄경매청구권이 인정된다(대판 2003.4.11, 2003다3850).

08 근저당권에 관한 설명으로 옳은 것을 모두 고른 것은? (다툼이 있으면 판례에 따름) • 35회

> ㉠ 채무자가 아닌 제3자도 근저당권을 설정할 수 있다.
> ㉡ 피담보채무 확정 전에는 채무자를 변경할 수 있다.
> ㉢ 근저당권에 의해 담보될 채권최고액에 채무의 이자는 포함되지 않는다.

① ㉠
② ㉢
③ ㉠, ㉡
④ ㉡, ㉢
⑤ ㉠, ㉡, ㉢

키워드 〉 근저당

난이도 〉

해설 〉 ㉠ 채무자가 아닌 제3자도 근저당권을 설정할 수 있고 이를 물상보증인이라 한다.
㉡ 근저당권의 피담보채무가 확정되기 전에는 채무의 범위나 채무자를 변경할 수 있다.
㉢ 이자는 채권최고액에 포함된다.

정답 07 ④ 08 ③

memo

에듀월 **직영학원**에서 합격을 수강하세요

언제나 전문 학습 매니저와 상담이 가능한 안내데스크

고품질 영상 및 음향 장비를 갖춘 최고의 강의실

재충전을 위한 카페 분위기의 아늑한 휴게실

에듀윌의 상징 노란색의 환한 학원 입구

에듀윌 직영학원 대표전화

공인중개사 학원 02)815-0600	공무원 학원 02)6328-0600	편입 학원 02)6419-0600
주택관리사 학원 02)815-3388	소방 학원 02)6337-0600	부동산아카데미 02)6736-0600
전기기사 학원 02)6268-1400		

공인중개사학원 바로가기

합격하고 꼭 해야 할 것 1

에듀윌 공인중개사
동문회 특권

1. 에듀윌 공인중개사 합격자 모임

2. 동문회 인맥북
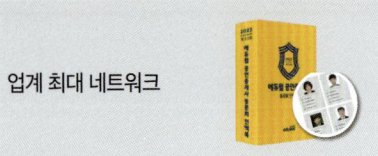
업계 최대 네트워크

3. 개업 축하 선물

4. 온라인 커뮤니티

부동산 정보
실시간 공유

5. 오프라인 커뮤니티

지부/기수 정기모임

6. 공인중개사 취업박람회

7. 동문회 주최 실무 특강

8. 프리미엄 복지혜택

숙박/자기계발/의료
및 소시지 무료 구독

9. 마이오피스

동문 사무소
등록/조회

10. 동문회와 함께하는 사회공헌활동

※ 본 특권은 회원별로 상이하며, 예고 없이 변경될 수 있습니다.

에듀윌 공인중개사 동문회 | dongmun.eduwill.net
문의 | 1600-6700

합격하고 꼭 해야 할 것 2

에듀윌 부동산 아카데미 강의 듣기

성공 창업의 필수 코스
부동산 창업 CEO 과정

1 튼튼 창업 기초
- 창업 입지 컨설팅
- 중개사무 문서작성
- 성공 개업 실무TIP

2 중개업 필수 과정
- 실전창업과 계약서 작성
- 부동산 IT 마케팅 실무
- 부동산 토지(공법) 실무
- 부동산 상가 중개 실무
- 재개발/재건축 실무
- 부동산 세금 실무

3 성공창업 특별 과정
- 부동산 중개영업 실무
- 빌딩 중개 실무
- 중개사고방지 실무
- 사장분석 및 투자 정책
- 부동산 경매 실무

4 실전 계약서 작성 과정
- 계약서 작성 실습(주거, 상가)
- 계약서 작성 실습(토지)

부동산으로 성장하는
컨설팅 전문가 과정

1 토지, 개발 분야
- 부동산 디벨로퍼 과정
- 토지 전문가 과정
- 생활풍수 과정

2 AI, 마케팅 분야
- IT 마케팅 과정
- AI 자동화 과정
- AI 네이버 과정
- AI 빅데이터 과정

3 중개영업 분야
- 상위 1% 중개영업 과정

4 입지분석 컨설팅
- GIS 빅데이터 컨설팅

중개에서 실전 투자로
경매, 투자 과정

1 경매 분야
- 포커스 경매 과정
- 이거다 경매 과정
- 경매 임장 과정

2 빌딩, 투자 분야
- 빌딩 전문가 과정
- 소액 투자 임장 과정

3 테마 특강
- 재개발/재건축 특강
- 부동산 대출 특강
- 부동산 세법 특강

에듀윌 부동산 아카데미 | uland.eduwill.net
문의 | 온라인 강의 1600-6700, 학원 강의 02)6736-0600

꿈을 현실로 만드는
에듀윌

공무원 교육
- 선호도 1위, 신뢰도 1위! 브랜드만족도 1위!
- 합격자 수 2,100% 폭등시킨 독한 커리큘럼

자격증 교육
- 9년간 아무도 깨지 못한 기록 합격자 수 1위
- 가장 많은 합격자를 배출한 최고의 합격 시스템

직영학원
- 검증된 합격 프로그램과 강의
- 1:1 밀착 관리 및 컨설팅
- 호텔 수준의 학습 환경

종합출판
- 온라인서점 베스트셀러 1위!
- 출제위원급 전문 교수진이 직접 집필한 합격 교재

어학 교육
- 토익 베스트셀러 1위
- 토익 동영상 강의 무료 제공

콘텐츠 제휴·B2B 교육
- 고객 맞춤형 위탁 교육 서비스 제공
- 기업, 기관, 대학 등 각 단체에 최적화된 고객 맞춤형 교육 및 제휴 서비스

부동산 아카데미
- 부동산 실무 교육 1위!
- 상위 1% 고소득 창업/취업 비법
- 부동산 실전 재테크 성공 비법

학점은행제
- 99%의 과목이수율
- 17년 연속 교육부 평가 인정 기관 선정

대학 편입
- 편입 교육 1위!
- 최대 200% 환급 상품 서비스

국비무료 교육
- '5년우수훈련기관' 선정
- K-디지털, 산대특 등 특화 훈련과정
- 원격국비교육원 오픈

에듀윌 교육서비스 **AI 교육** AI 프롬프트 연구소/AI CLASS(ChatGPT/AICE/노션 AI/중개업 AI 등) **공무원 교육** 9급공무원/소방공무원/계리직공무원 **자격증 교육** 공인중개사/주택관리사/손해평가사/감정평가사/노무사/전기기사/경비지도사/검정고시/소방설비기사/소방시설관리사/사회복지사1급/대기환경기사/수질환경기사/건축기사/토목기사/직업상담사/청소년상담사/전기기능사/산업안전기사/산업위생관리기사/건설안전기사/위험물산업기사/위험물기능사/설비보전기사/에너지관리기사/유통관리사/물류관리사/행정사/한국사능력검정/한경TESAT/매경TEST/KBS한국어능력시험·실용글쓰기/국제무역사/무역영어 **어학 교육** 토익 교재/토익 동영상 강의 **금융/IT/비즈니스** 전산세무회계/ERP정보관리사/재경관리사/정보처리기사/컴퓨터활용능력/SQLD/ADsP **대학 편입** 편입영어·수학/연고대/의약대/경찰대/논술/면접 **직영학원** 공무원학원/소방학원/공인중개사 학원/주택관리사 학원/전기기사 학원/편입학원 **종합출판** 공무원·자격증 수험교재 및 단행본 **학점은행제** 교육부평가인정기관 원격평생교육원(사회복지사2급/경영학/CPA) **콘텐츠 제휴·B2B 교육** 교육 콘텐츠 제휴/기업 맞춤 자격증 교육/대학취업역량 강화 교육 **부동산 아카데미** 부동산 창업CEO/부동산 경매마스터/부동산 컨설팅 **주택취업센터** 실무 특강/실무 아카데미 **국비무료 교육(국비교육원)** 전기기능사/전기(산업)기사/소방설비(산업)기사/IT(빅데이터/자바프로그램/파이썬)/게임그래픽/3D프린터/실내건축디자인/웹퍼블리셔/그래픽디자인/영상편집(유튜브) 디자인/온라인 쇼핑몰광고 및 제작(쿠팡, 스마트스토어)/전산세무회계/컴퓨터활용능력/ITQ/GTQ/직업상담사

교육문의 1600-6700 www.eduwill.net

- 2022 소비자가 선택한 최고의 브랜드 공무원·자격증 교육 1위 (조선일보) • 2023 대한민국 브랜드만족도 공무원·자격증·취업·학원·편입·부동산 실무 교육 1위 (한경비즈니스)
- 2017/2022 에듀윌 공무원 과정 최종 환급자 수 기준 • 2023년 성인 자격증, 공무원 직영학원 기준 • YES24 공인중개사 부문, 2025 에듀윌 공인중개사 이영방 필살키 부동산학개론 (2025년 9월 월별 베스트) 그 외 다수 • YES24 한국산업인력공단 부문, 2025 에듀윌 산업안전기사 필기 한권끝장 (2025년 7월 월별 베스트) 그 외 다수 • 교보문고 취업/수험서 부문, 2025 에듀윌 공기업 코레일 한국철도공사 실전모의고사 9+2+4회(2025년 2월 1일~2월 28일 인터넷 월간 베스트) 그 외 다수 • 알라딘 시사/상식 부문, 2025 최신판 에듀윌 취업 공기업 기출 일반상식 (2025년 6월 5주 주별 베스트) 그 외 다수 • YES24 컴퓨터활용능력 부문, 2024 컴퓨터활용능력 1급 필기 초단기끝장(2023년 10월 3~4주 주별 베스트) 그 외 다수
- YES24 신규자격증 부문, 2025 에듀윌 SQL 개발자 SQLD 2주끝장+무료특강(2025년 7월 월별 베스트) 그 외 다수 • YES24 eBook 부문, 2025 에듀윌 취업 SKCT SK그룹 종합역량 통합기본서 (2025년 4월 2주 주별 베스트) 그 외 다수 • YES24 국어 외국어사전영어 토익/TOEIC 기출문제/모의고사 분야 베스트셀러 1위 (에듀윌 토익 READING RC 4주끝장 리딩 종합서, 2022년 9월 4주 베스트) • 에듀윌 토익 교재 입문~실전 인강 무료 제공 (2022년 최신 강좌 기준/109강) • 2024년 종강반 중 모든 평가항목 정상 참여자 기준, 99% (평생교육원 기준) • 2008년~2024년까지 234만 누적수강학점으로 과목 운영 (평생교육원 기준) • 에듀윌 국비교육원 구로센터 고용노동부 지정 "5년우수훈련기관" 선정 (2023~2027)
- KRI 한국기록원 2016, 2017, 2019년 공인중개사 최다 합격자 배출 공식 인증 (2025년 현재까지 업계 최고 기록)

업계 최초 대통령상 3관왕, 정부기관상 19관왕 달성!

2010 대통령상 2019 대통령상 2019 대통령상

대한민국 브랜드대상 국무총리상 / 국무총리상 / 문화체육관광부 장관상 / 농림축산식품부 장관상 / 과학기술정보통신부 장관상 / 여성가족부장관상

서울특별시장상 / 과학기술부장관상 / 정보통신부장관상 / 산업자원부장관상 / 고용노동부장관상 / 미래창조과학부장관상 / 법무부장관상

2004
서울특별시장상 우수벤처기업 대상

2006
부총리 겸 과학기술부장관 표창 국가 과학 기술 발전 유공

2007
정보통신부장관상 디지털콘텐츠 대상
산업자원부장관 표창 대한민국 e비즈니스대상

2010
대통령 표창 대한민국 IT 이노베이션 대상

2013
고용노동부장관 표창 일자리 창출 공로

2014
미래창조과학부장관 표창 ICT Innovation 대상

2015
법무부장관 표창 사회공헌 유공

2017
여성가족부장관상 사회공헌 유공
2016 합격자 수 최고 기록 KRI 한국기록원 공식 인증

2018
2017 합격자 수 최고 기록 KRI 한국기록원 공식 인증

2019
대통령 표창 범죄예방대상
대통령 표창 일자리 창출 유공
과학기술정보통신부장관상 대한민국 ICT 대상

2020
국무총리상 대한민국 브랜드대상
2019 합격자 수 최고 기록 KRI 한국기록원 공식 인증

2021
고용노동부장관상 일·생활 균형 우수 기업 공모전 대상
문화체육관광부장관 표창 근로자휴가지원사업 우수 참여 기업
농림축산식품부장관상 대한민국 사회공헌 대상
문화체육관광부장관 표창 여가친화기업 인증 우수 기업

2022
국무총리 표창 일자리 창출 유공
농림축산식품부장관상 대한민국 ESG 대상

KRI 한국기록원 2016, 2017, 2019년 공인중개사 최다 합격자 배출 공식 인증 (2025년 현재까지 업계 최고 기록)
YES24 수험서 자격증 공인중개사 기본서 베스트셀러 1위 (2025년 2월 월별 베스트)
2023 대한민국 브랜드만족도 공인중개사 교육 1위 (한경비즈니스)

2026 에듀윌 공인중개사 기본서

1차 | 민법 및 민사특별법 上

모두 합격 플래너 PDF
이용경로 에듀윌 도서몰(book.eduwill.net) ▶ 도서자료실(부가학습자료) ▶ 카테고리 '공인중개사' 설정 후 '기본서' 검색

회독 필수지문 OX PDF
이용경로 에듀윌 도서몰(book.eduwill.net) ▶ 도서자료실(부가학습자료) ▶ 카테고리 '공인중개사' 설정 후 '기본서' 검색

온라인 강의/직영학원 land.eduwill.net

고객의 꿈, 직원의 꿈, 지역사회의 꿈을 실현한다

펴낸곳 (주)에듀윌 **펴낸이** 양형남 **출판총괄** 김기철 **에듀윌 대표번호** 1600-6700
주소 서울시 구로구 디지털로 34길 55 코오롱싸이언스밸리 2차 3층
© 2025 eduwill. Created with AI assistance.
협의 없는 무단 복제는 법으로 금지되어 있습니다.

에듀윌 도서몰
book.eduwill.net
- 부가학습자료 및 정오표: 에듀윌 도서몰 > 도서자료실
- 교재 문의: 에듀윌 도서몰 > 문의하기 > 교재(내용, 출간) / 주문 및 배송

2026 최신판

합격자 수가 선택의 기준!

YES24 25년 2월
월별 베스트 기준
베스트셀러
1위

YES24 수험서 자격증
공인중개사 기본서
베스트셀러 1위

개정법령 및
제36회
최신기출 반영

© eduwill · edugong

에듀윌 공인중개사 기본서

1차 | 민법 및 민사특별법 下

심정욱 편저

[무료제공] 모두 합격 플래너 PDF / 회독 필수지문 OX PDF

베스트셀러 1위, 합격자 수 1위를 만든 교재

산출근거 후면표기

2026
에듀윌 공인중개사
기본서 1차
민법 및 민사특별법 下

차례

PART 1 민법총칙

CHAPTER 01 | 권리의 변동
제1절	민법의 의의	16
제2절	법률관계	19
제3절	권리와 의무	21
제4절	권리변동의 모습	24

CHAPTER 02 | 법률행위
제1절	법률행위의 의의와 종류	34
제2절	법률행위의 요건	40
제3절	법률행위의 목적	42
제4절	법률행위의 해석	61

CHAPTER 03 | 의사표시
| 제1절 | 총설 | 71 |
| 제2절 | 의사표시규정의 내용 | 74 |

CHAPTER 04 | 법률행위의 대리
제1절	대리 일반론	100
제2절	대리권	104
제3절	대리행위	113
제4절	대리효과	118
제5절	복대리	118
제6절	협의의 무권대리	122
제7절	표현대리	127

CHAPTER 05 | 무효와 취소
제1절	무효와 취소 일반	142
제2절	법률행위의 무효	145
제3절	법률행위의 취소	153

CHAPTER 06 | 조건과 기한
제1절	법률행위의 부관	166
제2절	조건부 법률행위	167
제3절	기한부 법률행위	174

PART 2 물권법

CHAPTER 01 | 물권의 의의
| 제1절 | 물권의 의의와 종류 | 186 |
| 제2절 | 물권의 일반적 효력 | 194 |

CHAPTER 02 | 물권의 변동
제1절	물권변동 일반	204
제2절	물권행위	207
제3절	등기	209
제4절	부동산물권변동	226
제5절	동산물권변동	232
제6절	입목등기와 명인방법에 의한 물권변동	241
제7절	물권의 소멸	242

CHAPTER 03 | 점유권
제1절	점유권 일반	252
제2절	점유의 관념화	255
제3절	점유의 모습	258
제4절	점유권의 취득과 소멸	264
제5절	점유권의 효력	266
제6절	준점유	275

CHAPTER 04 | 소유권
제1절	소유권 일반	284
제2절	소유권의 취득	296
제3절	소유권에 기한 물권적 청구권	310
제4절	공동소유	312

CHAPTER 05 | 용익물권
제1절	용익물권 일반	329
제2절	지상권	331
제3절	지역권	345
제4절	전세권	351

CHAPTER 06 | 담보물권

제1절	담보물권 일반	368
제2절	유치권	371
제3절	저당권	380

PART 3 계약법

CHAPTER 01 | 계약법 총론

제1절	계약의 의의	414
제2절	계약의 종류	419
제3절	계약의 성립	423
제4절	계약의 효력	433
제5절	계약의 해제·해지	449

CHAPTER 02 | 매매

제1절	총설	473
제2절	매매의 성립	474
제3절	매매의 효력	481
제4절	환매와 재매매의 예약	499

CHAPTER 03 | 교환

1	서설	510
2	교환의 성립	510
3	교환의 효력	511

CHAPTER 04 | 임대차

제1절	부동산임차인의 보호	515
제2절	임대차의 의의	518
제3절	임대차의 성립	520
제4절	임대차의 효력	523
제5절	임차권의 양도와 전대	536
제6절	보증금 및 권리금	542
제7절	임대차의 종료	546

PART 4 민사특별법

CHAPTER 01 | 주택임대차보호법

제1절	서설	558
제2절	대항력과 우선변제권 및 최우선변제권	561
제3절	임차권등기명령제도	568
제4절	존속기간 등	569

CHAPTER 02 | 상가건물 임대차보호법

제1절	서설	580
제2절	대항력과 우선변제권 및 최우선변제권	582
제3절	임차권등기명령제도	586
제4절	존속기간 등	587

CHAPTER 03 | 집합건물의 소유 및 관리에 관한 법률

| 제1절 | 서설 | 597 |
| 제2절 | 집합건물법의 내용 | 598 |

CHAPTER 04 | 가등기담보 등에 관한 법률

제1절	비전형담보와 동법의 적용범위	619
제2절	가등기담보권의 실행	622
제3절	가등기담보권자의 배당참가와 후순위권리자의 보호	625

CHAPTER 05 | 부동산 실권리자명의 등기에 관한 법률

| 제1절 | 부동산실명법 제정 전의 논의 | 631 |
| 제2절 | 부동산실명법 제정 후의 논의 | 633 |

PART 3 계약법

최근 10개년 출제비중
25%

제36회 출제비중
25%

CHAPTER별 10개년 출제비중 & 출제키워드

CHAPTER	10개년 출제비중	BEST 출제키워드
01 계약법 총론	51%	계약의 종류, 계약성립의 모습, 청약과 승낙의 의사표시의 합치, 계약체결상의 과실책임, 동시이행의 항변권, 위험부담, 제3자를 위한 계약, 해제권의 발생원인, 해제권의 행사와 효과
02 매매	26%	해약금에 의한 계약해제, 매도인의 담보책임, 환매
03 교환	4%	교환의 성립과 효력
04 임대차	19%	임대차의 존속기간과 효력, 임차인의 권리와 의무, 임차권의 양도와 전대

* 여러 CHAPTER의 개념을 묻는 복합문제이거나, 법률이 개정 및 제정된 경우 분류 기준에 따라 수치가 달라질 수 있습니다.

제37회 시험 학습전략

계약법은 계약의 성립, 계약의 효력, 계약의 해제, 매매의 효력, 임대차의 효력의 비중이 높습니다. 계약법은 법조문이 자세하게 규정되어 있기 때문에 우선 법조문을 통해 내용을 먼저 잘 정리해 두는 것이 중요합니다. 그리고 매매와 임대차 부분은 사례형 문제로 자주 출제되므로 기출문제를 꼭 점검하는 습관을 가지시길 바랍니다.

CHAPTER 01 계약법 총론

10개년 출제문항 수

27회	28회	29회	30회	31회
5	4	5	4	7

32회	33회	34회	35회	36회
5	5	3	8	5

↳ 총 40문제 中 평균 약 5.1문제 출제

학습전략

- 계약법 총론에서는 계약의 의의, 계약의 성립, 계약의 효력과 해소에 대한 내용을 학습합니다.
- 유상계약과 쌍무계약, 청약과 승낙의 합치, 동시이행항변권과 위험부담, 제3자를 위한 계약 및 계약의 해제·해지에서 문제가 주로 출제되므로 관련 이론을 정리해 두는 것이 좋습니다.

제1절 계약의 의의

1 약관의 규제에 관한 법률 · 32회

1. 서설

(1) 약관의 의의

약관이란 그 명칭이나 형태 또는 범위에 상관없이 계약의 한쪽 당사자가 여러 명의 상대방과 계약을 체결하기 위하여 일정한 형식으로 미리 마련한 계약의 내용이다(제2조 제1호).

(2) 약관규제의 필요성

같은 종류의 거래가 대량적, 반복적으로 이루어지는 경우 사업자는 거래의 신속과 획일성을 유지하기 위하여 약관을 작성하여 계약을 체결하게 된다. 고객이 사업자와 경제적으로 대등한 힘을 가지는 경우에는 별 문제가 되지 않으나, 고객이 경제적 약자인 때에는 고객은 사업자가 정한 약관의 내용을 사실상 그대로 받아들일 수밖에 없다. 따라서 경제적 약자를 보호하고 사업자가 정한 부당한 약관을 규제하기 위해 1986년에 「약관의 규제에 관한 법률」을 제정하기에 이르렀다.

(3) 약관의 계약에의 편입
① 약관이 사업자의 제안에 의해서 계약내용으로 되는 것을 계약에의 편입이라 한다.
② 약관이 계약의 내용으로 되어 상대방을 구속하는 근거는 당사자의 합의라는 것이 통설의 입장이다(이른바 '계약설').

> **판례**
> 약관이 계약당사자 사이에 구속력을 갖는 것은 그 자체가 법규범이거나 또는 법규범적 성질을 가지기 때문이 아니라 당사자가 그 약관의 규정을 계약내용에 포함시키기로 합의했기 때문이므로 계약당사자가 명시적으로 약관의 규정과 다른 내용의 약정을 하였다면, 약관의 규정을 이유로 그 약정의 효력을 부인할 수는 없다(대판 2004.11.11, 2003다30807).

2. 약관에 대한 통제

(1) 편입통제
① **약관의 명시·설명의무**
  ㉠ 사업자는 고객이 약관의 내용을 쉽게 알 수 있도록 한글로 작성하고, 표준화·체계화된 용어를 사용하며, 약관의 중요한 내용을 부호, 색채, 굵고 큰 문자 등으로 명확하게 표시하여 알아보기 쉽게 약관을 작성하여야 한다(제3조 제1항).
  ㉡ 사업자는 계약을 체결할 때에는 고객에게 약관의 내용을 계약의 종류에 따라 일반적으로 예상되는 방법으로 분명하게 밝히고, 고객이 요구할 경우 그 약관의 사본을 고객에게 내주어 고객이 약관의 내용을 알 수 있게 하여야 한다(제3조 제2항).
  ㉢ 사업자는 약관에 정하여져 있는 중요한 내용을 고객이 이해할 수 있도록 설명하여야 한다(제3조 제3항 본문).
  ㉣ 사업자가 명시·설명의무를 위반하여 계약을 체결한 경우에는 해당 약관을 계약의 내용으로 주장할 수 없다(제3조 제4항). 그러나 고객은 해당 약관을 계약의 내용으로 주장할 수 있다.

> **판례**
>
> 1. 보험자가 보험약관에 대한 명시·설명의무에 위반하여 보험계약을 체결한 경우, 보험계약자가 그 약관에 규정된 고지의무를 위반하였다 하더라도 이를 이유로 보험계약을 해지할 수는 없다(대판 1996.3.8, 95다53546).
> 2. 당해 거래계약에 당연히 적용되는 법령에 규정되어 있는 사항은 그것이 약관의 중요한 내용에 해당한다고 하더라도 특별한 사정이 없는 한 사업자가 이를 따로 명시·설명할 의무는 없다(대판 1999.9.7, 98다19240).

② **개별약정의 우선**: 약관에서 정하고 있는 사항에 관하여 사업자와 고객이 약관의 내용과 다르게 합의한 사항이 있을 때에는 그 합의사항은 약관보다 우선한다(제4조).

(2) 해석통제

① **신의성실의 원칙**: 약관은 신의성실의 원칙에 따라 공정하게 해석되어야 한다(제5조 제1항 전단). 따라서 약관을 규제하는 기본원리는 신의성실의 원칙이다.

② **객관적 해석의 원칙**(통일적 해석의 원칙): 약관은 고객에 따라 다르게 해석되어서는 안 된다(제5조 제1항 후단).

③ **작성자불리의 원칙**(불명확조항 해석의 원칙): 약관의 뜻이 명백하지 아니한 경우에는 고객에게 유리하게 해석되어야 한다(제5조 제2항).

④ **축소해석의 원칙**: 축소해석의 원칙이란 약관내용 중 사업자에게 유리한 조항을 축소하여 해석하는 것이다. 축소해석의 원칙은 「약관의 규제에 관한 법률」상의 원칙이 아니라 판례에 의해 인정되는 해석원칙이다.

(3) 불공정성통제

① 불공정성통제에 대해서는 일반조항(제6조)에 의한 규제와 무효조항목록(제7조부터 제14조까지의 규정)에 의한 규제를 병용하고 있다.

② **일부무효의 특칙**: 약관의 전부 또는 일부의 조항이 명시·설명의무 위반으로 계약의 내용이 되지 못하는 경우나 불공정약관조항에 해당하여 무효인 경우 계약은 나머지 부분만으로 유효하게 존속한다. 다만, 유효한 부분만으로는 계약의 목적달성이 불가능하거나 그 유효한 부분이 일방 당사자에게 부당하게 불리한 경우에는 그 계약은 무효로 한다(제16조).

기출지문 O X

보통거래약관의 내용은 개개 계약체결자의 의사나 구체적인 사정을 고려하여 구체적·주관적으로 해석해야 한다. •32회
( )

정답 (×)
약관의 내용은 개개 계약체결자의 의사나 구체적인 사정을 고려함이 없이 평균적 고객의 이해가능성을 기준으로 하여 객관적·획일적으로 해석하여야 한다.

2 계약의 개념

1. 광의의 계약

넓은 의미의 계약이란 서로 대립하는 두 개 이상의 의사표시의 합치로써 성립하는 법률행위를 말한다. 광의의 계약에는 채권계약, 물권계약, 준물권계약, 가족법상의 계약이 있다.

2. 협의의 계약

협의의 계약이란 광의의 계약 중에서 채권계약만을 말한다.

3. 계약자유의 원칙과 그 제한

(1) 계약자유의 원칙

① 의의
  ㉠ 우리 민법은 사적 자치의 원칙을 기본원리로 하고 있다. 사적 자치의 원칙이란 개인 간의 법률관계는 국가가 개입하지 말고 개인 스스로에게 맡겨야 한다는 것이다. 사적 자치의 원칙은 소유권절대의 원칙, 법률행위자유의 원칙, 과실책임의 원칙을 그 내용으로 하고 있다.
  ㉡ 개인 간의 법률관계는 주로 법률행위, 그중에서도 대부분 계약을 통해 이루어지므로 법률행위자유의 원칙을 계약자유의 원칙이라고 부르기도 한다.

② 계약자유의 원칙의 내용
  ㉠ 체결의 자유: 당사자가 계약을 체결할 것인가의 여부를 자유롭게 결정할 수 있는 자유를 말한다.
  ㉡ 상대방선택의 자유: 당사자가 계약을 체결할 때 누구를 상대방으로 할 것인가를 자유롭게 결정할 수 있는 자유를 말한다.
  ㉢ 내용결정의 자유: 당사자가 계약의 내용을 자유롭게 결정할 수 있는 자유를 말한다.
  ㉣ 방식의 자유: 원칙적으로 당사자 사이 의사표시의 합치로써 계약은 성립하며, 일정한 방식을 필요로 하지 않는다는 원칙이다.

(2) 계약자유의 원칙에 대한 제한

① **제한필요성**(공공복리의 이념): 계약자유의 원칙은 각 개인이 서로 평등하고 합리적이며 이성적인 인간이라는 전제에서 출발한 원칙이다. 그러나 자본주의 경제가 전개됨에 따라 계약자유의 원칙은 한계를 드러내기 시작하였다. 즉, 빈익빈 부익부 현상이 심화되고 경제적 약자와 경제적 강자의 극한적 대립이 나타나기 시작하자 공공복리의 이념을 도입하여 계약자유의 원칙을 수정하기에 이르렀다.

② **제한의 형태**
   ㉠ 체결의 자유에 대한 제한

공법상의 체약강제	수도·전기·가스 등 공익적 독점기업은 관계법규에 의해 정당한 이유 없이 급부의 제공을 거절할 자유가 인정되지 않는다. 또한 의사·약사·공증인·집행관 등 공공적·공익적 직무에 관해서도 관계법규에 의해 그 직무집행을 거절할 자유가 인정되지 않는다.
사법상의 체약강제	민법상으로 일정한 청약이 있으면 상대방이 그 승낙을 거절하지 못하는 경우가 있다. 예를 들어, 지상권자 및 지상권설정자의 지상물매수청구권(제283조 제2항, 제285조 제2항), 전세권자 및 전세권설정자의 부속물매수청구권(제316조), 건물임차인 또는 건물전차인의 부속물매수청구권(제646조, 제647조) 등이 이에 해당한다.

   ㉡ **상대방선택의 자유에 대한 제한**: 「노동조합 및 노동관계조정법」 제81조에 의하면 사용자는 노동조합의 조합원이라는 이유로 고용을 거부해서는 안 되고, 「남녀고용평등과 일·가정 양립 지원에 관한 법률」 제7조에 의하면 사업주는 근로자 모집과 채용에서 남녀를 차별할 수 없다고 규정하고 있다. 이 경우 사용자 또는 사업주의 상대방선택의 자유는 제한된다.

   ㉢ **내용결정의 자유에 대한 제한**: 계약의 내용이 사회질서에 반하거나(제103조), 불공정한 법률행위(제104조)에 해당하거나, 강행규정에 위반되는 경우 그 법률행위는 무효로 되므로, 이 범위 내에서는 내용결정의 자유가 제한된다.

   ㉣ **방식의 자유에 대한 제한**: 유언의 요식성(제1060조)과 같이 법률관계를 명확하게 하기 위해서 방식이 요구되는 경우도 있고, 「농지법」 제24조처럼 당사자 사이의 사후 분쟁가능성을 방지하기 위해 방식이 요구되는 경우도 있다.

제2절 계약의 종류

1 전형계약과 비전형계약 •28회 •35회 •36회

1. 전형계약

민법전에서 규정하고 있는 15종의 계약을 전형계약 또는 유명(有名)계약이라 한다.

증여	당사자 일방이 상대방에게 재산을 무상으로 준다는 의사를 표시하고, 상대방이 이를 승낙함으로써 성립하는 계약	무상
매매	당사자 일방이 재산권을 상대방에게 이전하기로 약정하고, 상대방이 그 대금을 지급하기로 약정함으로써 성립하는 계약	유상
교환	당사자 쌍방이 금전 외의 재산권을 서로 이전하기로 약정함으로써 성립하는 계약	
소비대차	당사자 일방이 금전이나 그 밖의 대체물의 소유권을 상대방에게 이전하기로 약정하고, 상대방이 그와 같은 종류, 품질 및 수량으로 반환하기로 약정함으로써 성립하는 계약	유상 + 무상
사용대차	당사자 일방이 상대방에게 무상으로 사용·수익하게 하기 위하여 목적물을 인도하기로 약정하고, 상대방이 사용·수익한 후에 그 목적물을 반환하기로 약정함으로써 성립하는 계약	무상
임대차	당사자 일방이 상대방에게 목적물을 사용·수익하게 하기로 약정하고, 상대방이 그에 대하여 차임을 지급하기로 약정함으로써 성립하는 계약	유상
고용	당사자 일방이 상대방에게 노무를 제공하기로 약정하고, 상대방이 그에 대하여 보수를 지급하기로 약정함으로써 성립하는 계약	
도급	당사자 일방이 어떤 일을 완성하기로 약정하고, 상대방이 그 일의 결과에 대하여 보수를 지급하기로 약정함으로써 성립하는 계약	
여행	당사자 한쪽이 상대방에게 운송, 숙박, 관광 또는 그 밖의 여행 관련 용역을 결합하여 제공하기로 약정하고, 상대방이 그 대금을 지급하기로 약정함으로써 성립하는 계약	
현상광고	광고자가 어느 행위를 한 자에게 일정한 보수를 지급할 의사를 표시하고, 그에 응한 자가 그 광고에서 정한 행위를 완료함으로써 성립하는 계약	
위임	당사자 일방이 상대방에게 사무의 처리를 위탁하고, 상대방이 이를 승낙함으로써 성립하는 계약	유상 + 무상

기출지문 OX

중개계약은 민법상의 전형계약이 아니다. •28회 ( )

정답 (○)

임치	당사자 일방이 상대방에게 금전이나 유가증권, 그 밖의 물건의 보관을 위탁하고, 상대방이 이를 승낙함으로써 성립하는 계약	유상 + 무상
조합	2인 이상이 서로 출자하여 공동사업을 경영하기로 약정함으로써 성립하는 계약	유상
종신 정기금	당사자 일방이 자기, 상대방 또는 제3자의 종신까지 정기적으로 금전이나 그 밖의 물건을 상대방이나 제3자에게 지급하기로 약정함으로써 성립하는 계약	유상 + 무상
화해	당사자가 서로 양보하여 당사자 간의 분쟁을 끝내기로 약정함으로써 성립하는 계약	유상

2. 비전형계약과 혼합계약

비전형계약 또는 무명(無名)계약이란 전형계약 외의 계약을 말하고, 혼합계약이란 두 가지 이상의 전형계약의 성질을 겸하고 있는 계약이다(제작물 공급계약 등).

2 유상계약과 무상계약 •26회 •28회 •33회 •35회

1. 의의

(1) 유상계약이란 계약의 전 과정을 고찰하여 볼 때 당사자 쌍방이 서로 대가적 의미를 가지는 출연(出捐)을 하는 계약을 말하고, 무상계약이란 일방 당사자만이 급부를 하든지 쌍방 당사자 모두 급부를 하더라도 그것이 대가적 의미를 가지지 않는 계약이다.

(2) 매매·교환·임대차·고용·도급·여행·현상광고·조합·화해는 유상계약에 해당하고, 증여·사용대차는 무상계약에 해당한다. 한편 소비대차·위임·임치·종신정기금은 유상으로 할 수도 있고 무상으로 할 수도 있는 계약이다.

2. 구별실익

구별실익은 유상계약에는 매매에 관한 규정, 특히 매도인의 담보책임규정이 준용된다는 데에 있다.

기출지문 OX

임대차계약은 유상계약이다.
•35회 ( )

정답 (O)

3 쌍무계약과 편무계약 ·26회 ·28회 ·33회

1. 의의

(1) 쌍무계약이란 양당사자의 채무가 서로 대가적 의미, 즉 견련성(牽連性)을 가지는 경우를 말하고, 편무계약이란 일방 당사자만이 채무를 부담하든가 당사자 쌍방이 채무를 부담하더라도 서로 대가적 의미, 즉 견련성을 가지지 않는 경우를 말한다.

(2) 쌍무계약은 모두 유상계약에 해당하지만 유상계약이 모두 쌍무계약에 해당하는 것은 아니다. 예를 들어, 현상광고는 유상계약이지만 편무계약에 속한다.

2. 구별실익

구별실익은 쌍무계약에 대해서는 동시이행의 항변권(제536조)과 위험부담(제537조, 제538조)의 문제가 발생하고, 편무계약에 대해서는 원칙적으로 이러한 문제들이 발생하지 않는다는 점에 있다.

4 낙성계약과 요물계약 ·31회 ·33회

1. 의의

(1) 낙성계약(諾成契約)이란 당사자 간의 의사표시의 합치만으로 성립하는 계약을 말하고, 요물계약(要物契約)이란 의사표시의 합치 이외에 물건의 인도 또는 지정행위의 완료와 같은 현실적인 급부를 함으로써 성립하는 계약이다.

(2) 현상광고, 대물변제, 계약금계약, 보증금계약(다수설) 등이 요물계약에 해당하고, 그 이외에는 낙성계약에 해당한다.

2. 구별실익

구별실익은 계약성립시기에 차이가 있다는 점이다.

기출지문 OX

임대차계약은 쌍무, 유상계약이다.
·28회 ( )

정답 (○)

정리 유상계약과 쌍무계약의 관계

유상계약 ⊃ 쌍무계약

기출지문 OX

계약금계약은 요물계약에 해당한다. ·20회 ( )

정답 (○)

기출지문 OX

현상광고계약은 낙성계약이다.
·31회 ( )

정답 (×)

현상광고계약은 광고에서 정한 행위를 완료하여야 계약이 성립하므로 요물계약에 해당한다.

5 요식계약과 불요식계약

(1) 요식계약이란 계약성립에 있어서 일정한 방식을 요하는 계약을 말하고, 불요식계약이란 일정한 방식을 요하지 않는 계약이다.
(2) 계약자유의 원칙상 계약은 불요식계약이 원칙이며, 전형계약 15가지 중 요식계약에 해당하는 계약은 없다.

6 일시적 계약과 계속적 계약

1. 의의

(1) 일시적 계약이란 채무의 내용인 급부의 실현이 시간적 계속성을 요하지 않는 계약이다.
(2) 계속적 계약이란 채무의 내용인 급부의 실현이 어느 정도 시간적 계속성을 요하는 계약이다. 소비대차·사용대차·임대차·고용·위임·임치·조합·종신정기금 등이 계속적 계약에 해당한다.
(3) 일시적 계약과 계속적 계약이 결합된 계약을 회귀적 계약이라고 한다(신문·잡지의 정기구독, 우유배달 등).

2. 계속적 계약의 특징

(1) 계속적 계약에 대해서는 당사자 사이의 인적 신뢰관계가 존재하고, 채권관계가 일정기간 동안 계속되므로 사정변경의 원칙이 고려되어야 할 필요성이 크다.
(2) 계속적 계약을 해소하는 방법은 장래에 대해서 계약을 소멸시키는 해지이다.

7 예약과 본계약

(1) 예약이란 장차 본계약을 체결할 것을 미리 약정하는 계약을 말하고, 본계약이란 예약에 의하여 장차 체결될 계약이다.
(2) 본계약은 채권계약·물권계약·가족법상의 계약일 수 있지만, 예약은 언제나 채권계약이다.

제3절 계약의 성립

1 계약성립의 모습

(1) 계약은 보통 청약과 승낙의 의사표시의 합치에 의해 성립한다. 그러나 민법은 이외에도 의사실현에 의한 계약성립과 교차청약에 의한 계약성립에 대해서도 규정하고 있다.

(2) 그 밖에 사실적 계약관계론이 주장되기도 하였으나, 현재에는 이를 부정하는 것이 다수설의 태도이다.

> **⊕ 보충 사실적 계약관계론**
>
> 1. **의의**: 사실적 계약관계론은 통신이나 교통수단, 수도·가스의 공급, 사실적 취업관계의 개시 등과 같이 일상생활에 밀접하고 대량·반복적으로 이루어지는 계약유형(유료주차장의 이용, 공중교통기관의 이용 등)에서는 당사자의 사실상의 용태나 행위만으로 청약과 승낙에 해당되는 구체적 의사표시가 없더라도 계약관계가 성립한다는 이론이다.
> 2. **사실적 계약관계론의 등장배경**: 사실적 계약관계론은 명시적인 승낙의 거절이 있어도 급부를 받으면 계약의 성립을 인정하여야 한다는 현실적인 필요성과 의사표시에 의한 계약의 성립에 적용되는 제한능력자제도와 착오에 의한 의사표시의 취소를 배제하기 위해서 등장한 이론이다.
> 3. **사실적 계약관계론의 인정 여부**: 종래 위와 같은 이유로 사실적 계약관계론이 주장되었으나, 오늘날에는 사실적 계약관계론에서 주장하는 내용들도 전통적인 계약관계론에 의해 충분히 그 해결이 가능하므로 굳이 사실적 계약관계론을 인정할 실익이 없다는 견해가 지배적이다.

2 계약성립요건으로서의 의사표시의 합치

1. 의의

(1) 계약이 성립하기 위해서는 계약당사자 간의 서로 대립되는 의사표시의 합치가 있어야 한다. 즉, 계약에 있어서 청약과 승낙의 의사표시의 '합치'는 계약의 특별성립요건에 해당한다. 이러한 의사표시의 합치는 다시 객관적 합치와 주관적 합치로 나뉜다.

(2) 객관적 합치란 청약의 내용과 승낙의 내용이 서로 일치하는 것을 말하고, 주관적 합치란 상대방이 서로 일치하는 것을 말한다. 예를 들어, 甲이 자신의 건물을 1억원에 팔겠다고 한 경우 乙이 이를 1억원에 사겠다고 하는 경우가 객관적 합치이고, 甲이 乙에게 청약을 한 경우 乙이 甲에 대해 승낙하는 것이 주관적 합치이다.

> **판례**
>
> 계약이 성립하기 위해서는 당사자의 서로 대립하는 여러 개의 의사표시의 객관적 합치가 필요하고, 객관적 합치가 있다고 하기 위해서는 당사자의 의사표시에 나타나 있는 사항에 관하여는 모두 일치하고 있어야 하는 한편 계약내용의 중요한 점 및 계약의 객관적 요소는 아니더라도 특히 당사자가 그것에 중대한 의의를 두고 계약성립 요건으로 할 의사를 표시한 때에는 이에 관하여 합치가 있어야 한다(대판 2003.4.11, 2001다53059).

2. 불합의

(1) 불합의의 의의

불합의(불합치, 불일치)란 의사표시의 내용이 전면적으로 또는 부분적으로 불일치하는 것이다. 불합의가 있는 경우에 계약은 성립하지 않게 된다.

(2) 불합의의 유형

① **안 불합의**(의식적 불합의): 안 불합의란 의사표시의 불일치를 쌍방 당사자가 서로 알고 있는 경우를 말한다. 청약에 대하여 조건을 붙이거나 변경을 가하여 승낙을 하는 경우가 이에 해당한다. 예를 들어, 甲이 자기 소유의 건물을 1억원에 판다는 청약의 의사표시에 대해 乙이 8천만원에 사겠다는 승낙의 의사표시를 한 경우 계약은 성립하지 않는다.

② **숨은 불합의**(무의식적 불합의): 숨은 불합의란 계약당사자 쌍방 또는 일방이 의사표시의 불일치를 알지 못하는 경우를 말한다. 예를 들어, 甲이 자기 소유의 건물을 1억원에 매매하기로 乙과 합의하였는데, 甲은 자신의 A건물을 매도한다고 생각하였으나 乙은 甲의 B건물을 매수한다고 생각한 경우가 이에 해당한다. 숨은 불합의의 경우에도 역시 계약은 성립하지 않는다.

추가 변경을 가한 승낙은 청약거절과 동시에 새로 청약한 것으로 본다.

(3) 불합의와 착오와의 구별

① 실제에서 불합의, 특히 숨은 불합의와 착오와의 구별이 쉽지 않다. 불합의는 의사표시의 내용이 일치하지 않는 것을 말하고, 착오는 의사와 표시가 불일치하는 것을 표의자가 모르는 경우이다.

② 양자를 구별하는 주요한 기준은 다음과 같다.
  ㉠ 의사표시의 합치는 계약의 성립요건의 문제이고, 착오는 성립을 전제로 한 계약의 효력요건의 문제이므로 항상 불합의 여부를 먼저 검토하여야 한다.
  ㉡ 불합의는 쌍방 당사자의 의사표시가 합치하느냐를 비교하는 것임에 반하여, 착오는 일방 당사자의 의사표시를 의사와 표시로 나누어 그 일치 여부를 검토하는 것이다.

3 청약과 승낙에 의한 계약성립

•24회 •25회 •26회 •27회 •28회 •29회 •31회 •32회 •33회 •35회 •36회

1. 청약의 의사표시

(1) 청약의 의의

① 청약이란 승낙과 결합하여 일정한 내용의 계약을 성립시킬 것을 목적으로 하는 의사표시를 말한다.
② 청약은 하나의 의사표시로서 법률사실에 해당된다.

(2) 청약의 요건

① 청약은 장차 계약의 일방 당사자가 될 특정인에 의하여 행해져야 한다. 그러나 청약자가 누구인지가 그 의사표시에 명시적으로 나타나야 하는 것은 아니다(가령 자동판매기의 설치 등의 경우).
② 청약은 상대방이 있는 의사표시이지만, 그 상대방은 특정인뿐만 아니라 불특정 다수인이라도 무방하다. 이때 청약은 장래 계약의 당사자로 될 수 있는 자에 대하여만 효력을 가진다.
③ 청약은 그에 대응하는 승낙만 있으면 곧바로 계약이 성립하므로 청약의 의사표시는 구체적·확정적이어야 한다. 이 점에서 청약의 유인과 구별된다.

기출지문 O X

청약은 불특정 다수인을 상대로 할 수 있다. •29회 ( )

정답 (○)

> **⊕ 보충** 청약과 청약의 유인의 구별
>
> 1. **청약의 유인**: 타인을 꾀어 자기에게 청약하게 하려는 행위를 말한다. 청약의 유인의 경우에는 유인에 의하여 꼬임을 받은 자가 의사표시를 하였더라도 계약은 성립하지 않으며 유인을 한 자가 승낙의 의사표시를 하여야만 계약이 성립한다.
> 2. **청약인지 청약의 유인인지 문제되는 경우**: 다수설은 구인광고, 주택임대광고, 상품목록의 배부, 기차표의 시간게시 등은 청약의 유인에 해당하고, 정찰가격을 붙인 상품의 진열, 자동판매기의 설치는 청약에 해당한다고 본다.
> 3. **청약과 청약의 유인 구별**: 청약과 청약의 유인을 이론적으로 구별하는 것은 쉽지만 실제에서는 구별하기가 어려운 경우가 있다. 따라서 일률적으로 정할 것이 아니라 당사자 사이에 계약을 성립시키겠다는 확정적 구속의사가 있는지의 여부를 기준으로 합목적적으로 결정하여야 할 것이다.

(3) 청약의 효력

① **청약의 효력발생시기**

㉠ 청약은 상대방 있는 의사표시이므로 의사표시의 효력발생시기에 관한 일반원칙에 따라 상대방에게 도달한 때에 효력이 발생한다(제111조 제1항).

㉡ 청약자가 청약의 의사표시를 발신한 후 사망하거나 제한능력자가 되어도 청약의 효력에 영향을 미치지 않는다(제111조 제2항).

㉢ 청약자가 청약의 의사표시를 발신한 후 상대방에게 도달하기 전에 '상대방'이 사망하거나 제한능력자가 된 경우에는 다음과 같이 처리된다. 먼저 사망한 경우에는 상대방의 상속인이 이를 승계할 수 있는 것인지 여부에 따라 청약의 효력이 결정되고, 의사표시의 상대방이 의사표시를 받은 때에 제한능력자인 경우에는 의사표시자는 그 의사표시로써 대항할 수 없다. 다만, 그 상대방의 법정대리인이 의사표시가 도달한 사실을 안 후에는 그러하지 아니하다(제112조).

② **청약의 형식적 효력**(구속력)

㉠ 청약이 상대방에게 도달하면 상대방은 승낙함으로써 계약을 체결할 수 있는 기회를 가지게 되고 계약체결을 위한 준비행위를 하게 된다. 그런데 청약자가 청약을 임의로 철회한다면 상대방에게 부당하게 손해를 줄 염려가 있다. 따라서 계약의 청약은 이를 철회하지 못한다(제527조). 이를 청약의 구속력이라 한다.

기출지문 O X

甲은 승낙기간을 2020.5.8.로 하여 자신의 X주택을 乙에게 5억원에 팔겠다고 하고, 그 청약은 乙에게 2020.5.1. 도달하였다. 이 경우 甲이 청약을 발송한 후 사망하였다면, 그 청약은 효력을 상실한다. •31회 ( )

정답 (×)
청약자가 청약의 의사표시를 발신한 후 사망하거나 제한능력자가 되어도 청약의 효력에 영향을 미치지 않는다.

ⓒ 다만, 청약의 구속력은 청약이 상대방에게 도달한 경우에 비로소 문제된다. 따라서 청약이 상대방에게 도달하기 전에는 청약자가 이를 철회할 수 있다. 또한 청약자가 처음부터 철회의 자유를 유보(留保)한 경우에도 청약을 철회할 수 있다.

③ **청약의 실질적 효력**(승낙적격)

ⓐ 청약은 그에 대응하는 승낙만 있으면 곧바로 계약을 성립시킬 수 있는 효력(힘)을 가지고 있는데, 이를 청약의 실질적 효력 또는 승낙적격이라 한다.

ⓑ 청약의 의사표시가 상대방에게 도달하면 승낙적격이 발생하지만, 원칙적으로 청약의 상대방은 청약을 받았다는 사실로부터 아무런 법률상의 의무를 부담하지 않는다. 즉, 청약의 상대방은 승낙 여부에 대한 자유를 가지고 있으며, 특별한 사정이 없는 한 법적 회답의 무도 부담하지 않는다. 따라서 청약자가 "회답이 없으면 승낙한 것으로 본다."라는 문구를 덧붙여 청약하였더라도 이는 상대방을 구속하지 않는다. 또한 청약자가 물건을 송부하면서 "구입하지 않으면 반송하라. 반송하지 않으면 구입한 것으로 보겠다."라고 한 경우라도 물건을 수령하거나 반송할 의무가 생기지 않는다.

ⓒ 승낙적격의 존속기간: 승낙기간을 정한 계약의 청약은 청약자가 그 기간 내에 승낙의 통지를 받지 못한 때에는 그 효력을 잃는다(제528조 제1항). 그리고 승낙기간을 정하지 아니한 계약의 청약은 청약자가 상당한 기간 내에 승낙의 통지를 받지 못한 때에는 그 효력을 잃는다(제529조).

2. 승낙의 의사표시

(1) 승낙의 의의

① 승낙이란 청약에 대응하여 계약을 성립시킬 목적으로 청약자에 대하여 하는 승낙자의 의사표시를 말한다.

② 승낙도 의사표시로서 법률사실에 해당한다.

(2) 승낙의 요건

① 승낙은 청약에 대하여 동의를 준다는 내심의 결의로는 부족하고 청약자에게 표시되어야 한다. 승낙의 방법은 명시적으로뿐만 아니라 묵시적으로도 가능하다.

기출지문 O X

청약자가 청약에 "일정기간 내에 이의를 제기하지 않으면 승낙한 것으로 본다."는 뜻을 표시한 경우, 이의 없이 그 기간이 지나더라도 계약이 성립하지 않는다.
• 29회 ( )

정답 (○)

② 승낙은 청약의 내용과 일치하여야 한다. 따라서 승낙자가 청약에 대하여 조건을 붙이거나 청약내용을 변경하여 승낙한 경우에는 그 청약을 거절함과 동시에 새로 청약한 것으로 본다(제534조).
③ 승낙은 특정의 청약자에 대하여 하여야 한다. 불특정 다수인에 대한 승낙은 있을 수 없다.

기출지문 O X

승낙자가 청약에 대하여 변경을 가하여 승낙한 때에는 그 청약의 거절과 동시에 새로 청약한 것으로 본다. • 35회 ( )

정답 (○)

기출지문 O X

불특정 다수인에 대한 승낙은 효력이 없다. • 25회 ( )

정답 (○)

(3) 연착된 승낙

① **늦게 보내서 연착된 경우:** 승낙기간을 정한 청약에 대해 승낙기간을 지나 승낙의 의사표시가 도달한 경우와 승낙기간을 정하지 않은 청약에 대해 상당한 기간을 지나 승낙이 도달한 경우에는 계약이 성립하지 않는다. 다만, 연착된 승낙은 청약자가 이를 새 청약으로 볼 수 있다(제530조).

② **승낙기간 내에 도달할 수 있도록 발송하였으나 연착된 경우**
  ㉠ 승낙의 통지가 승낙기간 후에 도달한 경우에 보통 그 기간 내에 도달할 수 있는 발송인 때에는 청약자는 지체 없이 상대방에게 그 연착의 통지를 하여야 한다(제528조 제2항 본문). 다만, 승낙의 통지가 도달하기 전에 지연의 통지를 발송한 경우에는 따로 연착의 통지를 할 필요가 없다(제528조 제2항 단서).
  ㉡ 청약자가 연착의 통지를 하지 않은 경우에는 승낙의 통지는 연착되지 않은 것으로 본다(제528조 제3항). 그 결과 계약이 성립한 것으로 간주된다.

> **➕ 보충** 제528조 제2항 · 제3항의 취지
>
> 1. **연착통지의무를 부과하는 이유:** 승낙자가 승낙의 의사표시를 승낙기간 내에 도달할 수 있도록 발송한 경우에는 그는 계약이 성립된 것으로 믿고 계약상의 채무를 이행하기 위한 준비행위를 하거나 다른 계약의 체결을 단념하는 등 계약당사자로서의 기대를 가지고 행동하게 된다. 따라서 승낙의 의사표시가 사고에 의해 연착된 경우에는 승낙자에게 불측의 손해가 생기지 않도록 하기 위해 청약자에게 연착통지의무를 부과하고 있다.
> 2. **연착통지의무의 성질:** 청약자의 연착통지의무는 간접의무(책무)에 해당한다. 간접의무를 이행하지 않은 경우에는 법이 정한 불이익을 입을 뿐 이를 강제적으로 이행하게 하는 것은 허용되지 않는다.
> 3. **새 청약으로 볼 수 있는지의 여부:** 연착의 통지 또는 지연의 통지를 한 경우 청약자가 연착된 승낙을 새 청약으로 볼 수 있다.

3. 계약의 성립시기

(1) 대화자 간의 계약성립시기

대화자 간의 계약의 성립시기에 관하여는 특별한 규정이 없으므로 도달주의의 일반원칙(제111조)에 따라 승낙의 의사표시가 도달한 때에 계약이 성립한다.

(2) 격지자 간의 계약성립시기

> **제531조【격지자(隔地者) 간의 계약성립시기】** 격지자 간의 계약은 승낙의 통지를 발송한 때에 성립한다.

① **문제점**: 제528조 제1항 및 제529조의 도달주의 규정과 제531조의 발신주의 규정 간에 충돌이 발생한다.

② **견해의 대립**

해제조건설 (통설)	승낙의 통지를 발송한 때에 계약은 일단 성립하고, 그 통지가 청약의 존속기간 내에 도달하지 않으면 계약은 소급하여 성립하지 않는다고 본다.
정지조건설 (소수설)	승낙의 통지가 발송되더라도 계약은 성립하지 않고, 그 통지가 청약의 존속기간 내에 도달하면 발송한 때에 소급하여 계약이 성립한다고 본다.
입증책임	해제조건설에 의하면 승낙자는 발송사실을 입증하는 것으로 충분하나, 정지조건설에 의하면 승낙자는 도달사실까지 입증하여야 한다.

4 기타의 방법에 의한 계약의 성립 · 26회 · 28회

1. 의사실현에 의한 계약성립

> **제532조【의사실현에 의한 계약성립】** 청약자의 의사표시나 관습에 의하여 승낙의 통지가 필요하지 아니한 경우에는 계약은 승낙의 의사표시로 인정되는 사실이 있는 때에 성립한다.

(1) 의사실현에 의한 계약성립의 예로는 청약과 동시에 송부된 물품을 소비하거나 사용하기 시작하는 행위, 주문받은 물건을 송부하는 행위, 손님으로부터 청약을 받고 호텔이나 여관의 객실을 청소하는 행위 등이 있다.

(2) 계약의 성립시기는 승낙의 의사표시로 인정되는 사실이 있는 때이지, 청약자가 그 사실을 안 때가 아니다.

> **판례**
>
> **의사실현에 의한 예금계약의 성립**
> 예금계약은 예금자가 예금의 의사를 표시하면서 금융기관에 돈을 제공하고 금융기관이 그 의사에 따라 그 돈을 받아 확인을 하면 그로써 성립하며, 금융기관의 직원이 그 받은 돈을 금융기관에 입금하지 아니하고 이를 횡령하였다고 하더라도 예금계약의 성립에는 아무런 소장이 없다(대판 1996.1.26, 95다26919).

2. 교차청약에 의한 계약성립

> **제533조 【교차청약】** 당사자 간에 동일한 내용의 청약이 상호교차된 경우에는 양 청약이 상대방에게 도달한 때에 계약이 성립한다.

(1) 교차청약에 의한 계약성립의 예로는 甲이 乙에게 자기의 가옥을 1억원에 팔겠다고 청약한 데 대하여 乙이 甲의 그 청약을 받기 전에 그 가옥을 1억원에 사겠다고 청약한 경우를 들 수 있다.

(2) 계약의 성립시기는 양 청약이 상대방에게 도달한 때이다. 즉, 양 청약이 동시에 도달하지 않은 경우에는 제2청약이 상대방에게 도달한 때 계약이 성립한다.

5 계약체결상의 과실책임 • 35회

> **제535조 【계약체결상의 과실】** ① 목적이 불능한 계약을 체결할 때에 그 불능을 알았거나 알 수 있었을 자는 상대방이 그 계약의 유효를 믿었음으로 인하여 받은 손해를 배상하여야 한다. 그러나 그 배상액은 계약이 유효함으로 인하여 생길 이익액을 넘지 못한다.
> ② 전항의 규정은 상대방이 그 불능을 알았거나 알 수 있었을 경우에는 적용하지 아니한다.

1. 서설

계약체결상의 과실책임이란 목적의 실현이 불가능한 계약을 체결할 때에 그 불가능을 알았거나 알 수 있었던 자는 상대방이 그 계약이 유효하다고 믿음으로써 입은 손해를 배상하여야 한다는 원칙이다.

> **🔍 사례**
>
> 甲이 자기 소유의 건물에 대해 乙과 매매계약을 체결하였는데, 매매계약체결 전에 그 건물이 화재로 전부 소실해 버렸다고 가정하자.
> 이 경우 건물소유권을 이전하는 것이 불가능하므로 이 매매계약은 무효가 된다. 그러나 乙이 그 계약이 유효한 것으로 믿고 비용을 들였다면 불능에 과실이 있는 甲은 乙이 입은 그 손해를 배상해 주어야 한다.

2. 법적 성질

계약체결상의 과실책임의 법적 성질에 대해서는 계약책임설(다수설), 불법행위책임설, 법정책임설이 대립하고 있다.

3. 요건

(1) 원시적 불능일 것

계약이 원시적 불능(원시적·객관적·전부불능)으로 무효이어야 한다. 예를 들어, 건물에 대한 매매계약체결 전에 건물이 전부 소실해 버린 경우가 이에 해당한다. 계약이 의사의 불합치로 성립하지 아니한 경우, 상대방이 계약이 성립되지 아니할 수 있다는 것을 알았거나 알 수 있었음을 이유로 민법 제535조를 유추적용하여 계약체결상의 과실로 인한 손해배상청구를 할 수 없다(대판 2017.11.14, 2015다10929).

(2) 배상의무자가 불능을 알았거나 알 수 있었을 것

배상의무자가 불능에 대하여 선의·무과실인 경우에는 배상책임이 없다.

(3) 상대방이 선의·무과실일 것

상대방이 불능에 대하여 악의이거나 과실이 있는 경우에는 배상책임이 성립하지 않는다.

4. 효과

(1) 위 요건이 충족되는 경우 과실이 있는 당사자는 상대방이 그 계약의 유효를 믿었음으로 인하여 생긴 손해(신뢰이익의 손해)를 배상하여야 한다.

(2) 그러나 그 배상액은 계약이 유효할 경우에 생길 이익액(이행이익의 손해)을 넘을 수 없다. 신뢰이익의 손해와 이행이익의 손해를 비교해 적은 쪽으로 배상하는 것이다.

기출지문 O X

토지에 대한 매매계약체결 전에 이미 그 토지 전부가 공용수용된 경우 계약체결상의 과실책임이 인정될 수 있다. • 23회 (   )

정답 (○)

5. 제535조의 확대적용 여부

(1) 다수설

민법은 원시적 불능으로 인하여 계약이 무효로 된 때에 한하여 계약체결상의 과실책임을 인정하고 있지만, 다수설은 이 외에도 계약체결을 위한 준비단계, 계약이 유효한 경우, 계약이 무효 또는 취소되는 경우에도 제535조를 확대적용하고 있다.

(2) 판례

판례는 원시적 불능의 경우에만 계약체결상의 과실책임규정(제535조)을 적용할 뿐 그 외에는 계약체결상의 과실책임규정을 적용하지 않는다.

> **판례**
>
> 1. 학교법인(전주우석대학)이 원고를 사무직원 채용시험의 최종합격자로 결정하고 그 통지와 아울러 "1989.5.10.자로 발령하겠으니 제반 구비서류를 5.8.까지 제출하여 달라."라는 통지를 하여 원고로 하여금 위 통지에 따라 제반 구비서류를 제출하게 한 후, 원고의 발령을 지체하고 여러 번 발령을 미루었으며, 그 때문에 원고는 위 학교법인이 1990.5.28. 원고를 직원으로 채용할 수 없다고 통지할 때까지 임용만 기다리면서 다른 일에 종사하지 못한 경우, 이러한 결과가 발생한 원인이 위 학교법인이 자신이 경영하는 대학의 재정 형편, 적정한 직원의 수, 1990년도 입학정원의 증감 여부 등 여러 사정을 참작하여 채용할 직원의 수를 헤아리고 그에 따라 적정한 수의 합격자 발표와 직원채용통지를 하여야 하는데도 이를 게을리하였기 때문이라면 위 학교법인은 불법행위자로서 원고가 위 최종합격자 통지와 계속된 발령 약속을 신뢰하여 직원으로 채용되기를 기대하면서 다른 취직의 기회를 포기함으로써 입은 손해를 배상할 책임이 있다(대판 1993.9.10, 92다42897).
>
> 2. 부동산매매계약에서 실제면적이 계약면적에 미달하는 경우에는 그 매매가 수량지정매매에 해당할 때에 한하여 민법 제572조, 제574조에 의한 대금감액청구권을 행사함은 별론으로 하고, 그 매매계약이 그 미달 부분만큼 일부 무효임을 들어 이와 별도로 일반 부당이득반환청구를 하거나 그 부분의 원시적 불능을 이유로 민법 제535조가 규정하는 계약체결상의 과실에 따른 책임의 이행을 구할 수 없다(대판 2002.4.9, 99다47396).

기 출 지 문 O X

부동산 수량지정매매에서 실제면적이 계약면적에 미달하는 경우, 그 부분의 원시적 불능을 이유로 계약체결상의 과실책임을 물을 수 없다. • 35회 ( )

정답 (O)

제4절 계약의 효력

1 서설

1. 계약의 효력 일반

(1) 계약의 성립요건과 효력요건
① **계약의 성립요건**: 계약이 성립하기 위해서는 당사자, 목적, 의사표시 그리고 청약과 승낙의 의사표시의 합치가 있으면 된다.
② **계약의 효력요건**: 계약도 법률행위이므로 그 효력을 발생하기 위해서는 일반효력요건과 특별효력요건을 갖추어야 한다.

(2) 계약의 효력에 관한 민법규정
민법은 계약의 효력으로 동시이행의 항변권(제536조), 위험부담(제537조, 제538조), 제3자를 위한 계약(제539조부터 제542조까지의 규정)을 규정하고 있다. 동시이행의 항변권과 위험부담은 쌍무계약의 특유한 효력이다.

2. 쌍무계약의 특유한 효력

(1) 쌍무계약의 의의
쌍무계약이란 양 당사자의 채무가 서로 대가적 의미를 갖는 계약이다(give and take의 계약). 따라서 쌍무계약에서 양 채무는 그 가치에 있어서 균형이 잡힐 것이 요구되는데, 이것이 바로 견련성(牽連性)이다.

(2) 쌍무계약의 특질 – 견련성
① **성립상의 견련성**: 성립상의 견련성이란 일방의 채무가 성립하여야만 타방의 채무도 성립한다는 것이다. 즉, 어느 일방의 의사표시가 무효나 취소가 되어 그의 채무가 성립하지 않는 경우에는 다른 일방의 의사표시가 완전 유효하더라도 그의 채무도 성립하지 않는다는 것이다.
② **이행상의 견련성**: 이행상의 견련성이란 일방의 채무가 이행될 때까지는 타방의 채무를 이행하지 않아도 좋다는 것이다. 이러한 이행상의 견련성으로부터 동시이행의 항변권이 도출된다.

③ **존속상의 견련성:** 존속상의 견련성이란 일방의 채무가 채무자의 책임 없는 사유로 인하여 후발적 불능이 되어 소멸한 경우 타방의 채무도 같이 소멸하는 것이다. 이러한 존속상의 견련성으로부터 위험부담의 문제가 발생한다.

2 동시이행의 항변권 •25회 •26회 •28회 •29회 •31회

> **제536조【동시이행의 항변권】** ① 쌍무계약의 당사자 일방은 상대방이 그 채무이행을 제공할 때까지 자기의 채무이행을 거절할 수 있다. 그러나 상대방의 채무가 변제기에 있지 아니하는 때에는 그러하지 아니하다.
> ② 당사자 일방이 상대방에게 먼저 이행하여야 할 경우에 상대방의 이행이 곤란할 현저한 사유가 있는 때에는 전항 본문과 같다.

1. 서설

(1) 의의

채권자가 자기 채무를 이행하지 않고 채무자에게 이행을 청구한 경우 채무자는 일시적으로 자기 채무의 이행을 거절할 수 있는 권리를 말한다.

(2) 성질

동시이행의 항변권은 상대방이 가지는 청구권의 효력을 일시적으로 저지하는 연기적 항변권에 해당하며, 공평의 원칙과 신의칙에 기한 제도이다.

> **판례**
>
> 동시이행의 항변권은 공평의 관념과 신의칙에 입각하여 각 당사자가 부담하는 채무가 서로 대가적 의미를 가지고 관련되어 있을 때 그 이행에 있어서 견련관계를 인정하여 당사자 일방은 상대방이 채무를 이행하거나 이행의 제공을 하지 아니한 채 당사자 일방의 채무의 이행을 청구할 때에는 자기의 채무이행을 거절할 수 있도록 하는 제도이다. 이러한 제도의 취지에서 볼 때 당사자가 부담하는 각 채무가 쌍무계약에 있어 고유의 대가관계가 있는 채무가 아니라고 하더라도 구체적인 계약관계에서 각 당사자가 부담하는 채무에 관한 약정내용에 따라 그것이 대가적 의미가 있어 이행상의 견련관계를 인정하여야 할 사정이 있는 경우에는 동시이행의 항변권을 인정할 수 있다(대판 2006.6.9, 2004다24557).

(3) 동시이행의 항변권과 유치권의 비교

구분	유치권	동시이행의 항변권
공통점	① 공평의 원칙에 입각함 ② 채권의 변제를 촉구하는 기능(양자는 병존할 수 있음) ③ 소송에서 항변이 인용된 경우 상환이행판결(원고일부승소판결)	
차이점	모든 사람에게 주장할 수 있는 것이 원칙(대세권)	쌍무계약의 당사자 사이에서만 효력이 있는 것이 원칙(대인권)
	그 물건에 관한 일체의 채권의 변제확보가 목적(채권담보가 목적)	쌍무계약상의 채권의 이행이 목적(선이행방지가 목적)
	채권의 전부를 변제받을 때까지 유치물 전부에 대해 권리를 행사할 수 있음	일부를 제공한 경우 미제공부분에 대해서만 권리를 행사할 수 있음
	채권의 변제를 받을 때까지 권리를 행사할 수 있음	상대방이 이행의 제공을 할 때까지만 권리를 행사할 수 있음
	물건의 인도만 거절할 수 있음	일체의 채무이행을 거절할 수 있음
	다른 담보를 제공하여 유치권 소멸청구를 할 수 있음	다른 담보를 제공하여 동시이행의 항변권의 행사를 저지시킬 수 없음

> **기출지문 O X**
>
> 유치권과 동시이행항변권은 동시에 서로 병존할 수 있다.
> • 25회 ( )
>
> 정답 (O)

2. 성립요건

(1) 쌍무계약일 것

① 동일한 쌍무계약에 의하여 대가적 의미(견련성)를 갖는 채무가 존재하여야 한다. 따라서 편무계약이나 쌍방이 서로 채무를 부담하여도 그 채무가 별개의 원인에 의해 생긴 경우에는 동시이행의 특약이 없는 한 동시이행의 항변권이 성립하지 않는다.

② 동시이행의 항변권은 원칙적으로 쌍무계약의 당사자 사이에서 인정된다. 그러나 채권양도·채무인수·상속 등으로 당사자가 변경되는 경우라 하더라도 채권·채무의 동일성이 유지되므로 동시이행의 항변권이 인정된다. 채권이 전부(轉付)된 경우에도 채권의 동일성이 유지되므로 동시이행의 항변권이 인정된다. 채권에 대한 압류 및 추심명령이 있는 경우에도 채권이 추심채권자에게 이전되는 것은 아니므로 추심채무자는 제3채무자에 대하여 피압류채권에 기하여 동시이행의 항변권을 행사할 수 있다. 다만, 경개의 경우에는 신·구채무 사이에 동일성이 유지되지 않으므로 동시이행의 항변권은 소멸한다.

③ 당사자 일방의 채무가 이행불능 기타의 원인으로 손해배상채무로 성질이 변경되더라도 채무의 동일성이 유지되므로 동시이행의 항변권은 존속한다.

④ 동시이행의 항변권은 주된 급부의무 사이에서만 문제되고, 부수적 의무에 대해서는 원칙적으로 동시이행의 항변권이 인정되지 않는다(대판 1976.10.12, 73다584).

(2) 상대방 채무의 변제기가 도래할 것

① 상대방의 채무가 변제기에 있지 않으면 동시이행의 항변권이 인정되지 않는다. 따라서 당사자의 약정 또는 법률규정에 의해 자신의 채무를 먼저 이행하여야 하는 선이행의무자는 원칙적으로 동시이행의 항변권을 행사할 수 없다.

② 선이행의무자가 예외적으로 동시이행의 항변권을 행사할 수 있는 경우
  ㉠ 불안의 항변권: 당사자 일방이 상대방에게 채무를 먼저 이행하여야 할 경우에 상대방에게 이행하기 어려운 현저한 사유가 있는 때에는 자기의 채무이행을 거절할 수 있다(제536조 제2항).
  ㉡ 선이행의무를 지체하던 중 상대방 채무의 이행기가 도래한 경우: 동시이행의 항변권의 요건으로서의 상대방 채무의 변제기 도래는 동시이행의 항변권을 행사할 때 상대방의 채무가 변제기에 있어야 한다는 의미일 뿐 처음부터 변제기가 같아야 한다는 것을 의미하지는 않는다. 따라서 선이행의무를 이행하지 않고 있는 동안 상대방 채무의 변제기가 도래한 경우 이행을 지체한 선이행의무자도 상대방의 청구에 대하여 동시이행의 항변권을 행사할 수 있다.

> **판례**
> 매수인이 선이행하여야 할 중도금지급을 하지 아니한 채 잔대금지급기일을 지난 경우에는 매수인의 중도금 및 이에 대한 지급일 다음 날부터 잔대금지급일까지의 지연손해금과 잔대금의 지급채무는 매도인의 소유권이전등기의무와 특별한 사정이 없는 한 동시이행관계에 있다(대판 1991.3.27, 90다19930).

(3) 상대방이 자기 채무의 이행 또는 이행제공을 하지 않고 이행을 청구할 것

① 상대방이 자기 채무에 대하여 채무의 내용에 따른 완전한 이행 또는 이행제공을 하면서 이행을 청구한 경우에는 동시이행의 항변권이 인정되지 않는다.
② 상대방이 일부이행 또는 불완전이행을 한 경우에는 원칙적으로 이행하지 않은 부분 또는 불완전한 부분에 해당하는 채무의 이행에 대해서만 동시이행의 항변권을 행사할 수 있다.

기출지문 OX

선이행의무자가 이행을 지체하는 동안에 상대방의 채무의 변제기가 도래한 경우, 특별한 사정이 없는 한 쌍방의 의무는 동시이행관계가 된다. • 26회 ( )

정답 (○)

> **판례**
>
> 임대차계약에서 목적물을 사용·수익하게 할 임대인의 의무와 임차인의 차임지급의무는 상호 대응관계에 있으므로 임대인이 목적물에 대한 수선의무를 불이행하여 임차인이 목적물을 전혀 사용할 수 없을 경우에는 임차인은 차임 전부의 지급을 거절할 수 있으나, 수선의무불이행으로 인하여 부분적으로 지장이 있는 상태에서 그 사용·수익이 가능할 경우에는 그 지장이 있는 한도 내에서만 차임의 지급을 거절할 수 있을 뿐 그 전부의 지급을 거절할 수 없으므로 그 한도를 넘는 차임의 지급거절은 채무불이행이 된다(대판 1989.6.13, 88다카13332).

③ 상대방이 이행의 제공이 있었음에도 불구하고 자기 채무를 이행하지 않음으로써 이행지체에 빠진 자는 그 후 상대방이 자기 채무의 이행의 제공을 다시 하지 않고 이행을 청구한 경우에 동시이행의 항변권을 가지는가? 이에 대해 판례는 쌍무계약의 당사자 일방이 먼저 한 번 현실의 제공을 하고 상대방을 수령지체에 빠지게 하였다 하더라도 그 이행의 제공이 계속되지 않은 경우에는 과거에 한 번 이행의 제공이 있었다는 사실만으로 상대방이 가진 동시이행의 항변권이 소멸하지는 않는다고 한다.

> **판례**
>
> 1. 일시적으로 당사자 일방의 의무의 이행제공이 있었으나 곧 그 이행의 제공이 중지되어 더 이상 그 제공이 계속되지 아니하는 기간 동안에는 상대방의 의무가 이행지체 상태에 빠졌다고 할 수는 없으므로 그 이행의 제공이 중지된 이후에 상대방의 의무가 이행지체되었음을 전제로 하는 손해배상청구도 할 수 없다(대판 1999.7.9, 98다13754).
> 2. 부동산매매계약에서 매도인의 소유권이전등기절차이행채무와 매수인의 매매잔대금지급채무가 동시이행관계에 있는 한 쌍방이 이행을 제공하지 않는 상태에서는 이행지체로 되는 일이 없다. 따라서 매도인이 매수인을 이행지체로 되게 하기 위해서는 소유권이전등기에 필요한 서류 등을 현실적으로 제공하거나 이행장소에 그 서류 등을 준비하여 두고 매수인에게 그 뜻을 통지하고 수령하여 갈 것을 청구하면 되는 것이어서, 특별한 사정이 없으면 이행장소로 정한 법무사 사무실에 그 서류 등을 계속 보관시키면서 언제든지 잔대금과 상환으로 그 서류들을 수령할 수 있음을 통지하고 신의칙상 요구되는 상당한 시간 간격을 두고 거듭 수령을 청구하면 이행의 제공을 다한 것이 되고 그러한 상태가 계속된 기간 동안은 매수인이 이행지체로 된다 할 것이다(대판 1996.7.30, 96다17738).

3. 효력

(1) 이행거절권능

① 채무자는 상대방이 그 채무이행을 제공할 때까지 자기 채무의 이행을 거절할 수 있다.
② 채무자가 자기 채무의 이행을 거절하기 위해서는 동시이행의 항변권을 행사하여야 한다.
③ 원고(채권자)의 이행청구소송에 대해 피고(채무자)가 동시이행의 항변권을 원용한 경우 법원은 상환이행판결(상환급부판결, 원고일부승소판결, 원고일부승소·일부패소판결)을 한다.

추가 법원은 항변권자의 원용이 없는 한 항변권의 존재를 직권으로 고려할 수 없다.

(2) 이행지체저지효

① 동시이행의 항변권을 가지는 채무자는 이행기에 이행을 하지 않더라도 이행지체책임을 지지 않는다.
② 동시이행의 항변권이 존재하는 것만으로 이행지체책임이 성립하지 않으므로 이 경우에는 동시이행의 항변권을 행사할 필요가 없다.

(3) 상계금지효

① 동시이행의 항변권이 붙은 채권을 자동채권으로 하여 상계할 수 없다. 이 경우에도 동시이행의 항변권을 행사할 필요가 없다.
② 동시이행의 항변권이 붙은 채권을 자동채권으로 하여 상계하도록 한다면 상계자의 일방적 의사표시에 의하여 상대방이 가지는 항변권을 부당하게 상실시키는 결과가 되기 때문이다. 다만, 동시이행의 항변권이 붙은 채권을 수동채권으로 상계하는 것은 허용된다.

4. 동시이행관계인지가 문제되는 경우 •25회 •29회 •31회 •33회 •35회 •36회

명문규정에 의해 동시이행 관계가 인정되는 경우	① 전세권이 소멸한 경우에 있어서 전세권설정자의 전세금반환의무와 전세권자의 목적물인도 및 전세권설정등기의 말소에 필요한 서류의 교부의무(제317조) ② 계약해제에서 각 당사자의 원상회복의무(제549조) ③ 부담부 증여에서 증여자의 재산권이전의무와 수증자의 부담이행의무(제561조) ④ 매매에서 매도인의 재산권이전의무와 매수인의 대금지급의무(제568조 제2항) ⑤ 매도인의 담보책임과 매수인의 목적물반환의무(제583조) ⑥ 도급에서 수급인의 목적물인도의무와 도급인의 보수지급의무(제665조) ⑦ 도급에서 도급인의 보수지급의무와 수급인의 하자보수의무(제667조)

기 출 지 문 O X

계약해제로 인한 당사자 상호간의 원상회복의무는 동시이행관계에 있다. •25회 ( )

정답 (O)

	⑧ 종신정기금의 해제에서 쌍방의 반환채무(제728조) ⑨ 가등기담보에서 청산금지급채무와 목적물인도 및 등기의무(가등기담보 등에 관한 법률 제4조 제3항)
해석상 동시이행 관계가 인정되는 경우	① 임대차에서 보증금반환의무와 목적물반환의무 ② 매매계약이 무효 또는 취소된 경우 각 당사자의 부당이득반환의무 ③ 변제와 영수증 교부 ④ 채무의 변제와 어음·수표의 반환 ⑤ 부동산매매 시 매수인이 양도소득세를 부담하기로 한 경우에 매도인의 소유권이전등기의무와 매수인의 양도소득세납부의무 ⑥ 토지임대차에서 토지임차인이 지상물매수청구권을 행사한 경우 토지임차인의 지상물이전의무와 토지임대인의 매매대금지급의무 ⑦ 가압류가 된 부동산의 매매계약에서 매도인의 가압류등기말소 및 소유권이전의무와 매수인의 대금지급의무
동시이행 관계가 아닌 경우	① 피담보채무의 변제와 저당권설정등기의 말소(피담보채무의 변제가 언제나 선이행의무임) ② 보증금반환의무와 임차권등기명령에 의해 등기된 임차권등기의 말소의무 ③ 변제와 채권증서의 반환 ④ 토지거래허가 신청절차협력의무와 매수인의 대금지급의무 ⑤ 수급인의 일을 완성할 의무와 도급인의 보수지급의무

3 위험부담

1. 서설 · 31회

(1) 위험의 의의

① **물건의 위험**(급부의 위험): 재산권이전이라는 급부가 당사자 쌍방의 귀책사유 없이 불능이 된 경우 그 목적물에 대한 재산권을 이전받지 못하는 불이익이다.

② **대가의 위험**(반대급부의 위험): 재산권이전이라는 급부가 당사자 쌍방의 귀책사유 없이 불능이 된 경우 반대급부인 대금지급을 받지 못하는 불이익이다.

(2) 위험부담의 의의

위험부담이란 쌍무계약에 의하여 발생한 일방의 채무가 채무자의 책임 없는 사유로 후발적 불능이 되어 소멸한 경우 그에 대응하는 타방 당사자의 채무가 존속하느냐에 관한 문제이다.

> **기출지문 OX**
> 피담보채권을 변제할 의무와 근저당권설정등기 말소의무는 동시이행관계이다. · 35회 ( )
> **정답** (×)
> 피담보채무의 변제는 선이행의무이므로 근저당권설정등기 말소의무와 동시이행관계가 아니다.

> **추가** 보통 위험이라고 하면 대가의 위험이다.

> **기출지문 OX**
> 채무자의 책임 있는 사유로 후발적 불능이 발생한 경우, 위험부담의 법리가 적용된다. · 31회 ( )
> **정답** (×)
> 위험부담은 쌍무계약에 의하여 발생한 일방의 채무가 채무자의 책임 없는 사유로 후발적 불능이 되어 소멸한 경우에 생기는 문제이다.

2. 입법주의 •30회

(1) 위험부담에 관한 입법주의
① **채무자위험부담주의:** 쌍무계약에서 두 채무는 견련관계에 있으므로 일방의 채무가 채무자의 책임 없는 사유로 소멸한 경우 이에 대응하는 타방의 채무도 소멸시킴으로써 대가의 위험을 채무자가 부담하도록 하는 입법주의를 말한다.
② **채권자위험부담주의:** 일방의 채무가 채무자의 책임 없는 사유로 소멸하더라도 타방의 채무는 존속시킴으로써 대가의 위험을 채권자가 부담하도록 하는 입법주의를 말한다.
③ **소유자위험부담주의:** 일방의 채무가 채무자의 책임 없는 사유로 소멸한 경우 그 물건의 소유자가 위험을 부담하도록 하는 입법주의를 말한다.

(2) 민법의 태도
① 민법은 원칙적으로 채무자가 위험을 부담하는 것으로 하고 있다(제537조). 다만, 일정한 경우에는 채권자가 위험을 부담하는 것으로 하고 있다(제538조).
② 위험부담에 관한 규정(제537조, 제538조)은 임의규정이므로 당사자의 특약으로 달리 정할 수 있다.

> **기출지문 OX**
> 우리 민법은 채무자위험부담주의를 원칙으로 한다. •30회 ( )
> 정답 (○)

3. 채무자위험부담주의 •29회 •31회 •35회

> **제537조【채무자위험부담주의】** 쌍무계약의 당사자 일방의 채무가 당사자 쌍방의 책임 없는 사유로 이행할 수 없게 된 때에는 채무자는 상대방의 이행을 청구하지 못한다.

(1) 요건
① **쌍무계약일 것:** 위험부담은 쌍무계약에서 문제되는 것이므로 양 당사자의 채무가 견련성이 있어야 한다.
② **당사자 쌍방의 책임 없는 사유일 것:** 쌍무계약에 의하여 발생한 일방의 채무가 당사자 쌍방에게 책임 없는 사유로 이행할 수 없게 되어야 한다. 채무자에게 책임 있는 사유로 이행할 수 없게 된 경우에는 채무불이행(제390조)의 문제로 다루어진다.

③ **후발적 불능일 것**: 위험부담은 후발적 불능의 경우에만 문제된다. 따라서 원시적 불능인 경우에는 계약체결상의 과실책임이나 담보책임 등이 문제될 뿐이다.

(2) 효과

① **반대급부청구권의 소멸**: 채무자는 자기 채무를 면하는 대신 채권자에게 반대급부를 청구할 수 없다. 다만, 채무자가 이미 반대급부를 이행받았다면 이는 부당이득으로서 반환하여야 한다(제741조).

> **판례**
>
> 쌍무계약에서 당사자 쌍방의 귀책사유 없이 채무가 이행불능되어 계약관계가 소멸한 경우 적용되는 법리(= 부당이득)
> 민법 제537조는 채무자위험부담주의를 채택하고 있는바, 쌍무계약에서 당사자 쌍방의 귀책사유 없이 채무가 이행불능된 경우 채무자는 급부의무를 면함과 더불어 반대급부도 청구하지 못하므로, 쌍방 급부가 없었던 경우에는 계약관계는 소멸하고 이미 이행한 급부는 법률상 원인 없는 급부가 되어 부당이득의 법리에 따라 반환청구할 수 있다. 매매목적물이 경매절차에서 매각됨으로써 당사자 쌍방의 귀책사유 없이 이행불능에 이르러 매매계약이 종료된 사안에서, 위험부담의 법리에 따라 매도인은 이미 지급받은 계약금을 반환하여야 하고 매수인은 목적물을 점유·사용함으로써 취득한 임료 상당의 부당이득을 반환할 의무가 있다(대판 2009.5.28, 2008다98655).

② **대상청구권의 인정 여부**: 채무자의 채무가 채무자의 책임 없는 사유로 이행불능이 된 경우라도 채무자가 이행불능으로 인하여 가치적 변형물을 얻은 경우(화재보험금, 수용보상금 등) 채권자는 계약의 존속을 주장하여 자기의 채무를 이행하고 대상청구권을 행사할 수 있다(다수설).

③ **일부불능의 경우**: 일부불능의 경우에는 상대방의 반대급부의무도 불능부분에 상응하는 만큼 감액된다. 다만, 임차물의 일부가 임차인의 과실(過失) 없이 멸실이나 그 밖의 사유로 사용·수익할 수 없게 된 경우에는 임차인은 그 부분의 비율에 따른 차임의 감액을 청구할 수 있다(제627조 제1항). 이 경우에는 차임이 당연히 감액되는 것이 아니라 임차인이 차임감액청구권을 행사하여야 감액의 효과가 발생한다.

기출지문 OX

甲은 X건물을 乙에게 매도하고 乙로부터 계약금을 지급받았는데, 그 후 甲과 乙의 귀책사유 없이 X건물이 멸실되었다. 이 경우 乙은 甲에게 계약금의 반환을 청구할 수 있다. •35회 ( )

정답 (○)

기출지문 OX

매매목적물이 이행기 전에 강제수용된 경우, 매수인이 대상청구권을 행사하면 매도인은 매매대금 지급을 청구할 수 있다. •31회 ( )

정답 (○)

> **⊕ 보충** 위험의 이전시기
>
> 1. **부동산의 경우**: 급부목적물이 부동산인 경우에는 등기 또는 인도 시에 위험이 채권자에게 이전된다(다수설).
> 2. **동산의 경우**: 급부목적물이 동산인 경우에는 인도 시에 위험이 채권자에게 이전된다. 화물상환증이나 창고증권의 경우에는 이를 교부한 때에 위험이 채권자에게 이전된다.
> 3. **채권자지체의 경우**: 채권자지체의 경우에는 이행제공 시에 위험이 채권자에게 이전한다.

4. 채권자위험부담주의 •27회 •31회 •34회

> **제538조【채권자 귀책사유로 인한 이행불능】** ① 쌍무계약의 당사자 일방의 채무가 채권자의 책임 있는 사유로 이행할 수 없게 된 때에는 채무자는 상대방의 이행을 청구할 수 있다. 채권자의 수령지체 중에 당사자 쌍방의 책임 없는 사유로 이행할 수 없게 된 때에도 같다.
> ② 전항의 경우에 채무자는 자기의 채무를 면함으로써 이익을 얻은 때에는 이를 채권자에게 상환하여야 한다.

(1) 요건

① 쌍무계약일 것

② **채권자의 책임 있는 사유 또는 채권자의 수령지체 중에 당사자 쌍방의 책임 없는 사유일 것**

㉠ 채권자의 책임 있는 사유란 채무자에서와 같은 귀책사유(고의·과실)가 아니라 채무자의 급부가 불능으로 된 데에 대한 채권자의 모든 유책적인 행태를 말한다.

㉡ 채권자지체 중에 채무자의 급부가 당사자 쌍방에게 책임 없는 사유로 불능으로 된 때에도 그 위험을 채권자가 부담한다. 한편 채권자지체 중에는 채무자는 고의 또는 중대한 과실이 없으면 채무불이행으로 인한 모든 책임을 면하므로(제401조), 채권자지체 중 채무자의 경과실로 이행할 수 없게 된 경우에도 채권자가 위험을 부담하게 된다(다수설).

③ 후발적 불능일 것

기출지문 OX

채권자의 수령지체 중 당사자 모두에게 책임 없는 사유로 불능이 된 경우, 채무자는 상대방의 이행을 청구할 수 있다. •31회
( )

정답 (○)

(2) 효과

① **채무자의 반대급부청구권:** 채무자는 자기 채무를 면하고 채권자에게 반대급부를 청구할 수 있다. 따라서 채권자는 자신의 반대급부를 이행하여야 한다.

② **채무자의 이득상환의무:** 채무자는 자기의 채무를 면함으로써 이익을 얻었을 때에는 채권자에게 그 이익을 상환하여야 한다.

 판례

이익상환의 범위
사용자의 귀책사유로 인하여 해고된 근로자가 해고기간 중에 다른 직장에서 근무하여 지급받은 임금은 민법 제538조 제2항에 규정된 자기의 채무를 면함으로써 얻은 이익에 해당하므로, 사용자는 근로자에게 해고기간 중의 임금을 지급함에 있어 위와 같은 이익(이른바 '중간수입')을 공제할 수 있다. 그러나 근로자가 지급받을 수 있는 임금액 중 「근로기준법」 제38조 소정의 휴업수당의 범위 내의 금액은 중간수입으로 공제할 수 없으므로 휴업수당을 초과하는 금액만을 중간수입으로 공제하여야 한다(대판 1993.11.9, 93다37915).

(3) 근로관계에서의 채권자위험부담주의

① 사용자의 부당한 해고처분이 무효이거나 취소된 때에는 근로자가 그간 근로의 제공을 하지 못한 것은 사용자의 귀책사유로 인한 것이므로, 근로자는 민법 제538조 제1항에 의하여 계속 근로하였을 경우에 받을 수 있는 임금 전부의 지급을 청구할 수 있다(대판 1981.12.22, 81다626).

② 사용자의 근로자에 대한 해고가 무효인 경우 근로자는 민법 제538조 제1항에 의하여 그 기간 중에 근로제공을 하였을 경우에 받을 수 있는 반대급부인 임금의 지급을 청구할 수 있지만, 해고기간 중 근로자가 징역형의 선고를 받아 상당기간 구속된 경우에는 해고가 무효이더라도 구속기간 동안에는 근로자가 근로제공을 할 수 없는 처지이므로 구속기간 동안의 임금을 청구할 수 없다(대판 1995.1.24, 94다40987).

4 제3자를 위한 계약 •24회 •25회 •27회 •28회 •29회 •30회 •31회 •32회 •33회 •35회

1. 서설

> **제539조【제3자를 위한 계약】** ① 계약에 의하여 당사자 일방이 제3자에게 이행할 것을 약정한 때에는 그 제3자는 채무자에게 직접 그 이행을 청구할 수 있다.
> ② 전항의 경우에 제3자의 권리는 그 제3자가 채무자에 대하여 계약의 이익을 받을 의사를 표시한 때에 생긴다.

(1) 의의
① 제3자를 위한 계약이란 계약당사자 이외의 제3자에게 직접 권리를 취득시키는 계약이다.
② 타인을 위한 생명보험계약이나, 甲이 자신의 건물을 乙에게 매도하면서 乙로 하여금 직접 丙에게 매매대금을 지급하게 하여 丙에게 매매대금청구권을 취득하도록 약속하는 경우가 이에 해당한다. 이 경우 甲을 요약자(채권자), 乙을 낙약자(채무자), 丙을 수익자(제3자)라고 한다.

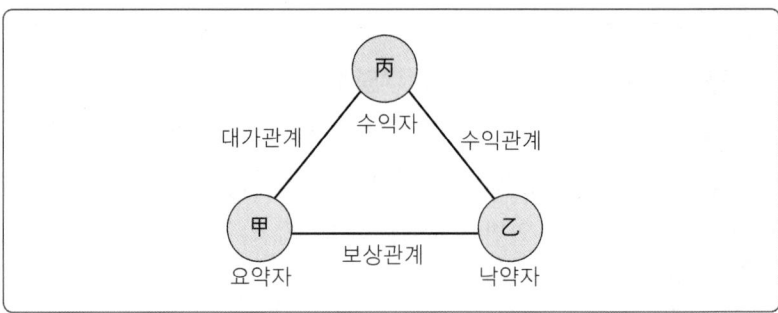

③ 제3자를 위한 계약의 당사자는 요약자와 낙약자이고, 제3자는 계약의 당사자가 아니다.

(2) 성질
제3자를 위한 계약은 특수한 계약이 아니라, 계약내용에 제3자로 하여금 낙약자에 대한 권리를 직접 취득하도록 한다는 부관을 첨가한 경우에 불과하다.

(3) 3면관계의 내용
① **보상관계**: 보상관계(기본관계)란 요약자와 낙약자 사이의 관계를 말한다. 보상관계는 계약의 내용을 구성하므로 보상관계의 흠결이나 하자는 제3자를 위한 계약에 영향을 미친다.

> **추가** 보상관계가 제3자를 위한 계약의 핵심적 요소이기 때문이다.

② **대가관계:** 대가관계(원인관계 또는 출연관계)란 요약자와 제3자 사이의 관계를 말한다. 대가관계는 계약의 내용이 아니므로 대가관계의 흠결이나 하자는 제3자를 위한 계약에 영향을 미치지 않는다.

> **판례**
>
> 제3자를 위한 계약의 체결원인이 된 요약자와 제3자(수익자) 사이의 법률관계(이른바 '대가관계')의 효력은 제3자를 위한 계약 자체는 물론 그에 기한 요약자와 낙약자 사이의 법률관계(이른바 '기본관계')의 성립이나 효력에 영향을 미치지 아니하므로, 낙약자는 요약자와 제3자 사이의 법률관계에 기한 항변으로 제3자에게 대항하지 못하고, 요약자도 대가관계의 부존재나 효력의 상실을 이유로 자신이 기본관계에 기하여 낙약자에게 부담하는 채무의 이행을 거부할 수 없다(대판 2003.12.11, 2003다49771).

③ **수익관계:** 수익관계(급부실현관계)란 낙약자와 제3자 사이의 관계를 말한다. 낙약자와 제3자 사이에는 직접적인 계약관계가 존재하는 것은 아니다. 제3자는 낙약자에 대하여 수익의 의사표시를 하여야 하며, 그 때 비로소 제3자의 권리는 확정된다.

(4) 제3자를 위한 계약에 해당되는지가 문제되는 경우

해당하는 경우	① 타인을 위한 보험계약 ② 변제를 위한 공탁: 제3자를 위한 임치계약에 해당(통설) ③ 병존적(중첩적) 채무인수: 인수인이 전채무자와 더불어 채무를 부담
해당하지 않는 경우	① 대리 ② 면책적 채무인수: 전채무자는 그 채무를 면함 ③ 이행인수: 채무자와 인수인 사이의 계약(채권자와는 무관)

> **판례**
>
> 1. 부동산을 매매하면서 매도인과 매수인 사이에 중도금 및 잔금은 매도인의 채권자에게 직접 지급하기로 약정한 경우, 그 약정은 매도인의 채권자로 하여금 매수인에 대하여 그 중도금 및 잔금에 대한 직접청구권을 행사할 권리를 취득하게 하는 제3자를 위한 계약에 해당하고 동시에 매수인이 매도인의 그 제3자에 대한 채무를 인수하는 병존적 채무인수에도 해당한다(대판 1997.10.24, 97다28698).
> 2. 제3자를 위한 계약이 성립하기 위하여는 일반적으로 그 계약의 당사자가 아닌 제3자로 하여금 직접 권리를 취득하게 하는 조항이 있어야 할 것이지만, 계약의 당사자가 제3자에 대하여 가진 채권에 관하여 그 채무를 면제하는 계약도 제3자를 위한 계약에 준하는 것으로서 유효하다(대판 2004.9.3, 2002다37405).

2. 성립요건

(1) 보상관계가 유효할 것
요약자와 낙약자 사이의 계약이 유효하여야 한다.

(2) 제3자 수익약정이 있을 것
① 당사자 사이에 제3자로 하여금 권리를 취득하게 하려는 약정이 있어야 한다. 제3자는 계약체결 당시에 현존·특정되어야 하는 것은 아니다. 따라서 태아나 설립 중인 법인도 제3자가 될 수 있다. 다만, 수익의 의사를 표시할 때에는 현존·특정되어야 한다.

② 제3자가 취득할 수 있는 권리의 종류에는 제한이 없다. 제3자가 취득할 수 있는 권리는 채권뿐만 아니라 물권 기타 어떠한 권리도 취득할 수 있다. 다만, 물권변동에 관한 성립요건주의와의 관계상 등기나 인도는 제3자가 직접 하여야 한다.

3. 효과

(1) 제3자의 지위

① 제3자의 권리취득요건

㉠ 제3자의 권리는 그 제3자가 낙약자에 대하여 계약의 이익을 받을 의사를 표시한 때에 생긴다(제539조 제2항). 이러한 수익의 의사표시는 명시적으로뿐만 아니라 묵시적으로도 할 수 있다.

> **판례**
> 제3자가 이행을 청구하거나 이행의 소를 제기한 경우에는 수익의 의사표시가 있는 것으로 해석한다(대판 1972.8.29, 72다1208).

㉡ 수익의 의사표시는 제3자를 위한 계약의 성립요건이 아니라 제3자 권리발생요건이다.

② 수익의 의사표시 전의 제3자의 지위

㉠ 제3자가 수익의 의사표시를 행하는 시점부터 제3자의 권리는 확정되므로 제3자는 수익의 의사표시로써 권리를 확정할 수 있는 형성권을 가지고 있다. 이러한 형성권은 특약이 없는 한 10년의 제척기간에 걸린다.

기출지문 OX

제3자의 권리는 그 제3자가 채무자에 대해 수익의 의사표시를 하면 계약의 성립 시에 소급하여 발생한다. • 32회 ( )

정답 (×)
수익의 의사표시를 함과 동시에 발생한다.

ⓒ 수익의 의사표시는 재산권이므로 양도성과 상속성을 가지며, 채권자대위권의 목적이 된다.
　　ⓒ 낙약자는 상당한 기간을 정하여 계약의 이익의 향수 여부의 확답을 제3자에게 최고할 수 있다. 낙약자가 그 기간 내에 확답을 받지 못한 때에는 제3자가 계약의 이익을 받을 것을 거절한 것으로 본다(제540조).

③ **수익의 의사표시 후의 제3자의 지위**
　　㉠ 수익의 의사표시를 하여 제3자의 권리가 생긴 후에는 당사자는 이를 변경 또는 소멸시키지 못한다(제541조). 이는 제3자의 권리가 확정된 후에는 합의해제와 같은 당사자의 의사에 기한 변경·소멸을 할 수 없다는 의미이다. 따라서 제3자의 권리가 확정된 후에도 요약자와 낙약자는 해제권과 같은 계약당사자로서의 권리를 행사할 수 있다.

> **판례**
> 제3자가 수익의 의사표시를 함으로써 제3자에게 권리가 확정적으로 귀속된 경우에는 요약자와 낙약자의 합의에 의하여 제3자의 권리를 변경·소멸시킬 수 있음을 미리 유보하였거나, 제3자의 동의가 있는 경우가 아니면 계약의 당사자인 요약자와 낙약자는 제3자의 권리를 변경·소멸시키지 못하고, 만일 계약의 당사자가 제3자의 권리를 임의로 변경·소멸시키는 행위를 한 경우 이는 제3자에 대하여 효력이 없다(대판 2002.1.25, 2001다30285).

　　ⓒ 제3자는 계약의 당사자가 아니므로 계약당사자만이 행사할 수 있는 취소권, 해제권, 해지권 등을 행사할 수 없다.
　　ⓒ 제3자는 민법의 의사표시규정(제107조부터 제110조까지의 규정)에서 말하는 제3자에 해당되지 않는다. 예를 들어, 요약자가 낙약자에 대해 사기·강박을 한 경우 낙약자는 언제나 자신의 의사표시를 취소할 수 있고, 설사 제3자(수익자)가 선의이더라도 취소로써 대항할 수 있다.

(2) 요약자의 지위
① 요약자는 낙약자에 대하여 제3자에게 채무를 이행할 것을 청구할 수 있다.

기출지문 OX

甲은 자신의 X부동산을 乙에게 매도하면서 대금채권을 丙에게 귀속시키기로 하고, 대금지급과 동시에 소유권이전등기를 해 주기로 했다. 그 후 丙은 乙에게 수익의 의사를 표시하였다. 이 경우 乙이 대금지급의무를 불이행한 경우, 丙은 계약을 해제할 수 있다. •31회　　(　　)

정답 (×)
제3자는 계약의 당사자가 아니므로 乙이 대금지급의무를 불이행하더라도, 丙은 계약을 해제할 수 없다.

② 요약자는 계약의 당사자이므로 취소권, 해제권, 해지권 등을 행사할 수 있다. 제3자가 수익의 의사표시를 한 후에도 요약자는 계약을 해제할 때에 제3자의 동의를 얻을 필요는 없다.

③ 요약자는 낙약자가 채무를 불이행하는 경우 자기 또는 제3자에게 손해배상을 할 것을 청구할 수 있다. 이때 제3자도 낙약자에 대하여 자기에게 생긴 손해를 배상할 것을 청구할 수 있다.

> **판례**
>
> 1. 제3자는 계약의 당사자가 아니므로 계약의 해제권이나 해제를 원인으로 한 원상회복청구권을 행사할 수 없다. 제3자를 위한 계약에서 수익의 의사표시를 한 제3자는 낙약자에게 직접 그 이행을 청구할 수 있을 뿐만 아니라 요약자가 계약을 해제한 경우에는 낙약자에게 자기가 입은 손해의 배상을 청구할 수 있는 것이므로, 제3자가 완성된 목적물의 하자로 인하여 손해를 입었다면 수급인은 그 손해를 배상할 의무가 있다(대판 1994.8.12, 92다41559).
> 2. 제3자를 위한 계약은 그 성질상 낙약자의 행위 자체가 불법행위가 되거나 약속이 무효인 경우에는 제3자는 특별한 사정이 없는 한 위 불법행위나 채무불이행을 이유로 하는 손해배상청구는 할 수 없다(대판 1966.6.21, 66다674).

(3) 낙약자의 지위 ・25회 ・27회 ・29회 ・33회 ・34회

① 낙약자는 요약자와의 계약에 기한 항변(보상관계에 기한 항변)으로써 그 계약의 이익을 받을 제3자에게 대항할 수 있다(제542조). 여기서의 항변이란 동시이행의 항변권・취소권・해제권・해지권 등 계약 자체에 기한 항변이다. 따라서 그 계약 외의 원인에 의하여 낙약자가 요약자에게만 대항할 수 있는 항변으로는 제3자에게 대항할 수 없다.

② 제3자를 위한 계약에서 요약자와 낙약자 사이의 법률관계(보상관계, 기본관계)를 이루는 계약이 무효이거나 해제된 경우 특별한 사정이 없는 한 낙약자는 이미 제3자에게 급부한 것에 대해 계약해제 등에 기한 원상회복 또는 부당이득을 원인으로 제3자를 상대로 그 반환을 청구할 수 없다.

③ 제3자가 수익을 거절하는 경우 낙약자는 요약자에게 대신 급부함으로써 채무의 이행을 완료시킬 수 있다.

기출지문 O X

요약자는 특별한 사정이 없는 한 수익자의 동의 없이 낙약자의 이행불능을 이유로 계약을 해제할 수 없다. ・33회 ( )

정답 (×)
요약자는 제3자(수익자)의 동의 없이 계약을 해제할 수 있다.

기출지문 O X

낙약자는 요약자와의 계약에 기한 동시이행의 항변으로 제3자에게 대항할 수 있다. ・27회 ( )

정답 (○)

제5절 계약의 해제·해지

1 계약의 해제

1. 서설

(1) 의의
① 해제란 완전 유효한 계약을 채무불이행 등을 이유로 소급적으로 소멸시키는 일방적 의사표시를 말한다.
② 해제권은 일방적 의사표시로써 계약을 소멸시키는 형성권이다.
③ 해제권에는 당사자의 약정에 의해 발생하는 약정해제권과 법률규정에 의하여 발생하는 법정해제권이 있다. 약정해제권은 채권계약뿐만 아니라 물권계약, 준물권계약에 대해서도 가능하다. 그러나 법정해제권은 채무불이행을 전제로 하므로 채권계약에 대해서만 인정된다.

(2) 해제와의 구별개념
① **해제계약** •29회 •30회 •31회 •32회 •36회
  ㉠ 해제는 해제권자의 일방적 의사표시로써 성립하는 단독행위이지만, 해제계약(합의해제)은 기존 계약을 해소하기로 하는 계약당사자 간의 합의이다. 해제계약도 계약자유의 원칙상 당연히 인정된다.
  ㉡ 해제계약의 효과는 당사자의 합의에 의해 정해지므로, 민법의 해제에 관한 규정은 해제계약에는 원칙적으로 적용되지 않는다. 따라서 해제계약의 경우에는 원칙적으로 채무불이행을 이유로 손해배상을 청구할 수 없다.

> **판례**
> 매매계약을 합의해제한 후 그 합의해제를 무효화시키고, 해제된 매매계약을 부활시키는 약정은 계약자유의 원칙상 적어도 당사자 사이에서는 가능하다(대판 2006.4.13, 2003다45700).

② **해제조건:** 해제는 해제권자의 의사표시에 의하여 계약이 소급적으로 소멸하나, 해제조건이란 조건이 성취하는 경우 장래에 대하여 특별한 의사표시 없이 효력이 소멸하는 것이다.

기출지문 OX

합의해제의 소급효는 법정해제의 경우와 같이 제3자의 권리를 해하지 못한다. •31회 (   )

정답 (○)

기출지문 OX

계약이 합의해제된 경우, 다른 사정이 없는 한 채무불이행으로 인한 손해배상을 청구할 수 없다.
•30회 (   )

정답 (○)

> **판례**
>
> 1. 매매계약에서 매수인이 중도금을 약정한 일자에 지급하지 아니하면 그 계약을 무효로 한다고 하는 특약이 있는 경우 매수인이 약정한 대로 중도금을 지급하지 아니하면 해제의 의사표시 없이도 계약은 그 날짜에 자동적으로 해제된다고 보아야 한다(대판 1991.8.13, 91다13717).
> 2. 부동산매매계약에서 매수인이 잔금 지급일까지 그 대금을 지급하지 못하면 그 계약이 자동적으로 해제된다는 취지의 약정이 있더라도 특별한 사정이 없는 한 매수인의 잔금지급의무와 매도인의 소유권이전등기의무가 동시이행의 관계에 있으므로, 매도인이 잔금 지급기일에 소유권이전등기에 필요한 서류를 준비하여 매수인에게 알리는 등 이행의 제공을 하여 매수인으로 하여금 이행지체에 빠지게 하였을 때에 비로소 자동적으로 매매계약이 해제된다고 보아야 하고, 매수인이 그 약정기한을 도과하였더라도 이행지체에 빠진 것이 아니라면 잔금 미지급으로 계약이 자동해제된 것으로 볼 수는 없다(대판 1998.6.12, 98다505).
> 3. 매도인이 위약 시에는 계약금의 배액을 배상하고 매수인이 위약 시에는 지급한 계약금을 매도인이 취득하고 계약은 자동적으로 해제된다는 조항은 위약당사자가 상대방에 대하여 계약금을 포기하거나 그 배액을 배상하여 계약을 해제할 수 있다는 해제권 유보조항이라 할 것이므로, 이행의 청구나 통지 없이 해제할 수 있다는 특약이라고 볼 수는 없다(대판 1982.4.27, 80다851).

③ **철회:** 철회는 법률행위의 효력이 발생하기 전에 그 효력발생을 저지하는 것이고, 해제는 이미 효력이 발생한 계약을 사후적으로 소멸시키는 것이다.

④ **취소:** 취소와 해제의 구체적 내용을 비교해 보면 다음과 같다.

구분	취소	해제
법률관계의 해소	일방적 의사표시에 의해 법률행위의 효력을 소급적으로 소멸	
적용범위	모든 법률행위에 인정	계약에만 인정
발생원인	법률규정에 의해서만 발생	약정과 법률규정에 의해 발생
반환범위	부당이득반환에 의함	원상회복에 의함
손해배상청구	×	○

추가 원상회복의무는 부당이득반환의무의 특칙에 해당한다.

2. 해제권의 발생원인 ·24회 ·25회 ·28회 ·31회 ·33회 ·34회 ·35회

(1) 서설

해제권에는 당사자 사이의 해제권 유보(留保)에 관한 특약에 의하여 인정되는 약정해제권과 채무자의 채무불이행이 있는 경우 법률규정에 의하여 인정되는 법정해제권이 있다.

(2) 약정해제권

① 약정해제권이란 약정사유가 발생한 경우 일방이 계약을 해제할 수 있는 경우를 말한다. 즉, 당사자 사이의 약정으로 계약을 해소할 수 있는 가능성을 유보(留保)해 두는 것이다. 약정해제는 계약체결과 동시에 하는 것이 일반적이나, 계약체결 후에도 별개의 계약으로 해제권을 유보하는 약정을 할 수도 있다.

② 약정해제권을 행사한 경우 계약은 소급적으로 소멸하고 각 당사자에게는 원상회복의무가 생긴다. 그러나 약정해제는 채무불이행을 전제로 하지 않으므로 채무불이행을 전제로 하는 손해배상청구권을 행사할 수 없다(제551조).

③ 약정해제권은 해제권자의 포기에 의하여 소멸되며, 10년의 제척기간이 걸린다.

(3) 법정해제권

① 이행지체로 인한 해제권의 발생

> **제544조【이행지체와 해제】** 당사자 일방이 그 채무를 이행하지 아니하는 때에는 상대방은 상당한 기간을 정하여 그 이행을 최고하고 그 기간 내에 이행하지 아니한 때에는 계약을 해제할 수 있다. 그러나 채무자가 미리 이행하지 아니할 의사를 표시한 경우에는 최고를 요하지 아니한다.
>
> **제545조【정기행위와 해제】** 계약의 성질 또는 당사자의 의사표시에 의하여 일정한 시일 또는 일정한 기간 내에 이행하지 아니하면 계약의 목적을 달성할 수 없을 경우에 당사자 일방이 그 시기에 이행하지 아니한 때에는 상대방은 전조의 최고를 하지 아니하고 계약을 해제할 수 있다.

㉠ 보통의 이행지체

요건	ⓐ 채무자의 귀책사유로 이행지체가 되었을 것 • 채무자의 채무가 이행기에 있고 이행이 가능함에도 채무자의 고의·과실로 채무가 이행되지 않아야 한다. • 일부 이행지체의 경우 남은 부분으로 계약의 목적을 달성할 수 있는 경우에는 불이행부분에 관해서만 해제할 수 있다. 그러나 남은 부분으로 계약의 목적을 달성할 수 없을 경우에는 계약 전부를 해제할 수 있다. ⓑ 채권자가 상당한 기간을 정하여 이행을 최고할 것 • 이행의 최고란 채권자가 채무자에 대하여 채무의 내용인 급부를 실현할 것을 요구하는 의사의 통지를 말한다. • 상당한 기간이란 채무자가 이행을 준비하고 현실적으로 이행하는 데 필요하다고 객관적으로 인정되는 기간이다. ⓒ 채무자가 상당한 기간 내에 이행 또는 이행제공을 하지 않을 것 ⓓ 이행거절의 경우 • 채무자가 미리 이행하지 않을 의사를 표시한 경우에는 채권자는 이행의 청구나 자기채무의 이행제공 없이 곧바로 계약을 해제할 수 있다. • 다만, 이행거절의 의사표시가 적법하게 철회된 경우에는 자기채무의 이행을 제공하고 상당한 기간을 정하여 이행을 최고한 후가 아니면 채무불이행을 이유로 계약을 해제할 수 없다.
효과	ⓐ 해제권은 원칙적으로 최고기간이 만료한 때 발생한다. 해제권이 발생한 후라도 채권자가 해제권을 행사하기 전에 채무자가 이행지체로 인한 손해배상을 포함한 이행을 한 경우에는 해제권이 소멸한다. ⓑ 채권자는 해제권이 발생한 후에도 해제권을 포기하고 본래의 급부와 지연이자를 청구할 수 있다.

> **기출지문 OX**
> 채무자가 불이행 의사를 명백히 표시하더라도 이행기 도래 전에는 최고 없이 해제할 수 없다.
> • 31회 ( )
>
> 정답 (×)
> 채무자가 불이행 의사를 명백히 표시한 경우에는 이행기 도래 전이라도 최고 없이 해제할 수 있다.

판례

1. 해제권 행사 여부
① 쌍무계약에서 동시이행관계에 있는 채무의 이행지체를 이유로 계약을 해제하기 위해서는 먼저 자기 채무의 이행의 제공을 하여 상대방을 이행지체에 빠뜨린 후 상당기간 동안 '변제의 제공을 계속적으로 하여야(이행에 필요한 상태를 유지하는 것을 말함) 해제권이 발생하게 된다(대판 2004.12.9, 2004다49525).
② 건축도급계약에서 미완성부분이 있는 경우라도 공사가 상당한 정도로 진척되어 그 원상회복이 중대한 사회적·경제적 손실을 초래하게 되고 완성한 부분이 도급인에게 이익이 되는 경우에는 수급인의 채무불이행을 이유로 도급인이 계약을 해제한 때는 그 미완성부분에 대해서만 도급계약이 실효된다고 보아야 하므로, 이 경우 수급인은 해제한 때의 상태 그대로 그 건물을 도급인에게 인도하고 도급인은 그 건물의 완성도 등을 참작하여 인도받은 건물에 상당한 보수를 지급하여야 할 의무가 있다(대판 1986.9.9, 85다카1751).

2. 과다최고와 상당한 기간을 정하지 않는 최고의 경우

① 채권자의 이행청구가 본래 이행하여야 할 채무액을 초과하는 경우에도 본래 급부하여야 할 수량과의 차이가 비교적 적거나 채권자가 급부의 수량을 잘못 알고 과도하게 이행을 청구하여 채권자의 진의가 본래의 급부를 청구하는 취지인 경우에는 그 이행청구는 본래 급부하여야 할 수량의 범위 내에서 유효하다. 그러나 그 초과한 정도가 현저하고 채권자가 청구한 금액을 제공하지 않으면 그것을 수령하지 않을 것이라는 의사가 분명한 경우에는 그 이행청구는 부적법하고 이러한 이행청구에 터잡은 계약의 해제는 그 효력이 없다(대판 2004.7.9, 2004다13083 ; 대판 1994.5.10, 93다47615).

② 이행지체를 이유로 계약을 해제함에 있어서 그 전제요건인 이행의 최고는 반드시 미리 일정기간을 명시하고 이행을 최고하여야 하는 것이 아니고 이행을 청구한 때로부터 상당한 기간이 지나면 해제권이 발생한다. 따라서 일정한 기간을 정하여 채무이행을 청구함과 동시에 그 기간 내에 이행이 없을 때에는 계약을 해제하겠다는 의사를 표시한 경우에는 그 기간이 지나면 그 계약은 해제된 것으로 보아야 한다(대판 1979.9.25, 79다1135 ; 대결 1990.3.27, 89다카14110).

③ 소유권이전등기를 하는 채무의 이행을 청구하면서 채권자가 그 일시와 장소를 알리지 아니하고 단지 그 이행기간만을 정하여 한 이행의 청구도 이행청구로서의 효력은 인정된다(대판 2002.4.26, 2000다50497).

> **⊕ 보충** 최고 없이 해제할 수 있는 경우
>
> 1. 정기행위의 이행지체
> 2. 이행불능과 추완이 불가능한 불완전이행
> 3. 채무자가 미리 이행하지 아니할 의사를 표시한 경우
> 4. 당사자 사이에 최고배제의 특약을 한 경우
> 5. 사정변경의 원칙(다수설)
> 6. 담보책임상의 해제권
> 7. 약정해제

ⓛ **정기행위의 이행지체**: 정기행위란 계약의 성질이나 당사자의 의사표시에 의하여 일정한 시일에 또는 일정한 기간 내에 이행하지 않으면 계약의 목적을 달성할 수 없을 경우를 말한다. 정기행위의 이행지체의 경우에는 최고 없이 곧바로 계약을 해제할 수 있다(자동해제가 아니라 해제의 의사표시를 하여야 함).

② **이행불능으로 인한 해제권의 발생**

> **제546조【이행불능과 해제】** 채무자의 책임 있는 사유로 이행이 불능하게 된 때에는 채권자는 계약을 해제할 수 있다.

   ㉠ 채무자의 귀책사유로 이행이 불가능하게 되어야 한다.
   ㉡ 이행불능의 경우에는 채권자는 최고 없이 곧바로 계약을 해제할 수 있다. 이 경우 채권자는 자기 채무의 이행을 제공할 필요도 없다.

   > **판례**
   >
   > 매도인의 매매계약상의 소유권이전등기의무가 이행불능이 되어 이를 이유로 매매계약을 해제함에 있어서는 상대방의 잔대금지급의무가 매도인의 소유권이전등기의무와 동시이행관계에 있다고 하더라도 그 이행의 제공을 필요로 하는 것이 아니다(대판 2003.1.24, 2000다22850).

   ㉢ 일부 이행불능의 경우에는 급부가 가분적이고 남은 부분만으로 계약의 목적을 달성할 수 있는 경우에는 불능부분에 대해서만 계약을 해제할 수 있다. 그러나 남은 부분만으로 계약의 목적을 달성할 수 없는 경우에는 계약 전부를 해제할 수 있다.

③ **불완전이행으로 인한 해제권의 발생**
   ㉠ 추완(追完)이 가능한 경우: 이행지체에 준해서 최고를 한 후에 상당한 기간 내에 이행이 없을 경우에 계약을 해제할 수 있다.
   ㉡ 추완(追完)이 불가능한 경우: 이행불능에 준해서 이행의 최고 없이 곧바로 계약을 해제할 수 있다.

④ **채권자지체에 의한 해제권의 발생:** 다수설에 의하면 채권자지체도 채무불이행의 한 유형에 해당하므로, 채무자는 채권자에게 상당한 기간을 정하여 채무의 수령을 최고하고 그 기간 내에 채무를 수령하지 않으면 계약을 해제할 수 있고, 또한 채권자지체를 이유로 채무자에게 손해가 생긴 때에는 그 손해의 배상을 청구할 수 있다.

⑤ **사정변경으로 인한 해제권의 발생:** 다수설은 사정변경으로 인한 해제권을 긍정한다. 즉, 계약의 기초가 되었던 사정이 변경되어 당초대로 계약내용을 유지하는 것이 부당한 경우 각 당사자는 최고 없이 곧바로 계약을 해제할 수 있다고 한다. 이에 대하여 판례는 과거 사정변경으로 인한 해제권을 부정하였으나, 최근에는 일정한 요건하에 사정변경을 이유로 한 계약해제권을 인정하고 있다.

기출지문 OX

乙이 丙 소유의 토지임을 알고서 甲으로부터 그 토지를 매수하였으나 甲의 귀책사유로 소유권이전이 불가능하게 된 경우 乙이 최고 없이 해제할 수 있다. • 21회
( )
정답 (○)

기출지문 OX

일부 이행불능의 경우, 계약목적을 달성할 수 없으면 계약 전부의 해제가 가능하다. • 31회 ( )
정답 (○)

> **판례**
>
> 1. 매매계약을 맺은 때와 그 잔대금을 지급할 때와의 사이에 장구한 시일이 지나서 그동안에 화폐가치의 변동이 극심하였던 탓으로 매수인이 애초에 계약할 당시의 금액표시대로 잔대금을 제공한다면 그동안에 폭등한 매매목적물의 가격에 비하여 그것이 현저하게 균형을 잃은 이행이 되는 경우라 할지라도 매도인은 사정변경의 원칙을 내세워 그 매매계약을 해제할 수는 없다(대판 1963.9.12, 63다452).
> 2. 사정변경으로 인한 계약해제는, 계약성립 당시 당사자가 예견할 수 없었던 현저한 사정의 변경이 발생하였고 그러한 사정의 변경이 해제권을 취득하는 당사자에게 책임 없는 사유로 생긴 것으로서, 계약내용대로의 구속력을 인정한다면 신의칙에 현저히 반하는 결과가 생기는 경우에 계약준수원칙의 예외로서 인정되는 것이고, 여기에서 말하는 사정이란 계약의 기초가 되었던 객관적인 사정으로서 일방 당사자의 주관적 또는 개인적인 사정을 의미하는 것은 아니다. 채무의 이행이 불능이라는 것은 단순히 절대적·물리적으로 불능인 경우가 아니라 사회생활에서의 경험법칙 또는 거래상의 관념에 비추어 볼 때 채권자가 채무자의 이행의 실현을 기대할 수 없는 경우를 말한다(대판 2014.6.12, 2013다75892).

⑥ **부수적 의무위반의 경우:** 부수적 의무의 불이행으로는 원칙적으로 계약 전체를 해제할 수는 없고, 손해가 있는 경우 그 배상을 청구할 수 있다.

> **판례**
>
> 여러 필지의 토지를 매매함에 있어 그중 1필지상에 있는 분묘 2기의 이장을 담보하기 위하여 매수인이 잔금 중 일부를 따로 보관하였다가 이장을 확인한 후 이를 지급하기로 약정한 경우에는 매도인의 분묘이장의무나 매수인의 위 잔금일부지급의무는 모두 위 매매에 따른 부수적인 사항이라 할 것이므로 매매당사자 일방은 상대방의 위와 같은 부수적 의무위반을 이유로 계약을 해제할 수는 없다(대판 1976.4.27, 74다2151).

3. 해제권의 행사 ·28회

> **제543조【해지, 해제권】** ① 계약 또는 법률의 규정에 의하여 당사자의 일방이나 쌍방이 해지 또는 해제의 권리가 있는 때에는 그 해지 또는 해제는 상대방에 대한 의사표시로 한다.
> ② 전항의 의사표시는 철회하지 못한다.

(1) 해제의 의사표시

① 해제권 행사 여부는 해제권자의 자유이며, 해제권은 상대방에 대한 일방적 의사표시로써 한다.

② 해제의 의사표시는 원칙적으로 조건이나 기한을 붙일 수 없다. 그러나 상대방에게 불이익을 주지 않는 경우에는 예외적으로 조건이나 기한을 붙일 수 있다.

> **판례**
>
> 소정 기간 내에 이행이 없으면 계약은 자동으로 해제된다는 뜻을 표시하는 이행청구도 유효하므로 그 기간이 지나면 별도의 해제의 의사표시가 없더라도 계약은 해제된 것으로 본다. 소정 기간 내에 이행이 없으면 해제한다는 표시를 수반하는 이행청구는 이행청구와 동시에 기간 내에 이행이 없는 것을 정지조건으로 하여 미리 해제의 의사를 표시하고 있는 것으로 보아야 하며, 그것은 기간이 지난 후에 다시 해제의 의사표시를 하는 것에 비하여 특별히 채무자에게 불이익을 주지 않으므로 유효하다(대판 1992.12.22, 92다28549).

③ 해제의 의사표시가 상대방에게 도달하여 그 효력이 발생한 후에는 상대방이 승낙하지 않는 한 해제의 의사표시를 철회할 수 없다.

④ 해제의 의사표시 자체에 제한능력·착오·사기·강박 등의 사정이 있는 경우에는 취소할 수 있다.

(2) 해제의 불가분성

> **제547조【해지, 해제권의 불가분성】** ① 당사자의 일방 또는 쌍방이 수인인 경우에는 계약의 해지나 해제는 그 전원으로부터 또는 전원에 대하여 하여야 한다.
> ② 전항의 경우에 해지나 해제의 권리가 당사자 1인에 대하여 소멸한 때에는 다른 당사자에 대하여도 소멸한다.

① **해제권 행사상의 불가분성**: 당사자의 일방 또는 쌍방이 수인인 경우에는 계약의 해제는 그 전원으로부터 또는 전원에 대하여 하여야 한다(제547조 제1항). 이를 해제권 행사의 불가분성이라 하는데, 법률관계의 복잡성을 방지하기 위한 취지이다. 해제의 의사표시는 전원으로부터 전원에 대하여 행사하면 충분하고, 반드시 공동으로 행사할 필요는 없다.

> **판례**
>
> 매도인이 공동매수인 중 1인의 대금지체를 이유로 그 1인에 대하여만 매매계약을 해제한다고 주장하더라도, 민법 제547조 제1항을 배제하기로 하는 특약이 존재하지 않는 한 해제의 효력은 발생되지 않는다(대판 1994.11.18, 93다46209).

② **해제권 소멸상의 불가분성**: 당사자의 일방 또는 쌍방이 수인인 경우에는 해제의 권리가 당사자 1인에 대하여 소멸한 때에는 다른 당사자에 대하여도 소멸한다(제547조 제2항). 해제권이 소멸하는 원인은 불문한다. 즉, 해제권의 포기로 소멸하든 제척기간이 지나서 소멸하든 불문한다.

③ **제547조의 성격**: 해제의 불가분성에 관한 규정(제547조)은 임의규정이므로 당사자의 특약으로 이를 배제할 수 있다.

4. 해제의 효과 · 24회 · 25회 · 26회 · 27회 · 30회 · 33회 · 35회

> **제548조【해제의 효과, 원상회복의무】** ① 당사자 일방이 계약을 해제한 때에는 각 당사자는 그 상대방에 대하여 원상회복의 의무가 있다. 그러나 제3자의 권리를 해하지 못한다.
> ② 전항의 경우에 반환할 금전에는 그 받은 날로부터 이자를 가하여야 한다.
>
> **제549조【원상회복의무와 동시이행】** 제536조의 규정은 전조의 경우에 준용한다.
>
> **제551조【해지, 해제와 손해배상】** 계약의 해지 또는 해제는 손해배상의 청구에 영향을 미치지 아니한다.

(1) 해제의 효과에 대한 법리구성의 쟁점

① 계약이 해제되는 경우 계약의 구속력과 계약상의 채무는 소멸하게 되는데, 이를 계약 시에 소급하여 소멸하도록 할 것인가 아니면 장래에 대하여 소멸하도록 할 것인가가 문제된다.

② 계약의 해제로 각 당사자는 상대방에 대하여 원상회복의무를 부담하게 되는데, 원상회복의무의 성격과 범위를 어떻게 이해할 것인가가 문제된다.

③ 계약상의 채무의 소멸과 원상회복으로도 전보(塡補)되지 못한 손해는 배상되어야 하는데, 이때 계약해제로 인한 손해배상청구권 규정과의 관계를 어떻게 유기적으로 이해할 것인가가 문제된다.

(2) 해제의 효과

> **추가** 해제에 소급효가 있느냐에 관한 논의

① **직접효과설**: 계약을 해제하는 경우 그 직접적인 효과로서 계약은 처음부터 존재하지 않았던 것처럼 소급적으로 소멸한다. 따라서 이행하기 전이면 이행할 필요가 없고, 이행한 후라면 부당이득으로서 반환하여야 하나 제748조에 대한 특칙규정인 제548조에 따라 원상회복의무가 주어진다(다수설, 판례).

② **청산관계설**: 계약은 장래에 대하여 소멸하고, 원계약관계는 청산관계로 그 성질이 변경된다(소수설).

(3) 해제와 물권변동과의 관련성

> **추가** 해제의 경우 물권이 당연히 복귀하느냐에 관한 논의

① **채권적 효과설**: 이는 물권행위의 무인설(無因說)의 입장으로서, 채권행위인 매매계약이 실효되더라도 물권행위는 이에 영향을 받지 않고 그대로 유효하다고 보는 견해이다(소수설).

② **물권적 효과설**: 이는 물권행위의 유인설(有因說)의 입장으로서, 채권행위인 매매계약이 실효된 경우 물권행위도 이에 영향을 받아 그 효력을 상실한다고 보는 견해이다(다수설, 판례).

> **판례**
>
> 우리의 법제가 물권행위의 독자성과 무인성을 인정하고 있지 않은 점과 제548조 제1항 단서가 거래안전을 위한 특별규정이란 점을 생각할 때 계약이 해제되면 그 계약의 이행으로 변동이 생겼던 물권은 당연히 그 계약이 없었던 원상태로 복귀한다(대판 1977.5.24, 75다1394).

(4) 제3자 보호의 문제

① **견해의 대립:** 채권적 효과설에 의하면 물권은 여전히 상대방이 보유하므로 상대방으로부터 물권을 취득한 제3자는 유효하게 물권을 취득하게 된다(이때 제3자는 선의·악의를 불문하고 보호됨). 그러나 물권적 효과설에 의하면 물권이 물권자에게 당연히 복귀하므로 제3자는 유효하게 물권을 취득할 수 없고, 다만 제548조 제1항 단서에 의하여 제3자는 보호된다. 따라서 제548조 제1항 단서의 성격에 대해서도 채권적 효과설은 이를 단순한 주의규정에 불과하다고 이해하지만, 물권적 효과설은 이를 특별규정으로 이해한다.

> **추가** 해제의 경우 제3자가 어디까지 보호되느냐에 관한 논의

② **제3자의 의미:** 제548조 제1항 단서에서 말하는 제3자는 원칙적으로 해제의 의사표시가 있기 이전에 해제된 계약을 기초로 법률상 새로운 이해관계를 맺은 자를 말한다. 이때의 제3자는 선의·악의를 불문한다. 다만, 이때의 제3자는 등기나 인도 등으로 완전한 권리를 취득한 자를 의미한다.

③ **제3자에 해당하는지 문제되는 경우**

제3자에 해당하는 경우	㉠ 계약에 기한 급부의 목적인 물건을 취득한 양수인 ㉡ 급부목적물에 대하여 저당권 또는 질권을 취득한 자 ㉢ 해제된 계약에 의하여 채무자의 책임재산이 된 매매목적물을 가압류한 가압류채권자 ㉣ 소유권을 취득하였다가 계약해제로 소유권을 상실하게 된 매수인(임대인)으로부터 그 계약이 해제되기 전에 주택을 임차하여 「주택임대차보호법」상의 대항요건을 갖춘 임차인
제3자에 해당하지 않는 경우	㉠ 해제에 의하여 소멸하는 채권 그 자체의 양수인(아파트 분양신청권이 전전매매된 후 최초의 매매당사자가 계약을 합의해제한 경우 그 분양신청권을 전전매수한 자) ㉡ 해제에 의하여 소멸하는 채권에 대하여 압류명령이나 전부명령을 받은 압류채권자 또는 전부채권자 ㉢ 제3자를 위한 계약에 있어서의 제3자 ㉣ 매도인의 매매대금수령 이전에 해제조건부로 임대권한을 부여받은 매수인으로부터 그 계약이 해제되기 전에 주택을 임차하여 「주택임대차보호법」상의 대항요건을 갖춘 임차인 ㉤ 토지를 매도하였다가 대금지급을 받지 못하여 그 매매계약을 해제한 경우에 있어 그 토지 위에 신축된 건물의 매수인 ㉥ 계약이 해제되기 전에 계약상의 채권을 양수하여 이를 피보전권리로 하여 처분금지가처분결정을 받은 자

(5) 제3자 보호범위의 확대

판례는 해제의 의사표시 후 말소등기 전 새로운 이해관계를 맺은 선의의 제3자는 보호된다고 한다.

> **기출지문 OX**
>
> 매도인 甲과 매수인 乙 사이의 X주택에 관한 계약이 적법하게 해제된 경우, 乙의 소유권이전등기청구권을 압류한 자는 해제 전에 이해관계를 맺은 자로서 '계약해제로부터 보호되는 제3자'에 해당하지 않는다. •35회 ( )
>
> 정답 (○)

> **판례**
>
> 계약당사자의 일방이 계약을 해제하였을 때에 계약은 소급적으로 소멸하여 계약당사자는 각각 원상회복의무를 지게 되나, 이 경우 계약해제로 인한 원상회복등기 등이 이루어지기 이전에 계약의 해제를 주장하는 자와 양립되지 아니하는 법률관계를 가지게 되었고 계약해제사실을 몰랐던 제3자에 대해서는 계약해제를 주장할 수 없다(대판 1985.4.9, 84다카130).

(6) 원상회복의무

① **성질과 범위**
  ㉠ 직접효과설에 의하면 계약은 소급적으로 소멸하므로 계약에 기초하여 이루어진 급부는 법률상 원인을 상실하게 되어 부당이득으로서 반환하여야 하나, 그 범위는 제748조의 특칙인 제548조에 의하여 원상회복의무가 주어진다고 한다. 따라서 이득의 현존 여부와 선의·악의를 불문하고 받은 급부의 전부를 반환하여야 한다.
  ㉡ 청산관계설에 의하면 계약은 장래에 대하여 소멸하므로 기존의 채권관계는 청산을 위한 반환채무관계로 변경된다고 한다. 따라서 당사자 사이에 이미 급부한 것이 있으면 이를 반환하여야 하고, 원상회복의무는 이러한 반환채무관계에 기한 것이라고 한다.

② **내용**
  ㉠ **원물반환의 원칙**: 급부된 것이 특정물인 경우에는 그 물건을 반환하여야 하고, 종류물인 경우에는 받은 물건과 같은 종류, 품질 및 수량의 물건으로 반환하여야 한다. 금전의 경우에는 금전을 받은 날부터 이자를 붙여서 반환하여야 한다(제548조 제2항).

> **판례**
>
> 법정해제권 행사의 경우 당사자 일방이 그 수령한 금전을 반환함에 있어 그 받은 날부터 법정이자를 부가하도록 하는 것은 제548조 제2항에 따른 원상회복의 범위로서 일종의 부당이득반환의 성질을 가지는 것이지 반환의무의 이행지체로 인한 것이 아니다. 따라서 부동산매매계약이 해제된 경우 매도인의 매매대금반환의무와 매수인의 소유권이전등기말소등기 절차이행의무가 동시이행의 관계에 있는지 여부와는 관계없이 매도인이 반환하여야 할 매매대금에 대하여는 그 받은 날부터 민법 소정의 법정이율인 연 5푼의 비율에 의한 법정이자를 부가하여 지급하여야 하고, 이와 같은 법리는 약정된 해제권을 행사하는 경우에도 마찬가지이다(대판 2000.6.9, 2000다9123).

기출지문 OX

계약해제의 효과로 반환할 이익의 범위는 특별한 사정이 없으면 이익의 현존 여부나 선의·악의를 불문하고 받은 이익의 전부이다.
• 24회 ( )

정답 (O)

- ⓒ **가액반환의 예외**: 원물반환이 불가능하거나 또는 받은 자에게 이익이 되지 않는 경우에는 가액을 반환하여야 한다. 수령한 원물이 멸실·훼손된 경우에는 반환의무자에게 책임 있는 사유로 인한 때에만 해제 당시의 가격으로 반환하여야 한다(다수설). 노무 기타 물건의 이용 등 무형의 가치를 급부한 경우에는 급부 당시의 가격으로 반환하여야 한다.
- ⓒ **과실·사용이익의 반환**: 급부받은 물건으로부터 과실을 취득하였거나 그 물건을 사용하여 이득을 얻은 때에는 그 과실 및 사용이익도 함께 반환하여야 한다.
- ⓔ **비용상환**: 채무자가 반환하여야 할 물건에 대해 필요비 또는 유익비를 지출한 때에는 점유자와 회복자의 관계에 관한 제203조가 적용된다. 따라서 필요비는 그 전액을 상환청구할 수 있고, 유익비는 그 가액의 증가가 현존하는 경우에만 회복자의 선택에 좇아 지출금액이나 증가액의 상환을 청구할 수 있다.
- ⓜ **과실상계규정의 적용 여부**: 계약해제에 따른 원상회복의무의 이행으로서 매매대금이나 그 밖의 급부의 반환을 구하는 경우에는 과실상계의 법리가 적용되지 않는다는 것이 판례의 태도이다.

(7) 손해배상청구권

① **민법의 태도**
- ㉠ 계약의 해제는 손해배상의 청구에 영향을 미치지 않는다(제551조). 민법은 해제와 손해배상청구권과의 관계에 있어서 병존주의를 취한다(제551조). 따라서 계약을 해제하여 원상회복하고 난 후에도 손해가 있는 경우 그 배상을 청구할 수 있다.
- ㉡ **해제와 손해배상청구권 규정과의 관계**: 직접효과설에 의하면 계약은 소급적으로 소멸하므로 손해배상청구권을 모순 없이 설명하기 어렵다. 다만, 계약은 소급적으로 소멸하지만 채무불이행이라는 사실로부터 이미 발생한 손해는 소급적으로 소멸하지 않으므로 이를 기초로 손해배상청구권을 행사할 수 있다고 한다(이를 '신직접효과설'이라 함). 이에 비하여 청산관계설은 계약은 장래에 대하여 소멸하고 원계약관계는 청산관계로 그 성질이 변경되므로 계약의 존속을 전제로 한 손해배상청구권을 설명하기 용이하다.

기출지문 OX

乙은 甲 소유 X토지를 매수하고 계약금을 지급한 후 X토지를 인도받아 사용·수익하고 있다. 계약이 채무불이행으로 해제된 경우, 乙은 甲에게 X토지와 그 사용이익을 반환할 의무가 있다. •35회
( )

정답 (○)

② **손해배상의 성질과 범위:** 이때의 손해배상은 채무불이행으로 인한 손해배상이므로, 신뢰이익의 손해를 배상하는 것이 아니라 이행이익의 손해를 배상하여야 한다. 배상액의 산정시기는 원칙적으로 해제 시를 표준으로 한다.

> **판례**
>
> 1. 계약당사자의 일방이 계약해제와 아울러 하는 손해배상청구도 채무불이행으로 인한 손해배상과 다를 것이 없으므로 전보배상으로서 그 계약의 이행으로 인하여 채권자가 얻을 이익, 즉 이행이익을 손해로서 청구하여야 하고 그 계약이 해제되지 아니하였을 경우 채권자가 그 채무의 이행으로 소요하게 된 비용, 즉 신뢰이익의 배상은 청구할 수 없는 것이다(대판 1983. 5.24, 82다카1667).
> 2. 채무불이행을 이유로 계약해제와 아울러 손해배상을 청구하는 경우에 그 계약이행으로 인하여 채권자가 얻을 이익, 즉 이행이익의 배상을 구하는 것이 원칙이지만, 그에 갈음하여 그 계약이 이행되리라고 믿고 채권자가 지출한 비용, 즉 신뢰이익의 배상을 구할 수도 있다. 다만, 그 신뢰이익은 과잉배상금지의 원칙에 비추어 이행이익의 범위를 초과할 수 없다(대판 2002.6.11, 2002다2539).

③ **특약에 의한 손해배상액의 예정:** 특약에 의하여 본래의 급부에 갈음하는 배상액을 예정한 경우 해제권이 행사되더라도 손해배상액의 예정액에 대한 특약은 효력을 잃지 않는다.

(8) 해제의 효과와 동시이행

계약해제로 인하여 각 당사자가 부담하는 원상회복의무와 손해배상의무는 동시이행의 관계에 있다(제549조).

5. 해제권의 소멸

(1) 일반적 소멸원인

① **채무자의 이행 또는 이행의 제공:** 해제권이 발생하였더라도 채권자가 해제권을 행사하기 전에 채무자는 채무의 내용에 따른 이행과 지연배상을 함으로써 해제권을 소멸시킬 수 있다.

② **해제권의 포기:** 해제권자는 일방적 의사표시로써 해제권을 포기할 수 있다. 이때의 의사표시는 상대방에 대하여 하여야 한다.

③ **해제권의 실효:** 해제권자가 상당한 기간이 지나도록 이를 행사하지 않아 상대방으로서도 이제는 그 권리가 행사되지 아니할 것이라고 신뢰할 만한 정당한 사유를 가지게 되었을 경우 해제권은 실효된다(이를 '실효의 원칙'이라 함).

④ **제척기간의 경과:** 해제권은 형성권이므로 10년의 제척기간에 걸린다.

(2) 해제권의 특유한 소멸원인

① **상대방의 최고에 의한 소멸:** 해제권의 행사의 기간을 정하지 아니한 때에는 상대방은 상당한 기간을 정하여 해제권 행사 여부의 확답을 해제권자에게 최고할 수 있고, 그 기간 내에 해제의 통지를 받지 못한 때에는 해제권은 소멸한다(제552조).

② **훼손 등으로 인한 해제권의 소멸:** 해제권자의 고의나 과실로 인하여 계약의 목적물이 현저히 훼손되거나 이를 반환할 수 없게 된 때 또는 가공이나 개조로 인하여 다른 종류의 물건으로 변경된 때에는 해제권은 소멸한다(제553조).

③ **해제권의 불가분성에 의한 소멸:** 당사자의 일방 또는 쌍방이 수인인 경우에는 해제의 권리가 당사자 1인에 대하여 소멸한 때에는 다른 당사자에 대해서도 소멸한다(제547조 제2항).

2 계약의 해지 · 27회 · 30회 · 31회

1. 서설

(1) 의의
계약의 해지란 완전 유효한 계약을 채무불이행 등을 이유로 장래에 대하여 소멸시키는 일방적 의사표시를 말한다.

(2) 성질
① 해지는 일방적 의사표시로써 계약을 소멸시키는 형성권이다.
② 해지는 계속적 채권계약에 한하여 인정되고, 계약은 장래에 대하여 소멸한다.

(3) 해제와 해지의 비교

구분	해제	해지
적용범위	일시적 계약에서 인정	계속적 계약에서 인정
효력	계약이 소급적으로 소멸	계약은 장래에 대하여 소멸
의무	원상회복의무를 부담	청산의무를 부담
공통점	① 형성권 ② 약정 또는 법률규정에 의해 발생 ③ 손해배상청구 가능 ④ 철회 불가 ⑤ 행사상·소멸상의 불가분성	

2. 해지권의 발생

(1) 약정해지권의 발생

약정해지권은 당사자의 합의에 의하여 발생한다.

(2) 법정해지권의 발생

① 민법은 법정해지권의 발생에 대하여 일반적 규정을 두지 않고 각 계약에 따라 개별적 규정을 두고 있을 뿐이다.
② 제544조부터 제546조까지의 규정이 법정해지의 경우에도 적용될 수 있는지에 대해서는 긍정설과 부정설(다수설)이 대립된다.
③ 판례는 계속적 계약의 경우 사정변경의 원칙을 이유로 한 해지권을 인정하고 있다.

> **판례**
>
> 이른바 계속적 보증계약에서 보증계약 성립 당시의 사정에 현저한 변경이 생긴 경우에는 보증인은 보증계약을 해지할 수 있다고 보아야 할 것인바, 회사의 임원이나 직원의 지위에 있기 때문에 회사의 요구로 부득이 회사와 제3자 사이의 계속적 거래로 인한 회사의 채무에 대해 보증인이 된 자가 그 후 회사로부터 퇴사하여 임원이나 직원의 지위를 떠난 때에는 보증계약 성립 당시의 사정에 현저한 변경이 생긴 경우에 해당하므로 사정변경을 이유로 보증계약을 해지할 수 있다(대판 1990.2.27, 89다카1381).

3. 해지권의 행사 ·31회

(1) 해지의 의사표시

계약 또는 법률의 규정에 의하여 당사자 일방이나 쌍방이 해지할 권리가 있는 때에는 그 해지는 상대방에 대한 의사표시로써 한다(제543조 제1항). 해지의 의사표시는 철회하지 못한다(제543조 제2항).

(2) 해지의 불가분성

당사자의 일방 또는 쌍방이 수인인 경우에는 계약의 해지는 그 전원으로부터 또는 전원에 대하여 하여야 하고, 해지의 권리가 당사자 1인에 대하여 소멸한 때에는 다른 당사자에 대해서도 소멸한다(제547조).

> **판례**
> 수탁자의 사망으로 인하여 수탁자의 지위가 공동상속되었을 때 신탁해지의 의사표시가 그 공동상속인 일부에게만 이루어졌다면 신탁해지의 효과는 그 일부 상속인에게만 발생하는 것이고 이때에는 해제권의 불가분에 관한 민법 제547조의 규정은 적용이 없다(대판 1992.6.9, 92다9579).

기출지문 OX

계약당사자 일방 또는 쌍방이 여러 명이면, 해지는 특별한 사정이 없는 한 그 전원으로부터 또는 전원에게 해야 한다. •31회
( )

정답 (○)

4. 해지의 효과

> **제550조 【해지의 효과】** 당사자 일방이 계약을 해지한 때에는 계약은 장래에 대하여 그 효력을 잃는다.

(1) 해지의 효과
① **장래효:** 계약은 장래에 대하여 소멸되므로 해지의 효과가 발생하기 전에 이미 이행된 급부는 그대로 유효하다.
② **해지효과의 발생시기:** 해지는 그 의사표시가 상대방에게 도달한 때부터 그 효력이 발생하는 것이 원칙이다. 그러나 계속적 계약에서 해지통고 등 개별적인 예외를 두고 있는 경우가 있다(제635조, 제660조 등). 이는 계약해지의 상대방을 보호하기 위한 것으로서 강행규정이다.

(2) 청산의무
계약이 해지된 경우 계약은 장래에 대하여 소멸한다. 따라서 사용대차나 임대차가 해지된 경우 차주 또는 임차인은 목적물을 반환하여야 하는데, 이는 해제에 있어서의 원상회복의무와는 성질이 다르므로 보통 청산의무라고 부른다.

(3) 손해배상청구
계약의 해지는 손해배상청구에 영향을 미치지 않는다(제551조).

CHAPTER 01 최신기출문제로 확인!

01 민법상 계약에 관한 설명으로 옳은 것은? • 35회

① 매매계약은 요물계약이다.
② 도급계약은 편무계약이다.
③ 교환계약은 무상계약이다.
④ 증여계약은 요식계약이다.
⑤ 임대차계약은 유상계약이다.

> 키워드 〉 계약의 종류
> 난이도 〉
> 해설 〉 ① 매매계약은 낙성계약이다.
> ② 도급계약은 쌍무계약이다.
> ③ 교환계약은 유상계약이다.
> ④ 증여계약은 불요식계약이다.
> ⑤ 임대차계약은 유상계약이다.

정답 01 ⑤

02 계약의 성립에 관한 설명으로 옳은 것은? (다툼이 있으면 판례에 따름) • 36회

① 청약의 유인을 받은 자가 청약의 유인에 대응하는 의사표시를 하면 계약은 즉시 성립한다.
② 당사자 간에 동일한 내용의 청약이 상호 교차된 경우, 계약은 두 청약이 상대방에게 발송된 때에 성립한다.
③ 합의해제를 청약한 경우, 그 청약에 대해 조건을 붙여 승낙한 때에는 그 청약은 실효된다.
④ 명예퇴직의 합의가 있더라도 명예퇴직 예정일 전이라면 원칙적으로 명예퇴직 청약을 철회할 수 있다.
⑤ 매매의 일방예약이 성립하기 위하여 본계약의 요소가 되는 내용들이 확정되어 있거나 확정할 수 있어야 하는 것은 아니다.

[키워드] 계약의 성립
[난이도]
[해설] ① 청약의 유인은 구체적·확정적 의사표시가 아니므로 청약의 유인을 받은 자가 청약의 유인에 대응하는 의사표시를 하더라도 즉시 계약이 성립하는 것은 아니며 청약의 유인을 한 자가 최종적으로 승낙을 하여야 계약이 성립한다.
② 당사자 간에 동일한 내용의 청약이 상호 교차된 경우, 계약은 양 청약이 상대방에게 도달된 때에 성립한다.
③ 승낙자가 청약에 대하여 조건을 붙이거나 변경을 가하여 승낙한 때에는 청약거절과 동시에 새로 청약한 것으로 본다.
④ 명예퇴직의 합의가 있은 후에는 당사자 일방이 임의로 그 의사표시를 철회할 수 없다.
⑤ 매매의 일방예약이 성립하기 위하여 본계약의 요소가 되는 내용들이 확정되어 있거나 확정할 수 있어야 한다.

정답 02 ③

03 동시이행관계가 인정되지 않는 것을 모두 고른 것은? (다툼이 있으면 판례에 따름) • 36회

> ㉠ 담보 목적으로 마쳐진 채권자 명의의 소유권이전등기 말소의무와 피담보채무의 변제의무
> ㉡ 임차인의 임차목적물 반환의무와 임대인의 권리금 회수 방해로 인한 「상가건물 임대차보호법」에 따른 손해배상의무
> ㉢ 저당권 실행에 따른 경매가 무효로 된 경우, 저당채권자의 경매매수인에 대한 배당금 반환의무와 경매매수인의 채무자에 대한 소유권이전등기 말소의무

① ㉠
② ㉢
③ ㉠, ㉡
④ ㉡, ㉢
⑤ ㉠, ㉡, ㉢

키워드 〉 동시이행관계의 항변권

난이도 〉

해설 〉 ㉠ 피담보채무의 변제가 선이행의무이므로 담보 목적으로 마쳐진 채권자 명의의 소유권이전등기 말소의무와 피담보채무의 변제의무는 동시이행관계가 아니다.
㉡ 임차인의 임차목적물 반환의무와 임대인의 권리금 회수 방해로 인한 「상가건물 임대차보호법」에 따른 손해배상의무는 별개의 원인에 의하여 발생한 채무이므로 원칙적으로 동시이행관계가 인정되지 않는다.
㉢ 저당권 실행에 따른 경매가 무효로 된 경우, 저당채권자의 경매매수인에 대한 배당금 반환의무와 경매매수인의 채무자에 대한 소유권이전등기 말소의무는 동시이행관계가 아니다.

정답 03 ⑤

04 甲은 X건물을 乙에게 매도하고 乙로부터 계약금을 지급받았는데, 그 후 甲과 乙의 귀책사유 없이 X건물이 멸실되었다. 다음 설명 중 옳은 것을 모두 고른 것은? (다툼이 있으면 판례에 따름) • 35회

㉠ 甲은 乙에게 잔대금의 지급을 청구할 수 있다.
㉡ 乙은 甲에게 계약금의 반환을 청구할 수 있다.
㉢ 만약 乙의 수령지체 중에 甲과 乙의 귀책사유 없이 X건물이 멸실된 경우, 乙은 甲에게 계약금의 반환을 청구할 수 있다.

① ㉡
② ㉢
③ ㉠, ㉡
④ ㉠, ㉢
⑤ ㉡, ㉢

키워드 › 위험부담

난이도 ›

해설 › ㉠ 쌍무계약의 당사자 일방의 채무가 당사자 쌍방의 책임 없는 사유로 이행할 수 없게 된 때에는 채무자는 상대방의 이행을 청구하지 못한다. 따라서 甲은 乙에게 잔대금의 지급을 청구할 수 없다.
㉡ 채무자가 위험을 부담하는 경우 채무자는 이미 반대급부(계약금 등)를 이행받았다면 이를 부당이득으로 채권자에게 반환하여야 한다. 따라서 乙은 甲에게 계약금의 반환을 청구할 수 있다.
㉢ 쌍무계약의 당사자 일방의 채무가 채권자의 수령지체 중에 당사자 쌍방의 책임 없는 사유로 이행할 수 없게 된 때에는 채무자는 상대방의 이행을 청구할 수 있다. 따라서 乙은 甲에게 계약금의 반환을 청구할 수 없다.

정답 04 ①

05 甲은 그 소유의 토지를 乙에게 매도하면서 甲의 丙에 대한 채무변제를 위해 乙이 그 대금 전액을 丙에게 지급하기로 하는 제3자를 위한 계약을 乙과 체결하였고, 丙도 乙에 대해 수익의 의사표시를 하였다. 다음 설명 중 틀린 것은? (다툼이 있으면 판례에 따름) • 34회

① 乙은 甲과 丙 사이의 채무부존재의 항변으로 丙에게 대항할 수 없다.
② 丙은 乙의 채무불이행을 이유로 甲과 乙 사이의 계약을 해제할 수 없다.
③ 乙이 甲의 채무불이행을 이유로 계약을 해제한 경우, 특별한 사정이 없는 한 乙은 이미 이행한 급부의 반환을 丙에게 청구할 수 있다.
④ 甲이 乙의 채무불이행을 이유로 계약을 해제하면, 丙은 乙에게 채무불이행으로 인해 자신이 입은 손해의 배상을 청구할 수 있다.
⑤ 甲은 丙의 동의 없이도 乙의 채무불이행을 이유로 계약을 해제할 수 있다.

| 키워드 | 제3자를 위한 계약
| 난이도 |
| 해설 | ① 낙약자는 요약자와의 계약에 기한 항변(보상관계에 기한 항변)으로써 그 계약의 이익을 받을 제3자에게 대항할 수 있다(제542조). 따라서 대가관계에 기한 항변으로는 제3자에게 대항할 수 없다.
② 제3자는 계약의 당사자가 아니므로 계약당사자만이 행사할 수 있는 취소권, 해제권, 해지권 등을 행사할 수 없다.
③ 제3자를 위한 계약에서 요약자와 낙약자 사이의 법률관계(이른바 기본관계)를 이루는 계약이 해제된 경우, 낙약자는 이미 제3자에게 급부한 것에 대해 계약해제에 기한 원상회복 또는 부당이득을 원인으로 제3자를 상대로 그 반환을 청구할 수 없다(대판 2005.7.22, 2005다7566).
④ 제3자는 계약의 당사자가 아니므로 계약의 해제권이나 해제를 원인으로 한 원상회복청구권을 행사할 수 없으나, 낙약자의 채무불이행을 이유로 낙약자에게 자신이 입은 손해의 배상을 청구할 수 있다(대판 1994.8.12, 92다41559).
⑤ 제3자를 위한 계약의 경우 요약자는 낙약자의 채무불이행을 이유로 제3자의 동의 없이 계약을 해제할 수 있다(대판 1970.2.24, 69다1410).

정답 05 ③

06 甲은 자신의 X토지를 乙에게 매도하고 소유권이전등기를 마쳐주었으나, 乙은 변제기가 지났음에도 매매대금을 지급하지 않고 있다. 이에 관한 설명으로 **틀린** 것을 모두 고른 것은? (다툼이 있으면 판례에 따름)

• 33회

> ㉠ 甲은 특별한 사정이 없는 한 별도의 최고 없이 매매계약을 해제할 수 있다.
> ㉡ 甲이 적법하게 매매계약을 해제한 경우, X토지의 소유권은 등기와 무관하게 계약이 없었던 상태로 복귀한다.
> ㉢ 乙이 X토지를 丙에게 매도하고 그 소유권이전등기를 마친 후 甲이 乙을 상대로 적법하게 매매계약을 해제하였다면, 丙은 X토지의 소유권을 상실한다.

① ㉠
② ㉡
③ ㉢
④ ㉠, ㉢
⑤ ㉡, ㉢

키워드 〉 계약해제에 있어서 보호되는 제3자

난이도 〉

해설 〉 ㉠ 당사자 일방이 그 채무를 이행하지 아니하는 때에는 상대방은 상당한 기간을 정하여 그 이행을 최고하고 그 기간 내에 이행하지 아니한 때에는 계약을 해제할 수 있다(제544조 본문).
㉡ 계약이 해제되면 그 계약의 이행으로 변동이 생겼던 물권은 당연히 그 계약이 없었던 원상태로 복귀한다(대판 1977.5.24, 75다1394).
㉢ 계약해제의 소급효로부터 보호되는 제3자는 해제된 계약을 기초로 법률상 새로운 이해관계를 맺은 자이어야 하며, 등기나 인도 등으로 완전한 권리를 취득한 자이어야 한다. 또한 해제의 의사표시를 하기 전에 새로운 이해관계를 맺은 제3자는 선의 · 악의를 불문하고 보호된다. 따라서 계약이 해제되더라도 丙은 제3자로 보호를 받을 수 있다.

정답 06 ④

07

매도인 甲과 매수인 乙 사이의 X주택에 관한 계약이 적법하게 해제된 경우, 해제 전에 이해관계를 맺은 자로서 '계약해제로부터 보호되는 제3자'에 해당하지 <u>않는</u> 자는? (다툼이 있으면 판례에 따름) • 35회

① 乙의 소유권이전등기청구권을 압류한 자
② 乙의 책임재산이 된 X주택을 가압류한 자
③ 乙 명의로 소유권이전등기가 된 X주택에 관하여 저당권을 취득한 자
④ 乙과 매매예약에 따라 소유권이전등기청구권보전을 위한 가등기를 마친 자
⑤ 乙 명의로 소유권이전등기가 된 X주택에 관하여 「주택임대차보호법」상 대항요건을 갖춘 자

| 키워드 | 계약해제의 소급효로부터 보호되는 제3자
| 난이도 | ■■■■■
| 해설 | ① 계약해제의 소급효로부터 보호되는 제3자는 해제된 계약을 기초로 새로운 이해관계를 맺은 자로서 등기, 인도 등으로 완전한 권리를 취득한 자를 말한다. 계약상의 채권을 양수한 자나 그 채권 자체를 압류 또는 전부한 채권자는 여기에서 말하는 제3자에 해당하지 아니한다. 따라서 乙의 소유권이전등기청구권을 압류한 자는 계약해제의 소급효로부터 보호되는 제3자에 해당하지 않는다.
② 乙의 책임재산이 된 X주택을 가압류한 자는 계약해제의 소급효로부터 보호되는 제3자에 해당한다.
③ 乙 명의로 소유권이전등기가 된 X주택에 관하여 저당권을 취득한 자는 계약해제의 소급효로부터 보호되는 제3자에 해당한다.
④ 乙과 매매예약에 따라 소유권이전등기청구권보전을 위한 가등기를 마친 자는 계약해제의 소급효로부터 보호되는 제3자에 해당한다.
⑤ 乙 명의로 소유권이전등기가 된 X주택에 관하여 「주택임대차보호법」상 대항요건을 갖춘 자는 계약해제의 소급효로부터 보호되는 제3자에 해당한다.

정답 07 ①

CHAPTER 02 | 매매

10개년 출제문항 수

27회	28회	29회	30회	31회
2	4	2	4	2

32회	33회	34회	35회	36회
2	3	5		2

↳ 총 40문제 中 평균 약 2.6문제 출제

학습전략

- 매매에서는 매매의 성립과 효력에 대한 내용을 학습합니다.
- 계약금의 성질, 해약금에 의한 계약해제, 매도인의 담보책임에서 문제가 주로 출제되므로 관련 이론을 정리해 두는 것이 좋습니다.

제1절 총설

1 의의

> **제563조【매매의 의의】** 매매는 당사자 일방이 재산권을 상대방에게 이전할 것을 약정하고 상대방이 그 대금을 지급할 것을 약정함으로써 그 효력이 생긴다.

매매란 매도인이 재산권을 상대방에게 이전하기로 약정하고, 매수인이 그 대금을 지급하기로 약정함으로써 성립하는 계약이다.

추가 반드시 '약정'이라는 표현이 들어가야 한다.

2 법적 성질

> **제567조【유상계약에의 준용】** 본절의 규정은 매매 이외의 유상계약에 준용한다. 그러나 그 계약의 성질이 이를 허용하지 아니하는 때에는 그러하지 아니하다.

1. 유상·쌍무계약

매매는 당사자 쌍방이 서로 대가성을 가지는 출연을 하므로 유상계약이고, 매도인의 재산권이전의무와 매수인의 대금지급의무가 서로 견련관계에 있으므로 쌍무계약이다.

2. 낙성·불요식계약

매매는 당사자 간의 의사표시의 합치만으로 성립하는 낙성계약이다. 또한 특별한 방식을 필요로 하지 않는 불요식계약이다.

제2절 매매의 성립

1 매매계약의 성립

1. 의사표시의 합치

(1) 매매계약은 재산권이전과 대금지급에 관한 합의가 있으면 성립한다.
(2) 따라서 매매계약의 세부사항(계약비용, 채무의 이행시기, 이행장소 등)에 관한 합의까지는 필요 없다.

> **판례**
>
> 매매계약에서 그 목적물과 대금은 반드시 그 계약체결 당시에 구체적으로 확정되어 있을 필요는 없고, 이를 사후에라도 구체적으로 확정할 수 있는 방법과 기준이 정해져 있으면 족하다. 이 경우 그 약정된 기준에 따른 대금액의 산정에 관하여 당사자 간에 다툼이 있는 경우에는 법원이 이를 결정할 수밖에 없다(대판 2002.7.12, 2001다7940).

2. 재산권의 이전

(1) 매매계약은 재산권의 이전을 목적으로 한다. 재산권에는 물권, 채권, 지적재산권 등이 있다.

(2) 타인 소유의 물건이나 권리도 매매의 목적물이 될 수 있다. 다만, 매도인은 그 물건 또는 권리를 취득하여 매수인에게 이전하여야 할 의무가 있다.

(3) 장래에 생길 물건이나 권리도 매매의 목적물이 될 수 있다.

3. 대금의 지급

매매에서 반대급부는 금전에 한한다. 반대급부가 금전 외의 재산권이면 교환에 해당한다.

4. 현실매매

현실매매도 매매의 일종이므로 매매에 관한 규정이 준용된다.

2 매매의 예약 • 28회 • 33회 • 36회

> **제564조 【매매의 일방예약】** ① 매매의 일방예약은 상대방이 매매를 완결할 의사를 표시하는 때에 매매의 효력이 생긴다.
> ② 전항의 의사표시의 기간을 정하지 아니한 때에는 예약자는 상당한 기간을 정하여 매매완결 여부의 확답을 상대방에게 최고할 수 있다.
> ③ 예약자가 전항의 기간 내에 확답을 받지 못한 때에는 예약은 그 효력을 잃는다.

1. 예약의 의의

(1) 예약이란 장차 본계약을 체결할 것을 미리 약속하는 계약이다. 매매의 예약은 보통 청구권을 확보하기 위해서나 채권을 담보하는 수단으로 활용된다.

> **판례**
>
> 매매의 일방예약은 당사자의 일방이 매매를 완결할 의사를 표시한 때에 매매의 효력이 생기는 것이므로 적어도 일방예약이 성립하려면 그 예약에 터 잡아 맺어질 본계약의 요소가 되는 매매의 목적물, 이전방법, 매매가액 및 지급방법 등의 내용이 확정되어 있거나 확정할 수 있어야 한다(대판 1993. 5.27, 93다4908).

(2) 본계약은 채권계약일 수도 있고, 물권계약일 수도 있고, 가족법상의 계약일 수도 있다. 그러나 **예약은 언제나 채권계약이다**.

기출지문 OX

매매의 일방예약은 언제나 채권계약이다. • 21회 ( )

정답 (O)

2. 예약의 종류

(1) 편무예약과 쌍무예약

이는 본계약체결의무를 누가 부담하느냐에 따른 구별이다. 본계약체결의무를 어느 일방이 부담하면 편무예약이라 하고, 쌍방 모두 부담하면 쌍무예약이라 한다.

(2) 일방예약과 쌍방예약

이는 예약완결권을 누가 가지느냐에 따른 구별이다. 예약완결권을 어느 일방이 가지면 일방예약이라 하고, 쌍방 모두 가지면 쌍방예약이라 한다.

> **⊕ 보충** 일방예약의 추정
>
> 매매의 예약은 특약 또는 관습이 없는 한 일방예약으로 추정한다.

3. 매매의 일방예약

(1) 일방예약의 법적 성질

일방예약은 예약완결권의 행사를 정지조건으로 하는 매매계약이다(다수설).

(2) 예약완결권

① **의의:** 예약완결권은 일방적인 의사표시로써 매매를 완결할 수 있는 형성권이다.

② **성질:** 예약완결권은 형성권이므로 특약이 없는 한 예약이 성립한 때로부터 10년(제척기간에 해당) 내에 행사하여야 한다. 예약완결권의 제척기간이 경과하였는지의 여부는 법원의 직권조사사항이다. 예약완결권은 재산권이므로 양도성이 있다. 다만, 예약완결권의 양도 시에는 채권양도의 대항요건(제450조)을 갖추어야 한다. 부동산물권이전을 위한 본계약의 예약완결권은 가등기할 수 있다.

③ **행사:** 예약완결권자는 예약완결권자의 상대방 및 그 승계인에 대하여 예약완결권을 행사하여야 한다. 예약완결권의 행사기간에 대해서는 당사자 사이의 약정이 있으면 그에 의하고, 약정이 없는 경우 예약완결권자의 상대방은 상당한 기간을 정하여 예약완결권자에게 매매완결 여부의 확답을 최고할 수 있다. 예약완결권자의 상대방이 상당한 기간 내에 확답을 받지 못한 경우에는 예약은 효력을 잃는다(제564조 제2항 및 제3항).

기 출 지 문 O X

매매예약완결권의 제척기간이 도과하였는지의 여부는 법원의 직권조사 사항이다. • 21회 (   )

정답 (O)

 **판례**

예약완결권은 일종의 형성권으로서 당사자 사이에 그 행사기간을 약정한 때에는 그 기간 내에, 그러한 약정이 없는 때에는 예약이 성립한 때부터 10년 내에 이를 행사하여야 하고, 그 기간을 도과한 때에는 상대방이 예약목적물인 부동산을 인도받은 경우라도 예약완결권은 제척기간의 경과로 인하여 소멸된다(대판 2000.10.13, 99다18725).

3 계약금계약

1. 계약금의 의의

계약금이란 계약을 체결하면서 그에 부수하여 당사자 일방이 상대방에 대하여 지급하는 금전이나 그 밖의 물건이다.

2. 계약금계약의 성질 ·29회

(1) 종된 계약

계약금계약은 매매계약에 종된 계약이다. 따라서 매매계약이 무효·취소되면 계약금계약도 당연히 실효된다(이를 '부종성'이라 함). 다만, 계약금계약은 매매계약과 동시에 행해질 필요는 없다.

(2) 요물계약

계약금계약은 금전이나 그 밖의 물건의 지급을 요건으로 하는 요물계약이다.

3. 계약금의 종류

(1) 증약금

계약금은 계약체결의 증거로서의 의미를 가지는데, 이를 증약금이라 한다. 계약금은 당사자가 법적 구속을 받는 계약을 체결하였다는 것을 확인하고 이를 증명하기 위하여 지급하는 것이다. 따라서 계약금은 언제나 증약금으로서의 성질을 가진다.

(2) 해약금

계약금은 해제권을 유보하는 성질을 가지는데, 이를 해약금이라 한다. 즉, 계약체결 후 일정한 시점까지는, 계약금을 교부한 자는 계약금을 포기하고 계약을 해제할 수 있고, 계약금을 수령한 자는 계약금의 배액을 상환하여 계약을 해제할 수 있다. 민법은 계약금을 해약금으로 추정하고 있다(제565조 제1항).

(3) 위약금

계약금은 채무이행을 확보하기 위한 성질을 가지는데, 이를 위약금이라 한다. 즉, 계약금을 당사자가 계약을 위반한 경우에 지급하여야 할 금액으로 정할 수 있다. 계약금이 위약금으로서의 성질을 가지기 위해서는 계약금을 위약금으로 한다는 특약이 있어야 한다.

> **⊕ 보충** 위약금의 종류
>
> 1. 위약금에는 손해배상액의 예정과 위약벌이 있다.
> 2. 손해배상액의 예정이란 채무불이행의 경우에 채무자가 지급하여야 할 손해배상액을 당사자가 미리 계약으로 정하는 것이다. 채무자의 채무불이행이 있는 경우 채권자는 실손해를 묻지 않고 바로 예정된 배상액을 청구할 수 있다. 예정된 배상액이 부당하게 많은 경우에는 법원이 이를 직권으로 감액할 수 있다.
> 3. 위약벌이란 손해배상 이외에 사적 제재로서 따로 받기로 약정한 경우를 말한다. 위약벌의 경우에는 위약금 이외에 별도의 손해배상청구가 가능하다. 위약벌의 경우에는 약정된 금액이 과도하더라도 법원이 직권으로 감액할 수는 없다.
> 4. 민법은 위약금을 손해배상액의 예정으로 추정하고 있다(제398조 제4항).

4. 해약금에 의한 계약해제 ·25회 ·26회 ·27회 ·28회 ·30회 ·31회 ·34회

> **제565조【해약금】** ① 매매의 당사자 일방이 계약 당시에 금전 기타 물건을 계약금, 보증금 등의 명목으로 상대방에게 교부한 때에는 당사자 간에 다른 약정이 없는 한 당사자의 일방이 이행에 착수할 때까지 교부자는 이를 포기하고 수령자는 그 배액을 상환하여 매매계약을 해제할 수 있다.
> ② 제551조의 규정은 전항의 경우에 이를 적용하지 아니한다.

(1) 행사기간

① 해제권을 행사할 수 있는 기간은 당사자의 일방이 이행에 착수할 때까지이다.
② 당사자의 일방이란 매매당사자의 '쌍방' 중 어느 일방을 말한다. 따라서 매도인이 이행에 착수한 바가 없더라도 매수인이 이미 이행에 착수한 경우 매도인과 매수인은 더 이상 해약금에 의한 계약해제는 할 수 없다.

기출지문 OX

甲은 자신의 X토지를 乙에게 매도하는 계약을 체결하고 乙로부터 계약금을 수령하였다. 이 경우 乙이 중도금 지급기일 전 중도금을 지급한 경우, 甲은 계약금 배액을 상환하고 해제할 수 없다.
· 31회 ( )

정답 (O)

③ 이행의 착수란 채무이행의 일부를 행하거나 이행에 필요한 전제행위를 하는 것을 말하고 이행의 준비만으로는 부족하다. 중도금을 지급한다든가, 잔금을 준비하고 등기소에 동행할 것을 촉구하는 것은 이행의 착수에 해당한다. 그러나 단순히 인도할 물건을 구입하는 것은 이행착수에 해당하지 않는다.

> **판례**
>
> 1. 「부동산 거래신고 등에 관한 법률」에 정한 토지거래계약에 관한 허가구역으로 지정된 구역 안의 토지에 관하여 매매계약이 체결된 후 계약금만 수수한 상태에서 당사자가 토지거래허가신청을 하고 이에 따라 관할관청으로부터 그 허가를 받았다 하더라도, 그러한 사정만으로는 아직 이행의 착수가 있다고 볼 수 없어 매도인으로서는 민법 제565조에 의하여 계약금의 배액을 상환하여 매매계약을 해제할 수 있다(대판 2009.4.23, 2008다62427).
> 2. 매도인이 매수인에 대하여 매매계약의 이행을 청구하고 매매잔대금의 지급을 구하는 소송을 제기한 것만으로는 이행에 착수하였다고 볼 수 없다(대판 2008.10.23, 2007다72274).
> 3. 이행기의 약정이 있더라도 당사자가 채무의 이행기 전에는 착수하지 아니하기로 하는 특약을 하는 등의 특별한 사정이 없는 한 이행기 전에 이행에 착수할 수 있다(대판 1993.1.19, 92다31323).
> 4. 매매계약 당시 매수인이 중도금 일부의 지급에 갈음하여 매도인에게 제3자에 대한 대여금채권을 양도하기로 약정하고, 그 자리에 제3자도 참석한 경우에는 매수인은 매매계약과 함께 채무의 일부 이행에 착수하였으므로, 매도인은 해약금에 의한 계약해제를 할 수 없다(대판 2006.11.24, 2005다39594).

(2) 행사방법

① 당사자 일방이 이행에 착수할 때까지 교부자는 이를 포기하고, 수령자는 배액을 상환하여 계약을 해제할 수 있다.
② 교부자는 계약을 해제하겠다는 의사표시만 하면 계약을 해제할 수 있다. 이 경우에는 당연히 계약금포기의 효력이 발생하므로 별도의 포기의사가 필요 없다. 그러나 수령자는 계약을 해제하겠다는 의사표시만으로는 부족하고 반드시 계약금의 배액을 현실적으로 상환하여야만 계약을 해제할 수 있다.

기출지문 OX

토지거래허가구역 내 토지에 관한 매매계약을 체결하고 계약금만 지급한 상태에서 거래허가를 받았더라도 매도인은 계약금의 배액을 상환하고 계약을 해제할 수 있다. •26회 ( )

정답 (○)

> **판례**
>
> 매매당사자 간에 계약금을 수수하고 계약해제권을 유보한 경우에 매도인(받은 자)이 계약금의 배액을 상환하고 계약을 해제하려면 계약해제의 의사표시 외에 계약금의 배액에 대한 이행의 제공이 있으면 족하고, 상대방이 이를 수령하지 않는다 하여 이를 공탁할 필요는 없다(대판 1981.10.27, 80다2784).

(3) 행사효과

① 해약금에 의한 계약해제 역시 계약이 소급적으로 소멸한다. 그러나 해약금에 의한 계약해제는 채무불이행을 전제로 한 것이 아니므로 원상회복의무나 손해배상청구권의 문제가 발생하지 않는다.

② 해약금에 의한 계약해제는 채무불이행으로 인한 계약해제(법정해제)에 영향을 미치지 않는다.

추가 손해배상청구는 법정해제에서만 가능하다.

> **판례**
>
> 계약서에 명문으로 위약 시의 법정해제권의 포기 또는 배제를 규정하지 않은 이상 계약당사자 중 어느 일방에 대한 약정해제권의 유보 또는 위약벌에 관한 특약의 유무 등은 채무불이행으로 인한 법정해제권의 성립에 아무런 영향을 미칠 수 없다(대결 1990.3.27, 89다카14110).

(4) 제565조의 성격

해약금에 의한 계약해제에 관한 제565조 규정은 임의규정이므로 당사자의 특약으로 이를 배제하는 특약은 유효하다.

4 매매계약의 비용부담

> **제566조【매매계약의 비용의 부담】** 매매계약에 관한 비용은 당사자 쌍방이 균분하여 부담한다.

(1) 매매계약에 관한 비용은 당사자 쌍방이 균분하여 부담한다(제566조). 계약비용에는 계약서작성비용, 감정평가비용, 토지측량비용 등이 있다.

(2) 그러나 등기비용과 같은 이행(변제)비용은 계약비용이 아니므로 매수인이 부담하는 것이 거래관행이다.

5 유상계약에의 준용

매매에 관한 규정은 계약의 성질이 준용을 허용하지 않는 경우를 제외하고는 다른 유상계약에 준용된다(제567조).

제3절 매매의 효력

1 매매의 기본적 효력 ·24회 ·25회 ·26회 ·30회

1. 매도인의 의무

(1) 재산권이전의무

> **제568조【매매의 효력】** ① 매도인은 매수인에 대하여 매매의 목적이 된 권리를 이전하여야 하며 매수인은 매도인에게 그 대금을 지급하여야 한다.
> ② 전항의 쌍방의무는 특별한 약정이나 관습이 없으면 동시에 이행하여야 한다.

① 재산권이전의무의 내용
  ㉠ 매도인은 매수인에게 재산권이전에 필요한 모든 행위를 하여야 한다(제568조 제1항). 부동산의 경우에는 등기를, 동산의 경우에는 인도를, 채권의 경우에는 대항요건을 갖추어 주어야 한다.
  ㉡ 부동산의 점유를 내용으로 하는 물건의 매매에서는 등기 외에도 목적물의 점유도 이전하여야 한다. 또한 타인의 토지에 건물을 소유하고 있는 자가 그 건물을 매도한 경우 그 토지에 대한 사용권(지상권, 전세권, 임차권 등)까지 함께 매수인에게 이전해 주어야 한다.

> **판례**
> 토지의 매수인이 아직 소유권이전등기를 경료받지 아니하였다 하여도 매매계약의 이행으로 그 토지를 인도받은 때에는 매매계약의 효력으로서 이를 점유·사용할 권리가 생기게 된 것으로 보아야 하고, 또 매수인으로부터 위 토지를 다시 매수한 자는 위와 같은 토지의 점유·사용권을 취득한 것으로 봄이 상당하므로 매도인은 매수인으로부터 다시 위 토지를 매수한 자에 대하여 토지소유권에 기한 물권적 청구권을 행사할 수 없다(대판 1998.6.26, 97다42823).

ⓒ 매도인이 주물 또는 주된 권리를 매매한 경우 특약이 없는 한 종물 또는 종된 권리도 함께 이전해 주어야 한다.
ⓛ 타인의 권리를 매매한 경우에는 매도인은 그 권리를 취득하여 매수인에게 이전하여야 한다.
ⓜ 매매의 목적이 된 부동산에 압류·가압류등기 및 저당권·근저당권 설정등기 등이 경료되어 있는 경우에는 매도인은 이와 같은 등기도 말소하여 아무런 부담이 없는 완전한 권리를 이전해 주어야 한다.

② **동시이행관계:** 매도인의 재산권이전의무(목적물의 인도를 포함)와 매수인의 대금지급의무는 특별한 약정이나 관습이 없으면 동시이행관계에 있다(제568조 제2항).

> **판례**
>
> 부동산의 매매계약이 체결된 경우에는 매도인의 소유권이전등기의무 및 인도의무와 매수인의 잔대금지급의무는 동시이행의 관계에 있는 것이 원칙이고, 이 경우 매도인은 특별한 사정이 없는 한 제한이나 부담이 없는 완전한 소유권이전등기의무를 지는 것이므로 매매목적 부동산에 가압류등기 등이 되어 있는 경우에는 매도인은 이와 같은 등기도 말소하여 완전한 소유권이전등기를 해 주어야 하는 것이다. 따라서 가압류등기 등이 있는 부동산의 매매계약에서는 매도인의 소유권이전등기의무와 아울러 가압류등기의 말소의무도 매수인의 대금지급의무와 동시이행관계에 있다고 할 것이다(대판 2000. 11.28, 2000다8533).

(2) 과실취득권

> **제587조【과실의 귀속, 대금의 이자】** 매매계약 있은 후에도 인도하지 아니한 목적물로부터 생긴 과실은 매도인에게 속한다. 매수인은 목적물의 인도를 받은 날로부터 대금의 이자를 지급하여야 한다. 그러나 대금의 지급에 대하여 기한이 있는 때에는 그러하지 아니하다.

① 천연과실은 그 원물(元物)로부터 분리하는 때에 이를 수취할 권리자에게 속하고, 법정과실은 수취할 권리의 존속기간 일수(日數)의 비율로 취득한다(제102조).
② 따라서 매매계약 있은 후에도 인도하지 아니한 목적물로부터 생긴 과실은 매도인에게 속한다(제587조 전단). '인도 시를 기준'으로 매도인의 과실취득과 매수인의 대금지급은 서로 대응관계에 있기 때문이다. 따라서 매수인이 대금을 완납한 경우에는 매도인이 목적물을 점유하고 있더라도 그 목적물로부터 생긴 과실은 매수인에게 속한다.

2. 매수인의 의무

(1) 대금지급의무

① **의의:** 매수인은 매도인의 재산권이전에 대한 반대급부로서 대금지급의무를 진다(제568조 제1항).

② **대금지급의무의 이행기**
   ㉠ 매매의 당사자 일방에 대한 의무이행의 기한이 있는 때에는 상대방의 의무이행에 대하여도 동일한 기한이 있는 것으로 추정한다(제585조).
   ㉡ 어느 의무에 대해서도 기한의 약정이 없는 경우에는 당사자는 계약이 성립한 후에 언제든지 상환으로 이행할 것을 청구할 수 있다.

③ **대금의 지급장소:** 대금지급채무는 종류채무이므로 채권자의 현주소지에서 대금을 지급하는 것이 원칙이다(제467조 제2항 본문). 그러나 매매의 목적물의 인도와 동시에 대금을 지급할 경우에는 그 인도장소에서 이를 지급하여야 한다(제586조).

④ **대금의 이자지급:** 매수인은 목적물을 인도받은 날부터 대금의 이자를 지급하여야 한다(제587조 후단). 다만, 대금지급의 기한이 있는 경우에는 따로 이자를 지급할 필요가 없다(제587조 후단 단서).

⑤ **대금지급거절권**
   ㉠ 매수인이 대금지급을 거절할 수 있는 경우로는 동시이행의 항변권을 원용할 수 있는 경우(제536조)와 매매목적물에 대하여 권리를 주장하는 자가 있는 경우(제588조)이다.
   ㉡ 매매의 목적물에 대하여 권리를 주장하는 자가 있는 경우에 매수인이 매수한 권리의 전부나 일부를 잃을 염려가 있을 때에는 매수인은 그 위험의 한도에서 대금의 전부나 일부의 지급을 거절할 수 있다(제588조 본문). 다만, 매도인이 상당한 담보를 제공한 경우에는 대금지급을 거절할 수 없다(제588조 단서). 한편 매수인에게 위와 같은 대금지급거절권이 있는 경우에 매도인은 매수인에게 대금을 공탁할 것을 청구할 수 있다(제589조).

> **판례**
> 근저당권설정등기가 있어 완전한 소유권이전을 받지 못할 염려가 있는 경우 매수인은 그 근저당권의 말소등기가 될 때까지 그 등기상의 담보한도금액에 상당한 대금지급을 거절할 수 있다(대판 1988.9.27, 87다카1029).

(2) 목적물수령의무

① 매수인은 매도인이 제공한 목적물을 수령할 의무를 부담하는가? 이에 대해 다수설은 신의칙상 매수인(채권자)에게도 일반적인 목적물수령의무가 있다고 한다.

② 따라서 다수설에 의하면 매수인(채권자)이 자신의 고의 또는 과실로 목적물을 수령할 수 없거나 그 수령을 거절하는 것은 채무불이행에 해당되므로, 채권자지체책임(제401조부터 제403조까지의 규정)을 부담하는 외에 계약해제와 손해배상책임의 불이익을 받을 수 있다.

2 매도인의 담보책임 ·24회 ·25회 ·26회 ·27회 ·28회 ·31회 ·33회 ·36회

1. 서설

(1) 의의

① 매도인의 담보책임이란 매매의 목적물인 권리 또는 물건에 하자(瑕疵)가 있는 경우 매도인이 매수인에 대하여 부담하는 책임이다. 매도인의 담보책임은 하자가 권리에 존재하는 경우와 물건에 존재하는 경우에 따라 담보책임의 유형을 달리 정하고 있다. 한편 물건에 관한 담보책임(하자담보책임)은 특정물에 하자가 있는 경우뿐만 아니라 종류물(불특정물)에 하자가 있는 경우에도 적용된다.

② 매도인의 담보책임은 매매 외의 다른 유상계약에 준용된다(제567조).

(2) 성질

① **법정책임**: 매도인의 담보책임은 매매계약의 유상성(대가성)에 비추어 매수인을 보호하고 거래안전을 보호하기 위하여 인정되는 법정책임이다. 즉, 매도인의 담보책임은 채무불이행책임이 아니다.

② **무과실책임**: 매도인의 담보책임은 매도인이 목적물의 하자에 대한 고의 또는 과실이 없어도 책임을 지는 무과실책임이다.

구분	매도인의 담보책임	채무불이행책임
성립요건	매도인(채무자)의 고의·과실을 요건으로 하지 않는 무과실책임	채무자(매도인)의 고의·과실을 요건으로 하는 과실책임
매수인의 선의·악의	매수인(채권자)의 하자에 대한 선의·악의는 담보책임의 내용에 영향을 미침	채권자(매수인)의 선의·악의는 채무불이행책임의 내용에 영향을 미치지 않음
계약해제	계약의 목적을 달성할 수 없는 경우에 한해 최고 없이 인정됨	채무불이행이 있는 경우 원칙적으로 이행을 최고하고 계약을 해제함
손해배상	매수인이 선의인 경우에만 손해배상청구권이 인정됨(예외 있음)	채권자의 선의·악의를 불문하고 손해배상청구권이 인정됨
권리행사 기간	1년 또는 6개월의 제척기간의 적용을 받음	통상의 소멸시효의 적용을 받음

(3) 담보책임의 내용

① 매도인의 담보책임의 내용으로는 대금감액청구권, 계약해제권, 손해배상청구권이 있다. 한편 종류물매매에 하자가 있는 경우에는 계약해제와 손해배상청구에 갈음하여 완전물급부청구권이 인정된다. 하자보수청구권은 인정되지 않는다. 하자보수청구권은 수급인의 담보책임의 내용에 속한다.

② 대금감액청구권은 계약의 일부해제에 해당한다. 그리고 계약해제권은 하자로 인하여 계약의 목적을 달성할 수 없는 경우에 최후의 수단으로 행사되는 권리이다. 손해배상청구권은 하자로 인하여 손해가 발생한 경우 해제권과 아울러 인정되는 것으로서, 손해배상의 범위에 대해서는 이행이익을 배상하여야 한다는 견해와 신뢰이익의 손해를 배상하여야 한다는 견해가 대립된다. 이에 대하여 판례는 전부 타인의 권리의 경우와 일부 타인의 권리의 경우에 이행이익의 손해를 배상할 것을 명한 적이 있다.

(4) 관련 문제

① **담보책임과 동시이행관계:** 매도인의 담보책임이 인정되는 경우 매수인은 매도인으로부터 수령한 것에 대한 반환의무를 부담하는 경우가 많다. 따라서 쌍방의 의무는 서로 밀접한 관계(견련성)를 가지므로 매도인의 담보책임과 매수인의 반환의무는 동시이행관계에 있게 된다(제583조).

② **담보책임면제의 특약:** 담보책임에 관한 규정은 임의규정이므로 담보책임의 내용을 가중·감경·면제하는 특약은 원칙적으로 유효하다. 매도

인은 담보책임을 면하는 특약을 한 경우에도 매도인이 알고도 알리지 않은 사실 및 제3자에게 권리를 설정하거나 양도한 행위에 대해서는 책임을 면할 수 없다(제584조).

③ **타제도와의 관계**

㉠ 담보책임과 착오의 관계: 판례는 매매계약 내용의 중요부분에 착오가 있는 경우, 매수인은 매도인의 하자담보책임이 성립하는지와 상관없이 착오를 이유로 매매계약을 취소할 수 있다고 한다.

㉡ 담보책임과 사기의 관계: 사기와 담보책임이 경합하는 경우에는 각각의 요건을 입증하여 주장할 수 있다.

㉢ 담보책임과 원시적 불능의 관계: 원시적·객관적·전부불능의 경우에는 계약체결상의 과실책임이 문제되지만, 원시적·객관적·일부불능의 경우에는 일부무효의 법리(제137조)의 특칙인 담보책임규정이 적용된다(제574조). 원시적·주관적·전부불능(전부 타인권리의 매매)이나 원시적·주관적·일부불능(일부 타인권리의 매매)의 경우에는 계약 자체는 유효하지만, 매도인이 그 권리를 취득하여 매수인에게 이전하지 못하는 경우에는 담보책임을 진다(제570조, 제572조).

㉣ 담보책임과 후발적 불능의 관계: 채무자의 귀책사유로 후발적 불능이 된 경우에는 채무불이행책임(제390조)이 문제되고, 채무자의 귀책사유 없이 후발적 불능으로 된 경우에는 위험부담(제537조, 제538조)이 문제된다. 다만, 특정물 매매의 경우 채무자(매도인)의 귀책사유 없이 일부 멸실된 경우에 대해서는 위험부담규정을 적용하여야 한다는 견해(법정책임설)와 담보책임규정(제574조)을 적용하여야 한다는 견해(채무불이행책임설)가 대립된다.

2. 권리의 하자에 대한 담보책임

(1) 권리의 전부가 타인에게 속하는 경우

> **제569조 【타인의 권리의 매매】** 매매의 목적이 된 권리가 타인에게 속한 경우에는 매도인은 그 권리를 취득하여 매수인에게 이전하여야 한다.
>
> **제570조 【동전-매도인의 담보책임】** 전조의 경우에 매도인이 그 권리를 취득하여 매수인에게 이전할 수 없는 때에는 매수인은 계약을 해제할 수 있다. 그러나 매수인이 계약 당시 그 권리가 매도인에게 속하지 아니함을 안 때에는 손해배상을 청구하지 못한다.

> **사례**
> 甲이 丙 소유의 건물에 대하여 乙과 매매계약을 체결하였으나 甲이 그 소유권을 취득하여 乙에게 이전할 수 없는 경우 乙은 甲에 대하여 어떠한 책임을 물을 수 있는가?

① 성립요건
　㉠ 매매목적물이 현존하여야 한다. 매매목적물 자체가 전혀 존재하지 않거나 계약체결 전에 이미 소실된 경우에는 계약체결상의 과실책임(제535조)이 문제될 뿐 담보책임의 문제는 발생하지 않는다.
　㉡ 매매목적물에 관한 권리의 전부가 타인에게 속하기 때문에 그 권리를 이전할 수 없어야 한다. 타인권리의 매매도 유효하나, 매도인이 그 권리를 취득하여 매수인에게 이전할 수 없는 때에는 담보책임을 진다.

> **판례**
> 1. 타인의 물건이 매매의 목적인 때에는 그 매매계약은 유효하며, 원시적 불능으로서 무효가 되는 것은 아니다(대판 1993.8.24, 93다24445).
> 2. 명의신탁자는 그 부동산을 사실상 처분할 수 있을 뿐만 아니라 법률상으로도 처분할 수 있는 권한이 있으므로 이는 민법 제569조의 타인의 권리 매매에 해당하지 않는다(대판 1996.8.20, 96다18656).

② 담보책임의 내용
　㉠ 계약해제권: 매수인은 선의·악의를 불문하고 최고 없이 계약을 해제할 수 있다.
　㉡ 손해배상청구권: 선의의 매수인에게만 인정된다. 손해배상액의 범위는 이행이익의 손해배상이며, 손해배상액의 산정시기는 이행불능 당시의 시가를 표준으로 산정한다.
　㉢ 제척기간의 적용 여부: 제570조에서 인정되는 계약해제권과 손해배상청구권의 행사에는 제척기간이 적용되지 않는다.
　㉣ 채무불이행책임과의 경합 여부: 판례는 전부 타인의 권리의 경우에 매수인에게 권리를 이전할 수 없는 것이 매도인의 고의·과실로 인한 때에는 매수인은 담보책임 외에 채무불이행책임을 물을 수도 있다고 한다.

기출지문 OX

타인의 권리를 매도한 자가 그 전부를 취득하여 매수인에게 이전할 수 없는 경우, 악의의 매수인은 계약을 해제할 수 있다. • 26회
( )

정답 (○)

③ 선의의 매도인보호에 관한 특칙
　㉠ 매도인은 계약 당시 매매의 목적이 된 권리가 자기에게 속하지 아니함을 알지 못한 경우에 그 권리를 취득하여 매수인에게 이전할 수 없는 때에는 손해를 배상하고 계약을 해제할 수 있다(제571조 제1항). 이 경우에 매수인이 계약 당시 그 권리가 매도인의 권리가 아님을 안 때에는 매도인은 매수인에게 그 권리를 이전할 수 없음을 통지하고 계약을 해제할 수 있다(제571조 제2항).
　㉡ 제571조 규정은 본래적 의미의 담보책임의 내용이 아니라 선의의 매도인을 보호하기 위한 특별규정이다.

(2) 권리의 일부가 타인에게 속하는 경우

> 제572조【권리의 일부가 타인에게 속한 경우와 매도인의 담보책임】 ① 매매의 목적이 된 권리의 일부가 타인에게 속함으로 인하여 매도인이 그 권리를 취득하여 매수인에게 이전할 수 없는 때에는 매수인은 그 부분의 비율로 대금의 감액을 청구할 수 있다.
> ② 전항의 경우에 잔존한 부분만이면 매수인이 이를 매수하지 아니하였을 때에는 선의의 매수인은 계약 전부를 해제할 수 있다.
> ③ 선의의 매수인은 감액청구 또는 계약해제 외에 손해배상을 청구할 수 있다.
> 제573조【전조의 권리행사의 기간】 전조의 권리는 매수인이 선의인 경우에는 사실을 안 날로부터, 악의인 경우에는 계약한 날로부터 1년 내에 행사하여야 한다.

🔍 **사례**

甲이 토지 100평(약 330m²)을 乙에게 매각하였으나, 그중 80평(약 264m²)은 甲의 소유이지만 20평(약 66m²)은 丙의 소유인 경우에 乙은 甲에 대하여 어떠한 책임을 물을 수 있는가?

① 성립요건
　㉠ 매매목적물에 관한 권리의 일부가 타인에게 속하기 때문에 그 권리를 이전할 수 없어야 한다.
　㉡ 단일한 권리의 일부가 타인에 속하는 경우뿐만 아니라 수 개의 권리를 일괄하여 매매의 목적으로 정한 경우에도 그 가운데 이전할 수 없게 된 권리부분이 차지하는 비율에 따른 대금산출이 불가능한 경우 등 특별한 사정이 없는 한 제572조가 적용된다는 것이 판례의 태도이다(대판 1989.11.14, 88다카13547).

② **담보책임의 내용**
　㉠ 대금감액청구권: 매수인의 선의·악의를 불문하고 타인에게 속하는 부분의 비율에 따라 대금의 감액을 청구할 수 있다. 대금감액청구권은 계약의 일부해제에 해당하므로 형성권이다.
　㉡ 계약해제권: 선의의 매수인은 이전된 부분만이면 이를 매수하지 않았으리라는 사정이 있는 경우 계약 전부를 해제할 수 있다.
　㉢ 손해배상청구권: 선의의 매수인은 대금감액 또는 계약해제와 아울러 손해배상도 청구할 수 있다.
　㉣ 제척기간: 선의의 매수인은 그 사실을 안 날부터 1년 내에, 악의의 매수인은 계약한 날부터 1년 내에 권리를 행사하여야 한다.

(3) 수량부족·일부멸실의 경우 ・32회

> **제574조【수량부족, 일부멸실의 경우와 매도인의 담보책임】** 전2조의 규정은 수량을 지정한 매매의 목적물이 부족되는 경우와 매매목적물의 일부가 계약 당시에 이미 멸실된 경우에 매수인이 그 부족 또는 멸실을 알지 못한 때에 준용한다.

🔍 사례

1. 甲과 乙은 甲 소유의 토지가 100평(약 330m²)인 줄 알고 평당 100만원씩 책정하여 매매계약을 체결하였으나, 실측을 해본 결과 80평(약 264m²)밖에 되지 않는 경우 乙은 甲에 대하여 어떠한 책임을 물을 수 있는가?
2. 甲이 창고가 딸린 건물을 乙에게 매도하는 계약을 체결하였으나 그 창고가 계약체결 이전에 이미 화재로 소실된 경우 乙은 甲에 대하여 어떠한 책임을 물을 수 있는가?

① **성립요건**
　㉠ 수량부족: 매매목적물은 특정물이어야 한다. 종류물매매에서는 급부된 물건이 부족한 경우 이는 채무불이행책임이 문제될 뿐 담보책임의 문제는 발생하지 않는다. 또한 수량을 지정한 매매에서 목적물의 수량이 부족하여야 한다. 수량을 지정한 매매란 당사자가 매매의 목적인 특정물이 일정한 수량을 가지고 있다는 데에 주안점을 두고, 대금도 그 수량을 기준으로 하여 정한 경우를 말한다.

> **판례**
> 1. 토지의 매매에 있어 목적물을 등기부상의 평수에 따라 특정한 경우라도 당사자가 그 지정된 구획을 전체로서 평가하였고 평수에 의한 계산이 하나의 표준에 지나지 아니하여 그것이 당사자들 사이에 목적토지를 특정하고 그 대금을 결정하기 위한 방편이었다고 보일 때에는 수량을 지정한 매매라 할 수 없다(대판 1991.4.9, 90다15433).
> 2. 수량을 지정한 매매계약 후에 수량부족이 발생한 경우에는 제574조에 의한 담보책임을 물을 수 없다(대판 1996.12.10, 94다56098).

ⓒ 일부멸실: 매매목적물의 일부가 계약체결 당시에 이미 멸실되어야 한다.

② 담보책임의 내용

㉠ 매수인이 선의인 경우: 매수인이 선의인 경우에는 권리의 일부가 타인에게 속하는 경우의 담보책임과 동일하게 대금감액청구권, 계약해제권, 손해배상청구권을 가진다. 선의의 매수인의 위와 같은 권리는 하자를 안 날부터 1년 내에 행사하여야 한다.

ⓒ 매수인이 악의인 경우: 매수인이 악의인 경우에는 매도인에 대하여 어떠한 내용의 담보책임도 물을 수 없다.

(4) 용익권에 의하여 제한받고 있는 경우

> **제575조【제한물권 있는 경우와 매도인의 담보책임】** ① 매매의 목적물이 지상권, 지역권, 전세권, 질권 또는 유치권의 목적이 된 경우에 매수인이 이를 알지 못한 때에는 이로 인하여 계약의 목적을 달성할 수 없는 경우에 한하여 매수인은 계약을 해제할 수 있다. 기타의 경우에는 손해배상만을 청구할 수 있다.
> ② 전항의 규정은 매매의 목적이 된 부동산을 위하여 존재할 지역권이 없거나 그 부동산에 등기된 임대차계약이 있는 경우에 준용한다.
> ③ 전2항의 권리는 매수인이 그 사실을 안 날로부터 1년 내에 행사하여야 한다.

> **사례**
> 甲이 자기 소유의 건물을 乙에게 매도하였는데, 그 건물에 대해 이미 丙이 전세권을 가지고 있는 경우 乙은 甲에 대하여 어떠한 책임을 물을 수 있는가?

① 성립요건

㉠ 매매목적물이 지상권, 지역권, 전세권, 질권 또는 유치권의 목적이 되어 있거나, 매매의 목적이 된 부동산을 위하여 있어야 할 지역권

기출지문 OX

토지 위에 설정된 지상권으로 인하여 계약의 목적을 달성할 수 없는 경우, 악의인 乙은 계약을 해제할 수 없다. • 22회 ( )

정답 (○)

이 없거나, 매매의 목적이 된 부동산에 등기된 임차권이나 「주택임대차보호법」상의 대항력을 갖춘 임차권이 있어야 한다.
ⓒ 위의 제한으로 매수인이 목적물을 충분히 사용·수익할 수 없어야 한다.

② **담보책임의 내용**
㉠ 대금감액청구권의 인정 여부: 매매목적물에 용익권 등의 제한이 있더라도 이로 인하여 소유권이전이 불가능한 것은 아니고, 용익권 등에 의한 제한은 질적인 하자에 해당하여 감액되어야 할 금액을 비율적으로 산정하기 어렵기 때문에 대금감액청구권은 인정되지 않는다.
㉡ 계약해제권: 선의의 매수인은 계약의 목적을 달성할 수 없는 경우에만 계약을 해제할 수 있다.
㉢ 손해배상청구권: 선의의 매수인은 언제나 손해배상을 청구할 수 있다.
㉣ 제척기간: 선의의 매수인의 계약해제권과 손해배상청구권은 용익권의 존재 또는 지역권의 부존재 사실을 안 날부터 1년 이내에 행사하여야 한다.

(5) 저당권 또는 전세권의 행사로 소유권을 취득할 수 없거나 상실한 경우

> **제576조【저당권, 전세권의 행사와 매도인의 담보책임】** ① 매매의 목적이 된 부동산에 설정된 저당권 또는 전세권의 행사로 인하여 매수인이 그 소유권을 취득할 수 없거나 취득한 소유권을 잃은 때에는 매수인은 계약을 해제할 수 있다.
> ② 전항의 경우에 매수인의 출재로 그 소유권을 보존한 때에는 매도인에 대하여 그 상환을 청구할 수 있다.
> ③ 전2항의 경우에 매수인이 손해를 받은 때에는 그 배상을 청구할 수 있다.
>
> **제577조【저당권의 목적이 된 지상권, 전세권의 매매와 매도인의 담보책임】** 전조의 규정은 저당권의 목적이 된 지상권 또는 전세권이 매매의 목적이 된 경우에 준용한다.

🔍 사례

甲은 자신의 토지를 담보로 丙으로부터 1천만원을 차용하고 丙에게 저당권을 설정하여 주었다. 그 후 甲은 乙에게 자신의 토지를 매각하였으나, 甲의 채무불이행으로 인해 丙이 저당권을 실행하여 丁에게 토지가 경락되었다. 이 경우 乙은 甲에 대하여 어떠한 책임을 물을 수 있는가?

① 성립요건
　㉠ 매매의 목적부동산에 저당권 또는 전세권이 설정되었다는 사실만으로는 담보책임이 발생하지 않고, 저당권 또는 전세권의 실행으로 인하여 매수인이 매매의 목적부동산의 소유권을 취득할 수 없거나 취득한 소유권을 잃거나, 매매의 목적부동산에 설정된 저당권 또는 전세권의 실행에 의한 소유권 상실을 피하기 위하여 매수인이 재산을 출연하여 저당권·전세권을 소멸시켜 그 소유권을 보존하거나, 지상권 또는 전세권 위에 설정된 저당권이 실행되어 지상권 또는 전세권을 취득할 수 없거나 잃게 되는 경우 또는 매수인이 재산을 출연하여 전세권·지상권을 보존한 경우이어야 한다.
　㉡ 판례는 가등기의 목적이 된 부동산을 매수한 사람이 그 뒤 가등기에 기한 본등기가 경료됨으로써 그 부동산의 소유권을 상실하게 된 때에도 제576조(저당권에 의한 제한)가 적용된다고 한다.

> **판례**
> 가등기의 목적이 된 부동산을 매수한 사람이 그 뒤 가등기에 기한 본등기가 경료됨으로써 그 부동산의 소유권을 상실하게 된 때에는 매매의 목적부동산에 설정된 저당권 또는 전세권의 행사로 인하여 매수인이 취득한 소유권을 상실한 경우와 유사하므로, 이와 같은 경우에는 민법 제570조가 아니라 제576조 규정이 준용되므로 같은 조 소정의 담보책임을 진다고 보아야 한다 (대판 1992.10.27, 92다21784).

추가 전세권에 대한 담보책임 적용 여부
매매의 목적이 된 부동산에 이미 전세권이 설정되어 있는 경우에는 제575조에 의한 담보책임(용익권에 의한 제한)이 적용되고, 매매의 목적이 된 부동산에 설정된 전세권이 실행된 경우에는 제576조에 의한 담보책임(저당권에 의한 제한)이 적용된다.

　㉢ 매수인이 매도인과의 특약으로 저당권 또는 전세권에 의하여 담보된 채무를 인수하기로 한 때에는 저당권의 행사로 인한 담보책임(제576조)이 적용되지 않는다.

② 담보책임의 내용
　㉠ 계약해제권: 매수인의 선의·악의를 불문하고 매매목적 부동산에 대한 소유권을 취득할 수 없거나 취득한 소유권을 잃은 때에는 계약을 해제할 수 있다. 또한 매수인이 재산을 출연하여 소유권을 보존한 때에는 매도인에게 그 상환을 청구할 수 있다.
　㉡ 손해배상청구권: 매수인은 선의·악의를 불문하고 소유권을 취득할 수 없거나 취득한 소유권을 잃은 때 또는 자신이 재산을 출연함으로써 소유권을 보존하여 손해를 받은 때에는 따로 손해배상을 청구할 수 있다.

ⓒ 제척기간의 적용 여부: 제576조에서 인정되는 계약해제권과 손해배상청구권의 행사에는 제척기간이 적용되지 않는다.

3. 물건의 하자에 대한 담보책임(하자담보책임)

(1) 특정물매매의 목적물에 하자가 있는 경우

> **제580조 【매도인의 하자담보책임】** ① 매매의 목적물에 하자가 있는 때에는 제575조 제1항의 규정을 준용한다. 그러나 매수인이 하자 있는 것을 알았거나 과실로 인하여 이를 알지 못한 때에는 그러하지 아니하다.
> ② 전항의 규정은 경매의 경우에 적용하지 아니한다.
> **제582조 【전2조의 권리행사기간】** 전2조에 의한 권리는 매수인이 그 사실을 안 날로부터 6월 내에 행사하여야 한다.

> 🔍 **사 례**
> 甲이 자기 소유의 건물을 乙에게 매각하였는데, 그 건물의 바닥과 벽에 균열이 있는 경우 乙은 甲에 대하여 어떠한 책임을 물을 수 있는가?

① **성립요건**
　㉠ 특정된 매매목적물에 하자가 있어야 한다. 하자에 대한 내용을 정리하면 다음과 같다.

의의	하자란 특정물의 품질이나 성능에 관하여 현실적으로 '있는' 상태와 마땅히 '있어야 할' 상태의 불일치를 말한다.
판단기준	하자가 있는지의 여부는 해당 종류의 물건이 거래에서 요구되는 통상의 품질이나 성능을 갖추었는지를 기준으로 결정하여야 할 것이나, 당사자가 목적물의 품질에 관하여 특별히 보증을 한 경우에는 이를 고려하여 판단하여야 한다.
판단시점	특정물매매의 경우 하자를 판단하는 시점은 계약체결 당시이다.
법률상 장애	ⓐ 벌채를 위하여 매수한 산림이 관계법규에 의하여 벌채를 하지 못하거나, 공장부지로서 매수한 토지가 관계법규에 의해 공장을 세울 수 없는 경우와 같은 법률상의 장애에 대해서는 이를 권리의 하자로 보는 견해(다수설)와 물건의 하자로 보는 견해(판례)가 대립된다. ⓑ 권리의 하자로 보는 견해는 경매에 있어서의 담보책임규정이 적용되나, 물건의 하자로 보는 견해는 경매에 있어서의 담보책임규정이 적용되지 않는다.

　㉡ 매수인은 하자에 대하여 선의·무과실이어야 한다. 매수인의 악의 또는 과실은 매도인이 입증하여야 한다.

② **담보책임의 내용**
   ㉠ 계약해제권: 매수인은 하자로 계약의 목적을 달성할 수 없는 경우에는 계약을 해제할 수 있다.
   ㉡ 손해배상청구권: 매수인은 하자가 있더라도 계약의 목적을 달성할 수 있는 경우에는 손해배상만 청구할 수 있다. 그러나 하자로 계약의 목적을 달성할 수 없는 경우에는 계약해제와 함께 손해배상을 청구할 수 있다.
   ㉢ 제척기간: 제580조에서 인정되는 계약해제권과 손해배상청구권은 하자를 안 날부터 6개월 내에 행사하여야 한다.
   ㉣ 경매에 있어서의 담보책임 적용 여부: 경매에 있어서의 담보책임은 경매목적물의 권리에 하자가 있는 경우에만 적용되므로 경락받은 특정물에 하자가 있더라도 매도인은 담보책임을 지지 않는다.

(2) 종류물매매의 목적물에 하자가 있는 경우

> **제581조【종류매매와 매도인의 담보책임】** ① 매매의 목적물을 종류로 지정한 경우에도 그 후 특정된 목적물에 하자가 있는 때에는 전조의 규정을 준용한다.
> ② 전항의 경우에 매수인은 계약의 해제 또는 손해배상의 청구를 하지 아니하고 하자 없는 물건을 청구할 수 있다.
> **제582조【전2조의 권리행사기간】** 전2조에 의한 권리는 매수인이 그 사실을 안 날로부터 6월 내에 행사하여야 한다.

🔍 **사례**

甲은 乙로부터 주문받은 그랜저자동차 한 대를 인도하였으나, 그 인도된 자동차의 엔진에 결함이 있는 경우 乙은 甲에 대하여 어떠한 책임을 물을 수 있는가?

① **성립요건**
   ㉠ 매매의 목적물을 종류로 지정하였는데 그 후 특정된 목적물에 하자가 있어야 한다.
   ㉡ 매수인은 하자에 대하여 선의·무과실이어야 한다.
② **담보책임의 내용**
   ㉠ 계약해제권: 매수인은 하자로 계약의 목적을 달성할 수 없는 경우에는 계약을 해제할 수 있다.

기출지문 OX

불특정물의 하자로 인해 매도인의 담보책임이 성립한 경우, 매수인은 대금감액청구권, 계약해제권, 손해배상청구권, 완전물급부청구권을 행사할 수 있다. •31회
( )

정답 (×)
종류물매매의 목적물에 하자가 있는 경우에 매수인에게 대금감액청구권은 인정되지 않는다.

ⓒ **손해배상청구권**: 매수인은 하자로 계약의 목적을 달성할 수 있는 경우에는 손해배상만 청구할 수 있다. 그러나 하자로 계약의 목적을 달성할 수 없는 경우에는 계약해제와 함께 손해배상을 청구할 수 있다.
   ⓒ **완전물급부청구권**: 매수인은 계약해제권과 손해배상청구권을 행사하지 않고 하자 없는 물건의 급부를 청구할 수도 있다. 즉, 계약해제권·손해배상청구권과 완전물급부청구권은 선택적인 관계에 있다.
   ② **제척기간**: 제581조에서 인정되는 계약해제권 및 손해배상청구권 또는 완전물급부청구권은 하자를 안 날부터 6개월 이내에 행사하여야 한다.

> **판례**
>
> 민법 제582조 소정의 매도인의 하자담보책임에 관한 매수인의 권리행사기간은 재판상 또는 재판 외의 권리행사기간이고, 재판상 청구를 위한 출소기간은 아니다(대판 1985.11.12, 84다카2344).

■■ 담보책임의 정리

담보책임		매수인의 선의·악의	책임의 내용			제척 기간
			대금감액 청구권	계약 해제권	손해배상 청구권	
권리의 하자에 대한 담보책임	전부 타인의 권리	선의		있음	있음	×
		악의		있음	없음	
	일부 타인의 권리	선의	있음	일정한 경우에만 있음	있음	1년
		악의	있음	없음	없음	1년
	수량부족· 일부멸실	선의	있음	일정한 경우에만 있음	있음	1년
		악의	없음	없음	없음	
	용익권에 의한 제한	선의		목적달성 불능 시에 있음	있음	1년
		악의		없음	없음	
	저당권에 의한 제한	선의		일정한 경우에 있음	일정한 경우에 있음	×
		악의		일정한 경우에 있음	일정한 경우에 있음	

		선의·무과실		목적달성 불능 시에 있음	있음	6개월
물건의 하자에 대한 담보책임	특정물 매매					
		악의		없음	없음	
	종류물 매매	선의·무과실		목적달성 불능 시에 있음	있음	6개월
		악의		없음	없음	

3 경매와 매도인의 담보책임 •29회

> **제578조 【경매와 매도인의 담보책임】** ① 경매의 경우에는 경락인은 전8조의 규정에 의하여 채무자에게 계약의 해제 또는 대금감액의 청구를 할 수 있다.
> ② 전항의 경우에 채무자가 자력이 없는 때에는 경락인은 대금의 배당을 받은 채권자에 대하여 그 대금 전부나 일부의 반환을 청구할 수 있다.
> ③ 전2항의 경우에 채무자가 물건 또는 권리의 흠결을 알고 고지하지 아니하거나 채권자가 이를 알고 경매를 청구한 때에는 경락인은 그 흠결을 안 채무자나 채권자에 대하여 손해배상을 청구할 수 있다.

1. 의의

경매의 경우에도 경매목적물에 하자가 있는 경우 경락인을 보호하기 위하여 민법은 담보책임에 관한 규정(제578조와 제580조 제2항)을 두고 있다.

2. 성립요건

(1) 경매는 공경매에 한한다. 공경매란 「민사집행법」에 의한 통상의 강제집행(강제경매)과 담보권실행경매(임의경매) 및 「국세징수법」에 의한 공매를 말한다.

(2) 경매절차가 유효하여야 한다. 채무자의 소유권이전등기가 원인무효인 경우처럼 경매절차 자체가 무효인 경우에는 담보책임이 인정될 여지가 없다.

(3) 경매의 경우에는 권리의 하자에 대해서만 담보책임이 인정되고, 물건의 하자에 대해서는 원칙적으로 담보책임이 인정되지 않는다(제580조 제2항).

기출지문 O X

甲은 경매절차에서 저당목적물인 乙 소유의 X토지를 매각받고, 그 소유권이전등기가 경료되었다. 甲은 X토지의 물건의 하자를 이유로 담보책임을 물을 수 없음이 원칙이다. •23회 ( )

정답 (O)

3. 담보책임의 내용

(1) 계약해제권 또는 대금감액청구권
경락받은 권리에 하자가 있는 경우 그 하자의 유형에 따라 제570조부터 제575조까지의 규정에 의해 경락인은 채무자에 대하여 계약을 해제하거나 대금감액을 청구할 수 있다(채무자가 제1차적 책임자임).

(2) 채권자의 담보책임
담보책임을 지는 채무자가 자력이 없는 때에는 경락인은 대금의 배당을 받은 채권자에게 그 대금 전부나 일부의 반환을 청구할 수 있다(채권자는 제2차적 책임자임).

(3) 손해배상청구권
경매는 채무자의 의사에 따라 행해지는 것이 아니고 채권자도 경매의 목적인 권리의 상태를 자세히 알지 못하는 것이 보통이므로, 경락인은 채무자 또는 채권자에 대하여 원칙적으로 손해배상청구권을 행사할 수 없다. 다만, 채무자가 권리의 흠결(欠缺)을 알고도 고지하지 아니하거나 채권자가 이를 알고도 경매를 청구한 때에는 경락인은 그 흠결을 안 채무자나 채권자에게 손해배상을 청구할 수 있다.

> **판례**
>
> 1. 선순위근저당권의 존재로 후순위임차권이 소멸하는 것으로 알고 부동산을 낙찰받았으나, 그 후 채무자가 후순위임차권의 대항력을 존속시킬 목적으로 선순위근저당권의 피담보채무를 모두 변제하고 그 근저당권을 소멸시키고도 이 점에 대하여 낙찰자에게 전혀 알리지 않아 낙찰자가 대항력 있는 임차권이 존속하게 된다는 사정을 알지 못한 채 대금지급기일에 낙찰대금을 지급하였다면, 채무자는 민법 제578조 제3항의 규정에 의하여 낙찰자가 입게 된 손해를 배상할 책임이 있다(대판 2003.4.25, 2002다70075).
> 2. 민법 제578조에 의하여 경매신청 채권자가 경락인에게 부담하는 손해배상책임은 반드시 신청채권자의 경매신청행위가 위법한 것임을 전제로 하는 것은 아니지만, 경매절차에서 소유권이전청구권 가등기가 경료된 부동산을 경락받았으나 가등기에 기한 본등기가 경료되지 않은 경우에는 아직 경락인이 그 부동산의 소유권을 상실한 것이 아니므로 민법 제578조에 의한 손해배상책임이 성립되었다고 볼 여지가 없다(대판 1999.9.17, 97다54024).

4 채권매도인의 담보책임

> **제579조【채권매매와 매도인의 담보책임】** ① 채권의 매도인이 채무자의 자력을 담보한 때에는 매매계약 당시의 자력을 담보한 것으로 추정한다.
> ② 변제기에 도달하지 아니한 채권의 매도인이 채무자의 자력을 담보한 때에는 변제기의 자력을 담보한 것으로 추정한다.

1. 의의

(1) 채권이 매매의 목적인 경우에 채권의 하자란 채무자가 자력이 없거나 부족하여 매수인이 채권행사의 만족을 얻지 못하는 것이다.

(2) 채권매도인은 채권의 존재와 채권액에 대해서는 책임을 져야 하지만, 채무자의 변제자력에 대해서까지 책임을 지는 것은 아니다. 그러나 채권매매와 관련하여 매도인이 채무자의 자력을 담보하는 특약을 하였으나 채무자의 자력이 없거나 부족한 경우에는 매수인에 대하여 책임을 져야 한다. 문제는 채권매도인은 과연 '어느 때'의 채무자의 자력을 담보하는 것인가이다. 이에 대해 민법은 제579조에서 추정규정을 두고 있다.

2. 제579조의 내용

(1) 변제기에 도달한 채권의 매도인이 채무자의 자력을 담보한 경우에는 매매계약 당시의 자력을 담보한 것으로 추정한다(제579조 제1항).

(2) 변제기가 되지 않은 채권의 매도인이 채무자의 자력을 담보한 경우에는 변제기의 자력을 담보한 것으로 추정한다(제579조 제2항).

(3) 변제기가 이미 도래한 채권의 매도인이 채무자의 장래의 자력을 담보하거나 변제기의 약정이 없는 채권에 관하여 채무자의 장래의 자력을 담보한 경우에는 '실제 변제 시'까지의 자력을 담보한 것으로 보아야 한다(통설).

3. 담보책임의 내용

채권매도인은 채권매수인이 채무자의 무자력으로 인해 변제받지 못한 부분에 대해 손해배상책임을 진다.

제4절　환매와 재매매의 예약

1 환매

1. 서설

> **제590조【환매의 의의】** ① 매도인이 매매계약과 동시에 환매할 권리를 보류한 때에는 그 영수한 대금 및 매수인이 부담한 매매비용을 반환하고 그 목적물을 환매할 수 있다.
> ② 전항의 환매대금에 관하여 특별한 약정이 있으면 그 약정에 의한다.
> ③ 전2항의 경우에 목적물의 과실과 대금의 이자는 특별한 약정이 없으면 이를 상계한 것으로 본다.

(1) 환매의 의의

환매(還買)란 매매계약과 동시에 환매할 권리를 유보(留保)하는 경우를 말한다. 즉, 매도인이 매매계약과 동시에 특약으로서 환매할 권리(환매권)를 유보한 후 일정기간 내에 그 권리를 행사하여 매매목적물을 도로 사오는 것이다.

(2) 환매의 기능

환매는 매도인이 목적물을 도로 사오는 외형을 띠고 있지만, 실제로는 채권담보수단으로 이용되는 것이 보통이다(매도담보를 생각할 것). 따라서 환매에 대한 규제도 목적물을 도로 사오는 측면은 민법 제590조부터 제595조까지의 규정의 적용을 받고, 채권담보작용을 하는 측면은 「가등기담보 등에 관한 법률」의 적용을 받는다.

(3) 환매의 법적 성질

환매를 해제권을 유보한 매매로 이해하는 견해도 있지만, 환매는 재매매의 예약의 일종으로 보는 것이 다수설의 태도이다.

2. 환매의 요건 ·24회 ·27회 ·30회 ·32회 ·34회

(1) 목적물
환매의 목적물에는 제한이 없으므로 동산, 부동산, 채권, 지식재산권 모두 가능하다.

(2) 환매특약
환매특약은 매매계약과 동시에 하여야 한다. 매매계약 체결 이후에 하는 환매특약은 재매매의 예약으로 된다.

(3) 환매대금
환매대금에 대해 약정이 있는 경우에는 그 약정에 따른다. 그러나 특별한 약정이 없는 경우 환매대금은 매매대금과 매수인이 부담한 매매비용이다.

(4) 환매기간
① 환매기간은 부동산은 5년, 동산은 3년을 넘지 못한다. 약정기간이 이를 넘는 때에는 부동산은 5년, 동산은 3년으로 단축한다(제591조 제1항).
② 환매기간을 정한 때에는 다시 이를 연장하지 못한다(제591조 제2항).
③ 환매기간을 정하지 아니한 때에는 그 기간은 부동산은 5년, 동산은 3년으로 한다(제591조 제3항).
④ 환매기간의 기산점은 특약이 성립한 날이다. 그리고 이와 다른 기산점을 정하는 특약은 무효이므로, 이때에는 환매기간을 정하지 아니한 것으로 보아 제591조 제3항을 적용한다.

(5) 환매특약의 등기
① 매매의 목적물이 부동산인 경우에 매매등기와 동시에 환매권의 보류(保留)를 등기한 때에는 제3자에 대하여 그 효력이 있다(제592조).
② 환매특약의 등기는 매수인의 권리취득의 등기에 부기등기를 하는 방식으로 한다.

3. 환매권의 행사 ·33회

> **제594조【환매의 실행】** ① 매도인은 기간 내에 대금과 매매비용을 매수인에게 제공하지 아니하면 환매할 권리를 잃는다.
> ② 매수인이나 전득자가 목적물에 대하여 비용을 지출한 때에는 매도인은 제203조의 규정에 의하여 이를 상환하여야 한다. 그러나 유익비에 대하여는 법원은 매도인의 청구에 의하여 상당한 상환기간을 허여할 수 있다.

(1) 환매권
① 환매권은 형성권이다.
② 환매권은 재산권이므로 양도성과 상속성이 있다. 등기된 환매권의 양도는 그 이전등기로서 부기등기를 하여야 하며, 환매등기가 되어 있지 않은 경우에는 채권양도의 대항요건(제450조)을 갖추어야 한다.
③ 환매권은 행사상의 일신전속권이 아니므로 채권자대위권의 객체가 된다. 다만, 매도인의 채권자가 매도인을 대위하여 환매하려는 경우에는 매수인은 법원이 선정한 감정인의 평가액에서 매도인이 반환할 금액을 뺀 나머지 금액으로 매도인의 채무를 변제하고 남은 금액이 있으면 이를 매도인에게 지급하여 환매권을 소멸시킬 수 있다(제593조). 이는 매수인의 이익을 보호하기 위한 것이다.

(2) 환매권의 행사방법
① 매도인은 환매기간 내에 환매대금을 매수인에게 제공하면서 환매권을 행사하여야 한다. 즉, 환매의 의사표시만으로는 부족하고 환매대금을 실제로 제공하여야 한다.
② 환매권을 등기한 경우 환매권자는 매수인으로부터 그 목적물을 취득한 제3자에 대해서도 환매권을 행사할 수 있다.

추가 환매대금을 제공하지 않으면 환매권은 상실된다.

(3) 공유지분의 환매
① 공유자는 자신의 지분을 단독으로 처분할 수 있으므로 그의 지분에 대하여 환매권을 유보하고 양도할 수 있다.
② 공유자 중 1인이 환매할 권리를 유보하고 그의 지분을 매도한 후 그 목적물이 분할되거나 경매된 경우에는 매도인은 매수인이 받았거나 받을 부분 또는 대금에 대하여 환매권을 행사할 수 있다(제595조 본문). 다만, 그 목적물이 분할되거나 경매된 사실을 매도인에게 통지하지 않은 매수인은 그 분할이나 경매로써 매도인에게 대항할 수 없다(제595조 단서).

4. 환매의 효과

(1) 기본적 효과
환매도 재매매의 예약의 일종이므로, 환매권을 행사하면 원매매에 대한 두 번째 매매가 성립한다(다수설). 따라서 당사자 사이에는 두 번째 매매에 의한 권리의무관계가 생기고, 목적물이 부동산인 경우에는 이전등기를 하여야 소유권이 원소유자에게 복귀한다.

(2) 기타의 효과

① 목적물의 과실과 대금의 이자는 특별한 약정이 없으면 이를 상계한 것으로 본다(제590조 제3항).
② 매수인이나 전득자가 매매목적물에 대하여 비용을 지출한 경우에는 매도인은 제203조(점유자의 상환청구권)에 따라 그 비용을 상환하여야 한다. 다만, 유익비에 대해서는 법원이 매도인의 청구에 의하여 상당한 상환기간을 허여할 수 있다(제594조 제2항).

2 재매매의 예약

1. 의의

(1) 재매매의 예약이란 매도인이 어떤 물건이나 권리를 매수인에게 매각한 후 다시 그 물건을 매수인으로부터 매수할 것을 예약하는 것이다.
(2) 재매매의 예약도 당사자 간에 특약이 없는 한 제564조의 일방예약에 관한 규정이 적용된다.
(3) 재매매의 예약도 실제에 있어서는 환매와 같이 채권담보수단으로 이용된다.

2. 환매와의 비교

구분	환매	재매매의 예약
목적물	동산, 부동산, 채권, 지식재산권 등 모두 가능	
특약시기	매매계약과 동시에 하여야 함	특약시기에 아무런 제한이 없음
대금	환매대금은 원칙적으로 매매대금과 매수인이 부담한 매매비용에 한정됨	재매매대금은 원칙적으로 제한이 없음
존속기간	부동산은 5년, 동산은 3년을 넘지 못함	존속기간에 대해 아무런 제한이 없음
등기 여부	환매목적물이 부동산인 경우 매매등기와 동시에 환매권을 등기할 수 있음	청구권보전의 가등기를 할 수 있을 뿐임
행사방법	환매권 행사 시 환매대금을 제공하여야 함	예약완결권의 행사 시에는 그러한 제한이 없음

CHAPTER 02 최신기출문제로 확인!

01 甲과 乙은 X토지에 관한 매매의 예약에서 매수인 乙이 예약완결권을 갖기로 하였다. 이에 관한 설명으로 옳은 것을 모두 고른 것은? (다툼이 있으면 판례에 따름) • 36회

> ㉠ 甲과 乙은 예약완결권의 행사기간에 대하여 특별한 제한 없이 약정할 수 있다.
> ㉡ 예약완결권의 행사기간을 약정한 경우, 그 기간이 지났더라도 乙이 X토지를 인도받아 점유하고 있다면 예약완결권은 소멸하지 않는다.
> ㉢ 乙의 예약완결권이 행사기간을 경과하였는지에 관해서는 법원이 직권으로 조사하여 재판에 고려할 수 없다.

① ㉠
② ㉢
③ ㉠, ㉡
④ ㉡, ㉢
⑤ ㉠, ㉡, ㉢

[키워드] 매매의 예약

[난이도]

[해설] ㉠ 당사자는 예약완결권의 행사기간을 자유롭게 정할 수 있다.
㉡ 약정한 예약완결권의 행사기간이 지난 경우에는 목적물을 인도받아 점유하고 있더라도 예약완결권을 행사할 수 없다.
㉢ 예약완결권을 행사기간 내에 행사하였는지에 관해 당사자의 주장이 없더라도 법원은 이를 직권으로 고려하여야 한다.

정답 01 ①

02

甲은 2024.9.30. 乙에게 자신 소유의 X부동산을 3억원에 매도하되, 계약금 2천만원은 계약 당일, 중도금 2억원은 2024.10.30., 잔금 8천만원은 2024.11.30.에 지급받기로 하는 매매계약을 체결하고, 乙로부터 계약 당일 계약금 전액을 지급받았다. 다음 설명 중 옳은 것을 모두 고른 것은? (특별한 사정은 없으며, 다툼이 있으면 판례에 따름)

· 34회 수정

> ㉠ 乙이 2024.10.25. 중도금 2억원을 甲에게 지급한 경우, 乙은 2024.10.27. 계약금을 포기하더라도 계약을 해제할 수 없다.
> ㉡ 乙이 2024.10.25. 중도금 2억원을 甲에게 지급한 경우, 甲은 2024.10.27. 계약금의 배액을 상환하더라도 계약을 해제할 수 없다.
> ㉢ 乙이 계약 당시 중도금 중 1억원의 지급에 갈음하여 자신의 丙에 대한 대여금채권을 甲에게 양도하기로 약정하고 그 자리에 丙도 참석하였다면, 甲은 2024.10.27. 계약금의 배액을 상환하더라도 계약을 해제할 수 없다.

① ㉠
② ㉢
③ ㉠, ㉡
④ ㉡, ㉢
⑤ ㉠, ㉡, ㉢

키워드〉 해약금에 의한 계약해제

난이도〉 ■■■

해설〉 ㉠㉡ 이행기의 약정이 있더라도 당사자가 채무의 이행기 전에는 착수하지 아니하기로 하는 특약을 하는 등의 특별한 사정이 없는 한 이행기 전에 이행에 착수할 수 있다(대판 1993.1.19, 92다31323). 따라서 이 경우에는 매도인과 매수인 모두 해약금에 의한 계약해제를 할 수 없다.
㉢ 매매계약 당시 매수인이 중도금 일부의 지급에 갈음하여 매도인에게 제3자에 대한 대여금채권을 양도하기로 약정하고, 그 자리에 제3자도 참석한 경우에는 매수인은 매매계약과 함께 채무의 일부 이행에 착수하였으므로, 매도인은 해약금에 의한 계약해제를 할 수 없다(대판 2006.11.24, 2005다39594).

정답 02 ⑤

03 매매에서 과실의 귀속과 대금의 이자 등에 관한 설명으로 옳은 것을 모두 고른 것은? (대금지급과 목적물 인도는 동시이행관계에 있고, 다툼이 있으면 판례에 따름)

• 34회

> ㉠ 매매계약 후 목적물이 인도되지 않더라도 매수인이 대금을 완제한 때에는 그 시점 이후 목적물로부터 생긴 과실은 매수인에게 귀속된다.
> ㉡ 매수인이 대금지급을 거절할 정당한 사유가 있는 경우, 매수인은 목적물을 미리 인도받더라도 대금이자의 지급의무가 없다.
> ㉢ 매매계약이 취소된 경우, 선의의 점유자인 매수인의 과실취득권이 인정되는 이상 선의의 매도인도 지급받은 대금의 운용이익 내지 법정이자를 반환할 의무가 없다.

① ㉠
② ㉡
③ ㉠, ㉢
④ ㉡, ㉢
⑤ ㉠, ㉡, ㉢

[키워드] 매매의 성립과 효력

[난이도] ■■■□□

[해설] ㉠ 매매목적물의 인도 전이라도 매수인이 매매대금을 완납한 때에는 그 이후의 과실수취권은 매수인에게 귀속된다(대판 1993.11.9, 93다28928).
㉡ 매수인이 대금지급을 거절할 정당한 사유가 있는 경우에는 매매목적물을 미리 인도받았더라도 매매대금에 대한 이자를 지급할 의무는 없다(대판 2013.6.27, 2011다98129).
㉢ 쌍무계약이 취소된 경우 선의의 매도인은 대금의 운용이익 내지 법정이자를 반환할 필요가 없다(대판 1993.5.14, 92다45025).

[정답] 03 ⑤

04 수량을 지정한 매매의 목적물의 일부가 멸실된 경우 매도인의 담보책임에 관한 설명으로 틀린 것은? (단, 이에 관한 특약은 없으며, 다툼이 있으면 판례에 따름)
• 32회

① 수량을 지정한 매매란 특정물이 일정한 수량을 가지고 있다는 데 주안을 두고 대금도 그 수량을 기준으로 정한 경우를 말한다.
② 악의의 매수인은 대금감액과 손해배상을 청구할 수 있다.
③ 선의의 매수인은 멸실된 부분의 비율로 대금감액을 청구할 수 있다.
④ 잔존한 부분만이면 매수하지 아니하였을 때에는 선의의 매수인은 계약 전부를 해제할 수 있다.
⑤ 선의의 매수인은 일부멸실의 사실을 안 날부터 1년 내에 매도인의 담보책임에 따른 매수인의 권리를 행사해야 한다.

키워드 매도인의 담보책임
난이도 ■■■
해설 ① 수량을 지정한 매매란 당사자가 매매의 목적인 특정물이 일정한 수량을 가지고 있다는 데 주안을 두고 대금도 그 수량을 기준으로 하여 정한 경우를 말한다(대판 2003.1.24, 2002다65189).
② 수량을 지정한 매매에서 목적물의 일부가 멸실된 경우 악의의 매수인은 대금감액과 손해배상을 청구할 수 없다(제574조).
③ 선의의 매수인은 멸실된 부분의 비율로 대금감액을 청구할 수 있고, 잔존한 부분만이면 매수하지 아니하였을 때에는 계약 전부를 해제할 수 있다(제572조).
⑤ 선의의 매수인은 일부멸실의 사실을 안 날로부터 1년 내에 매도인의 담보책임에 따른 매수인의 권리를 행사해야 한다(제573조).

정답 04 ②

05 권리의 하자에 대한 매도인의 담보책임과 관련하여 '악의의 매수인에게 인정되는 권리'로 옳은 것을 모두 고른 것은?

• 33회

> ㉠ 권리의 전부가 타인에게 속하여 매수인에게 이전할 수 없는 경우 – 계약해제권
> ㉡ 권리의 일부가 타인에게 속하여 그 권리의 일부를 매수인에게 이전할 수 없는 경우 – 대금감액청구권
> ㉢ 목적물에 설정된 저당권의 실행으로 인하여 매수인이 소유권을 취득할 수 없는 경우 – 계약해제권
> ㉣ 목적물에 설정된 지상권에 의해 매수인의 권리행사가 제한되어 계약의 목적을 달성할 수 없는 경우 – 계약해제권

① ㉠, ㉡
② ㉠, ㉣
③ ㉡, ㉢
④ ㉢, ㉣
⑤ ㉠, ㉡, ㉢

키워드 매도인의 담보책임

난이도 ■■■

해설 ㉠ 권리의 전부가 타인에게 속하여 매수인에게 이전할 수 없는 경우 매수인은 선의·악의를 불문하고 계약을 해제할 수 있다(제570조).
㉡ 권리의 일부가 타인에게 속하여 그 권리의 일부를 매수인에게 이전할 수 없는 경우 매수인은 선의·악의를 불문하고 대금의 감액을 청구할 수 있다(제572조).
㉢ 목적물에 설정된 저당권의 실행으로 인하여 매수인이 소유권을 취득할 수 없는 경우 매수인은 선의·악의를 불문하고 계약을 해제할 수 있다(제576조).
㉣ 목적물에 설정된 지상권에 의해 매수인의 권리행사가 제한되어 계약의 목적을 달성할 수 없는 경우 선의의 매수인은 계약을 해제할 수 있다(제575조).

정답 05 ⑤

06 민법상 환매에 관한 설명으로 틀린 것은? •34회

① 환매권은 양도할 수 없는 일신전속권이다.
② 매매계약이 무효이면 환매특약도 무효이다.
③ 환매기간을 정한 경우에는 그 기간을 다시 연장하지 못한다.
④ 환매특약등기는 매수인의 권리취득의 등기에 부기하는 방식으로 한다.
⑤ 환매특약은 매매계약과 동시에 해야 한다.

| 키워드 | 환매 |

| 난이도 | ■■■■■ |

| 해설 | ① 환매권은 재산권이므로 양도성과 상속성이 있다.
② 환매특약은 종된 행위이므로 주된 행위인 매매계약이 무효가 되면 환매특약도 무효가 된다.
③ 환매기간을 정한 때에는 다시 이를 연장하지 못한다(제591조 제2항).
④ 환매특약의 등기는 매수인의 권리취득의 등기에 부기등기를 하는 방식으로 한다.
⑤ 환매특약은 매매계약과 동시에 하여야 한다. 매매계약 체결 이후에 하는 환매특약은 재매매의 예약으로 된다.

정답 06 ①

고전이란 사람들이 칭송하지만 읽지 않는 책이다.

CHAPTER 03 교환

10개년 출제문항 수

27회	28회	29회	30회	31회
1	1			
32회	33회	34회	35회	36회
1				1

↳ 총 40문제 中 평균 약 0.4문제 출제

학습전략

- 교환에서는 교환의 성립과 효력에 대한 내용을 학습합니다.
- 교환의 성립, 동시이행의 항변권과 위험부담의 적용에서 문제가 주로 출제되므로 관련 이론을 정리해 두는 것이 좋습니다.

1 서설

> **제596조【교환의 의의】** 교환은 당사자 쌍방이 금전 이외의 재산권을 상호 이전할 것을 약정함으로써 그 효력이 생긴다.

1. 의의

교환이란 당사자 쌍방이 금전 외의 재산권을 서로 이전하기로 약정함으로써 성립하는 계약이다.

2. 법적 성질

교환은 유상·쌍무·낙성·불요식계약이다.

2 교환의 성립 · 24회 · 25회 · 27회 · 28회 · 32회 · 36회

1. 의사표시의 합치

교환은 금전 외의 재산권을 이전하기로 하는 당사자 간의 의사표시의 합치로써 성립한다.

2. 교환의 목적물

(1) 교환은 반대급부의 내용이 금전 외의 재산권이어야 한다. 어느 일방이 금전을 지급하는 경우에는 매매이다.

(2) 교환의 일방당사자가 재산권을 이전하면서 일정액의 금전을 보충적으로 지급할 것을 약정하는 경우에도 교환계약은 성립한다. 보충금이란 서로 교환하는 목적물 또는 권리의 가격이 균등하지 않은 경우 그 차액을 보충하기 위한 금전이다. 보충금에 관하여는 매매대금에 관한 규정을 준용한다(제597조).

3 교환의 효력

(1) 교환은 유상계약이므로 매매에 관한 규정이 준용된다(제567조). 따라서 당사자 쌍방은 담보책임 등을 부담한다.

(2) 교환은 쌍무계약이므로 동시이행의 항변권(제536조)과 위험부담(제537조, 제538조)에 관한 규정이 준용된다.

> **판례**
>
> 당사자 간에 교환계약이 해제된 경우에는 당사자 쌍방이 부담하는 원상회복의무는 동시이행관계에 있으므로, 당사자 일방이 위 계약에 의하여 이전받은 건물의 소유권이 다시 제3자의 명의로 이전되고 동인이 이를 점유하게 되어 위 건물을 상대방에게 명도할 수 없는 상태에 이르렀다면, 특별한 사정이 없는 한 손해배상의무와 상대방의 반환의무도 역시 동시이행관계에 있는 것이다(대판 1965.11.30, 65다1805).

기출지문 OX

경매를 통해 X건물을 매수한 甲은 매각대금을 완납하지 않고 X건물을 乙 소유의 Y임야와 교환하기로 乙과 약정한 경우, 甲과 乙 사이의 교환계약은 유효하게 성립한다. • 24회 ( )

정답 (○)

CHAPTER 03 최신기출문제로 확인!

01 부동산의 교환계약에 관한 설명으로 옳은 것을 모두 고른 것은? (다툼이 있으면 판례에 따름) •32회

> ㉠ 유상·쌍무계약이다.
> ㉡ 일방이 금전의 보충지급을 약정한 경우 그 금전에 대하여는 매매대금에 관한 규정을 준용한다.
> ㉢ 다른 약정이 없는 한 각 당사자는 목적물의 하자에 대해 담보책임을 부담한다.
> ㉣ 당사자가 자기 소유 목적물의 시가를 묵비하여 상대방에게 고지하지 않은 경우, 특별한 사정이 없는 한 상대방의 의사결정에 불법적인 간섭을 한 것이다.

① ㉠, ㉡
② ㉢, ㉣
③ ㉠, ㉡, ㉢
④ ㉡, ㉢, ㉣
⑤ ㉠, ㉡, ㉢, ㉣

키워드〉 교환계약의 의의와 성질
난이도〉 ■■■□
해설〉 ㉠ 교환계약은 유상·쌍무계약이다(제596조).
㉡ 보충금에 관하여는 매매대금에 관한 규정을 준용한다(제597조).
㉢ 다른 약정이 없는 한 각 당사자는 목적물의 하자에 대해 담보책임을 부담한다.
㉣ 교환계약의 당사자가 목적물의 시가를 묵비하거나 허위로 시가보다 높은 가액을 시가라고 고지하였다 하더라도 기망행위에 해당하지 않는다(대판 2002.9.4, 2000다54406·54413).

정답 01 ③

02 甲은 자신의 2억원 상당 건물을 乙의 토지와 교환하는 계약을 체결하면서 乙로부터 1억원을 보충하여 지급받기로 하였다. 다음 설명 중 <u>틀린</u> 것은? (다툼이 있으면 판례에 따름) • 25회

① 甲·乙 사이의 계약은 불요식계약이다.
② 甲과 乙은 특별한 사정이 없는 한 서로 하자담보책임을 지지 않는다.
③ 乙의 보충금 1억원의 미지급은 교환계약의 해제사유에 해당된다.
④ 계약체결 후 건물이 乙의 과실로 소실되었다면, 乙의 보충금지급의무는 소멸하지 않는다.
⑤ 보충금의 지급기한을 정하지 않았다면, 乙은 건물을 인도받은 날부터 지급하지 않은 보충금의 이자를 甲에게 지급해야 한다.

키워드〉 교환계약의 의의와 성질
난이도〉
해설〉 교환계약은 유상계약이므로 매도인의 담보책임규정이 준용된다. 따라서 甲과 乙은 특별한 사정이 없는 한 서로 하자담보책임을 진다.

03 甲은 자기 소유의 X토지와 乙 소유의 Y건물을 교환하자고 청약하였고, 乙이 승낙하였다. 이에 관한 설명으로 옳은 것을 모두 고른 것은? (다툼이 있으면 판례에 따름) • 36회

㉠ 乙의 승낙은 특별한 사정이 없는 한 그 방식에 제한이 없고 명시적으로 할 필요도 없다.
㉡ X토지와 Y건물의 각 소유권이전 및 인도의무는 특별한 약정이나 관습이 없으면 동시에 이행하여야 한다.
㉢ 계약 당시 甲이 허위로 X토지의 시가보다 다소 높은 가액을 시가로 고지하더라도 특별한 사정이 없는 한 불법행위가 성립하지 않는다.

① ㉠ ② ㉢
③ ㉠, ㉡ ④ ㉡, ㉢
⑤ ㉠, ㉡, ㉢

키워드〉 교환계약의 효력
난이도〉
해설〉 ㉠ 교환계약은 불요식계약이며, 당사자의 의사표시는 명시적으로뿐만 아니라 묵시적으로도 이루어질 수 있다.
㉡ 교환계약의 경우 각 당사자의 재산권이전의무는 동시이행관계에 있다.
㉢ 교환계약의 당사자가 교환목적물의 시가를 묵비하거나 허위로 시가보다 높은 가액을 시가라고 고지한 것은 기망행위에 해당하지 않는다.

정답 02 ② 03 ⑤

04 甲은 자신의 X건물을 乙 소유 Y토지와 서로 교환하기로 합의하면서 가액 차이로 발생한 보충금의 지급에 갈음하여 Y토지에 설정된 저당권의 피담보채무를 이행인수하기로 약정하였다. 다음 설명 중 옳은 것은?
(다툼이 있으면 판례에 따름)
• 28회

① 교환계약체결 후 甲의 귀책사유 없이 X건물이 멸실되더라도 위험부담의 법리는 적용되지 않는다.
② 甲이 보충금을 제외한 X건물의 소유권을 乙에게 이전하면 특별한 사정이 없는 한 계약상의 의무를 한 것이 된다.
③ 甲과 乙은 특약이 없는 한 목적물의 하자에 대하여 상대방에게 담보책임을 부담하지 않는다.
④ 甲이 피담보채무의 변제를 게을리하여 저당권이 실행될 염려가 있어 乙이 그 피담보채무를 변제하였더라도 乙은 교환계약을 해제할 수 없다.
⑤ 乙이 시가보다 조금 높게 Y토지의 가액을 고지해서 甲이 보충금을 지급하기로 약정했다면, 甲은 乙에게 불법행위에 기한 손해배상청구가 가능하다.

> 키워드 교환계약의 의의와 성질
> 난이도 ■■■□
> 해설 ① 교환계약은 쌍무계약이므로 위험부담의 법리가 적용된다.
> ② 교환계약의 당사자 일방이 교환 목적물의 차액에 해당하는 금원의 지급에 갈음하여 상대방으로부터 이전받을 교환 목적물에 관한 근저당권의 피담보채무를 인수하기로 약정한 경우, 그 차액을 제외한 나머지 재산권을 이전함으로써 교환계약상의 의무를 다한 것이 된다(대판 1998.7.24, 98다13877).
> ③ 교환계약은 유상계약이므로 매도인의 담보책임에 관한 규정이 적용된다.
> ④ 피담보채무를 인수한 자가 변제를 게을리하여 근저당권이 실행될 염려가 있어 상대방이 부득이 피담보채무를 변제한 경우 이를 이유로 교환계약을 해제할 수 있다(대판 1998.7.24, 98다13877).
> ⑤ 교환계약의 당사자가 목적물의 시가를 묵비하거나 허위로 시가보다 높은 가액을 시가라고 고지하였다 하더라도 기망행위에 해당하지 않는다(대판 2002.9.4, 2000다54406 · 54413). 따라서 乙이 시가보다 조금 높게 Y토지의 가액을 고지해서 甲이 보충금을 지급하기로 약정했더라도 甲은 乙에게 불법행위에 기한 손해배상을 청구할 수 없다.

정답 04 ②

CHAPTER 04 임대차

10개년 출제문항 수

27회	28회	29회	30회	31회
2	1	3	2	1
32회	33회	34회	35회	36회
2	2	2	2	2

→ 총 40문제 中 평균 약 1.9문제 출제

학습전략

- 임대차에서는 임대차의 성립, 효력, 임차권의 양도와 전대에 대한 내용을 학습합니다.
- 임대차의 존속기간, 임차인의 권리와 의무, 임차인의 비용상환청구권과 매수청구권, 임차권의 양도와 전대에서 문제가 주로 출제되므로 관련 이론을 정리해 두는 것이 좋습니다.

제1절 부동산임차인의 보호

1 부동산임차인 보호의 필요성

(1) 임대차계약에 의하여 임차인이 취득하게 되는 임차권은 채권이므로, 목적물의 양도에 의해 임대인이 바뀌게 되면 임차인은 부동산의 양수인에 대해 임차권을 가지고 대항할 수 없다(이른바 "매매는 임대차를 깨뜨린다."라는 법언).

(2) 따라서 채권인 부동산임차권을 일정한 방법을 통하여 물권에 접근시키는 현상을 부동산임차권의 물권화 현상이라고 한다.

2 부동산임차인의 보호방법

1. 대항력의 인정

(1) 부동산임차인은 당사자 간에 반대약정이 없으면 임대인에 대하여 그 임대차등기절차에 협력할 것을 청구할 수 있고, 부동산임대차를 등기한 때에는 그때부터 제3자에 대하여 효력이 생긴다(제621조). 그러나 당사자 간에 반대약정이 있으면 임차인은 임대인에 대해 등기청구권을 가지지 못하므로 우리 민법상 임차권의 대항력은 완전하다고 볼 수 없다.

(2) 건물의 소유를 목적으로 한 토지임대차는 등기하지 않은 경우에도 임차인이 그 지상 건물을 등기한 때에는 제3자에 대하여 임대차의 효력이 생긴다(제622조 제1항). 그러나 이 규정은 실제 거래계약에 적용되는 예가 흔하지 않으므로 실효성이 적다.

(3) 주택임대차는 그 등기가 없는 경우에도 임차인이 주택의 인도와 주민등록을 마친 때에는 그 다음 날부터 제3자에 대하여 효력이 생기고(주택임대차보호법 제3조 제1항), 상가건물임대차도 건물의 인도와 사업자등록을 신청한 때에는 그 다음 날부터 제3자에 대하여 효력이 생긴다(상가건물 임대차보호법 제3조 제1항).

 판례

전세권과 임대차의 법적 성질
전세권은 전세금을 지급하고 타인의 부동산을 점유하여 그 부동산의 용도에 좇아 사용·수익하며 그 부동산 전부에 대하여 후순위권리자나 기타 채권자보다 전세금의 우선변제를 받을 권리를 내용으로 하는 물권이지만, 임대차는 당사자 일방이 상대방에게 목적물을 사용·수익하게 할 것을 약정하고 상대방이 이에 대하여 차임을 지급할 것을 약정함으로써 그 효력이 발생하는 채권계약이다. 주택임차인이 「주택임대차보호법」 제3조 제1항의 대항요건을 갖추거나 민법 제621조 규정에 의한 주택임대차등기를 마치더라도 채권계약이라는 기본적인 성질에 변함이 없다(대판 2007.6.28, 2004다69741).

2. 최단존속기간의 보장

(1) 부동산임차인을 보호하기 위해서는 최단존속기간을 보장하는 것이 중요한데, '민법상의 임대차'에 대해서는 최단존속기간 제한규정이 없다.

(2) '주택임대차'에 대해서는 기간을 정하지 아니하거나 기간을 2년 미만으로 정한 임대차는 그 기간을 2년으로 보고 있고(주택임대차보호법 제4조 제1항), '상가건물임대차'에 대해서는 기간을 정하지 아니하거나 기간을 1년 미만으로 정한 임대차는 그 기간을 1년으로 보고 있다(상가건물 임대차보호법 제9조 제1항).

3. 임차권 자체에 기한 방해배제청구권의 인정

(1) 제3자가 임차물에 대하여 임차인의 사용·수익을 방해하는 경우 임차인은 어떻게 방해배제를 청구할 수 있는가? 임차권이 공시(등기 또는 주택임대차보호법상의 대항요건)되어 대항력을 갖춘 경우에는 임차인은 임차권 자체에 기한 방해제거청구권을 행사할 수 있다.

(2) 임차권이 대항력을 갖추지 못했으나 임차인이 목적물을 점유하는 경우 임차인은 점유권에 기한 방해제거청구권을 행사할 수 있다.

(3) 임차권이 대항력과 점유를 모두 갖추지 못한 경우 임차인은 임대인(소유자)이 제3자에 대해 가지는 소유권에 기한 물권적 청구권을 대위행사할 수 있다.

4. 임차권의 처분성 인정

임차인이 목적물에 투하한 자본을 회수하기 위해서는 임차권에 대한 자유로운 처분을 인정할 필요가 있는데, 우리 민법은 임대인의 동의 없이는 임차권을 양도 또는 전대할 수 없도록 하고 있고 이를 위반한 경우에는 임대인은 계약을 해지할 수 있도록 규정하고 있으므로(제629조), 임차권의 자유로운 처분성이 인정된다고 볼 수 없다.

> **⊕ 보충** 차임 및 보증금의 제한
>
> 1. 부동산임차인을 보호하기 위해서는 차임과 보증금의 제한을 둘 필요가 있는데, 민법은 차임액을 제한하는 규정 및 보증금에 관한 규정이 없고, 일정한 경우에 당사자에게 차임증감청구권만을 인정하고 있다(제628조).
> 2. 주택임대차 또는 상가건물임대차에 대해서는 차임 또는 보증금의 증액의 경우에는 일정한 제한이 있다(주택임대차보호법 제7조, 상가건물 임대차보호법 제11조).

제2절 임대차의 의의

1 의의

> 제618조【임대차의 의의】임대차는 당사자 일방이 상대방에게 목적물을 사용, 수익하게 할 것을 약정하고 상대방이 이에 대하여 차임을 지급할 것을 약정함으로써 그 효력이 생긴다.

임대차란 임대인이 임차인에게 목적물을 사용·수익하게 하기로 약정하고, 임차인이 그에 대하여 차임을 지급하기로 약정함으로써 성립하는 계약이다.

> **추가** 반드시 '약정'이라는 표현이 들어가야 한다.

2 사회적 작용

임대차는 타인의 물건을 대가를 지급하고 이용하는 가장 대표적인 계약이며, 매매와 더불어 우리의 사회·경제생활에서 대단히 중요한 기능을 하고 있다. 특히 부동산임대차는 주거나 생산활동의 기초가 되므로 임차인의 법적 지위를 보호할 필요성이 크다.

3 법률적 성질

1. 채권계약

(1) 임대차는 유상·쌍무·낙성·불요식계약이다.
(2) 임대차는 목적물의 사용·수익을 목적으로 하는 계속적 채권계약이다.
   ① 임대차의 목적물은 물건에 한한다.
      ㉠ 권리나 기업을 빌리고 그 대가를 지급하는 계약은 임대차에 유사한, 일종의 무명계약이다. 또한 리스(시설대여)계약에 대해서도 민법의 임대차에 관한 규정이 적용되지 않는다(판례).
      ㉡ 임대차의 목적물은 원칙적으로 유체물로서 사용·수익으로 소멸하지 않아야 하므로 전기 기타 관리할 수 있는 자연력도 물건이기는 하지만 이들은 성질상 임대차의 목적물이 되지 못한다.
      ㉢ 부동산 중 농지에 대한 임대차는 원칙적으로 금지된다(농지법 제23조).

판례

> 시설대여(리스)는 시설대여회사가 대여 시설이용자가 선정한 특정 물건을 새로이 취득하거나 대여받아 그 물건에 대한 직접적인 유지·관리책임을 지지 아니하면서 대여 시설이용자에게 일정기간 사용하게 하고 그 기간 종료 후의 물건의 처분에 관하여는 당사자 간의 약정으로 정하는 계약으로서, 형식에 있어서는 임대차계약과 유사하나 그 실질은 대여 시설을 취득하는 데 소요되는 자금에 관한 금융의 편의를 제공하는 것을 본질적인 내용으로 하는 물적 금융이고 임대차계약과는 여러 가지 다른 특질이 있기 때문에 이에 대하여는 민법의 임대차에 관한 규정이 적용되지 않는다(대판 1997.10.24, 97다27107).

② 임대차는 임차인이 목적물을 사용·수익하는 계약이다. 사용·수익 중 어느 하나만을 목적으로 하는 것도 가능하다.

③ 임대차는 채권계약이다. 따라서 임대인이 목적물에 대한 소유권 기타 처분권을 가지고 있어야 하는 것은 아니다.

> **⊕ 보충** 타인 소유의 부동산을 임대한 경우와 임차인의 착오에 의한 계약 취소와의 관계
> 1. 타인 소유의 부동산을 임대한 것이 임대차계약을 해지할 사유는 될 수 없다.
> 2. 목적물이 반드시 임대인의 소유일 것을 특히 계약의 내용으로 삼은 경우라야 착오를 이유로 임차인이 임대차계약을 취소할 수 있다(대판 1975.1.28, 74다2069).

2. 차임이 임대차의 요소인지의 여부

임대차에서는 차임의 지급이 임대차의 요소이다.

제3절 임대차의 성립

1 임대차계약의 성립

1. 낙성계약

임대차는 낙성계약이므로 당사자의 합의에 의하여 성립한다.

2. 법률규정에 의한 성립

시장·군수·구청장은 농지이용증진사업의 일환으로 유휴농지에 대하여 그 농지의 소유권자나 임차권자를 대신하여 농작물을 경작할 자(이를 '대리경작자'라 함)를 직권으로 지정하거나 농림축산식품부령으로 정하는 바에 따라 유휴농지를 경작하려는 자의 신청을 받아 대리경작자를 지정할 수 있다(농지법 제20조 제1항). 이러한 경우에는 유휴농지의 소유자 또는 임차인과 대리경작자 사이에 법률규정에 의한 임대차관계가 성립하는 것으로 볼 수 있다.

2 임대차의 존속기간 ·34회

1. 존속기간을 약정한 경우

> **제651조** 삭제 〈2016.1.6.〉

(1) 최단존속기간

민법에는 제한규정이 없고, 「주택임대차보호법」과 「상가건물 임대차보호법」에 각각 2년, 1년의 제한규정이 있다.

(2) 최장존속기간

임대차의 존속기간은 원칙적으로 20년을 넘지 못한다는 제651조 제1항이 헌법재판소의 위헌결정으로 효력을 상실하였으므로 최장존속기간 제한이 없다. 따라서 당사자는 계약으로 임대차의 존속기간을 20년 넘게 약정할 수 있다.

2. 존속기간을 약정하지 않은 경우

> **제635조【기간의 약정 없는 임대차의 해지통고】** ① 임대차기간의 약정이 없는 때에는 당사자는 언제든지 계약해지의 통고를 할 수 있다.
> ② 상대방이 전항의 통고를 받은 날로부터 다음 각 호의 기간이 경과하면 해지의 효력이 생긴다.
> 1. 토지, 건물 기타 공작물에 대하여는 임대인이 해지를 통고한 경우에는 6월, 임차인이 해지를 통고한 경우에는 1월
> 2. 동산에 대하여는 5일
>
> **제636조【기간의 약정 있는 임대차의 해지통고】** 임대차기간의 약정이 있는 경우에도 당사자 일방 또는 쌍방이 그 기간 내에 해지할 권리를 보류한 때에는 전조의 규정을 준용한다.
>
> **제637조【임차인의 파산과 해지통고】** ① 임차인이 파산선고를 받은 경우에는 임대차기간의 약정이 있는 때에도 임대인 또는 파산관재인은 제635조의 규정에 의하여 계약해지의 통고를 할 수 있다.
> ② 전항의 경우에 각 당사자는 상대방에 대하여 계약해지로 인하여 생긴 손해의 배상을 청구하지 못한다.
>
> **제638조【해지통고의 전차인에 대한 통지】** ① 임대차계약이 해지의 통고로 인하여 종료된 경우에 그 임대물이 적법하게 전대되었을 때에는 임대인은 전차인에 대하여 그 사유를 통지하지 아니하면 해지로써 전차인에게 대항하지 못한다.
> ② 전차인이 전항의 통지를 받은 때에는 제635조 제2항의 규정을 준용한다.

(1) 임대차기간의 약정이 없는 때에는 당사자는 언제든지 계약해지의 통고를 할 수 있다(제635조 제1항). 해지통고는 해지의 의사표시 외에 일정한 기간이 지나야 해지의 효력이 생긴다. 부동산임대차는 임대인이 해지를 통고한 경우에는 임차인이 해지통고를 받은 날부터 6개월, 임차인이 해지를 통고한 경우에는 임대인이 그 통고를 받은 날부터 1개월이 지나면 해지의 효력이 생긴다. 한편 동산임대차는 누가 해지통고를 했느냐에 관계없이 상대방이 그 통고를 받은 날부터 5일이 지나면 해지의 효력이 생긴다.

(2) 임대차기간을 약정했을 때에도 당사자 일방이나 쌍방이 그 기간 내에 해지할 권리를 보류(保留)한 경우에는 제635조의 해지통고가 적용된다.

(3) 임차인이 파산선고를 받은 경우에는 임대차기간을 약정한 때에도 임대인이나 파산관재인(破産管財人)은 제635조에 따라 계약해지를 통고할 수 있다.

3. 존속기간의 갱신

(1) 약정갱신
① 약정한 존속기간이 만료한 경우 당사자는 합의로 존속기간을 갱신할 수 있다. 존속기간도 당사자가 자유로이 정할 수 있다. 또한 갱신횟수도 제한이 없으므로 당사자는 몇 번이고 갱신할 수 있다.
② 다만, 일정한 목적의 토지임대차에 대해서는 계약의 갱신이 강제되는 경우가 있다(임대차의 효력 부분 참조).

(2) 법정갱신(묵시적 갱신)
① 임대차기간이 만료한 후 임차인이 임차물의 사용, 수익을 계속하는 경우에 임대인이 상당한 기간 내에 이의를 하지 아니한 때에는 전임대차와 동일한 조건으로 다시 임대차한 것으로 본다(제639조 제1항 본문).
② 법정갱신의 경우 종전의 임대차와 동일한 조건으로 다시 임대차한 것으로 보나, 존속기간은 약정하지 않은 것으로 본다. 따라서 이 경우에는 각 당사자는 언제든지 해지통고를 할 수 있다(제639조 제1항 단서).
③ 법정갱신이 성립하는 경우 종전의 임대차에 대하여 제3자가 제공한 담보는 종전 임대차기간이 만료된 때에 소멸되고(제639조 제2항), 당사자가 제공한 담보는 존속한다. 제3자가 제공한 담보란 질권, 저당권, 보증 등을 말하는 것이고, 보증금은 이에 포함되지 않는다는 것이 판례의 태도이다.
④ 법정갱신에 관한 규정은 강행규정에 해당한다는 것이 판례의 태도이다.
⑤ 「주택임대차보호법」과 「상가건물 임대차보호법」에서는 법정갱신에 관하여 각각 특별한 규정을 두고 있다(주택임대차보호법 제6조, 상가건물 임대차보호법 제10조).

4. 단기임대차의 존속기간

(1) 단기임대차의 의의
관리권한은 있어도 처분권한이 없는 자가 임대차계약을 체결하는 경우를 말한다. 관리권한은 있어도 처분권한이 없는 자로는 부재자재산관리인, 권한이 정해지지 않은 대리인, 후견인, 상속재산관리인 등이 이에 해당한다.

(2) 단기임대차의 존속기간

민법은 그 목적물에 따라 최장존속기간을 제한하고 있다(제619조).

① 식목(植木), 채염 또는 석조, 석회조, 연와조 및 이와 유사한 건축을 목적으로 한 토지의 임대차는 10년
② 기타 토지의 임대차는 5년
③ 건물 기타 공작물의 임대차는 3년
④ 동산임대차는 6개월을 각각 넘지 못한다.

(3) 단기임대차의 존속기간의 갱신

단기임대차의 존속기간은 갱신할 수 있다. 다만, 그 기간이 만료되기 전 토지는 1년 내에, 건물 기타 공작물은 3개월 내에, 동산은 1개월 내에 갱신하여야 한다(제620조).

제4절 임대차의 효력

1 개관

1. 임대인의 권리와 의무

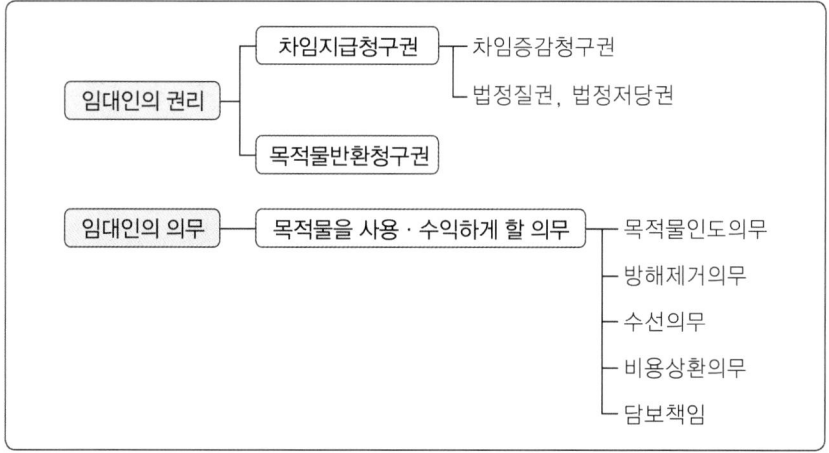

2. 임차인의 권리와 의무

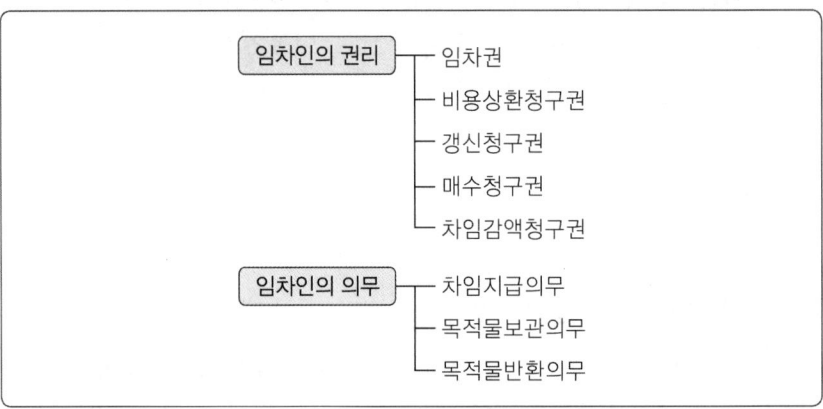

2 임대인의 권리

위에서 본 임대인의 권리는 임차인의 의무로 설명하는 것이 편리하므로, 자세한 내용은 '5 임차인의 의무' 부분에서 다루기로 한다.

3 임대인의 의무

> **제623조【임대인의 의무】** 임대인은 목적물을 임차인에게 인도하고 계약존속 중 그 사용, 수익에 필요한 상태를 유지하게 할 의무를 부담한다.

임대인은 임대차관계가 존속하는 동안 임차인이 목적물을 사용·수익할 수 있도록 할 적극적인 의무를 부담한다. 이 의무로부터 다음과 같은 의무들이 파생한다.

1. 목적물인도의무

임차인이 목적물의 사용·수익을 위해 점유를 필요로 하는 경우에는 임대인은 목적물을 임차인에게 인도하여야 한다(제623조 전단).

2. 방해제거의무

(1) 제3자가 임차인이 점유하는 목적물을 침해하는 등 그 사용·수익을 방해하는 경우 임대인은 임차인을 위하여 그 방해를 제거할 의무를 진다(통설).

(2) 임차인이 임차권 자체에 기한 방해제거청구권을 가지거나 점유보호청구권을 가지더라도 임대인은 방해제거의무를 면할 수 없다.

3. 수선의무

(1) 임대인은 계약이 존속하는 동안 목적물을 사용·수익하는 데 필요한 상태를 유지해 줄 의무를 부담한다(제623조 후단).

(2) 임대인의 수선의무는 목적물에 파손이 생기고 수선이 가능하며, 수선하지 않으면 계약에서 정한 목적에 따라 사용·수익할 수 없는 경우에 발생한다. 사용·수익할 수 없는 상태란 사용·수익이 불가능한 경우뿐만 아니라 현저히 곤란한 경우도 포함한다.

> **판례**
>
> 1. 목적물에 파손 또는 장해가 생긴 경우 그것이 임차인이 별 비용을 들이지 아니하고도 손쉽게 고칠 수 있을 정도의 사소한 것이어서 임차인의 사용·수익을 방해할 정도의 것이 아니라면 임대인은 수선의무를 부담하지 않는다(대판 1994.12.9, 94다34692).
> 2. 목적물인 방에 약간의 실금형태로 균열이 있고 외벽에 금이 가 있을 정도라면 그 방을 사용할 수 없을 정도의 파손상태라고 할 수 없고, 반드시 임대인에게 수선의무가 있는 대규모의 것이라고도 할 수 없어 임차인의 통상의 수선 및 관리의무에 속하므로, 위 균열로 스며든 연탄가스에 임차인이 중독되어 사망한 사고는 임대인의 과실로 인한 것이라고 볼 수 없다(대판 1989.9.26, 89도703).

(3) 임대인의 수선의무불이행에 대해 임차인은 차임지급의 거절 또는 차임감액청구 외에 계약해지(제544조)와 손해배상청구(제551조)를 할 수 있다.

(4) 임대인이 임대물의 보존에 필요한 행위를 하는 때에는 임차인은 이를 거절하지 못한다(제624조). 임대인이 임차인의 의사에 반하는 보존행위를 하는 경우에 임차인이 그로 인하여 임차의 목적을 달성할 수 없는 때에는 계약을 해지할 수 있다(제625조).

(5) 임대인의 수선의무에 관한 규정(제623조 후단)은 임의규정이므로 임대인의 수선의무는 당사자의 특약에 의해 면제될 수 있다. 다만, 수선의무 면제특약에서 수선의무의 범위를 명시하지 않은 경우 임대인이 수선의무를 면하게 되는 것은 소규모의 수선에 한한다. 따라서 대규모 수선비용은 여전히 임대인이 부담한다(대판 1994.12.9, 94다34692).

(6) 천재지변 기타 불가항력으로 목적물이 파손된 경우에도 임대인의 수선의무는 면제되지 않는다. 임차인의 귀책사유로 목적물이 파손된 경우에도 임대인이 수선의무를 부담하는지에 관해서는 견해가 대립된다.

4. 비용상환의무

임대인은 임차인이 목적물에 지출한 필요비나 유익비에 대해 상환할 의무를 진다. 자세한 내용은 '**4** 임차인의 권리' 부분에서 다루기로 한다.

5. 담보책임

임대차는 유상계약이므로 매매에 관한 규정이 준용된다(제567조). 따라서 임대차의 목적물에 하자(瑕疵)가 있는 경우 임대인은 매도인과 같은 담보책임을 진다.

4 임차인의 권리 ・24회 ・25회 ・26회 ・27회 ・29회 ・30회 ・31회 ・32회 ・33회

1. 임차권

(1) 의의

임차권이란 임차인이 임대인에 대하여 목적물을 사용·수익하게 해 줄 것을 요구할 수 있는 권리를 말한다.

(2) 사용·수익의 범위

① 임차인은 계약이나 목적물의 성질에 따라 정해진 용법으로 목적물을 사용·수익하여야 한다(제654조, 제610조). 임차인이 이를 위반한 경우 임대인은 위반행위의 정지를 청구하거나 손해가 있으면 손해배상을 청구할 수 있고 그 밖에 계약을 해지할 수 있다.

② 임차인은 임대인의 동의 없이 그 권리를 양도하거나 임차물을 전대하지 못한다(제629조 제1항). 임차인이 이를 위반한 경우에는 임대인은 계약을 해지할 수 있다(제629조 제2항).

(3) 임차권의 대항력

① 부동산임차인은 당사자 간에 반대약정이 없으면 임대인에 대하여 그 임대차등기절차에 협력할 것을 청구할 수 있고, 부동산임대차는 등기한 때부터 제3자에 대하여 효력이 생긴다(제621조). 따라서 임차권이 등기된 경우에는, 제3자가 임대인인 소유자로부터 그 부동산을 양수하여 임차인에 대해 명도청구를 하더라도 임차인은 이를 거절할 수 있다.

② 건물의 소유를 목적으로 한 토지임대차는 이를 등기하지 아니한 경우에도 임차인이 그 지상건물을 등기한 때에는 제3자에 대하여 임대차의 효력이 생긴다(제622조 제1항). 토지임차인이 대항력을 취득하는 경우는 자신이 건물을 신축하고 소유권보존등기를 한 경우뿐만 아니라 토지임차권과 건물을 양도받아 건물에 대한 소유권이전등기를 한 경우까지도 포함된다. 다만, 토지임차인에게 토지에 관한 적법한 임대차계약 없이 그 지상건물에 관하여 등기를 한 경우에는 대항력이 인정되지 않는다. 한편 건물이 임대차기간 만료 전에 멸실되거나 낡아서 쓸모없게 된 경우에는 토지임차인을 보호할 필요가 없으므로 토지임대차는 그 대항력을 잃는다(제622조 제2항).

> **기출지문 O X**
>
> 건물 소유를 목적으로 한 토지임대차를 등기하지 않았더라도, 임차인이 그 지상건물의 보존등기를 하면, 토지임대차는 제3자에 대하여 효력이 생긴다. • 26회
> ( )
>
> 정답 (○)

2. 비용상환청구권

> **제626조【임차인의 상환청구권】** ① 임차인이 임차물의 보존에 관한 필요비를 지출한 때에는 임대인에 대하여 그 상환을 청구할 수 있다.
> ② 임차인이 유익비를 지출한 경우에는 임대인은 임대차 종료 시에 그 가액의 증가가 현존한 때에 한하여 임차인의 지출한 금액이나 그 증가액을 상환하여야 한다. 이 경우에 법원은 임대인의 청구에 의하여 상당한 상환기간을 허여할 수 있다.

(1) 필요비상환청구권

① 임차인이 임차물의 보존을 위한 필요비를 지출한 경우에는 임대인에게 그 비용의 상환을 청구할 수 있다(제626조 제1항).

② 필요비란 임차물의 수선비 등과 같이 그 보존을 위하여 지출한 비용이다. 필요비는 임대인의 사용·수익하게 할 의무의 내용이므로 이는 원칙적으로 임대인의 부담에 속하는 것이다.

③ 필요비의 범위는 단순히 목적물 자체의 현상을 유지하거나 그 원상을 회복하는 비용에 한하지 않으며, 목적물을 통상의 용도에 적합한 상태로 보존하기 위하여 지출된 비용을 포함한다.

> **추가** 점유자의 필요비상환청구권은 목적물을 반환하거나 회복자로부터 반환청구를 받은 때에 발생한다.

④ 필요비상환청구는 필요비 지출 즉시, 즉 임대차존속 중에도 가능하고, 가액의 증가가 현존하는지의 여부에 관계없이 지출비용 전액에 미친다.

(2) 유익비상환청구권

① 임차인이 유익비를 지출한 경우에는 임대인은 임대차 종료 시에 목적물의 가액 증가가 현존한 때에 한하여 임차인이 지출한 금액이나 그 증가액을 상환하여야 한다. 이 경우 법원은 임대인의 청구에 의하여 상당한 상환기간을 허여할 수 있다(제626조 제2항).
② 유익비는 목적물을 개량하기 위하여 지출한 비용이다. 유익비는 임대인이 지출하여야 하는 것은 아니지만 목적물의 가치가 증가한 때에는 임대인에게 부당이득이 되므로 상환하게 하는 것이다.
③ 유익비란 임차인의 주관적인 취미나 특수한 영업목적을 위하여 지출된 것만으로는 부족하고 목적물의 객관적 가치를 증가시키는 것이어야 한다. 또한 유익비는 그 지출에 의한 개량이 목적물의 구성부분이 되어 임대인이 그 소유권을 취득하는 경우(제256조)에만 문제된다.

> **판 례**
>
> 1. 임차인이 삼계탕집을 경영하기 위하여 보일러, 온돌방, 방문틀, 주방내부, 합판을 이용한 점포장식, 실내전등 등을 설치하고 유익비를 청구한 사안에서 이 건물의 본래의 용도 및 피고의 이용실태 등에 비추어 피고가 지출한 위 비용은 어디까지나 피고가 위 건물에서 삼계탕집을 경영하기 위한 것이지 건물의 보존을 위한다거나 그 객관적 가치를 증가시키기 위한 것이 아니어서 이를 필요비 또는 유익비라고 할 수 없다(대판 1993.10.8, 93다25738).
> 2. 간이음식점을 경영하기 위하여 부착시킨 시설물에 불과한 간판은 건물부분의 객관적 가치를 증가시키기 위한 것이라고 보기 어려울 뿐만 아니라, 그로 인한 가액의 증가가 현존하는 것도 아니어서 그 간판설치비를 유익비라 할 수 없다(대판 1994.9.30, 94다20389).

④ 유익비상환청구는 임대차가 종료하고 그 가액의 증가가 현존한 때에 한하여 청구할 수 있다.
⑤ 임차인은 비용상환청구권을 담보하기 위해 유치권을 행사할 수 있다. 그러나 법원이 임대인의 청구에 의하여 상당한 상환기간을 허여한 경우에는 유치권을 행사할 수 없다.

(3) 행사기간

① 비용상환청구권은 임대인이 목적물을 반환받은 날부터 6개월 내에 행사하여야 한다(제654조). 이 기간은 제척기간에 해당한다.
② 필요비상환청구는 필요비를 지출한 즉시 가능하므로 위 제척기간과 관계없이 지출한 때로부터 소멸시효가 진행한다.

(4) 제626조의 성격

임차인의 비용상환청구권에 관한 규정은 임의규정이므로 비용상환 면제특약은 유효하다.

> **판례**
>
> **임대차계약에서 원상복구의 특약이 있는 경우, 유익비상환청구권의 존부**
> 임대차계약에서 "임차인은 임대인의 승인하에 개축 또는 변조할 수 있으나 부동산의 반환기일 전에 임차인의 부담으로 원상복구하기로 한다."라고 약정한 경우, 이는 임차인이 목적물에 지출한 각종 유익비의 상환청구권을 미리 포기하기로 한 취지의 특약이라고 봄이 상당하다(대판 1995.6.30, 95다12927).

3. 건물임차인의 부속물매수청구권 •27회 •29회

> **제646조【임차인의 부속물매수청구권】** ① 건물 기타 공작물의 임차인이 그 사용의 편익을 위하여 임대인의 동의를 얻어 이에 부속한 물건이 있는 때에는 임대차의 종료 시에 임대인에 대하여 그 부속물의 매수를 청구할 수 있다.
> ② 임대인으로부터 매수한 부속물에 대하여도 전항과 같다.

(1) 임차인이 임차물에 부속시킨 물건이 독립성을 가지게 되는 경우 임차인은 그 부속물에 대한 소유권을 취득하게 된다(제256조 단서). 그런데 임대차가 종료한 경우 임차인은 그 부속물을 수거할 수도 있으나, 수거하게 되면 부속물의 경제적 가치가 떨어지고 이는 사회·경제적으로도 손실이 생기게 되므로 민법은 임차인을 보호하기 위하여 일정한 경우 부속물매수청구권을 인정하고 있다. 즉, 건물 기타 공작물의 임차인이 사용의 편익을 위하여 임대인의 동의를 받아 임차물에 부속시킨 물건 또는 임대인으로부터 매수한 부속물이 있는 경우에는 임대차가 종료된 때에 임대인에게 그 부속물의 매수를 청구할 수 있다(제646조).

(2) 부속물이란 건물에 부속된 물건으로서 임차인의 소유에 속하고 건물의 구성부분으로는 되지 아니한 것으로서, 건물의 사용에 객관적인 편익을 가져오게 하는 물건이다. 따라서 부속된 물건이 오로지 임차인의 특수목적에 사용하기 위하여 부속된 경우에는 부속물에 포함되지 않는다.
(3) 부속물매수청구권은 형성권이므로 임차인의 일방적 의사표시에 의해 임대인과 임차인 사이에는 부속물에 관한 매매계약이 성립하게 된다. 따라서 임차인의 부속물인도의무와 임대인의 대금지급의무는 동시이행관계에 있다.
(4) 부속물매수청구권은 임대차가 종료한 후라면 언제라도 행사할 수 있다.
(5) 임차인의 채무불이행으로 임대차계약이 해지된 경우에는 부속물매수청구권을 행사할 수 없다는 것이 판례의 태도이다.
(6) 부속물매수청구권에 관한 규정은 편면적 강행규정이므로 이에 위반한 약정으로 임차인에게 불리한 것은 효력이 없다(제652조).

구분	부속물매수청구권	비용상환청구권
공통점	투하자본의 회수 수단	
성질	형성권	청구권
행사 요건	부속물이 건물과는 독립한 물건일 것	그 물건이 건물의 구성부분으로 될 것
	임대인의 동의를 얻어 부속시킨 것이거나 임대인으로부터 매수한 것에 대해서만 인정됨	제한 없음
	임차인의 의무위반 시 인정되지 않음	제한 없음
청구 시기	임대차 종료 시	필요비는 지출한 즉시, 유익비는 임대차 종료 시에 행사 가능
효과	편면적 강행규정	임의규정
	유치권 성립 불가	유치권 성립 가능

4. 토지임차인의 갱신청구권과 지상물매수청구권

• 25회 • 30회 • 34회 • 35회 • 36회

> **제643조 【임차인의 갱신청구권, 매수청구권】** 건물 기타 공작물의 소유 또는 식목, 채염, 목축을 목적으로 한 토지임대차의 기간이 만료한 경우에 건물, 수목 기타 지상시설이 현존한 때에는 제283조의 규정을 준용한다.

(1) 의의

건물 기타 공작물의 소유 또는 식목, 채염, 목축을 목적으로 한 토지임대차의 기간이 만료한 경우에 건물, 수목 기타 지상시설(이하 '지상물'이라 함)이 현존한 때에는 임차인은 계약의 갱신을 청구할 수 있다. 임대인이 계약의 갱신을 원하지 않는 경우에는 임차인은 상당한 가액으로 지상물의 매수를 청구할 수 있다(제643조에서 제283조를 준용). 지상물매수청구권은 형성권이므로 임차인이 지상물의 매수를 청구한 경우 임대인은 이를 거절할 수 없다. 따라서 임대인이 지상물의 매수를 원하지 않으면 임차인에게 계약을 갱신해 줄 수밖에 없게 된다.

(2) 토지임차인의 갱신청구권

① 갱신청구권이 인정되는 토지임대차의 범위는 반드시 '견고한' 건물 기타 공작물의 소유를 목적으로 하는 임대차이어야 하는 것은 아니며, '목축'을 목적으로 하는 토지임대차도 포함된다.
② 갱신청구권을 행사하기 위해서는 임대차의 존속기간이 만료하고 지상물이 현존하여야 한다.
③ 갱신청구권은 청구권이다. 따라서 토지임차인의 갱신청구로 곧바로 갱신의 효과가 생기는 것은 아니고, 임대인이 이에 대하여 승낙하여야 갱신의 효과가 발생한다.
④ 갱신청구권에 관한 규정은 편면적 강행규정이므로 이에 위반한 약정으로 임차인에게 불리한 것은 효력이 없다(제652조).
⑤ 임차인의 채무불이행으로 임대차계약이 해지된 경우에는 임대차가 존속기간의 만료로 소멸한 경우가 아니므로 임차인은 갱신청구권을 행사할 수 없다(판례).

(3) 토지임차인의 지상물매수청구권

① 지상물매수청구권자는 지상물의 소유자에 한한다. 따라서 건물을 신축한 토지임차인이 그 건물을 타인에게 양도한 경우에는 그 임차인은 매수청구권을 행사할 수 없다.
② 지상물매수청구의 상대방은 원칙적으로 임차권소멸 당시의 토지소유자인 임대인이다. 다만, 임차권이 대항력을 갖춘 경우에는 임차권이 소멸한 후 임대인으로부터 토지를 양수한 제3자에 대해서도 지상물매수청구권을 행사할 수 있다.

기출지문 OX

토지소유자가 아닌 제3자가 토지를 임대한 경우, 임대인은 특별한 사정이 없는 한 매수청구권의 상대방이 될 수 없다. • 35회
( )

정답 (O)

③ 지상물매수청구권은 형성권이므로 임차인의 일방적 의사표시에 의해 임대인과 임차인 사이에는 지상물에 관한 매매계약이 성립하게 된다. 따라서 임차인의 지상물인도의무와 임대인의 대금지급의무는 동시이행관계에 있다.

> **판례**
>
> 건물 기타 공작물의 소유를 목적으로 한 대지임대차에서 임차인이 그 지상 건물 등에 대하여 민법 제643조 소정의 매수청구권을 행사한 후에 그 임대인인 대지의 소유자로부터 매수대금을 지급받을 때까지 그 지상건물 등의 인도를 거부할 수 있다고 하여도, 지상건물 등의 점유·사용을 통하여 그 부지를 계속하여 점유·사용하는 한 그로 인한 부당이득으로서 부지의 임료 상당액은 이를 반환할 의무가 있다(대판 2001.6.1, 99다60535).

④ 매수청구권의 대상은 원칙적으로 토지 위의 지상물이다. 임대차계약 당시의 기존 건물이거나 임대인의 동의를 얻어 신축한 것에 한하지 않는다. 한편 무허가건물이나 미등기건물에 대해서도 매수청구권이 인정된다.

> **판례**
>
> 건물 소유를 목적으로 하는 토지임대차에서 임차인 소유 건물이 임대인이 임대한 토지 외에 임차인 또는 제3자 소유의 토지 위에 걸쳐서 건립되어 있는 경우에는, 임차지상에 서 있는 건물 부분 중 구분소유의 객체가 될 수 있는 부분에 한하여 임차인에게 매수청구가 허용된다(대판 전합체 1996.3.21, 93다42634).

⑤ 지상물의 객관적인 경제적 가치나 임대인에 대한 효용 여부는 매수청구권의 행사요건이 아니다. 또한 지상물매수청구권은 매수청구의 대상이 되는 건물에 근저당권이 설정되어 있는 경우에도 인정된다.

> **판례**
>
> 민법 제643조, 제283조에 규정된 임차인의 매수청구권은, 건물의 소유를 목적으로 한 토지임대차의 기간이 만료되어 그 지상에 건물이 현존하고 임대인이 계약의 갱신을 원하지 아니하는 경우에 임차인에게 부여된 권리로서 그 지상 건물이 객관적으로 경제적 가치가 있는지 여부나 임대인에게 소용이 있는지 여부가 그 행사요건이라고 볼 수 없다(대판 2002.5.31, 2001다42080).

기출지문 OX

甲은 건물 소유의 목적으로 乙의 X토지를 임차하여 그 위에 Y건물을 신축한 후 사용하고 있다. Y건물이 무허가건물이더라도 특별한 사정이 없는 한 甲의 지상물매수청구권의 대상이 될 수 있다.
• 25회 ( )

정답 (○)

⑥ 매수청구권의 행사에는 특별한 방식을 요하지 않으며, 재판상으로뿐만 아니라 재판 외에서도 행사할 수 있다.

> **판례**
>
> 건물의 소유를 목적으로 하는 토지임대차에서, 임대차가 종료함에 따라 토지의 임차인이 임대인에 대하여 건물매수청구권을 행사할 수 있음에도 불구하고 이를 행사하지 아니한 채, 토지의 임대인이 임차인에 대하여 제기한 토지인도 및 건물철거청구소송에서 패소하여 그 패소판결이 확정되었다고 하더라도, 그 확정판결에 의하여 건물철거가 집행되지 아니한 이상 토지의 임차인으로서는 건물매수청구권을 행사하여 별소로써 임대인에 대하여 건물매매대금의 지급을 구할 수 있다(대판 1995.12.26, 95다42195).

⑦ 기간의 약정이 없는 토지임대차에서 임대인이 해지통고를 한 경우 임차인은 갱신청구권을 행사하지 않고 곧바로 지상물매수청구권을 행사할 수 있다. 왜냐하면 임차인이 계약의 갱신을 청구하였어도 임대인이 이를 거절한 것으로 볼 수 있기 때문이다.

⑧ 지상물매수청구권에 관한 규정은 편면적 강행규정이므로 이에 위반한 약정으로 임차인에게 불리한 것은 효력이 없다(제652조).

⑨ 임차인의 채무불이행으로 임대차계약이 해지된 경우에는 임차인이 계약갱신을 청구할 수 없으므로 지상물매수청구권도 행사할 수 없다(판례).

> **판례**
>
> 임대차의 경우에 임차인의 채무불이행 등 사유로 인하여 임대차계약이 해지되었을 때에는 임차인에게 계약갱신권이 발생할 여지가 없고, 따라서 임차인에게 매수청구권이 발생할 수 없다(대판 1972.12.26, 72다2013).

⑩ 토지임차인의 지상물매수청구권에 관한 제643조 규정은 성질상 토지전세권에도 유추적용될 수 있다는 것이 판례의 태도이다. 다만, 토지전세권자가 건물 기타 지상시설의 매수를 청구하기 위해서는 그 전세권이 건물 기타 지상시설의 소유를 목적으로 한 것이어야 하고, 전세권의 존속기간이 만료되어야 하며, 건물 기타 지상시설이 현존하여야 한다.

기출지문 OX

甲은 건물 소유의 목적으로 乙의 X토지를 임차하여 그 위에 Y건물을 신축한 후 사용하고 있다. 임대차기간의 정함이 없는 경우, 乙이 해지통고를 하면 甲은 지상물매수청구권을 행사할 수 있다.
• 25회 ( )

정답 (○)

5. 차임감액청구권 •31회

(1) 임차물의 일부가 임차인의 과실 없이 멸실 기타 사유로 인하여 사용, 수익할 수 없는 때에는 임차인은 그 부분의 비율에 의한 차임의 감액을 청구할 수 있다(제627조 제1항). 이 경우에 그 남은 부분으로 임차의 목적을 달성할 수 없는 때에는 임차인은 계약을 해지할 수 있다(제627조 제2항).
(2) 차임감액청구권은 형성권이다.

> **기출지문 OX**
> 임차물의 일부가 임차인의 과실 없이 멸실되어 사용·수익할 수 없는 경우, 임차인은 그 부분의 비율에 의한 차임의 감액을 청구할 수 있다. •31회 ( )
> 정답 (○)

5 임차인의 의무 •24회 •29회 •31회

1. 차임지급의무

(1) 차임의 내용 및 액수
① 임차인은 임차물의 사용·수익의 대가로서 임대인에게 차임을 지급할 의무를 진다(제618조). 차임지급의무는 임차인의 가장 중요한 의무이다.
② 차임은 금전에 한하지 않고, 물건으로 지급하여도 무방하다. 차임의 액수에 대해서는 민법에 제한규정이 없으므로 원칙적으로 당사자의 약정으로 자유로이 정할 수 있다.

(2) 차임의 지급시기
당사자의 약정으로 자유로이 정할 수 있으나, 당사자 사이의 특약이 없는 경우에는 차임은 동산, 건물이나 대지에 대하여는 매월 말에, 기타 토지에 대하여는 매년 말에 지급하여야 한다(제633조 본문). 그러나 수확기 있는 것에 대하여는 그 수확 후 지체 없이 지급하여야 한다(제633조 단서).

(3) 차임지급연체와 계약 해지
① 건물 기타 공작물의 임대차에는 임차인의 차임연체액이 2기의 차임액에 달하는 때에는 임대인은 계약을 해지할 수 있다(제640조). 이때의 '2기'란 연속된 2기의 차임연체를 의미하는 것이 아니라 연체한 차임의 합산액이 2기분에 달하면 된다는 의미이다.
② 건물 기타 공작물의 소유 또는 식목, 채염, 목축을 목적으로 한 토지임대차의 경우에도 제640조를 준용하므로, 임차인이 연체한 차임이 2기의 차임액에 달하는 때에는 임대인은 계약을 해지할 수 있다(제641조). 이 경우에 그 지상에 있는 건물 기타 공작물이 담보물권의 목적인 때에

는 그 담보물권자에게 통지한 후 상당한 기간이 지나야 해지의 효력이 생긴다(제642조).

(4) 임대인의 차임채권 확보를 위한 법정질권과 법정저당권

① **토지임대인의 법정질권·법정저당권:** 토지임대인이 임대차에 관한 채권에 의하여 임차지에 부속 또는 그 사용의 편익에 공용한 임차인의 소유동산 및 그 토지의 과실을 압류한 때에는 질권과 동일한 효력이 있다(제648조). 또한 토지임대인이 변제기를 경과한 최후 2년의 차임채권에 의하여 그 지상에 있는 임차인 소유의 건물을 압류한 때에는 저당권과 동일한 효력이 있다(제649조).

② **건물임대인의 법정질권:** 건물 기타 공작물의 임대인이 임대차에 관한 채권에 의하여 그 건물 기타 공작물에 부속한 임차인 소유의 동산을 압류한 때에는 질권과 동일한 효력이 있다(제650조).

(5) 사정변경에 의한 차임증감청구권

① 임대물에 대한 공과부담의 증감 기타 경제사정의 변동으로 인하여 약정한 차임이 상당하지 아니하게 된 때에는 당사자는 장래에 대한 차임의 증감을 청구할 수 있다(제628조). 차임증감청구권은 형성권이다.

② 차임증감청구권에 관한 규정은 편면적 강행규정이다.

> **◎ 참고** **차임불감액·부증액의 특약의 효력**
>
> 1. 차임불감액의 특약은 임차인에게 불리하므로 언제나 무효이다.
> 2. 차임부증액의 특약은 임차인에게 유리하므로 원칙적으로 유효하다. 다만, 차임부증액의 특약이 있더라도 그 특약을 그대로 유지시키는 것이 신의칙에 반한다고 인정될 정도의 사정변경이 있는 경우에는 형평의 원칙상 임대인에게 차임증액청구를 인정할 수 있다는 것이 판례의 태도이다.

(6) 공동임차인의 연대의무

수인이 공동으로 물건을 임차한 경우에는 임차인이 연대하여 의무를 부담한다(제616조, 제654조).

2. 목적물보관의무

(1) 임차인은 목적물을 인도할 때까지 선량한 관리자의 주의로 목적물을 보관하여야 한다(제374조). 임차인이 선관주의의무에 위반하여 목적물을 멸실시킨 경우 임차인은 채무불이행으로 인한 손해배상책임을 진다.

기출지문 O X

경제사정변동에 따른 임대인의 차임증액청구에 대해 법원이 차임증액을 결정한 경우, 그 결정 다음 날부터 지연손해금이 발생한다. • 31회 ( )

정답 (×)
법원 결정 시가 아니라 증액청구의 의사표시가 상대방에게 도달한 때부터 지연손해금이 발생한다.

(2) 보관의무와 관련하여, 임차물의 수리를 요하거나 임차물에 대하여 권리를 주장하는 자가 있는 때에는 임차인은 지체 없이 임대인에게 이를 통지하여야 한다. 그러나 임대인이 이미 이를 안 때에는 통지할 필요가 없다(제634조).

3. 목적물반환의무

임대차가 종료한 때에는 임차인은 목적물을 임대인에게 반환하여야 한다. 임차인이 목적물을 반환하는 때에는 이를 원상에 회복하여야 하고, 이에 부속시킨 물건은 철거할 수 있다(제654조, 제615조).

> **⊕ 보충** 편면적 강행규정에 해당하는 경우 • 29회
> 1. 차임감액청구권(제627조), 차임증감청구권(제628조)
> 2. 전차인의 권리확정(제631조)
> 3. 해지통고(제635조), 해지통고의 전차인에 대한 통지(제638조)
> 4. 차임연체와 해지(제640조, 제641조)
> 5. 토지임차인·전차인의 갱신청구권과 지상물매수청구권(제643조부터 제645조까지의 규정)
> 6. 건물임차인·전차인의 부속물매수청구권(제646조, 제647조)

제5절 임차권의 양도와 전대

1 서설

1. 의의와 법적 성질

(1) 임차권의 양도란 임차인이 제3자에게 임차권을 이전시키는 계약이다. 임차권의 양도가 있는 경우 임차인은 임차인으로서의 지위에서 벗어나고 제3자인 양수인이 임차인의 지위를 승계하게 된다. 이러한 임차권의 양도는 임차권 자체의 이전을 목적으로 하는 준물권계약이다.

(2) 임차물의 전대란 임차인이 제3자에게 임차물을 사용·수익하게 하는 채권계약이다. 임차물의 전대의 경우 임차인은 임차인으로서의 지위를 그대로 유지하면서 전차인과의 사이에 새로운 임대차관계가 생긴다. 이러한 임차물의 전대는 임차인과 전차인 사이의 낙성·불요식계약이다.

2. 무단양도 및 전대의 금지

(1) 민법의 규정

> **제629조【임차권의 양도, 전대의 제한】** ① 임차인은 임대인의 동의 없이 그 권리를 양도하거나 임차물을 전대하지 못한다.
> ② 임차인이 전항의 규정에 위반한 때에는 임대인은 계약을 해지할 수 있다.

추가 **제629조 규정의 성격**
제629조는 임의규정이므로 양도 및 전대에서 임대인의 동의를 요하지 않는다는 특약은 유효하다.

① 임차인은 임대인의 동의 없이 임차권을 양도하거나 임차물을 전대할 수 없다(제629조 제1항). 임차인이 임대인의 동의 없이 임차권을 양도하거나 임차물을 전대한 경우에는 임대인은 임대차계약을 해지할 수 있다(제629조 제2항).

② 무단양도 및 전대를 금지하는 이유는 무단양도 및 전대행위가 임대인에 대한 배신행위이기 때문이다. 따라서 임차인의 무단양도 및 전대행위가 임대인에 대한 배신행위가 아니라는 특별한 사정이 있는 경우 임대인은 임대차계약을 해지할 수 없다는 것이 판례의 태도이다.

> **판례**
>
> 1. 임차권을 무단으로 양도한 경우라도 임차권의 양수인이 임차인과 부부로서 임차건물에 동거하면서 함께 가구점을 경영하고 있는 경우에는 무단양도행위가 임대인에 대한 배신행위라고 볼 수 없으므로 임대인은 임대차계약을 해지할 수 없다(대판 1993.4.27, 92다45308).
>
> 2. 건물의 소유를 목적으로 하여 토지를 임차한 사람이 그 토지 위에 소유하는 건물에 저당권을 설정한 때에는 민법 제358조 본문에 따라서 저당권의 효력이 건물뿐만 아니라 건물의 소유를 목적으로 한 토지임차권에도 미친다고 보아야 할 것이므로, 건물에 대한 저당권이 실행되어 경락인이 건물의 소유권을 취득한 때에는 특별한 다른 사정이 없는 한 건물의 소유를 목적으로 한 토지임차권도 건물소유권과 함께 경락인에게 이전된다. 그러나 이 경우에도 민법 제629조가 적용되기 때문에 토지임대인에 대한 관계에서는 그의 동의가 없는 한 경락인은 그 임차권의 취득을 가지고 대항할 수 없다. 다만, 임대인에 대한 배신행위가 아니라고 인정되는 특별한 사정이 있는 때에는 임대인은 자신의 동의 없이 임차권이 이전되었다는 것만을 이유로 제629조 제2항에 따라서 임대차계약을 해지할 수 없고, 그와 같은 특별한 사정이 있는 때에 한하여 경락인은 임대인의 동의가 없더라도 임차권의 이전을 임대인에게 대항할 수 있다고 봄이 상당한 바, 위와 같은 특별한 사정이 있는 점은 경락인이 주장·입증하여야 한다(대판 1993.4.13, 92다24950).

③ 제629조 제1항의 취지는 무단양도 및 전대가 임대인에 대하여 아무런 효력이 없다는 의미이고, 양도인과 양수인 또는 임차인과 전차인 사이의 계약이 무효로 된다는 뜻은 아니다.

(2) 임대인의 동의
① **동의의 의미**: 임차권의 양도에서 임대인의 동의는 임차인에 대하여 그 목적물에 대한 용익권능을 승계적으로 이전할 수 있는 권능을 주는 의사표시이다. 따라서 임차권의 양도에서 임대인의 동의는 임대인 기타 제3자에 대한 대항요건에 해당한다.
② **동의의 방식과 상대방**: 동의는 특별한 방식을 요하지 않으며, 양수인 또는 전차인에 대한 의사표시로써 해도 무방하다.
③ **동의의 철회 여부**: 임대인의 동의는 이를 신뢰한 임차인과 양수인 또는 전차인에게 중대한 영향을 미치므로 임대인이 한번 한 동의는 철회할 수 없다고 보는 것이 통설이다.

2 임대인의 동의가 있는 임차권양도의 법률관계

(1) 임차권은 동일성을 유지하면서 양수인에게 확정적으로 이전되고, 양도인은 임차인의 지위에서 벗어난다. 따라서 임대차관계에서 발생하는 권리·의무는 양수인에게 이전된다.
(2) 그러나 연체차임지급의무나 그 밖의 의무위반으로 인한 손해배상의무 등은 특약이 없는 한 양수인에게 이전되지 않는다.

3 무단양도의 법률관계 ·28회

1. 양도인과 양수인 사이의 관계

임차권의 양도계약은 임대인의 동의 유무와 관계없이 당사자 사이에서는 유효하다. 다만, 양도인(임차인)은 양수인에 대하여 임대인의 동의를 얻을 의무를 부담하고, 동의를 얻지 못하면 양수인에 대하여 담보책임을 진다(제567조·제570조).

2. 임대인과 양수인 사이의 관계

(1) 양수인은 임대인에 대하여 임차권을 주장할 수 없으므로, 양수인이 목적물을 점유·사용하는 것은 임대인에 대한 관계에서는 불법점유가 된다. 따라서 임대인은 이에 대하여 소유권에 기한 물권적 청구권을 행사할 수 있다(제213조·제214조).

(2) 그러나 임대인이 임차인과의 임대차계약을 해지하지 않는 한, 목적물을 직접 자기에게 반환할 것을 청구할 수는 없고 임차인에게 반환할 것을 청구할 수 있을 뿐이다(제207조). 다만, 임차인이 목적물의 반환을 받을 수 없거나 반환받기를 원하지 않는 때에는 직접 자기에게 목적물을 인도할 것을 청구할 수 있다.

(3) 임대인은 임대차계약을 해지하지 않는 동안에는 여전히 임차인에 대하여 차임의 지급을 청구할 수 있으므로, 양수인에 대하여 불법행위로 인한 손해배상청구권을 행사할 수는 없다.

3. 임대인과 임차인 사이의 관계

(1) 임대인은 무단양도를 이유로 임대차계약을 해지할 수 있다(제629조 제2항). 임대인이 해지권을 행사하지 않는 한, 임차인(양도인)은 여전히 임대차의 당사자이므로 차임지급의무 및 목적물보관의무를 부담한다.

(2) 임차권의 무단양도 시 양수인은 임차인의 이행보조자의 지위에 있는 것이므로 양수인의 행위로 임대인에게 손해가 발생하면 임차인(양도인)은 임대인에 대하여 손해배상의무를 부담한다(제390조·제391조).

4 임대인의 동의가 있는 전대의 법률관계 ・26회 ・32회

> **제630조【전대의 효과】** ① 임차인이 임대인의 동의를 얻어 임차물을 전대한 때에는 전차인은 직접 임대인에 대하여 의무를 부담한다. 이 경우에 전차인은 전대인에 대한 차임의 지급으로써 임대인에게 대항하지 못한다.
> ② 전항의 규정은 임대인의 임차인에 대한 권리행사에 영향을 미치지 아니한다.

1. 전대인과 전차인 사이의 관계

(1) 전대차관계는 전대차계약의 내용에 따라 정하여지며, 전대인(임차인)은 전차인에 대하여 임대인으로서의 권리·의무를 가진다.

(2) 다만, 전차인이 임대인에게 직접 차임을 지급하면 그 한도에서 전대인에 대한 임차료지급의무를 면하고, 임대차 및 전대차가 동시에 종료한 경우에 전차인이 임대인에게 목적물을 반환하면 전대인에 대한 반환의무를 면한다.

2. 임대인과 임차인 사이의 관계

(1) 임대차관계는 전대차의 성립에 의해 아무런 영향을 받지 않는다. 다만, 임대인은 전차인에 대하여 직접 권리를 행사할 수 있으나, 이 때문에 임대인이 임차인에 대한 그의 임대차계약상의 채권을 행사할 수 없게 되는 것은 아니다.

(2) 임대인의 차임지급청구와 계약해지의 상대방은 임차인(전대인)이다. 임대차가 해지통고로 인하여 종료된 경우에 그 목적물이 적법하게 전대되었을 때에는 임대인은 전차인에 대하여 그 사유를 통지하지 아니하면 해지로써 전차인에게 대항할 수 없다(제638조 제1항). 이 조항은 전차인을 보호하기 위한 규정일 뿐이지 해지통고의 상대방이 전차인이라는 의미는 아니다.

(3) 전차인의 과실로 목적물이 훼손된 경우 임차인은 전차인의 선임·감독상의 과실이 있는 때에만 임대인에 대하여 책임을 진다.

3. 임대인과 전차인 사이의 관계

(1) 임대인의 동의가 있더라도 임대인과 전차인 사이에 직접적인 임대차관계가 발생하는 것은 아니다. 다만, 민법은 임대인을 보호하기 위하여 전차인이 임대인에게 직접 '의무'를 부담하는 것으로 하고 있다. 이를 편면적 의무규정이라고 한다.

(2) 한편 전차인은 전대인에 대한 차임의 지급으로써 임대인에게 대항할 수 없다. 그러나 전차인이 임대인에게 대항할 수 없는 차임의 범위는 전대차계약상의 차임지급시기를 기준으로 하여 그 전에 전대인에게 지급한 차임에 한정되고, 그 이후에 지급한 차임으로는 임대인에게 대항할 수 있다(대판 2008. 3.27, 2006다45459). 따라서 임대인의 청구가 있으면 변제기 전에 임차인에게 차임을 지급한 전차인은 임대인에게 다시 차임을 지급하여야 한다.

(3) 임차권이 소멸하면 전차권도 소멸하는 것이 원칙이다. 그러나 임대인의 동의를 얻어 전대한 경우에는 임대인과 임차인의 합의로 임대차계약을 종료시키더라도 전차인의 권리는 소멸하지 않는다(제631조). 또한 임차인이 일방적으로 임차권을 포기한 경우에도 전차인의 권리는 소멸하지 않는다고 해석된다(통설).

(4) 임대차약정이 해지의 통고로 인하여 종료된 경우에 그 목적물이 적법하게 전대되었을 때에는 임대인은 전차인에 대하여 그 사유를 통지하지 아니하면 해지로써 전차인에게 대항할 수 없다(제638조 제1항). 전차인이 해지통고를 받은 때에도 그 효력은 전차인에 대해서는 일정기간(부동산임대차는 6개월, 동산임대차는 5일)이 지나야 해지의 효력이 생긴다(제638조 제2항).

(5) 건물 기타 공작물의 소유 또는 식목, 소금 채취, 목축을 목적으로 하는 토지임차인이 적법하게 그 토지를 전대한 경우에 임대차와 전대차의 기간이 동시에 만료되고 건물, 수목, 그 밖의 지상시설이 현존한 때에는 전차인은 임대인에게 종전의 전대차와 동일한 조건으로 임대할 것을 청구할 수 있고(제644조 제1항), 임대인이 임대를 원하지 않는 때에는 전차인은 지상물의 매수를 청구할 수 있다(제644조 제2항). 한편 임차인이 적법하게 전대한 건물 기타 공작물에 전차인이 사용의 편익을 위하여 임대인의 동의를 받아 부속시킨 물건 또는 임대인으로부터 매수하였거나 그의 동의를 받아 임차인으로부터 매수한 부속물이 있는 경우 전대차가 종료된 때에 임대인에게 그 부속물의 매수를 청구할 수 있다(제647조 제1항).

5 무단전대의 법률관계 ·24회 ·27회 ·29회 ·36회

1. 전대인과 전차인 사이의 관계

(1) 전대차계약은 임대인의 동의 유무와 관계없이 전대인(임차인)과 전차인 사이에서는 유효하다. 따라서 전차인은 전대인에 대하여 전차권(전대차에 기한 임차권)을 취득하고, 전대인은 전차인에 대하여 차임지급청구권을 취득한다.

(2) 다만, 전대인은 전차인에게 임대인의 동의를 얻어 줄 의무를 부담한다.

기출지문 O X

甲은 자기 소유 X창고건물 전부를 乙에게 월차임 60만원에 3년간 임대하였고, 乙은 甲의 동의를 얻어 X건물 전부를 丙에게 월차임 70만원에 2년간 전대하였다. 이 경우 甲과 乙의 합의로 임대차계약을 종료한 경우 丙의 권리는 소멸한다. ·32회 ( )

정답 (×)
임대인의 동의를 얻어 전대한 경우에는 임대인과 임차인의 합의로 임대차계약을 종료시키더라도 전차인의 권리는 소멸하지 않는다.

2. 임대인과 임차인 사이의 관계

임차인이 전대를 하더라도 임대인과 임차인 사이의 임대차관계는 그대로 존속한다. 따라서 임대인은 여전히 임차인에 대하여 차임을 청구할 수 있으며, 무단전대를 이유로 임대차계약을 해지할 수 있다.

3. 임대인과 전차인 사이의 관계

(1) 전차인은 전차권(전대차에 기한 임차권)을 가지고서 임대인에게 대항할 수 없다. 따라서 전차인이 목적물을 점유·사용하는 것은 임대인에 대한 관계에서는 불법점유가 된다. 이때 임대인은 전차인에게 소유권에 기한 물권적 청구권을 행사할 수 있다(제213조, 제214조). 다만, 임차인과의 임대차관계를 해지하지 않는 한 목적물을 직접 자기에게 반환할 것을 청구할 수는 없고 전대인(임차인)에게 반환할 것을 청구할 수 있을 뿐이다(제207조). 그러나 임차인이 목적물을 반환받을 수 없거나 반환받기를 원하지 않는 때에는 직접 자기에게 목적물을 인도할 것을 청구할 수 있다.

(2) 무단전대의 경우 임대인과 전차인 사이에는 아무런 계약관계가 성립하지 않으므로 임대인은 전차인에 대해 차임지급을 청구할 수 없다. 한편 임대인은 임대차계약을 해지하지 않는 동안에는 여전히 임차인에 대하여 차임의 지급을 청구할 수 있으므로, 전차인에 대하여 불법행위로 인한 손해배상청구권이나 부당이득반환청구권을 행사할 수 없다.

제6절 보증금 및 권리금

1 보증금

1. 의의

(1) 보증금이란 부동산임대차, 특히 건물임대차에서 임차인의 모든 채무를 담보하기 위하여 임차인 또는 제3자가 임대인에게 지급하는 금전이다.

(2) 민법에는 보증금에 관한 규정이 없으므로, 이는 학설과 판례 및 관행에 의해 규율되고 있다.

2. 보증금계약

(1) 보증금계약의 성립
보증금계약의 당사자는 보통 임대인과 임차인이지만 임차인에 갈음하여 제3자가 될 수도 있다.

(2) 보증금계약의 법적 성질
① 보증금계약은 임대차의 종된 계약이다. 따라서 보증금계약은 부종성이 있다. 다만, 임대차계약과 동시에 할 필요는 없다.
② 보증금계약은 금전이나 그 밖의 물건을 지급함으로써 성립하는 요물계약이다(다수설).

3. 보증금의 효력 ·33회

(1) 보증금의 담보적 효력
보증금은 임대차관계에서 생길 수 있는 임차인의 모든 채무를 담보한다. 따라서 임대인은 이 보증금으로부터 다른 채권자에 우선하여 변제를 받을 수 있다.

(2) 임대인의 보증금충당의 자유
임대인은 원칙적으로 임대차가 종료한 후에 보증금으로써 임차인의 채무를 충당할 수 있다. 다만, 연체차임에 대하여는 임대차 종료 전이라도 보증금으로 충당할 수 있다. 보증금으로써 연체차임에 충당할 것인가는 임대인의 자유이다. 따라서 충당하지 않고 임차인에게 연체차임의 지급을 청구할 수도 있다. 이때 임차인은 보증금의 존재를 이유로 연체차임의 지급을 거절할 수 없다.

4. 보증금의 반환

(1) 보증금반환청구권의 발생시기
이에 대해서는 임대차 종료 시(終了時)라는 견해와 목적물 반환 시(返還時)라는 견해가 대립된다. 판례는 임대차 종료 시라고 하였으나, 최근에는 목적물 반환 시라고 한다.

> **판례**
>
> 1. 임차보증금반환청구권은 임대차 종료 시에 발생하기는 하나 임차인은 보증금 중 연체차임, 손해배상 등 당해 임대차에 관하여 명도(반환) 시까지 생긴 모든 채무를 청산한 나머지의 반환만을 청구할 수 있다(대판 전합체 1977.9.28, 77다1241).
> 2. 임대차계약에 있어 임대차보증금은 임대차계약 종료 후 목적물을 임대인에게 명도할 때까지 발생하는, 임대차에 따른 임차인의 모든 채무를 담보하는 것으로서, 그 피담보채무 상당액은 임대차관계의 종료 후 목적물이 반환될 때에, 특별한 사정이 없는 한, 별도의 의사표시 없이 보증금에서 당연히 공제되는 것이므로, 임대인은 임대차보증금에서 그 피담보채무를 공제한 나머지만을 임차인에게 반환할 의무가 있다(대판 2005.9.28, 2005다8323·8330).

(2) 목적물반환의무와 보증금반환의무의 동시이행관계

임대인의 보증금반환의무는 임대차관계가 종료되는 경우에 그 보증금 중 목적물을 반환받을 때까지 생긴 연체차임 등 임차인의 모든 채무를 공제한 나머지 금액에 관하여만 임차인의 목적물반환의무와 동시이행관계에 있다.

> **판례**
>
> 1. 임대차계약의 종료에 의하여 발생된 임차인의 목적물반환의무와 임대인의 연체차임을 공제한 나머지 보증금의 반환의무는 동시이행의 관계에 있는 것이므로, 임대차계약 종료 후에도 임차인이 동시이행의 항변권을 행사하여 임차건물을 계속 점유해 온 것이라면 임대인이 임차인에게 위 보증금반환의무를 이행하였다거나, 그 현실적인 이행의 제공을 하여 임차인의 건물명도의무가 지체에 빠지는 등의 사유로 동시이행항변권을 상실하게 되었다는 점에 관하여 임대인의 주장·입증이 없는 이상, 임차인의 위 건물에 대한 점유는 불법점유라고 할 수 없다(대판 1990.12.21, 90다카24076).
> 2. 임차인이 임대차계약 종료 이후에도 임차건물부분을 계속 점유하기는 하였으나 이를 사용·수익하지 아니하여 실질적인 이득을 얻은 바 없는 경우에는 그로 인하여 임대인에게 손해가 발생하였다 하더라도 임차인의 부당이득반환의무는 성립되지 않는다(대판 1992.4.14, 91다45202·45219).

(3) 유치권의 성립 여부

보증금반환청구권은 채권과 유치물 사이의 견련성이 없으므로, 보증금반환청구권을 담보하기 위하여 목적물에 대해 유치권을 행사할 수 없다.

5. 부동산소유권의 이전과 보증금반환채무의 승계

(1) 부동산임차권에 대항력이 있는 경우

양도인의 보증금반환채무는 부동산의 양도와 함께 양수인에게 면책적으로 이전된다는 것이 판례의 태도이다.

(2) 부동산임차권에 대항력이 없는 경우

임차권이 대항력을 갖지 않는 경우 임차인은 임차물의 양수인에 대하여 임차권을 주장할 수 없고, 양수인과 임대인 사이에 인수계약이 없는 한 보증금의 반환도 청구할 수 없다. 더욱이 임차보증금은 목적물에 관하여 생긴 채권이 아니므로 유치권도 성립하지 않는다.

2 권리금

1. 의의

(1) 권리금이란 주로 부동산임대차에 부수하여 그 부동산이 갖는 특수한 장소적 이익 내지 특수한 권리이용의 대가로서 지급하는 금전이다.
(2) 민법에는 권리금에 관한 규정이 없으므로, 이는 판례와 거래관행에 의해 규율되고 있다. 다만, 「상가건물 임대차보호법」에서는 권리금에 관한 명문규정이 있다.

2. 권리금의 효력

권리금은 원칙적으로 임대차 종료 시에 임차인이 임대인에게 그 반환을 청구할 수 없다. 다만, 임차인은 권리금의 반대급부로 인수한 부속물에 대하여 임대인에게 매수를 청구하거나(제646조), 목적물에 대한 필요비 또는 유익비의 상환을 청구할 수는 있다(제626조).

> **판례**
>
> 통상 권리금은 새로운 임차인으로부터만 지급받을 수 있을 뿐이고 임대인에 대하여는 지급을 구할 수 없는 것이므로 임대인이 임대차계약서의 단서 조항에 권리금액의 기재 없이 단지 '모든 권리금을 인정함'이라는 기재를 하였다고 하여 임대차 종료 시 임차인에게 권리금을 반환하겠다고 약정하였다고 볼 수는 없고, 단지 임차인이 나중에 임차권을 승계한 자로부터 권리금을 수수하는 것을 임대인이 용인하고, 나아가 임대인이 정당한 사유 없이 명도를 요구하거나 점포에 대한 임대차계약의 갱신을 거절하고 타에 처분하면서 권리금을 지급받지 못하도록 하는 등으로 임차인의 권리금 회수 기회를 박탈하거나 권리금 회수를 방해하는 경우에 임대인이 임차인에게 직접 권리금 지급을 책임지겠다는 취지로 해석해야 할 것이다(대판 2000.4.11, 2000다4517·4524).

제7절 임대차의 종료

1 종료원인

1. 존속기간의 만료

임대차의 존속기간을 약정한 경우에는 그 기간이 만료됨으로써 임대차는 종료한다.

2. 해지통고

(1) 임대차의 존속기간을 약정하지 않은 경우

> **제635조【기간의 약정 없는 임대차의 해지통고】** ① 임대차기간의 약정이 없는 때에는 당사자는 언제든지 계약해지의 통고를 할 수 있다.
> ② 상대방이 전항의 통고를 받은 날로부터 다음 각 호의 기간이 경과하면 해지의 효력이 생긴다.
>   1. 토지, 건물 기타 공작물에 대하여는 임대인이 해지를 통고한 경우에는 6월, 임차인이 해지를 통고한 경우에는 1월
>   2. 동산에 대하여는 5일

(2) 임대차의 존속기간을 약정한 경우

① 임대차기간을 약정했을 때에도 당사자 일방이나 쌍방이 그 기간 내에 해지할 권리를 보류(保留)한 경우에는 제635조를 준용한다(제636조).
② 임차인이 파산선고를 받은 경우에는 임대차기간을 약정한 때에도 임대인이나 파산관재인(破産管財人)은 제635조에 따라 계약해지를 통고할 수 있다(제637조 제1항). 이 경우에 각 당사자는 상대방에게 계약 해지로 생긴 손해의 배상을 청구할 수 없다(제637조 제2항).

3. 즉시해지

기간의 약정이 있더라도 일정한 경우에는 임대차계약을 즉시 해지할 수 있다. 민법상 즉시해지가 인정되는 경우는 다음과 같다.

(1) 임대인이 임차인의 의사에 반하여 보존행위를 함으로써 임대차의 목적을 달성할 수 없는 때(제625조)
(2) 임차물의 일부가 임차인의 과실(過失) 없이 멸실한 경우에 그 남은 부분으로 임차의 목적을 달성할 수 없는 때(제627조)
(3) 임차인이 임대인의 동의 없이 무단으로 임차권을 양도하거나 임차물을 전대한 때(제629조)
(4) 임차인이 2기분의 차임을 연체한 때(제640조, 제641조)
(5) 당사자 일방에 의한 채무불이행이 있는 때(제544조, 제546조)
(6) 기타 부득이한 사유가 있는 때(제661조의 유추적용)

> **판례**
>
> 임대인과 신소유자의 계약만으로 임대인의 지위가 양도된 때에 임차권의 승계를 원하지 않는 임차인은 곧바로 이의를 제기함으로써 승계되는 임대차관계의 구속을 면할 수 있고, 임대인과의 임대차관계도 해지할 수 있다(대결 1998.9.2, 98마100).

2 임대차 종료의 효과

(1) 임대차계약을 해지한 경우 임대차계약은 장래에 대하여 효력을 잃는다(제550조). 임대차계약의 해지는 손해배상청구에 영향을 미치지 아니하므로(제551조), 상대방에게 과실이 있으면 이에 대하여 손해배상을 청구할 수 있다.

(2) 임대차가 종료하면 임차인은 임차물에 부속시킨 물건을 수거하여 원상으로 회복시켜 임대인에게 반환하여야 한다(제654조, 제615조). 한편 임차인은 임대인에 대하여 유익비의 상환을 청구하거나(제626조), 지상물 또는 부속물의 매수를 청구할 수 있다(제643조, 제646조).

> **⊕ 보충 일시사용을 위한 임대차**
> 1. 일시사용을 위한 임대차인지는 임대차의 목적, 임차물 기타의 사정을 객관적·종합적으로 고려하여 사회통념에 따라 판단한다.
> 2. 일시사용을 위한 임대차에는, 차임증감청구권(제628조), 해지통고의 전차인에 대한 통지(제638조), 차임연체와 해지(제640조), 건물임차인의 부속물매수청구권(제646조), 건물전차인의 부속물매수청구권(제647조), 토지임대인의 법정질권(제648조), 건물임대인의 법정질권(제650조), 편면적 강행규정(제652조)이 적용되지 않는다.
> 3. 임대인의 수선의무규정(제623조)과 비용상환청구권규정(제626조)은 일시사용을 위한 임대차에도 적용된다.

CHAPTER 04 최신기출문제로 확인!

01 민법상 임대차계약에 관한 설명으로 <u>틀린</u> 것은? (다툼이 있으면 판례에 따름) • 34회

① 임대인이 목적물을 임대할 권한이 없어도 임대차계약은 유효하게 성립한다.
② 임차기간을 영구로 정한 임대차약정은 특별한 사정이 없는 한 허용된다.
③ 임차인은 특별한 사정이 없는 한 자신이 지출한 임차물의 보존에 관한 필요비 금액의 한도에서 차임의 지급을 거절할 수 있다.
④ 임대차가 묵시의 갱신이 된 경우, 전임대차에 대해 제3자가 제공한 담보는 원칙적으로 소멸하지 않는다.
⑤ 임대차 종료로 인한 임차인의 원상회복의무에는 임대인이 임대 당시의 부동산 용도에 맞게 다시 사용할 수 있도록 협력할 의무까지 포함된다.

키워드 임대차의 효력

난이도

해설 ① 임대인에게 임대목적물에 대한 소유권 기타 임대권한이 없더라도 임대차계약은 성립할 수 있다(대판 1996.9.6, 94다54641).
② 임대차기간을 영구로 정한 임대차약정은 특별한 사정이 없는 한 계약자유의 원칙에 의하여 허용된다(대판 2023.6.1, 2023다209045).
③ 임대인이 목적물을 사용·수익하게 할 의무와 임차인의 차임지급의무는 서로 대응하는 관계에 있으므로, 임대인이 필요비상환의무를 이행하지 않는 경우, 임차인은 자신이 지출한 필요비 금액의 한도에서 차임의 지급을 거절할 수 있다(대판 2019.11.14, 2016다227694).
④ 법정갱신이 성립하는 경우 종전의 임대차에 대하여 제3자가 제공한 담보는 종전 임대차기간이 만료된 때에 소멸한다(제639조 제2항).
⑤ 임대차 종료로 인한 임차인의 원상회복의무에는 임차인이 사용하고 있던 부동산의 점유를 임대인에게 이전하는 것은 물론 임대인이 임대 당시의 부동산 용도에 맞게 다시 사용할 수 있도록 협력할 의무도 포함된다(대판 2008.10.9, 2008다34903).

정답 01 ④

02 토지임차인에게 인정될 수 있는 권리가 <u>아닌</u> 것은?
• 33회

① 부속물매수청구권
② 유익비상환청구권
③ 지상물매수청구권
④ 필요비상환청구권
⑤ 차임감액청구권

|키워드| 임대차의 효력

|난이도| ■■■■■

|해설| ① 건물임차인에게만 부속물매수청구권이 인정되고, 토지임차인에게는 부속물매수청구권이 인정되지 않는다. 즉, 건물 기타 공작물의 임차인이 그 사용의 편익을 위하여 임대인의 동의를 받아 임차물에 부속시킨 물건 또는 임대인으로부터 매수한 부속물이 있는 경우에는 임대차가 종료된 때에 임대인에게 그 부속물의 매수를 청구할 수 있다(제646조).
② 임차인은 임차목적물에 지출한 유익비의 상환을 청구할 수 있다(제626조 제2항).
③ 토지임차인에게는 지상물매수청구권이 인정된다. 즉, 건물 기타 공작물의 소유 또는 식목, 채염, 목축을 목적으로 한 토지임대차의 기간이 만료한 경우에 건물, 수목 기타 지상시설(이하 '지상물'이라 함)이 현존한 때에는 임차인은 계약의 갱신을 청구할 수 있다. 임대인이 계약의 갱신을 원하지 않는 경우에는 임차인은 상당한 가액으로 지상물의 매수를 청구할 수 있다(제643조에서 제283조를 준용).
④ 임차인은 임차목적물에 지출한 필요비의 상환을 청구할 수 있다(제626조 제1항).
⑤ 임차물의 일부가 임차인의 과실 없이 멸실 기타 사유로 인하여 사용·수익할 수 없는 때에는 임차인은 그 부분의 비율에 의한 차임의 감액을 청구할 수 있다(제627조 제1항).

정답 02 ①

03 甲으로부터 X건물을 2년간 임차한 乙이 이를 丙에게 전대한 경우에 관한 설명으로 <u>틀린</u> 것을 모두 고른 것은? (다툼이 있으면 판례에 따름)
• 36회

> ㉠ 甲이 전대를 동의한 경우, 甲이 乙과 임대차계약을 합의해지하면 丙의 전차권도 소멸한다.
> ㉡ 甲이 전대를 동의하지 않은 경우, 甲은 乙과의 임대차계약이 존속하는 동안 X건물의 불법점유를 이유로 丙에게 차임 상당의 손해배상을 청구할 수 있다.
> ㉢ 甲이 전대를 동의한 경우, 丙이 X건물 사용의 편익을 위하여 甲으로부터 매수한 물건을 X건물에 부속시킨 때에는 丙은 기간만료로 전대차가 종료되면 甲을 상대로 그 물건의 매수를 청구할 수 있다.

① ㉠
② ㉢
③ ㉠, ㉡
④ ㉡, ㉢
⑤ ㉠, ㉡, ㉢

키워드〉 임차물의 전대
난이도〉
해설〉 ㉠ 임대인이 전대를 동의한 경우, 임대인과 임차인이 임대차계약을 합의해지하더라도 전차인의 전차권은 소멸하지 않는다.
㉡ 무단전대의 경우, 임대인은 임대차계약을 해지하지 않는 한 전차인에게 불법행위로 인한 손해배상을 청구할 수 없다.
㉢ 동의 있는 전대의 경우, 건물전차인에게 부속물매수청구권이 인정된다.

정답 03 ③

04 건물소유를 목적으로 하는 토지임차인의 지상물매수청구권에 관한 설명으로 옳은 것은? (다툼이 있으면 판례에 따름)

• 35회

① 지상 건물을 타인에게 양도한 임차인도 매수청구권을 행사할 수 있다.
② 임차인은 저당권이 설정된 건물에 대해서는 매수청구권을 행사할 수 없다.
③ 토지소유자가 아닌 제3자가 토지를 임대한 경우, 임대인은 특별한 사정이 없는 한 매수청구권의 상대방이 될 수 없다.
④ 임대인이 임차권 소멸 당시에 이미 토지소유권을 상실하였더라도 임차인은 그에게 매수청구권을 행사할 수 있다.
⑤ 기간의 정함이 없는 임대차에서 임대인의 해지통고에 의하여 임차권이 소멸된 경우, 임차인은 매수청구권을 행사할 수 없다.

> 키워드 › 토지임차인의 지상물매수청구권
> 난이도 › ■■■■
> 해설 › ① 지상물매수청구권은 지상물의 소유자에 한하여 행사할 수 있다. 따라서 토지임대차의 존속기간이 만료하기 전에 지상물을 제3자에게 양도한 자는 지상물매수청구권을 행사할 수 없다.
> ② 지상물이 현존하면 되므로 저당권이 설정된 건물도 매수청구할 수 있다.
> ③ 지상물매수청구의 상대방은 원칙적으로 임차권소멸 당시의 토지소유자인 임대인이다. 따라서 토지소유자가 아닌 제3자가 토지를 임대한 경우, 그 임대인은 특별한 사정이 없는 한 매수청구권의 상대방이 될 수 없다.
> ④ 임대인이 제3자에게 토지소유권을 양도한 경우, 임차인은 그에게 지상물의 매수를 청구할 수는 없다. 다만, 임대인의 지위가 승계되거나 임차인이 신토지소유자에게 임차권으로 대항할 수 있는 때에는 임차인은 신토지소유자에게 지상물매수청구권을 행사할 수 있다.
> ⑤ 기간의 약정이 없는 토지임대차에 있어서 임대인이 해지통고를 한 경우 임차인은 갱신청구권을 행사하지 않고 곧바로 지상물매수청구권을 행사할 수 있다.

정답 04 ③

05 甲은 건물 소유를 목적으로 乙 소유의 X토지를 임차한 후, 그 지상에 Y건물을 신축하여 소유하고 있다. 위 임대차계약이 종료된 후, 甲이 乙에게 Y건물에 관하여 지상물매수청구권을 행사하는 경우에 관한 설명으로 틀린 것은? (다툼이 있으면 판례에 따름) • 34회

① 특별한 사정이 없는 한 Y건물이 미등기 무허가건물이라도 매수청구권의 대상이 될 수 있다.
② 임대차기간이 만료되면 甲이 Y건물을 철거하기로 한 약정은 특별한 사정이 없는 한 무효이다.
③ Y건물이 X토지와 제3자 소유의 토지 위에 걸쳐서 건립되었다면, 甲은 Y건물 전체에 대하여 매수청구를 할 수 있다.
④ 甲의 차임연체를 이유로 임대차계약이 해지된 경우, 甲은 매수청구권을 행사할 수 없다.
⑤ 甲이 적법하게 매수청구권을 행사한 후에도 Y건물의 점유·사용을 통하여 X토지를 계속하여 점유·사용하였다면, 甲은 乙에게 X토지 임료 상당액의 부당이득반환의무를 진다.

키워드 〉 임차인의 지상물매수청구권
난이도 〉
해설 〉 ① 미등기·무허가건물도 토지의 임대목적에 반하여 축조되고 임대인이 예상할 수 없을 정도의 고가의 것이라는 등의 특별한 사정이 없는 한 제643조 소정의 토지임차인의 건물매수청구권의 대상이 될 수 있다(대판 1997.12.23, 97다37753).
② 토지임대인과 임차인 사이에 임대차기간 만료 시에 임차인이 지상건물을 양도하거나 이를 철거하기로 하는 약정은 특별한 사정이 없는 한, 제643조 소정의 임차인의 지상물매수청구권을 배제하기로 하는 약정으로서 임차인에게 불리한 것이므로 제652조의 규정에 의하여 무효라고 보아야 한다(대판 1998.5.8, 98다2389).
③ 임차인 소유 건물이 임차토지 외에 임차인 또는 제3자 소유의 토지 위에 걸쳐 있는 경우 임차인은 임차지상에 서 있는 건물부분 중 구분소유의 객체가 될 수 있는 부분에 한하여 매수청구권을 행사할 수 있다(대판 전합체 1996.3.21, 93다42634).
④ 임차인의 채무불이행을 이유로 토지임대차계약이 해지된 경우 토지임차인은 지상물매수청구권을 행사할 수 없다(대판 2003.4.22, 2003다7685).
⑤ 토지임차인이 지상물매수청구권을 행사하더라도 토지의 점유·사용으로 인한 이득은 임대인에게 반환하여야 한다. 임차인이 그 지상건물 등에 대하여 민법 제643조 소정의 매수청구권을 행사한 후에 그 임대인인 대지의 소유자로부터 매수대금을 지급받을 때까지 그 지상건물 등의 인도를 거부할 수 있다고 하여도, 지상건물 등의 점유·사용을 통하여 그 부지를 계속하여 점유·사용하는 한 그로 인한 부당이득으로서 부지의 임료 상당액은 이를 반환할 의무가 있다(대판 2001.6.1, 99다60535).

정답 05 ③

06 건물임대차계약상 보증금에 관한 설명으로 틀린 것을 모두 고른 것은? (다툼이 있으면 판례에 따름)

• 33회

> ㉠ 임대차계약에서 보증금을 지급하였다는 사실에 대한 증명책임은 임차인이 부담한다.
> ㉡ 임대차계약이 종료하지 않은 경우, 특별한 사정이 없는 한 임차인은 보증금의 존재를 이유로 차임의 지급을 거절할 수 없다.
> ㉢ 임대차종료 후 보증금이 반환되지 않고 있는 한, 임차인의 목적물에 대한 점유는 적법점유이므로 임차인이 목적물을 계속하여 사용·수익하더라도 부당이득반환의무는 발생하지 않는다.

① ㉠
② ㉡
③ ㉢
④ ㉠, ㉡
⑤ ㉡, ㉢

키워드 임대차의 효력

난이도 ■■■□□

해설 ㉠ 임대차계약에 기한 보증금 및 임료의 지급사실에 대한 증명책임은 임차인에게 있다(대판 2005.1.13, 2004다19647).
㉡ 임대차계약이 종료하지 않은 경우, 특별한 사정이 없는 한 임차인은 보증금의 존재를 이유로 차임의 지급을 거절하거나 그 연체에 따른 채무불이행 책임을 면할 수 없다(대판 1994.9.9, 94다4417).
㉢ 임대차종료 후 보증금이 반환되지 않고 있는 한, 임차인의 목적물에 대한 점유는 적법한 점유이지만 임차인이 목적물을 계속하여 사용·수익한 경우에는 차임 상당의 부당이득반환의무를 진다(대판 2003.4.11, 2002다59481).

정답 06 ③

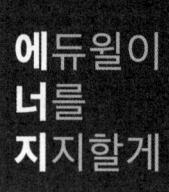

경험이란 사람들이
자신의 실수를 일컫는 말이다.

PART 4 민사특별법

최근 10개년 출제비중
14.7%

제36회 출제비중
15%

CHAPTER별 10개년 출제비중 & 출제키워드

CHAPTER	10개년 출제비중	BEST 출제키워드
01 주택임대차보호법	22%	주택임대차의 대항력, 우선변제와 최우선변제
02 상가건물 임대차보호법	18.7%	상가건물 임대차보호법의 적용범위, 우선변제와 최우선변제, 존속기간
03 집합건물의 소유 및 관리에 관한 법률	18.7%	구분소유자의 권리와 의무, 관리단과 관리인
04 가등기담보 등에 관한 법률	16.9%	가등기담보권의 실행
05 부동산 실권리자명의 등기에 관한 법률	23.7%	등기명의신탁, 계약명의신탁

* 여러 CHAPTER의 개념을 묻는 복합문제이거나, 법률이 개정 및 제정된 경우 분류 기준에 따라 수치가 달라질 수 있습니다.

제37회 시험 학습전략

민사특별법은 각 법률이 골고루 출제되는데, 법조문과 판례의 결론을 물어보는 문제가 대부분입니다. 중요조문과 사례로 출제될 수 있는 판례들을 우선 정리해 두시길 바랍니다.

CHAPTER 01 주택임대차보호법

10개년 출제문항 수

27회	28회	29회	30회	31회
1	2	1	1	2

32회	33회	34회	35회	36회
2	1	1	1	1

↳ 총 40문제 中 평균 약 1.3문제 출제

학습전략

- 「주택임대차보호법」에서는 대항력과 우선변제권 등에 대한 내용을 학습합니다.
- 대항력의 요건, 우선변제의 요건과 승계, 최우선변제권, 임차권등기명령제도, 차임 등의 증감청구권에서 문제가 주로 출제되므로 관련 이론을 정리해 두는 것이 좋습니다.

제1절 서설

1 입법목적

1. 주거생활의 안정

(1) 「주택임대차보호법」은 주택임차인을 보호하여 국민의 주거생활의 안정을 보장하는 데에 목적이 있다(제1조).
(2) 「주택임대차보호법」은 민법상의 임대차의 특별법이다(제1조).

2. 편면적 강행규정

「주택임대차보호법」은 편면적 강행규정이다(제10조). 즉, 「주택임대차보호법」 규정에 위반된 약정으로서 임차인에게 불리한 것은 그 효력이 없다.

2 적용범위 • 24회 • 27회

1. 물적 적용범위

(1) 주택(주거용 건물)의 전부 또는 일부에 대한 임대차에 적용된다(제2조 전단).

(2) 주택(주거용 건물)의 일부가 주거 외의 목적으로 사용되는 경우에도 적용된다(제2조 후단). 그러나 비주거용 건물의 일부가 주거의 목적으로 사용되는 경우에는 적용되지 않는다.

(3) 등기하지 아니한 전세계약에 대해서도 적용된다(제12조). 이 경우 전세금은 임대차의 보증금으로 본다.

(4) 일시사용을 위한 임대차에는 적용되지 않는다(제11조).

 판례

> 방 2개와 주방이 딸린 다방은 「주택임대차보호법」 제2조 후문의 주거용 건물에 해당하지 않는다(대판 1996.3.12, 95다51953).

2. 인적 적용범위

(1) 「주택임대차보호법」은 자연인에게만 적용되고, 법인에게는 원칙적으로 적용되지 않는다. 다만, 대통령령이 정하는 일정한 법인이 주택도시기금을 재원으로 하여 저소득층의 무주택자에게 주거생활안정을 목적으로 전세임대주택을 지원하는 경우에는 그 법인에게 대항력 및 우선변제권이 인정된다.

■ 대통령령이 정하는 일정한 법인에 해당하는 경우(주택임대차보호법 시행령 제2조)

> ①「한국토지주택공사법」에 따른 한국토지주택공사
> ②「지방공기업법」제49조에 따라 주택사업을 목적으로 설립된 지방공사

(2) 「중소기업기본법」제2조에 따른 중소기업에 해당하는 법인이 소속 직원의 주거용으로 주택을 임차한 후 그 법인이 선정한 직원이 해당 주택을 인도받고 주민등록을 마쳤을 때에는 대항력이 인정된다. 임대차가 끝나기 전에 그 직원이 변경된 경우에는 그 법인이 선정한 새로운 직원이 주택을 인도받고 주민등록을 마친 다음 날부터 제3자에 대하여 효력이 생긴다(제3조 제3항).

(3) 외국인도 「출입국관리법」에 의한 외국인등록을 하면 「주택임대차보호법」의 적용을 받을 수 있다(대판 2016.10.13, 2015다14136).

3. 적용범위 관련 판례

(1) 주거용 건물에 해당하는지의 여부는 임대차목적물의 공부상의 표시만을 기준으로 할 것이 아니라 그 실지 용도에 따라서 정해야 한다(대판 1988. 12.27, 87다카2024).

(2) 「주택임대차보호법」이 적용되려면 먼저 임대차계약 체결 당시를 기준으로 하여 그 건물의 구조상 주거용 또는 그와 겸용될 정도의 건물의 형태가 실질적으로 갖추어져 있어야 하고, 만일 그 당시에는 주거용 건물부분이 존재하지 아니하였는데 임차인이 그 후 임의로 주거용으로 개조하였다면 임대인이 그 개조를 승낙하였다는 등의 특별한 사정이 없는 한 「주택임대차보호법」의 적용은 있을 수 없다(대판 1986.1.21, 85다카1367).

(3) 「주택임대차보호법」상의 주거용 건물에는 건물뿐만 아니라 그 대지도 포함된다(대결 2000.3.15, 99마4499). 따라서 다가구용 단독주택의 대지 및 건물에 관한 근저당권자가 그 대지 및 건물에 관한 경매를 신청하였다가 그중 건물에 대한 경매신청만을 취하함으로써 이를 제외한 대지부분만이 낙찰되었다고 하더라도, 그 주택의 소액임차인은 그 대지에 관한 낙찰대금 중에서 소액보증금을 담보물권자보다 우선하여 변제받을 수 있다(대판 1996.6.14, 96다7595).

(4) 한국토지주택공사와 지방공사 및 「중소기업기본법」 제2조에 따른 중소기업에 해당하는 법인의 경우를 제외하고는 법인은 원칙적으로 「주택임대차보호법」의 보호대상이 아니다. 따라서 법인이 주택을 임차하면서 그 소속직원 명의로 주민등록을 하고 확정일자를 구비하였더라도 법인은 「주택임대차보호법」상의 우선변제권을 주장할 수 없다(대판 1997.7.11, 96다7236).

(5) 어느 건물이 국민의 주거생활의 용도로 사용되는 주택에 해당하는 이상 비록 그 건물에 관하여 아직 등기를 마치지 아니하였거나 등기가 이루어질 수 없는 사정이 있다고 하더라도 다른 특별한 규정이 없는 한 「주택임대차보호법」의 적용대상이 된다(대판 전합체 2007.6.21, 2004다26133).

제2절 대항력과 우선변제권 및 최우선변제권

1 대항력 •25회 •26회 •27회 •28회 •30회 •32회 •33회 •35회 •36회

1. 대항력의 요건

(1) 주택임대차는 그 등기가 없는 경우에도 주택의 인도와 주민등록을 마친 때에는 그 다음 날부터 제3자에 대하여 효력이 생긴다. 이 경우 전입신고를 한 때에 주민등록이 된 것으로 본다(제3조 제1항).

(2) 주택도시기금을 재원으로 하여 저소득층 무주택자에게 주거생활 안정을 목적으로 전세임대주택을 지원하는 법인이 주택을 임차한 후 지방자치단체의 장 또는 그 법인이 선정한 입주자가 그 주택을 인도받고 주민등록을 마쳤을 때에는 그 다음 날부터 제3자에 대하여 효력이 생긴다(제3조 제2항).

(3) 「중소기업기본법」 제2조에 따른 중소기업에 해당하는 법인이 소속직원의 주거용으로 주택을 임차한 후 그 법인이 선정한 직원이 해당 주택을 인도받고 주민등록을 마쳤을 때에는 그 다음 날부터 제3자에 대하여 효력이 생긴다(제3조 제3항). 임대차가 끝나기 전에 그 직원이 변경된 경우에는 그 법인이 선정한 새로운 직원이 주택을 인도받고 주민등록을 마친 다음 날부터 제3자에 대하여 효력이 생긴다.

2. 대항력의 내용

(1) 대항력을 취득한 후에 임차주택의 소유권을 취득한 양수인에 대해 임차인은 임차권을 주장할 수 있다(임대차기간 동안 계속 사용·수익할 수 있다는 의미임).
(2) 임차주택의 양수인은 임대인의 지위를 승계한 것으로 본다(제3조 제4항).

> **판례**
>
> 1. 임차주택의 양수인이 임대인의 지위를 승계하는 경우, 임차주택의 소유권이 이전되기 전에 이미 발생한 연체차임이나 관리비 등은 원칙적으로 양수인에게 이전되지 않는다.
> 2. 임차의 양수인이 주택소유권을 취득한 후 임대차관계가 종료되어 임차인에게 보증금을 반환해야 하는 경우, 임대인의 지위를 승계하기 전까지 발생한 연체차임이나 관리비 등은 보증금에서 당연히 공제된다(대판 2017.3.22, 2016다218874).

3. 준용규정

「주택임대차보호법」에 따라 임대차의 목적이 된 주택이 매매나 경매의 목적물이 된 경우에는 민법의 매도인의 담보책임규정(제575조 제1항·제3항 및 제578조)과 동시이행의 항변권규정(제536조)을 준용한다(제3조 제5항·제6항).

4. 대항력 관련 판례

(1) 대항요건은 임차인 본인뿐만 아니라 그 배우자나 자녀 등 가족의 주민등록을 포함한다.

(2) 주민등록의 신고는 행정청에 도달하기만 하면 신고로서의 효력이 발생하는 것이 아니라 행정청이 수리한 경우에 비로소 신고의 효력이 발생한다.

(3) 대항요건은 대항력의 취득 시에만 구비하면 충분한 것이 아니고 대항력을 유지하기 위하여 계속 존속해야 한다.

(4) 임차인이 대항력을 취득한 후 가족과 함께 일시 다른 곳으로 주민등록을 이전하였다가 재전입한 경우 원래의 대항력은 소멸하고 재전입 시부터 새로운 대항력을 취득하는 것이다(대판 1998.1.23, 97다43468. 다만, 가족의 주민등록을 그대로 둔 경우는 대항력이 유지됨).

(5) 주택임차인이 그 지위를 강화하고자 별도로 전세권설정등기를 마쳤더라도 주택임차인이 「주택임대차보호법」상의 대항요건을 상실하면 이미 취득한 「주택임대차보호법」상의 대항력과 우선변제권 및 최우선변제권을 상실한다(이 경우에는 전세권자로서의 우선변제권만 남게 된다는 의미임).

(6) 주택에 관하여 최선순위로 전세권설정등기를 마치고 등기부상 새로운 이해관계인이 없는 상태에서 전세권설정계약과 계약당사자, 계약목적물 및 보증금(전세금액) 등에서 동일성이 인정되는 임대차계약을 체결하여 「주택임대차보호법」상 대항요건을 갖추었다면, 최선순위 전세권자로서 배당요구를 하여 전세권이 매각으로 소멸되었다 하더라도 변제받지 못한 나머지 보증금에 기하여 대항력을 행사할 수 있고, 그 범위 내에서 임차주택의 매수인은 임대인의 지위를 승계한 것으로 보아야 한다(대결 2010.7.26, 2010마900).

(7) 다가구용 단독주택의 경우에는 주택소재지의 지번만 기재해도 「주택임대차보호법」의 보호를 받을 수 있다.

기출지문 OX

다가구용 단독주택의 임대차에서는 전입신고를 할 때 지번만 기재하고 동·호수의 표시가 없어도 대항력을 취득할 수 있다.
• 23회 ( )

정답 (O)

(8) 다세대 공동주택의 경우에는 지번뿐만 아니라 동·호수까지 정확히 기재해야 「주택임대차보호법」의 보호를 받을 수 있다. 따라서 주민등록상 동·호수 표시가 기재되지 않은 경우 또는 잘못 기재된 경우에는 「주택임대차보호법」의 보호를 받을 수 없다.

(9) 임차인이 올바르게(즉, 임차건물 소재지 지번으로) 전입신고를 하였으나, 담당공무원의 착오로 주민등록표상에 신거주지 지번이 다소 틀리게 기재된 경우에는 「주택임대차보호법」상의 대항력을 취득한다.

(10) 정확한 지번과 동·호수로 주민등록 전입신고서를 작성·제출하였는데 담당공무원이 착오로 수정을 요구하여, 임차인이 이를 확인하지 않은 상태에서 잘못된 지번으로 수정하고 동·호수 기재를 삭제한 주민등록 전입신고서를 다시 작성·제출하여 그대로 주민등록이 된 경우에는 그 주민등록은 임대차의 공시방법으로서 유효하지 않다.

(11) 주민등록이 주택임차인의 의사에 의하지 않고 제3자에 의하여 임의로 이전되었고 그와 같이 주민등록이 잘못 이전된 데 대하여 주택임차인에게 책임을 물을 만한 사유도 없는 경우에는 주택임차인이 이미 취득한 대항력은 주민등록의 이전에도 불구하고 그대로 유지된다.

(12) 임차인이 임대인의 승낙을 받아 임차주택을 전대하고 그 전차인이 주택을 인도받아 자신의 주민등록을 마친 경우 그때로부터 임차인은 대항력을 취득한다. 다만, 당해 주택에 실제로 거주하는 전차인(직접점유자)이 자신의 주민등록을 마친 경우에 한해 임차인(간접점유자)은 대항력을 취득할 수 있다.

(13) 자기 명의의 주택을 매도하면서 동시에 그 주택을 임차하는 경우 매도인이 임차인으로서 가지는 대항력은 매수인 명의의 소유권이전등기가 경료된 날의 다음 날부터 효력이 발생한다.

(14) 「주택임대차보호법」 제3조 제4항의 "임차주택의 양수인은 임대인의 지위를 승계한 것으로 본다."의 의미는 임차보증금반환채무도 부동산소유권과 결합하여 일체로서 이전하는 것을 말하므로 양도인(종전 임대인)의 보증금반환채무는 소멸한다(보증금반환채무의 면책적 채무인수로 해석). 따라서 임차인은 임대차관계가 종료한 후에는 양수인에 대해서만 보증금반환을 청구할 수 있다.

기출지문 OX

임차인이 타인의 점유를 매개로 임차주택을 간접점유하는 경우에도 대항요건인 점유가 인정될 수 있다. • 32회 ( )

정답 (○)

기출지문 OX

주민등록을 마치고 거주하던 자기 명의의 주택을 매도한 자가 매도와 동시에 이를 다시 임차하기로 약정한 경우, 매수인 명의의 소유권이전등기 여부와 관계없이 대항력이 인정된다. • 32회 ( )

정답 (×)
매수인 명의의 소유권이전등기가 경료된 다음 날부터 대항력이 발생한다.

(15) 주택임차인의 의사에 의하지 아니하고 「주민등록법」 및 동법 시행령에 따라 시장·군수 또는 구청장에 의하여 직권조치로 주민등록이 말소된 경우에도 원칙적으로 그 대항력은 상실된다. 그러나 직권말소 후 동법 소정의 이의절차에 따라 그 말소된 주민등록이 회복되거나 동법 시행령 제29조에 의하여 재등록이 이루어짐으로써 주택임차인에게 주민등록을 유지할 의사가 있었다는 것이 명백히 드러난 경우에는 소급하여 그 대항력이 유지된다. 다만, 그 직권말소가 「주민등록법」 소정의 이의절차에 의하여 회복된 것이 아닌 경우에는 직권말소 후 재등록이 이루어지기 이전에 주민등록이 없는 것으로 믿고 임차주택에 관하여 새로운 이해관계를 맺은 선의의 제3자에 대해서는 임차인은 대항력의 유지를 주장할 수 없다.

2 우선변제권 •27회 •28회 •34회

1. 우선변제의 요건(보증금의 회수)

대항요건과 확정일자를 갖춘 주택임차인은 「민사집행법」에 따른 경매 또는 「국세징수법」에 따른 공매를 할 때에 임차주택(대지 포함)의 환가대금에서 후순위권리자나 그 밖의 채권자보다 우선하여 보증금을 변제받을 권리가 있다(제3조의2 제2항).

2. 경매신청 시의 특칙

(1) 임차인이 임차주택에 대하여 보증금반환청구소송의 확정판결이나 그 밖에 이에 준하는 집행권원에 따라서 경매를 신청하는 경우에는 집행개시요건에 관한 「민사집행법」 제41조에도 불구하고 반대의무의 이행이나 이행의 제공을 집행개시의 요건으로 하지 않는다(제3조의2 제1항).

(2) 임차인은 임차주택을 양수인에게 인도하지 아니하면 보증금을 우선변제받을 수 없다(제3조의2 제3항).

> **참고** "양수인에게 인도하지 아니하면 보증금을 우선변제받을 수 없다."의 의미
> 이는 임차인이 보증금을 수령하기 위해서는 임차주택을 명도한 증명을 해야 한다는 의미이지, 주택인도의무가 보증금반환의무보다 선이행되어야 한다는 의미는 아니라는 것이 판례의 태도이다.

3. 우선변제권의 승계

(1) 일정한 금융기관이 우선변제권을 취득한 임차인의 보증금반환채권을 계약으로 양수한 경우에는 양수한 금액의 범위에서 우선변제권을 승계한다(제3조의2 제7항).

■ 우선변제권을 승계할 수 있는 금융기관

① 「은행법」에 따른 은행
② 「중소기업은행법」에 따른 중소기업은행
③ 「한국산업은행법」에 따른 한국산업은행
④ 「농업협동조합법」에 따른 농협은행
⑤ 「수산업협동조합법」에 따른 수협은행
⑥ 「우체국예금·보험에 관한 법률」에 따른 체신관서
⑦ 「한국주택금융공사법」에 따른 한국주택금융공사
⑧ 「보험업법」 제4조 제1항 제2호 라목의 보증보험을 보험종목으로 허가받은 보험회사
⑨ 「주택도시기금법」에 따른 주택도시보증공사
⑩ 그 밖에 위 ①~⑨에 준하는 것으로서 대통령령으로 정하는 기관

(2) 우선변제권을 승계한 금융기관은 임차인이 대항요건을 상실한 경우와 임차권등기명령에 따른 임차권등기가 말소된 경우 및 민법상 임대차등기가 말소된 경우에는 우선변제권을 행사할 수 없다(제3조의2 제8항).

(3) 우선변제권을 승계한 금융기관이더라도 우선변제권을 행사하기 위하여 임차인을 대리하거나 대위하여 임대차를 해지할 수는 없다(제3조의2 제9항).

4. 우선변제권 관련 판례

(1) 「주택임대차보호법」 제3조의2 제2항의 확정일자의 요건을 규정한 것은 임대인과 임차인 사이의 담합으로 임차보증금의 액수를 사후에 변경하는 것을 방지하고자 하는 취지일 뿐, 대항요건으로 규정된 주민등록과 같이 당해 임대차의 존재사실을 제3자에게 공시하고자 하는 것은 아니다.

(2) 주택에 관하여 임대차계약을 체결한 임차인이 자신의 지위를 강화하기 위한 방편으로 따로 전세권설정계약서를 작성하고 전세권설정등기를 한 경우 전세권설정계약서는 임대차계약서로 볼 수 있고, 전세권설정계약서가 첨부된 등기필정보에 찍힌 접수인이 「주택임대차보호법」 소정의 확정일자에 해당한다.

> **추가** 대항요건은 임대차를 공시하는 기능을 하고, 확정일자는 우선변제적 기능을 한다.

(3) 주택임차인이 주택의 인도와 주민등록을 마친 당일 또는 그 이전에 임대차계약증서상의 확정일자를 갖춘 경우 「주택임대차보호법」에 의한 우선변제권은 주택의 인도와 주민등록을 마친 다음 날을 기준으로 발생한다.
(4) 「주택임대차보호법」상의 대항요건과 확정일자를 갖춘 임차인은 임차주택의 양수인에게 대항하여 보증금의 반환을 받을 때까지 임대차관계의 존속을 주장할 수 있는 권리와 보증금에 관하여 임차주택의 가액으로부터 우선변제를 받을 수 있는 권리를 겸유하므로 위 두 가지 권리 중 하나를 선택하여 행사할 수 있다.
(5) 「주택임대차보호법」상의 대항력과 우선변제권의 두 가지 권리를 겸유하고 있는 임차인이 우선변제권을 선택하여 제1경매절차에서 보증금 전액에 대하여 배당요구를 하였으나 보증금 전액을 배당받을 수 없었던 때에는 경락인에게 대항하여 이를 반환받을 때까지 임대차관계의 존속을 주장할 수 있을 뿐이고, 임차인의 우선변제권은 경락으로 인하여 소멸하는 것이므로 제2경매절차에서 우선변제권에 의한 배당을 받을 수 없다.
(6) 「주택임대차보호법」상 임차인으로서의 지위와 전세권자로서의 지위를 함께 가지고 있는 자가 그중 임차인으로서의 지위에 기하여 경매법원에 배당요구를 하였다면 배당요구를 하지 아니한 전세권에 관하여는 배당요구가 있는 것으로 볼 수 없다(대판 2010.6.24, 2009다40790).
(7) 주택임대차에서 임차인이 「주택임대차보호법」에 의한 대항력과 우선변제권을 인정받기 위한 주택의 인도와 주민등록이라는 요건은 그 대항력 및 우선변제권의 취득 시에만 구비하면 족한 것이 아니고, 경매절차의 배당요구의 종기까지 계속 존속하고 있어야 한다.

3 최우선변제권

1. 최우선변제의 요건(보증금 중 일정액의 보호)

임차인은 보증금 중 일정액을 다른 담보물권자보다 우선하여 변제받을 권리가 있다(제8조 제1항 전단). 이 경우 임차인은 주택에 대한 경매신청의 등기 전에 대항요건을 갖추어야 한다(제8조 제1항 후단). 최우선변제 시에는 확정일자는 필요 없다.

2. 최우선변제의 범위

(1) 최우선변제를 받을 임차인 및 보증금 중 일정액의 범위와 기준은 주택가액(대지가액을 포함함)의 2분의 1의 범위 안에서 주택임대차위원회의 심의를 거쳐 대통령령으로 정한다. 현재 최우선변제의 범위는 다음과 같다.

구분	보증금의 범위	최우선변제금액
서울특별시	1억 6천5백만원 이하	5,500만원
수도권 과밀억제권역, 세종특별자치시, 용인시, 화성시 및 김포시	1억 4천5백만원 이하	4,800만원
광역시 등	8,500만원 이하	2,800만원
기타 지역	7,500만원 이하	2,500만원

(2) 임차인의 보증금 중 일정액이 주택가액의 2분의 1을 초과하는 경우에는 주택가액의 2분의 1에 해당하는 금액까지만 우선변제권이 있다.

(3) 하나의 주택에 임차인이 2명 이상이고, 그 각 보증금 중 일정액을 모두 합한 금액이 주택가액의 2분의 1을 초과하는 경우에는 그 각 보증금 중 일정액을 모두 합한 금액에 대한 각 임차인의 보증금 중 일정액의 비율로 그 주택가액의 2분의 1에 해당하는 금액을 분할한 금액을 각 임차인의 보증금 중 일정액으로 본다.

(4) 하나의 주택에 임차인이 2명 이상이고 이들이 그 주택에서 가정공동생활을 하는 경우에는 이들을 1명의 임차인으로 보아 이들의 각 보증금을 합산한다.

3. 최우선변제권 관련 판례

(1) 대지에 관한 저당권의 실행으로 경매가 진행된 경우에도 그 지상건물의 소액임차인은 대지의 환가대금 중에서 소액보증금을 우선변제받을 수 있다. 그러나 소액보증금의 최우선변제권은 대지에 관한 저당권설정 당시에 이미 그 지상건물이 존재하는 경우에만 적용될 수 있는 것이고, 저당권설정 후에 비로소 건물이 신축된 경우에는 적용되지 않는다.

(2) 임대차계약의 주된 목적이 주택을 사용·수익하려는 데에 있는 것이 아니고 소액임차인으로 보호받아 기존 채권을 회수하려는 데에 있는 경우에는 「주택임대차보호법」상의 소액임차인으로 보호받을 수 없다.

(3) 「주택임대차보호법」 소정의 소액임차보증금의 임차인이라 할지라도 당해 목적물의 경매절차에서 소액보증금의 지급을 받지 못한 이상 임차주택의 매수인(경락인)에 대하여 소액보증금의 우선변제를 요구할 수는 없다.

제3절 임차권등기명령제도

1 입법취지

종래에는 임차인이 임대차가 종료된 후 보증금을 반환받지 못한 상태에서 다른 곳으로 이사를 가거나 주민등록을 전출하면 임차인이 종전에 가지고 있던 대항력과 우선변제권을 상실하게 되어 사실상 보증금을 반환받는 것이 곤란하였다. 이에 「주택임대차보호법」은 임차인을 보호하기 위하여 임차권등기명령제도를 도입하였다.

2 임차권등기명령제도의 내용 · 31회

1. 신청과 효력

(1) 임대차가 끝난 후 보증금이 반환되지 아니한 경우 임차인은 임차주택의 소재지를 관할하는 지방법원·지방법원지원 또는 시·군 법원에 임차권등기명령을 신청할 수 있다(제3조의3 제1항). 우선변제권을 승계한 금융기관은 임차인을 대위하여 임차권등기명령을 신청할 수 있다.

(2) 임차권등기명령의 집행에 따른 임차권등기를 마치면 임차인은 대항력과 우선변제권을 취득한다. 다만, 임차인이 임차권등기 이전에 이미 대항력 또는 우선변제권을 취득한 경우에는 그 대항력이나 우선변제권은 그대로 유지되며, 임차권등기 이후에는 대항요건을 상실하더라도 이미 취득한 대항력 또는 우선변제권을 상실하지 아니한다(제3조의3 제5항).

(3) 임차권등기명령의 집행에 따른 임차권등기가 끝난 주택을 그 이후에 임차한 임차인은 최우선변제를 받을 권리가 없다(제3조의3 제6항).

판례

동시이행관계의 여부
임대인의 보증금반환의무는 임차인의 임차권등기명령에 의한 임차권등기말소의무보다 먼저 이행되어야 할 의무이다(대판 2005.6.9, 2005다4529).

2. 비용의 청구

임차인은 임차권등기명령의 신청과 그에 따른 임차권등기와 관련하여 든 비용을 임대인에게 청구할 수 있다(제3조의3 제8항).

3. 민법규정에 의한 주택임대차의 효력

(1) 임차권등기의 효력은 민법상의 임대차등기의 효력에 관해서도 준용된다(제3조의4 제1항).
(2) 따라서 민법상의 임대차등기에도 대항력과 우선변제권이 부여된다.

기출지문 OX

甲은 乙 소유의 X주택에 관하여 乙과 보증금 3억원으로 하는 임대차계약을 체결하고 2018.3.5. 대항요건과 확정일자를 갖추었다. 丙은 2018.5.6. X주택에 관하여 저당권을 취득하였고, 甲은 2020.3.9. X주택에 임차권등기명령의 집행에 따른 임차권등기를 마쳤다. 이 경우 甲은 임차권등기의 비용을 乙에게 청구할 수 있다. • 31회 (   )

정답 (○)

제4절 존속기간 등

1 존속기간

1. 최단존속기간의 보장

(1) 기간을 정하지 아니하거나 2년 미만으로 정한 임대차는 그 기간을 2년으로 본다(제4조 제1항 본문). 다만, 임차인은 2년 미만으로 정한 기간이 유효함을 주장할 수 있다(제4조 제1항 단서).
(2) 임대차기간이 끝난 경우에도 임차인이 보증금을 반환받을 때까지는 임대차관계가 존속되는 것으로 본다(제4조 제2항).

2. 계약갱신요구권 • 32회

(1) 임대인은 임차인이 임대차기간이 끝나기 6개월 전부터 2개월 전까지의 기간 이내에 계약갱신을 요구할 경우 정당한 사유 없이 거절하지 못한다(제6조의3 제1항).

기출지문 OX

甲이 그 소유의 X주택에 거주하려는 乙과 존속기간 1년의 임대차계약을 체결한 경우 乙은 1년의 존속기간이 유효함을 주장할 수 있다. • 30회 (   )

정답 (○)

기출지문 OX

임대차의 조건이 동일한 경우 임차인은 여러 번 계약갱신요구권을 행사할 수 있다. • 32회
( )

정답 (×)
1회에 한하여 계약갱신요구권을 행사할 수 있다.

(2) 임차인은 1회에 한하여 계약갱신요구권을 행사할 수 있다. 이 경우 갱신되는 임대차의 존속기간은 2년으로 본다(제6조의3 제2항).

(3) 갱신되는 임대차는 전 임대차와 동일한 조건으로 다시 계약된 것으로 본다. 다만, 차임과 보증금은 제7조의 범위에서 증감할 수 있다(제6조의3 제3항).

(4) 임차인의 계약갱신요구권의 행사에 의하여 임대차가 갱신되는 경우 임차인은 언제든지 임대인에게 계약해지를 통지할 수 있고, 임대인이 그 통지를 받은 날부터 3개월이 지나면 그 효력이 발생한다(제6조의3 제4항).

(5) **임대인이 임차인의 계약갱신요구를 거절할 수 있는 경우**(제6조의3 제1항)
① 임차인이 2기의 차임액에 해당하는 금액에 이르도록 차임을 연체한 사실이 있는 경우
② 임차인이 거짓이나 그 밖의 부정한 방법으로 임차한 경우
③ 서로 합의하여 임대인이 임차인에게 상당한 보상을 제공한 경우
④ 임차인이 임대인의 동의 없이 목적 주택의 전부 또는 일부를 전대한 경우
⑤ 임차인이 임차한 주택의 전부 또는 일부를 고의나 중대한 과실로 파손한 경우
⑥ 임차한 주택의 전부 또는 일부가 멸실되어 임대차의 목적을 달성하지 못할 경우
⑦ **임대인이 다음의 어느 하나에 해당하는 사유로 목적 주택의 전부 또는 대부분을 철거하거나 재건축하기 위하여 목적 주택의 점유를 회복할 필요가 있는 경우**
  ㉠ 임대차계약 체결 당시 공사시기 및 소요기간 등을 포함한 철거 또는 재건축 계획을 임차인에게 구체적으로 고지하고 그 계획에 따르는 경우
  ㉡ 건물이 노후·훼손 또는 일부 멸실되는 등 안전사고의 우려가 있는 경우
  ㉢ 다른 법령에 따라 철거 또는 재건축이 이루어지는 경우
⑧ **임대인(임대인의 직계존속·직계비속을 포함함)이 목적 주택에 실제 거주하려는 경우**
⑨ 그 밖에 임차인이 임차인으로서의 의무를 현저히 위반하거나 임대차를 계속하기 어려운 중대한 사유가 있는 경우

판례

1. **임차인이 「주택임대차보호법」 제6조의3 제1항 본문에 따라 계약갱신을 요구하였더라도 임대인이나 같은 법 제3조 제4항에 따라 임대인의 지위를 승계한 임차주택의 양수인이 같은 법 제6조 제1항 전단에서 정한 기간 내에 제6조의3 제1항 단서 제8호에 따라 주택에 실제 거주하려고 한다는 사유를 들어 임차인의 계약갱신 요구를 거절할 수 있는지 여부**

   「주택임대차보호법」 제6조, 제6조의3 등 관련 규정의 내용과 체계, 입법 취지 등을 종합하여 보면, 임차인이 같은 법 제6조의3 제1항 본문에 따라 계약갱신을 요구하였더라도, 임대인으로서는 특별한 사정이 없는 한 같은 법 제6조 제1항 전단에서 정한 기간 내라면 제6조의3 제1항 단서 제8호에 따라 임대인이 목적 주택에 실제 거주하려고 한다는 사유를 들어 임차인의 계약갱신 요구를 거절할 수 있고, 같은 법 제3조 제4항에 의하여 임대인의 지위를 승계한 임차주택의 양수인도 그 주택에 실제 거주하려는 경우 위 갱신거절 기간 내에 위 제8호에 따른 갱신거절 사유를 주장할 수 있다고 보아야 한다(대판 2022.12.1, 2021다266631).

2. **주택임차인이 계약갱신요구권을 행사한 후 갱신된 임대차계약 기간이 개시되기 전에 계약해지의 통지를 한 경우 그 효력이 발생하는 시점**

   임차인이 「주택임대차보호법」 제6조의3 제1항에 따라 임대차계약의 갱신을 요구하면 임대인에게 갱신거절 사유가 존재하지 않는 한 임대인에게 갱신요구가 도달한 때 갱신의 효력이 발생한다. 갱신요구에 따라 임대차계약에 갱신의 효력이 발생한 경우 임차인은 제6조의2 제1항에 따라 언제든지 계약의 해지통지를 할 수 있고, 해지통지 후 3개월이 지나면 그 효력이 발생하며, 이는 계약해지의 통지가 갱신된 임대차계약 기간이 개시되기 전에 임대인에게 도달하였더라도 마찬가지이다(대판 2024.1.11, 2023다258672).

(6) 임대인이 목적 주택에 실제 거주하려는 사유로 갱신을 거절하였음에도 불구하고 갱신요구가 거절되지 아니하였더라면 갱신되었을 기간이 만료되기 전에 정당한 사유 없이 제3자에게 목적 주택을 임대한 경우에는 임대인은 갱신거절로 인하여 임차인이 입은 손해를 배상하여야 한다(제6조의3 제5항).

(7) 위의 손해배상액은 거절 당시 당사자 간에 손해배상액의 예정에 관한 합의가 이루어지지 않는 한 다음의 금액 중 큰 금액으로 한다(제6조의3 제6항).
   ① 갱신거절 당시 월차임(차임 외에 보증금이 있는 경우에는 그 보증금을 제7조의2 각 호 중 낮은 비율에 따라 월 단위의 차임으로 전환한 금액을 포함함)의 3개월분에 해당하는 금액

기출지문 OX

임차인 乙은 임대인 甲에게 2024.3.10.로 기간이 만료되는 X주택의 임대차계약에 대해 「주택임대차보호법」에 따라 갱신요구 통지를 하여 그 통지가 2024.1.5. 甲에게 도달하였고, 甲이 갱신거절 통지를 하지 않아 계약이 갱신되었다. 그 후 乙이 갱신된 계약기간이 개시되기 전인 2024.1.29. 갱신된 임대차계약의 해지를 통지하여 2024.1.30. 甲에게 도달하였다. 이 경우 2024.4.30.에 임대차계약이 종료된다. • 35회

( )

정답 (○)

② 임대인이 제3자에게 임대하여 얻은 환산월차임과 갱신거절 당시 환산월차임 간 차액의 2년분에 해당하는 금액
③ 임대인이 목적 주택에 실제 거주하려는 사유로 인한 갱신거절로 인하여 임차인이 입은 손해액

3. 법정갱신(묵시적 갱신) ·29회

(1) 임대인이 임대차기간이 끝나기 6개월 전부터 2개월 전까지의 기간에 임차인에게 갱신거절의 통지를 하지 아니하거나 계약조건을 변경하지 아니하면 갱신하지 아니한다는 뜻의 통지를 하지 아니한 경우에는 그 기간이 끝난 때에 전 임대차와 동일한 조건으로 다시 임대차한 것으로 본다. 임차인이 임대차기간이 끝나기 2개월 전까지 통지하지 아니한 경우에도 또한 같다(제6조 제1항).
(2) 위 (1)의 경우 임대차의 존속기간은 2년으로 본다(제6조 제2항).
(3) 법정갱신이 된 경우 임차인은 언제든지 임대인에게 계약해지를 통지할 수 있다(임대인은 해지통고 불가). 이때 임대인이 그 통지를 받은 날부터 3개월이 지나면 그 효력이 발생한다(제6조의2).
(4) 그러나 임차인이 2기의 차임액에 달하도록 차임을 연체하거나 그 밖에 임차인으로서의 의무를 현저히 위반한 경우에는 법정갱신이 인정되지 않는다(제6조 제3항).

2 차임 등의 증감청구권

1. 증감청구와 증액 시의 제한

(1) 당사자는 약정한 차임이나 보증금이 임차주택에 관한 조세, 공과금, 그 밖의 부담의 증감이나 경제사정의 변동으로 인하여 적절하지 아니하게 된 때에는 장래에 대하여 그 증감을 청구할 수 있다(제7조 제1항 제1문). 이 경우 증액청구는 임대차계약 또는 약정한 차임이나 보증금의 증액이 있은 후 1년 이내에는 하지 못한다(제7조 제1항 제2문).
(2) 차임 등의 증액청구는 약정한 차임이나 보증금의 20분의 1의 금액을 초과하지 못한다(제7조 제2항 본문). 다만, 특별시·광역시·특별자치시·도 및 특별자치도는 관할 구역 내의 지역별 임대차 시장 여건 등을 고려하여 본문의 범위에서 증액청구의 상한을 조례로 달리 정할 수 있다(제7조 제2항 단서).

(3) 임차인이 증액비율을 초과하여 차임 또는 보증금을 지급한 경우에는 초과 지급된 차임 또는 보증금 상당금액의 반환을 청구할 수 있다(제10조의2).

2. 월차임 전환 시 산정률의 제한

(1) 보증금의 전부 또는 일부를 월 단위의 차임으로 전환하는 경우에는 그 전환되는 금액에, 「은행법」에 따른 은행에서 적용하는 대출금리와 해당 지역의 경제 여건 등을 고려하여 대통령령으로 정하는 비율(연 1할)과 한국은행에서 공시한 기준금리에 대통령령으로 정하는 이율(연 2%)을 더한 비율 중 낮은 비율을 곱한 월차임의 범위를 초과할 수 없다.

(2) 임차인이 월차임 산정률을 초과하여 차임을 지급한 경우에는 초과 지급된 차임 상당금액의 반환을 청구할 수 있다(제10조의2).

3 임차권의 승계 · 28회

1. 개관

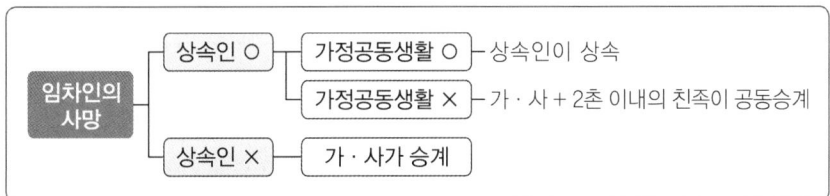

2. 승계의 내용

(1) 임차인이 상속인 없이 사망한 경우에 그 주택에서 '가정공동생활을 하던 사실상의 혼인관계에 있는 자'가 임차인의 권리와 의무를 승계한다(제9조 제1항).

(2) 임차인이 사망한 때에 사망 당시 상속인이 그 주택에서 가정공동생활을 하고 있지 아니한 경우에는 그 주택에서 가정공동생활을 하던 사실상의 혼인관계에 있는 자와 2촌 이내의 친족은 공동으로 임차인의 권리와 의무를 승계한다(제9조 제2항).

(3) 임차권승계의 경우에 임차인이 사망한 후 1개월 이내에 임대인에게 승계대상자가 반대의사를 표시한 경우에는 임차인의 권리와 의무를 승계하지 않는다(제9조 제3항).

(4) 임차권승계의 경우에 임대차관계에서 생긴 채권·채무는 임차인의 권리·의무를 승계한 자에게 귀속된다(제9조 제4항).

CHAPTER 01 최신기출문제로 확인!

01 「주택임대차보호법」상의 대항력에 관한 설명으로 틀린 것은? (단, 일시사용을 위한 임대차가 아니고 임차권등기가 이루어지지 아니한 경우를 전제하며 다툼이 있으면 판례에 따름) • 32회

① 임차인이 타인의 점유를 매개로 임차주택을 간접점유하는 경우에도 대항요건인 점유가 인정될 수 있다.
② 임차인이 지위를 강화하고자 별도로 전세권설정등기를 마친 후 「주택임대차보호법」상의 대항요건을 상실한 경우, 「주택임대차보호법」상의 대항력을 상실한다.
③ 주민등록을 마치고 거주하던 자기 명의의 주택을 매도한 자가 매도와 동시에 이를 다시 임차하기로 약정한 경우, 매수인 명의의 소유권이전등기 여부와 관계없이 대항력이 인정된다.
④ 임차인이 주택의 인도와 주민등록을 마친 때에는 그 다음 날 오전 영시부터 대항력이 생긴다.
⑤ 임차인이 가족과 함께 임차주택의 점유를 계속하면서, 가족의 주민등록은 그대로 둔 채 임차인의 주민등록만 일시적으로 옮긴 경우 대항력을 상실하지 않는다.

> 키워드 〉 주택임대차의 대항력
> 난이도 〉
> 해설 〉 ① 「주택임대차보호법」상의 대항력은 임차인이 당해 주택에 거주하면서 이를 직접점유하는 경우뿐만 아니라 타인의 점유를 매개로 하여 이를 간접점유하는 경우에도 인정될 수 있다(대판 1994.6.24, 94다3155).
> ② 주택임차인이 그 지위를 강화하고자 별도로 전세권설정등기를 마친 경우, 주택임차인이 「주택임대차보호법」상의 대항요건을 상실하면 이미 취득한 「주택임대차보호법」상의 대항력과 우선변제권을 상실한다(대판 2007. 6.28, 2004다69741).
> ③ 자기 명의의 주택을 매도하면서 동시에 그 주택을 임차하는 경우 매도인이 임차인으로서 가지는 대항력은 매수인 명의의 소유권이전등기가 경료된 다음 날부터 효력이 발생한다(대판 2000.2.11, 99다59306).
> ④ 주택임차인에게 대항력이 발생하는 시점은 주택의 인도와 주민등록을 모두 마친 다음 날의 오전 0시부터이다(대판 1999.5.25, 99다9981).
> ⑤ 임차인이 가족과 함께 주택에 대한 점유를 계속하고 있으면서 가족의 주민등록을 그대로 둔 채 임차인만 주민등록을 일시 다른 곳으로 옮긴 경우에는 대항력을 상실하지 아니한다(대판 1996.1.26, 95다30338).

정답 01 ③

02 「주택임대차보호법」에 관한 설명으로 옳은 것을 모두 고른 것은? (다툼이 있으면 판례에 따름) • 33회

> ㉠ 다가구용 단독주택 일부의 임차인이 대항력을 취득하였다면, 후에 건축물 대장상으로 다가구용 단독주택이 다세대주택으로 변경되었다는 사정만으로는 이미 취득한 대항력을 상실하지 않는다.
> ㉡ 우선변제권 있는 임차인은 임차주택과 별도로 그 대지만이 경매될 경우, 특별한 사정이 없는 한 그 대지의 환가대금에 대하여 우선변제권을 행사할 수 있다.
> ㉢ 임차인이 대항력을 가진 후 그 임차주택의 소유권이 양도되어 양수인이 임차보증금반환채무를 부담하게 되었더라도, 임차인이 주민등록을 이전하면 양수인이 부담하는 임차보증금반환채무는 소멸한다.

① ㉠
② ㉢
③ ㉠, ㉡
④ ㉡, ㉢
⑤ ㉠, ㉡, ㉢

키워드 › 주택임대차의 대항력

난이도 › ■■■□

해설 › ㉠ 다가구용 단독주택으로 소유권보존등기된 건물의 일부를 임차한 사람이 그 지번을 기재하여 전입신고를 함으로써 대항력을 취득한 후에 위 건물이 다세대주택으로 변경된 경우 이미 취득한 대항력은 그대로 유지된다(대판 2007.2.8, 2006다70516).
㉡ 대항요건 및 확정일자를 갖춘 임차인과 소액임차인은 임차주택과 대지가 함께 경매될 경우뿐만 아니라 임차주택과 별도로 대지만이 경매될 경우에도 대지의 환가대금에 대하여 우선변제권을 행사할 수 있다(대판 2012.7.26, 2012다45689).
㉢ 임차주택의 양수인이 임차보증금반환채무를 부담하게 된 이후에 임차인이 주민등록을 옮기더라도 이미 발생한 임차보증금반환채무가 소멸하는 것은 아니다(대판 1993.12.7, 93다36615).

정답 02 ③

03 甲은 자신의 X주택을 보증금 2억원, 월차임 50만원으로 乙에게 임대하였는데, 乙이 전입신고 후 X주택을 점유·사용하면서 차임을 연체하다가 계약이 종료되었다. 계약 종료 전에 X주택의 소유권이 매매를 원인으로 丙에게 이전되었다. 다음 설명 중 틀린 것은? (다툼이 있으면 판례에 따름) • 35회

① 특별한 사정이 없는 한 丙이 임대인의 지위를 승계한 것으로 본다.
② 연체차임에 대한 지연손해금의 발생종기는 특별한 사정이 없는 한 X주택이 반환되는 때이다.
③ 丙은 甲의 차임채권을 양수하지 않았다면 X주택을 반환받을 때 보증금에서 이를 공제할 수 없다.
④ X주택을 반환할 때까지 잔존하는 甲의 차임채권은 압류가 되었더라도 보증금에서 당연히 공제된다.
⑤ X주택을 반환하지 않으면, 특별한 사정이 없는 한 乙은 보증금이 있음을 이유로 연체차임의 지급을 거절할 수 없다.

| 키워드 | 임차주택의 양수인의 법률관계 |
| 난이도 | ■■■■ |

해설 ① 임차주택의 양수인은 임대인의 지위를 승계한다.
② 차임지급채무는 그 지급에 확정된 기일이 있는 경우에는 그 지급기일 다음 날부터 지체책임이 발생하고 보증금에서 공제되었을 때 비로소 그 채무 및 그에 따른 지체책임이 소멸되는 것이므로, 연체차임에 대한 지연손해금의 발생종기는 다른 특별한 사정이 없는 한 목적물이 반환되는 때이다.
③ 임차주택의 양수인이 주택의 소유권을 취득한 후 임대차관계가 종료되어 임차인에게 보증금을 반환하여야 하는 경우에 임대인의 지위를 승계하기 전에 발생한 연체차임은 특별한 사정이 없는 한 보증금에서 당연히 공제된다.
④ 보증금이 수수된 임대차계약에서 차임채권이 압류되었더라도 보증금에서 당연히 공제된다.
⑤ 보증금은 임대차계약이 종료된 후 임차인이 목적물을 인도할 때까지 발생하는 차임 및 기타 임차인의 채무를 담보하므로 특별한 사정이 없는 한 임대차계약이 종료되었으나 그 목적물이 명도되지 않은 경우, 임차인은 보증금이 있음을 이유로 연체차임의 지급을 거절할 수 없다.

정답 03 ③

04 甲이 2023.6.1. 乙로부터 乙 소유의 X주택을 보증금 2억원, 기간은 1년으로 정하여 임차하는 계약을 체결한 경우, 「주택임대차보호법」에 관한 설명으로 옳은 것을 모두 고른 것은? (다툼이 있으면 판례에 따름)

• 36회

㉠ 1년의 임대차기간이 만료된 경우, 甲은 乙에게 보증금 2억원의 반환을 청구할 수 있다.
㉡ 임대차계약이 적법하게 묵시적 갱신이 된 경우, 그 존속기간은 2년으로 보지만 甲은 언제든지 乙에게 계약해지를 통지할 수 있다.
㉢ 甲의 적법한 계약갱신요구가 乙에게 2025.2.15. 도달한 경우, 갱신거절사유가 없는 한 그 도달시점에 계약갱신의 효력이 발생한다.

① ㉠
② ㉢
③ ㉠, ㉡
④ ㉡, ㉢
⑤ ㉠, ㉡, ㉢

키워드 주택임대차의 대항력

난이도

해설 ㉠ 임차인은 2년 미만으로 정한 기간이 유효함을 주장할 수 있다. 따라서 1년의 임대차기간이 만료된 경우, 甲은 乙에게 보증금 2억원의 반환을 청구할 수 있다.
㉡ 주택임대차가 법정갱신된 경우 존속기간은 2년으로 본다. 그러나 임차인은 언제든지 해지통고를 할 수 있다.
㉢ 기간을 정하지 않거나 2년 미만으로 정한 임대차는 그 기간을 2년으로 본다. 따라서 위 사안의 경우 임차인은 1년의 계약기간을 주장할 수도 있지만, 한편 2년의 기간을 주장할 수도 있다. 이 때 계약갱신요구권의 행사기간은 법정보장기간인 2년을 기준으로 한다. 따라서 위 임대차기간은 2023년 6월 1일부터 2025년 5월 31일까지로 간주된다. 한편 주택임차인은 임대차기간이 끝나기 6개월 전부터 2개월 전까지의 기간에 계약갱신요구권을 행사하여야 하는데, 위 사안의 경우에는 임차인은 2024년 11월 30일부터 2025년 3월 31일까지 계약갱신요구권을 행사할 수 있다. 따라서 甲의 계약갱신요구가 乙에게 2025.2.15. 도달한 것은 적법하며, 갱신거절사유가 없는 한 그 도달시점에 계약갱신의 효력이 발생한다(대판 2024.1.11, 2023다258672 참조).

정답 04 ⑤

05 甲은 乙 소유의 X주택에 관하여 乙과 보증금 3억원으로 하는 임대차계약을 체결하고 2018.3.5. 대항요건과 확정일자를 갖추었다. 丙은 2018.5.6. X주택에 관하여 저당권을 취득하였고, 甲은 2020.3.9. X주택에 임차권등기명령의 집행에 따른 임차권등기를 마쳤다. 이에 관한 설명으로 옳은 것은? (다툼이 있으면 판례에 따름)

•31회

① 甲은 임차권등기의 비용을 乙에게 청구할 수 있다.
② 甲이 2020.3.10. 다른 곳으로 이사한 경우, 대항력을 잃는다.
③ 乙의 임차보증금반환의무와 甲의 임차권등기말소의무는 동시이행의 관계에 있다.
④ 경매가 2020.6.9. 개시되어 X주택이 매각된 경우, 甲이 배당요구를 하지 않으면 丙보다 우선변제를 받을 수 없다.
⑤ 만약 2020.4.5. 丁이 X주택을 보증금 2억원에 임차하여 대항요건을 갖춘 다음 X주택이 경매된 경우, 丁은 매각대금에서 丙보다 우선변제를 받을 수 있다.

> 키워드 임차권등기명령제도
> 난이도
> 해설 ① 임차인은 임차권등기명령의 신청 및 그에 따른 임차권등기와 관련하여 든 비용을 임대인에게 청구할 수 있다(주택임대차보호법 제3조의3 제8항).
> ② 임차권등기 이후에는 대항요건을 상실하더라도 이미 취득한 대항력 또는 우선변제권을 상실하지 않는다(동법 제3조의3 제5항). 따라서 甲이 2020.3.10. 다른 곳으로 이사하더라도, 대항력을 상실하지 않는다.
> ③ 임대인의 임대차보증금반환의무와 임차인의 「주택임대차보호법」상의 임차권등기명령에 의해 등기된 임차권등기의 말소의무는 동시이행관계가 아니라, 임대인의 임대차보증금반환의무가 임차인의 임차권등기말소의무보다 먼저 이행되어야 할 의무이다(대판 2005.6.9, 2005다4529).
> ④ 임차권등기명령에 의하여 임차권등기를 한 임차인은 「민사집행법」 제148조 제4호에 정한 채권자에 준하여 배당요구를 하지 않아도 배당을 받을 수 있다(대판 2005.9.15, 2005다33039).
> ⑤ 임차권등기명령의 집행에 따른 임차권등기가 끝난 주택을 그 이후에 임차한 임차인은 최우선변제를 받을 권리가 없다(동법 제3조의3 제6항). 丁의 임차보증금은 2억원이므로 최우선변제를 받을 수 있는 임차인에 해당하지 않는다. 따라서 丁은 丙이 피담보채권을 변제받은 후 잔액이 있으면 그로부터 보증금 2억원을 변제받는다.

정답 05 ①

06 임차인 乙은 임대인 甲에게 2024.3.10.로 기간이 만료되는 X주택의 임대차계약에 대해 「주택임대차보호법」에 따라 갱신요구 통지를 하여 그 통지가 2024.1.5. 甲에게 도달하였고, 甲이 갱신거절 통지를 하지 않아 계약이 갱신되었다. 그 후 乙이 갱신된 계약기간이 개시되기 전인 2024.1.29. 갱신된 임대차계약의 해지를 통지하여 2024.1.30. 甲에게 도달하였다. 임대차계약의 종료일은? (다툼이 있으면 판례에 따름)

• 35회

① 2024.1.30.
② 2024.3.10.
③ 2024.4.30.
④ 2024.6.10.
⑤ 2026.3.10.

[키워드] 주택임차인의 계약갱신요구권

[난이도] ■■■■

[해설] 계약갱신요구권을 행사한 주택임차인의 계약해지통지가 갱신된 임대차계약기간이 개시되기 전에 임대인에게 도달한 때에도, 그 효력은 갱신된 임대차계약기간이 개시된 때로부터 3개월이 지난 때가 아니라 해지통지가 임대인에게 도달한 때로부터 3개월이 지난 때에 발생한다. 따라서 乙의 해지통지가 甲에게 도달한 날부터 3개월이 지난 2024.4.30.에 임대차계약이 종료된다.

정답 06 ③

CHAPTER 02 상가건물 임대차보호법

10개년 출제문항 수

27회	28회	29회	30회	31회
1	1	1	1	1
32회	33회	34회	35회	36회
1	1	1	2	1

↳ 총 40문제 中 평균 약 1.1문제 출제

학습전략

- 「상가건물 임대차보호법」에서는 대항력과 우선변제권 등에 대한 내용을 학습합니다.
- 물적 적용범위, 대항력의 요건, 우선변제의 요건과 승계, 최우선변제권, 존속기간에서 문제가 주로 출제되므로 관련 이론을 정리해 두는 것이 좋습니다.

제1절 서설

1 입법목적

1. 경제생활의 안정

(1) 「상가건물 임대차보호법」은 상가임차인을 보호하여 국민의 경제생활의 안정을 보장하는 데에 목적이 있다(제1조).

(2) 「상가건물 임대차보호법」은 민법상의 임대차의 특별법이다(제1조).

2. 편면적 강행규정

「상가건물 임대차보호법」은 편면적 강행규정이다(제15조). 즉, 「상가건물 임대차보호법」 규정에 위반된 약정으로서 임차인에게 불리한 것은 그 효력이 없다.

2 적용범위 •27회 •28회 •32회 •33회 •34회 •36회

1. 물적 적용범위

(1) 상가건물의 임대차(임대차 목적물의 주된 부분을 영업용으로 사용하는 경우를 포함)에 대하여 적용한다(제2조).

(2) 등기하지 아니한 전세계약에 대해서도 적용된다(제17조). 이 경우 전세금은 임대차의 보증금으로 본다.

(3) 일시사용을 위한 임대차에는 적용되지 않는다(제16조).

2. 보증금의 제한

(1) 「상가건물 임대차보호법」의 적용을 받기 위해서는 보증금이 일정액 이하이어야 한다. 다만, 상가건물임대차위원회의 심의를 거쳐 대통령령이 정하는 보증금액을 초과하는 임대차에 대하여는 적용되지 않는다. 대통령령으로 정하는 보증금액은 다음과 같다(영 제2조 제1항).

구분	보증금의 범위
서울특별시	9억원 이하
수도권 과밀억제권역 및 부산광역시	6억 9천만원 이하
광역시 등	5억 4천만원 이하
기타	3억 7천만원 이하

(2) 대통령령으로 정하는 보증금액을 정할 때에는 해당 지역의 경제 여건 및 임대차 목적물의 규모 등을 고려하여 지역별로 구분하여 규정하되, 보증금 외에 차임이 있는 경우에는 그 차임액에 「은행법」에 따른 은행의 대출금리 등을 고려하여 대통령령으로 정하는 비율을 곱하여 환산한 금액을 포함하여야 한다. 현재 대통령령으로 정하는 비율은 1분의 100이다(영 제2조 제3항).

(3) 대통령령으로 정하는 보증금액을 초과하는 임대차에 대하여도 대항력과 계약갱신요구권은 인정된다. 또한 계약갱신의 경우에는 당사자는 상가건물에 관한 조세, 공과금, 주변 상가건물의 차임 및 보증금, 그 밖의 부담이나 경제사정을 고려하여 차임과 보증금의 증감을 청구할 수 있다. 이외에도 권리금보호에 관한 규정과 차임연체와 해지에 관한 규정 및 표준계약서의 작성에 관한 규정도 적용된다(제2조 제3항).

제2절　대항력과 우선변제권 및 최우선변제권

• 30회

1 대항력

1. 대항력의 요건

상가건물임대차는 그 등기가 없는 경우에도 임차인이 건물의 인도와 「부가가치세법」 제8조, 「소득세법」 제168조 또는 「법인세법」 제111조에 따른 사업자등록을 신청하면 그 다음 날부터 제3자에 대하여 효력이 생긴다(제3조 제1항).

> **판례**
>
> **임차인의 대항력 인정 여부**
> 1. 상가건물을 임차하고 사업자등록을 마친 사업자가 임차건물의 전대차 등으로 당해 사업을 개시하지 않거나 사실상 폐업한 경우에는 그 사업자등록은 「부가가치세법」 및 「상가건물 임대차보호법」이 상가임대차의 공시방법으로 요구하는 적법한 사업자등록이라고 볼 수 없고, 이 경우 임차인이 「상가건물 임대차보호법」상의 대항력 및 우선변제권을 유지하기 위해서는 건물을 직접 점유하면서 사업을 운영하는 전차인이 그 명의로 사업자등록을 해야 한다(대판 2006.1.13, 2005다64002).
> 2. 소유권이전등기청구권을 보전하기 위한 가등기가 경료된 후에 「상가건물 임대차보호법」상 대항력을 취득한 임차인은 그 가등기에 기하여 본등기를 경료한 자에 대하여 임대차의 효력으로써 대항할 수 없다(대판 2007.6.28, 2007다25599).

2. 대항력의 내용

(1) 대항력을 취득한 후에 임차건물의 소유권을 취득한 양수인에 대해 임차인은 임차권을 주장할 수 있다(임대차기간 동안 계속 사용·수익할 수 있다는 의미임).

(2) 임차건물의 양수인은 임대인의 지위를 승계한 것으로 본다(제3조 제2항).

기출지문 OX

乙은 甲 소유의 X상가건물을 甲으로부터 임차하고 인도 및 사업자등록을 마쳤다. 丙이 乙로부터 X건물을 적법하게 전차하여 직접 점유하면서 丙 명의로 사업자등록을 하고 사업을 운영하는 경우 乙의 임대차는 제3자에 대하여 효력이 있다. • 31회 (　　)

정답 (○)

3. 준용규정

「상가건물 임대차보호법」에 따라 임대차의 목적이 된 건물이 매매 또는 경매의 목적물이 된 경우에는 민법의 매도인의 담보책임규정(제575조 제1항·제3항 및 제578조)과 동시이행의 항변권규정(제536조)을 준용한다(제3조 제3항·제4항).

2 우선변제권

1. 우선변제의 요건(보증금의 회수)

대항요건을 갖추고 관할 세무서장으로부터 임대차계약서상의 확정일자를 받은 임차인은 「민사집행법」에 따른 경매 또는 「국세징수법」에 따른 공매 시 임차건물(임대인 소유의 대지를 포함)의 환가대금에서 후순위권리자나 그 밖의 채권자보다 우선하여 보증금을 변제받을 권리가 있다(제5조 제2항).

2. 경매신청 시의 특칙

(1) 임차인이 임차건물에 대하여 보증금반환청구소송의 확정판결, 그 밖에 이에 준하는 집행권원에 의하여 경매를 신청하는 경우에는 「민사집행법」 제41조에도 불구하고 반대의무의 이행이나 이행의 제공을 집행개시의 요건으로 하지 않는다(제5조 제1항).

(2) 임차인은 임차건물을 양수인에게 인도하지 아니하면 보증금을 우선변제받을 수 없다(제5조 제3항).

3. 우선변제권의 승계

(1) 일정한 금융기관이 우선변제권을 취득한 임차인의 보증금반환채권을 계약으로 양수한 경우에는 양수한 금액의 범위에서 우선변제권을 승계한다.

■ 우선변제권을 승계할 수 있는 금융기관

① 「은행법」에 따른 은행
② 「중소기업은행법」에 따른 중소기업은행
③ 「한국산업은행법」에 따른 한국산업은행
④ 「농업협동조합법」에 따른 농협은행

⑤ 「수산업협동조합법」에 따른 수협은행
⑥ 「우체국예금·보험에 관한 법률」에 따른 체신관서
⑦ 「보험업법」 제4조 제1항 제2호 라목의 보증보험을 보험종목으로 허가받은 보험회사
⑧ 그 밖에 위 ①~⑦에 준하는 것으로서 대통령령으로 정하는 기관

(2) 우선변제권을 승계한 금융기관은 임차인이 대항요건을 상실한 경우와 임차권등기명령에 따른 임차권등기가 말소된 경우 및 민법상 임대차등기가 말소된 경우에는 우선변제권을 행사할 수 없다.

(3) 우선변제권을 승계한 금융기관이더라도 우선변제권을 행사하기 위하여 임차인을 대리하거나 대위하여 임대차를 해지할 수는 없다.

판 례

상가건물 임대차에서 기간만료나 당사자의 합의 등으로 임대차가 종료된 경우에도 「상가건물 임대차보호법」(이하 '상가임대차법'이라고 한다) 제9조 제2항에 의하여 임차인은 보증금을 반환받을 때까지 임대차관계가 존속하는 것으로 의제된다. 이는 임대차기간이 끝난 후에도 상가건물의 임차인이 보증금을 반환받을 때까지는 임차인의 목적물에 대한 점유를 임대차기간이 끝나기 전과 마찬가지 정도로 강하게 보호함으로써 임차인의 보증금반환채권을 실질적으로 보장하기 위한 것이다. 따라서 상가임대차법이 적용되는 상가건물의 임차인이 임대차 종료 이후에 보증금을 반환받기 전에 임차 목적물을 점유하고 있다고 하더라도 임차인에게 차임 상당의 부당이득이 성립한다고 할 수 없다. 위와 같은 상가임대차법 제9조 제2항의 입법 취지, 상가건물 임대차 종료 후 의제되는 임대차관계의 법적 성격 등을 종합하면, 상가임대차법이 적용되는 임대차가 기간만료나 당사자의 합의, 해지 등으로 종료된 경우 보증금을 반환받을 때까지 임차 목적물을 계속 점유하면서 사용·수익한 임차인은 종전 임대차계약에서 정한 차임을 지급할 의무를 부담할 뿐이고, 시가에 따른 차임에 상응하는 부당이득금을 지급할 의무를 부담하는 것은 아니다(대판 2023.11.9, 2023다257600).

3 최우선변제권

1. 최우선변제의 요건(보증금 중 일정액의 보호)

임차인은 보증금 중 일정액을 다른 담보물권자보다 우선하여 변제받을 권리가 있다. 이 경우 임차인은 건물에 대한 경매신청의 등기 전에 대항요건을 갖추어야 한다(제14조 제1항). 최우선변제 시에는 확정일자는 필요 없다.

2. 최우선변제의 범위

(1) 최우선변제를 받을 임차인 및 보증금 중 일정액의 범위와 기준은 임대건물가액(임대인 소유의 대지가액을 포함)의 2분의 1의 범위에서 해당 지역의 경제 여건, 보증금 및 차임 등을 고려하여 상가건물임대차위원회의 심의를 거쳐 대통령령으로 정한다. 보증금 외에 차임이 있는 경우 차임을 보증금에 환산한 금액의 합계를 기준으로 최우선변제를 받을 수 있는 임차인인지를 판단한다. 현재 최우선변제의 범위는 다음과 같다(영 제6조, 제7조).

구분	보증금의 범위	최우선변제금액
서울특별시	6,500만원 이하	2,200만원
수도권 과밀억제권역	5,500만원 이하	1,900만원
광역시 등	3,800만원 이하	1,300만원
기타	3,000만원 이하	1,000만원

(2) 임차인의 보증금 중 일정액이 상가건물의 가액의 2분의 1을 초과하는 경우에는 상가건물의 가액의 2분의 1에 해당하는 금액에 한하여 우선변제권이 있다.

(3) 하나의 상가건물에 임차인이 2인 이상이고, 그 각 보증금 중 일정액의 합산액이 상가건물의 가액의 2분의 1을 초과하는 경우에는 그 각 보증금 중 일정액의 합산액에 대한 각 임차인의 보증금 중 일정액의 비율로 그 상가건물의 가액의 2분의 1에 해당하는 금액을 분할한 금액을 각 임차인의 보증금 중 일정액으로 본다.

제3절 임차권등기명령제도

1 입법취지

임차인이 임대차가 종료된 후 보증금을 반환받지 못한 상태에서 다른 곳으로 영업을 이전하면 대항력과 우선변제권을 상실하게 되어 사실상 보증금을 반환받는 것이 곤란하게 된다. 이에 「상가건물 임대차보호법」은 「주택임대차보호법」과 동일하게 임차권등기명령제도를 도입하였다.

2 임차권등기명령제도의 내용

1. 신청과 효력

(1) 임대차가 종료된 후 보증금이 반환되지 아니한 경우 임차인은 임차건물의 소재지를 관할하는 지방법원, 지방법원지원 또는 시·군 법원에 임차권등기명령을 신청할 수 있다(제6조 제1항). 우선변제권을 승계한 금융기관은 임차인을 대위하여 임차권등기명령을 신청할 수 있다.

(2) 임차권등기명령의 집행에 따른 임차권등기를 마치면 임차인은 대항력과 우선변제권을 취득한다. 다만, 임차인이 임차권등기 이전에 이미 대항력 또는 우선변제권을 취득한 경우에는 그 대항력 또는 우선변제권이 그대로 유지되며, 임차권등기 이후에는 대항요건을 상실하더라도 이미 취득한 대항력 또는 우선변제권을 상실하지 않는다(제6조 제5항).

(3) 임차권등기명령의 집행에 따른 임차권등기를 마친 건물을 그 이후에 임차한 임차인은 최우선변제를 받을 권리가 없다(제6조 제6항).

2. 비용의 청구

임차인은 임차권등기명령의 신청 및 그에 따른 임차권등기와 관련하여 든 비용을 임대인에게 청구할 수 있다(제6조 제8항).

3. 민법규정에 의한 주택임대차의 효력

(1) 임차권등기의 효력은 민법상의 임대차등기의 효력에 관해서도 준용된다(제7조).
(2) 따라서 민법상의 임대차등기에도 대항력과 우선변제권이 부여된다.

제4절 존속기간 등

1 존속기간 •30회 •35회

1. 최단존속기간의 보장

(1) 기간을 정하지 아니하거나 기간을 1년 미만으로 정한 임대차는 그 기간을 1년으로 본다. 다만, 임차인은 1년 미만으로 정한 기간이 유효함을 주장할 수 있다(제9조 제1항).
(2) 임대차가 종료한 경우에도 임차인이 보증금을 돌려받을 때까지는 임대차관계는 존속하는 것으로 본다(제9조 제2항).

2. 임차인의 계약갱신요구권

(1) 임대인은 임차인이 임대차기간이 만료되기 6개월 전부터 1개월 전까지 사이에 계약갱신을 요구할 경우 정당한 사유 없이 거절하지 못한다(제10조 제1항).

> **⊕ 보충** 임대인이 임차인의 계약갱신요구를 거절할 수 있는 경우
>
> 1. 임차인이 3기의 차임액에 해당하는 금액에 이르도록 차임을 연체한 사실이 있는 경우
> 2. 임차인이 거짓이나 그 밖의 부정한 방법으로 임차한 경우
> 3. 서로 합의하여 임대인이 임차인에게 상당한 보상을 제공한 경우
> 4. 임차인이 임대인의 동의 없이 목적건물의 전부 또는 일부를 전대한 경우
> 5. 임차인이 임차한 건물의 전부 또는 일부를 고의나 중대한 과실로 파손한 경우
> 6. 임차한 건물의 전부 또는 일부가 멸실되어 임대차의 목적을 달성하지 못할 경우
> 7. 임대인이 다음의 어느 하나에 해당하는 사유로 목적건물의 전부 또는 대부분을 철거하거나 재건축하기 위하여 목적건물의 점유를 회복할 필요가 있는 경우
>   ① 임대차계약 체결 당시 공사시기 및 소요기간 등을 포함한 철거 또는 재건축 계획을 임차인에게 구체적으로 고지하고 그 계획에 따르는 경우
>   ② 건물이 노후·훼손 또는 일부 멸실되는 등 안전사고의 우려가 있는 경우
>   ③ 다른 법령에 따라 철거 또는 재건축이 이루어지는 경우
> 8. 그 밖에 임차인이 임차인으로서의 의무를 현저히 위반하거나 임대차를 계속하기 어려운 중대한 사유가 있는 경우

암기 2기만으로는 거절할 수 없다.

(2) 임차인의 계약갱신요구권은 최초의 임대차기간을 포함한 전체 임대차기간이 10년을 초과하지 아니하는 범위에서만 행사할 수 있다(제10조 제2항).

(3) 임차인의 계약갱신요구권 행사에 의하여 갱신되는 임대차는 전임대차와 동일한 조건으로 다시 계약된 것으로 본다. 다만, 차임과 보증금은 제11조(차임 등의 증감청구권)에 따른 범위에서 증감할 수 있다(제10조 제3항).

(4) 임대인의 동의를 받고 전대차계약을 체결한 전차인은 임차인의 계약갱신요구권 행사기간 이내에 임차인을 대위하여 임대인에게 계약갱신요구권을 행사할 수 있다(제13조 제2항).

3. 법정갱신(묵시적 갱신)

(1) 임대인이 임대차기간이 만료되기 6개월 전부터 1개월 전까지 사이에 임차인에게 갱신거절의 통지 또는 조건변경의 통지를 하지 아니한 경우에는 그 기간이 만료된 때에 전임대차와 동일한 조건으로 다시 임대차한 것으로 본다(제10조 제4항 제1문).

(2) 이 경우에 임대차의 존속기간은 1년으로 본다(제10조 제4항 제2문).

> **판례**
>
> 상가의 임차인이 임대차기간 만료 1개월 전부터 만료일 사이에 갱신거절의 통지를 한 경우 해당 임대차계약은 묵시적 갱신이 인정되지 않고 임대차기간의 만료일에 종료한다고 보아야 한다(대판 2024.6.27, 2023다307024).

(3) 법정갱신이 된 경우 임차인은 언제든지 임대인에게 계약해지의 통고를 할 수 있고, 임대인이 통고를 받은 날부터 3개월이 지나면 효력이 발생한다(제10조 제5항).

2 차임 등의 증감청구권

1. 증감청구와 증액 시의 제한

(1) 차임 또는 보증금이 임차건물에 관한 조세, 공과금 그 밖의 부담의 증감이나 「감염병의 예방 및 관리에 관한 법률」 제2조 제2호에 따른 제1급감염병 등에 의한 경제사정의 변동으로 인하여 상당하지 아니하게 된 경우에는 당사자는 장래의 차임 또는 보증금에 대하여 증감을 청구할 수 있다(제11조). 그러나 증액의 경우에는 청구 당시의 차임 또는 보증금의 100분의 5의 금액을 초과하지 못한다(영 제4조).

기출지문 OX

임차인 乙은 甲 소유의 X상가건물에 관하여 월차임 200만원, 기간 2023.5.24. ~ 2024.5.23.로 하는 임대차계약을 甲과 체결하였고, 기간만료 14일 전인 2024.5.9. 갱신거절의 통지를 하여 다음 날 甲에게 도달하였다. 이 경우 임대차계약의 종료일은 2024.5.23.이다. •35회 (   )

정답 (O)

(2) 임차인이 증액비율을 초과하여 차임 또는 보증금을 지급한 경우에는 초과 지급된 차임 또는 보증금 상당금액의 반환을 청구할 수 있다.

(3) 차임 등의 증액청구는 임대차계약 또는 약정한 차임 등의 증액이 있은 후 1년 이내에는 할 수 없다.

(4) 제1급감염병에 의한 경제사정의 변동으로 차임 등이 감액된 후 임대인이 증액을 청구하는 경우에는 증액된 차임 등이 감액 전 차임 등의 금액에 달할 때까지는 증액상한이 적용되지 않는다.

2. 월차임 전환 시 산정률의 제한

보증금의 전부 또는 일부를 월 단위의 차임으로 전환하는 경우에는 그 전환되는 금액에, 「은행법」에 따른 은행의 대출금리 및 해당 지역의 경제여건 등을 고려하여 대통령령으로 정하는 비율(연 1할2푼)과 한국은행에서 공시한 기준금리에 대통령령으로 정하는 배수를 곱한 비율(4.5배) 중 낮은 비율을 곱한 월차임의 범위를 초과할 수 없다.

3 권리금의 보호 •26회 •30회

1. 제정이유

(1) 임차인이 투자한 비용이나 영업활동의 결과로 형성된 지명도나 신용 등의 경제적 이익이 임대인의 계약해지 및 갱신거절에 의해 침해되는 경우가 많다. 임대인은 새로운 임대차계약을 체결하면서 직접 권리금을 받거나 임차인이 형성한 영업적 가치를 아무런 제한 없이 이용할 수 있지만, 임차인은 다시 시설비를 투자하고 신용확보와 지명도 형성을 위하여 상당기간 영업 손실을 감당하여야 하는 문제점이 발생하고 있다.

(2) 이러한 문제점을 해결하기 위하여 「상가건물 임대차보호법」은 임차인에게는 권리금 회수기회를 보장하고, 임대인에게는 정당한 사유 없이 임대차계약의 체결을 방해할 수 없도록 방해금지의무를 부과하고 있다.

2. 권리금의 보호

(1) 권리금의 정의
① 권리금이란 임대차 목적물인 상가건물에서 영업을 하는 자 또는 영업을 하려는 자가 영업시설·비품, 거래처, 신용, 영업상의 노하우, 상가건물의 위치에 따른 영업상의 이점 등 유형·무형의 재산적 가치의 양도 또는 이용대가로서 임대인, 임차인에게 보증금과 차임 이외에 지급하는 금전 등의 대가를 말한다.
② 권리금계약이란 신규임차인이 되려는 자가 임차인에게 권리금을 지급하기로 하는 계약을 말한다.
③ 국토교통부장관은 권리금에 대한 감정평가의 절차와 방법 등에 관한 기준을 고시할 수 있다.

(2) 권리금 회수기회의 보호
① 임대인은 임대차기간이 끝나기 6개월 전부터 임대차 종료 시까지 다음의 어느 하나에 해당하는 행위를 함으로써 권리금계약에 따라 임차인이 주선한 신규임차인이 되려는 자로부터 권리금을 지급받는 것을 방해하여서는 아니 된다. 다만, 임대인이 임차인의 계약갱신요구를 거절할 수 있는 경우(제10조 제1항 각 호의 어느 하나에 해당하는 사유가 있는 경우)에는 그렇지 않다.
   ㉠ 임차인이 주선한 신규임차인이 되려는 자에게 권리금을 요구하거나 임차인이 주선한 신규임차인이 되려는 자로부터 권리금을 수수하는 행위
   ㉡ 임차인이 주선한 신규임차인이 되려는 자로 하여금 임차인에게 권리금을 지급하지 못하게 하는 행위
   ㉢ 임차인이 주선한 신규임차인이 되려는 자에게 상가건물에 관한 조세, 공과금, 주변 상가건물의 차임 및 보증금, 그 밖의 부담에 따른 금액에 비추어 현저히 고액의 차임과 보증금을 요구하는 행위
   ㉣ 그 밖에 정당한 사유 없이 임대인이 임차인이 주선한 신규임차인이 되려는 자와 임대차계약의 체결을 거절하는 행위

기출지문 OX

임차인이 임차한 건물을 중대한 과실로 전부 파손한 경우, 임대인은 권리금 회수의 기회를 보장할 필요가 없다. • 30회 ( )

정답 (○)

■ 정당한 사유에 해당하는 경우

> ⓐ 임차인이 주선한 신규임차인이 되려는 자가 보증금 또는 차임을 지급할 자력이 없는 경우
> ⓑ 임차인이 주선한 신규임차인이 되려는 자가 임차인으로서의 의무를 위반할 우려가 있거나 그 밖에 임대차를 유지하기 어려운 상당한 사유가 있는 경우
> ⓒ 임대차 목적물인 상가건물을 1년 6개월 이상 영리목적으로 사용하지 아니한 경우
> ⓓ 임대인이 선택한 신규임차인이 임차인과 권리금 계약을 체결하고 그 권리금을 지급한 경우

② 임대인이 임차인의 권리금 회수기회를 방해하여 임차인에게 손해를 발생하게 한 때에는 그 손해를 배상할 책임이 있다. 이 경우 그 손해배상액은 신규임차인이 임차인에게 지급하기로 한 권리금과 임대차 종료 당시의 권리금 중 낮은 금액을 넘지 못한다.

③ 임차인이 임대인에게 손해배상을 청구할 권리는 임대차가 종료한 날부터 3년 이내에 행사하지 아니하면 시효의 완성으로 소멸한다.

(3) 권리금보호규정의 적용제외

① 임대차 목적물인 상가건물이 「유통산업발전법」 제2조에 따른 대규모점포 또는 준대규모점포의 일부인 경우(다만, 전통시장 및 상점가 육성을 위한 특별법 제2조 제1호에 의한 전통시장은 제외)와 임대차 목적물인 상가건물이 「국유재산법」에 따른 국유재산 또는 「공유재산 및 물품 관리법」에 따른 공유재산인 경우에는 권리금 회수기회의 보장에 관한 규정이 적용되지 않는다.

② 또한 전대차의 경우에도 권리금의 보호대상에서 제외된다(제13조).

4 표준계약서의 작성과 차임연체 시 해지 ·26회 ·30회

1. 표준계약서의 작성

(1) 상가건물임대차표준계약서

법무부장관은 국토교통부장관과 협의를 거쳐 보증금, 차임액, 임대차기간, 수선비 분담 등의 내용이 기재된 상가건물임대차표준계약서를 정하여 그 사용을 권장할 수 있다(제19조).

(2) 표준권리금계약서의 작성

국토교통부장관은 법무부장관과 협의를 거쳐 임차인과 신규임차인이 되려는 자의 권리금 계약 체결을 위한 표준권리금계약서를 정하여 그 사용을 권장할 수 있다(제10조의6).

2. 차임연체 시 해지

임차인의 차임연체액이 3기의 차임액에 달하는 때에는 임대인은 계약을 해지할 수 있다(제10조의8).

CHAPTER 02 최신기출문제로 확인!

01 乙은 식당을 운영하기 위해 2023.5.1. 甲으로부터 그 소유의 서울특별시 소재 X상가건물을 보증금 10억원, 월 임료 100만원, 기간은 정함이 없는 것으로 하여 임차하는 상가임대차계약을 체결하였다. 「상가건물 임대차보호법」상 乙의 주장이 인정되는 것을 모두 고른 것은? (다툼이 있으면 판례에 따름) • 34회

㉠ X상가건물을 인도받고 사업자등록을 마친 乙이 대항력을 주장하는 경우
㉡ 乙이 甲에게 1년의 존속기간을 주장하는 경우
㉢ 乙이 甲에게 계약갱신요구권을 주장하는 경우

① ㉠
② ㉢
③ ㉠, ㉡
④ ㉡, ㉢
⑤ ㉠, ㉡, ㉢

키워드 상가건물 임대차보호법의 적용범위

해설
㉠ 위 사안의 경우 보증금이 10억원이므로 위 임대차는 「상가건물 임대차보호법」이 적용되지 않는다(상가건물 임대차보호법 제2조 제1항·제3항). 다만, 이 경우에도 대항력은 인정된다(동법 제10조 제2항).
㉡ 기간을 정하지 아니하거나 기간을 1년 미만으로 정한 상가건물의 임대차는 그 기간을 1년으로 본다(동법 제9조 제1항). 그러나 위 사안의 경우 보증금이 10억원이므로 위 임대차는 「상가건물 임대차보호법」상의 최단존속기간 제한규정이 적용되지 않는다(동법 제2조 제1항·제3항). 따라서 임차인은 1년의 존속기간을 주장할 수 없다.
㉢ 보증금이 10억원인 경우에도 임차인의 계약갱신요구권은 인정된다(동법 제10조 제2항). 그러나 기간을 정하지 않은 경우에는 임차인은 계약갱신요구권을 행사할 수 없다(대판 2021.12.30, 2021다233730).

정답 01 ①

02

甲은 상품판매를 위해 2025.5.1. 乙로부터 부산광역시 소재 乙 소유의 X상가를 보증금 6억원, 월차임 100만원에 임차하는 계약을 체결하였다. 계약 당일 甲은 乙에게 보증금을 지급하고 X상가를 인도받아 사업자등록과 확정일자까지 마쳤다. 위 계약에 적용되는 「상가건물 임대차보호법」상의 규정에 해당하는 것을 모두 고른 것은? (다툼이 있으면 판례에 따름)

• 36회

> ㉠ 임차인의 보증금에 대한 우선변제권에 관한 규정
> ㉡ 임차인의 임차권등기명령에 관한 규정
> ㉢ 차임연체에 따른 임대인의 해지권에 관한 규정

① ㉠
② ㉢
③ ㉠, ㉡
④ ㉡, ㉢
⑤ ㉠, ㉡, ㉢

키워드 상가건물 임대차보호법의 적용범위

난이도

해설 ㉠㉡ 위 사안의 경우 환산보증금은 7억원(= 6억원 + [100만원×100])이고, 부산광역시의 경우 환산보증금이 6억 9천만원 이하일 때에만 「상가건물 임대차보호법」이 적용된다. 따라서 이 경우에는 임차인의 보증금에 대한 우선변제권에 관한 규정과 임차인의 임차권등기명령에 관한 규정은 적용되지 않는다.
㉢ 부산광역시의 경우에는 환산보증금이 7억원이더라도 차임연체에 따른 임대인의 해지권에 관한 규정은 적용된다.

정답 02 ②

03 甲은 2021년 2월 1일 서울특별시에 위치한 乙 소유 X상가건물에 대하여 보증금 5억원, 월차임 5백만원으로 임대차계약을 체결하였다. 甲은 2021년 2월 15일 건물의 인도를 받아 영업을 개시하고, 사업자등록을 신청하였다. 이에 관한 설명으로 옳은 것을 모두 고른 것은? (다툼이 있으면 판례에 따름)

• 32회 수정

> ㉠ 위 계약에는 확정일자 부여 등에 대해 규정하고 있는 「상가건물 임대차보호법」 제4조의 규정이 적용된다.
> ㉡ 甲이 임차건물의 일부를 중과실로 파손한 경우 乙은 甲의 계약갱신요구를 거절할 수 없다.
> ㉢ 甲이 2개월분의 차임을 연체하던 중 매매로 건물의 소유자가 丙으로 바뀐 경우, 특별한 사정이 없는 한 연체차임은 乙에게 지급해야 한다.

① ㉠
② ㉡
③ ㉢
④ ㉠, ㉡
⑤ ㉠, ㉢

키워드 〉 상가건물 임대차보호법의 적용범위

난이도 〉 ■■■

해설 〉 ㉠ 서울의 경우 「상가건물 임대차보호법」의 적용을 받기 위해서는 보증금이 9억원 이하이어야 하고, 보증금 외에 차임이 있는 경우에는 그 차임액에 100을 곱하여 환산한 금액을 포함하여야 한다. 따라서 위 사안의 경우 보증금 5억원 + (월차임 5백만원 × 100) = 10억원이므로 원칙적으로 「상가건물 임대차보호법」 규정이 적용되지 않는다(동법 제2조 제1항 참조). 따라서 위 계약에는 확정일자 부여 등에 대해 규정하고 있는 「상가건물 임대차보호법」 제4조의 규정이 적용되지 않는다.
㉡ 임차인이 임차한 건물의 전부 또는 일부를 고의나 중대한 과실로 파손한 경우 임대인은 임차인의 계약갱신요구를 거절할 수 있다(동법 제10조 제1항 제5호).
㉢ 임차건물의 양수인이 임대인의 지위를 승계하면, 양수인은 임차인에게 보증금반환의무를 부담하고 임차인은 양수인에게 차임지급의무를 부담한다. 그러나 임차건물의 소유권이 이전되기 전에 이미 발생한 연체차임이나 관리비 등은 별도의 채권양도절차가 없는 한 원칙적으로 양수인에게 이전되지 않는다(대판 2017.3.22, 2016다218874).

정답 03 ③

04 상가임대인이 그의 임차인이 주선한 신규임차인으로 되려는 자와 임대차계약의 체결을 거절할 수 있는 경우를 모두 고른 것은?
• 29회

> ㉠ 임대차목적물인 상가건물을 6개월 동안 영리목적으로 사용하지 아니한 경우
> ㉡ 임차인이 주선한 신규임차인이 되려는 자가 보증금을 지급할 자력이 없는 경우
> ㉢ 임대인이 선택한 신규임차인이 임차인과 권리금계약을 체결하고 그 권리금을 지급한 경우
> ㉣ 임차인이 주선한 신규임차인이 되려는 자가 임차인으로서의 의무를 위반할 우려가 있는 경우

① ㉠, ㉡
② ㉠, ㉢
③ ㉡, ㉣
④ ㉠, ㉢, ㉣
⑤ ㉡, ㉢, ㉣

키워드 › 권리금의 보호
난이도 ›
해설 › 임대차목적물인 상가건물을 1년 6개월 동안 영리목적으로 사용하지 아니한 경우에 상가임대인이 그의 임차인이 주선한 신규임차인으로 되려는 자와 임대차계약의 체결을 거절할 수 있다(상가건물 임대차보호법 제10조의4 제2항 참조).

05 임차인 乙은 甲소유의 X상가건물에 관하여 월차임 200만원, 기간 2023.5.24. ~ 2024.5.23.로 하는 임대차계약을 甲과 체결하였고, 기간만료 14일 전인 2024.5.9. 갱신거절의 통지를 하여 다음 날 甲에게 도달하였다. 임대차계약의 종료일은? (다툼이 있으면 판례에 따름)
• 35회

① 2024.5.10.
② 2024.5.23.
③ 2024.8.23.
④ 2024.11.23.
⑤ 2025.5.23.

키워드 › 상가건물 임대차보호법
난이도 ›
해설 › 「상가건물 임대차보호법」이 적용되는 상가건물의 임차인이 임대차기간 만료 1개월 전부터 만료일 사이에 갱신거절의 통지를 한 경우, 임대차계약의 묵시적 갱신이 인정되지 않고 임대차기간의 만료일에 임대차가 종료한다. 따라서 위 사안은 2024.5.23.에 임대차계약이 종료한다.

정답 04 ⑤ 05 ②

03 집합건물의 소유 및 관리에 관한 법률

▌10개년 출제문항 수

27회	28회	29회	30회	31회
1	1	1	1	1

32회	33회	34회	35회	36회
1	2	1	1	1

↳ 총 40문제 中 평균 약 1.1문제 출제

▌학습전략

- 「집합건물의 소유 및 관리에 관한 법률」에서는 구분소유권과 전유부분, 공용부분, 대지사용권, 구분소유자의 권리·의무 등에 대한 내용을 학습합니다.
- 구분소유자의 권리와 의무, 관리단과 관리인에서 문제가 주로 출제되므로 관련 이론을 정리해 두는 것이 좋습니다.

제1절 서설

1 건물의 구분소유

1. 구분소유의 의의

1동의 건물을 구분하여 각각의 부분을 수인이 소유하는 것을 구분소유라고 한다.

2. 민법 제215조

(1) 수인이 한 채의 건물을 구분하여 각각 그 일부분을 소유한 경우에는 건물과 그 부속물 중 공동사용에 제공되는 부분은 그들의 공유로 추정한다(민법 제215조 제1항).

(2) 공용부분을 보존하는 데 드는 비용이나 그 밖의 부담은 각자가 소유한 부분의 가액에 비례하여 분담한다(민법 제215조 제2항).

2 집합건물법의 제정

1. 민법규정의 사문화

민법 제215조는 과거에 규모가 작은 건물을 세로로 구분한 경우를 생각하여 제정된 조문이어서 오늘날의 중·고층의 대규모 구분소유를 합리적으로 규율할 수 없게 되어 현재에는 적용되는 예가 없다.

2. 집합건물법의 제정

토지이용의 고도화·입체화라는 사회적 요청에 따라 대규모의 공동주택, 특히 아파트가 일반화됨에 따라 이를 적절하게 규제하기 위하여 「집합건물의 소유 및 관리에 관한 법률」을 제정·시행하고 있다.

제2절 집합건물법의 내용

1 구분소유권과 전유부분 · 27회 · 32회 · 36회

1. 의의

(1) 구분소유권이란 1동 건물 중 구조상의 독립성 및 이용상의 독립성을 가진 전유부분을 목적으로 하는 소유권이다(제2조 제1호).

(2) 전유부분이란 구분소유권의 목적인 건물부분이다(제2조 제3호).

> **판례**
>
> **구분건물이 되기 위한 요건**
> 1. 구분건물이 되기 위해서는 객관적, 물리적인 측면에서 구분건물이 구조상, 이용상의 독립성을 갖추어야 하고 그 건물을 구분소유권의 객체로 하려는 의사표시, 즉 구분행위가 있어야 한다(대판 1999.7.27, 98다35020).
> 2. 집합건물인 상가건물의 지하주차장은 독립된 구분소유의 목적이 될 수 있으나(대판 1995.12.26, 94다44675), 아파트 지하실은 구분소유의 목적이 될 수 없다(대판 1995.3.3, 94다4691).

2. 등기처리

(1) 1동의 건물을 구분한 건물은 1동의 건물에 속하는 전부에 대하여 1등기기록을 사용한다.

(2) 등기기록의 경우 표제부 및 각 구는 1동의 건물을 구분한 각 건물마다 둔다.

3. 상가건물의 구분소유

1동의 건물이 다음에 해당하는 방식으로 여러 개의 건물부분으로 이용상 구분된 경우에 그 건물부분(이하 '구분점포'라고 함)은 이 법에서 정하는 바에 따라 각각 소유권의 목적으로 할 수 있다(제1조의2).

(1) 구분점포의 용도가 「건축법」 제2조 제2항 제7호의 판매시설 및 같은 항 제8호의 운수시설일 것

(2) 경계를 명확하게 알아볼 수 있는 표지를 바닥에 견고하게 설치할 것

(3) 구분점포별로 부여된 건물번호표지를 견고하게 붙일 것

4. 분양자의 담보책임

(1) 집합건물을 건축하여 분양한 자(분양자)와 분양자와의 계약에 따라 건물을 건축한 자로서 대통령령으로 정하는 자(시공자)는 구분소유자에 대하여 담보책임을 진다. 이 경우 그 담보책임에 관하여는 민법 제667조 및 제668조를 준용한다(제9조 제1항).

(2) 분양자와 시공자의 담보책임에 관하여 이 법과 민법에 규정된 것보다 매수인에게 불리한 특약은 효력이 없다(제9조 제4항).

> **제9조의2 【담보책임의 존속기간】** ① 제9조에 따른 담보책임에 관한 구분소유자의 권리는 다음 각 호의 기간 내에 행사하여야 한다.
> 1. 「건축법」 제2조 제1항 제7호에 따른 건물의 주요구조부 및 지반공사의 하자: 10년
> 2. 제1호에 규정된 하자 외의 하자: 하자의 중대성, 내구연한, 교체가능성 등을 고려하여 5년의 범위에서 대통령령으로 정하는 기간
> ② 제1항의 기간은 다음 각 호의 날부터 기산한다.
> 1. 전유부분: 구분소유자에게 인도한 날
> 2. 공용부분: 「주택법」 제49조에 따른 사용검사일(집합건물 전부에 대하여 임시 사용승인을 받은 경우에는 그 임시 사용승인일을 말하고, 「주택법」 제49조 제1항 단서에 따라 분할 사용검사나 동별 사용검사를 받은 경우에는 분할

사용검사일 또는 동별 사용검사일을 말한다) 또는 「건축법」 제22조에 따른 사용승인일
③ 제1항 및 제2항에도 불구하고 제1항 각 호의 하자로 인하여 건물이 멸실되거나 훼손된 경우에는 그 멸실되거나 훼손된 날부터 1년 이내에 권리를 행사하여야 한다.

5. 분양자의 관리의무

(1) 분양자는 제24조 제3항에 따라 선임(選任)된 관리인이 사무를 개시(開始)할 때까지 선량한 관리자의 주의로 건물과 대지 및 부속시설을 관리하여야 한다.

(2) 분양자는 제28조 제4항에 따른 표준규약 및 같은 조 제5항에 따른 지역별 표준규약을 참고하여 공정증서로써 규약에 상응하는 것을 정하여 분양계약을 체결하기 전에 분양을 받을 자에게 주어야 한다.

(3) 분양자는 예정된 매수인의 2분의 1 이상이 이전등기를 한 때에는 규약 설정 및 관리인 선임을 위한 관리단집회(제23조에 따른 관리단의 집회를 말함)를 소집할 것을 대통령령으로 정하는 바에 따라 구분소유자에게 통지하여야 한다. 이 경우 통지받은 날부터 3개월 이내에 관리단집회를 소집할 것을 명시하여야 한다.

(4) 분양자는 구분소유자가 위의 통지를 받은 날부터 3개월 이내에 관리단집회를 소집하지 아니하는 경우에는 지체 없이 관리단집회를 소집하여야 한다.

2 공용부분 •26회 •29회 •30회 •31회 •33회 •34회

1. 의의

(1) 법정공용부분

법정공용부분이란 성질 및 구조상 당연한 공용부분을 말한다(제2조 제4호).

> ◎ 참고 **법정공용부분의 종류**
> 1. 전유부분 외의 건물부분: 복도, 계단, 지붕, 엘리베이터, 지하실 등
> 2. 전유부분에 속하지 아니하는 건물의 부속물: 전기배선, 저수탱크, 소화시설 등

(2) 규약공용부분

① 규약공용부분이란 구조상으로는 전유부분이지만, 규약에 의하여 공용부분으로 된 부속건물(관리사무실, 창고, 차고 등)을 말한다(제2조 제4호).
② 법정공용부분은 등기할 필요가 없으나, 규약공용부분은 공용부분이라는 취지를 등기하여야 한다.

(3) 공용부분의 사용

각 공유자는 공용부분을 그 용도에 따라 사용할 수 있다(제11조).

> **판례**
>
> 1. 집합건물의 구분소유자가 관리단집회 결의나 다른 구분소유자의 동의 없이 공용부분을 독점적으로 점유·사용하고 있는 경우, 다른 구분소유자는 공용부분의 보존행위로서 그 인도를 청구할 수 없다(대판 2020.10.15, 2019다245822).
> 2. 구분소유자 중 일부가 정당한 권원 없이 집합건물의 복도, 계단 등과 같은 공용부분을 배타적으로 점유·사용한 경우, 특별한 사정이 없는 한 해당 공용부분을 점유·사용함으로써 얻은 이익을 다른 구분소유자에게 부당이득으로 반환하여야 한다(대판 전합체 2020.5.21, 2017다220744).

2. 소유형태

(1) 공용부분은 구분소유자 전원의 공유에 속한다(제10조 제1항 본문). 다만, 일부의 구분소유자만이 공용하도록 제공되는 것임이 명백한 공용부분(일부공용부분)은 그들 구분소유자의 공유에 속한다(제10조 제1항 단서).
(2) 각 공유자의 지분은 그가 가지는 전유부분의 면적비율에 따른다(제12조).

3. 일체성의 원칙

(1) 공용부분에 대해서는 일체성의 원칙이 적용된다. 즉, 공용부분은 그의 전유부분의 처분에 따르고, 공용부분에 대한 지분권만을 분리하여 처분할 수 없는 것이 원칙이다(제13조 제1항·제2항).
(2) 공용부분에 관한 물권의 득실변경은 등기가 필요하지 않다(제13조 제3항).

기출지문 OX

각 공유자는 공용부분을 그 용도에 따라 사용할 수 있다. •31회
( )
정답 (O)

추가 공용부분은 반드시 구분소유자 전원에게 제공되어야 한다. (×)

기출지문 OX

구분소유건물의 공용부분에 관한 물권의 득실변경은 등기가 필요하지 않다. •30회 ( )
정답 (O)

3 대지사용권

1. 의의

(1) 대지사용권이란 구분소유자가 전유부분을 소유하기 위하여 건물의 대지에 대하여 가지는 권리(소유권, 지상권, 전세권, 임차권 등)를 말한다(제2조 제6호). 대지사용권으로서 건물과 분리하여 처분할 수 없는 것을 대지권이라 한다.

(2) 대지 위에 구분소유권의 목적인 건물이 속하는 1동의 건물이 있을 때에는 그 대지의 공유자는 그 건물 사용에 필요한 범위의 대지에 대하여는 분할을 청구하지 못한다(제8조).

(3) 대지사용권을 가지지 아니한 구분소유자가 있을 때에는 그 전유부분의 철거를 청구할 권리를 가진 자는 그 구분소유자에 대하여 구분소유권을 시가로 매도할 것을 청구할 수 있다(제7조).

> ⊕ 보충 **법정대지와 규약대지의 차이점**
>
> 1. 법정대지와 규약대지
>   ① **법정대지**: 전유부분이 속하는 1동의 건물이 소재하는 대지
>   ② **규약대지**: 규약에 의하여 건물의 대지로 된 도로, 주차장, 정원, 부속건물의 대지 등
> 2. 규약대지는 법정대지와 인접할 필요는 없다.

2. 일체성의 원칙

(1) 대지사용권에 대해서는 일체성의 원칙이 적용된다. 즉, 대지사용권은 그의 전유부분의 처분에 따르고, 전유부분과 분리하여 처분할 수 없는 것이 원칙이다(제20조 제1항·제2항).

> 판례
>
> 대지사용권은 특별한 사정이 없는 한 전유부분과 일체성이 있으므로 이에 반하는 대지사용권의 처분은 법원의 강제경매절차에 의한 것이라 하더라도 무효이다(대판 2009.6.23, 2009다26145).

(2) 분리처분금지는 그 취지를 등기하지 아니하면 선의로 물권을 취득한 제3자에게 대항하지 못한다(제20조 제3항).

> 추가 선의로 물권을 취득한 제3자란 집합건물의 대지임을 모르고 대지사용권의 목적이 되는 토지를 취득한 제3자를 말한다.

(3) 구분소유자가 둘 이상의 전유부분을 소유한 경우에는 각 전유부분의 처분에 따르는 대지사용권은 전유부분의 면적비율에 따른다(제21조 제1항).

(4) 민법 제267조 규정은 대지사용권에는 적용되지 않으므로 구분소유자가 대지사용권을 포기하거나 상속인 없이 사망하더라도 그 대지사용권은 다른 구분소유자에게 귀속하지 않는다(제22조).

> **민법 제267조【지분포기 등의 경우의 귀속】** 공유자가 그 지분을 포기하거나 상속인 없이 사망한 때에는 그 지분은 다른 공유자에게 각 지분의 비율로 귀속한다.

4 구분소유자의 권리·의무

1. 권리와 의무

(1) 구분소유자는 건물의 보존에 해로운 행위나 그 밖에 건물의 관리 및 사용에 관하여 구분소유자 공동의 이익에 어긋나는 행위를 하여서는 아니 된다(제5조 제1항).

(2) 구분소유자가 공동의 이익에 어긋나는 행위를 한 경우 또는 그 행위를 할 우려가 있는 경우에는 관리인 또는 관리단집회의 결의에 의하여 지정된 구분소유자는 위반행위의 정지청구(제43조), 사용금지청구(제44조), 경매청구(제45조), 전유부분의 점유자에 대한 인도청구(제46조)를 할 수 있다.

(3) 전유부분이 주거의 용도로 분양된 것인 경우에는 구분소유자는 정당한 사유 없이 그 부분을 주거 외의 용도로 사용하거나 그 내부벽을 철거하거나 파손하여 증·개축하는 행위를 하여서는 아니 된다(제5조 제2항).

(4) 구분소유자는 그 전유부분이나 공용부분을 보존하거나 개량하기 위하여 필요한 범위에서 다른 구분소유자의 전유부분 또는 자기의 공유에 속하지 아니하는 공용부분의 사용을 청구할 수 있다. 이 경우 다른 구분소유자가 손해를 입었을 때에는 보상하여야 한다(제5조 제3항).

(5) 전유부분을 점유하는 자로서 구분소유자가 아닌 자도 공동의 이익에 어긋나는 행위를 하거나 주거의 용도로 분양된 전유부분을 정당한 사유 없이 주거 외의 목적으로 사용하는 행위를 하여서는 아니 된다. 또한 전유부분이나 공용부분을 보존하거나 개량하기 위하여 필요한 범위에서 다른 구분소유자의 전유부분 또는 자기의 공유에 속하지 아니하는 공용부분의 사용

을 청구할 수 있으며, 이 경우 다른 구분소유자가 손해를 입었을 때에는 보상하여야 한다(제5조 제4항).

(6) 전유부분이 속하는 1동의 건물의 설치 또는 보존의 흠으로 인하여 다른 자에게 손해를 입힌 경우에는 그 흠은 공용부분에 존재하는 것으로 추정한다(제6조).

> ➕ **보충** 의무위반자에 대한 조치
>
> | | |
> |---|---|
> | 위반행위 정지청구 | **제43조【공동의 이익에 어긋나는 행위의 정지청구 등】** ① 구분소유자가 제5조 제1항의 행위를 한 경우 또는 그 행위를 할 우려가 있는 경우에는 관리인 또는 관리단집회의 결의로 지정된 구분소유자는 구분소유자 공동의 이익을 위하여 그 행위를 정지하거나 그 행위의 결과를 제거하거나 그 행위의 예방에 필요한 조치를 할 것을 청구할 수 있다. ② 제1항에 따른 소송의 제기는 관리단집회의 결의가 있어야 한다. ③ 점유자가 제5조 제4항에서 준용하는 같은 조 제1항에 규정된 행위를 한 경우 또는 그 행위를 할 우려가 있는 경우에도 제1항과 제2항을 준용한다. |
> | 사용금지청구 | **제44조【사용금지의 청구】** ① 제43조 제1항의 경우에 제5조 제1항에 규정된 행위로 구분소유자의 공동생활상의 장해가 현저하여 제43조 제1항에 규정된 청구로는 그 장해를 제거하여 공용부분의 이용 확보나 구분소유자의 공동생활 유지를 도모함이 매우 곤란할 때에는 관리인 또는 관리단집회의 결의로 지정된 구분소유자는 소(訴)로써 적당한 기간 동안 해당 구분소유자의 전유부분 사용금지를 청구할 수 있다. ② 제1항의 청구는 구분소유자의 4분의 3 이상 및 의결권의 4분의 3 이상의 관리단집회 결의가 있어야 한다. ③ 제1항의 결의를 할 때에는 미리 해당 구분소유자에게 변명할 기회를 주어야 한다. |
> | 구분소유권의 경매청구 | **제45조【구분소유권의 경매】** ① 구분소유자가 제5조 제1항 및 제2항을 위반하거나 규약에서 정한 의무를 현저히 위반한 결과 공동생활을 유지하기 매우 곤란하게 된 경우에는 관리인 또는 관리단집회의 결의로 지정된 구분소유자는 해당 구분소유자의 전유부분 및 대지사용권의 경매를 명할 것을 법원에 청구할 수 있다. ② 제1항의 청구는 구분소유자의 4분의 3 이상 및 의결권의 4분의 3 이상의 관리단집회 결의가 있어야 한다. ③ 제2항의 결의를 할 때에는 미리 해당 구분소유자에게 변명할 기회를 주어야 한다. |

	④ 제1항의 청구에 따라 경매를 명한 재판이 확정되었을 때에는 그 청구를 한 자는 경매를 신청할 수 있다. 다만, 그 재판확정일부터 6개월이 지나면 그러하지 아니하다. ⑤ 제1항의 해당 구분소유자는 제4항 본문의 신청에 의한 경매에서 경락인이 되지 못한다.
전유부분의 점유자에 대한 인도청구	제46조【전유부분의 점유자에 대한 인도청구】① 점유자가 제45조 제1항에 따른 의무위반을 한 결과 공동생활을 유지하기 매우 곤란하게 된 경우에는 관리인 또는 관리단집회의 결의로 지정된 구분소유자는 그 전유부분을 목적으로 하는 계약의 해제 및 그 전유부분의 인도를 청구할 수 있다. ② 제1항의 경우에는 제44조 제2항 및 제3항을 준용한다. ③ 제1항에 따라 전유부분을 인도받은 자는 지체 없이 그 전유부분을 점유할 권원이 있는 자에게 인도하여야 한다.
의결정족수	사용금지청구(제44조), 경매청구(제45조), 전유부분의 점유자에 대한 인도청구(제46조)는 구분소유자의 4분의 3 이상 및 의결권의 4분의 3 이상의 관리단집회의 결의가 있어야 한다.
권리행사방법	사용금지청구는 소로써 행사해야 한다.

2. 공용부분의 관리

(1) 공용부분의 관리에 관한 사항은 원칙적으로 통상의 집회결의로써 결정한다. 다만, 보존행위는 각 공유자가 할 수 있다(제16조 제1항). 일부공용부분의 관리에 관한 사항 중 구분소유자 전원의 이해에 관계가 있는 사항은 구분소유자 전원의 집회결의로써 결정한다(그 밖의 사항은 그것을 공용할 구분소유자만의 집회결의로써 결정함).

> 제17조의2【수선적립금】① 제23조에 따른 관리단(이하 '관리단'이라 한다)은 규약에 달리 정한 바가 없으면 관리단집회 결의에 따라 건물이나 대지 또는 부속시설의 교체 및 보수에 관한 수선계획을 수립할 수 있다.
> ② 관리단은 규약에 달리 정한 바가 없으면 관리단집회의 결의에 따라 수선적립금을 징수하여 적립할 수 있다. 다만, 다른 법률에 따라 장기수선을 위한 계획이 수립되어 충당금 또는 적립금이 징수·적립된 경우에는 그러하지 아니하다.
> ③ 제2항에 따른 수선적립금(이하 이 조에서 '수선적립금'이라 한다)은 구분소유자로부터 징수하며 관리단에 귀속된다.
> ④ 관리단은 규약에 달리 정한 바가 없으면 수선적립금을 다음 각 호의 용도로 사용하여야 한다.
> 1. 제1항의 수선계획에 따른 공사
> 2. 자연재해 등 예상하지 못한 사유로 인한 수선공사
> 3. 제1호 및 제2호의 용도로 사용한 금원의 변제

> ⑤ 제1항에 따른 수선계획의 수립 및 수선적립금의 징수·적립에 필요한 사항은 대통령령으로 정한다.

(2) 공용부분의 변경에 관한 사항은 관리단집회에서 구분소유자의 3분의 2 이상 및 의결권의 3분의 2 이상의 결의로써 결정한다. 다만, 공용부분의 개량을 위한 것으로서 지나치게 많은 비용이 드는 것이 아닐 경우와 휴양콘도미니엄의 공용부분 변경에 관한 사항은 통상의 집회결의로써 결정할 수 있다(제15조 제1항).

> **제15조의2【권리변동 있는 공용부분의 변경】** ① 제15조에도 불구하고 건물의 노후화 억제 또는 기능 향상 등을 위한 것으로 구분소유권 및 대지사용권의 범위나 내용에 변동을 일으키는 공용부분의 변경에 관한 사항은 관리단집회에서 구분소유자의 5분의 4 이상 및 의결권의 5분의 4 이상의 결의로써 결정한다. 다만, 「관광진흥법」 제3조 제1항 제2호 나목에 따른 휴양 콘도미니엄업의 운영을 위한 휴양 콘도미니엄의 권리변동 있는 공용부분 변경에 관한 사항은 구분소유자의 3분의 2 이상 및 의결권의 3분의 2 이상의 결의로써 결정한다.
> ② 제1항의 결의에서는 다음 각 호의 사항을 정하여야 한다. 이 경우 제3호부터 제7호까지의 사항은 각 구분소유자 사이에 형평이 유지되도록 정하여야 한다.
> 1. 설계의 개요
> 2. 예상 공사 기간 및 예상 비용(특별한 손실에 대한 전보 비용을 포함한다)
> 3. 제2호에 따른 비용의 분담 방법
> 4. 변경된 부분의 용도
> 5. 전유부분 수의 증감이 발생하는 경우에는 변경된 부분의 귀속에 관한 사항
> 6. 전유부분이나 공용부분의 면적에 증감이 발생하는 경우에는 변경된 부분의 귀속에 관한 사항
> 7. 대지사용권의 변경에 관한 사항
> 8. 그 밖에 규약으로 정한 사항
> ③ 제1항의 결의를 위한 관리단집회의 의사록에는 결의에 대한 각 구분소유자의 찬반 의사를 적어야 한다.
> ④ 제1항의 결의가 있는 경우에는 제48조 및 제49조를 준용한다.

(3) 각 공유자는 규약에 달리 정한 바가 없으면 그 지분의 비율에 따라 공용부분의 관리비용과 그 밖의 의무를 부담하며, 공용부분에서 생기는 이익을 취득한다(제17조).

(4) 공유자가 공용부분에 관하여 다른 공유자에 대하여 가지는 채권은 그 특별승계인에 대하여도 행사할 수 있다(제18조).

판례

특별승계인에게 승계되는 범위
1. 공유자의 특별승계인에게 그 승계의사의 유무에 관계없이 청구할 수 있도록 「집합건물의 소유 및 관리에 관한 법률」 제18조에서 특별규정을 두고 있는바, 위 관리규약 중 공용부분 관리비에 관한 부분은 위 규정에 터 잡은 것으로서 유효하다고 할 것이므로, 아파트의 특별승계인은 전 입주자의 체납관리비 중 공용부분에 관하여는 이를 승계해야 한다고 봄이 타당하다(대판 전합체 2001.9.20, 2001다8677).
2. 공용부분 관리비에 대한 연체료는 특별승계인에게 승계되는 공용부분 관리비에 포함되지 않는다(대판 2006.6.29, 2004다3598·3604).

5 관리단과 관리인 •25회 •33회 •35회

1. 관리단의 당연설립

(1) 건물에 대하여 구분소유관계가 성립되면 구분소유자 전원을 구성원으로 하여 건물과 그 대지 및 부속시설의 관리에 관한 사업의 시행을 목적으로 하는 관리단이 설립된다(제23조 제1항).

(2) 관리단은 구분소유관계가 성립하는 건물이 있는 경우 특별한 조직행위가 없어도 당연히 성립하는 단체이다.

> **제26조의3【관리위원회의 설치 및 기능】** ① 관리단에는 규약으로 정하는 바에 따라 관리위원회를 둘 수 있다.
> ② 관리위원회는 이 법 또는 규약으로 정한 관리인의 사무 집행을 감독한다.
> ③ 제1항에 따라 관리위원회를 둔 경우 관리인은 제25조 제1항 각 호의 행위를 하려면 관리위원회의 결의를 거쳐야 한다. 다만, 규약으로 달리 정한 사항은 그러하지 아니하다.
>
> **제26조의4【관리위원회의 구성 및 운영】** ① 관리위원회의 위원은 구분소유자 중에서 관리단집회의 결의에 의하여 선출한다. 다만, 규약으로 관리단집회의 결의에 관하여 달리 정한 경우에는 그에 따른다.
> ② 관리인은 규약에 달리 정한 바가 없으면 관리위원회의 위원이 될 수 없다.
> ③ 관리위원회 위원의 임기는 2년의 범위에서 규약으로 정한다.
> ④ 제1항부터 제3항까지에서 규정한 사항 외에 관리위원회의 구성 및 운영에 필요한 사항은 대통령령으로 정한다.

⑤ 구분소유자의 승낙을 받아 전유부분을 점유하는 자는 제1항 본문에 따른 관리단집회에 참석하여 그 구분소유자의 의결권을 행사할 수 있다. 다만, 구분소유자와 점유자가 달리 정하여 관리단에 통지하거나 구분소유자가 집회 이전에 직접 의결권을 행사할 것을 관리단에 통지한 경우에는 그러하지 아니하다.

2. 관리인의 선임 등

(1) 구분소유자가 10인 이상일 때에는 관리단을 대표하고 관리단의 사무를 집행할 관리인을 선임하여야 한다(제24조 제1항).

(2) 관리인은 구분소유자일 필요가 없으며, 그 임기는 2년의 범위에서 규약으로 정한다(제24조 제2항).

(3) 관리인은 관리단집회의 결의로 선임되거나 해임된다. 다만, 규약으로 제26조의3에 따른 관리위원회의 결의로 선임되거나 해임되도록 정한 경우에는 그에 따른다(제24조 제3항).

(4) 구분소유자의 승낙을 받아 전유부분을 점유하는 자는 관리단집회에 참석하여 그 구분소유자의 의결권을 행사할 수 있다(제24조 제4항).

(5) 관리인에게 부정한 행위나 그 밖에 그 직무를 수행하기에 적합하지 아니한 사정이 있을 때에는 각 구분소유자는 관리인의 해임을 법원에 청구할 수 있다(제24조 제5항).

(6) 전유부분이 50개 이상인 건물의 관리인으로 선임된 자는 대통령령으로 정하는 바에 따라 선임된 사실을 특별자치시장, 특별자치도지사, 시장, 군수 또는 자치구의 구청장에게 신고하여야 한다(제24조 제6항).

(7) 임시관리인의 선임

① 구분소유자, 그의 승낙을 받아 전유부분을 점유하는 자, 분양자 등 이해관계인은 제24조 제3항에 따라 선임된 관리인이 없는 경우에는 법원에 임시관리인의 선임을 청구할 수 있다.

② 임시관리인은 선임된 날부터 6개월 이내에 제24조 제3항에 따른 관리인 선임을 위하여 관리단집회 또는 관리위원회를 소집하여야 한다.

③ 임시관리인의 임기는 선임된 날부터 제24조 제3항에 따라 관리인이 선임될 때까지로 하되, 같은 조 제2항에 따라 규약으로 정한 임기를 초과할 수 없다.

기출지문 OX

관리인은 구분소유자여야 한다.
• 35회 ( )

정답 (×)

관리인은 구분소유자일 필요가 없으며, 집합건물의 임차인도 관리인이 될 수 있다.

3. 관리인의 권한과 의무

(1) 관리인의 권한(제25조 제1항)
① 공용부분의 보존행위
② 공용부분의 관리 및 변경에 관한 관리단집회 결의를 집행하는 행위
③ 공용부분의 관리비용 등 관리단의 사무 집행을 위한 비용과 분담금을 각 구분소유자에게 청구·수령하는 행위 및 그 금원을 관리하는 행위
④ 관리단의 사업 시행과 관련하여 관리단을 대표하여 하는 재판상 또는 재판 외의 행위
⑤ 소음·진동·악취 등을 유발하여 공동생활의 평온을 해치는 행위의 중지 요청 또는 분쟁 조정절차 권고 등 필요한 조치를 하는 행위
⑥ 그 밖에 규약에 정하여진 행위

(2) 관리인의 대표권 제한
관리인의 대표권은 제한할 수 있다. 다만, 이로써 선의의 제3자에게 대항할 수 없다(제25조 제2항).

(3) 관리인의 사무보고 의무
관리인은 매년 1회 이상 구분소유자 및 그의 승낙을 받아 전유부분을 점유하는 자에게 그 사무에 관한 보고를 하여야 한다(제26조 제1항).

4. 관리단집회의 소집

(1) 관리인은 매년 회계연도 종료 후 3개월 이내에 정기 관리단집회를 소집하여야 한다(제32조).

(2) 관리인은 필요하다고 인정할 때에는 관리단집회를 소집할 수 있다(제33조 제1항). 구분소유자의 5분의 1 이상이 회의의 목적사항을 구체적으로 밝혀 관리단집회의 소집을 청구하면 관리인은 관리단집회를 소집하여야 한다(제33조 제2항).

(3) 관리단집회를 소집하려면 관리단집회일 1주일 전에 회의의 목적사항을 구체적으로 밝혀 각 구분소유자에게 통지하여야 한다(제34조 제1항). 관리단집회는 구분소유자 전원이 동의하면 소집절차를 거치지 아니하고 소집할 수 있다(제35조).

> **추가** 소수사원권은 5분의 1로 규정되어 있는 경우가 많다.

5. 관리단집회의 결의

(1) 관리단집회는 원칙적으로 소집절차에서 통지한 사항에 관하여만 결의할 수 있다(제36조 제1항). 다만, 구분소유자 전원의 동의로 소집된 관리단집회는 소집절차에서 통지되지 않은 사항에 대해서도 결의할 수 있다(제36조 제3항).

(2) 각 구분소유자의 의결권은 규약에 특별한 규정이 없는 경우에는 지분비율에 따른다(제37조 제1항). 전유부분을 여럿이 공유하는 경우에는 공유자는 관리단집회에서 의결권을 행사할 1인을 정한다(제37조 제2항). 구분소유자의 승낙을 받아 동일한 전유부분을 점유하는 자가 여럿인 경우에는 해당 구분소유자의 의결권을 행사할 1인을 정하여야 한다(제37조 제3항).

(3) 관리단집회의 의사는 이 법 또는 규약에 특별한 규정이 없으면 구분소유자의 과반수 및 의결권의 과반수로써 의결한다(제38조 제1항).

(4) 의결권은 서면이나 전자적 방법으로 또는 대리인을 통하여 행사할 수 있다(제38조 제2항).

(5) 관리단집회의 결의는 구분소유자의 특별승계인에 대하여도 효력이 있다(제42조 제1항).

6. 관리단의 채무에 대한 구분소유자의 책임

(1) 관리단이 그의 재산으로 채무를 전부 변제할 수 없는 경우에는 구분소유자는 지분비율에 따라 관리단의 채무를 변제할 책임을 진다. 다만, 규약으로써 그 부담비율을 달리 정할 수 있다(제27조 제1항).

(2) 구분소유자의 특별승계인은 승계 전에 발생한 관리단의 채무에 관하여도 책임을 진다(제27조 제2항).

6 규약

1. 규약의 보충성

(1) 건물과 대지 또는 부속시설의 관리 또는 사용에 관한 구분소유자들 사이의 사항 중 집합건물법에서 규정하지 아니한 사항은 규약으로써 정할 수 있다(제28조 제1항).

(2) 일부공용부분에 관한 사항으로써 구분소유자 전원의 이해관계가 있지 아니한 사항은 구분소유자 전원의 규약에 따로 정하지 아니하면 일부공용부분을 공용하는 구분소유자의 규약으로써 정할 수 있다(제28조 제2항).

2. 규약의 설정·변경 및 폐지

규약의 설정·변경 및 폐지는 관리단집회에서 구분소유자의 4분의 3 이상 및 의결권의 4분의 3 이상의 찬성을 얻어서 한다(제29조 제1항).

3. 규약의 효력

규약은 구분소유자의 특별승계인에 대하여도 효력이 있다(제42조 제1항).

 판례

공용부분에 대한 침해 시 방해제거의 주체
집합건물에 있어서 공용부분이나 구분소유자의 공유에 속하는 건물의 대지 또는 부속시설을 제3자가 불법으로 점유하는 경우에 그 제3자에 대하여 방해배제와 부당이득의 반환 또는 손해배상을 청구하는 법률관계는 구분소유자에게 단체적으로 귀속되는 법률관계가 아니고 공용부분 등의 공유지분권에 기초한 것이어서 그와 같은 소송은 1차적으로 구분소유자가 각각 또는 전원의 이름으로 할 수 있고, 나아가 집합건물에 관하여 구분소유관계가 성립하면 동시에 법률상 당연하게 구분소유자의 전원으로 건물 및 그 대지와 부속시설의 관리에 관한 사항의 시행을 목적으로 하는 단체인 관리단이 구성되고, 관리단집회의 결의에서 관리인이 선임되면 관리인이 사업집행에 관련하여 관리단을 대표하여 그와 같은 재판상 또는 재판 외의 행위를 할 수 있다. 따라서 입주자대표회의가 공동주택의 구분소유자를 대리하여 공용부분 등의 구분소유권에 기초한 방해배제청구 등의 권리를 행사할 수 있다고 규정한 공동주택관리규약은 무효이다(대판 2003.6.24, 2003다17774).

7 재건축 •24회 •28회 •30회

1. 재건축결의

(1) 건물 건축 후 상당한 기간이 지나 건물이 훼손되거나 일부 멸실되거나 그 밖의 사정으로 건물 가격에 비하여 지나치게 많은 수리비·복구비나 관리비용이 드는 경우 또는 부근 토지의 이용 상황의 변화나 그 밖의 사정으로 건물을 재건축하면 재건축에 드는 비용에 비하여 현저하게 효용이 증가하게 되는 경우에 관리단집회는 그 건물을 철거하여 그 대지를 구분소유권의 목적이 될 새 건물의 대지로 이용할 것을 결의할 수 있다(제47조 제1항).

(2) 재건축의 결의는 구분소유자의 5분의 4 이상 및 의결권의 5분의 4 이상의 결의에 따른다. 다만, 「관광진흥법」 제3조 제1항 제2호 나목에 따른 휴양 콘도미니엄업의 운영을 위한 휴양 콘도미니엄의 재건축결의는 구분소유자의 3분의 2 이상 및 의결권의 3분의 2 이상의 결의에 따른다(제47조 제2항).

 판례

> 하나의 단지 내에 여러 동의 건물이 있고 그 대지가 건물소유자 전원의 공유에 속하여 단지 내 여러 동의 건물 전부를 일괄하여 재건축하고자 하는 경우에는 각각의 건물마다 그 구분소유자 5분의 4 이상의 다수에 의한 재건축결의가 있어야 하고(전체 동의 5분의 4 이상이 아님), 그 건물이 상가동이라 하더라도 달리 볼 것은 아니다(대판 1998.3.13, 97다41868).

(3) 재건축을 결의할 때에는 다음의 사항을 정하여야 한다(제47조 제3항).

> ① 새 건물의 설계의 개요
> ② 건물의 철거 및 새 건물의 건축에 드는 비용을 개략적으로 산정한 금액
> ③ 개략적으로 산정한 금액의 비용분담에 관한 사항
> ④ 새 건물의 구분소유권 귀속에 관한 사항

(4) 재건축의 결의가 있으면 집회를 소집한 자는 지체 없이 그 결의에 찬성하지 아니한 구분소유자에 대하여 그 결의 내용에 따른 재건축에 참가할 것인지 여부를 회답할 것을 서면으로 촉구하여야 한다(제48조 제1항).

(5) 위의 촉구를 받은 구분소유자는 촉구를 받은 날부터 2개월 이내에 회답하여야 한다(제48조 제2항). 이 기간 내에 회답하지 아니한 경우 그 구분소유자는 재건축에 참가하지 아니하겠다는 뜻을 회답한 것으로 본다(제48조 제3항).

(6) 위 기간이 지나면 매수지정자는 기간만료일부터 2개월 이내에 재건축에 참가하지 아니하겠다는 뜻을 회답한 구분소유자에게 구분소유권과 대지사용권을 시가로 매도할 것을 청구할 수 있다(제48조 제4항).

> **⊘ 참고** **매수지정자의 의의**
> 1. 재건축의 결의에 찬성한 각 구분소유자
> 2. 재건축의 결의내용에 따른 재건축에 참가할 뜻을 회답한 각 구분소유자 및 그의 승계인
> 3. 이들 전원의 합의에 의하여 구분소유권 및 대지사용권을 매수하도록 지정된 자

2. 재건축결의 내용의 변경

「집합건물의 소유 및 관리에 관한 법률」 제49조에 의하여 의제된 합의내용인 재건축결의의 내용의 변경을 위한 의결정족수는 조합원 5분의 4 이상의 결의가 필요하고, 서면결의로도 가능하다(대판 전합체 2005.4.21, 2003다4969).

기출지문 OX

재건축결의 후 재건축 참가 여부를 서면으로 촉구받은 재건축반대자가 법정기간 내에 회답하지 않으면 재건축에 참가하겠다는 회답을 한 것으로 본다. • 30회
( )

정답 (×)
재건축반대자가 법정기간 내에 회답하지 않으면 재건축에 참가하지 않겠다는 회답을 한 것으로 본다.

CHAPTER 03 **최신기출문제로 확인!**

01 「집합건물의 소유 및 관리에 관한 법률」상 집합건물의 전부공용부분 및 대지사용권에 관한 설명으로 틀린 것은? (특별한 사정은 없으며, 다툼이 있으면 판례에 따름)
• 34회

① 공용부분은 취득시효에 의한 소유권취득의 대상이 될 수 없다.
② 각 공유자는 공용부분을 그 용도에 따라 사용할 수 있다.
③ 구조상 공용부분에 관한 물권의 득실변경은 등기가 필요하지 않다.
④ 구분소유자는 규약 또는 공정증서로써 달리 정하지 않는 한 그가 가지는 전유부분과 분리하여 대지사용권을 처분할 수 없다.
⑤ 대지사용권은 전유부분과 일체성을 갖게 된 후 개시된 강제경매절차에 의해 전유부분과 분리되어 처분될 수 있다.

키워드 〉 집합건물의 소유 및 관리에 관한 법률의 내용
난이도 〉
해설 〉 ① 집합건물의 공용부분은 별도로 취득시효의 대상이 되지 않는다(대판 2013.12.12, 2011다78200).
② 각 공유자는 공용부분을 그 용도에 따라 사용할 수 있다(집합건물의 소유 및 관리에 관한 법률 제11조).
③ 공용부분에 관한 물권의 득실변경은 등기가 필요하지 않다(동법 제13조 제3항).
④ 대지사용권은 그의 전유부분의 처분에 따르고, 전유부분과 분리하여 처분할 수 없는 것이 원칙이다(제20조 제1항·제2항).
⑤ 대지사용권은 특별한 사정이 없는 한 전유부분과 일체성이 있으므로 이에 반하는 대지사용권의 처분은 법원의 강제경매절차에 의한 것이라 하더라도 무효이다(대판 2009.6.23, 2009다26145).

정답 01 ⑤

02 「집합건물의 소유 및 관리에 관한 법률」에 관한 설명으로 <u>틀린</u> 것은? (다툼이 있으면 판례에 따름)

• 36회

① 구조상 공용부분은 취득시효에 의한 소유권 취득의 대상이 될 수 없다.
② 전유부분에 관한 담보책임의 존속기간은 특별한 사정이 없는 한 사용검사일부터 기산한다.
③ 관리단은 관리비 징수에 관한 유효한 규약이 없더라도 지분비율에 따라 공용부분의 관리비를 그 부담의무자인 구분소유자에게 청구할 수 있다.
④ 구분소유자가 10인 이상일 때에는 관리단을 대표하고 관리단의 사무를 집행할 관리인을 선임하여야 한다.
⑤ 구분소유자는 규약 또는 공정증서로써 달리 정하지 않는 한 전유부분과 분리하여 대지사용권을 처분할 수 없다.

| 키워드 | 집합건물의 소유 및 관리에 관한 법률의 내용 |
| 난이도 | ■■■□□ |

| 해설 | ① 집합건물의 공용부분은 취득시효의 객체가 될 수 없다(대판 2013.12.12, 2011다78200 · 78217).
② 전유부분에 관한 담보책임의 존속기간은 전유부분은 구분소유자에게 인도한 날부터 기산한다(집합건물의 소유 및 관리에 관한 법률 제9조의2 제2항).
③ 관리단은 관리비 징수에 관한 유효한 규약이 없더라도 지분비율에 따라 공용부분의 관리비를 그 부담의무자인 구분소유자에게 청구할 수 있다(대판 2021.9.16, 2016다260882).
④ 구분소유자가 10인 이상일 때에는 관리단을 대표하고 관리단의 사무를 집행할 관리인을 선임하여야 한다(동법 제24조 제1항).
⑤ 구분소유자는 규약 또는 공정증서로써 달리 정하지 않는 한 전유부분과 분리하여 대지사용권을 처분할 수 없다(동법 제20조 제2항).

정답 02 ②

03 「집합건물의 소유 및 관리에 관한 법률」에 관한 설명으로 틀린 것을 모두 고른 것은? (다툼이 있으면 판례에 따름)

• 32회

㉠ 구분건물이 객관적·물리적으로 완성되더라도 그 건물이 집합건축물대장에 등록되지 않는 한 구분소유권의 객체가 되지 못한다.
㉡ 집합건물구분소유권의 특별승계인이 그 구분소유권을 다시 제3자에게 이전한 경우, 관리규약에 달리 정함이 없는 한, 각 특별승계인들은 자신의 전(前) 구분소유자의 공용부분에 대한 체납관리비를 지급할 책임이 있다.
㉢ 전유부분은 구분소유권의 목적인 건물부분을 말한다.

① ㉠
② ㉡
③ ㉢
④ ㉠, ㉡
⑤ ㉡, ㉢

키워드 》 집합건물의 소유 및 관리에 관한 법률의 내용
난이도 》
해설 》 ㉠ 구분건물이 되기 위해서는 구분된 각 부분이 구조상·이용상의 독립성이 있어야 하고 소유자의 구분행위가 있어야 한다(대판 1999.7.27, 98다35020). 구분행위로 인정받기 위해서 집합건축물대장에 등록되거나 구분건물로서 등기부에 등기까지 될 필요는 없다(대판 전합체 2013.1.17, 2010다71578).
㉡ 구분소유권의 특별승계인은 구분소유권을 다시 제3자에 이전한 경우에도 이전 구분소유자들의 채무를 중첩적으로 인수하므로, 여전히 자신의 전(前) 구분소유자의 공용부분에 대한 체납관리비를 지급할 책임을 진다(대판 2008.12.11, 2006다50420).
㉢ 전유부분이란 구분소유권의 목적인 건물부분이다(동법 제2조 제3호).

정답 03 ①

04 집합건물의 소유 및 관리에 관한 법령상 관리인 및 관리위원회 등에 관한 설명으로 옳은 것은? • 33회

① 구분소유자가 아닌 자는 관리인이 될 수 없다.
② 구분소유자가 10인 이상일 때에는 관리단을 대표하고 관리단의 사무를 집행할 관리인을 선임하여야 한다.
③ 관리위원회를 둔 경우에도 규약에서 달리 정한 바가 없으면, 관리인은 공용부분의 보존행위를 함에 있어 관리위원회의 결의를 요하지 않는다.
④ 규약에서 달리 정한 바가 없으면, 관리인은 관리위원회의 위원이 될 수 있다.
⑤ 규약에서 달리 정한 바가 없으면, 관리위원회 위원은 부득이한 사유가 없더라도 서면이나 대리인을 통하여 의결권을 행사할 수 있다.

| 키워드 | 관리단과 관리인 |
| 난이도 | |
| 해설 | ① 집합건물의 관리인은 구분소유자일 필요가 없으므로 구분소유자가 아닌 자는 관리인이 될 수 있다(집합건물의 소유 및 관리에 관한 법률 제24조 제2항).
② 구분소유자가 10인 이상일 때에는 관리단을 대표하고 관리단의 사무를 집행할 관리인을 선임하여야 한다(동법 제24조 제1항).
③ 관리위원회를 둔 경우에도 규약에서 달리 정한 바가 없으면, 관리인은 공용부분의 보존행위를 함에 있어 관리위원회의 결의를 거쳐야 한다(동법 제26조의3 제3항).
④ 관리인은 규약에 달리 정한 바가 없으면 관리위원회의 위원이 될 수 없다(동법 제26조의4 제2항).
⑤ 관리위원회 위원은 질병, 해외체류 등 부득이한 사유가 있는 경우 외에는 서면이나 대리인을 통하여 의결권을 행사할 수 없다(동법 시행령 제10조 제2항).

정답 04 ②

05 「집합건물의 소유 및 관리에 관한 법률」에 관한 설명으로 옳은 것을 모두 고른 것은?

・31회

> ㉠ 각 공유자는 공용부분을 그 용도에 따라 사용할 수 있다.
> ㉡ 전유부분에 관한 담보책임의 존속기간은 사용검사일부터 기산한다.
> ㉢ 구조상 공용부분에 관한 물권의 득실변경은 그 등기를 해야 효력이 발생한다.
> ㉣ 분양자는 원칙적으로 전유부분을 양수한 구분소유자에 대하여 담보책임을 지지 않는다.

① ㉠
② ㉢
③ ㉠, ㉡
④ ㉠, ㉣
⑤ ㉡, ㉢, ㉣

키워드 〉 집합건물의 소유 및 관리에 관한 법률의 내용
난이도 〉 ■■■
해설 〉 ㉠ 각 공유자는 공용부분을 그 용도에 따라 사용할 수 있다(집합건물의 소유 및 관리에 관한 법률 제11조).
㉡ 전유부분에 관한 담보책임의 존속기간은 구분소유자에게 인도한 날부터 기산한다(동법 제9조의2 제2항 제1호).
㉢ 공용부분에 관한 물권의 득실변경은 등기가 필요하지 않다(동법 제13조 제3항).
㉣ 분양자는 원칙적으로 전유부분을 양수한 구분소유자에 대하여 담보책임을 진다(대판 2003.2.11, 2001다47733).

06 「집합건물의 소유 및 관리에 관한 법률」의 설명으로 틀린 것은?

・30회

① 규약 및 관리단집회의 결의는 구분소유자의 특별승계인에 대하여도 효력이 있다.
② 구분소유건물의 공용부분에 관한 물권의 득실변경은 등기가 필요하지 않다.
③ 관리인은 구분소유자가 아니더라도 무방하다.
④ 재건축 결의는 구분소유자의 5분의 4 이상 및 의결권의 5분의 4 이상의 결의에 의한다.
⑤ 재건축 결의 후 재건축 참가 여부를 서면으로 촉구받은 재건축반대자가 법정기간 내에 회답하지 않으면 재건축에 참가하겠다는 회답을 한 것으로 본다.

키워드 〉 집합건물의 재건축
난이도 〉 ■■■
해설 〉 재건축 결의 후 재건축 참가 여부를 서면으로 촉구받은 구분소유자는 촉구를 받은 날부터 2개월 이내에 회답하여야 하며, 기간 내에 회답하지 아니한 경우 그 구분소유자는 재건축에 참가하지 아니하겠다는 뜻을 회답한 것으로 본다(집합건물의 소유 및 관리에 관한 법률 제48조 제2항・제3항).

정답 05 ① 06 ⑤

CHAPTER 04 가등기담보 등에 관한 법률

10개년 출제문항 수

27회	28회	29회	30회	31회
1	1	1	1	1

32회	33회	34회	35회	36회
1	1	1	1	1

↳ 총 40문제 中 평균 약 1문제 출제

학습전략

- 「가등기담보 등에 관한 법률」에서는 비전형담보, 가등기담보권의 실행, 배당참가와 후순위권리자 보호에 대한 내용을 학습합니다.
- 권리취득에 의한 실행, 경매에 의한 실행에서 문제가 주로 출제되므로 관련 이론을 정리해 두는 것이 좋습니다.

제1절 비전형담보와 동법의 적용범위

1 비전형담보의 유형과 규제

1. 비전형담보의 유형

(1) 매도담보

1천만원의 자금을 필요로 하는 甲이 시가 3천만원 상당의 자신의 토지를 1천만원에 乙에게 매도하고 필요한 자금을 얻은 다음 뒷날에 그 1천만원을 반환함으로써 토지소유권을 다시 찾아오는 경우를 말한다.

(2) 양도담보

1천만원의 자금을 필요로 하는 甲이 소비대차계약에 의하여 乙로부터 1천만원을 차용하고 이 채무를 담보하기 위해 자신 소유의 물건을 乙에게 이전하는 형식을 취하는 경우를 말한다.

(3) 가등기담보

1천만원의 자금을 필요로 하는 甲이 소비대차계약에 의하여 乙로부터 1천만원을 차용하면서 변제기에 1천만원을 갚지 않을 경우 시가 3천만원 상당의 자신의 토지를 대신 주기로 약정하고 그 예약에 따른 소유권이전등기청구권을 보전하기 위해 甲 소유 토지 위에 乙 명의로 가등기하는 경우를 말한다.

■ 비전형담보의 유형

- 매도담보 = 매매 + 환매 또는 재매매의 예약
- 양도담보 = 금전소비대차계약 + 소유권이전등기 + 주로 점유개정의 방식
  (설정자가 목적물을 계속 사용·수익함)
- 가등기담보 = 금전소비대차계약 + 대물변제의 예약 + 가등기

2. 비전형담보에 대한 규제

(1) 비전형담보를 규제하는 민법상의 제도로는 제104조, 제607조, 제608조를 들 수 있다. 그러나 제104조는 요건을 구비하기 어렵다는 점에서, 그리고 제607조와 제608조는 구체적인 절차규정의 미비로 실효성을 거두기 어려웠다.

(2) 이런 연유로 비전형담보를 규제하는 특별법인 「가등기담보 등에 관한 법률」이 제정·시행되고 있다.

2 동법의 적용범위 ·26회 ·32회 ·33회 ·34회

1. 적용의 전제조건

> **제1조 【목적】** 이 법은 차용물의 반환에 관하여 차주가 차용물을 갈음하여 다른 재산권을 이전할 것을 예약할 때 그 재산의 예약 당시 가액이 차용액과 이에 붙인 이자를 합산한 액수를 초과하는 경우에 이에 따른 담보계약과 그 담보의 목적으로 마친 가등기 또는 소유권이전등기의 효력을 정함을 목적으로 한다.

(1) 「가등기담보 등에 관한 법률」이 적용되기 위해서는 목적물이 가등기 또는 소유권이전등기를 할 수 있는 것이어야 한다. 따라서 가등기 또는 이전등기를 할 수 없는 동산에는 동법이 적용되지 않는다. 한편 질권, 저당권 및 전세권의 취득을 목적으로 하는 경우에도 동법이 적용되지 않는다(제18조).

(2) 「가등기담보 등에 관한 법률」은 목적물의 예약 당시 가액이 차용액과 이에 붙인 이자를 합산한 액수를 초과하는 경우에 적용된다. 따라서 목적물의 예약 당시의 가액이 차용액과 이에 붙인 이자를 합산한 액수에 미달하는 경우에는 동법이 적용되지 않으며, 이 경우에는 청산금평가액의 통지, 청산금의 지급절차 자체를 이행할 필요가 없다.

기 출 지 문 O X

가등기담보부동산의 예약 당시 시가가 그 피담보채무액에 미달하는 경우에는 청산금평가액의 통지를 할 필요가 없다. ·32회
( )

정답 (O)

(3) 「가등기담보 등에 관한 법률」이 적용되기 위해서는 채권담보를 목적으로 한 계약이 있어야 한다. 채권담보계약에는 대물변제의 예약뿐만 아니라 환매, 매매예약도 포함된다.

(4) 「가등기담보 등에 관한 법률」은 소비대차에 기초한 채권에 대하여 적용된다. 소비대차에 기초한 채권이어야 하므로 매매대금채권, 물품대금선급금 반환채권, 공사대금채권, 불하대금채권, 매매계약의 해제에 따른 대금반환채권, 불법행위채권, 부당이득반환채권, 낙찰자로서의 권리를 포기하는 대가로 채무자가 지급한 금전을 담보하기 위하여 가등기한 경우에는 「가등기담보 등에 관한 법률」이 적용되지 않는다.

> **기출지문 O X**
>
> 공사대금채권을 담보하기 위하여 담보가등기를 한 경우, 「가등기담보 등에 관한 법률」이 적용된다. • 33회 ( )
>
> 정답 (×)
> 공사대금채권을 담보하기 위하여 가등기를 한 경우에는 「가등기담보 등에 관한 법률」이 적용되지 않는다.

2. 동산의 양도담보

판례는 동산의 양도담보에 관해서는 「가등기담보 등에 관한 법률」을 적용하지 않고, 신탁적 소유권이전설에 따라 해결하고 있다.

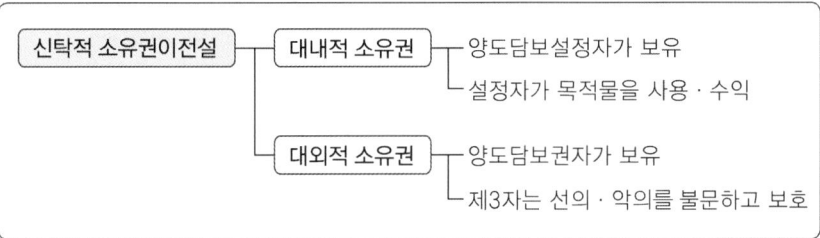

3 가등기담보권의 특질

1. 가등기담보권의 성립 • 29회

(1) 가등기담보권은 가등기담보권설정계약과 가등기에 의하여 성립한다. 가등기담보권은 담보물권(저당권과 유사한 특수한 저당권)이므로 담보물권의 통유성이 인정된다.

(2) 가등기담보권이 설정되어도 목적물의 사용·수익권은 여전히 가등기담보권설정자에게 있다. 다만, 가등기담보권자가 권리취득에 의한 실행으로 목적물의 소유권을 취득한 때에는 목적물의 사용·수익권도 함께 이전된다.

2. 효력범위

(1) 가등기담보권도 원칙적으로 담보목적부동산의 부합물과 종물에 그 효력이 미친다.

(2) 가등기담보에 의하여 담보되는 피담보채권은 당사자의 약정에 의하여 정하여지며, 그 범위는 민법 제360조에 따른다.

3. 처분과 소멸

(1) 가등기담보권도 피담보채권과 함께 제3자에게 양도할 수 있다.

(2) 가등기담보권은 다음과 같은 경우에 소멸한다.

> ① 물권의 공통적 소멸원인
> ② 피담보채권의 소멸
> ③ 「가등기담보 등에 관한 법률」에 의한 소유권취득
> ④ 목적부동산의 경매
> ⑤ 피담보채권의 변제기가 지난 때로부터 10년이 지난 경우
> ⑥ 선의의 제3자가 소유권을 취득한 경우 등

제2절 가등기담보권의 실행

1 권리취득에 의한 실행 •24회 •25회 •27회 •28회 •30회 •31회 •35회 •36회

1. 귀속청산방식

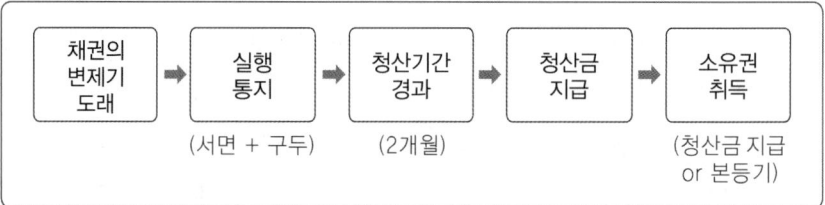

(1) 가등기담보권자는 목적부동산의 소유권을 취득하기 위해서는 청산금을 채무자 등에게 지급해야 한다(이를 '귀속청산방식'이라 함).

(2) 가등기담보권의 사적 실행에 있어서 채권자가 청산금의 지급 이전에 본등기와 담보목적물의 인도를 받을 수 있다거나 청산기간이나 동시이행관계를 인정하지 않는 처분정산형 담보권실행(이를 '처분청산방식'이라 함)은 「가등기담보 등에 관한 법률」상 허용되지 않는다는 것이 판례의 태도이다.

2. 실행통지

(1) 통지사항은 청산금의 평가액이다(제3조 제1항). 실행통지에는 통지 당시의 담보목적부동산의 평가액과 민법 제360조에 규정된 채권액을 밝혀야 한다. 이 경우 부동산이 둘 이상인 경우에는 각 부동산의 소유권이전에 의하여 소멸시키려는 채권과 그 비용을 밝혀야 한다(제3조 제2항).

(2) 청산금의 평가액은 통지 당시 담보목적부동산의 가액에서 민법 제360조에 규정된 채권액을 뺀 금액이다. 이 경우 담보목적부동산에 선순위담보권 등의 권리가 있을 때에는 그 채권액을 계산할 때에 선순위담보 등에 의하여 담보된 채권액을 포함한다. 채권자는 그가 통지한 청산금의 금액에 관하여 다툴 수 없다(제9조).

(3) 청산금의 평가액이 채권액에 미달하여 청산금이 없다고 인정되는 경우에는 그 뜻을 통지해야 한다(제3조 제1항). 다만, 예약 당시 목적물의 가액이 차용액과 이에 붙인 이자를 합산한 액수에 미달하는 경우에는 아예「가등기담보 등에 관한 법률」이 적용되지 않으므로 실행통지를 할 필요가 없다.

(4) 통지의 상대방은 채무자 등이다(제3조 제1항). 채무자 등이란 채무자와 물상보증인 및 제3취득자(담보가등기 후 소유권을 취득한 제3자)를 말한다(제2조 제2호). 통지는 이들 모두에 대하여 해야 한다.

(5) 통지시기는 피담보채권의 변제기 이후라면 언제라도 좋다. 통지방법은 서면뿐만 아니라 구두로도 할 수 있다.

3. 청산기간 경과

(1) 실행통지가 채무자 등에게 도달한 날부터 2개월(청산기간)이 지나야 한다(제3조 제1항).

(2) 채무자가 청산기간이 지나기 전에 한 청산금에 관한 권리의 양도나 그 밖의 처분은 이로써 후순위권리자에게 대항하지 못한다(제7조 제1항).

기출지문 OX

채권자가 담보권실행을 통지함에 있어서, 청산금이 없다고 인정되면 통지의 상대방에게 그 뜻을 통지하지 않아도 된다. • 30회
( )

정답 (×)
청산금이 없다는 뜻을 통지하여야 한다.

(3) 채권자가 청산기간이 지나기 전에 청산금을 지급한 경우에는 이로써 후순위권리자에게 대항하지 못한다(제7조 제2항).

4. 청산금 지급

(1) 담보목적부동산의 가액이 채권액을 넘는 경우에는 가등기담보권자는 청산금(담보목적부동산의 가액에서 그 채권을 뺀 금액)을 채무자 등에게 지급해야 한다.

(2) 본래의 청산금청구권자는 채무자와 물상보증인 및 제3취득자이다. 그 밖에 후순위권리자도 청산금청구권을 행사할 수 있으며, 담보가등기 후에 대항력 있는 임차권을 취득한 자도 청산금의 범위에서 보증금의 반환을 청구할 수 있다(제5조 제1항·제5항). 선순위담보권은 가등기담보권자가 권리취득에 의한 실행으로 소유권을 취득하여도 소멸하지 않으므로 선순위담보권자는 청산금청구권자가 아니다.

(3) 청산금채권이 압류되거나 가압류된 경우에 채권자는 청산기간이 지난 후 이에 해당하는 청산금을 채무이행지를 관할하는 지방법원이나 지원에 공탁하여 그 범위에서 채무를 면할 수 있다(제8조 제1항).

5. 소유권취득

(1) 담보목적부동산의 가액이 채권액에 미달하여 청산금이 없는 경우에는 가등기담보권자는 청산기간이 지난 후에 곧바로 가등기에 기초한 본등기를 청구할 수 있다(제4조 제2항).

(2) 청산금이 있는 경우에는 가등기담보권자는 청산기간이 지난 후 청산금을 지급하거나 청산금을 공탁해야 본등기를 청구할 수 있다(제4조 제2항). 이 경우 청산금지급채무와 부동산의 소유권이전등기 및 인도채무는 동시이행의 관계에 있다.

(3) 청산절차에 관한 규정(제4조 제1항부터 제3항)에 위반하는 특약으로서 채무자 등에게 불리한 것은 효력이 없다. 다만, 청산기간이 지난 후에 행하여진 특약으로서 제3자의 권리를 침해하지 아니하는 경우에는 효력이 인정된다(제4조 제4항).

기출지문 OX

甲은 乙에게 무이자로 빌려준 1억원을 담보하기 위해, 丙 명의의 저당권(피담보채권 5,000만원)이 설정된 乙소유의 X건물(시가 2억원)에 관하여 담보가등기를 마쳤고, 乙은 변제기가 도래한 甲에 대한 차용금을 지급하지 않고 있다. 甲이 乙에게 청산금을 지급하지 않고 자신의 명의로 본등기를 마친 경우, 그 등기는 무효이다.
• 35회 ( )

정답 (○)

(4) 토지와 그 위의 건물이 동일한 소유자에게 속한 경우 그 토지나 건물에 대하여 소유권을 취득하거나 본등기가 행하여진 경우 그 건물의 소유를 목적으로 그 토지 위에 지상권이 설정된 것으로 본다(제10조).
(5) 채무자 등은 청산금채권을 변제받을 때까지 그 채무액을 채권자에게 지급하고 그 채권담보의 목적으로 마친 소유권이전등기(가등기담보의 경우에는 가등기)의 말소를 청구할 수 있다. 다만, 그 채무의 변제기가 지난 때로부터 10년(가등기담보의 경우에는 가등기에 기한 소유권이전의 본등기를 한 때로부터 10년)이 지나거나 선의의 제3자가 소유권을 취득한 때에는 소유권이전등기의 말소청구를 할 수 없다(제11조).

2 경매에 의한 실행

1. 선택적 행사

가등기담보권자는 그 선택에 따라 권리취득에 의해 실행하거나 목적부동산의 경매를 청구할 수 있다.

2. 가등기담보권의 취급

경매에 의한 실행의 경우 가등기담보권을 저당권으로 본다.

제3절 가등기담보권자의 배당참가와 후순위권리자의 보호

1 가등기담보권자의 배당참가

1. 우선변제권

(1) 담보가등기를 마친 부동산에 대하여 강제경매 등이 개시된 경우에 담보가등기권리자는 다른 채권자보다 자기 채권을 우선변제받을 권리가 있다.
(2) 이 경우 그 순위에 관하여는 가등기담보권을 저당권으로 보고, 담보가등기를 마친 때에 저당권설정등기가 행하여진 것으로 본다.

기출지문 OX

乙은 甲에 대한 1억원의 차용금 채무를 담보하기 위해 자신의 X건물(시가 2억원)에 관하여 甲 명의로 소유권이전등기를 마쳤다. 甲이 X건물을 선의의 丁에게 소유권이전등기를 해 준 경우, 乙은 丁에게 소유권이전등기말소를 청구할 수 있다. •31회 ( )

정답 (×)

甲이 X건물을 선의의 丁에게 소유권이전등기를 해 준 경우, 丁은 X건물의 소유권을 취득하므로 乙은 丁에게 소유권이전등기말소를 청구할 수 없다.

2. 강제경매 등의 경우의 담보가등기의 효력

(1) 담보가등기를 마친 부동산에 대하여 강제경매 등의 개시결정이 있는 경우에 그 경매의 신청이 청산금을 지급하기 전에 행하여진 경우에는 가등기담보권자는 그 가등기에 따른 본등기를 청구할 수 없다(제14조).

(2) 담보가등기를 마친 부동산에 대하여 강제경매 등이 행하여진 경우에는 가등기담보권은 그 부동산의 매각에 의하여 소멸한다(제15조). 따라서 담보가등기가 경료된 부동산이 경매되어 경락인이 소유권을 취득한 후에 담보가등기에 기하여 경료된 본등기는 무효이다.

> **추가** 경락대금에서 우선변제를 받으라는 의미이다.

2 후순위권리자의 보호

1. 후순위권리자의 의의

후순위권리자란 담보가등기 후에 등기된 저당권자·전세권자 및 담보가등기권리자를 말한다.

2. 후순위권리자의 경매청구

후순위권리자는 청산기간에 한정하여 그 피담보채권의 변제기 도래 전이라도 목적부동산의 경매를 청구할 수 있다(제12조 제2항).

CHAPTER 04 최신기출문제로 확인!

01 「가등기담보 등에 관한 법률」이 원칙적으로 적용되는 것은? (단, 이자는 고려하지 않으며, 다툼이 있으면 판례에 따름)
• 34회

① 1억원을 차용하면서 부동산에 관하여 가등기나 소유권이전등기를 하지 않은 경우
② 매매대금채무 1억원의 담보로 2억원 상당의 부동산 소유권이전등기를 한 경우
③ 차용금채무 1억원의 담보로 2억원 상당의 부동산에 대해 대물변제예약을 하고 가등기한 경우
④ 차용금채무 3억원의 담보로 이미 2억원의 다른 채무에 대한 저당권이 설정된 4억원 상당의 부동산에 대해 대물변제예약을 하고 가등기한 경우
⑤ 1억원을 차용하면서 2억원 상당의 그림을 양도담보로 제공한 경우

키워드 〉 가등기담보권의 실행
난이도 〉 ■■■

해설 〉 ① 「가등기담보 등에 관한 법률」이 적용되기 위해서는 목적물이 가등기 또는 소유권이전등기를 할 수 있는 것이어야 한다. 따라서 가등기 또는 이전등기를 하지 않은 경우에는 동법이 적용되지 않는다.
② 「가등기담보 등에 관한 법률」은 소비대차에 기초한 채권에 대하여 적용된다. 따라서 매매대금채권을 담보하기 위한 경우에는 동법이 적용되지 않는다(동법 제1조 참조).
③ 「가등기담보 등에 관한 법률」은 차용물의 반환에 관하여 차주가 차용물을 갈음하여 다른 재산권을 이전할 것을 예약할 때 그 재산의 예약 당시 가액이 차용액과 이에 붙인 이자를 합산한 액수를 초과하는 경우에 적용된다(동법 제1조 참조).
④ 재산권 이전의 예약 당시 재산에 대하여 선순위근저당권이 설정되어 있는 경우에는 재산의 가액에서 피담보채무액을 공제한 나머지 가액이 차용액과 이에 붙인 이자를 합한 액수를 초과하는 경우에만 적용된다(대판 2006.8.24, 2005다61140).
⑤ 동산의 양도담보에 대해서는 「가등기담보 등에 관한 법률」이 적용되지 않는다.

정답 01 ③

02 「가등기담보 등에 관한 법률」이 적용되는 가등기담보에 관한 설명으로 옳은 것은? (다툼이 있으면 판례에 따름)

• 33회

① 채무자가 아닌 제3자는 가등기담보권의 설정자가 될 수 없다.
② 귀속청산에서 변제기 후 청산금의 평가액을 채무자에게 통지한 경우, 채권자는 그가 통지한 청산금의 금액에 관하여 다툴 수 있다.
③ 공사대금채권을 담보하기 위하여 담보가등기를 한 경우, 「가등기담보 등에 관한 법률」이 적용된다.
④ 가등기담보권자는 특별한 사정이 없는 한 가등기담보권을 그 피담보채권과 함께 제3자에게 양도할 수 있다.
⑤ 가등기담보권자는 담보목적물에 대한 경매를 청구할 수 없다.

> 키워드 〉 가등기담보권의 실행
> 난이도 〉 ■■■□
> 해설 〉 ① 채무자가 아닌 제3자도 가등기담보권설정자가 될 수 있다(이를 가등기담보 등에 관한 법률에서는 담보가등기 목적부동산의 물상보증인이라 칭함).
> ② 채권자는 그가 통지한 청산금의 금액에 관하여 다툴 수 없다(동법 제9조).
> ③ 동법은 소비대차에 기한 채권을 담보하는 경우에만 적용되므로 공사대금채권을 담보하기 위한 가등기에는 「가등기담보 등에 관한 법률」이 적용되지 않는다(대판 1996.11.15, 96다31116).
> ④ 가등기담보권은 저당권과 같은 종된 권리이므로 가등기담보권을 피담보채권과 분리하여 양도할 수는 없지만, 가등기담보권을 그 피담보채권과 함께 제3자에게 양도할 수 있다(제361조).
> ⑤ 가등기담보권자는 그 선택에 따라 권리취득에 의해 실행하거나 목적부동산의 경매를 청구할 수 있다(동법 제12조).

정답 02 ④

03 甲은 乙에게 무이자로 빌려준 1억원을 담보하기 위해, 丙 명의의 저당권(피담보채권 5,000만원)이 설정된 乙 소유의 X건물(시가 2억원)에 관하여 담보가등기를 마쳤고, 乙은 변제기가 도래한 甲에 대한 차용금을 지급하지 않고 있다. 다음 설명 중 틀린 것은? (다툼이 있으면 판례에 따름) • 35회

① 甲이 귀속정산절차에 따라 적법하게 X건물의 소유권을 취득하면 丙의 저당권은 소멸한다.
② 甲이 乙에게 청산금을 지급하지 않고 자신의 명의로 본등기를 마친 경우, 그 등기는 무효이다.
③ 甲의 청산금지급채무와 乙의 가등기에 기한 본등기 및 X건물 인도채무는 동시이행관계에 있다.
④ 경매절차에서 丁이 X건물의 소유권을 취득하면 특별한 사정이 없는 한 甲의 가등기담보권은 소멸한다.
⑤ 만약 청산금이 없는 경우, 적법하게 실행통지를 하여 2개월의 청산기간이 지나면 청산절차의 종료와 함께 X건물에 대한 사용·수익권은 甲에게 귀속된다.

키워드 〉 가등기담보권의 실행
난이도 〉 ■■■
해설 〉 ① 甲이 귀속정산절차에 따라 적법하게 X건물의 소유권을 취득하면 선순위권리인 丙의 저당권은 소멸하지 않는다.
② 청산금을 지급하지 않고 이루어진 본등기는 원칙적으로 무효이다.
③ 채권자의 청산금지급채무와 채무자의 가등기에 기한 본등기 및 인도채무는 동시이행관계이다.
④ 가등기담보권은 저당권과 마찬가지로 경락으로 소멸한다.
⑤ 일반적으로 담보목적으로 가등기를 경료한 경우 담보물에 대한 사용·수익권은 가등기담보권설정자인 소유자에게 있으나, 가등기담보권의 실행으로 청산절차가 종료된 후 담보목적물에 대하여 사용·수익권을 가지는 자는 가등기담보권자인 채권자이다.

정답 03 ①

04 甲은 2024.5.1. 乙에게 1억원을 변제기는 1년 후, 이자는 연 5%로 정하여 대여하면서 그 대여금채권과 乙에 대한 물품대금채권 1억원을 담보하기 위해 가등기담보계약을 체결하고, 이를 위해 乙 소유의 X토지(계약 당시 시가 2억원)에 甲 명의로 가등기를 마쳤다. 그 후 乙은 변제기가 지난 2025.5.7. 양 채권 중 물품대금채무만 甲에게 전액 변제하였다. 이에 관한 설명으로 옳은 것을 모두 고른 것은? (다툼이 있으면 판례에 따름)

• 36회

> ㉠ 甲과 乙의 가등기담보계약에는 「가등기담보 등에 관한 법률」이 적용된다.
> ㉡ 甲이 청산절차를 거쳐 X토지에 관하여 소유권이전의 본등기를 마친 경우, 본등기를 위해 지출한 절차비용은 청산금에서 공제할 수 없다.
> ㉢ 甲이 청산절차를 거치지 않고 X토지에 관하여 2025.6.15. 본등기를 마친 다음, 선의의 丙에게 2025.8.1. 소유권이전등기를 마친 경우, 2025.8.1.부터 甲 명의의 본등기도 확정적으로 유효해진다.

① ㉠
② ㉢
③ ㉠, ㉡
④ ㉡, ㉢
⑤ ㉠, ㉡, ㉢

키워드 > 가등기담보권의 실행

난이도 > ■■■□

해설 > ㉠ 대여금채권과 물품대금채권을 담보하기 위해 가등기담보권을 설정하였으나 그 후 채무자가 물품대금채무만 전액 변제하여 대여금채권만 남게 된 경우에는 「가등기담보 등에 관한 법률」이 적용된다(대판 2004.4.27, 2003다29968 참조).
㉡ 귀속청산의 방식으로 부동산에 대한 가등기담보권을 실행하는 경우, 청산의 결과로서 본등기인 소유권이전등기를 마치기 위해 지출한 절차비용은 청산금에서 공제할 수 있는 가등기담보권 실행비용에 해당하지 않는다(대판 2022.4.14, 2017다266177 참조).
㉢ 가등기담보권자가 청산절차를 거치지 않고 본등기를 한 후 담보목적 부동산을 처분하여 선의의 제3자가 소유권이전등기를 한 경우에는 가등기담보권자의 본등기는 그 본등기를 마친 시점으로 소급하여 확정적으로 유효하게 된다(대판 2021.10.28, 2016다248325 참조).

정답 04 ③

CHAPTER 05 부동산 실권리자명의 등기에 관한 법률

10개년 출제문항 수

27회	28회	29회	30회	31회
2	1	2	1	1

32회	33회	34회	35회	36회
1	1	2	1	2

↳ 총 40문제 中 평균 약 1.4문제 출제

학습전략

- 「부동산 실권리자명의 등기에 관한 법률」에서는 부동산실명법 제정 전의 논의와 제정 후의 논의에 대한 내용을 학습합니다.
- 등기명의신탁, 계약명의신탁에서 문제가 주로 출제되므로 관련 이론을 정리해 두는 것이 좋습니다.

제1절 부동산실명법 제정 전의 논의

1 명의신탁의 의의

1. 명의신탁

(1) 명의신탁이란 신탁자가 소유권을 보유하여 이를 관리·수익하면서 공부상의 소유명의만 수탁자로 해 두는 것이다.

(2) 명의신탁은 공부상의 표시가 가능한 것에 대해서만 할 수 있다. 즉, 부동산, 등기·등록에 의해 공시되는 동산은 명의신탁의 목적물이 될 수 있다.

2. 부동산실명법 제정의 필요성

명의신탁은 신탁행위로서 유효하나, 강제집행을 면탈하거나 조세를 포탈하고 재산을 편법으로 증식시키는 수단으로 악용되자 「부동산 실권리자명의 등기에 관한 법률」(이하 '부동산실명법')을 제정하기에 이르렀다.

2 부동산실명법 제정 전의 법률관계

1. 명의신탁의 성립

명의신탁은 당사자 사이에 명의신탁약정이 존재하고, 수탁자 명의로 등기 또는 가등기가 있으면 성립한다.

2. 명의신탁의 유효성 여부

명의신탁은 통정허위표시로서 무효라는 견해도 있으나, 명의신탁도 민법상의 신탁행위이므로 유효하다는 것이 통설의 태도이다.

3. 명의신탁의 법률관계 – 종전의 판례이론 · 36회

(1) 대내관계에서는 신탁자가 소유자이다.
① 수탁자의 점유는 타주점유이므로 수탁자는 신탁부동산을 시효취득할 수 없다.
② 명의신탁된 토지 위에 수탁자가 건물을 지어 소유하고 있다가 명의신탁이 해지된 경우 수탁자는 관습법상의 법정지상권을 취득할 수 없다.

(2) 대외관계에서는 수탁자가 소유자이다.
① 수탁자로부터 부동산을 양수한 제3자는 선의·악의를 불문하고 소유권을 취득한다.
② 제3자가 목적부동산을 불법점거하거나 방해하는 경우 수탁자만이 물권적 청구권을 행사할 수 있다. 따라서 신탁자는 수탁자의 물권적 청구권을 대위행사할 수 있을 뿐이다.

제2절 부동산실명법 제정 후의 논의

1 부동산실명법의 내용

1. 부동산실명법의 목적

부동산실명법은 부동산에 관한 소유권 기타 물권을 실체적 권리관계에 부합하도록 실권리자 명의로 등기하게 함으로써 부동산등기제도를 악용한 투기, 탈세, 탈법행위 등 반사회적 행위를 방지하고 부동산거래의 정상화와 부동산가격의 안정을 도모하여 국민경제의 건전한 발전에 이바지함을 목적으로 한다(제1조).

2. 부동산실명법의 적용범위 •27회 •28회 •29회 •31회

> **제2조【정의】** 이 법에서 사용하는 용어의 뜻은 다음과 같다.
> 1. '명의신탁약정'이란 부동산에 관한 소유권이나 그 밖의 물권(이하 '부동산에 관한 물권'이라 한다)을 보유한 자 또는 사실상 취득하거나 취득하려고 하는 자(이하 '실권리자'라 한다)가 타인과의 사이에서 대내적으로는 실권리자가 부동산에 관한 물권을 보유하거나 보유하기로 하고 그에 관한 등기(가등기를 포함한다. 이하 같다)는 그 타인의 명의로 하기로 하는 약정(위임·위탁매매의 형식에 의하거나 추인에 의한 경우를 포함한다)을 말한다. 다만, 다음 각 목의 경우는 제외한다.
>   가. 채무의 변제를 담보하기 위하여 채권자가 부동산에 관한 물권을 이전받거나 가등기하는 경우
>   나. 부동산의 위치와 면적을 특정하여 2인 이상이 구분소유하기로 하는 약정을 하고 그 구분소유자의 공유로 등기하는 경우
>   다. 「신탁법」 또는 「자본시장과 금융투자업에 관한 법률」에 따른 신탁재산인 사실을 등기한 경우
> 2. '명의신탁자'란 명의신탁약정에 따라 자신의 부동산에 관한 물권을 타인의 명의로 등기하게 하는 실권리자를 말한다.
> 3. '명의수탁자'란 명의신탁약정에 따라 실권리자의 부동산에 관한 물권을 자신의 명의로 등기하는 자를 말한다.
> 4. '실명등기'란 이 법 시행 전에 명의신탁약정에 따라 명의수탁자의 명의로 등기된 부동산에 관한 물권을 이 법 시행일 이후 명의신탁자의 명의로 등기하는 것을 말한다.

(1) 적용대상
부동산실명법은 부동산에 관한 소유권 기타 물권에 적용된다. 즉, 모든 부동산물권에 부동산실명법이 적용되는 것이다.

(2) 적용제외
양도담보, 가등기담보, 상호명의신탁(구분소유적 공유), 「신탁법」 또는 「자본시장과 금융투자업에 관한 법률」에 의한 신탁재산인 사실을 등기한 경우에는 부동산실명법 자체가 적용되지 않는다.

(3) 적용특례
① 종중이 보유한 부동산에 관한 물권을 종중 외의 자의 명의로 등기한 경우
② 배우자 명의로 부동산에 관한 물권을 등기한 경우
③ 종교단체의 명의로 그 산하 조직이 보유한 부동산에 관한 물권을 등기한 경우는 조세포탈, 강제집행면탈, 법령상의 제한회피의 목적이 아닌 경우에는 명의신탁약정과 등기에 의한 물권변동을 유효로 한다.

3. 명의신탁약정의 효력

> 제4조【명의신탁약정의 효력】 ① 명의신탁약정은 무효로 한다.
> ② 명의신탁약정에 따른 등기로 이루어진 부동산에 관한 물권변동은 무효로 한다. 다만, 부동산에 관한 물권을 취득하기 위한 계약에서 명의수탁자가 어느 한 쪽 당사자가 되고 상대방 당사자는 명의신탁약정이 있다는 사실을 알지 못한 경우에는 그러하지 아니하다.
> ③ 제1항 및 제2항의 무효는 제3자에게 대항하지 못한다.

(1) 명의신탁약정은 무효이다. 따라서 당사자는 명의신탁약정의 이행을 청구할 수 없고, 약정을 이행하지 않은 경우 계약불이행에 따른 책임을 물을 수 없다. 한편 신탁자는 명의신탁을 해지하거나 명의신탁해지를 원인으로 하는 소유권이전등기청구권을 행사할 수 없다.

(2) 등기에 의한 물권변동도 무효이다. 따라서 소유권은 신탁자 또는 종전 소유자에게 그대로 남아 있다. 다만, 계약명의신탁에 있어서 매도인이 선의인 경우에는 등기에 의한 물권변동이 유효하다.

(3) 위의 두 무효로써 제3자에게 대항할 수 없다. 이때의 제3자는 선의·악의를 불문한다.

기출지문 OX

甲은 법령상의 제한을 회피하기 위해 2019.5. 배우자 乙과 명의신탁약정을 하고 자신의 X건물을 乙 명의로 소유권이전등기를 마쳤다. 이 경우 甲은 乙에게 명의신탁해지를 원인으로 소유권이전등기를 청구할 수 없다.
• 31회 ( )

정답 (○)

2 명의신탁의 유형과 법률관계의 정리

1. 이자(二者) 간 명의신탁(이전형 명의신탁) • 26회 • 35회 • 36회

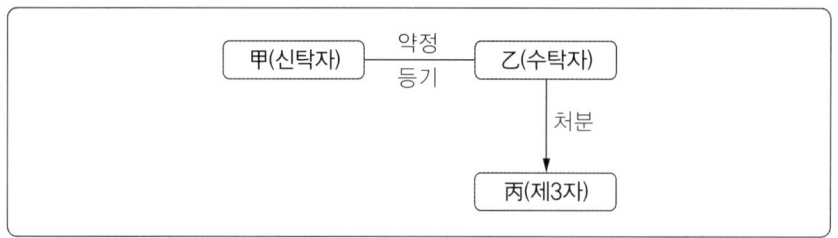

(1) 甲·乙 간의 명의신탁약정도 무효이고, 등기에 의한 물권변동도 무효이다.
(2) 대내적·대외적 소유권은 甲이 보유한다.
(3) 甲은 乙을 상대로 소유권에 기초한 방해제거청구권을 행사하여 등기말소를 청구할 수 있다.
(4) 丙은 선의·악의를 불문하고 소유권을 취득한다.

> **판례**
>
> 양자 간 등기명의신탁의 경우「부동산 실권리자명의 등기에 관한 법률」에 의하여 명의신탁약정과 그에 의한 등기가 무효이므로 목적부동산에 관한 명의수탁자 명의의 소유권이전등기에도 불구하고 그 소유권은 처음부터 이전되지 아니하는 것이어서 원래 그 부동산의 소유권을 취득하였던 명의신탁자가 그 소유권을 여전히 보유하는 것이 되는 이상, 침해부당이득의 성립 여부와 관련하여 명의수탁자 명의로의 소유권이전등기로 인하여 명의신탁자가 어떠한 '손해'를 입게 되거나 명의수탁자가 어떠한 이익을 얻게 된다고 할 수 없다. 결국 양자 간 등기명의신탁에 있어서 그 명의신탁자로서는 명의수탁자를 상대로 소유권에 기하여 원인무효인 소유권이전등기의 말소를 구하거나 진정한 등기명의의 회복을 원인으로 한 소유권이전등기절차의 이행을 구할 수 있음은 별론으로 하고, 침해부당이득반환을 원인으로 하여 소유권이전등기절차의 이행을 구할 수는 없다고 할 것이다(대판 2014.2.13, 2012다97864).

기출지문 OX

甲은 친구 乙과의 명의신탁약정에 따라 2024.3.5. 자신의 X부동산을 乙 명의로 소유권이전등기를 해 주었고, 그 후 乙은 丙에게 이를 매도하고 丙 명의로 소유권이전등기를 해 주었다. 이 경우 甲은 乙을 상대로 불법행위로 인한 손해배상을 청구할 수 있다. • 35회 ( )

정답 (○)

2. 등기명의신탁(중간생략형 명의신탁) ·25회·26회·30회

추가 등기명의신탁은 매도인과 신탁자 사이에 법률관계가 있다.

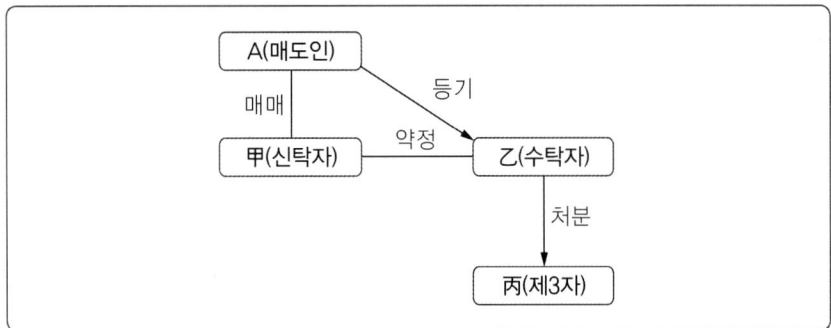

(1) 甲·乙 간의 명의신탁약정도 무효이고, A에게서 乙에게로 이전된 등기에 의한 물권변동도 무효이다.
(2) 소유권은 여전히 A가 보유한다. 따라서 A는 乙을 상대로 소유권에 기초한 방해제거청구권을 행사해 등기말소를 청구할 수 있다.
(3) A와 甲 사이의 매매는 유효하므로 甲은 A를 상대로 매매대금의 반환을 청구할 수 없고, 甲은 자신에게 소유권이전등기를 하기 위해서는 A를 대위하여 乙을 상대로 등기말소를 구하고 다시 A를 상대로 매매계약에 기초한 소유권이전등기를 청구해야 한다.
(4) 丙은 선의·악의를 불문하고 소유권을 취득한다.

3. 계약명의신탁(위임형 명의신탁) ·25회·26회·27회·29회·32회·33회·34회

추가 계약명의신탁은 매도인과 신탁자 사이에 아무런 법률관계가 없다.

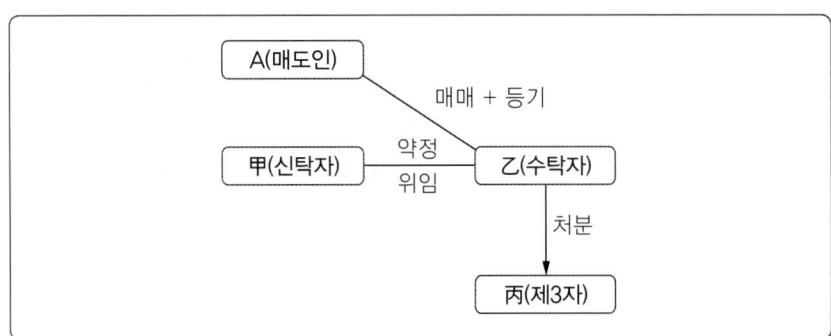

(1) A가 선의인 경우에는 매매와 등기는 유효하므로 乙이 소유권을 취득한다. 다만, 乙이 소유권을 취득하는 것은 甲에 대한 관계에서 부당이득이다. 한편 A가 악의인 경우는 등기가 무효이므로 소유권은 A가 보유한다. 이 경우 A는 乙을 상대로 소유권에 기초한 방해제거청구권을 행사해 등기말소를 청구할 수 있다.

(2) 甲·乙 간의 명의신탁약정이 무효인 경우 위임계약도 일부무효의 법리에 따라 무효가 되므로, 甲은 乙을 상대로 부당이득반환청구를 할 수 있다.

(3) 「부동산 실권리자명의 등기에 관한 법률」 시행 전에 이른바 계약명의신탁에 따라 명의신탁약정이 있다는 사실을 알지 못하는 소유자로부터 명의수탁자 앞으로 소유권이전등기가 경료되고 같은 법 소정의 유예기간이 경과하여 명의수탁자가 당해 부동산의 완전한 소유권을 취득한 경우, 명의수탁자가 명의신탁자에게 반환하여야 할 부당이득의 대상은 당해 부동산 자체이다(대판 2002.12.26, 2000다21123). 그러나 「부동산 실권리자명의 등기에 관한 법률」 시행 후에 이른바 계약명의신탁약정을 한 경우, 명의수탁자가 명의신탁자에게 반환하여야 할 부당이득의 대상은 매수자금이다(대판 2005.1.28, 2002다66922).

(4) 丙은 선의·악의를 불문하고 소유권을 취득한다.

CHAPTER 05 최신기출문제로 확인!

01 甲은 법령상의 제한을 회피하기 위해 2019.5. 배우자 乙과 명의신탁약정을 하고 자신의 X건물을 乙 명의로 소유권이전등기를 마쳤다. 이에 관한 설명으로 틀린 것은? (다툼이 있으면 판례에 따름) • 31회

① 甲은 소유권에 의해 乙을 상대로 소유권이전등기의 말소를 청구할 수 있다.
② 甲은 乙에게 명의신탁해지를 원인으로 소유권이전등기를 청구할 수 없다.
③ 乙이 소유권이전등기 후 X건물을 점유하는 경우, 乙의 점유는 타주점유이다.
④ 乙이 丙에게 X건물을 증여하고 소유권이전등기를 해 준 경우, 丙은 특별한 사정이 없는 한 소유권을 취득한다.
⑤ 乙이 丙에게 X건물을 적법하게 양도하였다가 다시 소유권을 취득한 경우, 甲은 乙에게 소유물반환을 청구할 수 있다.

> 키워드 배우자 간 명의신탁
> 난이도
> 해설 ① 법령상의 제한을 회피하기 위하여 배우자 명의로 명의신탁을 한 경우이므로 특례가 적용되지 않는다(부동산 실권리자명의 등기에 관한 법률 제8조). 따라서 이 경우에는 명의신탁약정과 등기에 의한 물권변동이 무효이므로(동법 제4조 제1항, 제2항), 甲은 소유권에 의해 乙을 상대로 소유권이전등기의 말소를 청구할 수 있다.
> ② 명의신탁약정과 그에 따라 행하여진 등기에 의한 부동산에 관한 물권변동이 무효가 되므로, 명의신탁자는 명의신탁해지를 원인으로 수탁자에게 소유권이전등기를 청구할 수는 없다(대판 1999.1.26, 98다1027).
> ③ 명의신탁에 의하여 부동산의 소유자로 등기된 자의 점유는 그 권원의 성질상 타주점유에 해당한다(대판 1991.12.10, 91다27655).
> ④ 명의신탁약정의 무효와 등기에 의한 물권변동의 무효로써 제3자에게 대항하지 못한다(동법 제4조 제3항). 따라서 乙이 丙에게 X건물을 증여하고 소유권이전등기를 해 준 경우, 丙은 특별한 사정이 없는 한 소유권을 취득한다.
> ⑤ 이자 간 명의신탁에서 수탁자가 신탁부동산을 처분하여 제3자가 유효하게 소유권을 취득한 경우 신탁자의 소유권에 기한 물권적 청구권은 상실한다. 따라서 그 후 명의수탁자가 우연히 신탁부동산의 소유권을 다시 취득하더라도 신탁자는 수탁자에게 소유권에 기한 물권적 청구권을 행사할 수 없다(대판 2013.2.28, 2010다89814).

정답 01 ⑤

02 甲이 그 소유의 X토지에 관하여 2025.5.3. 친구 乙과의 명의신탁약정에 따라 乙 명의로 소유권이전등기를 마쳤다. 이에 관한 설명으로 옳은 것은? (다툼이 있으면 판례에 따름) • 36회

① 甲은 乙에게 X토지에 관하여 부당이득을 원인으로 한 소유권이전등기를 청구할 수 없다.
② 乙이 丙에게 X토지를 적법하게 양도하였다가 다시 X토지의 소유권을 취득한 경우, 甲은 乙에게 소유물반환청구권을 행사할 수 있다.
③ 丙이 친구 乙과의 명의신탁약정에 따라 X토지에 관하여 소유권이전등기를 마친 후 명의신탁사실을 알지 못하는 丁에게 X토지를 매도하고 소유권이전등기를 마친 경우, 甲은 丁에게 소유물반환청구권을 행사할 수 있다.
④ 乙이 丙에게 X토지를 처분하여 丙이 유효하게 소유권을 취득한 경우, 乙의 처분행위는 甲에 대한 불법행위에 해당하지 않는다.
⑤ 만약 甲이 乙과 사이에 乙 명의의 X토지를 매수하면서 대외관계에서 甲을 위해 그 등기명의를 乙이 보유하기로 약정한 경우, 甲과 乙 사이에 명의신탁관계가 성립할 수 없다.

키워드 이자 간 명의신탁
난이도
해설 ① 양자 간 명의신탁(이자 간 명의신탁)의 경우 甲은 乙에게 X토지에 관하여 부당이득을 원인으로 한 소유권이전등기를 청구할 수는 없다.
② 乙이 丙에게 X토지를 적법하게 양도하였다가 다시 X토지의 소유권을 취득한 경우, 甲은 乙에게 소유물반환청구권을 행사할 수 없다.
③ 이 경우에는 선의의 丁이 유효하게 X토지의 소유권을 취득하므로 甲은 丁에게 소유물반환청구권을 행사할 수 없다.
④ 乙이 丙에게 X토지를 처분하여 丙이 유효하게 소유권을 취득한 경우, 乙의 처분행위는 甲에 대해 불법행위가 성립한다.
⑤ 부동산 소유자가 그 소유하는 부동산의 전부 또는 일부 지분에 관하여 제3자를 위하여 '대외적으로만' 보유하는 관계에 관한 약정은 「부동산 실권리자명의 등기에 관한 법률」에서 정하는 명의신탁관계가 성립할 수 있다.

정답 02 ①

03 甲은 법령상 제한을 회피할 목적으로 2023.5.1. 배우자 乙과 자신 소유의 X건물에 대해 명의신탁약정을 하고, 甲으로부터 乙 앞으로 소유권이전등기를 마쳤다. 다음 설명 중 <u>틀린</u> 것은? (특별한 사정은 없으며, 다툼이 있으면 판례에 따름)

• 34회

① 甲은 乙을 상대로 진정명의회복을 원인으로 한 소유권이전등기를 청구할 수 있다.
② 甲은 乙을 상대로 부당이득반환을 원인으로 한 소유권이전등기를 청구할 수 있다.
③ 甲은 乙을 상대로 명의신탁해지를 원인으로 한 소유권이전등기를 청구할 수 없다.
④ 乙이 丙에게 X건물을 매도하고 소유권이전등기를 해 준 경우, 丙은 소유권을 취득한다.
⑤ 乙이 丙에게 X건물을 매도하고 소유권이전등기를 해 준 경우, 乙은 甲에게 불법행위책임을 부담한다.

키워드 > 배우자 간 명의신탁
난이도 >
해설 > ① 배우자 간의 명의신탁이더라도 법령상의 제한회피를 목적으로 한 경우이므로 「부동산 실권리자명의 등기에 관한 법률」이 적용되고, 명의신탁약정과 등기에 의한 물권변동이 무효이므로 신탁자가 소유권을 보유한다. 따라서 신탁자는 수탁자를 상대로 진정명의회복을 원인으로 한 소유권이전등기를 청구할 수 있다.
② 이자 간 등기명의신탁에 있어서 명의신탁자는 명의수탁자를 상대로 부당이득반환을 원인으로 한 소유권이전등기를 청구할 수 없다(대판 2014.2.13, 2012다97864).
③ 명의신탁약정이 무효이므로 신탁자는 명의신탁해지를 원인으로 수탁자에게 소유권이전등기를 청구할 수는 없다(대판 1999.1.26, 98다1027).
④ 수탁자가 명의신탁부동산을 처분한 경우 제3자는 선의·악의를 불문하고 소유권을 취득하는 것이 원칙이다(부동산 실권리자명의 등기에 관한 법률 제4조 제3항).
⑤ 명의수탁자가 이자 간 명의신탁에 따라 명의신탁자로부터 소유권이전등기를 넘겨받은 부동산을 임의로 처분한 경우에는 명의신탁자에 대하여 불법행위책임을 부담한다(대판 2021.6.3, 2016다34007).

정답 03 ②

04 2022.8.16. 甲은 조세포탈의 목적으로 친구인 乙과 명의신탁약정을 맺고 乙은 이에 따라 甲으로부터 매수자금을 받아 丙 소유의 X토지를 자신의 명의로 매수하여 등기를 이전받았다. 이에 관한 설명으로 **틀린** 것은? (다툼이 있으면 판례에 따름)
•33회

① 甲과 乙의 명의신탁약정은 무효이다.
② 甲과 乙의 명의신탁약정이 있었다는 사실을 丙이 몰랐다면, 乙은 丙으로부터 X토지의 소유권을 승계취득한다.
③ 乙이 X토지의 소유권을 취득하더라도, 甲은 乙에 대하여 부당이득을 원인으로 X토지의 소유권이전등기를 청구할 수 없다.
④ 甲은 乙에 대해 가지는 매수자금 상당의 부당이득반환청구권에 기하여 X토지에 유치권을 행사할 수 없다.
⑤ 만일 乙이 丁에게 X토지를 양도한 경우, 丁이 명의신탁약정에 대하여 단순히 알고 있었다면 丁은 X토지의 소유권을 취득하지 못한다.

키워드〉 계약명의신탁의 법률관계
난이도〉
해설〉 ① 본 사안은 수탁자가 직접 부동산소유자와 매매계약을 하고 등기를 이전받은 경우이므로 계약명의신탁에 해당한다. 계약명의신탁의 경우 명의신탁약정은 무효이다(부동산 실권리자명의 등기에 관한 법률 제4조 제1항).
② 계약명의신탁에 있어서 매도인이 선의인 경우에는 매매계약과 등기에 의한 물권변동은 유효하다(동법 제4조 제2항 단서). 따라서 乙은 X토지의 소유권을 취득한다.
③ 「부동산 실권리자명의 등기에 관한 법률」 '시행 후'에 이른바 계약명의신탁약정을 한 경우, 명의수탁자가 명의신탁자에게 반환하여야 할 부당이득의 대상은 매수자금이다(대판 2005.1.28, 2002다66922). 따라서 甲은 乙에 대하여 부당이득을 원인으로 X토지의 소유권이전등기를 청구할 수 없다.
④ 계약명의신탁에 있어 명의신탁자는 명의수탁자에 대하여 가지는 매매대금 상당의 부당이득반환청구권은 부동산 자체로부터 발생한 채권이 아니므로 이를 담보하기 위하여 유치권을 행사할 수는 없다(대판 2009.3.26, 2008다34828).
⑤ 수탁자가 제3자에게 부동산을 처분한 경우 제3자는 원칙적으로 선의·악의를 불문하고 보호된다(동법 제4조 제3항). 따라서 丁이 명의신탁약정에 대하여 악의이더라도 丁은 X토지의 소유권을 취득한다.

정답 04 ⑤

05 부동산 명의신탁약정과 그에 따른 등기의 무효로 대항할 수 없는 제3자(부동산 실권리자명의 등기에 관한 법률 제4조 제3항)에 해당하는 자를 모두 고른 것은? (다툼이 있으면 판례에 따름) • 34회

> ㉠ 명의수탁자의 상속인
> ㉡ 명의신탁된 부동산을 가압류한 명의수탁자의 채권자
> ㉢ 명의신탁자와 명의신탁 부동산소유권을 취득하기 위한 계약을 맺고 등기명의만을 명의수탁자로부터 경료받은 것과 같은 외관을 갖춘 자
> ㉣ 학교법인이 명의수탁자로서 기본재산에 관한 등기를 마친 경우, 기본재산 처분에 관하여 허가권을 갖는 관할청

① ㉡
② ㉠, ㉢
③ ㉢, ㉣
④ ㉠, ㉡, ㉢
⑤ ㉡, ㉢, ㉣

키워드 계약명의신탁의 법률관계

해설 ㉠ 명의신탁약정과 등기의 무효로 대항할 수 없는 제3자란 명의신탁약정의 당사자 및 포괄승계인을 제외하고 명의신탁약정을 기초로 법률상 새로운 이해관계를 맺은 자를 말한다(대판 2007.12.27, 2005다54104). 따라서 명의수탁자의 상속인은 제3자에 해당하지 않는다.
㉡ 「부동산 실권리자명의 등기에 관한 법률」 제4조 제3항의 제3자에는 소유권이나 저당권 등 물권을 취득한 자뿐만 아니라 압류 또는 가압류채권자도 포함된다(대판 2013.3.14, 2012다107068).
㉢ 명의신탁자와 부동산에 관한 물권계약을 맺고 단지 등기명의만을 명의수탁자로부터 경료받은 것과 같은 외관을 갖춘 자는 제3자에 해당하지 않는다(대판 2022.9.29, 2022다228933).
㉣ 학교법인이 명의수탁자로서 기본재산에 관한 등기를 마친 경우, 기본재산 처분에 관하여 허가권을 갖는 관할청은 제3자에 해당하지 않는다(대판 2013.8.22, 2013다31403).

정답 05 ①

06 부동산경매절차에서 丙 소유의 X건물을 취득하려는 甲은 친구 乙과 명의신탁약정을 맺고 2024.5. 乙 명의로 매각허가결정을 받아 자신의 비용으로 매각대금을 완납하였다. 그 후 乙 명의로 X건물의 소유권이전등기가 마쳐졌다. 다음 설명 중 옳은 것은? (다툼이 있으면 판례에 따름)   • 29회 수정

① 甲은 乙에 대하여 X건물에 관한 소유권이전등기말소를 청구할 수 있다.
② 甲은 乙에 대하여 부당이득으로 X건물의 소유권반환을 청구할 수 있다.
③ 丙이 甲과 乙 사이의 명의신탁약정이 있다는 사실을 알았더라도 乙은 X건물의 소유권을 취득한다.
④ X건물을 점유하는 甲은 乙로부터 매각대금을 반환받을 때까지 X건물을 유치할 권리가 있다.
⑤ X건물을 점유하는 甲이 丁에게 X건물을 매도하는 계약을 체결한 경우, 그 계약은 무효이다.

키워드 > 계약명의신탁의 법률관계
난이도 > ■■■■■
해설 > ①② 「부동산 실권리자명의 등기에 관한 법률」'시행 후'에 이른바 계약명의신탁약정을 한 경우, 명의수탁자가 명의신탁자에게 반환하여야 할 부당이득의 대상은 매수자금이다(대판 2005.1.28, 2002다66922). 따라서 甲은 乙에 대하여 X건물에 관한 소유권이전등기의 말소청구뿐만 아니라 X건물에 대한 반환을 청구할 수 없다.
③ 부동산경매절차에서 부동산을 매수하려는 사람이 매수대금을 자신이 부담하면서 다른 사람의 명의로 매각허가결정을 받기로 약정하여 그에 따라 매각허가가 이루어진 경우에는 경매목적물의 소유자가 명의신탁약정 사실을 알았더라도 명의인의 소유권취득은 무효로 되지 않는다(대판 2012.11.15, 2012다69197). 따라서 丙이 甲과 乙 사이의 명의신탁약정이 있다는 사실을 알았더라도 乙은 X건물의 소유권을 취득한다.
④ 계약명의신탁에 있어 명의신탁자는 명의수탁자에 대하여 가지는 매매대금 상당의 부당이득반환청구권에 기하여 유치권을 행사할 수 없다(대판 2009.3.26, 2008다34828). 따라서 X건물을 점유하는 甲은 乙로부터 매각대금을 반환받을 때까지 X건물을 유치할 수 없다.
⑤ 타인 소유의 물건도 매매계약의 목적물이 될 수 있다(제569조). 따라서 X건물을 점유하는 甲이 丁에게 X건물을 매도하는 계약을 체결하더라도 그 매매계약은 유효하다.

정답 06 ③

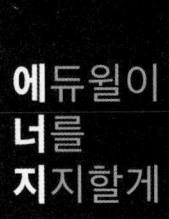

삶의 순간순간이
아름다운 마무리이며
새로운 시작이어야 한다.

- 법정 스님

memo

2026 공인중개사 1차 기본서 민법 및 민사특별법

발 행 일	2025년 11월 21일 초판
편 저 자	심정욱
펴 낸 이	양형남
펴 낸 곳	(주)에듀윌
I S B N	979-11-360-3992-7
등록번호	제25100-2002-000052호
주 소	08378 서울특별시 구로구 디지털로34길 55 코오롱싸이언스밸리 2차 3층

* 이 책의 무단 인용·전재·복제를 금합니다.

www.eduwill.net
대표전화 1600-6700

여러분의 작은 소리
에듀윌은 크게 듣겠습니다.

본 교재에 대한 여러분의 목소리를 들려주세요.
공부하시면서 어려웠던 점, 궁금한 점,
칭찬하고 싶은 점, 개선할 점, 어떤 것이라도 좋습니다.

에듀윌은 여러분께서 나누어 주신 의견을
통해 끊임없이 발전하고 있습니다.

에듀윌 도서몰 book.eduwill.net
- 부가학습자료 및 정오표: 에듀윌 도서몰 → 도서자료실
- 교재 문의: 에듀윌 도서몰 → 문의하기 → 교재(내용, 출간) / 주문 및 배송

업계 최초 대통령상 3관왕, 정부기관상 19관왕 달성!

2010 대통령상 · 2019 대통령상 · 2019 대통령상

대한민국 브랜드대상 국무총리상 · 국무총리상 · 문화체육관광부 장관상 · 농림축산식품부 장관상 · 과학기술정보통신부 장관상 · 여성가족부장관상

서울특별시장상 · 과학기술부장관상 · 정보통신부장관상 · 산업자원부장관상 · 고용노동부장관상 · 미래창조과학부장관상 · 법무부장관상

- **2004**
  서울특별시장상 우수벤처기업 대상

- **2006**
  부총리 겸 과학기술부장관 표창 국가 과학 기술 발전 유공

- **2007**
  정보통신부장관상 디지털콘텐츠 대상
  산업자원부장관 표창 대한민국 e비즈니스대상

- **2010**
  대통령 표창 대한민국 IT 이노베이션 대상

- **2013**
  고용노동부장관 표창 일자리 창출 공로

- **2014**
  미래창조과학부장관 표창 ICT Innovation 대상

- **2015**
  법무부장관 표창 사회공헌 유공

- **2017**
  여성가족부장관상 사회공헌 유공
  2016 합격자 수 최고 기록 KRI 한국기록원 공식 인증

- **2018**
  2017 합격자 수 최고 기록 KRI 한국기록원 공식 인증

- **2019**
  대통령 표창 범죄예방대상
  대통령 표창 일자리 창출 유공
  과학기술정보통신부장관상 대한민국 ICT 대상

- **2020**
  국무총리상 대한민국 브랜드대상
  2019 합격자 수 최고 기록 KRI 한국기록원 공식 인증

- **2021**
  고용노동부장관상 일·생활 균형 우수 기업 공모전 대상
  문화체육관광부장관 표창 근로자휴가지원사업 우수 참여 기업
  농림축산식품부장관상 대한민국 사회공헌 대상
  문화체육관광부장관 표창 여가친화기업 인증 우수 기업

- **2022**
  국무총리 표창 일자리 창출 유공
  농림축산식품부장관상 대한민국 ESG 대상

KRI 한국기록원 2016, 2017, 2019년 공인중개사 최다 합격자 배출 공식 인증 (2025년 현재까지 업계 최고 기록)
YES24 수험서 자격증 공인중개사 기본서 베스트셀러 1위 (2025년 2월 월별 베스트)
2023 대한민국 브랜드만족도 공인중개사 교육 1위 (한경비즈니스)

2026 에듀윌 공인중개사 기본서

1차 | 민법 및 민사특별법 下

모두 합격 플래너 PDF
이용경로 에듀윌 도서몰(book.eduwill.net) ▶ 도서자료실(부가학습자료) ▶ 카테고리 '공인중개사' 설정 후 '기본서' 검색

회독 필수지문 OX PDF
이용경로 에듀윌 도서몰(book.eduwill.net) ▶ 도서자료실(부가학습자료) ▶ 카테고리 '공인중개사' 설정 후 '기본서' 검색

온라인 강의/직영학원 land.eduwill.net

고객의 꿈, 직원의 꿈, 지역사회의 꿈을 실현한다

펴낸곳 (주)에듀윌 **펴낸이** 양형남 **출판총괄** 김기철 **에듀윌 대표번호** 1600-6700
주소 서울시 구로구 디지털로 34길 55 코오롱싸이언스밸리 2차 3층
ⓒ 2025 eduwill. Created with AI assistance.
협의 없는 무단 복제는 법으로 금지되어 있습니다.

에듀윌 도서몰	• 부가학습자료 및 정오표: 에듀윌 도서몰 > 도서자료실
book.eduwill.net	• 교재 문의: 에듀윌 도서몰 > 문의하기 > 교재(내용, 출간) / 주문 및 배송